Les Quatre
Parties du monde

Serge Gruzinski

Les Quatre Parties du monde

Histoire d'une mondialisation

Éditions de La Martinière

Ce livre est paru initialement dans une version illustrée aux Éditions de La Martinière en 2004.

ISBN 978-2-02-081573-4
(ISBN 2-84675-104-8, 1re publication)

Pour Décio
de Alencar Guzmán

PROLOGUE

La Vierge et les deux tours

La planète se métisse, le monde se globalise et deux tours s'écroulent le 11 septembre 2001. Quelques heures après l'attaque lancée contre le World Trade Center de New York, dans un vieux restaurant du centre de Buenos Aires, le garçon nous apporte l'addition avec une mine catastrophée. Il vient de perdre quatre mille pesos, soit quatre mille dollars, un petit pactole en temps de crise. Il s'en veut de n'avoir pas joué la combinaison de trois chiffres 2-86-56, qui a permis au patron de rafler la cagnotte ou *quiniela* :

2 = les tours
86 = la chute
56 = la bombe…

Vécu en temps réel, l'attentat de New York n'est plus qu'un tuyau gagnant pour parieurs argentins. En quelques heures à peine, une tragédie relayée par tous les médias de la planète se termine en drame d'arrière-cuisine dans un restaurant de l'hémisphère Sud, au gré de mystérieuses équivalences dont je n'aurai jamais la clef.

La Vierge de Belém

À des milliers de kilomètres de New York et de Buenos Aires, à peine un mois plus tard, le samedi 13 et le dimanche 14 octobre 2001, un fleuve de deux millions de Brésiliens envahit les rues brûlantes de Belém do Pará. Depuis la métropole de l'Amazonie, cette grandiose manifestation religieuse riposte à l'attaque contre les *Twin Towers* : l'interminable procession supplie la Vierge d'apporter la paix à l'humanité.

Comme chaque année, sous un soleil aveuglant, des centaines de milliers d'hommes et de femmes prennent part à la grande liturgie du *Círio da Virgem de Nazaré*, le pèlerinage de la Vierge de Nazareth. Partie de la bourgade voisine d'Icoraci, la statue de la Vierge arrive à Belém par le fleuve, sur un navire de guerre de la marine brésilienne, escortée d'une centaine d'embarcations de toute taille. Entourée des autorités ecclésiastiques, évêques, archevêque, cardinal, l'icône miraculeuse reçoit l'hommage du maire de la ville. Déluge de fleurs blanches et jaunes, feux d'artifice, aubades des *bandas* militaires, lumière d'une blancheur aveuglante et soleil de plomb… Ceux et celles qui ont fait un vœu ou acquittent une promesse vont s'agripper des heures durant à la gigantesque corde qui tire la berline sur laquelle trône la statuette miraculeuse. Au seuil du nouveau millénaire, l'antique dévotion agglutine le peuple de l'État du Pará, toutes classes confondues, sous l'œil vigilant des curés et avec le concours empressé des grandes entreprises qui sponsorisent l'événement. L'Église et l'État du Pará, les industriels et le Parti des travailleurs serrent les rangs pour ne rien perdre de l'élan populaire qui rassemble l'Amazonie brésilienne.

La protestation la plus massive contre la destruction des deux tours s'est donc déroulée aux confins de l'Occident. Elle aura mobilisé des rituels et des objets aussi anciens qu'une antique fête religieuse, une image miraculeuse de la Vierge, la *Santa*, et une corde fétiche, toutes héritées d'un lointain monde baroque et portugais. Cette célébration expiatoire est pourtant passée inaperçue des médias internationaux, davantage attirés par les Indiens de la forêt que par la manifestation inclassable d'un héritage colonial et métis qui n'en finit pas de renaître année après année.

En ce dimanche 14 octobre, la Vierge de Nazareth débarque sur les docks, *nas docas*. Legs de l'âge d'or du caoutchouc, ces immenses entrepôts Belle Époque sont aujourd'hui transformés en un centre de loisirs à l'usage de la bourgeoisie du

Pará. Comme les docks de San Francisco ou de Londres, avec leur enfilement de boutiques, de bars et de restaurants, les docks de Belém déploient les charmes d'une consommation raffinée sous leurs dômes envahis d'une fraîcheur artificielle. Une judicieuse restauration de ces vestiges du début du XXe siècle a planté là le décor post-moderne qui manquait à la capitale du Pará. Les immenses baies vitrées permettent au regard du consommateur de plonger sur le grand fleuve que borde la forêt, mais l'isolent du monde environnant. À l'intérieur, l'air conditionné oppose sa barrière invisible aux torpeurs du port et à la misère de la ville. Si quelques boutiques d'artisanat indigène introduisent une note d'exotisme, le nom du restaurant *La Pomme d'or* rappelle à lui seul que les *docas* de Belém sont la vitrine du « premier monde ».

Sans doute étais-je bien le seul à m'étonner de la vitalité de cette fête qui date des siècles où l'Espagne et le Portugal, baroques et colonisateurs, impériaux et catholiques, s'employaient à répandre dans le monde le culte de la Vierge, du Mexique aux Andes en passant par le Japon, la Chine, l'Inde et l'Afrique. À Belém comme ailleurs, le christianisme de l'Église a dû s'accommoder des croyances des Indiens, des Noirs et des *caboclos*, ces métis de l'Amazonie. Sortie indemne des vagues de modernisation qui ont secoué le Brésil depuis le XIXe siècle, en ces 13 et 14 octobre 2001, la Vierge de Belém est l'incarnation vivante à la fois du métissage et d'une mondialisation vieille de plusieurs centaines d'années. Elle fait front à la « première guerre du XXIe siècle ».

Regards européens

Trois semaines après le pèlerinage, le 3 novembre 2001, dans un article du *Monde*, Jean Baudrillard s'interrogeait sur la signification de la catastrophe du 11 septembre, « événement unique et imprévisible ». Il dégageait, sans le dire, le profil « métis » des auteurs de l'attentat : « Ils ont tout assimilé de la modernité et de la mondialité, sans changer de cap qui est de la détruire », ils ont jonglé avec la spéculation boursière, les technologies informatiques et aéronautiques, exploité la dimension spectaculaire et les réseaux médiatiques, en profitant d'images reçues en temps réel sur toute la planète. La mondialisation fait naître toutes sortes de mélanges, au point que même les ruses qui se dressent contre elle pour tenter de la détruire sont elles aussi métisses. En usant conjointement de « tous les moyens modernes disponibles », les terroristes ont atteint une efficacité symbolique sans précédent.

À cette « transfiguration de la puissance réelle par la puissance symbolique », l'Occident n'aurait à opposer que sa rationalité et son désenchantement, conclut le philosophe. Mais l'Europe occidentale et les États-Unis ne sont qu'une partie de l'Occident. Les deux millions de pèlerins de Belém avaient démontré en marchant que le monde occidental ne se résume ni au vide d'une Europe blasée ni à la folie piétiste d'une Amérique impériale.

Les « archaïsmes » de l'Amérique latine méritent donc toute notre attention. À Belém do Pará, la Vierge de Nazareth déploie son aura pour exorciser les menaces de guerre que la chute des deux tours a inscrites dans le ciel du globe et sur les écrans des télévisions. La présence de la Vierge, calée dans sa niche de verre et de bois doré, galvanise les foules en prière. Au Brésil et en Argentine, chacun à leur manière, les adorateurs de la Vierge ou les parieurs de Buenos Aires ont tenté d'apprivoiser le drame du 11 septembre 2001. Qu'elles se moulent dans la passion du jeu ou dans la grande tradition mariale de l'Amérique latine, ces appropriations populaires cherchent à « penser le monde », à lui donner un sens – ici en rattachant un événement planétaire à une grande liturgie locale, là en associant l'univers banal du quotidien aux éclats d'une tragédie lointaine. À Belém et à Buenos Aires, l'onde d'effroi qui a parcouru le globe s'est transformée de manière imprévue, sublime ou prosaïque. Le global s'est fondu dans le local sur fond d'ajustements et de métissages. L'archaïsme religieux de Belém avec son apothéose mariale néo-baroque, la modernité attardée des joueurs de Buenos Aires sont des réactions spontanées aux actions des kamikazes américanisés de Manhattan, qu'aucune consigne médiatique n'est venue mobiliser. Ou presque, car le pèlerinage de Belém est aussi une fête sponsorisée…

Ces expériences d'un jour, ces indices ramassés au hasard des voyages sont au départ de cet ouvrage. Ils m'ont incité à réfléchir sur la mondialisation à partir d'une terre qui ne serait ni l'Europe ni les États-Unis, une périphérie qu'on prend encore pour un inépuisable réservoir d'exotismes et de primitivités. Comment expliquer les liens entre la mondialisation et le brassage généralisé des hommes et des sociétés sur la planète ? Où s'arrêtent les métissages ? Autour de la Vierge à Bélem se croisent toutes sortes d'époques, de foules, de croyances, de traditions et de modernités. Pendant ce temps, au bord du fleuve, à l'écart des masses bigarrées et dégoulinantes de sueur qui se pressent autour de la Corde, le paradis réfrigéré et aseptisé des *docas* réserve aux plus favorisés l'illusion de partager les plaisirs du « premier monde ». Comme s'il existait plusieurs façons d'entrer en mondialisation, au milieu des foules de « *caboclos* édentés » ou, à deux pas, en franchissant les portes des *docas*. Car tout n'est pas que métissage sur la planète. Partout les mélanges se heurtent à des seuils et à des modèles de vie originaires d'Occident.

Pour tenter de percer les rapports ambigus de la mondialisation et des métissages, je reprendrai le chemin du passé, comme je l'avais fait dans *La Pensée métisse*[1]. La réaction multitudinaire de la capitale amazonienne nous met sur la trace aussi gigantesque qu'énigmatique d'une histoire depuis longtemps planétaire : elle renvoie à des étapes plus anciennes qui concernent à la fois l'Europe, l'Afrique, l'Asie et l'Amérique. La mondialisation aurait-elle connu des précédents dans des époques et des régions qu'on a trop tendance à ignorer ? Pour remonter ce temps qui affleure partout dans les avenues de Belém, quelques idées simples : aborder la mondialisation depuis le Mexique, le Brésil, les côtes de l'Inde ou de l'Afrique ; décentrer le regard en s'efforçant de surmonter les pièges de l'ethnocentrisme ; interroger les acteurs de ces phénomènes planétaires ; enfin, remettre ensemble des régions, des êtres, des visions et des imaginaires que le temps a disjoints. Bref, montrer que l'histoire reste une merveilleuse boîte à outils pour comprendre ce qui se joue depuis plusieurs siècles entre occidentalisation, métissages et mondialisation.

PREMIÈRE PARTIE

La mondialisation ibérique

« *El mundo se puede andar por tierra de Felipe* »
(« On peut parcourir le monde
en passant par les terres de Philippe »).

Lope de Vega, *La Octava maravilla*, 1618.

CHAPITRE PREMIER

Vents d'est, vents d'ouest
Un Indien peut-il être moderne ?

« Est moderne celui qui est forcé de se demander ce que font aujourd'hui les Chinois et les Islandais. »

Peter SLOTERDIJK, *L'Heure du crime et le temps de l'œuvre d'art*, 2001, p. 217.

« *Axcan miercoles yc 8tia metztli setiembre de 1610 años, y quacnican Mexico…* » « Le mercredi 8 septembre 1610, la nouvelle est arrivée d'Espagne à Mexico, on a su qu'ils avaient assassiné le roi de France, don Henri IV, et celui qui l'a assassiné était un vassal, c'était un de ses serviteurs et de ses pages ; ce n'était pas un chevalier, pas un noble, mais un homme du peuple. On a su qu'il l'a égorgé en [pleine] rue alors que le roi allait dans son coche en compagnie de l'évêque-nonce. Pour l'égorger, [le serviteur] lui a remis une lettre dans son coche afin que le roi se penchât pour la regarder. C'est alors qu'il l'a égorgé sans qu'on sache pourquoi. Le roi circulait dans la ville, il parcourait une rue afin de voir si elle était convenablement décorée pour les célébrations données en l'honneur de son épouse qu'on allait couronner reine de France[1]. »

L'assassinat d'Henri IV a beau être l'un des plus célèbres épisodes de l'histoire de France, il est surprenant d'en découvrir le récit à des milliers de kilomètres du royaume des lys, chez un habitant de la ville de Mexico, qui plus est sous la plume d'un chroniqueur indigène et dans la langue des Aztèques. C'est pourtant bien Domingo Francisco de San Antón Muñón

Chimalpahin Cuauhtlehuanitzin, noble chalca[2], qui a pris la peine de consigner l'événement dans son *Journal* à la date du 8 septembre 1610.

La mort du roi de France

Les circonstances de l'attentat sont bien connues. Le 14 mai 1610, tôt dans l'après-midi, le roi de France prend son carrosse pour rendre visite à Sully, son surintendant des Finances. Il sort du Louvre accompagné des ducs d'Épernon, de Montbazon, de La Force et du maréchal de Lavardin, et décide de s'en aller inspecter les décorations préparées pour l'entrée solennelle de la reine, Marie de Médicis. La veille, son épouse avait été couronnée et sacrée à Saint-Denis. Rue de la Ferronnerie, un encombrement oblige le cortège à s'arrêter. Alors que la mince escorte s'est dispersée, un homme roux surgit, se penche au-dessus d'Épernon et frappe Henri IV à trois reprises. Les compagnons du roi réagissent trop tard. Henri perd conscience et rend son âme à Dieu.

La mort de celui qui avait été longtemps l'ennemi de la maison d'Autriche, et qui s'apprêtait alors à partir en campagne contre l'empereur, n'avait donc pas laissé indifférent notre mémorialiste mexicain. Le récit qu'il fait de l'assassinat du roi de France s'insère entre deux autres événements : l'un doté également d'une résonance internationale, l'autre purement local. Le 31 juillet 1610, le *Journal* de Chimalpahin consigne la dédicace de l'église de la maison professe de la Compagnie de Jésus à Mexico et la proclamation de la béatification de saint Ignace de Loyola[3]. Ce jour-là, une longue procession s'ébranla depuis la cathédrale pour se rendre à l'église de San Agustín, puis à celle de l'hôpital de Espíritu Santo, avant de s'achever dans le sanctuaire de la maison professe. Des Basques participèrent à la cérémonie qui portait l'un des leurs sur les autels de l'Église universelle : « Ils s'habillèrent en soldats et tirèrent des coups d'arquebuse devant le [très saint] sacrement. » Comme le rappelle Chimalpahin, « il y avait cinquante-cinq ans que [saint Ignace] était mort à Rome, capitale du monde ». Le chroniqueur souligne le faste de la célébration : « Elle se fit avec une grande solennité, comme jamais auparavant pour aucun saint[4] », en même temps qu'il exprime l'attente impatiente d'une canonisation annoncée.

Le 18 septembre, juste après avoir rendu compte de l'assassinat d'Henri IV, Chimalpahin a retenu un événement apparemment plus anodin : l'ordination d'un dominicain, Tomás de Rivera. Tomás est un moine métis, issu de la même noblesse que Chimalpahin et descendant d'un seigneur de Chalco-Amecameca, don Juan de Sandoval Tecuanxayacatzin Teohuateuctli. C'est l'archevêque de Mexico en personne, fray García Guerra, qui célèbre la messe. Ce petit événement mondain nous rappelle, s'il en était besoin, que Mexico est aussi une ville métisse[5].

Qu'un chroniqueur indien s'intéresse de près aux élites de sa province natale et à ce qui se passe dans la ville où il réside, rien là que de fort banal. Conquise par Cortés en 1521, Mexico, capitale du royaume de la Nouvelle-Espagne après avoir été celle de l'empire mexica, à l'orée du XVIIe siècle, était l'une des métropoles les plus prospères du monde hispanique. Que Chimalpahin s'attarde sur la fête de la béatification de saint Ignace de Loyola n'est guère plus surprenant, encore que la fête s'inscrive dans un contexte autrement plus vaste qui évoque les liens qu'entretenait Mexico avec Rome, *itzonteconpa yn cemanahuatl*, la « capitale du monde ». On s'attend moins, en revanche, à ce que Chimalpahin enregistre une nouvelle parvenue, *via* l'Espagne, de ce royaume lointain, de ce pays rival et religieusement suspect qu'est la France des Bourbons.

Lectures d'un crime

Comment interpréter la réception de pareille nouvelle ? Au XIXe siècle, l'historiographie française avait fait du règne d'Henri IV une étape cruciale de la naissance de la France moderne. L'assassinat du bon roi sonnait le glas d'une politique de tolérance et de paix, et le geste criminel de Ravaillac était le symbole du fanatisme. Au XXe siècle, dans une Sorbonne encore épargnée par les turbulences de mai 68, le professeur Roland Mousnier déchiffrait dans l'attentat la marche de l'absolutisme[6]. À la fin du XXe siècle, vu des États-Unis et passé au crible de la critique post-moderne, l'événement suscite des commentaires moins hexagonaux, mais pas moins exaltés. Il est devenu l'une des étapes emblématiques de la modernité, le seuil entre une première phase humaniste, dominée par Érasme et Montaigne, et une deuxième, portée par la théorie et le rationalisme de Descartes[7]. Pour Stephen Toulmin, il existerait un lien fort « entre l'assassinat d'Henri et la réception de la pensée cartésienne ». Manifestation de l'échec et de la fin de la Renaissance, signe de l'abandon sans retour des positions sceptiques d'un Érasme, d'un Rabelais ou d'un Montaigne, l'attentat du 14 mai et la guerre de Trente Ans sonneraient l'entrée brutale dans l'âge classique et la modernité cartésienne.

Que le retentissement de l'événement puisse dépasser les frontières du Vieux Monde[8] et atteindre d'autres continents n'effleure pas plus le chercheur américain que le maître de la Sorbonne. Histoire événementielle, fût-ce la plus attentive, ou lecture post-moderne, les deux approches s'accordent à réduire le monde à l'Europe occidentale[9].

Une culture historique et une longue tradition d'ethnocentrisme n'incitent guère en effet à prendre en compte le regard des autres, moins encore celui d'un chroniqueur indien du Mexique espagnol : l'usage ne veut-il pas que ce soit l'Europe qui regarde le reste du monde, et non celui-ci qui l'observe ? L'angle mexicain se révèle pourtant aussi instructif que l'angle français ou européen. Mais quelle portée accorder à la réception de cet épisode au Mexique ? Et d'abord, quels sont les faits qui parviennent à l'oreille de Chimalpahin ? Sur plusieurs détails, sa version s'écarte de la version canonique de la mort d'Henri IV. Le nonce n'était pas de la promenade ; la reine Marie de Médicis avait été couronnée la veille ; c'est en écoutant la lecture d'une lettre, et non en la recevant des mains de son meurtrier, qu'Henri IV essuie le coup de grâce[10]. Ravaillac était bien un « homme du peuple », comme l'écrit Chimalpahin, mais pas « un de ses serviteurs et de ses pages[11] ». Le chroniqueur indien insiste sur l'origine populaire de Ravaillac en employant la formule nahuatl *amo pilli amo cavallero çan cuitlapilli atlapilli*[12], qu'il avait aussi appliquée à Antonio Valeriano, le premier gouverneur plébéien des Indiens de la ville de Mexico. Elle pouvait donc parfaitement désigner un Ravaillac qui avait été « clerc et valet de chambre », et dont les parents « vivaient d'aumosne, la plupart du temps[13] ». La nouvelle partie de Paris, parvenue à Madrid, puis à Séville, pour aboutir enfin à Mexico, se modifie donc en cours de route, même si pour l'essentiel le récit mexicain reste fidèle aux faits. Elle nous révèle à quelle vitesse l'information traverse l'Océan : c'est en moins de quatre mois – 14 mai/8 septembre – qu'elle parvient au cœur du royaume de la Nouvelle-Espagne.

Quel fut l'impact de la nouvelle à Mexico ? Pour la seconde fois en un peu plus de vingt ans, un monarque français périssait sous le couteau d'un régicide[14]. Pour les élites de la ville, l'horreur suscitée par le meurtre d'un souverain légitime et catholique n'était sans doute pas dépourvue d'arrière-pensées. Peut-être même s'y mêlait-il une secrète satisfaction, tant la conversion du roi de France était loin d'avoir convaincu les autres puissances catholiques. Henri IV ne se préparait-il pas à reprendre les armes contre les alliés de l'empereur et de l'Espagne[15] ? Au demeurant, l'intérêt pour les affaires de France n'était pas nouveau à Mexico : il semble qu'en 1600 l'imprimeur Antonio Ricardo y ait publié un livre sur le siège de Paris, *El Cerco de París por Enrico de Borbón*, en tout ou en partie dû au chanoine et poète Bernardo de la Vega[16]. L'émoi que provoqua un acte aussi sensationnel avait également de quoi intéresser un Chimalpahin qui suivait l'histoire dynastique européenne, comme en témoignent les dernières pages de sa *Huitième Relation*[17].

Mais ce n'est pas la réception de l'événement qui retiendra notre attention, ni la manière dont le récit de l'assassinat s'est adultéré entre l'Europe et les Indes occidentales. On préférera en faire le point de départ d'une interrogation sur les horizons intercontinentaux que dévoile l'annonce à Mexico de la mort du roi de France et sur les liens que la Nouvelle-Espagne entretenait avec le reste du monde.

Un Indien peut-il être moderne ?

Pourquoi un chroniqueur local, *a priori* « enfermé » dans sa langue et son univers indigènes, a-t-il donc éprouvé le besoin de consigner le drame parisien ? La curiosité personnelle n'explique pas tout. Son *Journal* est peut-être emblématique d'une autre « modernité » qui ne se confondrait pas avec la marche irrésistible vers l'absolutisme, et moins encore avec la rationalisation de la pensée européenne – Montaigne relayé par Descartes. Elle ferait affleurer un état d'esprit, une sensibilité, un savoir sur le monde nés de la confrontation d'une domination à visée planétaire avec d'autres sociétés et d'autres civilisations.

Un Indien peut-il être moderne ? Sans doute faut-il donner à ce terme une résonance particulière en commençant par interroger les jugements de notre mémorialiste. Quand Chimalpahin évoque des usages indigènes, comme le calendrier ou les croyances liées aux éclipses, il les rapporte toujours aux *huehuetque*, aux « anciens ». Cependant, il ne le fait plus en héritier fidèle de la tradition amérindienne, mais comme un lettré chalca qui a choisi le christianisme, et tient à se démarquer de son passé sans jamais pour autant l'oblitérer. C'est sa manière à lui de se poser en « moderne ». Son explication de l'éclipse de soleil du 10 juin 1611 vaut son pesant d'or[18]. Elle figure aussi dans le *Journal* qu'il nous a laissé. Reprenant les propos des « astrologues » et des « philosophes » européens, il expose leur interprétation du phénomène[19]. Ce qui le conduit à critiquer ouvertement les anciens : « Nos aïeux les anciens, qui étaient encore païens, ne savaient rien de cela et c'est pour cette raison qu'ils étaient si troublés[20]. » Mais il n'oublie pas pour autant de rappeler que les sages européens s'étaient eux-mêmes trompés dans leurs calculs : au lieu de se produire comme prévu entre 11 et 14 heures, l'éclipse se fit attendre jusqu'à 14 h 30, semant la panique dans la grande cité. Cette double distance prise par rapport à l'ignorance des anciens et aux erreurs des Européens[21] est l'un des indices de cette modernité planétaire que nous nous attacherons à cerner au fil de ces chapitres.

Les habitants de Mexico ne sont pas seuls à s'intéresser au souverain français. À la même époque, de l'autre côté du Pacifique, des peintres japonais représentent le roi Henri IV en compagnie d'autres princes du monde[22], contribuant à leur façon à la circulation planétaire des choses européennes. Le monarque, vêtu de rouge, caracole sur un cheval noir sous un ciel d'or. À gauche, l'empereur Charles Quint ; à droite, le Grand Turc et le roi d'Éthiopie (ou du Congo ?). Les quatre souverains incarnent les royaumes d'un globe où manque encore l'Amérique. Inspirée de gravures flamandes, la scène se déroule sur un pont lancé au-dessus des eaux sombres. La passerelle relie les différentes parties du monde. Comme le suggèrent ce paravent de Tokyo et le *Journal* de Chimalpahin, de Paris à Mexico ou d'Anvers à Nagasaki, des images et des nouvelles de France circulaient et faisaient le tour de la terre. Sur d'autres paravents ou *byobu* exécutés à la même période, entre 1600 et 1614, les amateurs japonais pouvaient admirer une spectaculaire interprétation de la bataille de Lépante (7 octobre 1571) ou s'interroger sur des cartes du monde qui métamorphosaient les travaux du géographe Ortelius en d'immenses compositions multicolores[23]. Comme Chimalpahin, les artistes japonais et leurs nobles clients perçoivent la planète à travers la représentation que s'en font les Pays-Bas espagnols et qu'exportent les Ibériques. À ceci près que le chroniqueur mexicain eut également le privilège de voir des Japonais arriver en chair et en os dans la ville de Mexico.

Le Japon de tous les espoirs

Si, en cette première décennie du XVIIe siècle, la capitale de la Nouvelle-Espagne ne reste pas sourde à des événements qui se déroulent de l'autre côté de l'Atlantique, c'est qu'elle appartient à un monde qui déborde de toutes parts la vallée de Mexico, et qui ignore autant les limites du Mexique que celles des Indes occidentales, un monde qui s'ouvre sur les « quatre parties » du globe et sur lequel régnait un roi,

Philippe III, que Chimalpahin appelait dans sa langue nahuatl le *Cemanahuac Tlahtohuani*, le « Souverain universel ». Toute l'œuvre du chroniqueur regorge de notations qui dessinent un imaginaire planétaire dont les repères nous paraissent souvent inattendus. Deux mois après avoir évoqué l'assassinat du roi de France, le 15 novembre 1610, Chimalpahin braque son regard vers le Japon et note : « Don Rodrigo de Vivero, venant du Japon, près de la Chine, a fait son entrée dans la ville de Mexico [...]. Il s'était égaré sur la mer lors de son retour sur Mexico et il a perdu toute sa cargaison, mais une tempête a jeté son navire sur les côtes du Japon ; don Rodrigo est arrivé devant l'empereur du Japon, il a conversé avec lui et s'est fait son ami, [tant et si bien que l'empereur] lui a prêté la fortune que Rodrigo a rapportée à Mexico, et il a en outre amené quelques Japonais avec lui[24]. »

Un mois plus tard, à l'occasion de l'ambassade japonaise qui traverse Mexico, Chimalpahin relate les négociations de Rodrigo de Vivero avec les Japonais, avant de nous décrire ces êtres jamais vus, défilant fièrement dans les rues de la ville[25]. « Tous étaient habillés comme ils s'habillent là-bas avec une sorte de gilet et une ceinture autour de la taille, où ils portaient leur *katana* d'acier, qui est une sorte d'épée ; ils avaient aussi une mantille ; les sandales qu'ils chaussaient étaient d'un cuir finement tanné, qu'on appelle peau de chamois, c'étaient comme des gants pour les pieds. Ils ne se montraient pas timorés, ce n'étaient pas des gens calmes ou humbles, ils avaient au contraire l'aspect d'aigles féroces. Leur front brillait, car ils se rasent la moitié du crâne ; leur chevelure partait des tempes et faisait le tour de la tête jusqu'à la nuque ; ils avaient les cheveux longs, car ils se les laissent pousser jusqu'aux épaules, en n'en coupant que les pointes ; ils ressemblaient un peu à des jeunes filles, car ils se couvraient la tête ; des cheveux pas très longs de la nuque, ils faisaient une petite tresse [en arrière] ; et comme ils avaient la moitié de la tête rasée, ils donnaient l'impression de porter la tonsure. Ils n'avaient pas de barbe et leurs visages étaient féminins, car ils étaient lisses et pâles ; voilà comment étaient physiquement les Japonais, qui n'étaient pas très grands, comme tous ont pu l'apprécier[26]. »

Ce n'est pas la première fois que Chimalpahin s'intéressait à l'archipel nippon. Dès décembre 1597, son *Journal* se fait l'écho de l'annonce à Mexico d'un épisode tristement célèbre en Occident : l'exécution des martyrs de Nagasaki, le 5 février de la même année[27]. Six franciscains déchaux espagnols avaient été suppliciés par les Japonais : « Ils sont morts crucifiés les mains clouées sur une croix et d'autres chrétiens alors ont aussi péri, car ils les ont tués ensemble ; cela s'est fait sur les ordres de l'empereur du Japon[28]. » Les dépouilles des martyrs arrivèrent dans la capitale de la Nouvelle-Espagne un an plus tard, en décembre 1598[29]. Un sanctuaire de la Nouvelle-Espagne en garde quelques traces peintes. Tout indique que les grandes fresques du couvent de Cuernavaca ont été exécutées à cette époque, à partir de peintures faites à Macao[30]. Il est vrai que si la Monarchie entretenait des ambitions universelles, le maître du Japon d'alors, Hideyoshi, qui disposait de l'une des meilleures armées d'Asie, ne manquait pas de projets grandioses. En 1591, il avait fait savoir au vice-roi de l'Inde son intention de s'emparer de la Chine et, dans une autre lettre adressée au gouverneur de Manille, il annonçait qu'il avait conquis les îles Ryukyu et qu'il souhaitait dorénavant soumettre l'empire céleste. Un an auparavant, il avait même ajouté l'Inde à son programme de conquête[31].

Seize ans plus tard, le 4 mars 1614, une deuxième ambassade japonaise fait son entrée solennelle dans la capitale de la Nouvelle-Espagne. Elle allait à Rome visiter « le saint père Paul V et prêter obéissance à la sainte Église, car tous les Japonais veulent se faire chrétiens[32] ». Des détails intriguent le mémorialiste, comme ces « pieux minces et noirs » que portent les envoyés : « Est-ce que ce seraient leurs lances ? Que signifient-elles ? Sont-ce [les insignes] qui précèdent les seigneurs au Japon[33] ? » Le Mexique indigène découvre des nouveautés lointaines, mais cette fois elles ne lui viennent pas d'Europe. Un an auparavant, en avril 1613, la foule des Parisiens s'était pressée pour admirer les ambassadeurs tupinambas du Brésil avec la même curiosité que les habitants de Mexico pour les émissaires japonais. Petite planète où les Asiatiques débarquent au Mexique après que les Amérindiens du Brésil ont foulé le sol de Paris ! La synchronisation des hommes et des sociétés était en bonne voie.

Notre chroniqueur cite peu la France dans son *Journal*, preuve qu'à cette date le royaume du bon roi Henri était encore loin de monopoliser l'attention du vaste monde. Chimalpahin a bien davantage les yeux tournés vers le continent de toutes les espérances, cette Asie chinoise et japonaise dont la conversion au catholicisme paraissait imminente. L'ambassade de 1614 a d'ailleurs suscité l'enthousiasme général. Cette nouvelle chrétienté semblait à deux doigts de se libérer des griffes du diable et des filets de l'idolâtrie : « Tous les Japonais veulent se faire chrétiens[34], écrit Chimalpahin. Plaise à Dieu Notre Seigneur que tout se passe bien, qu'en eux s'affirme constamment la grâce divine comme ils le désirent et le souhaitent, et si réellement ils viennent de leur entière volonté, que Dieu Notre Seigneur les aide et les sauve pour qu'en Sa présence ils puissent être et vivre éternellement. Amen. » Les gens de Mexico imaginent les autorités japonaises dans les meilleures intentions à l'égard du roi d'Espagne – ne lui proposaient-elles pas sans relâche « de ne pas faire la guerre, mais de s'estimer » ? Les perspectives spirituelles et commerciales qui s'ouvraient aux deux royaumes les enchantaient. La paix ne permettrait-elle pas aux « Japonais de venir à Mexico vendre et faire du commerce[35] » ? En attendant, le 9 avril 1614, vingt Japonais se firent baptiser dans l'église de San Francisco, moins d'un siècle après les premiers baptêmes en terre mexicaine. Qui pouvait alors se douter que les voies du Ciel et du commerce se refermeraient en même temps, et qu'en s'isolant du monde occidental le Japon des Tokugawa tournerait le dos à Dieu et à la Nouvelle-Espagne[36] ?

Le monde selon Chimalpahin

L'univers de notre chroniqueur ressemble à celui des lettrés européens, revu par un œil indigène passablement hispanisé. Un monde qui se compose de quatre parties, comme il le rappelle dans sa *Deuxième Relation*, lorsqu'il interrompt le récit de l'origine d'Aztlan, la cité mythique d'où étaient sortis les Aztèques : « Disons un peu, afin de rassurer les cœurs, quelle est la grandeur des mers et des terres. » Les explications qu'il livre sont presque littéralement reprises d'un ouvrage publié à Mexico en 1606, le *Repertorio de los Tiempos* de Heinrich Martin[37]. « Toutes les terres du monde qu'on a découvertes jusqu'ici se divisent en quatre parties. Que le sachent ceux qui verront ce papier écrit : la première, c'est l'Europe, la deuxième, c'est l'Asie, la troisième l'Afrique et la quatrième le Nouveau Monde[38]. » Le monde de l'Indien Chimalpahin a une « capitale mondiale », Rome, et un « seigneur universel », le roi d'Espagne. Sa cartographie mentale effleure le Portugal, privilégie l'Espagne et Rome, et pour des raisons éminemment personnelles, l'Italie et la France, terres d'origine des moines de San Antonio Abad, auquel il est lui-même lié car il s'occupe de leur chapelle[39]. En l'entraînant sur la trace de ces religieux, sa plume le projette vers des terres toujours plus éloignées, « en Orient, en Grèce, dans les deux Arménies, la Grande et la Petite, en Moscovie et en Éthiopie qui est le royaume de celui qu'on appelle le Prêtre Jean ». Son Amérique s'étend du Nouveau-Mexique au Pérou en passant par la Californie, la Floride, Cuba, Santo Domingo, le Guatemala, le Honduras[40]. Son Asie embrasse les Philippines, Cebu, les Moluques, le Japon, la Chine. Sur cette carte du monde, reconstituée à partir des notations de son *Journal*, brillent quelques absents de taille, comme l'Afrique occidentale, le Maghreb ou l'Inde. Mais d'autres écrits du chroniqueur corrigent ces lacunes en décrivant une Afrique qui court « de Fez, du Maroc, de Tunis et Tlemcen » au cap de Bonne-Espérance *via* la Libye, le Cap-Vert et la « Terre des Nègres[41] ». S'y profile une Asie forte de l'« Inde du Portugal » et de la « Grande Chine », de la « Perse du Sofi », de l'empire des Tartares et de celui du Grand Turc[42]. Quantité de références livresques plus ou moins passivement enregistrées se mêlent à de réels intérêts personnels pour certaines parties du monde. Les pays étrangers qu'il énumère ne sont pas forcément des noms vides sur des listes qu'il recopie. Témoin sa brève histoire des pays européens au XVIe siècle, retracée à travers les grands mariages princiers de la Renaissance qui n'ont aucun secret pour lui. Mais on ne saurait s'y méprendre : ce sont les règles de succession, et non les secrets d'alcôve, qui captivent le chroniqueur chalca[43].

Chimalpahin est-il un cas exceptionnel ? Né en 1579, dans la vallée de Mexico, il appartient à la petite noblesse indienne de province. Arrivé tôt dans la capitale de la Nouvelle-Espagne, il a reçu une éducation de qualité, probablement auprès des franciscains, et fréquente des cercles ecclésiastiques. Dès 1593, en qualité de convers, il a la charge de l'ermitage *extra muros* de San Antonio Abad, à Xoloco, au sud de la ville[44]. Cette chapelle est liée à l'ordre des Antonins, des chanoines réguliers que Chimalpahin rêve de voir s'implanter en Nouvelle-Espagne. Ses obligations lui laissent assez de loisirs pour mener à bien son œuvre d'historien, alternant « enquêtes de terrain », lecture et écriture. Ses origines sociales sont honorables, sans être prestigieuses, et les fonctions qu'il occupe semblent relativement modestes. Chimalpahin n'appartient pas à l'aristocratie mexica ni même au milieu des notables indigènes qui se partagent le gouvernement des Indiens de Mexico et ont toutes les raisons d'être mieux informés que lui des affaires de la ville, de l'Espagne et du monde. Plusieurs d'entre eux avaient eu l'occasion de voyager entre l'Espagne et le Mexique. Mais Chimalpahin a pour lui ses exigences de chroniqueur et son goût immodéré pour l'écriture. Elles expliquent la richesse de ses références, la diversité de ses intérêts, l'étendue et les limites de ses connaissances. Mais ces limites mêmes font aussi tout le prix de son témoignage : sorti des sources indigènes qu'il exploite de main de maître, c'est moins un historien qu'un compilateur d'informations qui recueille inlassablement tout ce qui circule à Mexico : livres, manuscrits, conversations, rumeurs. D'où une pluie de références classiques – Platon, Diogène Laërce, Sophocle, Lactance, saint Augustin… – qu'il assène avec la même tranquille assurance que ses collègues européens, métis ou créoles, et son habitude, en son temps des plus courantes, de piller les contemporains. Une de ses sources favorites est le *Repertorio de los tiempos* (1606), ce traité d'astronomie qui offrait quantité de données sur l'histoire et la géographie universelles.

C'est pourquoi son témoignage nous livre une image assez fidèle de la manière dont un habitant de la capitale, curieux et passablement informé des choses de son temps, se représentait le monde. Chimalpahin est loin de disposer des informations politiques que détiennent l'entourage du vice-roi, le haut clergé, les inquisiteurs ou les juges de l'audience, pas plus qu'il n'a accès aux connaissances qui circulent entre les marchands portugais, italiens et espagnols. Mais, en dehors des sujets qui le touchent directement – l'histoire de sa seigneurie, l'histoire universelle et l'ordre de saint Antoine –, il capte tout ce qui intéresse les milieux aisés sans rien négliger de ce qui divertit ou épouvante les foules de la capitale mexicaine : potins locaux[45], fêtes, « joyeuses entrées », tremblements de terre[46], inondations, éclipses, jusqu'aux averses de neige sur les grands volcans qui surplombent la vallée[47].

« Un royaume universel »

L'Indien Chimalpahin est un écrivain métis. Son esprit et sa plume mêlent des traditions, des idées et des mots qui viennent au moins de deux univers : la société amérindienne et l'Europe occidentale. Voire d'un troisième, lorsqu'il s'interroge sur les réactions des Noirs du Mexique, ou même d'un quatrième, quand il introduit dans son récit des termes japonais et spécule sur le sens des coutumes nippones[48]. La manière dont il désigne le roi d'Espagne est révélatrice de ces mélanges. Dans son *Journal*, Philippe II apparaît sous le nom de *Cemanahuac Tlahtohuani*, « Seigneur universel[49] ». Au gré d'une de ces opérations dont la pensée métisse est coutumière[50], le chroniqueur indigène combine et recycle des termes de sa langue, le nahuatl, empruntés au passé et à la cosmologie préhispanique, pour désigner une forme inédite de pouvoir : celui dont dispose le roi d'Espagne depuis qu'il gouverne le « royaume universel » (*altepetl cemanahuac*[51]), c'est-à-dire la Monarchie catholique.

Déjà, en 1566, dans une lettre en latin adressée au roi Philippe II, un aristocrate mexica, don Pablo Nazareo, enrichissait la titulature du souverain en le gratifiant d'un exotique et claironnant *Chinae Novi Mundi Regi*[52]. Les titres accordés par l'aristocratie mexicaine à Philippe de Castille ne sont pourtant pas des élucubrations indigènes. La même année, l'augustin Andrés de Urdaneta ne se gêne guère pour affirmer que l'Espagne possédait « la plus grande et la meilleure partie de la Chine ainsi que les îles des Ryukyu et des Japonais[53] », ce qu'une bonne dizaine d'années plus tard confirme le Galicien Bernardino de Escalante : « Ce grand royaume [la Chine] échoit dans le district de la conquête de notre Roi Catholique[54]. »

Les métissages sont indissociables des contextes où ils se développent, et ceux-ci sont multiples et changeants. Chimalpahin réagit d'abord aux attentes du milieu dans lequel il a vécu et que l'on pourrait circonscrire à la ville de Mexico, voire à sa chapelle de San Antonio Abad, à ce cercle confortable et policé de moines et de curés parmi lesquels il coulera la plus grande partie de ses jours. Homme de la ville, Chimalpahin est également fort attaché à sa région d'origine, le sud de la vallée de Mexico qu'a longtemps dominé la seigneurie indigène dont il est issu, Chalco-Amecameca. Ce qui ne l'empêche pas de franchir en pensée les océans. Autant parce qu'il est soucieux d'inscrire l'histoire de sa seigneurie et de Mexico dans une histoire universelle et divine[55] que parce qu'il est sensible au monde de son temps.

Dans la notice qu'il consacre à la mort de Philippe II, en traduisant en nahuatl l'idée de « seigneurie universelle », Chimalpahin exprime clairement la conscience qu'il a d'appartenir à la Monarchie catholique, c'est-à-dire à un système politique qui réunissait alors les possessions de l'Espagne et celles du Portugal sous le sceptre du roi Philippe. Depuis 1580, en effet, la même dynastie régnait sur une partie de l'Europe, les côtes de l'Afrique, Goa, Macao, les Philippines ; elle dominait l'Amérique, de la Terre de Feu au Nouveau-Mexique. Ses vaisseaux étaient les maîtres de l'Atlantique, sillonnaient l'océan Indien, traversaient le Pacifique. Anticipant de nouvelles extensions, et tout prêts à vendre la peau de l'ours, des sujets de la Monarchie avaient même tendance à transformer ces avancées dans les « quatre parties du monde » en seigneurie universelle ou en suprématie mondiale. Ce que fait Chimalpahin dans sa notice sur la disparition de Philippe II, et il n'est pas le seul. On rencontre la même affirmation en Espagne[56] – ou en Italie sous la plume d'un illustre contemporain, Tommaso Campanella, à sa manière aussi un observateur périphérique de la Monarchie. À l'aube du XVIIe siècle, le moine calabrais s'enflamme en évoquant l'immensité de la « monarchie d'Espagne [qui] suscite l'admiration et se montre d'une grande hardiesse, [...] d'autant qu'elle a subjugué tant de mers et qu'elle a fait le tour complet du monde en peu de temps, avec plus d'art et de hardiesse que n'en montrèrent les Tyriens, les Carthaginois et Salomon[57] ».

Si Chimalpahin possède une perception livresque de la planète qui se moule dans le schéma européen des « quatre parties du monde », les autres continents sont bien davantage pour lui qu'un cadre imaginaire. Son expérience personnelle, son existence au jour le jour l'immergent dans une ville de près de cent mille habitants, Mexico, où coexistent Espagnols, Portugais, Flamands, Indiens, métis, mulâtres et Noirs d'Afrique[58], sans compter des Français, des Italiens et même quelques centaines, voire un millier d'Asiatiques débarqués des Philippines, de la Chine ou du Japon. Une société coloniale où les rapports entre les groupes ethniques étaient problématiques et toujours susceptibles d'être remis en question, comme cela faillit être le cas en 1609, ou en 1612, quand, pris de panique, les Espagnols redoutèrent d'être massacrés jusqu'au dernier par leurs esclaves africains[59].

On ne saurait donc traiter de Chimalpahin et de la Nouvelle-Espagne sans prendre en compte ces dimensions planétaires. Celles-ci ne sont d'ailleurs pas si inattendues puisque l'étude des phénomènes d'acculturation, des syncrétismes religieux et des images métisses dans le Mexique espagnol n'a cessé de nous confronter au choc et au croisement des mondes[60]. Dans les textes comme dans les peintures, quantité d'êtres et d'objets juxtaposent ou mélangent des traits venus d'Europe et d'ailleurs[61]. Cette alchimie des métissages artistiques confirme l'intensité des circulations et nous projette à travers les espaces et les temps, dévoilant des paysages mélangés, souvent déroutants, toujours imprévisibles.

Des « histoires connectées[62] »

Comment concevoir les circulations et les rapports entre des mondes et des histoires multiples quand l'européocentrisme, si ce n'est le provincialisme, le dispute au goût pour l'exotisme et le primitif pour entraver ou parasiter la lecture des passés non européens ? Les travaux des historiens de l'Europe occidentale ne nous aident guère à regarder au-delà des limites de cette portion du monde, et leurs confrères latino-américains restés souvent attachés à des frontières héritées du XIXe siècle ne nous apportent pas davantage d'air frais[63]. Quant aux spécialistes de l'histoire mondiale, ou *World History*, si leur exemple nous encourage à franchir les vieux horizons nationaux, leur démarche elle non plus n'est pas toujours dénuée d'ethnocentrisme[64]. Jugé intellectuellement réducteur et suspect d'intentions hégémoniques, l'ethnocentrisme européen a fait l'objet outre-Atlantique d'attaques en règle[65]. Ces critiques donnent d'autant plus à réfléchir qu'elles sont souvent en grande partie méritées. Mais une autre raison, autrement plus puissante, milite aujourd'hui pour l'élargissement de nos imaginaires. La progression de la mondialisation est en passe de modifier les formats habituels de notre pensée. Ce sont nos façons de revisiter le passé qui s'en trouvent inexorablement bouleversées. Des échanges de toutes sortes se développent entre les différentes parties du globe, qui mettent radicalement en question la centralité de notre Vieux Monde et de ses conceptions. L'évolution des techniques, l'accélération des communications, mais également la création artistique sous toutes ses formes ne cessent de nous renvoyer jour après jour à ces questionnements. La production cinématographique asiatique de ces dernières années, pour ne prendre qu'un exemple, bouscule toutes nos notions de tradition et de modernité. « Que le monde chinois modernisé, sans renier ses origines et ses singularités, puisse être porteur "naturellement" des valeurs formelles vers lesquelles tend la modernité cinématographique est une étrange promesse, pas seulement pour le cinéma[66]. »

Pareil défi implique qu'on se méfie des historiographies nationales qui se sont trop longtemps ingéniées à éluder ces circulations en imperméabilisant leurs frontières. Témoin celles qui séparent encore le Portugal de l'Espagne et qui ont poussé ces blocages jusqu'à la caricature[67]. Les distances creusées par des générations d'historiens entre les passés des deux pays ibériques expliquent qu'on a peine à comprendre aujourd'hui que de grands textes espagnols[68] aient pu être publiés à Lisbonne avec des « licences » portugaises avant de l'être en Castille ou que des Portugais aient exercé des responsabilités dans l'Amérique espagnole[69]. Ces cloisonnements se répercutent sur les divisions de l'Amérique latine, coupant le Brésil d'une Amérique hispanique, à son tour fragmentée en une kyrielle d'histoires nationales nées des indépendances du XIXe siècle. Plus récentes et plus captieuses encore, les rhétoriques de l'altérité – le discours ou le regard sur l'Autre, la vision de l'Autre... – dressent des obstacles aussi redoutables que les pesanteurs et les enfermements des historiographies locales. Des différences et des distances souvent exagérées, réifiées et parfois même imaginées de toutes pièces finissent par enterrer les continuités, escamoter les coïncidences ou les passages qui rendaient viable au jour le jour la coexistence entre les êtres et les sociétés[70]. Quant à la vogue de la micro-histoire – ou de la micro-ethnohistoire –, elle n'a guère contribué à élargir nos horizons.

Comment parvenir à remettre ensemble des éléments apparemment aussi disparates que l'assassinat du roi Henri IV, l'écriture indienne dans le Mexique espagnol et l'intérêt des habitants de Mexico pour le Japon des Tokugawa ? En d'autres termes, comment reprendre l'étude des « désenclavements planétaires » (Pierre Chaunu)[71] ou des « recouvrements de civilisations » (Fernand Braudel)[72] ? Dans sa *Méditerranée*, Fernand Braudel avait déjà posé le « problème fondamental du contact des civilisations et des cultures[73] », quand il s'interrogeait sur les liens entre l'Europe chrétienne et l'islam turc, ces « recouvrements de civilisations » à l'œuvre aussi bien dans la péninsule Ibérique que dans celle des Balkans[74]. Pour comprendre pourquoi l'Indien chalca Domingo Chimalpahin s'intéresse au Japon des Tokugawa et à la France d'Henri IV, il faut donc réapprendre à franchir les océans en tirant profit, par exemple, des leçons d'une *World History*, si salutaire en temps de repli, mais sans en emprunter machinalement les voies, tant ses approches macro-historiques sacrifient l'étude en profondeur des situations et des êtres qui nous intéressent[75]. Les pistes d'une histoire culturelle décentrée, attentive au degré de perméabilité des mondes et aux croisements de civilisations, peuvent également se révéler fécondes, à condition qu'elle échappe aux carences habituelles de cette discipline. Ancrée dans la sphère de l'art et de la culture, cette histoire culturelle élargie ne prend tout son sens que dans un cadre plus vaste capable d'expliquer, au-delà des « histoires partagées[76] », comment et à quel prix les mondes s'articulent.

Les liens qui unissent un chroniqueur mexicain aux continents européen, asiatique ou africain montrent en effet que les circulations de la Renaissance ne se limitent pas à l'Europe et à son voisin ottoman. La question est donc planétaire. La présence d'un retable baroque au fond d'une chapelle indienne du Nouveau-Mexique ou l'insertion d'un terme japonais dans le nahuatl de Chimalpahin sont des données d'apparence microscopique, mais leur interprétation exige que l'on questionne le mode d'accrochage d'un monde à l'autre, sans se limiter aux liens que l'Europe occidentale a noués avec le reste du globe. Les rapports entre les arts européens et amérindiens, entre les mythologies du Vieux et du Nouveau Monde, relèvent d'une mécanique complexe. Ces phénomènes se développent en fait au sein d'un champ plus large, celui d'une histoire encore à construire et qui s'appuierait sur des *connected histories*, pour reprendre la formule de l'historien de l'Asie et du Portugal, Sanjay Subrahmanyam[77]. L'exhumation de ces « connexions » historiques peut servir à déjouer les approximations ou les *a priori* de l'histoire comparée, mais elle oblige aussi à admettre que les histoires sont multiples, même si souvent elles ont partie liée ou communiquent entre elles. Les univers que rassemble la chronique de Chimalpahin – l'Asie japonaise, l'Europe de Rome et de Paris, le Mexique profond de Chalco-Amecameca – sont impliqués dans des processus historiques de grande envergure qui dépassent largement les préoccupations de l'auteur et débordent le domaine de l'Histoire telle que nous l'entendons d'ordinaire, c'est-à-dire l'histoire occidentale. À première vue, la tâche est simple : il s'agit de dégager ou de rétablir les connexions apparues entre les mondes et les sociétés, un peu à la manière d'un électricien qui viendrait réparer ce que le temps et les historiens ont disjoint.

Un théâtre d'observation : la Monarchie catholique (1580-1640)

Reste à définir à quelle échelle, dans quel registre et dans quel espace intervenir pour analyser ces « contacts » ou ces « recouvrements ». En analysant les fresques et en visitant les ateliers des peintres indiens du Mexique dans la seconde moitié du XVIe siècle[78], nous avons découvert que la Fable antique, le style maniériste, la mode et la technique des grotesques servaient de liants et même d'attracteurs entre croyances amérindiennes et croyances chrétiennes. Entre les peintres *tlacuilos*, les nobles indigènes et les moines espagnols, à travers les motifs, les formes et les couleurs, nous avions dégagé une de ces innombrables « histoires connectées » qui éclairent la construction des sociétés coloniales en Amérique latine. Il est temps maintenant d'ouvrir d'autres enquêtes sur des horizons plus vastes, définis moins en fonction de découpages qui seraient les nôtres aujourd'hui – l'Europe occidentale, l'Amérique latine, le Mexique, le Pérou, le monde hispanique… – qu'à partir des ensembles politiques à visée planétaire qui ont existé à certaines époques du passé.

Les curiosités du chroniqueur Chimalpahin nous ont appris comment un lettré indigène pouvait se représenter l'un de ces ensembles planétaires, le vivre et le décrire. L'ensemble qui nous intéresse ici associe quatre continents et constitue une configuration politique que les contemporains appelaient la « Monarchie catholique ». La Monarchie réunissait d'immenses territoires sous le sceptre de Philippe II. À partir de 1580, l'« union des couronnes » ajouta le Portugal et ses possessions d'outre-mer à l'héritage de Charles Quint, diminué de l'empire ; des royaumes aussi distants que Naples, la Nouvelle-Espagne, le Pérou, des cités aussi disséminées sur le globe que Goa, Manille, Salvador de Bahia, Lima, Potosi, Anvers, Madrid, Milan, Naples se retrouvèrent ainsi sous le même souverain. Après Philippe II, ses successeurs Philippe III et Philippe IV domineront ce gigantesque espace jusqu'en 1640.

Pendant ce long demi-siècle, la péninsule Ibérique dans son intégralité, une bonne partie de l'Italie, les Pays-Bas méridionaux, les Amériques espagnole et portugaise, de la Californie à la Terre de Feu, les côtes de l'Afrique occidentale, des régions de l'Inde et du Japon, des océans et des mers lointaines composèrent la « planète philippine » sur laquelle toutes les demi-heures la messe était célébrée. Cet agglomérat planétaire se présente d'abord comme une construction dynastique, politique et idéologique dont les tenants et les aboutissants ont souvent été disséqués. L'héritage de l'empire romain et des expériences médiévales, les élans de la « conquête spirituelle », l'ombre troublante des messianismes y occupent autant de place que les alliances matrimoniales qui tournèrent en faveur des Rois Catholiques avant de profiter aux Habsbourg. Le hasard noua ou dénoua les combinaisons matrimoniales qui dès la fin du XVe siècle mettaient l'union des trois couronnes – Castille, Aragon et Portugal – dans l'ordre des choses à venir[79]. Faute de pouvoir s'inscrire dans la tradition impériale de l'Europe médiévale – Philippe II n'est pas empereur –, la domination philippine a cherché à fonder ses prétentions universelles sur son extension géographique – « les royaumes les plus étendus[80]... ». Les historiens des institutions nous ont beaucoup appris sur ces questions. Ceux de l'économie ne furent pas en reste, en montrant que la Monarchie catholique avait été le berceau d'une première économie-monde[81]. Mais ces travaux ne sauraient faire oublier d'autres facettes tout aussi universelles, à commencer par le déploiement planétaire des bureaucraties et des institutions qui toutes servaient la Couronne et l'Église[82]. Les réseaux tissés par les ordres mendiants, la Compagnie de Jésus, les banquiers italiens ou encore les hommes d'affaires marranes[83] reliaient également les quatre parties du monde sans se confondre avec la Monarchie. L'exploration de domaines apparemment moins stratégiques, qu'il s'agisse des manifestations littéraires, plastiques, architecturales ou musicales de la domination philippine, se révèle tout aussi riche. Elle découvre le rayonnement international du maniérisme, le premier art à s'être épanoui simultanément sur plusieurs continents à la fois.

La Monarchie catholique se singularise aussi par l'espace planétaire qui la constitue. Trop fragmenté et trop dispersé sur le globe pour se laisser aisément embrasser, cet espace a d'ordinaire été escamoté au profit d'approches centrées sur la Castille ou sur la Méditerranée occidentale[84]. Des études italiennes, souvent fort suggestives, négligent pareillement le poids des Amériques ibériques, du Portugal et de l'Asie portugaise dans les développements qu'elles consacrent au *sistema imperiale*[85]. La tâche, il est vrai, n'est guère aisée. Comme la Méditerranée de Fernand Braudel, la Monarchie catholique est un « personnage [...] complexe, encombrant, hors série, [qui] échappe à nos mesures et à nos catégories[86] ». Non seulement c'est une mosaïque planétaire constituée de pièces rapportées dont le nombre, la diversité et les articulations défient l'exploration, mais cet ensemble, qui mérite l'épithète d'éphémère sans doute autant que l'empire de Charles Quint, ne s'inscrit dans aucune longue durée. Ce conglomérat ne survivra pas à la révolte du Portugal en 1640[87].

Sans passé et sans précédent, dénuée de la moindre unité géographique, la Monarchie est à la fois enracinée sur des continents – les Indes occidentales – et installée sur les mers – l'océan Indien des Portugais[88]. Elle présente une autre singularité : elle multiplie les face-à-face avec les autres grandes civilisations du monde, en Amérique avec les anciens empires du Mexique et des Andes, en Asie avec la Turquie des Ottomans, l'Inde des Grands Moghols, la Chine des Ming, le Japon de l'ère Momoyama et des Tokugawa, en Afrique avec les royaumes de Guinée, l'empire du Mandimansa, l'empire du Mali et l'empire d'Éthiopie[89]. Partout sauf en Amérique, des Philippines aux côtes d'Afrique, elle affronte un de ses ennemis les plus irréductibles : l'islam.

L'espace de la Monarchie se distingue avant tout par les circulations planétaires qui s'y déploient et qui l'irriguent, par le brassage des hommes, des sociétés et des civilisations[90]. Dans toutes les parties du monde, la domination ibérique rapproche, met en rapport ou télescope des formes de gouvernement, d'exploitation économique et d'organisation sociale. Des temporalités sont tout à coup raccordées entre elles. Partout s'y confrontent brutalement des institutions religieuses et des systèmes de croyances que rien ne disposait à coexister. Le christianisme romain s'y oppose non seulement à l'islam, mais aussi à ce que les Ibériques appelaient les « idolâtries », désignant sous ce vocable aussi bien les cultes de l'Amérique et de l'Afrique que les grandes religions asiatiques[91]. S'y ajoute la lutte contre les judaïsants et les protestants qui partout accompagnent la Monarchie dans sa mobilisation planétaire. Depuis Goa, Mexico ou Lima, le Saint-Office de l'Inquisition dut apprendre à se mesurer à des milieux et à des immensités qui, à leur tour, transformèrent inexorablement les modalités et la portée de son action[92].

Métissages et domination planétaire

Les métissages sont en grande partie constitutifs de la Monarchie. Ils y sont omniprésents. Ce sont des phénomènes d'ordre social, économique, religieux et surtout politique, autant sinon davantage que des processus culturels[93]. L'approche « culturelle » ne saurait rendre compte de la multiplicité des domaines au sein desquels ils se développent. Comment, en

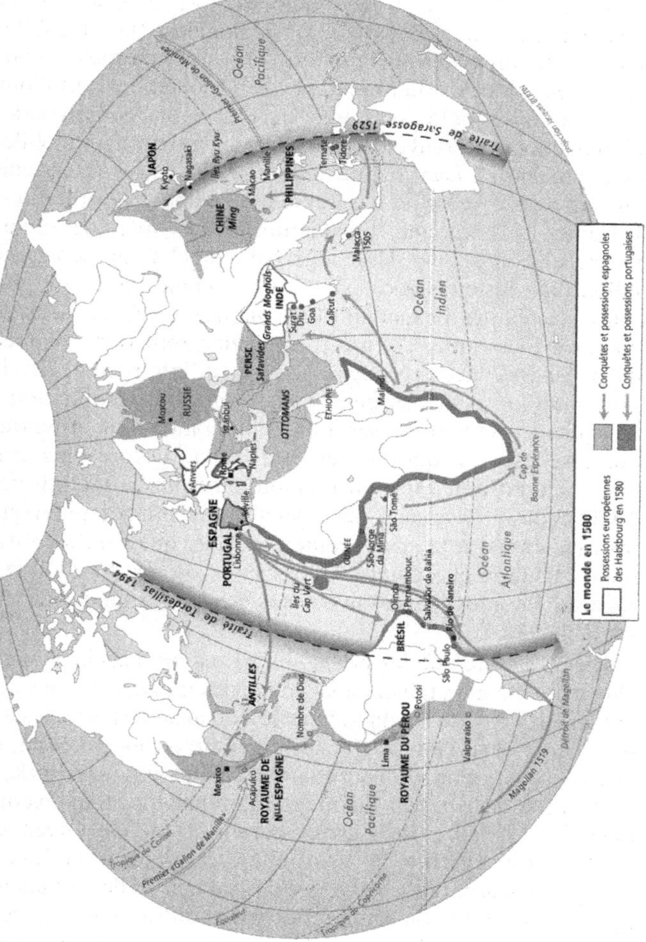

Le Monde en 1580, carte AFDEC

particulier, dissocier les métissages des rapports de force où ils surgissent ? Les entreprises de domination qui précipitent les métissages ou, à certains moments, les paralysent et les effacent, s'exercent à des échelles fort diverses. Elles peuvent être locales (Mexico), régionales (la Nouvelle-Espagne), coloniales (les rapports avec la métropole), mais également globales (la Monarchie). La Monarchie catholique et ses mondes mêlés sont ainsi parcourus par des myriades d'interactions qui renvoient à des formes multiples et mobiles de domination[94]. Dans quelle mesure ces liaisons s'inscrivent-elles dans une stratégie d'ensemble, si ambitieuse soit-elle ? L'Église, la Couronne, les administrations ibériques nourrissent-elles un grand dessein global auquel s'opposerait une infinité d'« histoires locales[95] » ? Ou sommes-nous en présence de réalités beaucoup plus complexes ? C'est dans ce contexte historique, et en reprenant une réflexion amorcée dans mes travaux précédents, que je m'interrogerai sur la prolifération des métissages – mais aussi sur leur limitation – dans des sociétés soumises à une domination aux ambitions universelles[96]. La question est sans doute encore plus cruciale aujourd'hui. Mise en relation généralisée, « clash des civilisations », brassage des sociétés, les thèmes renvoient invariablement à la scène contemporaine, que l'on identifie mondialisation et « empire américain », ou que l'on s'interroge sur l'homogénéisation des sociétés et des modes de vie sur la planète[97].

Rien n'assure que les processus à l'œuvre dans la Monarchie aient été directement à la source des transformations qui ont accompagné la fin du XXe siècle. La quête des origines est une vieille obsession de l'historiographie occidentale qui, si elle n'a pas perdu de son charme, atteint vite ses limites. L'exemple de l'Indien Domingo Chimalpahin nous encourage plutôt à visiter les « quatre parties du monde » avec les outils de l'historien et la curiosité du chroniqueur, et donc à dégager des archives, à extraire des images et des textes un autre passé, resté coincé entre les pages qu'ont reconstruites d'autres formes d'histoire. Ce passé, tissé d'« histoires connectées », s'il n'est pas plus révélateur ou plus authentique que les versions qui l'ont précédé, soulève des interrogations qui recoupent souvent les nôtres, avec la distance critique qu'imposent les siècles et les océans. Et ces questions débordent amplement le champ de l'économie, des technologies et de la communication dans lequel s'enferment habituellement les experts de la mondialisation contemporaine.

CHAPITRE II

« Sans cesse autour du monde »

Avec le Pérou, les Moluques et la Chine,
le Perse, le Scythe, le Maure,
et d'autres peuples, proches ou lointains,
avec la France, l'Italie et ses trésors,
avec l'Égypte, le Grand Caire et la Syrie,
la Taprobane et la Chersonèse d'Or,
avec l'Espagne, la Berbérie,
l'Asie, l'Éthiopie, l'Afrique, la Guinée,
la Grande-Bretagne, la Grèce, la Flandre et la Turquie,
avec eux tous [Mexico] commerce et correspond[1].

Ce tableau des trésors du globe et des routes commerciales qui sillonnent la planète a de quoi surprendre aujourd'hui. Il est tiré d'un poème de circonstance, *Grandeza mexicana*, écrit à la gloire de la ville de Mexico dans les toutes premières années du XVIIe siècle. Son auteur, que nous retrouverons souvent, est un Espagnol, Bernardo de Balbuena. Le poème est dédié à sa bien-aimée doña Isabel de Tobar y Guzmán et publié en 1604 dans la capitale de la Nouvelle-Espagne. Page après page, l'imagination de Balbuena nous entraîne dans un vertigineux tour du globe qui projette la métropole américaine au cœur de la scène planétaire :

L'argent du Pérou, l'or du Chili,
arrivent entre nos mains comme le clou de girofle
de Ternate et la cannelle de Tidor,
les toiles de Cambrai, le troc de Quinsay,
le corail de Sicile, le nard de Syrie,
l'encens d'Arabie et le grenat d'Ormuz,
les diamants de l'Inde et du Scythe vaillant,

les rubis et les fines émeraudes,
l'ivoire de Goa, le noir ébène du Siam,
le meilleur de l'Espagne, ce qu'offrent les Philippines
de plus exquis, Macao de plus précieux,
et des deux Javas des richesses sans pareilles[2].

Sous la plume de Balbuena, une cohorte de contrées lointaines, toutes plus prestigieuses les unes que les autres, gravitent autour de la cité mexicaine. À l'aube du XVIIe siècle, la ville de Chimalpahin sait cultiver son image. Ce n'est ni un morne bout du monde ni une périphérie d'Occident pétrifiée dans sa défaite, mais une métropole opulente qui échange et communique avec les autres parties de la planète[3]. Rêve de poète amoureux, candeur indigène ou projection locale de la mondialisation ibérique ?

La mobilisation ibérique

À coups d'explorations, de découvertes et de conquêtes, les empires espagnol et portugais se sont précipités tout au long du XVIe siècle dans une mobilisation militaire, religieuse et économique sans précédent. Ils ont violé « les limites interdites et osé sillonner les mers lointaines [...], ils ont percé les secrets cachés de la nature et de l'humide élément qu'il n'a été donné à aucun grand humain d'explorer[4] ». À l'aube du XVIIe siècle, pour le dominicain Tommaso Campanella, le mouvement ne pouvait que s'accélérer : « Pour maintenir l'union du Nouveau Monde avec nous, il faut lancer à la mer tant de cités de bois qu'il y en ait toujours à aller et venir d'eux à nous, en transportant des marchandises et des cargaisons de commerce d'une rive à l'autre et en faisant sans cesse le tour du monde [...]. Le roi d'Espagne a besoin de mille vaisseaux et d'autant de gens qu'il faut pour les diriger [...] afin de s'emparer rapidement de la seigneurie du Nouveau Monde, de l'Afrique, des îles et des côtes de l'Asie, de Calicut, de la Chine et du Japon[5]. »

En étendant leur domination politique et matérielle, Portugais et Espagnols n'ont cessé d'accumuler de nouvelles expériences et de nouveaux savoirs. Leur soif insatiable d'esclaves, de métaux précieux et d'informations de toutes sortes n'eut d'égal que leurs enthousiasmes évangélisateurs. Des centaines de milliers d'hommes et de femmes se sont déplacés, vivant l'émigration ou subissant la traite négrière, et avec eux s'est enclenché un mouvement vite incontrôlable des objets, des croyances et des idées. Les institutions ibériques se sont multipliées hors d'Europe et, à la fin du XVIe siècle, dans le Nouveau Monde, les villes et les bourgades fondées par les Européens se chiffraient déjà par centaines[6]. Il est significatif que l'un des historiens du domaine portugais qui ait le mieux perçu cette dynamique ait parlé d'un monde *on the move*[7].

Cette mobilisation à l'échelle planétaire projette les imaginaires des contemporains vers des horizons longtemps réputés inaccessibles, et ce mouvement emporte aussi bien des poètes comme Luís de Camões et Bernardo de Balbuena, des philosophes comme Tommaso Campanella, que des missionnaires comme saint François Xavier. Mobilisation davantage qu'expansion ou « dilatation », pour reprendre la formule de Camões quand il évoque « les glorieuses mémoires des rois qui ont dilaté la foi et l'empire[8] ». Le terme consacré d'expansion n'offre qu'une vision partielle et unidirectionnelle, pour ne pas dire européocentrique, des déplacements en chaîne impulsés par les Espagnols et les Portugais. C'est une mobilisation en profondeur en ce qu'elle déclenche des mouvements et des emballements qui se précipitent les uns les autres sur tout le globe[9] ; elle échappe même à l'emprise des hommes quand elle répand au fin fond des Amériques les microbes des autres parties du monde[10]. Et ce mouvement ne connaît pas de limite : alors que l'union des deux couronnes s'essouffle et touche presque à son terme, que les Ibériques ont déjà envahi bien d'autres régions de la planète, un enthousiaste de l'Amazonie, Cristóbál de Acuña, reprend l'antienne : « Un nouveau monde, des peuples neufs, des royaumes nouveaux, des tâches nouvelles, une nouvelle façon de vivre et, pour le dire en un mot, un fleuve d'eau douce navigable de plus de mille trois cents lieues, de sa source à son embouchure, regorgeant de choses nouvelles[11]. »

La mobilisation ibérique galvanise les subjectivités autant qu'elle lance vers l'inconnu les flottes et les armées ; elle infuse une force neuve aux vieux millénarismes, aux rêves et aux légendes. En reculant indéfiniment les horizons, en multipliant les confrontations et les décentrements critiques, elle relativise les savoirs des Anciens et du même coup planétarise l'Antiquité[12]. À force de mettre sur le même plan les sociétés préhispaniques de l'Amérique avec celles du monde antique, les écrits du dominicain Bartolomé de Las Casas étendent à la sphère planétaire une Antiquité recomposée qui bouscule les frontières des Anciens si chères aux humanistes. Chez les Portugais Garcia da Orta et Gaspar da Cruz ou chez l'Espagnol González de Mendoza, la Chine millénaire impose son inévitable présence face à la Grèce et à Rome. La mobilisation met tout autant en question les certitudes des Modernes accrochés au Vieux Monde. Pas plus le présent que le passé n'en sortent indemnes. Pas plus les objets que les idées et les imaginaires.

Penseur de la monarchie d'Espagne, Tommaso Campanella élabore à partir de la *navegazione* une véritable théorie de la « mobilisation catholique », de filiation messianique et millénariste. Avant lui, le Galicien Bernardino de Escalante avait construit son histoire de l'expansion portugaise en rendant compte de « la navigation que font les Portugais aux provinces de l'Orient ». Quant à l'histoire des découvertes du Portugais Antonio Galvão, elle décrivait les expéditions de Lisbonne vers l'Orient et de la Castille vers l'Occident comme un double mouvement qui enserrait progressivement le globe entre ses tenailles[13]. La mobilisation ne se déploie pas seulement sur la scène maritime, elle se manifeste aussi plus discrètement, au détour des pages d'un journal intime, dans le grand écart qu'effectue l'imaginaire de Chimalpahin entre la France d'Henri IV et le Japon des Tokugawa. À tous elle impose le grand angle, au médecin Garcia da Orta qui cherche à embrasser l'Asie de la mer Rouge aux Moluques, comme à Tommaso Campanella qui s'entraîne à faire le tour de la terre en esprit. Au cœur de l'une de ses comédies, Lope de Vega lance à son lecteur : « On peut parcourir le monde en passant par les terres de Philippe[14]. »

Le mouvement des hommes

À la Renaissance, des hommes et des femmes circulent par dizaines de milliers entre les quatre parties du monde[15]. Ce sont les premiers acteurs de cette mobilisation généralisée. Découvreurs et conquistadores, missionnaires et bureaucrates, marchands et aventuriers de tout poil, globe-trotters et déracinés traversent l'Atlantique entre l'Europe et l'Amérique. Entre 1506 et 1600, près de 250 000 émigrants seraient passés de la Péninsule au Nouveau Monde, et près de 200 000 dans les cinquante années suivantes[16]. La plupart ne reverront jamais leur terre natale. De même, les 250 à 300 000 esclaves africains, principalement venus de Sénégambie, du Congo et d'Angola. En 1600, 50 000 esclaves africains ont déjà foulé le sol du Brésil[17].

Pour certains, les déplacements conditionnent leur existence entière[18]. Au cours de sa carrière, le chroniqueur espagnol Gonzalo Fernández de Oviedo n'effectue pas moins de cinq aller-retour entre l'Espagne et les Indes occidentales. C'est vrai des Espagnols autant que des Portugais qui « se lancent comme des désespérés dans ces régions pour trouver de quoi vivre en suivant des chemins inattendus au milieu de tant d'épreuves et de périls[19] ». Leurs déplacements ne se limitent pas à des voyages entre l'Europe et l'Amérique puisque les flottes ibériques, castillanes et portugaises sillonnent « toute la surface de la terre[20] ». Un mouvement entraîne un autre mouvement, un horizon en découvre un autre, plus vaste encore. Les expéditions que Hernán Cortés lance sur le Pacifique sont à l'image de ces perpétuels levers de rideau. À peine le conquistador a-t-il mis la main sur le centre du Mexique que déjà il envisage de traverser la « mer du Sud » pour ouvrir la route des îles aux épices. Le vainqueur de Mexico n'atteindra jamais l'Asie, mais jusqu'à sa mort il monte des entreprises vers le Pérou et la côte nord-ouest de l'Amérique du Nord.

Un personnage de bien moindre envergure, Guido de Labezaris, dépourvu des moyens et des ambitions démentielles du conquérant du Mexique, fait preuve d'une mobilité encore plus spectaculaire. Guido quitte Séville pour s'en aller vendre des livres au Mexique. Là-bas, il se lance dans une entreprise minière avant de s'engager en 1542 dans l'expédition de Ruy López de Villalobos vers les « îles du Ponant ». L'expédition échoue, mais il survit à la traversée du Pacifique. Après d'interminables voyages, *via* Lisbonne et Séville, il regagne le Mexique, d'où il prend part à deux expéditions en Floride, avant de se réembarquer pour l'Asie comme trésorier des Philippines sur la flotte de López de Legaspi (1564). Il achève sa carrière dans l'archipel asiatique en se battant contre le corsaire chinois Limahong. Labezaris ne s'est pas contenté de courir le monde, il a introduit au Mexique « la racine de gingembre, qui est l'une des bonnes épices de l'Inde. Il l'a rapportée en grand secret de l'Inde de Portugal, où lui et ses compagnons ont été retenus prisonniers [...]. Il n'y avait que trois plants de gingembre et il y en a tellement aujourd'hui qu'on peut en remplir le monde entier[21] ». En 1574, Labezaris avait également envoyé à Philippe II une carte chinoise figurant l'empire du Milieu et le Japon, où se trouvaient des informations de première main sur la manière dont les Chinois se représentaient leurs voisins asiatiques[22].

Les Philippines attirent les globe-trotters. Au début du XVIIe siècle, un moine augustin qui a pris l'habit dans un couvent de Manille se bat comme un lion contre les Chinois révoltés de la ville : « Il tua plus de trois mille *sangleyes* et mit en fuite ce qui pouvait en rester », et pour cause : « Naturel d'Estrémadure, il avait été soldat en Flandres, captif des Turcs plus de vingt années durant et, du fond de la Turquie, il avait réussi à se libérer en rivalisant de courage et d'astuce[23]. » À côté de ces histoires de vie pêchées au fil des chroniques, d'autres récits, fameux en leur temps, racontent des odyssées que des imprimeurs avisés entreprennent d'exploiter, comme celles de Fernão Mendes Pinto[24] ou de Pedro Ordóñez de Ceballos[25], pointes émergées d'un énorme iceberg réunissant des milliers d'êtres anonymes piqués par le démon du nomadisme. Dans ces ouvrages, les chiffres pleuvent comme si leurs auteurs cherchaient à remplir un imaginaire livre des records. Écoutons Pedro Ordóñez de Ceballos : « Depuis l'âge de neuf ans [...] jusqu'à quarante-sept ans, j'ai été d'un endroit à l'autre et j'ai vu le monde en parcourant plus de trente mille lieues[26]. » Ou Fernão Mendes Pinto : « En vingt et un ans [...], j'ai été treize fois captif et dix-sept fois vendu dans les régions de l'Inde, de l'Éthiopie, de l'Arabie heureuse, de la Chine, de la Tartarie, de Macassar, de Sumatra et dans bien d'autres provinces de cet archipel oriental[27]. » Comparés à ces géants des errances planétaires, l'Allemand Hans Staden qui séjourne chez les anthropophages du Brésil fait modeste figure, même si l'aventure connaît également un beau succès de librairie (1557)[28]. À cette échelle, on comprend que ces exploits aient incité au triomphalisme : « Nos Espagnols n'ont presque rien laissé sur toute la surface de la terre, mers, îles et royaumes, qu'ils n'aient parcouru ou dont ils n'aient eu connaissance[29]. »

Mobilisation rime avec mondialisation. Que ce soit à Lima, à Mexico ou à Goa, l'arrivée d'un vice-roi, le départ d'un archevêque ou d'un inquisiteur sont des événements aussi mémorables que leur trépas. Dans son *Journal*, Chimalpahin ne manque pas de consigner ces déplacements qui rythment la vie de la Nouvelle-Espagne et la rattachent à l'Europe et à l'Amérique du Sud. En 1594, l'archevêque de Mexico change d'hémisphère et part inspecter le royaume du Pérou ; l'année suivante, c'est au tour du vice-roi Luis de Velasco de quitter la Nouvelle-Espagne, après presque six ans de règne, pour rejoindre Lima, la cité des Rois. À chaque fois, Espagnols et Portugais parcourent des milliers de kilomètres loin du Vieux Monde. Au printemps 1596, des troupes sortent de la capitale mexicaine : les unes se dirigent vers la Chine, d'autres vers la Californie ou encore le Nouveau-Mexique, La Havane et la Floride. La même année, l'archevêque de la Chine, Ignacio de Millas, fait étape à Mexico et en profite pour prêcher lors d'un grand autodafé[30].

« Mouvement vers le mouvement, mouvement vers plus de mouvement, mouvement vers une plus grande aptitude au mouvement[31] ». En propulsant toujours plus loin Européens, Africains, Asiatiques et même Amérindiens, la mobilisation des êtres rapproche les deux hémisphères et les quatre parties du monde. Les distances à parcourir, les risques du voyage et de la transplantation, les obstacles de toute nature ne découragent pas les moins téméraires. Il est vrai que ce temps ignore la solitude. Le plus souvent, on voyage en groupe. Pas de longs déplacements sans compagnon de voyage, ami, parent, compagne, esclave ou domestique[32]. Même les plus audacieux ne sont jamais des navigateurs solitaires. Dans le sillage des soldats, des moines et des marchands, artistes et lettrés se laissent eux aussi tenter par les horizons reculés de l'Amérique et de l'Asie. Même le latin traverse les océans, et pas seulement dans les missels des missionnaires : des hommes de l'art acceptent de diffuser leur science sous d'autres latitudes. Tomé Dias Caiado est envoyé à Goa en 1542 pour enseigner le latin[33]. En 1550, à l'âge de trente-six ans, l'humaniste espagnol Cervantes de Salazar s'installe à Mexico, participe à la fondation de l'université et inaugure brillamment la chaire de rhétorique. Simon Pereins, qui se fixe aussi en Nouvelle-Espagne, était originaire d'Anvers ; João Baptista, qui peint dans les collèges jésuites d'Olinda et de Salvador de Bahia, était natif de Horne, en Flandre[34].

Dans la seconde moitié du XVIe siècle, alors qu'un galion relie régulièrement Acapulco à Manille, de nouvelles générations battent des records de distance et de mobilité en faisant plusieurs fois le tour du globe. C'est le cas du franciscain Martín Ignacio de Loyola, que ses activités de missionnaire conduisent à se déplacer de l'Extrême-Orient à l'Amérique du Sud[35]. Les Européens ne sont pas les seuls à changer de continent. Des Indiens et des métis d'Amérique se retrouvent dans le Vieux Monde. Beaucoup comme esclaves. Quelques-uns sont plus fortunés : le métis Muñoz Camargo se rend à la cour pour offrir à Philippe II l'histoire qu'il a écrite. Le petit-fils de l'empereur Moctezuma, don Diego Luiz de Motecuzoma, s'est marié en Espagne où il meurt en octobre 1607, pleuré par la noblesse indienne de Mexico[36]. Celle-ci avait dû s'accoutumer à recevoir de la Péninsule des nouvelles de la famille impériale. À la même époque, l'Inca Garcilaso de la Vega, le fils de la princesse Isabelle Chimpu Occlo, résidait à Montilla, dans une bourgade d'Andalousie, alors que le métis Diego Valadés a passé la seconde partie de son existence au cœur de l'Italie, auprès du souverain pontife. Parmi les nouveaux habitants de l'Amérique que sont les créoles, plusieurs rejoignent l'Espagne pour y faire leurs études, poursuivre leur carrière ou publier des livres ; d'autres décident de tourner le dos à l'Europe et de gagner l'Asie. Ce ne fut qu'un aller simple pour Felipe de Jesús, qui subit le martyre à Nagasaki en 1597, ou pour l'évêque de Cebu, Pedro de Agurto, mort en 1608 dans son diocèse philippin[37].

À vrai dire, les sujets de la Monarchie catholique savaient que d'autres, avant eux, avaient déjà traversé les océans. La Renaissance était une époque moins amnésique que la nôtre. Le mouvement ramène en mémoire d'autres mouvements. À Goa, le médecin portugais Garcia da Orta évoque à plusieurs reprises dans ses *Colloques* les grandes expéditions chinoises qui pénétrèrent dans l'océan Indien. En Nouvelle-Espagne et au Pérou, à l'occasion des débats sur le peuplement de l'Amérique, les savants dressent la liste des peuples candidats au voyage et des expéditions au long cours. Les migrations des Hébreux, les expéditions des Carthaginois, la présence des Grecs de l'Atlantide, le périple de Hanon ou la traversée du Pacifique par des Asiatiques excitent les meilleurs esprits dans les deux mondes[38].

La quête des antécédents historiques ne concerne pas seulement les migrations de peuples. Ayant eu la chance d'avoir sous les yeux des productions artistiques réalisées dans les différentes parties du monde, l'artiste portugais Francisco de Holanda est frappé par leurs ressemblances et formule l'hypothèse que l'art antique a connu une première diffusion planétaire. Se fondant sur des échantillons chinois, indien, marocain, brésilien et péruvien qu'il a pu observer, il soutient qu'il y a des siècles l'art de l'Antiquité classique s'était partout répandu et que dans son sillage « les principes de la peinture ancienne avaient circulé dans le monde entier[39] ». L'uniformisation artistique nous paraît aujourd'hui une menace pour l'avenir, mais au milieu du XVIe siècle Holanda la perçoit comme un phénomène du passé. Les hommes de la Renaissance étaient plus sensibles à une préhistoire du monde, faite de déplacements au long cours, de migrations transocéaniques et d'influences intercontinentales, en accord d'ailleurs avec la tradition que les textes bibliques et l'Église enseignaient aux chrétiens du monde entier.

La chasse aux trésors

Autre signe de la mobilité des hommes, les formidables flux de marchandises qui transitent d'un monde à l'autre. Leur description hyperbolique fait par endroits ressembler *Grandeza mexicana* à un catalogue de magasin de luxe pour fêtes de fin d'année. Sous nos yeux blasés défilent l'or et l'argent des Amériques, les épices des Moluques, les soieries et les porcelaines de Chine, les ivoires de Goa, les horloges de Flandres, les gravures romaines… Mexico est l'entrepôt où vient s'entasser ce que le monde compte de plus raffiné et de plus exquis. La circulation des marchandises d'un bout à l'autre de la planète constitue un lieu commun dans les chroniques de l'époque. Un demi-siècle avant Balbuena, à Goa, le médecin portugais Garcia da Orta souligne la passion de ses compatriotes pour le grand commerce : « Les Portugais qui naviguent dans la plus grande partie du monde ne s'intéressent qu'à faire fructifier leurs marchandises, ils se demandent ce qu'ils emporteront à l'aller et ce qu'ils rapporteront au retour[40]. » L'expansion portugaise vers l'Afrique et l'Asie, puis la colonisation espagnole en Amérique ont lancé sur les mers des flottes chargées des marchandises et des métaux précieux que ces continents fournissaient à l'Europe de gré ou de force. L'argent américain traverse l'Atlantique pour garnir les coffres européens, quand il ne s'échappe pas plus ou moins clandestinement vers la Chine. Les épices asiatiques prennent la route de l'océan Indien, contournent l'Afrique, remontent l'Atlantique Sud pour s'amonceler dans les entrepôts de Lisbonne et d'Anvers. Une marchandise humaine, les « pièces » venues d'Afrique, alimente les circuits négriers qui relient les ports de Guinée, d'Angola et du Cap-Vert au Brésil des Portugais, aux Indes occidentales et aux terres de l'Orient.

Sur ces routes maritimes circulent, en toujours plus grand nombre, des objets rares, qui vont garnir les collections des princes et les cabinets de curiosités européens. Dans les boutiques de Lisbonne, le Galicien Bernardino de Escalante s'extasie devant les objets fabriqués par des artisans chinois qui sont « de très grands peintres de plantes, d'oiseaux et d'animaux sauvages, comme le montrent les lits, les tables, les plats, les rondaches et autres babioles qu'on ramène de Chine au Portugal[41] ». À Mexico, Balbuena se passionne pour les perles, les pierres bézoards « des Andes sauvages », l'ambre du Malabar, les tapis persans, la « fine vaisselle du Sangley craintif », les diamants des Indes, l'ébène noire du Siam[42]. Tout au long du XVIe siècle, les marchandises venues d'Asie conquièrent le marché américain, trouvant preneurs aussi bien à Mexico, Lima ou Salvador de Bahia qu'à Anvers, Lisbonne, Rome ou Séville. L'Amérique indienne se dépouille elle aussi de ses trésors. En 1539, la noblesse indienne de Mexico offre une fastueuse mosaïque de plumes au pape Paul III. À la fin du siècle, elle continue d'expédier des pièces rares et précieuses à la cour de Castille, comme ces deux « ocelots en pierre » et ces « capes somptueuses, [...] l'une ornée d'un soleil rouge [...] et l'autre bordée de fourrure d'ocelot, aux lisières garnies d'émeraudes[43] » destinés au roi Philippe II. En Europe, à l'un des bouts de la chaîne, les trésors s'accumulent. À Florence, les Médicis curieux et fortunés collectionnent les objets mexicains : codex peints et manuscrits, mosaïques de turquoise, mitres en plumes multicolores, pièces de jade et d'obsidienne[44]. L'origine de ces pièces n'inquiète guère leurs possesseurs : les inventaires florentins de 1539 et de 1553 s'obstinent à attribuer une provenance asiatique à des objets manifestement amérindiens – « plumes d'Inde », « masque venu de l'Inde » –, et de Florence au Tyrol l'emploi récurrent des adjectifs *indiano* ou *moresco* suffit à signaler l'origine lointaine des acquisitions[45].

On a mesuré les envois de métaux précieux vers l'Europe et beaucoup spéculé sur les répercussions de leurs arrivées[46]. Placée en regard, la circulation des *mirabilia* et des *curiosa* n'a pourtant rien d'un épiphénomène. Les arrivages peuvent se chiffrer par centaines et même par milliers quand il s'agit de pièces de porcelaine. Dès le début du XVIe siècle, les magasins royaux de Lisbonne reçoivent d'énormes quantités d'objets, près de sept cents entre 1511 et 1514. « Embarquées en Orient pour Lisbonne, et de là pour le reste de l'Europe, les porcelaines se comptaient en *corjas*, c'est-à-dire en lots de vingt unités chacun, et si l'on estime que chaque navire transportait de deux à trois mille *corjas* de porcelaine, chaque bateau pouvait contenir une moyenne de cinquante mille pièces […]. Il s'agissait d'une production en série ou presque d'objets courants destinés à l'exportation[47]. » On comprend qu'en 1580 la ville de Lisbonne ne compte pas moins de six magasins de porcelaine de Chine, situés Rua Nova dos Mercadores[48].

Les pièces frappent les esprits, suscitent les descriptions, quand elles ne tentent pas les pirates français ou anglais qui les interceptent dans leur transport. Dans son traité sur la Chine qu'il publie en 1569, le dominicain Gaspar da Cruz rappelle que des images de dragons, brodées de fils d'or et importées de Chine[49], décorent les églises portugaises. Ces arrivages massifs lancent des modes nouvelles. En 1565, le banquet de noces d'Alexandre Farnèse et de la princesse Maria, petite-fille de dom Manuel, est servi dans de la vaisselle de porcelaine bleu et blanc. Des plats sont préparés par des cuisiniers indiens et on offre même aux convives de l'eau du Gange, de l'Indus, des grands fleuves africains et des Moluques[50]. En 1563, l'ambassadeur du Portugal au concile de Trente se mêle de critiquer l'usage ostentatoire de la vaisselle d'or et d'argent, et prétend que l'emploi de la porcelaine de Chine conviendrait mieux à l'esprit de réforme qui souffle sur l'Église. Quelques années plus tard, la Rome des papes suivra ses conseils et, comme le Portugal, déjeunera dans des plats chinois.

En sens inverse, les arts européens, peintures, sculptures et gravures, verreries de Venise, tissus précieux d'Italie, se lancent à la conquête du monde. À la fin du XVIe siècle, une ambassade espagnole qui fait escale aux Philippines apporte des présents au shogun du Japon, parmi lesquels de la vaisselle d'argent, américaine ou européenne, qui fit sensation, et un éléphant « noir » que le gouverneur de Manille avait reçu du Cambodge[51]. Ces chassés-croisés se multiplient. Aisées à transporter sur de longues distances, les productions de l'art européen suivent des itinéraires souvent surprenants.

La multiplication des relais explique la complexité des parcours, comme celui qu'emprunte l'image andalouse de Nuestra Señora de la Antigua. Au départ, une toile espagnole représentant la Vierge de Séville inspire une gravure du Flamand Jan Wierix. Puis cette gravure fait un demi-tour du monde et parvient au Japon dans la mission jésuite d'Arima où, en 1597, elle est reproduite au sein de l'atelier du père Niccolò. La copie japonaise est ensuite expédiée à Macao, alors que les Portugais et la Compagnie campent aux portes de la Chine. Peu après, le père Ricci l'emporte dans ses bagages à Pékin et offre la copie japonaise à un lettré, Ch'eng Dayu, qui l'utilise à son tour comme motif pour *ink-cakes* dans la collection intitulée *Ch'eng-shih mo-yüan* (1606)[52]. Comme cette Vierge sévillane, qui passe tour à tour par des mains espagnoles, flamandes, japonaises, italiennes et chinoises, des objets voyagent dans les quatre parties du monde, sans s'arrêter aux frontières de la Monarchie catholique.

Circulations spirituelles et traversées mystiques

Autre composante, et non des moindres, de la mondialisation ibérique : le retour sur l'Europe. Le martyre des franciscains de Nagasaki[53] a d'abord inspiré des toiles réalisées à Macao pour montrer le drame aux Portugais et à leurs hôtes chinois, et pour accompagner les cérémonies locales. Des peintres en tirèrent plusieurs copies que les autorités expédièrent au Mexique et en Espagne. Puis Rome les reprit sous forme de gravures auxquelles la Compagnie de Jésus assura une diffusion universelle. Vierge de Séville ou martyrs du Japon, les images circulent à « grande vitesse » d'est en ouest et d'ouest en est.

En décembre 1598, plus d'un an après les exécutions de Nagasaki, Mexico reçoit les peintures faites à Macao. Le *Journal* de Chimalpahin s'en est fait l'écho : « On accrocha quatre toiles peintes dans l'église de San José que tous, Espagnols et naturels, vinrent admirer. Dans l'après-midi [arrivèrent] les restes des pères déchaux morts au Japon, sur les terres de Chine ; c'est dans l'après-midi aussi qu'arrivèrent les moines qui portaient sur leurs épaules les caisses où gisaient les restes. » S'ajoutant aux produits de luxe et aux métaux précieux, des objets dotés d'une forte charge spirituelle franchissent les océans. Dès 1578, Mexico fête l'arrivée des « reliques et ossements des saints venus de Rome[54] ». La Compagnie de Jésus avait obtenu des églises de Rome un nombre impressionnant de restes de saints et de martyrs, deux cent quatorze pièces en tout, autour desquelles elle organisa une cérémonie grandiose. Le détail nous en est connu par une lettre publiée à Mexico en 1579[55] pour prolonger l'éclat des fêtes. La translation des reliques, un véritable « trésor », sacralisait leur terre d'accueil tout en magnifiant le rôle de la Compagnie dans les quatre parties du monde. « *Ossa fides merito sanctorum portat ad Indes* » (« Il est juste que la foi transporte aux Indes les os des saints »). Mexico accédait au rang de terre promise où à leur tour émigraient les saints[56], alors qu'au même moment l'Allemagne infidèle tombait dans le péché d'hérésie. Dans l'imagination des jésuites, la translation des reliques entraînait le mouvement des astres du ciel. Une peinture accrochée à l'une des architectures éphémères dressées pour l'occasion le disait explicitement : « Ces nouveaux luminaires plus resplendissants que le soleil pénètrent dans notre hémisphère américain. » Avec les reliques, le ciel tout entier se déplaçait vers l'Amérique, violant les lois de la nature :

> *La constellation fixe des astres*
> *a quitté sa place ancienne,*
> *elle a abandonné les villes orientales*
> *pour que l'Occident s'illumine*[57].

Conçue dans un cadre planétaire, la translation des reliques, explique l'auteur de la lettre, résonne « d'un pôle à l'autre ». C'est en italien, l'une des langues universelles de la Renaissance et des jésuites, qu'il proclame la division continentale du travail spirituel :

Goa a Giapone, Mexico a la China
Osse Sancte darán e gente fina.
(Goa au Japon et Mexico à la Chine
donneront de saints ossements et des gens d'exception.)

Tendue entre l'Inde et le Japon et entre le Mexique et la Chine, cette trame se greffe sur les bases que la Compagnie s'est acquises dans l'Asie portugaise et l'archipel des Philippines. Missionnaires et candidats au martyre sont prêts à convertir la Chine des Ming et le Japon. Et pour qui n'aurait pas compris le message, la statue d'un philosophe installée sur l'un des arcs de triomphe édifiés pour la cérémonie éclairait l'avenir : « Ces reliques ne viendraient pas seules sur cette terre, car Sa Sainteté en enverrait bien davantage pour qu'elles passent d'ici en Chine [...]. Viendront alors des temps où d'ici elles iront encore plus loin en avant[58]. »

Comme les hommes et les marchandises, les reliques antiques et médiévales sont propulsées vers l'autre extrémité du globe. Elles voyagent au rythme des accents prophétiques de l'Ancien Testament : « Leur son se répandit dans toute la terre[59] » (Psaume 18), pouvait-on lire sous un tableau macabre qui montrait une chaire où des ossements avaient pris la place du prédicateur. Vingt ans plus tard, en 1598, la prophétie s'accomplit quand les restes des martyrs du Japon traversent la Nouvelle-Espagne pour enrichir les sanctuaires européens. Ainsi se boucle ce tour du globe inédit qui raccorde spirituellement l'Orient à l'Occident et l'Occident à l'Orient, et consacre une nouvelle géographie du christianisme romain au sein de laquelle Mexico, l'ancienne métropole païenne, fait figure d'étape obligée et de relais consacré. Six ans plus tard, en 1604, Balbuena se réjouit de cette mondialisation :

En toi se rejoignent l'Espagne et la Chine,
l'Italie et le Japon...

Dans cet enthousiasme hispanique explose la même énergie cinétique qui anime les visées planétaires de la Compagnie de Jésus, même si le poète rêve davantage de richesses matérielles et des yeux de sa belle que des trésors de la foi.

« De Chine vient d'arriver la nouvelle »

« *Yquac ohualla tlahtolli in la China omachiztico*[60]. » Informations et rumeurs circulent d'un monde à l'autre. Depuis Mexico, les Flamands de la ville suivent discrètement les événements des Pays-Bas et commentent la guerre de course que se livrent les vaisseaux espagnols et ceux du prince d'Orange au large de Middelbourg et Flessingue[61]. En 1585, à Granada, au Nicaragua, un tailleur flamand se passionne tant pour les « affaires des États de Flandres[62] » que l'Inquisition de Mexico s'en inquiète.

Dès la première moitié du XVIe siècle, des incidents, en apparence mineurs, révèlent que des circuits sans précédent s'ébauchent peu à peu entre les Amériques et l'Asie, liaison capitale pour la mise en place de la mondialisation ibérique. À la fin des années 1530, une rumeur insolite et inquiétante parvient à la forteresse de Malacca à propos d'une expédition qui serait partie des côtes du Mexique, soit à près de 10 000 kilomètres de là. Ce n'est pourtant pas la première fois que des navires espagnols cherchent à atteindre l'Asie par le Pacifique[63]. Par chance pour les Portugais, qui redoutaient comme la peste la concurrence castillane en cette région du globe, l'expédition mexicaine échoua comme les précédentes. L'un des deux vaisseaux fit naufrage et les survivants de l'autre, un marin de Palos, Juan Camacho, et un Niçois d'une trentaine d'années, Miguel Nobre[64], finirent par tomber entre les mains du gouverneur des Moluques, Antonio Galvão. Ce dernier interroge le Niçois, qui lui révéle les préparatifs que mènent les Espagnols sur la côte pacifique de l'Amérique. Le Portugais, en poste au bout de l'Asie et qui n'a jamais visité les Indes occidentales, apprend subitement ce qui se trame en Amérique et qui pourrait bien mettre en péril la présence de son maître en Asie. De la bouche des rescapés, il découvre que c'est le marquis del Valle, Hernan Cortés en personne, qui a fait construire les deux vaisseaux dans le port mexicain de Tehuantepec. Le Niçois lui livre des indications sur le tonnage et les équipages des navires, sur l'itinéraire et les ports d'embarquement. Il le renseigne sur d'autres préparatifs montés par le « gouverneur du Guatemala » Jorge de Alavarado et par le vice-roi du Mexique don Antonio de Mendoza, qui venait de prendre ses fonctions. Le spectre de la progression des Castillans dans le Pacifique surgit de ces interrogatoires, chargeant les horizons du levant de menaces alarmantes et concrètes. Le gouverneur portugais imagine déjà les flottes de galions construits « dans cette partie du sud » et voguant vers « la Chine, les îles Lequios [Ryukyu], les Moluques pour découvrir un autre nouveau monde[65] ». Alors que les Portugais sont parvenus en Orient, par le cap de Bonne-Espérance et l'océan Indien[66], les Espagnols tentent une poussée concurrente en sens inverse à partir du Nouveau Monde. Ces derniers n'ont pas encore découvert la route qui leur permettra de traverser le Pacifique dans les deux sens et de s'établir aux Philippines. Mais déjà les informations franchissent la barrière du gigantesque océan, pulvérisant les horizons physiques et mentaux pour opérer la jonction des mondes.

Plus banalement, les informations circulent d'un continent à l'autre, par les courriers officiels, les lettres des particuliers, les récits des voyageurs ou les captures d'intrus, comme nous venons de le voir aux Moluques. Les réseaux des administrations portugaise et espagnole, de l'Église, des ordres religieux, des marchands, marranes[67] et vieux chrétiens, relient les différentes parties du globe. En 1547, le moine augustin Gerónimo de Santiesteban informe le vice-roi du Mexique que les membres de l'expédition dirigée par Villalobos sont parvenus jusqu'à Malacca et que lui-même se trouve à Cochin dans l'Inde portugaise[68]. La durée des voyages nous semble aujourd'hui considérable. Pour l'époque, elle est révolutionnaire si on la rapporte au fait qu'il n'existait pas la moindre communication entre ces contrées jusqu'à la fin du XVe siècle. À l'absence de tout mouvement succèdent des circulations répétées, régulières, suivant des délais qui ne se chiffrent plus qu'en mois ou même en semaines. En mai 1592, Mexico apprend que son ancien archevêque Pedro Moya de Contreras s'est éteint en Castille trois mois auparavant. L'annonce de la mort de Philippe II parvient en quatre mois à Mexico. Sous Philippe III, la capitale de la Nouvelle-

Espagne apprend en cinq mois la naissance du prince héritier. Officielles ou privées, les nouvelles vont et viennent entre le Mexique et l'Europe. Quand elles sont officielles, elles ne passent jamais inaperçues des populations : lors de la mort de l'archevêque, Chimalpahin retient que « le 29 mai les cloches de toutes les églises de Mexico se mirent à sonner le glas et elles le firent dix-huit jours durant dans toute la ville ». À l'occasion de la disparition du roi, en février 1599, alors que les cloches reprirent leur concert funèbre, « les Espagnols reçurent l'ordre de jeûner et prirent le deuil[69] ». Mais Mexico ne reçoit pas seulement des nouvelles de la métropole, elle apprend régulièrement ce qui se passe au Pérou, à Manille, dans le golfe des Caraïbes ou même en Afrique *via* les négriers portugais. Le 8 décembre 1605, Chimalpahin revient dans son *Journal* sur les affaires d'Asie : « On a su qu'il y avait eu [beaucoup] de morts en Chine[70] quand, un an auparavant, on s'était battu au cours de la fête de saint François ; il n'y eut guère de victimes espagnoles, mais il périt quantité de naturels de ces contrées qu'on appelle *sangleyes*[71]. » La révolte des Chinois de Manille (ou *sangleyes*) de 1605 fut effectivement écrasée dans le sang, laissant vingt-trois morts parmi les rebelles.

Mexico n'est qu'un maillon parmi d'autres dans les circuits qui rayonnent depuis Manille. À la voie pacifique et mexicaine vers l'Espagne s'ajoute la voie terrestre et asiatique. Après le massacre des Chinois rebelles, le gouverneur de Manille décide d'envoyer deux augustins en Castille, « par la voie de l'Inde orientale, [...] *via* Goa, la Perse, la Babylonie, la Turquie et l'Italie », et deux autres ambassadeurs en Chine *via* Macao, « pour rendre compte de l'événement et savoir comme il avait été accueilli en ce royaume[72] ». Ce ne fut point peine perdue. « Par les navires de la Chine », le gouverneur des Philippines reçut trois lettres du « vice-roi » chinois des provinces de Chincheo, qui accusait réception de la missive de Manille[73]. Cet événement local est donc connu à l'échelle planétaire et sa diffusion outrepasse même à plusieurs reprises les confins de la Monarchie catholique pour toucher ou traverser presque tous les grands empires du globe, qu'ils soient portugais, perse, ottoman ou chinois. Certes, l'efficacité et la sûreté des réseaux de communication laissent encore fort à désirer : les moines partis de Manille pour rejoindre l'Espagne mirent trois ans à atteindre la Péninsule, au prix de « tribulations infinies[74] ». Cependant, l'essentiel est là : l'effort pour mettre en orbite une information locale et l'attention portée à sa réception dans l'immense Chine, signes de l'étonnante ouverture des horizons ibériques.

Pour qui se borne à imaginer le globe depuis les rivages de l'Europe occidentale, Manille est sans doute au « bout du monde », mais qui se risquerait encore à désigner ainsi un avant-poste tourné vers la Chine, le Japon, la Corée et l'Asie du Sud-Est ? Les Moluques des Portugais, les Philippines espagnoles et Mexico se profilent comme les relais majeurs d'une information qui se mondialise et dont la source peut aussi bien être à Manille ou à Paris. En octobre 1606, la capitale de la Nouvelle-Espagne commente une autre nouvelle d'Asie qui enflamme immédiatement les esprits : « On a alors su que les Espagnols avaient fait la conquête de la province des Moluques et qu'elle appartient maintenant à notre roi Philippe III, qui se trouve en Espagne ; on a aussi appris que les chrétiens avaient fait prisonnier le roi qui gouvernait les Moluques[75]. » Dans son *Journal*, Chimalpahin réunit en deux lignes l'Europe de Philippe, l'Asie des Moluques et l'Amérique mexicaine. Cette petite phrase montre que Mexico est devenu l'un des passages obligés des nouvelles qui circulent aux quatre coins de la planète. Installé presque à mi-chemin entre des théâtres séparés par des milliers de kilomètres, entre l'Extrême-Asie et l'Europe occidentale, toujours aux aguets depuis son ermitage de San Antonio Abad, Domingo de San Antón Muñon Chimalpahin collecte les nouvelles des gigantesques espaces que parcourent les Ibériques.

Encore que la Monarchie catholique n'ait pas le monopole des informations. Ses frontières laissent filtrer quantité de nouvelles, même dans les domaines les plus sensibles. Depuis le début du XVIe siècle, l'empire ottoman s'intéresse au Nouveau Monde[76]. Voici comment, en 1513, la fameuse carte du monde de Piri Reis présente à Istanbul la découverte du Brésil : « En allant vers la province de Hint [l'Inde], un navire portugais a rencontré un vent contraire qui l'a éloigné de la côte. Après avoir été entraînés par une tempête vers le sud, ils virent un rivage en face d'eux [...] et des gens sur la côte qui tous étaient nus. Mais ils lançaient des flèches dotées de pointes en os de poisson[77]. » La carte du Nouveau Monde livre aux pires adversaires des Ibériques une image fort précise pour l'époque des rivages de l'océan Atlantique. Dans l'Asie des Portugais, les murs fragiles de l'*Estado da India* ont des oreilles. « Le zamorin [le rajah Samudri] [...] et les autres connaissent immédiatement ce qui se décide au conseil et les instructions de la flotte qui se rend au Malabar et ailleurs [...]. À Daboul et Surat, sur l'instant, on sait tout de la flotte portugaise qui part guetter les navires qui vont et viennent pour La Mecque[78]. » Ailleurs, les horizons ancestraux connaissent des dilatations gigantesques. Le Brésil entre dans la mire du Grand Moghol et le Mexique obsède l'archipel nippon. À la fin du XVIe siècle, les autorités japonaises suivent avec attention le destin de la Nouvelle-Espagne, escomptant y trouver un nouveau partenaire commercial et une autre ouverture vers les terres des « Barbares du Sud », ou pressentant le sort lamentable qui les attend en cas de *conquista* espagnole. Tout comme elles n'ignorent rien des affaires européennes, qu'il s'agisse des menées d'Antonio, le prétendant au trône de Portugal, ou des conflits qui opposent l'Espagne, l'Angleterre et la Turquie[79]. Partout aussi, des Portugais passés hors des frontières de la Monarchie, renégats, marchands ou mercenaires, répandent ce qu'ils savent du monde des Ibériques.

CHAPITRE III

Une autre modernité

« [Le roi doit] envoyer de grands mathématiciens
flamands et allemands faire le tour du monde
pour mesurer la position des étoiles,
leur configuration [...] et la profondeur des mers. »

Tommaso Campanella, *Monarchie d'Espagne*, 1598.

Les chiffres sont là. En 1605, les libraires castillans expédièrent la majeure partie de la première édition de *Don Quichotte* au Nouveau Monde, soit près de trois cents exemplaires pour la Nouvelle-Espagne et une centaine pour Carthagène des Indes. Une partie du tirage disparut dans des naufrages survenus au large de La Havane et de Santa Margarita, mais au moins soixante-douze exemplaires du roman de Miguel de Cervantès arrivèrent à Lima, entre les mains du libraire Miguel Méndez. De là, des volumes prirent la route de Cuzco et des régions reculées des Andes. Le même mouvement emporta vers l'Amérique du Sud la première édition des *Comédies* de Lope de Vega[1]. Depuis le XVIe siècle, d'autres parties du monde s'étaient accoutumées à recevoir et à lire la littérature européenne, tant ses classiques que ses nouveautés, tant ses chefs-d'œuvre que sa production grise. La mobilisation ibérique a déclenché une révolution dans l'histoire du livre européen dont on commence à prendre la mesure[2].

Des livres autour du monde

Les références savantes de Chimalpahin, les allusions littéraires de Balbuena ou les citations dont fourmille la cérémonie des reliques à Mexico en 1578 resteraient inconcevables sans cette circulation de l'imprimé. La diffusion transocéanique des livres européens est l'illustration la plus concrète du mouvement qui s'empare de tous les supports intellectuels de la Renaissance. Mais les livres font davantage qu'exporter la modernité européenne, ils contribuent à en façonner une autre, surgie de l'affrontement des Ibériques avec les autres parties du monde.

Dès les débuts du XVIe siècle, parti à son tour à la conquête des terres qu'atteignent les Ibériques, le livre européen traverse l'Atlantique avec les conquistadores, les missionnaires et les représentants de la Couronne comme il avait suivi les Portugais en Afrique et sur les côtes de l'Inde. Plus tard, il s'introduira au Japon et en Chine avec les jésuites portugais et italiens. Pour la première fois dans leur histoire, les livres comme les navires circulent sur tous les océans. Il est difficile de chiffrer ces exportations. Les sources permettent de repérer plus de huit mille livres partis de l'Espagne vers les Indes occidentales entre 1558 et la fin du XVIIe siècle, mais il faut probablement multiplier cette quantité par dix pour tenir compte de la contrebande et de tout ce qui a échappé au regard des administrations ibériques[3]. Cependant la mobilisation du fonds européen n'est pas qu'un transfert mécanique. Elle entraîne une série d'effets seconds, de réactions ou de retours sur l'Europe qu'on aurait été bien en peine de prévoir ou d'orchestrer. Un exemple : par la grâce de la traduction, les classiques de la littérature européenne se reproduisent sous d'autres cieux. Vers 1520, quand Duarte de Resende part prendre ses fonctions de facteur du roi de Portugal dans les Moluques, il emporte avec lui des œuvres de Cicéron qu'il traduit au cours de ses interminables traversées[4] ; de retour au Portugal, il publie sa version à Coïmbre sous le titre *Marco Tulio Ciceron de Amicicia,*

Paradoxos e Sonho de Scipião. Un autre Portugais, Henrique Garcés, spécialiste des mines et des techniques d'extraction de l'argent, sillonne l'Amérique espagnole en emportant dans ses bagages les œuvres de Camões et de Pétrarque, qu'il s'emploie à traduire en castillan au cours de ses voyages entre les deux hémisphères.

À l'instar des images, les livres imprimés en Europe font le tour du monde et franchissent les frontières de la Monarchie catholique. Un exemplaire du *Théâtre du monde* (1579) du géographe anversois Abraham Ortelius parvient au Japon avant d'être offert à l'empereur de Chine par Matteo Ricci[5]. La *Topographie de la ville de Rome* (Francfort, 1597) de Théodore de Bry[6], consacrée aux splendeurs de la Rome ancienne, ou encore les vues de villes publiées par Georg Braun et Frans Hogenberg dans leurs *Civitates orbis terrarum* (Cologne, 1575-1583) connaissent le même sort[7]. Les livres s'exportent et circulent avec leurs lecteurs. Des bibliothèques accompagnent leurs propriétaires sur les océans du globe. On lit sur les bateaux pour tuer le temps, pour soi ou à haute voix pour les compagnons de voyage. La vogue d'un auteur, l'habileté commerciale des libraires font qu'on dévore souvent les mêmes ouvrages dans les différentes parties du monde, à des milliers de kilomètres de l'Europe. Des amateurs dispersés entre l'Afrique, l'Asie et l'Amérique forment un nouveau lectorat qui s'intéresse aux mêmes titres, ouvrages de piété, classiques latins ou romans à succès. En 1583, la bibliothèque d'un Espagnol de Manille contenait vingt-trois œuvres littéraires, dont l'*Orlando furioso* de l'Arioste dans la traduction de Jerónimo de Urrea et l'*Arcadia* de Jacobo Sannazaro[8]. Les livres qui traversent les mers ne sont pas toujours ceux que la postérité a retenus. Qui se souvient aujourd'hui, de ce côté des Pyrénées, de la *Diana* de Jorge de Montemayor et des suites qu'on lui a données ? Dans l'Espagne de Cervantès, le curé qui examinait la bibliothèque de Don Quichotte avait demandé que les flammes épargnent ce fameux ouvrage « qui eut l'honneur d'être le premier dans ce genre de livres[9] ». C'est ce roman pastoral, *best-seller* avant la lettre, que les sbires de l'Inquisition repèrent entre les mains des Portugais de Salvador de Bahia (1591) et des Espagnols des Philippines (1583)[10]. Que la quatrième partie de la *Diana*, publiée en Espagne en 1582, puisse être lue à Manille à peine un an plus tard en dit long sur la vitesse de circulation des ouvrages, souvent supérieure à celle qu'on observe aujourd'hui.

Espagnols, métis et Indiens lettrés de l'Amérique sont assez nombreux à la fin du XVIe siècle pour constituer un marché qui intéresse les libraires de la Péninsule. Si une bonne partie de la première édition du *Don Quichotte* prend la mer pour l'Amérique et le Pérou, c'est que les volumes fraîchement édités, les libraires le savent, s'y écouleront à meilleur prix. Même les « mauvais livres » s'exportent. Et plutôt bien. La difficulté et souvent les risques qu'il y avait à écouler certains titres interdits en Espagne incitent les libraires à s'en débarrasser en les expédiant discrètement de l'autre côté de l'océan grâce à des réseaux de complicités. Ce fut le cas, par exemple, de la Bible de Vatable dont on peut suivre les tribulations depuis Medina del Campo jusqu'à Mexico. La *Selva de aventuras* de Jerónimo Contreras, qui figure dans l'*Index des ouvrages interdits*, affronte deux océans avant d'échouer à Manille. Au début des années 1590, le Brésil portugais accueille des titres aussi suspects que la *Diana*, les *Métamorphoses* d'Ovide ou encore la comédie *Eufrozina* de Jorge Ferreira de Vasconcelos (1555), pourtant interdits par l'Inquisition lisboète[11]. Où qu'ils se trouvent, les commissaires du Saint-Office se doivent d'ouvrir l'œil : « Les livres sont l'une des principales raisons de l'inspection des navires, tout particulièrement les caisses qui font partie de la cargaison[12]. »

En même temps que les livres, des langues européennes se mondialisent. Le XVIe siècle est l'ère de la diffusion des langues anciennes, comme le latin et le grec, ou modernes, comme le castillan, le portugais et l'italien. À Mexico, les étudiants indigènes du collège impérial de Santa Cruz de Tlatelolco apprennent le latin dès 1536, comme le feront bientôt ceux de Goa, et à la fin du siècle les jeunes Japonais du collège d'Arie (93 élèves en 1596)[13]. L'émergence de ce nouveau lectorat révèle que la circulation planétaire du livre n'obéit pas qu'à l'ouverture des routes maritimes et au hasard des voyages.

Imprimeries d'Amérique et d'Asie

La fabrication sur place du livre européen exige l'envoi d'un matériel coûteux, l'installation d'ateliers d'impression, la présence d'imprimeurs chevronnés aussi curieux des mondes que des langues nouvelles dans lesquels il leur faudra travailler[14]. Mexico accueille des Lombards comme Giovanni Paoli, des Turinois comme Antonio Ricardo, des Rouennais comme Pierre Ochart. Goa emploie des Flamands comme Johannes de Endem, ou encore des Castillans comme Juan Gonzales et Juan de Bustamante[15]. Ils s'adjoindront des assistants indigènes, vite familiarisés avec l'art de la typographie[16].

C'est à Mexico qu'on a ressenti pour la première fois la nécessité de produire sur place des ouvrages adaptés aux besoins de l'évangélisation. Dès 1538, avec l'appui technique et financier des Cromberger de Séville et à l'instigation de l'évêque de Mexico et du vice-roi, s'ouvre la première imprimerie des Amériques[17]. Une quarantaine d'années plus tard, l'exemple est suivi par Lima où s'est établi le Piémontais Antonio Ricardo, venu de Mexico[18]. En Asie, à Goa, moins de vingt ans après la capitale de la Nouvelle-Espagne, les presses du collège jésuite publient leur premier ouvrage, les *Conclusiones philosophicas*[19]. Dès 1561, la Compagnie édite des livres en langue indigène, le konkani, avec une *Cartilha de Doutrina christã*[20]. En 1588, Macao imprime son premier livre avec des caractères mobiles à l'européenne, le *Christiani pueri institutio* de Juan Bonifácio[21], quatre ans après que le jésuite italien Michele Ruggieri a édité un catéchisme en caractères chinois sur une presse xylographique. La première presse européenne est installée au Japon en 1590[22] : plus de quatre-vingts livres en sortiront grâce aux efforts des jésuites[23]. Les Philippines espagnoles abritent une activité plus modeste : Manille attend 1593 pour faire paraître une *Doctrina christiana en lengua española y tagala*[24]. Avec vingt-trois titres publiés entre le milieu du XVIe siècle et 1636[25], l'Inde portugaise occupe le troisième rang après Mexico (environ 300 titres) et le Japon (plus de 80)[26].

Ces relais techniques se mettent en place parallèlement aux deux extrémités du monde. Goa publie un premier ouvrage de philosophie dans les années 1550 alors même que Mexico édite les grands traités de l'augustin Alonso de la Vera Cruz, sa *Recognitio summularum* (1554), sa *Resolutio dialectica* (1554) et sa *Phisica speculatio* (1557). Les constitutions de l'archevêché de Mexico voient le jour en 1556, et celles de l'archevêché de Goa douze ans plus tard[27]. Parallélisme et synchronie également entre le Japon et le Mexique : c'est la même année, en 1594, qu'un outil linguistique d'importance, la grammaire latine du Portugais Manuel Álvarez, sort à Mexico et au Japon[28].

Sans que l'on puisse parler de politique concertée et moins encore de réseau, les presses d'origine ibérique stimulent l'essor d'une littérature chrétienne en langue locale, accélérant la circulation des textes, des idées et des croyances européennes. Partout, l'objectif prioritaire reste l'endoctrinement des indigènes. En ce sens, les efforts de l'archevêque de Mexico Juan de Zumárraga préfigurent ceux de l'archevêque de Goa et du jésuite Valignano au Japon. Les catéchismes et les dictionnaires publiés à Goa, à Macao ou à Amacusa sont les pendants asiatiques des dictionnaires et des manuels de confession qu'Alonso de Molina et Marturino Gilberti composent au Mexique en nahuatl et en purepecha.

La mondialisation des langues européennes s'accompagne d'une autre forme de pénétration. Peu à peu traduits dans des langues amérindiennes et asiatiques, des bribes du patrimoine classique et bon nombre de textes chrétiens deviennent accessibles à des sociétés restées jusque-là totalement étrangères à la tradition européenne. Les *Fables* d'Ésope sont traduites en nahuatl à Mexico et en japonais à Nagasaki. Un exemplaire de la version nippone orné de gravures réalisées par les disciples japonais du jésuite Niccolò parviendra même entre les mains de Matteo Ricci qui, à son tour, l'offrira à un mandarin de la cour de l'empereur de Chine[29]. Conséquence de cette dynamique de traduction, les langues amérindiennes – dont aucune jusqu'alors ne s'écrivait[30] – sont transcrites phonétiquement et acquièrent une existence matérielle sous forme de livres ou de feuilles volantes. C'est vrai en particulier du nahuatl, du maya, du quechua, du tupi du Brésil ou du timucua de Floride[31]. La mobilisation ibérique propulse l'écriture latine et les caractères d'imprimerie européens dans toutes les parties du monde. La dynamique inaugurée en Amérique, relancée à Goa, gagne l'Extrême-Asie. Le japonais est lui aussi transcrit en caractères latins. Même sort pour le tagalog, une des langues des Philippines, puisque l'imprimeur *ladino* Tomás Pinpin, un Philippin bilingue, entreprend de publier en 1610 sa méthode de castillan, *Librong Pagaaralan nang manga Tagalog nang uicang Castila,* en utilisant l'alphabet latin[32]. Les mots voyagent avec les livres. Le livre à l'européenne (*libro* en castillan) devient *librong* en tagalog, alors que c'est le mot nahuatl *amoxtli* – qui désignait naguère les anciennes peintures pictographiques – qu'on retient en Nouvelle-Espagne.

L'impression des livres sur place offre l'occasion de domestiquer les langues locales, en les fixant typographiquement, en les prenant dans les rets de la grammaire latine[33], modèle en Europe de toute langue par excellence, et en les soumettant aux astreintes et aux entrées de dictionnaires conçus sur le modèle de celui d'Ambrosius Calepinus. En Amérique et en Asie, des moines avides de communiquer avec leurs futures ouailles multiplient les « arts » comme autant de clés pour pénétrer dans les langues du monde : *Arte de la lengua mexicana y castellana* du franciscain Alonso de Molina, *Arte de lingua de Japam* du jésuite João Rodrigues (Nagasaki, 1608)[34]. Les dictionnaires représentent des productions encore plus ambitieuses : celui d'Alonso de Molina – castillan/nahuatl et nahuatl/castillan – sort à Mexico en 1571[35], tandis qu'un *Dictionarium latino lusitanicum ac japonicum* est publié à Amacusa vingt-quatre ans plus tard[36]. Les premiers vocabulaires, ouvrages de dévotion et anthologies de textes d'origine européenne qui apparaissent en Amérique et en Asie, s'ajoutent aux nombreux ouvrages que les presses et les libraires ibériques expédient dans les quatre parties du monde. Grâce à tous ces livres qui répondaient avant tout aux ambitions d'une entreprise évangélisatrice menée à l'échelle du globe, l'imprimerie et la littérature européennes se mondialisent.

Le retour sur l'Europe de nouveaux savoirs

Impulsée depuis l'Europe, la mobilisation ibérique ne laisse d'ordinaire qu'un rôle purement local à ses relais américains et asiatiques. Dans ce contexte, le retour de l'imprimé américain ou asiatique sur le Vieux Monde fait, et pour longtemps encore, figure d'exception. Le destin des *Coloquios dos simples,* la somme sur la botanique indienne publiée à Goa en 1563 par le médecin portugais Garcia da Orta, mérite pourtant qu'on s'y attarde. Conçu sous la forme d'un dialogue entre l'auteur et un Espagnol curieux des remèdes des Indes, l'ouvrage s'adresse à un public européen dont il s'attache à corriger les erreurs et les ignorances. Son succès est foudroyant : dès 1567, il est traduit en latin par Charles de L'Escluse (Clusius), puis en italien par Annibale Briganti (Venise, 1575), et très tôt intégré dans des publications européennes, à commencer par celles de Juan Fragoso (Alcalá de Henares, 1566) et de Cristóvão de Acosta (Burgos, 1578)[37]. L'arrivée des « drogues » exotiques sur le marché européen et leur adoption au sein des pharmacopées occidentales déclenchent une grande curiosité et attisent trop les intérêts commerciaux pour que les informations ne soient pas rapidement divulguées. La mobilisation s'inverse alors : des savoirs nouveaux s'exportent vers l'Europe en exploitant les relais techniques nouvellement implantés dans les terres lointaines.

Exceptionnelle par son succès européen, l'œuvre de Garcia da Orta n'est pourtant pas un cas isolé. Dès la seconde moitié du XVIe siècle, des médecins espagnols avaient publié au Mexique des ouvrages qui s'adressaient au lecteur européen. Dans ses *Opera medicinalia* (1570), Francisco Bravo s'en était ouvertement pris à son confrère sévillan Nicolás Monardes sur une question de chirurgie et discutait la position de l'Italien Fracastoro sur la fièvre typhoïde[38]. Juan de Cárdenas fera de ses *Problemas y secretos maravillosos de las Indias* (1591)[39] une anthologie de curiosités à la gloire du Nouveau Monde, dans la ferme intention de sortir « de l'abîme de l'oubli les singulières et excellentes propriétés que recèlent toutes ces provinces occidentales[40] ». Pourtant, ni Bravo ni Cárdenas, qui étaient loin d'avoir le génie de Garcia da Orta, ne parvinrent à conquérir le marché européen et à réunir les appuis indispensables à une diffusion ibérique et continentale.

Bien plus que l'imprimé américain ou asiatique, ce sont les manuscrits compilés dans les territoires de la Monarchie catholique qui assurent un retour d'informations sur le Vieux Monde en lui apportant des données d'une richesse sans précédent. Les lettrés européens peuvent découvrir les textes, souvent accompagnés d'images, des missionnaires Bernardino de Sahagún et Diego Durán sur le Mexique, les chroniques de Pedro Cieza de León et de Guaman Poma de Ayala sur l'ancien Pérou, les lettres des jésuites Nobrega et Anchieta sur le Brésil, les écrits de Luís Fróis sur le Japon. Les manuscrits expédiés en Europe aboutissent parfois sur les presses du Vieux Monde au lieu de s'accumuler sur les rayonnages des grandes bibliothèques où ils se perdent souvent. Il en est ainsi des lettres des jésuites dont la Compagnie orchestre soigneusement la diffusion[41], des traductions castillanes de Henrique Garcés, qui publie son Camões et son Pétrarque à Madrid en 1591, de l'épopée de Balbuena, *El Bernardo*, sortie en 1624, soit plus de vingt après avoir été achevée au Mexique[42]. C'est le sort également, après maintes péripéties, de l'*Histoire naturelle* de Francisco Hernández, une somme sur le Mexique, révisée et publiée à Rome en latin[43]. Même les travaux des métis, comme Garcilaso de la Vega ou Diego Valadés, reçoivent les honneurs de l'impression, à Lisbonne pour le premier, à Rome et Pérouse pour le second[44].

À côté des manuscrits rédigés par des Indiens, des métis ou des Européens, un même mouvement emporte vers l'Europe des objets étranges qui confrontent les savants du Vieux Monde à d'autres modes d'expression : les livres de la Chine et leurs idéogrammes, les « peintures » pictographiques du Mexique, les quipus péruviens avec leurs nœuds disposés sur des cordelettes colorées. Dans les années 1570, la reine Catherine de Portugal possédait deux livres en chinois, « imprimés et à contenu historique[45] ». À Lisbonne, Bernardino de Escalante a le privilège d'observer des ouvrages chinois dont il s'inspire pour éditer des idéogrammes dans son traité sur la navigation portugaise[46]. Les codex mexicains transitent entre les cours européennes et les cabinets de curiosités, passant parfois des mains des pirates à celles des bibliothécaires royaux. On les copie à Rome – c'est le cas du *Codex Rios* – et à Florence, où le peintre Ludovico Butti peuple ses fresques de l'Antica Armeria (aujourd'hui les Offices) d'oiseaux tropicaux et de guerriers mexicains, mêlant sans complexe éléments américains et emprunts asiatiques[47]. Une dizaine d'années après Bernardino de Escalante, le franciscain Diego Valadés fait imprimer dans sa *Rhetorica christiana* des pictographies mexicaines qu'il propose d'exploiter à des fins mnémotechniques. Le frontispice de la chronique des Indes due à Antonio de Herrera s'orne de dessins tirés d'un codex mexicain aujourd'hui conservé à Paris, le *Telleriano Remensis*.

Des échelles planétaires

Le XVIe siècle ne se limite donc pas à la mobilisation des moyens de l'Occident vers le reste du globe. L'expansion ibérique multiplie les effets en retour, et pas seulement dans le domaine des épices et des métaux précieux. Les informations, textes, traductions, témoignages venus des autres parties du monde enrichissent les bibliothèques et les collections de l'Europe occidentale, centrale et même orientale, tissant une toile planétaire. Les premiers grands textes sur l'Amérique, l'Afrique et l'Asie voyagent avec les Ibériques. Les écrits de López de Gómara et de Fernández de Oviedo, pour s'en tenir aux plus fameux chroniqueurs du Nouveau Monde, sont lus dans toute l'Europe, dans l'empire ottoman et jusque dans l'Asie portugaise, tandis que Garcia da Orta et Albuquerque sont commentés en Amérique. Les rapports intercontinentaux ne se bornent pas à un tête-à-tête avec l'Europe, même si inévitablement la Péninsule en constitue l'un des pôles dominants.

À l'intérieur de la Monarchie catholique se créent d'autres circuits. Les Portugais et les mulâtres du continent africain se préoccupent des choses de l'Inde et du Brésil. Dans son *Tratado breve dos rios de Guiné do Cabo Verde* (1594), André Álvares de Almada évoque aussi bien les Caraïbes que l'*Estado da India*. Les Portugais du Brésil ne peuvent ignorer leur voisin africain d'où ils tirent leurs esclaves ; de son côté, la Nouvelle-Espagne guigne l'argent des terres du Pérou autant qu'elle s'exalte à l'idée de conquérir ses lointains confins septentrionaux. Et, à Mexico, l'Indien Chimalpahin n'est pas le seul à se tourner vers l'Asie. Il est symptomatique que le premier livre d'histoire politique consacré aux Philippines ait été publié sur les presses de la ville, en 1609, par Antonio de Morga[48].

À force de s'étendre et de s'intensifier dans diverses parties du globe, la mobilisation des hommes et des choses adopte une échelle planétaire. Les limites réelles ou imaginaires de la domination ibérique, les bornes de « l'immense ressort de la monarchie d'Espagne[49] » qu'évoque si bien Giulio Cesare Capaccio dans son éloge de Naples, sont constamment repoussées. Si à l'origine les Colonnes d'Hercule se dressaient « au bord de la mer de Cadix », elles se sont ensuite écroulées sous les coups de l'empereur Charles Quint, avant d'être relevées sur l'autre face du globe dans l'archipel des Philippines[50]. Cette planétarisation des horizons explique les innombrables références aux « quatre parties du monde » sous la plume des contemporains. Au fil des pages, on trouve des évaluations chiffrées de parcours toujours plus considérables. Dans les années 1530, le Portugais Antonio Galvão dresse un bilan des richesses potentielles du Sud-Est asiatique, énumérant des distances qui ne semblent pas le moins du monde l'inquiéter, comme si les trajets longs et difficiles se banalisaient : « De Sumatra aux Moluques, il n'y a *pas plus* de quatre cents lieues de traversée [...] et la mer est aussi calme qu'une lagune ; il y en a autant pour la Chine et un peu plus pour les îles Lequios[51]. »

Lorsque, quarante ans plus tard, le cosmographe López de Velasco évalue la longueur des côtes de l'Amérique, la constellation de chiffres à laquelle il est confronté n'a plus rien de commun avec les dimensions de la Castille, ni même avec celles de la péninsule Ibérique : « Ce territoire recouvre une distance de trois mille cent cinquante lieues du nord au sud, et autant de l'est à l'ouest, sur lesquelles on compte de terre ferme découverte deux mille deux cents lieues de longueur, du nord au sud, et environ mille de large au plus[52]. » Sa *Géographie et description universelle des Indes* (1574) offre un exemple spectaculaire de cet insatiable appétit d'informations, de chiffres, de mesures, de noms, de territoires. En tournant les pages de l'ouvrage, on a le sentiment que le monde s'étend à l'infini. Après avoir parcouru la description des territoires soumis à la couronne de Castille, on découvre un nouveau chapitre sur le Brésil, puis un autre sur les *Islas del Poniente* et la *Especiería* (l'« Épicerie » dans le français du temps), et un autre encore sur les Philippines, avec en guise de conclusion une « Chorographie de la côte de la Chine » assortie d'une description du Japon, avant quelques pages – les dernières cette fois – sur la Nouvelle-Guinée et les îles Salomon[53]. Adopter une échelle planétaire n'est pas un simple exercice d'arithmétique. Les Européens doivent alors s'habituer à de nouvelles expériences humaines liées à toutes les facettes de la mobilisation. Si les globe-trotters au sens propre du terme demeurent encore l'exception, nombreux sont les missionnaires, les marchands ou les bureaucrates qui apprennent à organiser leurs activités entre le Mexique, le Pérou, les Philippines et la Castille, ou bien entre Goa, l'Afrique, le Brésil et Lisbonne. D'autres espaces, d'autres racines, d'autres ruptures…

La mobilité des horizons

« Notre monde vient d'en trouver un autre[54]… » En désenclavant l'Europe et plusieurs parties du monde, la mobilisation des êtres et des choses crée, au même instant, des distances et des proximités inédites. C'est vrai du monde des objets, comme de celui des imaginaires et des modes de vie.

L'inconnu hier devient familier aujourd'hui, l'inaccessible est dorénavant disponible et le lointain peut faire subitement irruption dans le proche. Sur les quais de Rouen ou sur les marchés d'esclaves de Castille, les Européens croisent des Indiens du Brésil. Tandis que les cosmographes jonglent avec des distances naguère inconcevables, des habitudes franchissent les barrières maritimes et les frontières de civilisation. Les nouvelles formes de consommation n'y échappent pas. Au cours du XVIe siècle, les amateurs d'éventails ou les consommateurs de tabac, qui étaient nombreux parmi les populations amérindiennes, font de nouveaux adeptes de ce côté-ci du monde. En sens inverse, les Indiens du Nouveau Monde découvrent les plaisirs enivrants et coûteux des alcools européens et du vin d'Espagne, et les Noirs d'Afrique doivent s'habituer au manioc brésilien.

Le domaine des sciences et de la médecine illustre l'ampleur des déplacements et la vitesse des accélérations. Savants, trafiquants et commerçants, ces chaînes d'intermédiaires nous livrent une autre manifestation concrète du mouvement qui entraîne les mondes les uns vers les autres. La « racine de Michoacán », ou « rhubarbe des Indes », pousse au Mexique, dans la région de Colima. Au début des années 1540, vingt ans après la conquête du pays, elle attire l'attention des Espagnols, qui l'envoient à Mexico, puis lui font traverser l'Atlantique. Un médecin de Séville, le docteur Nicolás Bautista Monardes[55], l'expérimente et décrit les étapes successives de la diffusion de la plante, en établissant ce que nous appellerions aujourd'hui sa « traçabilité »[56]. Ses effets salutaires sur de nombreux patients convainquent le médecin sévillan, après quelques résistances, d'en adopter l'usage et la « racine de Michoacán » remporte un étonnant succès « dans le monde entier ». « On se purge avec la rhubarbe des Indes non seulement en Nouvelle-Espagne et dans les provinces du Pérou, mais aussi dans notre Espagne, en Italie, en Allemagne et en Flandres. J'ai expédié de longues relations sur son compte dans presque toute l'Europe aussi bien en latin que dans notre langue [...]. Les Espagnols achètent les plantes et les envoient en Espagne comme des marchandises [...]. L'usage en est déjà si courant qu'ils l'apportent en grande quantité comme une marchandise essentielle dont la vente rapporte beaucoup d'argent[57]. » Il va sans dire que la diffusion de ces nouveautés passe par leur commercialisation. La mobilisation ibérique est autant affaire de rentabilité que d'intérêt scientifique ou de curiosité.

Elle est aussi affaire d'imagination. En 1577, dans son ouvrage sur l'expansion portugaise, Bernardino de Escalante émet le souhait d'une prompte conversion de la Chine au catholicisme en invoquant la facilité du voyage et la relative proximité de ce royaume[58]. À l'entendre, il suffisait de traverser le Pacifique, en partant de l'un des deux ports mexicains, Acapulco ou Navidad, et de se laisser porter par les brises qui soufflent d'octobre à la fin d'avril ! La distance ne semble pas plus effrayer les adversaires de la Monarchie catholique. À la fin du XVIe siècle, le shogun japonais Hideyoshi, encouragé par ses conquêtes en Corée, agite la menace de représailles militaires contre la Castille : « Même si ces contrées sont éloignées et distantes, si quelqu'un se dresse contre mes ordres, j'enverrai là-bas mes excellents capitaines pour les mater[59]. »

L'optimisme de Bernardino de Escalante nous révèle que les espaces convoités par les Ibériques sont aussi gigantesques qu'imprécis. En 1493 par les bulles alexandrines, puis l'année suivante par le traité de Tordesillas, la Castille et le Portugal s'étaient partagé le monde connu et à découvrir en deux parts égales, selon une ligne située à quelque trois cent soixante-dix lieues à l'ouest de l'archipel du Cap-Vert. À vrai dire, les experts des deux pays ne parvinrent jamais à se mettre d'accord sur la position exacte de ce méridien et les espaces planétaires ainsi délimités demeurèrent des entités abstraites aux contours flous et controversés. Dans leur immense majorité, les Espagnols, les Portugais, les Italiens ou les Flamands qui traversaient l'océan n'étaient ni pilotes ni cosmographes et entretenaient une idée fort confuse des limites qui séparaient les nouveaux territoires. Les contours des royaumes ibériques n'étaient pas forcément plus nets dans leurs têtes, puisque la première carte du Portugal remonte à 1561[60]. La circulation des Portugais en Andalousie, en Estrémadure ou en Galice se prolongeait naturellement outre-Atlantique. Aucune frontière physique n'entravait la mobilisation des hommes et des choses, en particulier dans l'Atlantique Sud et le Rio de la Plata que fréquentaient indifféremment Castillans et Portugais. La circulation des hommes ne s'accompagnait donc pas nécessairement d'une représentation précise des empires, et moins encore d'une diffusion systématique des informations. Cet à-peu-près explique pour une grande part l'audace des expéditions de Colomb ou les enthousiasmes asiatiques de Cortés et de l'archevêque Zumárraga. Une plus exacte appréciation des choses aurait probablement retardé bien des départs. Peu de cartes à jour circulaient et un *fidalgo* portugais d'Elvas s'embarque aussi aisément pour la Floride des Espagnols que pour Goa[61]. On comprend alors mieux que quantité de sujets de Lisbonne aient pris part aux entreprises de découverte et de colonisation de l'Amérique espagnole[62], ou que, profitant de cette flexibilité, sans attendre l'union des deux couronnes, le cosmographe Juan López de Velasco ait inclu l'intégralité du Brésil portugais dans sa description des Indes occidentales. C'est aussi pour cette raison que l'on découvre sous la plume du carme Vázquez de Espinosa une étonnante description de l'Amazonie brésilienne, livrée aux explorations d'un Espagnol du Mexique – épisode longtemps oublié par l'historiographie luso-brésilienne. Il faudra que s'affirme davantage la représentation de l'État-nation et du territoire qui lui correspond pour que la mondialisation européenne suive un tout autre cours[63].

Au flou des limites s'ajoute une perception tout aussi floue des distances réelles (le Pacifique) et des obstacles à surmonter (la Chine). Ces « défauts » ne proviennent pas uniquement des « retards techniques » ou des incapacités du temps. Les idées de la Renaissance y ont aussi puissamment contribué. Le monde apparaissait comme une création inachevée, tandis que la vieille notion de métamorphose continuait d'assigner au mouvement des êtres et des choses une extension presque infinie, avant que la science du XVIIe siècle européen en ait fixé les lois et les limites. L'absence d'une représentation stabilisée de la planète incitait savants et humanistes à cultiver la perception d'un monde mobile, ce qui à son tour alimentait la mobilisation des hommes et des imaginaires[64]. Rien d'étonnant à ce que les cartes d'alors puissent promettre autant d'inconnu que de connu.

Local/global, ou la « patrie » et le « monde »

La racine de Michoacán qui échoue chez les herboristes de Castille, des Flandres et d'Italie acquiert soudain une « visibilité » européenne, cessant d'être une herbe locale, utilisée par d'obscurs *curanderos* de Colima pour être portée sur les autels de l'histoire naturelle et de la médecine européenne. La mobilisation ibérique provoque des changements perpétuels d'échelle qui se répercutent aussi bien sur le destin des êtres que sur celui des choses. Les témoignages les plus divers distinguent trois espaces : l'endroit d'où l'on vient (et où parfois l'on retourne), celui où l'on se fixe, et la sphère au sein de laquelle on se déplace. Le premier s'appelle la *patria*, le *patrio nido* ; c'est l'attache locale que l'on regagnera après avoir couru le monde et les continents, « comme l'oiseau absent du nid qui est sa patrie », écrira Pedro Ordóñez de Ceballos, globe-trotter impénitent, de retour dans son Jaen natal en 1614[65]. Âgé de vingt-huit ans et établi à Mexico depuis quatorze ans, le médecin Juan de Cárdenas ne parvient pas à oublier sa « douce et chère patrie de Constantina, récréation de Séville, jardin d'Espagne, agréable et délicieux bois de l'Europe », et rêve « des campagnes heureuses, des monts et des pâturages de Constantina[66] ». Le Portugais Francisco Rodrigues Silveira, familier des rivages de l'océan Indien, ne peut évoquer Lamego, sa terre d'origine, sans l'appeler « ma patrie ». Il finira par s'y retirer après son séjour en Asie[67].

Face à la « patrie » laissée sur la Péninsule, se profile un espace qui s'élargit progressivement aux dimensions de la terre entière. Magellan, El Cano et Pigafetta sont parvenus à faire du monde un globe dont on peut dorénavant faire le tour en bateau. C'est dès lors une réalité physique, vécue, aux dimensions matériellement vérifiables. À la même époque, en défendant l'héliocentrisme, Copernic banalise tout autant le monde terrestre qui n'est plus qu'un astre parmi les autres. Dans la seconde moitié du XVIe siècle, la conquête des Philippines par la couronne de Castille et la découverte de la route du retour rompent définitivement la barrière de la « mer du Sud » en ouvrant la voie aux premières liaisons régulières à travers le Pacifique. « Sur toute la rotondité du monde[68] » : cette formule grandiose s'applique donc pleinement à la mobilisation ibérique quelques années à peine avant l'unification des deux couronnes. Peu à peu, la maîtrise des routes planétaires par les Ibériques va transformer l'exploit exceptionnel et l'aventure fantastique en un exercice de routine à haut risque[69]. Comme le constate Tommaso Campanella, grâce aux progrès de la navigation, la Monarchie catholique est parvenue à « faire le tour du monde entier en si peu de temps[70] ».

Les conquêtes extérieures[71] autant que la navigation, le détournement de la tradition impériale autant que l'expansionnisme ibérique, les ambitions universalistes du christianisme et l'appât des richesses ont ainsi contribué à forger une autre approche du monde, dorénavant conçu comme un ensemble de terres liées entre elles et soumises à un même prince[72]. La mobilisation des imaginaires s'est aussi nourrie des espérances messianiques et millénaristes qui sous-tendent les entreprises de Christophe Colomb, les politiques des Rois Catholiques et du roi de Portugal dom Manuel, avant d'affleurer dans les spéculations liées à la figure impériale de Charles Quint et à celle de son successeur Philippe. Cette dynamique parcourt quantité d'écrits aussi différents que la chronique mexicaine du franciscain Mendieta, la *Monarchia di Spagna* de Tommaso Campanella ou les *Lusiades* de Camões : « Tout le Ciel avait résolu de faire de Lisbonne une seconde Rome[73]. » Cette vision du monde et de son destin circule alors également sous d'autres formes dans l'empire ottoman, l'empire moghol et jusqu'au sein de la cour japonaise[74]. Ces palpitations planétaires nous rappellent que la mobilisation ibérique n'est pas un phénomène unique sur la scène mondiale, même si elle est la seule à se déployer tout autour du globe.

C'est dans ce contexte que le terme *mundo* surgit sous les plumes les plus diverses. Le cosmographe allemand établi à Mexico, Heinrich Martin, a les yeux fixés sur la Nouvelle-Espagne et les « autres parties du monde[75] ». En parlant de la diffusion de nouvelles espèces de plantes, le médecin sévillan Monardes expliquera que « leur usage ne s'est pas seulement [répandu] dans notre Espagne, mais dans le monde entier[76] ». Dans la *Città del Sole*, l'informateur génois de l'Hospitalier se flatte « d'avoir fait le tour du monde entier (*il mondo tutto*)[77] ». Quand Mateo Alemán prend la décision de publier son traité d'orthographe à Mexico, c'est « pour qu'il fasse connaître au monde que d'une terre nouvelle, hier conquise, sort une manière nouvelle et vraie de bien écrire qui s'adresse à tous les peuples[78] ». Les récits des chroniqueurs s'ouvrent dorénavant sur un monde qui n'est plus seulement celui de la Genèse, des Prophètes, de Ptolémée et du Moyen Âge, mais l'addition de ses « quatre parties » émergées – Europe, Amérique, Afrique, Asie –, distribuées dans deux hémisphères en voie d'être occupés, mesurés et conquis[79].

Les savants et les artisans de la Renaissance offrent une visualisation toujours plus frappante de l'idée de monde et de ses représentations matérielles les plus accessibles : le petit globe terrestre et la majestueuse carte du monde. Mappemondes et sphères armillaires donnent le monde à voir et à admirer dans ses contours physiques et son intégralité. Sur une grande tapisserie exécutée dans l'atelier de Bernard Van Orley, à Bruxelles, *La Terre sous la protection de Jupiter et de Junon*[80], l'empire portugais est figuré dans ses extensions américaines, africaines et asiatiques sur un globe blanc et bleuté d'une troublante beauté. La littérature, autant que l'art des peintres et la science des cosmographes, sait aussi infuser un nouveau contenu au terme « monde ». Les poètes du Portugal et de Castille inventent des héros qui décrivent la vaste terre qu'ils parcourent :

> *Entre la zone que gouverne le Cancer,*
> *borne septentrionale du soleil éclatant,*
> *et celle dont les frimas sont aussi redoutés*
> *que les ardeurs de la zone équinoxiale,*

s'étend la superbe Europe, que cernent,
entre l'arcture et l'occident,
les ondes salées de l'Océan
et, vers le midi, la Méditerranée.

Du côté où naît le jour,
elle avoisine l'Asie, mais les séparent
le fleuve courbe et froid qui, des monts Riphéens,
court se jeter dans le Palus-Méotide [la mer d'Azov],
et la mer farouche et terrible
qui vit la victoire irritée des Grecs en des parages
où de nos jours le marin ne voit
de Troie triomphante autre chose
que le souvenir[81]*...*

Plus loin, Camões imagine le roi Jean III emporté dans un rêve : « Il lui semblait alors qu'il montait si haut qu'il touchait à la première sphère, d'où il voyait en face plusieurs mondes, des nations populeuses, étranges et barbares[82]. » D'autres moins talentueux, comme le Castillan Bernardo de Balbuena, mais tout aussi imaginatifs, conçoivent des voyages aériens autour du globe qui découvrent au passager envolé vers le haut des cieux

...du Brésil les étendues incultes,
les Andes, l'Eldorado, et les redoutables
déserts du Darien remplis d'embûches,
quoique alors frais et fleuris[83]*...*

Si aujourd'hui le mot « global » nous propulse dans l'espace et nous place hors de notre planète en train de regarder le « vaisseau Terre[84] », cette définition pourrait déjà s'appliquer à des artistes comme Van Orley, Camões ou Balbuena, qui figurent incontestablement parmi les porteurs de cette « nouvelle perspective ».

Pas plus hier qu'aujourd'hui, les rapports entre « local » et « global » ne sont aisés à démêler. Au cours du XVIe siècle, la relation entre *la patria* et *el mundo* se modifie à mesure que ces deux termes changent de contenu et d'échelle, en épousant les rythmes de la mobilisation ibérique. L'Européen qui s'enracine dans son nouvel espace n'a plus la même conception du « local », tandis que le « global » tend chaque fois davantage à se confondre avec les quatre parties du monde. Au Mexique, envahisseurs comme envahis se sont vus contraints de redéfinir le terroir. Avec les ans et la distance, les liens que les conquistadores maintenaient avec leur communauté d'origine se distendent ou se rompent : pour partie d'entre eux, leur lointaine *patria* située quelque part en Castille, en Andalousie ou dans le Pays basque[85] n'est plus qu'un souvenir. Quant aux rapports qu'ils ont pu tisser dans les Caraïbes, ils se résument souvent à des attaches éphémères. Les nouvelles racines créées sur le sol des Indes ébauchent un « néo-local » américain qui se présente d'abord comme une entité institutionnelle, transplantée de la Péninsule. La fondation de la ville de Veracruz par les conquistadores officialise pour la première fois cette reterritorialisation à la castillane sur le sol du Mexique. Peu à peu, le vécu quotidien, le contact avec les naturels, les compagnes indiennes, les enfants de sang mêlé donnent à ce « néo-local » une épaisseur humaine et métisse qui le distingue toujours davantage de la « patrie » d'origine, sans en effacer la mémoire ou la nostalgie. Encore que l'échec de l'implantation puisse se traduire par un retour à la case départ.

Dans les sociétés indigènes, une série de bouleversements d'un tout autre ordre affectent également les liens entre les natifs et leur *pueblo*. La création des *repúblicas de Indios*, qui conjuguent institutions ibériques et héritages amérindiens, le développement des nouvelles villes hispaniques modifient les cadres de vie et de référence. Mais ce sont surtout le redécoupage des espaces ethniques et les politiques de « congrégations » et de « réductions » qui déclenchent des processus de relocalisation, en déportant des populations sur de nouveaux sites. L'arrachement au terroir se traduit souvent par des hécatombes humaines et se heurte à bien des résistances. Pendant ce temps, des Indiens découvrent que derrière les horizons de leur communauté et de l'Anahuac, autrefois une Terre qui se confondait avec l'espace mexicain, il existe une domination universelle et lointaine à laquelle ils ne sauraient se soustraire.

À ces transferts qui s'opèrent dans des conditions souvent désastreuses et aux efforts des élites indiennes pour s'adapter au cadre ibérique, s'oppose l'adoption enthousiaste d'un nouvel espace dont on exalte les grandeurs à la manière d'un Bernardo de Balbuena dans *Grandeza mexicana* ou d'un Gabriel Soarez de Souza, le chantre portugais de Salvador de Bahia, qui domine « la plus grande et la plus belle baie que l'on connaisse de par le monde[86] ». La mobilisation d'un individu se jouerait donc autour de trois pôles : le point de départ, l'endroit où l'on se fixe dans le reste du monde et l'horizon planétaire – *el mundo* – sur lequel cet individu évolue. Le « local » se dédouble à l'opposé des schémas dualistes qui se bornent à en faire le pôle antagonique du « global ». L'appréciation de l'espace et du temps dépend de la manière dont se conjuguent ces trois repères tout au long de la vie. À ces êtres qui vont partout ou presque, on pourrait appliquer la définition que Fredric Jameson a donnée naguère du dilemme de la post-modernité : « Il implique notre insertion comme sujets individuels dans un ensemble multidimensionnel de réalités radicalement discontinues[87]. » Ce dilemme n'est probablement pas aussi « nouveau et historiquement spécifique » que le prétend le sociologue nord-américain. Les Ibériques et ceux qui se sont associés à leurs entreprises – Européens, Amérindiens, Asiatiques ou métis – se montrèrent aussi mobiles et entreprenants que les « post-modernes » de la fin du siècle dernier.

Une autre modernité

Échelles planétaires, compression des espaces intercontinentaux, mobilisation sans limite des êtres et des choses : la modernité des Ibériques ne se joue pas sur le sol de la Péninsule et ne s'accorde guère à l'idée que nous nous faisons habituellement de la modernité. Elle n'emprunte pas le parcours obligé qui file droit de l'Italie vers la France pour rejoindre l'Angleterre et les pays du Nord, en évitant une Europe méridionale, invariablement perçue comme archaïque et obscurantiste[88]. Cette modernité ne passe pas non plus par la construction de l'État-nation ni par la marche vers l'absolutisme, pas plus qu'elle ne s'explique par le triomphe de la science et du rationalisme cartésien. Elle met en jeu d'autres espaces, d'autres configurations politiques – la Monarchie catholique –, d'autres imaginaires et surtout d'autres acteurs qui ne sont plus seulement des Européens, mais des Indiens comme Chimalpahin, des Philippins, des Japonais, des mulâtres d'Afrique. Nous voilà loin des frontières de l'Europe occidentale.

Les historiens de l'Espagne ont rappelé ce que la modernité politique européenne doit au vieux projet de monarchie universelle dont la Monarchie catholique aurait été la version la plus accomplie[89]. Mais cette revalorisation de l'expérience hispano-portugaise, si indispensable soit-elle, n'offre encore qu'une généalogie corrigée de la modernité classique. Elle n'échappe pas au cadrage ethnocentrique d'une histoire intellectuelle de l'Europe. Conservateurs, modernes ou postmodernes, les spécialistes du Vieux Monde continuent de s'affronter dans des débats où le reste du globe n'est qu'un décor, un objet exotique, et jamais un acteur. Les élites indiennes, métisses et créoles du Nouveau Monde n'ont jamais voix au chapitre. Bien que David Brading ait montré que dès le XVIe siècle l'Amérique espagnole avait abrité une vie intellectuelle d'une remarquable richesse, la modernité reste engoncée dans une perspective européocentrique[90]. Elle change radicalement de contenu si on l'envisage depuis les confins de la Monarchie, partout où la domination ibérique se heurte à d'autres civilisations et à d'autres modes de vie. Il apparaît alors que cette autre modernité tient à ses passeurs et aux espaces intermédiaires où elle se développe, ces *middle-grounds* où convergent des forces locales et globales, des systèmes de symboles et des conceptions du monde, des stratégies de domination, d'adaptation et de résistance, où naissent des sociétés et des groupes sans précédent dans l'histoire, où prolifèrent les mélanges et où s'installent les barrières destinées à les endiguer[91]. Le rapprochement des pans de mondes qui se transforment au contact les uns des autres commande les débuts de la grande nomadisation et met directement en cause la *territorial fallacy*, l'« imposture territoriale » sur laquelle tant de sociétés et d'idéologies se sont édifiées[92]. Si, selon

Peter Sloterdijk, la « mobilisation infinie » est bien « un processus fondamental des temps modernes », si elle est si « particulièrement apte à décrire le processus de civilisation[93] » autant qu'invariablement chargée de « connotations inquiétantes, voire désastreuses », la dynamique ibérique constitue incontestablement l'un des indices les plus spectaculaires de la modernité qu'abritent les marges de la Monarchie catholique[94].

DEUXIÈME PARTIE

La chaîne des mondes

« *El tener todo el orbe encadenado* »
(« Tenir enchaîné le monde tout entier »).

Bernardo de Balbuena, *Grandeza mexicana*, 1604.

CHAPITRE IV

Mexico
Le monde et la ville

Divers par l'allure et divers par les gestes
des figures, des visages et des mines diverses
d'hommes divers aux pensées diverses ;
[...] des hommes et des femmes
de couleurs et de professions diverses,
différents par leurs langues et leurs origines,
par leurs intentions, leurs buts et leurs désirs,
et parfois leurs croyances et leurs opinions,
et tous, par toutes sortes de voies,
disparaissent dans cette grande cité,
tels des géants devenant des pygmées[1].

En 1604, Mexico est redevenue la fourmilière humaine qu'elle était avant la conquête. Les rues et les chaussées qui sortent de la capitale de la Nouvelle-Espagne sont encombrées de monde. « Ô mer immense ! » s'exclame Bernardo de Balbuena. Il fallait l'œil panoramique du poète pour décrire le formidable mouvement brownien qui propulse tous ces êtres avant qu'ils ne soient happés dans une masse anonyme. Les origines et les couleurs se mêlent, mais également les langues et les activités, les croyances et les idées. Les êtres et les choses se côtoient comme jamais ils ne l'avaient fait auparavant.

D'un bout à l'autre de la planète, les Ibériques affrontent des sociétés issues d'autres histoires et se mélangent avec elles, quand ils ne les détruisent pas. Les villes sont les creusets où se façonnent les liens entre les quatre parties du monde. Et, plus que nulle autre, les métropoles coloniales de l'Amérique, de l'Afrique et de l'Asie. Mexico, Lima, Potosi, Salvador de Bahia, Manille, Goa, Santiago du Cap-Vert sont des scènes privilégiées de coexistence, d'affrontements et de métissages. Ou encore ces comptoirs comme Diu, sur la côte de l'Inde, où l'on trouve « un bon port, fort beau, très fréquenté par quantité de marchands, vénitiens et grecs, turcs et persans, anatoliens et arabes[2] ». Lima, la capitale du royaume du Pérou, devient une ville à moitié africaine dès la dernière décennie du XVIe siècle et elle le restera tout le siècle suivant[3]. Les répercussions de la mobilisation et du choc des mondes n'épargnent pas davantage les grands ports de l'Europe du Sud, Lisbonne, Séville, Cadix, Gênes, Naples, où prolifèrent d'autres sortes de croisements et de mélanges. Elles effleurent même le cœur septentrional de la Monarchie catholique, Anvers, où Rubens peint ses têtes de nègres et où les autels des églises s'ornent d'insolites épis de maïs.

La mobilisation des savoir-faire indigènes

Arrêtons-nous sur Mexico. Contrairement à Lima, la cité hispanique se greffe sur une colossale cité indienne qui était probablement la plus peuplée du monde à la veille de l'invasion espagnole. Cette situation exceptionnelle rend plus spectaculaire encore la série de réactions en chaîne qui transforment peu à peu la société autochtone[4]. La mondialisation ibérique a des répercussions sur tous les domaines de la vie quotidienne, sans exception aucune. À commencer par le monde du travail. En quelques dizaines d'années, les Indiens apprennent les métiers européens, et cela d'autant plus rapidement qu'ils sont les héritiers de vieilles traditions artisanales et se montrent curieux des nouveautés de la Péninsule. Dès les premiers temps de l'occupation espagnole, des objets de type européen sortent de leurs mains. Le premier métier espagnol adopté par les Indiens est celui de tailleur, « parce qu'il n'était pas trop difficile ». D'autres se mettent à fabriquer des chaises et toutes sortes d'instruments de musique : « Ils font des chalumeaux et fondent des saquebutes de bonne qualité. » D'autres encore apprennent à manier les métiers à tisser de Castille. En 1543, le chroniqueur franciscain Motolinía dresse un bilan enthousiaste : « On ne comptait plus les Indiens forgerons, serruriers, fabricants de freins, couteliers. » Déjà, les outils en fer du Vieux Monde remplacent les outils traditionnels : naguère, les Indiens « avaient des ciseaux à bois et, à la place des vrilles ou des tarières, ils employaient des sortes de burins carrés ; pour faire tous ces outils, ils fondaient le cuivre en y mêlant de l'étain. [...] Depuis que les charpentiers sont arrivés d'Espagne avec leurs outils, les Indiens travaillent comme les Espagnols[5] ».

En acquérant les techniques européennes, les « naturels » se familiarisent avec de nouvelles matières : la laine, le cuir, le fer, le papier, les pigments d'origine espagnole[6]. Ils s'accoutument à des gestes, à des formes de travail et à des modes de vie qu'ils ne connaissaient pas. Dans certains cas, les nouveaux métiers inversent la répartition sexuelle des tâches : le tissage cesse d'être une occupation exclusivement féminine pour être confié aux hommes qui savent utiliser les métiers à tisser importés d'outre-Atlantique.

De façon aussi paradoxale qu'inattendue, les Indiens font l'apprentissage des techniques européennes grâce à l'appui d'hommes d'Église, en principe exclusivement voués à l'action missionnaire. Si les moines soulignent si souvent l'« habileté » des Indiens dans les « métiers manuels », s'ils sont si conscients de la valeur des traditions artisanales des indigènes et admirent tant leur savoir-faire[7], c'est bien qu'ils ont joué un rôle déterminant dans la transmission des nouvelles techniques européennes ou dans l'adaptation de celles qui existaient déjà à leur arrivée[8]. Un rôle aussi prémédité, car il y allait de leur emprise sur ces dociles travailleurs chrétiens. C'est au sein du grand couvent de San Francisco de Mexico, dans les ateliers de la chapelle de San José de los Naturales, que les moines forment des Indiens qui venaient à peine de se convertir. Cette chapelle fut « le premier et le seul séminaire en Nouvelle-Espagne pour toutes sortes de métiers, et pas seulement ceux liés à l'Église, précise le franciscain Juan de Torquemada, mais aussi ceux qui servent au monde des laïques[9] ».

À l'inverse des moines, les artisans espagnols, fraîchement débarqués, tiennent à protéger par tous les moyens les « secrets de leur métier ». Ils ne souhaitent à aucun prix qu'il s'en aille « de par les rues pour échouer entre les mains des Indiens ». Des indigènes parviennent cependant à vaincre ces résistances et à découvrir les coups de main que les Espagnols voulaient leur cacher : « Ils emportèrent les métiers dans leurs têtes. » Ils espionnent les artisans espagnols et apprennent à subtiliser tout ce qui peut les aider à comprendre les techniques nouvelles, en particulier l'art de « battre l'or » ou de travailler le cuir, et ils finissent par fabriquer des maroquins et « tout ce qui se fait en cette matière, des souliers, des sandales, des brodequins, des espadrilles et des claques[10] ».

Tous les Indiens n'ont pas cette chance, car les conquistadores exploitent sans merci le gros de la main-d'œuvre autochtone, quand ils ne la réduisent pas purement et simplement en esclavage. La réaction des artisans indigènes éclaire une dimension moins visible de la mobilisation ibérique : la participation active des vaincus à l'implantation de la nouvelle organisation du travail par des prises d'initiative et le volontarisme de l'apprentissage. Les franciscains leur prêtent volontiers leur aide en jouant les informateurs improvisés. « Où est-ce que l'on vend cela ? Si nous pouvons nous le procurer, même si l'Espagnol cache ce qu'il fait, nous ferons nous aussi des maroquins. » Aux Indiens qui les harcèlent de demandes et ramassent des échantillons des matériaux que jette l'artisan espagnol, les moines indiquent les endroits où ils peuvent se les procurer. « Vite ils s'emparent du métier et en peu de jours les voilà devenus des maîtres[11]. » Non contents de s'approprier les techniques européennes, les artisans indigènes les assimilent si bien qu'ils deviennent capables de baisser les prix et de faire concurrence « aux artisans de Castille qui vendent fort cher en Nouvelle-Espagne ». D'où la multiplication des artisans hispanisés ou, si l'on préfère, l'indigénisation accélérée des métiers européens. À en croire le dominicain Bartolomé de Las Casas, à Mexico en 1539, « il n'est aucun métier, que ce soit ceux qui existaient avant dans ces royaumes ou ceux que les nôtres ont introduits de Castille, que ces gens ne connaissent aussi bien et même bien mieux et plus parfaitement que les artisans de chez nous[12] ». Mais les Indiens ne réussissent pas longtemps à préserver leur relative autonomie. Dès les années 1540, le transfert de savoir-faire profite aux envahisseurs. Après avoir été grugés par les indigènes, les maîtres espagnols se transforment en patrons exploiteurs. Pour les franciscains, l'opération se solde par un retournement imprévu : en enseignant les savoirs et les gestes européens, les moines avaient cru renforcer leur emprise sur la population indienne, alors qu'ils lui ouvraient les portes de la « république des Espagnols » et intégraient cette main-d'œuvre nouvelle à la production et au marché colonial. Les Indiens font d'ailleurs de si remarquables apprentis que les patrons européens s'empressent de les faire travailler à leur place, armés de leurs nouveaux outils : les maçons indiens sont « ceux qui font tout et c'est par leurs mains que passent les chantiers confiés aux Espagnols. [...] Ce sont les Indiens qui fabriquent ce qu'il y a de mieux dans toutes sortes de métiers et les maîtres espagnols se contentent le plus souvent de remettre le travail aux indigènes et de leur donner des instructions ; les Indiens travaillent avec une telle perfection qu'on ne saurait la dépasser[13] ».

Métissages linguistiques

Que se passait-il dans les ateliers indigènes de la ville ? En 1604, les vers de Balbuena esthétisent à plaisir le monde du travail colonial :

> *L'or que l'on file, dont les brins volatils*
> *qui illuminent l'air occupent*
> *mille belles mains et mille heures solitaires [...]*
> *des fours ardents, au milieu desquels*
> *si elle vit entre les flammes*
> *s'ébat la salamandre*
> *auprès de leurs belles verreries*[14].

Comment saisir concrètement les réactions des travailleurs indigènes aux nouvelles techniques et aux nouvelles conditions de travail ? Les sources écrites en nahuatl nous révèlent de quelle manière ils ont utilisé toutes les ressources de leur langue pour trouver des noms aux nouveaux objets et communiquer avec les Espagnols au sein des ateliers. À Mexico comme dans le reste de la Monarchie catholique, la domination européenne ne passe pas par l'imposition aux indigènes de l'espagnol ou du portugais, même si ces deux langues sont celles des autorités, du clergé, des marchands, des métis et des élites autochtones qui collaborent avec les Ibériques. Pourtant, aucune langue et aucun groupe n'échappent aux effets de la mondialisation. Jour après jour, dans les rues, sur les marchés, à l'atelier ou au foyer, les Européens assimilent des rudiments de langue indienne, et pas seulement les prêtres chargés de l'instruction religieuse des indigènes. Des manuels de conversation, comme celui que Pedro de Arenas publie à Mexico en 1611, révèlent la fréquence de cet apprentissage à rebours, qui familiarise les nouveaux venus avec les langues locales[15]. À force de se frotter les unes aux autres, langues locales et langues ibériques se modifient. Les secondes, rodées par les expériences comparables en terre ibérique, africaine et caraïbe, empruntent quantité de vocables qui désignent les choses du pays. Quant aux premières, elles subissent des transformations qu'il n'est pas toujours aisé de recenser. Lettres, actes de vente et testaments en nahuatl livrent pourtant une myriade d'indices sur les modifications sociales, économiques et religieuses à l'œuvre tout au long du XVIe siècle et dans la première moitié du suivant.

Un vocabulaire nouveau, en particulier, prend forme au sein des ateliers qui se constituent en véritables laboratoires linguistiques. Dans un premier temps, les Indiens utilisent des termes indigènes pour désigner des matières nouvelles. Ils mobilisent toutes les ressources de la langue nahuatl pour affronter l'inédit. *Tepoztli*, « cuivre », est retenu pour nommer le fer, puis le métal en général et toutes sortes d'outils, puisque les sociétés de Méso-Amérique ne connaissaient ni le fer ni l'acier. Les Indiens créent des néologismes pour désigner des objets d'origine européenne : *tlatlapaloni*, « outil qui ouvre », pour clé ; *tlatemmelahualoni,* « outil qui met droit le côté de quelque chose », pour niveau du charpentier ; *ehuatlepitzaloni*, « instrument de peau qui souffle sur le feu », pour soufflet ; *tlequiquiztli*, « trompette de feu », pour arme à feu[16], etc. D'autres vocables sont directement empruntés à l'espagnol. La prolifération des néologismes dérivés du mot *tepoztli* (le fer, ou le métal) nous introduit à l'intérieur de la forge coloniale devant ses « fours ardents », aurait dit Balbuena[17], où les forgerons (*tepotzpitzqui*) travaillent sur leur enclume (*tepoztlatzotzonaloni*) et forgent des clous (*tepozhuitztli*), mais également dans l'atelier de l'imprimeur (*tepoztlacuilo*) ou encore chez le charpentier qui sait dorénavant aussi bien manier la hache européenne (*tepozquauhxexeloni*) que le ciseau (*tepoztlacuicuihuani*)[18]. Déplacements de sens et chapelets de néologismes sont le lot commun des années 1530 et 1540, l'époque pionnière de la découverte des techniques européennes, de l'enseignement franciscain et de l'espionnage artisanal. Ils reflètent les premières réactions linguistiques de travailleurs ou de domestiques quotidiennement affrontés à la nouveauté, mais encore capables de l'absorber dans le langage indigène[19].

Dans la seconde moitié du XVIᵉ siècle, alors que la main-d'œuvre indigène se raréfie sous le coup des épidémies, s'amorce une autre étape. Des inventions de la première heure doivent céder le pas devant le terme castillan, qui finit par s'imposer[20]. Le dictionnaire nahuatl-castillan de Molina explique qu'il a fallu introduire « dans les deux parties des entrées composées à partir de notre langue et de la langue mexicaine, que les naturels ont inventées faute d'avoir autrefois l'usage des choses qu'ils emploient aujourd'hui. Par exemple, *nitel*calças*copina* qui veut dire “déchausser” ou enlever les “chausses” à quelqu'un d'autre[21] ». Dès lors, les emprunts à l'espagnol ne cessent de se multiplier. Objets et outils nouveaux sont devenus si familiers que l'on n'éprouve même plus le besoin de noter leur origine castillane en les accompagnant de l'épithète *caxtillan,* comme on le faisait auparavant. Il va de soi désormais que l'*amate* désigne le papier européen, et non plus seulement la fibre de l'agave dont étaient faits les anciens codex. Une foule de mots espagnols font alors irruption dans la langue des artisans et de la vie quotidienne : *hacha* (hache), *cuchillo* (couteau), *escoplo* (ciseau), *camisa* (chemise), *zaragüelles* (pantalons), *silla* (selle), *chirimía* (chalumeau). Les noms espagnols des vêtements se sont répandus au fur et à mesure que les Indiens de la ville se sont mis à fabriquer des vêtements de type ibérique, à s'habiller à l'européenne ou à combiner des pièces traditionnelles (la cape *tilmatli* des hommes, la blouse *huipil* des femmes) avec des emprunts péninsulaires. Dans le même temps, les Indiens se familiarisent avec les mots du calendrier chrétien (*año, mes*...), avec les différentes mesures de capacité de la Péninsule (*fanègue, almude, livre*...), avec les noms des monnaies (*tomín, medio*...).

À travers d'infinis tâtonnements, cette acculturation linguistique pousse les Indiens à s'habituer au castillan et à l'univers qu'il introduisait. L'hispanisation de la langue est l'une des formes de la mobilisation ibérique. Provoquant des réactions en chaîne qui échappent à tout contrôle, *a fortiori* dans un domaine qui n'est l'objet d'aucune surveillance particulière, elle donne lieu à quantité d'appropriations ou de détournements : ainsi le mot espagnol *tomín*, d'abord emprunté pour désigner une pièce de monnaie, finit par désigner les espèces et l'argent en général. En revanche, paradoxalement, le terme castillan *dinero*, « argent », n'est jamais passé dans la langue nahuatl[22]. Si la langue n'est pas le miroir d'une société, ces inflexions n'en sont pas moins révélatrices. La rapidité des emprunts au castillan faits par les Indiens, le pragmatisme linguistique rappellent la manière dont les artisans indigènes s'étaient approprié les techniques importées d'Europe dans la première moitié du siècle. La langue indienne évolue en même temps qu'un nombre croissant d'Indiens travaillent pour leurs maîtres européens. L'apprentissage linguistique a-t-il favorisé l'accès au nouveau monde du travail ou est-ce, au contraire, l'acculturation technique qui a influencé les manières de parler et d'écrire ? La réponse varie selon les générations et les milieux. Les travailleurs indiens, sans expérience « préhispanique », ne réagissent pas de la même façon face aux techniques et au vocabulaire ibériques que les artisans solidement formés avant la Conquête. Les domestiques indigènes employés dans les maisons espagnoles où le castillan est la langue usuelle subissent une immersion infiniment plus forte que les manœuvres enrôlés au milieu de dizaines d'autres sur les chantiers de la ville.

Ces transformations se forgèrent à coups d'approximations plus ou moins solides, mais il y eut aussi de véritables passeurs linguistiques. Outre les Espagnols qui parlaient le nahuatl, comme l'auteur du manuel de conversation, Pedro de Arenas, les moines ont fréquemment fait office d'intermédiaires et de traducteurs compétents. Les Indiens des élites hispanisées, comme les informateurs du franciscain Bernardino de Sahagún ou le chroniqueur Chimalpahin, connaissaient assez les deux mondes pour pouvoir assumer ce rôle[23]. De même, les métis que leur double origine mettait naturellement en position de jouer les truchements entre les deux communautés. Sans oublier les travailleurs indigènes les plus modestes qui bricolaient sur le tas les moyens de comprendre leurs maîtres ou de s'en faire entendre. La communication et l'invention linguistiques n'exigent pas de talents universitaires, mais les inventions des humbles laissent rarement des traces.

Du marché à l'atelier-prison

La colonisation espagnole se serait vite effondrée si elle n'avait été qu'imposition brutale. Séduits par la nouveauté ou poussés par l'instinct de conservation, quantité d'artisans indigènes ont peu à peu secoué les cadres ancestraux où les enfermaient la noblesse et les autorités de la communauté. Ils se sont adaptés aux conditions du nouveau marché à mesure qu'ils devenaient capables de se débrouiller en castillan et d'offrir des produits de qualité à moindre prix que leurs rivaux européens. Tandis que les tâches collectives prescrites par la coutume préhispanique leur pesaient de plus en plus[24], car pour eux, dorénavant, toute tâche méritait salaire. Le travail – les « arts mécaniques » – a de la sorte puissamment contribué à faire éclater les frontières spatiales, linguistiques et légales qui séparaient en principe les deux communautés :

aucun obstacle matériel n'empêchait véritablement les Indiens de s'établir dans la ville espagnole, pour peu qu'ils fussent prêts à proposer aux Espagnols leur force de travail et leurs compétences.

Mais la mondialisation ibérique est loin de s'exercer uniformément sur les êtres et les choses. Ses effets varient selon les rapports que les Indiens entretiennent avec les envahisseurs, qu'ils aient affaire au patron d'un atelier, au supérieur d'un couvent, à un représentant de la Couronne ou aux caprices d'une maîtresse de maison. Ils varient aussi selon les cadres de vie. Les Indiens qui écoulent leur marchandise sur un *tianguis* ou au coin d'une rue conservent une relative marge d'initiative par rapport au monde hispanique. Sur les marchés, où les Européens ont vite pris l'habitude de s'approvisionner, usages anciens et pratiques ibériques se mêlent. Le chaland peut y trouver des marchandises traditionnelles, mais aussi des objets de provenance européenne, comme les chemises, les cols, les chandelles, les guitares, le savon, le pain de froment et bien d'autres encore[25]. Les *tianguis* sont des lieux de convivialité qui excitent l'imagination des poètes espagnols :

> *Allons nous amuser,*
> *messieurs, s'il plaît à tous,*
> *allons sur un tianguis qui se tient maintenant,*
> *où vous aurez bien des choses à voir*[26].

Les vendeurs métis, mulâtres et même espagnols n'hésitent plus à s'y installer et les Indiennes continuent d'y jouer un rôle si actif que ce sont elles, en 1592, qui s'opposent vigoureusement à la réforme des marchés de Mexico[27].

La mobilisation de la main-d'œuvre prend des formes autrement plus contraignantes pour les Indiens astreints au *repartimiento*, une institution coloniale qui organise la répartition par rotation des travailleurs sur les principaux chantiers de Mexico et dans les demeures des ecclésiastiques et des représentants de la Couronne. Les séjours dans les ateliers ou parmi la domesticité des notables, la participation aux travaux de construction et d'entretien de la ville mettent sans cesse les indigènes en contact avec les techniques du monde hispanique, mais ils doivent s'adapter aux rythmes de travail, aux habitudes et aux exigences de qualité et de rentabilité des vainqueurs.

Les Indiens qui travaillent au sein de ces ateliers fermés que sont les *obrajes* subissent une variante singulièrement brutale de ces processus d'apprentissage et de conditionnement. Fabriques (*obrajes*) de tissus, ateliers de chapeliers et boulangeries sont de véritables prisons d'où souvent ils ne sortent plus et où ils survivent dans des conditions proches de l'esclavage[28]. Leur enfermement se double d'une rupture avec leur famille et leur communauté, à la différence du *repartimiento* qui enrôle en principe des Indiens appartenant au même groupe. À en croire les patrons espagnols, loin d'attenter à la liberté de circulation des individus, l'*obraje* aurait fourni des moyens d'existence à des Indiens sans ressources et ceux-ci n'auraient jamais cessé d'être des « personnes libres qui s'offrent spontanément à vivre dans nos maisons[29] ». Les dénonciations répétées que recevait la couronne de Castille démontrent au contraire qu'ils étaient livrés pieds et poings liés à leur employeur. Les Indiens vivaient dans la promiscuité au côté de métis, de mulâtres, de Noirs ou de repris de justice d'origine européenne, et ces espaces devinrent l'un des creusets, parmi les plus abjects, du métissage.

Face aux chocs et aux ajustements qu'engendrent la mobilisation ibérique et l'intégration au monde du travail colonial, les Indiens ne restent jamais passifs. Chaque fois qu'ils en ont les moyens, ils réagissent aux pressions dont ils sont l'objet, multipliant détournements, adaptations et résistances. C'est bien sûr moins le cas des masses indiennes engagées au lendemain de la Conquête dans la reconstruction de la ville, « légalement » ou non réduites en esclavage. Seule une frange de la population autochtone, sous la houlette des franciscains, s'est transformée en une main-d'œuvre qualifiée adaptée aux exigences européennes. C'est à ces artisans indigènes, qui regroupent les « tailleurs, cardeurs, charpentiers, savetiers, maçons et bien d'autres[30] », que s'intéressent prioritairement les autorités indigènes et espagnoles, car ils leur sont « tout à fait indispensables ». Si la distinction entre un

« secteur qualifié » et le reste de la population active remonte à l'époque préhispanique, elle se double dorénavant d'un clivage inédit entre les travailleurs rompus aux techniques européennes et les autres.

La plèbe de Mexico

Ces ajustements et ces transformations participent d'une lente métamorphose tout au long du XVIe siècle. À la veille de la conquête espagnole, la ville de Mexico-Tenochtitlan abritait la population urbaine la plus importante du globe si l'on accepte que l'agglomération frisait les 400 000 habitants. Cette masse humaine se composait de *macehuales*, un mot qui désignait les roturiers et réunissait des catégories sociales fort diverses : *macehuales* proprement dits, *mayeques*, esclaves *tlacotin*[31]. Tous étaient placés sous la domination des nobles ou *pipiltin*, qui parlaient d'eux comme de la « queue » ou de l'« aile » d'une société qu'ils concevaient sous la forme d'un aigle. Le *macehual*[32] est *pacholoni*, « celui qui peut être protégé », « celui qui peut être porté, qui peut être chargé », « il désire être gouverné ». Pour traduire « vassaux ou gens de la plèbe », le franciscain Alonso de Molina se renseigne auprès de ses informateurs indigènes qui lui proposent une série de formulations plus méprisantes les unes que les autres : « celui qui vit parmi les herbes, celui qui vit parmi les arbres, celui qui a du mal à se procurer sa nourriture nocturne, sa nourriture matinale pour un jour, pour deux jours ».

Les autorités espagnoles ont d'abord conservé cette conception dualiste de la société en mettant en place un cadre juridique et institutionnel qui juxtaposait deux entités politiques, la « république des Indiens » et la « république des Espagnols », toutes deux étant placées sous l'autorité du roi d'Espagne et de son représentant, le vice-roi. Changement dans la continuité : les quatre divisions préhispaniques de Mexico-Tenochtitlán sont alors devenues les quatre quartiers (*barrios*) de San Sebastián, Santa María, San Juan et San Pablo[33], tandis qu'un noble mexicain était nommé gouverneur de la population indienne. De la fin des années 1530 à 1565, la fonction resta entre les mains des héritiers de Moctezuma, le puissant *tlatoani* qui avait affronté Hernan Cortés. Quant à la noblesse autochtone, elle put garder sa position dominante à condition de servir de courroie de transmission entre les vainqueurs et les naturels. À coups d'accommodements et de compromis, elle y parvint jusqu'au milieu du XVIe siècle.

Le *statu quo ante* était-il viable ? Les informateurs de Molina avaient beau cultiver la vision traditionnelle des choses et l'ancienne classe dirigeante s'arc-bouter sur ce qui lui restait de privilèges, la domination espagnole déclencha des transformations vite devenues irréversibles. La ville européenne qui s'installa au centre des quatre anciennes divisions s'ajouta d'abord au centre préhispanique, puis s'y substitua, alors que dans le même temps la demande constante de main-d'œuvre indigène incita ou obligea quantité de *macehuales* de Tenochtitlán à travailler et parfois à résider hors de la « république des Indiens ». La reconstruction de la cité faisait affluer des bras de toute la vallée de Mexico et de plus loin encore. Mais, malgré ces apports extérieurs, la population indienne de la ville ne cessa de décroître au cours du XVIe siècle. Au début des années 1560, il restait un peu plus de 75 000 habitants[34], entre le tiers et le cinquième de ce que comptait Mexico-Tenochtitlan avant la Conquête, auxquels il faut probablement ajouter 2 000 métis et un millier de mulâtres[35]. Puis le déclin s'accéléra : moins de 35 000 Indiens en 1569, à peine 25 000 au début des années 1580. La mobilisation humaine déclenchée par l'expansion ibérique répandit des myriades de virus et de microbes qui décimèrent des indigènes dépourvus de système de défense immunitaire. Toutes les terres américaines furent frappées, même celles qui échappaient encore à la présence européenne. Les ravages des maladies diluèrent les mémoires et minèrent partout les résistances plus sûrement que les canons et les chiens des envahisseurs.

Crise en Europe et troubles à Mexico

Une crise survenue à des milliers de kilomètres de là contribua à ébranler la vieille société indigène. En 1559, la France et l'Espagne s'étaient hâtées de conclure la paix du Cateau-Cambrésis pour tenter de faire face aux désastres financiers qui les frappaient. La Castille se trouvait dans une situation catastrophique[36]. Ni les Pays-Bas, ni l'Italie, ni les assemblées des divers royaumes de la Péninsule n'étaient en mesure d'apporter une aide suffisante[37]. Les banquiers génois et allemands se montraient toujours plus exigeants, mais il restait un expédient : pressurer les populations des Indes, au lieu de s'en tenir à la politique plus mesurée qu'on avait suivie jusqu'alors[38].

L'exécution de cette politique revint à Jerónimo de Valderrama, un membre du Conseil des Indes depuis 1560, nommé *visitador* de la Nouvelle-Espagne en décembre 1562. Valderrama fut l'une des rares figures de cet organisme à traverser l'océan et à visiter personnellement les Amériques[39]. À peine arrivé, le *visitador* soumet à l'impôt des groupes indigènes qui travaillaient au service des nobles et qui en étaient jusque-là exemptés. Double recul pour les élites indiennes, qui perdent la faculté de se réserver une partie du tribut et voient s'amoindrir leur emprise sur des milliers d'Indiens corvéables à merci[40]. Dorénavant la couronne de Castille, et elle seule, fixe les règles du jeu fiscal.

Les difficultés financières de Philippe II font d'autres victimes, autrement plus fragiles : les *macehuales* de la capitale et des environs. Jusqu'alors, ceux-ci n'avaient pas à verser de tribut en argent et en maïs à la couronne espagnole, car ils effectuaient régulièrement des corvées au service de la ville[41]. Invoquant l'« humaine et chrétienne raison[42] », le *visitador* met également fin à ce régime. Calculée par tête, l'imposition entre en vigueur le 8 septembre 1565[43]. Cette mesure dresse aussitôt les *macehualtin* contre le gouverneur indien, don Luis de Santa María Cipac, qui n'a rien fait pour les défendre. Selon le compromis établi après la défaite, les dirigeants mexicas ne restent en place qu'à la condition de servir d'intermédiaires zélés entre les masses indigènes et les exigences des vainqueurs. Cet état de choses exige des *macehuales* une entière soumission aux pressions des nobles et de la Couronne, mais les dirigeants indigènes doivent en échange s'inquiéter du sort de leurs vassaux. En ce mois de septembre 1565, pour la première fois sous la domination espagnole, des Indiens et des Indiennes attaquent à coups de pierre le palais du gouverneur à San Juan Tenochtitlan et se révoltent contre leurs seigneurs « naturels ». « Fort en colère à cause du problème des tributs qu'ils ne peuvent pas payer, ils le font savoir à grands cris. » Le 11 octobre, les gens de Tlatelolco suivent leur exemple et assaillent le palais du quartier. Quatre ans plus tard, en juin 1569, une révolte secoue à nouveau la ville et près d'une trentaine d'Indiens sont jetés en prison pour avoir refusé de payer le tribut.

C'est donc l'onde de choc partie de Castille, due aux aléas des politiques et des guerres menées sur un autre continent, qui pousse les Indiens tributaires de la ville à envahir la rue. Pour la première fois à l'heure espagnole, unis dans un front cimenté par la révolte antifiscale, ils s'en prennent collectivement à leurs autorités traditionnelles. Est-ce un hasard si la plupart d'entre eux sont nés après la Conquête et accoutumés à voir leurs « seigneurs naturels » brimés par les envahisseurs ? Mais, en ces années 1560, les *macehuales* de Mexico s'expriment encore essentiellement au sein de la « république des Indiens », même si dorénavant ils sont en contact quotidien avec des métis, des Noirs et des Espagnols.

L'affirmation de la plèbe indienne est d'autant plus grave pour l'aristocratie mexica que celle-ci traverse une décennie noire. Le 27 décembre 1565, le gouverneur de Mexico don Luis de Santa María Cipac rendait son âme au Dieu des Espagnols. Or il était le petit-fils de l'« empereur » Ahuitzotl et le dernier représentant de la famille de Moctezuma à régner sur la ville. L'événement était crucial et à plus d'un demi-siècle de distance, le chroniqueur indigène Chimalpahin insiste encore sur ce qu'avait représenté la disparition de l'ultime *tlatoani* pour les indigènes : « Il y avait deux cent quarante et un ans au moment de sa mort que les Mexicas se trouvaient à Mexico-Tenochtitlan, et quarante-sept ans que les Espagnols y étaient entrés [...]. En faisant le compte des vingt-sept chefs qui dirigèrent la nation mexica, le dernier et le vingt-septième fut don Luis de Santa María[44]. » Le décès de don Luis marque une rupture à la fois dynastique, politique, ethnique et sociale. « Après sa mort, il n'y a plus eu de juge ni de gouverneur particulier pour les natifs de Mexico, et par la suite les dirigeants n'ont pas toujours été de sang noble indigène ; [...] n'importe qui, noble ou simple roturier et même métis, a pu accéder à cette fonction[45]. »

La crise des pouvoirs anciens a une autre conséquence. Elle renforce la position des franciscains qui, depuis la Conquête, s'étaient fortement implantés dans les secteurs indiens de Mexico et de Tlatelolco, ce que suggère la révolte qui éclate en 1569 dans un quartier de la ville : les Indiens de la paroisse de Santa María la Redonda agressent des prêtres de l'archevêché venus célébrer la messe dans leur paroisse, ils s'en prennent à coups de pierre et de bâton aux laïques qui les accompagnent, et manquent de tuer l'*alcalde de corte* qui représente l'autorité civile. Soucieux d'affirmer la prééminence de l'Église séculière, l'archevêché s'empresse de dénoncer le pouvoir absolu que les moines exercent sur les Indiens de la ville, qu'ils soient ou non rattachés aux paroisses franciscaines[46]. C'est sans doute parce que les fils et les petits-fils des vaincus se sentaient protégés par les religieux qu'ils n'ont pas hésité à attaquer les sbires du pouvoir civil – l'*alcalde de corte* – et les représentants de l'archevêché[47]. À moins d'un demi-siècle de la Conquête et en pleine Contre-Réforme, les Indiens de Mexico font donc preuve d'un activisme surprenant : ils ne se gênent guère pour rejeter l'entremise de l'Église séculière et saboter publiquement son action, mais dorénavant ils se regroupent sous la houlette des moines et non plus derrière l'aristocratie mexica. Le temps des *macehuales* de l'époque préhispanique est révolu. La religion chrétienne est pour beaucoup dans l'expression identitaire de ces communautés. Mais si les *macehuales* se révoltent, c'est aussi qu'ils doivent s'adapter aux conditions d'une existence urbaine chaque jour plus hispanisée et plus exposée aux multiples répercussions de la domination ibérique.

Les nouveaux acteurs urbains

Dans la seconde moitié du XVIe siècle, les milieux populaires de la ville de Mexico ne se confondent plus avec les masses indiennes, même si celles-ci demeurent majoritaires. Cette transformation s'explique en grande partie par des mouvements de population, à l'échelle régionale et intercontinentale, déclenchés par la mobilisation ibérique.

À commencer par les Indiens et les métis venus chercher du travail dans la capitale, « comme pourraient le faire des Espagnols[48] ». Cette population mouvante inquiète les autorités indigènes de la ville, soucieuses de défendre coûte que coûte leurs Indiens face à ces intrus. Pas question de confondre ces *extravagantes* arrivés d'ailleurs avec les « Indiens mexicas des métiers », une main-d'œuvre qualifiée qui gagne six, voire huit *reales* par jour ou davantage encore, et qu'on refuse de faire travailler dans les champs des environs à la place des nouveaux venus. En 1629, les gouverneurs de San Juan et de Santiago se plaindront au vice-roi de n'avoir aucune prise sur les Indiens « extravagants et intrus » : « On ne leur sait pas de domicile connu, car chaque nuit ils changent de logement, et on n'arrive pas à les tenir ; [...] par crainte d'être repérés, ils déménagent et partent vivre dans d'autres *pueblos* où il est impossible de les reprendre[49]. » Qui plus est, ces individus incontrôlables sont rebelles au travail forcé : « Si on voulait les obliger à se rendre aux *repartimientos*, il faudrait les attacher pour les y conduire[50]. »

En fait, les « intrus » ne se mêlent pas seulement aux Indiens des communautés de San Juan Tenochtitlan et Santiago Tlatelolco. Ils côtoient également une population hétérogène où, depuis la seconde moitié du XVIe siècle, coexistent des métis, des Noirs et des mulâtres, qui vivent aux confins des communautés espagnole et indigène. À la différence des *macehuales*, ces nouveaux acteurs de la scène urbaine échappent à l'emprise de toute communauté d'origine comme à l'endoctrinement du clergé régulier. Officiellement, ils n'ont leur place ni dans la « république des Indiens » ni dans la « république des

Espagnols ». Si une minorité de métis, les « métis de luxe[51] », s'intègre sans trop de difficultés dans les rangs des élites espagnoles et indiennes, la plupart des sang-mêlé échouent aux marges de la société urbaine. Pauvres, souvent enfants illégitimes, dénués de protecteur, les *mestizos* forment le noyau autour duquel commence à s'agglomérer une plèbe urbaine d'un type nouveau, pas si éloignée de celle qui peuple en Europe les villes de l'Ancien Régime. Comme ils ne parviennent jamais à constituer un groupe autonome et reconnu par les autorités, ils ne cessent d'absorber les électrons libres qui s'échappent des communautés espagnole et indigène. Jouant ainsi un rôle d'attracteur entre les différentes composantes de la plèbe, ils accélèrent les métissages.

Il aurait pu en aller tout autrement des Noirs et des mulâtres, qui occupent un espace grandissant dans la ville au temps de la Monarchie catholique au fur et à mesure que les arrivées d'esclaves s'accélèrent[52]. Au début du XVIIe siècle, environ cent quarante mille Noirs et mulâtres vivent en Nouvelle-Espagne[53]. En 1625, le dominicain anglais Thomas Gage constate qu'il y a une « infinité de nègres et de mulâtres de l'un et de l'autre sexe[54] ». Les stigmates de l'esclavage et de la couleur en font un groupe juridiquement défini et physiquement repérable, mais au sein même de cette population surgissent des velléités d'autonomie, souvent teintées d'une forte agressivité contre les Espagnols et les Indiens. Des confréries organisent des réunions périodiques hors des maisons et des ateliers où les esclaves travaillent, lors desquelles les Africains continuent de parler leurs langues. Les tensions entre Noirs et Espagnols s'exacerbent à la fin de la première décennie du XVIIe siècle[55]. En 1611, une émeute mobilisant mille cinq cents Noirs éclate à Mexico, sous les murs du palais et de l'Inquisition, en réaction aux mauvais traitements dont beaucoup sont l'objet. Le bruit court qu'ils ont choisi un roi et une reine pour prendre leur tête, qu'ils parlent la langue angola pour se jouer de leurs maîtres, qu'ils ont l'intention de se soulever le Jeudi saint de l'année suivante et d'exterminer les Espagnols. Les autorités réagissent avec une impitoyable brutalité. Les confréries d'Africains sont dissoutes, les réunions et le port d'armes sont interdits, de même que les signes extérieurs de richesse ; toutes les femmes de couleur doivent renoncer à porter bijoux et soieries. Cet échec a peut-être conduit les Noirs et les mulâtres de Mexico à se rapprocher des métis et des Indiens, faute de pouvoir s'affirmer comme une communauté ethnique organisée, avec sa ou ses langues, ses usages vestimentaires et ses moyens de défense.

Aux Noirs s'ajoutent enfin quelques milliers d'Asiatiques qui ont traversé le Pacifique et débarqué à Acapulco ou à Navidad. C'est à la fin du XVIe siècle, quand des contacts réguliers s'établissent entre le Mexique et les Philippines, que des hommes et des femmes ont commencé à arriver de l'archipel, mais aussi de Chine, du Japon et même parfois de l'Inde portugaise. Dans les années 1620, plus de six cents esclaves philippins sont introduits chaque année en Nouvelle-Espagne[56]. Même si l'Église tend à les assimiler aux Indiens – on les qualifiait d'*Indios chinos* –, pas plus que les métis, les Asiatiques ne peuvent véritablement trouver de place au sein des *parcialidades* indigènes. Ils ne formeront d'ailleurs jamais une communauté à part entière et s'en iront grossir les rangs de la plèbe. Ajoutons que les *Chinos* libres, pour beaucoup des colporteurs et des barbiers, ont la faculté de vivre où bon leur semble et passent sans encombre de la « république des Indiens » à celle des Espagnols, accentuant encore la fluidité des circulations et la porosité des frontières[57]. Nombre d'entre eux étaient en réalité des métis d'Espagnols et de Philippins, d'Espagnols et de Chinois, ou encore d'Espagnols et de Japonais. Sous la domination espagnole, l'histoire de Mexico ne se réduit donc pas à une déculturation brutale ou à une progressive hispanisation des masses indigènes. Métis, Noirs et Asiatiques arpentent aussi les rues de la capitale de la Nouvelle-Espagne.

Les voies tortueuses du métissage

À la différence des Indiens des communautés, cette population de métis, de mulâtres et d'immigrants sans attache n'était repérable et contrôlable que lorsqu'elle était installée à demeure chez un maître « connu[58] » ou un artisan espagnol. Rien d'étonnant à ce que, dans les premières décennies du XVIIe siècle, les autorités n'aient cessé de pourchasser ceux qui étaient sans métier et habitaient à part. Les mesures promulguées, leur répétition au fil des années traduisent les inquiétudes de la Couronne et de la municipalité, mais aussi l'émergence d'un paysage humain totalement inédit. Ces décisions, truffées de préjugés et de stéréotypes, laissent percer la mobilité et la complexité de ce tissu social en formation. Dans une ordonnance du 7 décembre 1621, le vice-roi Diego Carrillo Mendoza Pimentel, marquis de Gelves, s'alarme de la présence dans la ville d'une population nombreuse, composée d'Espagnols, de métis et de mulâtres, notoirement « néfaste pour la république », où coexistent des artisans « qui servent dans des métiers », des « oisifs » et des « vagabonds ». Le vice-roi exige « de savoir et de comprendre ce qu'ils sont[59] ». La hantise des *vagos*, des « sans domicile fixe », la préoccupation sécuritaire, dirions-nous aujourd'hui, n'est pas qu'une phobie passagère ; elle est proportionnelle à la mobilité de cette société nouvelle, sans antécédent dans les mémoires.

Les autorités déplorent les conduites délictueuses, les croyances douteuses, les errances et les excès en tous genres des uns et des autres. Noirs et mulâtres libres seraient des « gens vicieux aux mauvais penchants [qui] vivent avec peu d'instruction chrétienne et accueillent d'autres esclaves en fuite en les cachant longtemps, et qui commettent quantité d'autres excès et délits. [...] Cette espèce de gens s'accroît et les désordres augmentent ». Quant aux métis des deux sexes, ils ne valent guère mieux : ce sont « des délinquants, des vagabonds aux mauvaises mœurs[60] ». À quoi s'ajoutent explicitement des « pauvres Blancs » et même des travailleurs régulièrement employés par des patrons. Toute cette faune est devenue suspecte. Les Espagnols entendent recenser ces individus, savoir où ils logent, consigner le métier ou la tâche à laquelle ils sont occupés. Ceux qui ne figureront pas sur les registres (*memorias*) seront automatiquement considérés comme vagabonds et condamnés à servir six ans de l'autre côté du Pacifique. En principe, à partir de septembre 1622, le vice-roi doit déporter aux Philippines tous ceux qui n'auront pas pris un métier ou trouvé un emploi, un peu à la façon dont le Portugal se débarrassait de ses délinquants et de ses « oisifs » en les exilant vers le Brésil, l'Inde ou l'Afrique.

La Monarchie catholique règle ses questions sociales à l'échelle planétaire. En principe, tout au moins, car les ordonnances restent la plupart du temps lettre morte, tant elles se heurtent aux opacités de la société coloniale, quand elles n'étalent pas des exigences aberrantes. Le vice-roi a beau exiger en 1623 qu'on vérifie les aptitudes des artisans noirs, mulâtres et métis en leur faisant produire « les lettres des examens et les certificats que donnent les voyers des métiers », la mesure est inapplicable. Comment éviter la fraude – beaucoup de certificats risquent d'être des faux –, et d'ailleurs que réclamer à des individus qui n'ont jamais été examinés pour l'obtention d'un métier et ne peuvent donc rien produire qui justifie leur occupation ?

De ces groupes insaisissables paraissent largement absents les Indiens des communautés, toujours solidement encadrés par les autorités civiles, ecclésiastiques et indigènes. Encore faut-il les distinguer de ceux qui habitent les paroisses séculières de la ville espagnole et côtoient chaque jour les milieux mêlés que nous venons d'évoquer. Déjà plusieurs plèbes cohabitent dans la ville, sans jusque-là se confondre. D'abord, une masse d'indigènes en voie d'hispanisation, mais encore fortement intégrés à la « république des Indiens » ; ensuite, des Indiens plus acculturés et désormais établis à demeure au sein de la « république des Espagnols » ; enfin, des travailleurs d'origine africaine, asiatique ou européenne dont l'existence conjugue précarité, métissage et déracinement. À commencer par les esclaves débarqués d'Afrique et de la péninsule Ibérique, sans oublier des individus encore plus marginaux : travailleurs temporaires, aux marges de la délinquance, ou vagabonds qui cristallisent les hantises des autorités. Cette hétérogénéité des plèbes reflète la différenciation des espaces urbains : celui des communautés indiennes avec leurs églises, leurs chapelles et leurs municipalités ; celui des Espagnols, au centre de la cité, avec ses résidences, ses ateliers et ses chantiers ; le monde des rues, des places et des canaux, qui souvent se confond avec celui du vagabondage ; enfin les *no man's lands*, mal contrôlés, des confins de la cité où prospèrent *obrajes*, bordels et trafics louches.

L'entrée de la « plèbe » en politique

Dans les années 1620, la chute continue de la population indienne – et donc du nombre des tributaires – incite les Espagnols à abandonner le système devenu obsolète du *repartimiento* et à laisser les indigènes libres de vendre leur force de travail à qui bon leur semble[61]. Dès lors, un nombre croissant d'Indiens se dégagent des antiques contraintes collectives et se fondent dans la masse métisse. C'est aussi à cette époque que le bilinguisme s'étend spectaculairement[62] et que la langue nahuatl s'engage dans une nouvelle phase de transformations. Celle-ci intègre de plus en plus de sonorités castillanes qu'elle ne possédait pas et multiplie les emprunts de verbes et de particules.

C'est dans ce contexte qu'éclate un événement exceptionnel dans l'histoire de Mexico : le *motín* de 1624[63]. Le vice-roi qui a pris ses fonctions en 1621, le marquis de Gelves, n'a pas que des préoccupations sécuritaires. Il est chargé d'appliquer au Mexique la nouvelle politique du gouvernement de Philippe IV, dirigé par le tout-puissant comte-duc Olivarès qui veut réformer l'État et reprendre une politique extérieure ambitieuse sur des bases financières plus solides. Les richesses du Nouveau Monde et de la Nouvelle-Espagne doivent contribuer au redressement de la Monarchie, et le marquis de Gelves en être l'un des maîtres d'œuvre. « Typique puritain de droite et politique consommé[64] », le vice-roi entreprend donc de réformer l'administration en luttant contre la corruption et la gabegie qui rongent la Nouvelle-Espagne. Bien vite, ses mesures dressent contre lui les élites de la ville. La répression des Noirs et des vagabonds et son hostilité aux Portugais installés dans le royaume attisent d'autres rancœurs. Ses relations avec l'Église sont tout aussi agitées : le marquis de Gelves entre en conflit ouvert avec l'archevêque de Mexico, Juan Pérez de la Serna, qu'il veut chasser de la Nouvelle-Espagne. Le prélat, qui s'empresse de brandir l'excommunication puis l'interdit, reçoit des menaces de mort. Les notables créoles, le tribunal de l'audience, l'archevêché et le clergé séculier font alors bloc contre le représentant de Madrid.

Tout conspire donc à entretenir une atmosphère explosive, lourde de tensions religieuses, car la crise divise le clergé de la capitale. Jésuites, séculiers et carmes déchaussés prennent le parti de l'archevêque contre les moines de saint François et leurs alliés dominicains, augustins et mercédaires. La rue se mobilise à son tour pour défendre le prélat. Le lundi 15 juin 1624 au matin, des Indiens, des Noirs et des métis, des petites gens, des vendeurs de fruits et légumes lapident la voiture du secrétaire du vice-roi sur la *plaza mayor* en le traitant de luthérien et de juif. Puis la foule attaque le palais. Un observateur évoque sans plus de précision « le peuple mutiné [...], le peuple soulevé ». Cette foule est manifestement si mélangée qu'il est difficile d'établir la part des différents groupes ethniques. Trois jours avant, les gardes du palais ont dispersé une première manifestation et arrêté deux meneurs, un métis et un Philippin. Le jour de l'émeute, aux métis, aux Noirs, aux mulâtres et aux Indiens des premières heures se joignent des Espagnols. En milieu de journée, on ne pouvait plus ignorer la « grande multitude de Blancs parmi les révoltés[65] ». Les jeunes aussi sont nombreux[66]. C'est pourtant en langue nahuatl que les curés de l'archevêché auraient harangué les Indiens pour les soulever contre le palais et qu'à leur tour des franciscains auraient tenté de les ramener à la raison. C'est encore en nahuatl que des curés injurient les moines de saint François en les traitant d'hérétiques, preuve que cette langue reste la *lingua franca* au sein de la capitale de la Nouvelle-Espagne en dépit des transformations qu'elle ne cesse de subir.

Que la foule n'ait réuni qu'une plèbe pluriethnique ou qu'elle ait également inclus des notables, il s'agit bien là de la première manifestation de masse à Mexico, tant par son importance – vingt mille, puis trente mille personnes – que par le sens de l'organisation[67]. Par quelle alchimie la politique d'Olivarès a-t-elle pu entraîner les différents groupes à s'unir pour chasser le vice-roi ? Cette première irruption de la foule présente d'abord tous les signes d'une intervention manipulée. Les gens du palais communiquaient avec les émeutiers en leur lançant des papiers pour les informer des décisions conciliantes du vice-roi, ce qui indique qu'il y avait des manifestants parfaitement capables de déchiffrer les feuilles qui leur tombaient du ciel. Certains d'entre eux auraient même eu l'idée de réclamer le soutien des inquisiteurs, qui sont d'ailleurs temporairement parvenus à calmer la foule. L'intervention directe des ecclésiastiques liés à l'archevêque ne fait guère de doute. Les curés et le bas clergé qui ont organisé la *cessatio a divinis* pour destabiliser le vice-roi ont très probablement excité leurs ouailles contre le marquis de Gelves. Quelques curés participent même en personne à l'assaut du palais en tirant des coups d'arquebuse[68]. De leur côté, les franciscains appuient le vice-roi et combattent un archevêque hostile à leurs privilèges et à leur indépendance. Tout porte à croire que les premiers Indiens qui prennent part à l'émeute habitent la ville espagnole, et qu'au cours de la journée, des indigènes sortis des paroisses indiennes leur ont prêté main-forte : la rumeur s'était en effet répandue que « les Indiens de Santiago s'étaient soulevés et qu'ils arrivaient avec des arcs, des flèches et du bois pour mettre le feu à toutes les parties du palais[69] ». L'incapacité relative des moines à tenir leurs fidèles indigènes trahit l'émergence d'une grande plèbe urbaine ouvrant ses rangs mêlés à des contingents d'Indiens de San Juan et de Santiago[70].

Les émissaires de l'archevêque ou les adversaires du vice-roi ont-ils manigancé de bout en bout la protestation contre le marquis de Gelves ? La suite des événements conduit à nuancer l'ampleur de la manipulation. La foule paraît s'être émancipée à mesure qu'elle grossissait : « Le tribunal de l'audience était dans la plus grande confusion, car on n'obéissait plus à aucune proclamation, plus à aucun ordre[71]. » Aux concessions faites par le vice-roi, les rebelles ripostent par de nouvelles violences. Seules l'intervention de don Pedro Cortés, marquis del Valle, le représentant le plus éminent de la noblesse mexicaine, et la procession des franciscains réussissent à apaiser les émeutiers, qui évacuent la grand-place. L'audience, la municipalité et la noblesse créole finissent par s'inquiéter et faire cause commune avec le palais pour reprendre en main la situation. Mais la milice ne cherche pas immédiatement à nettoyer la grand-place, pas plus qu'elle n'a voulu se heurter de front à la foule qui mettait à sac le palais et les demeures des partisans du vice-roi. On ignore à quel point la peur ou le calcul ont commandé l'attitude des miliciens et de leurs chefs[72].

L'émeute de 1624 fut une excellente école pour la plèbe de Mexico qui fit alors l'apprentissage de la révolte, des mouvements de foule et du maniement des symboles. On vit passer l'étendard royal d'un édifice à l'autre : arraché du balcon du palais, il fut arboré sur la cathédrale avant d'être déployé sur la municipalité[73]. La foule s'habitua à reprendre des slogans, criant « *Viva Cristo y viva el Rey !* », mêlant traditionnellement l'appel au Ciel et l'appel au souverain. Pour déconsidérer le pouvoir, les émeutiers traitèrent d'hérétique le confesseur de Gelves, un franciscain déchaussé. Le marquis lui-même ne fut pas épargné : « Mort à ce luthérien hérétique ! » À ce ressort religieux propre à échauffer le « peuple » s'ajouta l'excitation alimentée par les pamphlets et les pasquinades qui circulaient dans la ville et que des mains discrètes fixaient sur les murs. De quoi entretenir un climat fort inhabituel de critique politique qui familiarisa cette plèbe en gestation avec des comportements, des mots d'ordre et des revendications qui lui étaient jusqu'alors étrangers.

Mexico contre la Monarchie ?

L'émeute de 1624 fut avant tout politique. Certains y ont même vu une révolution[74]. Elle n'a visiblement pas été déclenchée par ou pour des raisons économiques, puisque les émeutiers n'ont pas touché les boutiques d'alimentation et les étals de la grand-place[75]. Pour un coup d'essai, c'est un coup de maître : pour la première fois en Nouvelle-Espagne, la foule de Mexico fait irruption sur la scène urbaine et chasse le vice-roi. Pour la première fois également dans l'empire, un programme de réformes et d'assainissement décidé par Madrid est torpillé par les forces locales. Le *motín* constitue donc clairement une réaction à la réorganisation d'ensemble de la Monarchie voulue par Madrid. Il vise et abat le marquis de Gelves, un homme qui représente la Monarchie ibérique. Ce soldat âgé de soixante-quatre ans a pourtant déjà donné de sa personne sur les grands théâtres de la Monarchie : il a participé à l'invasion du Portugal en 1580, rejoint l'Invincible Armada et occupé des postes importants tour à tour dans les Flandres, en Sicile, à Milan et en Aragon. Gelves incarne ces élites impériales qui, au fil de leur carrière, ont tout loisir d'acquérir une vision d'ensemble de la Monarchie et du monde. Mais les gens de Mexico se révélèrent plus coriaces que les Hollandais qui autrefois l'avaient capturé. À Mexico, Gelves se heurte aux émeutiers qui crient « Mort au mauvais gouvernement ! » et dénoncent les mesures prises depuis trois ans. L'attaque et la mise à sac du palais, ce symbole du pouvoir royal, les menaces sur la personne du marquis – « Qu'on saisisse le vice-roi[76] ! » – sont des signes forts, à la fois matériels et symboliques, du rejet de la politique qu'appliquaient Olivarès, le marquis de Gelves et ses conseillers, tous issus de la bureaucratie impériale[77]. La scène mexicaine essuie alors les contrecoups des conflits européens dans lesquels Madrid était impliqué : les Hollandais menacent Acapulco sur la côte Pacifique et rôdent sur les eaux du golfe du Mexique. Des menaces aux actes : Acapulco est attaqué en septembre 1624 et, quatre ans plus tard, la flotte qui ramène le *visitador* Carrillo et l'ex-vice-roi est interceptée par Piet Heyn et les vaisseaux de la Compagnie hollandaise des Indes occidentales. La politique d'Olivarès doit se déployer aussi bien sur la scène européenne que sur les fronts américains, comme le rappelle la spectaculaire récupération de Salvador de Bahia, en 1625, qui chasse les Hollandais de la capitale du Brésil et compense l'échec de Mexico.

Les pressions sur la Nouvelle-Espagne s'inscrivent dans le cadre planétaire de la réorganisation de la Monarchie. Pas plus que les mesures financières de Philippe II, les décisions de son petit-fils Philippe IV ne s'expliquent par un tête-à-tête colonial qui ferait bon marché du reste de l'empire. Mais la ville de Mexico n'est pas une table rase. En 1565, les *macehuales* s'étaient révoltés contre les palais indiens. Quelque soixante ans plus tard, ils attaquent le palais du vice-roi et, cette fois, rejoignent les nouveaux acteurs de la vie urbaine que sont les Européens, les Noirs, les mulâtres, les métis et les Asiatiques. À chaque reprise les révoltes révèlent les liens qui unissent l'Europe à la Nouvelle-Espagne en montrant de quelle manière les ondes de choc provoquées par les politiques impériales précipitent des recompositions sociales et ethniques qui favorisent l'émergence de groupes et de comportements collectifs nouveaux[78]. Évolutions locales et pressions globales convergent au cœur de la ville, croisant les effets des métissages et de la mondialisation ibérique.

De Naples à Lima et de Lisbonne à Manille, d'autres populations urbaines subissent elles aussi le contrecoup des réformes de la Monarchie. Plus tardive, la révolte de Masaniello à Naples, en 1647, est autant une riposte aux séquelles de la politique impériale d'Olivarès que la manifestation de l'union du peuple qui rassemble les artisans et les corporations aux côtés du « prolétariat démuni et sans qualification[79] ». « L'établissement d'une unité du peuple de Naples, fût-elle limitée et temporaire, est un mérite historique qu'on pourra difficilement enlever à Masaniello », mais elle ne saurait masquer les pressions extérieures qui déclenchèrent la révolte de la cité parthénopéenne. Si à Naples comme à Mexico le soulèvement provoque la cristallisation d'éléments hétérogènes et modifie le paysage social, c'est que les révoltes des deux grandes cités s'inscrivent dans un même contexte intercontinental et sont indissociables de la domination mondiale que prétend exercer la Monarchie.

CHAPITRE V

« En toi se rejoignent l'Espagne et la Chine »

Comment perçoit-on le monde depuis Mexico à l'aube du XVIIe siècle ? Ses élites sont-elles concernées par des événements lointains ? S'intéressent-elles aux débats et aux nouvelles venus d'outre-Atlantique ? Quelles relations imaginent-elles entretenir avec l'Espagne et les « autres parties du monde » ? La réponse de Bernardo de Balbuena est lapidaire :

> *[...] Mexico partage le monde en deux parties égales.*
> *En toi se rejoignent l'Espagne et la Chine,*
> *l'Italie et le Japon, en somme*
> *un monde tout entier de relations et de règles*[1].

La ligne de partage des mondes

Dans la vision enthousiaste de Balbuena, Mexico apparaît au cœur des réseaux marchands qui cernent la planète. Elle devient le point de rencontre de quatre partenaires mondiaux : à l'est, les grandes terres de l'Europe catholique, l'Espagne et l'Italie ; à l'ouest, la Chine et le Japon, des empires qui laissent alors présager de fabuleuses perspectives commerciales et spirituelles. Le poète parle d'articulation, de « jonction » (*en tí se junta*[2]), de rapports réciproques et de règles communes. Cette nouvelle géographie qui place Mexico sur la ligne de partage du monde est porteuse d'infinies richesses. Les trésors de l'Orient et de l'Occident convergent sur la cité pour lui assurer luxe et prospérité[3].

Quelques années plus tard, en 1612, le carme Antonio Vázquez de Espinosa évoque « l'intensité des échanges que [Mexico] entretient avec l'Espagne, le Pérou, les Philippines et les provinces de Guatemala, le Yucatán et Tabasco, et avec tout le royaume de Nouvelle-Galice et de Biscaye[4] ». Cette fois, les rapports avec d'autres pays du globe sont exprimés en termes de *correspondencia* – un mot qui charrie l'idée d'échanges, et de liens principalement marchands, comme si le rayonnement de la cité était avant tout de nature commerciale. En 1625, de passage à Mexico, le dominicain anglais Thomas Gage émet un jugement plus nuancé, mais rejoint sur le fond les thuriféraires espagnols : « Le commerce fait de Mexico l'une des villes les plus riches du monde parce que dans la mer du Nord [l'Atlantique] vingt navires de haut bord lui arrivent chaque année depuis l'Espagne [...], chargés non seulement des meilleures marchandises de la métropole, mais aussi de celles de *tous les autres pays de la chrétienté* [...]. Par la mer du Sud [le Pacifique], Mexico commerce avec toutes les régions marchandes du Pérou, encore que ses échanges se fassent surtout avec les Indes orientales dont elle extrait les biens les plus précieux des endroits habités par les Portugais, comme du Japon et de la Chine en prenant les Philippines pour escale. » Ainsi s'explique la présence dans la ville d'« orfèvres chinois [...] qui travaillent tout à fait admirablement[5] ».

Que Mexico soit notre patrie et notre demeure à tous,
le trésor de l'Espagne et le centre du vaste monde[6].

La ville serait-elle le centre du monde, comme le prétend Lorenzo Ugarte de los Ríos dans l'éloge qu'il adresse à Balbuena, ou plus simplement une « Rome du Nouveau Monde à l'âge d'or [...] une nouvelle Venise, une nouvelle Athènes », comme l'imagine le polygraphe Arias de Villalobos[7] ? Il est certain que Mexico profite du décentrement que provoquent les avancées de la mondialisation ibérique et qu'elle inspire une nouvelle vision du monde, qui cesse d'être strictement européenne pour devenir occidentale. On en trouve l'écho jusque sur la carte qui accompagne l'*Histoire générale* du chroniqueur officiel des Indes, Antonio de Herrera. Le continent américain est au centre de la mappemonde ; à droite n'apparaissent que les côtes occidentales du Vieux Monde, tandis que de l'autre côté l'immense mer du Sud s'étend jusqu'aux rivages de la Chine et du Japon. Au cœur du Nouveau Monde, l'œil ne peut éviter la capitale de la Nouvelle-Espagne, la cité impériale, Mexico-Tenochtitlan[8]. Même chose sur la carte de Petrus Bertius, publiée vers 1618.

Mexico n'est d'ailleurs pas la seule à transformer sa périphérie en centralité dans la Monarchie catholique. Les chantres de Lisbonne expliquent ainsi que le port du Tage est le mieux placé de la Monarchie « pour envoyer ses armées et ses flottes à toutes les parties du monde », et que la ville doit être « privilégiée sur toutes celles d'Europe et donc sur toutes celles du monde[9] ». Les défenseurs de Naples, autre capitale de l'empire, rivalisent aussi d'arguments : Parthénope posséderait le site le plus admirable de la terre, elle réunirait « tous les biens du monde », bref, « *Napoli è tutto il mondo*[10] ». On peut, en ajoutant Lima, Potosí ou Goa à la liste, sourire de ces prétentions et les mettre au compte d'un baroquisme planétaire. Ou bien se demander si la capacité de multiplier les centralités mi-réelles, mi-virtuelles n'est pas l'un des ressorts de la mondialisation ibérique.

Les maillons humains

Esclaves importés d'Afrique, « Indiens » des Philippines, émissaires japonais, missionnaires en partance vers l'Asie rencontrent les visiteurs et les marchands venus du Pérou et des Caraïbes. Les gens de Mexico sont familiarisés avec les visages et les produits des autres « parties du monde ». La Nouvelle-Espagne n'entretient pas de rapports qu'avec la Castille. Les Portugais, souvent des nouveaux chrétiens, y forment une colonie qui ne passe guère inaperçue, pour le meilleur et pour le pire. Mais le royaume cultive également des relations avec toutes les Indes occidentales. Des prédicateurs talentueux tournent d'un monde à l'autre, comme ce Juan Rodríguez de León, frère de l'érudit Antonio de León Pinelo. Né à Lisbonne, cet ecclésiastique « vénéré parmi les plus doctes et les savants[11] » a d'abord résidé à Lima et obtenu un titre de docteur de l'université de San Marcos. Il prêche ensuite dans les grandes cités des Andes, puis gagne la cour de Madrid où ses brillants sermons le font remarquer. Grâce à la protection de l'archevêque de Mexico, il s'installe en Nouvelle-Espagne où il obtient une charge de chanoine de la richissime cathédrale de Puebla[12]. Les gens de Mexico sont eux-mêmes là où on les attendait le moins. Entre 1612 et 1615, le nord du Brésil reçoit ainsi la visite du capitaine Roque de Chaves Osorio. Ce soldat, « né à Mexico où ses ancêtres ont servi dans les conquêtes », explore le delta de l'Amazone et les fleuves de la région du Grand Pará. Il apprend même la « langue de Tupinambas ». À son retour, ses bons et loyaux services lui valent la riche circonscription (*alcaldía mayor*) de Tacuba et Tlanepantla, « près de Mexico[13] ». Enfin, la Nouvelle-Espagne possède aussi un versant Pacifique, qu'elle se mit fort tôt à exploiter. Les immensités de la mer du Sud sont sans doute moins fréquentées que les eaux des Caraïbes et de la mer du Nord, mais c'est à travers cet espace océanique que s'opèrent les liaisons avec les Andes et que l'on atteint l'Asie.

Le passage de tant d'hommes entre les continents tisse des liens autant qu'il offre une source continuelle d'informations et de connaissances. Les missionnaires espagnols en route pour l'Asie font obligatoirement étape en Nouvelle-Espagne. De retour vers l'Europe, à moins d'emprunter la voie portugaise qui leur est en principe interdite, ils retraversent le Mexique de part en part, dans un long voyage qui les mène d'Acapulco à Veracruz *via* Mexico. Au gré des nominations, comme les ecclésiastiques, les représentants de la Couronne en poste à Mexico se déplacent entre les Andes, le Rio de la Plata, l'isthme de Panama, les Caraïbes et les Philippines[14]. Les marchands espagnols et portugais, les facteurs de Séville et de Cadix empruntent d'autres réseaux qui relient Europe et Amérique, Amérique et Afrique, voire Amérique et Asie.

Enfin, la richesse ou la paix relative des Indes attirent aussi des gens de plume et des artistes. Mexico accueille des peintres comme l'Anversois Simon Pereins, des cosmographes comme le Hambourgeois Heinrich Martin, des poètes manchesques comme Bernardo de Balbuena et jusqu'à des romanciers comme le Sévillan Mateo Alemán, l'un des créateurs du roman picaresque.

Des nouvelles et des livres

Comme celle des hommes, la circulation des lettres entretient un flux sporadique de nouvelles entre la ville, la Péninsule, les Caraïbes, l'Amérique du Sud, Manille et même, par-delà, la Chine et le Japon[15]. Ces échanges ne concernent pas toujours l'actualité du vaste globe, mais ils montrent que le Nouveau Monde est au courant de ce qui se passe de l'autre côté de l'Atlantique, souvent dans ses détails les plus infimes ou les plus intimes. Même les nouvelles des pays protestants parviennent jusqu'à la capitale, à travers des Flamands qui n'ont pas rompu tous les liens avec leurs compatriotes et leurs parents hérétiques. Les marranes de la ville sont les agents d'autres filières, elles-mêmes reliées à la planète portugaise et à la lointaine Hollande. Dans un registre plus convenu, les correspondances administratives et ecclésiastiques apportent leur lot de nouvelles officielles ou officieuses qui concernent aussi bien la vie politique, la cour, les guerres européennes, les progrès et les espérances de l'évangélisation. En retour, les rapports et les lettres de toutes sortes confluent vers l'Europe, informant la Couronne sur l'état de ses possessions.

À l'aube du XVIIe siècle, les élites de Mexico curieuses de s'informer des choses du monde peuvent aussi trouver des livres à leur goût dans d'imposantes bibliothèques. À Mexico, les collections des grands ordres religieux[16] et de la Compagnie de Jésus, celles des particuliers et des vice-rois contiennent assez d'ouvrages de référence pour que l'on puisse imaginer le monde et s'informer sur lui sans sortir de la ville. À quoi s'ajoutent les ouvrages que l'on peut se procurer chez les imprimeurs, les libraires et nombre de marchands qui participent de près ou de loin au négoce des livres. Une enquête de l'Inquisition menée vers 1573 donne la liste détaillée des personnes et des institutions qui détenaient des ouvrages, pas toujours autorisés[17]. Quantité de moines et de curés, des hauts fonctionnaires, mais aussi des particuliers, étudiants, maîtres d'école, notaires, médecins, apothicaires, marchands, tailleurs, forgerons, charretiers et même quelques dames composent une image saisissante des lecteurs de la cité, presque tous en possession de livres suspects, parmi lesquels un nombre non négligeable d'œuvres d'Érasme. Les inventaires des envois aux libraires de Mexico et les saisies opérées par l'Inquisition complètent ce sondage forcément partiel. Homère, Aristote, Strabon, Ptolémée, Pline, les grands classiques offrent de prestigieuses références, mais aussi un cadre cosmographique et un imaginaire relayés par la tradition médiévale puis renaissante. Paradoxalement, ces descriptions semblent souvent avoir plus de poids que les nouvelles représentations du monde. Qu'on soit à Rome ou en Nouvelle-Espagne, l'Antiquité est partout portée au pinacle au point qu'un métis éprouve le besoin d'introduire son histoire de la principauté indienne de Tlaxcala par une allusion à la Perse d'Artaxerxès[18]. À ces ouvrages de fond s'ajoutent les nouveautés de la production européenne.

Comment s'informer sur l'histoire plus récente de l'Europe et du monde ? À travers des publications espagnoles comme l'incontournable *Historia pontifical y católica* de Gonzalo de Illescas[19], une histoire des papes des origines à Boniface VIII, ou italiennes comme les *Chroniques du monde* de Paul Giove, un humaniste dont la production-fleuve envahit les bibliothèques des deux continents[20] et qui s'attache à « toutes les choses arrivées dans le monde en ces dernières cinquante années de notre temps », vaste programme propre à faciliter tous les rattrapages. D'autres titres affichent l'ambition de leurs auteurs et l'étendue des curiosités de leurs lecteurs : la *Monarchia eclesiástica o Historia universal del mundo* (1588) de Juan de Pineda[21], la *Relación universal del mundo* de

Giovanni Botero[22], les *Repúblicas del mundo* de l'augustin Jerónimo Román y Zamora, grand lecteur de Las Casas[23], l'*Historia imperial y cesárea* de Pedro Mexía[24], ou encore l'*Historia general del mondo* de Antonio de Herrera[25]. Sans oublier des traités rédigés en « toscan », comme cette *Ystoria del mondo,* peut-être aussi de Paul Giove[26]. Dans la série se glissent quelques titres interdits, destinés en principe à être retirés de la circulation : c'est le cas de la *Suma de las crónicas del mundo* de Juan Carrión, dont un exemplaire se trouve en 1573 entre les mains de Francisco de Terrazas et un autre chez le clerc Francisco Ruiz[27]. Après 1580, on s'informe sur le Portugal en parcourant des livres qui relatent l'union du pays à la couronne d'Espagne, comme *La entrada que en el reino de Portugal hizo S.C.R.M. don Felipe* d'Isidro Velázquez, ou le *Discurso y sumario de la guerra de Portugal* de Francisco Díaz de Vargas[28].

La péninsule italienne n'est pas seulement connue par ses historiens les plus fameux, Paul Giove[29], Francesco Guichardin ou Giovanni Botero. On peut aussi trouver à Mexico, plus discrètement, Machiavel[30] que l'Inquisition et les penseurs de la Monarchie catholique vouent aux gémonies. Les héros des guerres d'Italie sont les cousins lointains des conquistadores du Nouveau Monde dont les fils ressassent les prouesses. Le plus illustre d'entre eux, Gonzalo Hernández de Córdoba, le Grand Capitaine, passionne ces Espagnols d'Amérique qui ont rarement l'occasion de toucher l'épée. À défaut, on rêve d'exploits militaires en se plongeant dans *La vida y chrónica de Gonzalo Hernández de Córdoba* de l'omniprésent Paul Giove[31]. On lit Antonio Florez et son *Historia del señor Francisco Guichardino,* qui « traite notamment des exploits du Grand Capitaine dans le royaume de Naples[32] ». D'autres dévorent la palpitante *Histoire du capitaine don Hernando de Avalos, marquis de Pescara*[33], encore due à la plume de Paul Giove. Ceux qui veulent tout savoir sur le passé du royaume de Naples, l'un des fleurons de la Monarchie espagnole, où tant d'Espagnols se sont illustrés au début du siècle, compulsent *Las historias del reino de Nápoles* de Pandolfo Collenucio[34]. D'autres ouvrages incitent le lecteur des Indes à visiter par l'esprit le reste de la péninsule : Florence dont on parcourt l'histoire écrite par Francesco Guichardin[35], Rome qui apparaît dans *La Guerre de la campagne de Rome* d'Alessandro Andrea[36], sans oublier l'île de Malte[37]. La vie d'un autre grand capitaine, Alexandre Farnèse (1545-1592), évoquée dans les *Éloges funèbres* de Tómas Saillius[38], conduit d'Italie en Flandre en déroulant le récit d'autres guerres européennes. Une *Révolte des Flandres* complète opportunément le tableau[39].

L'histoire de l'Angleterre est moins bien lotie. Le lecteur curieux des affaires de la grande île se rabattra sur l'*Histoire du schisme d'Angleterre* du jésuite Pedro de Ribadeneyra[40]. Ce texte de propagande contre les protestants, publié en 1588[41], décrit les persécutions dont les catholiques anglais furent la cible sous les règnes d'Henri VIII et d'Élisabeth. Chimalpahin y a peut-être trouvé matière à son essai sur les mariages d'Henri VIII et l'histoire dynastique européenne.

Sur le monde turc, après la victoire de Lépante, les lettrés des Indes parcourent les pages que le chroniqueur portugais Jerónimo Corte Real consacre à l'événement dans la *Très heureuse victoire que le Ciel a concédée au seigneur don Juan d'Autriche dans le golfe de Lépante*[42]. Victoire sans lendemain, mais dont la « médiatisation » avait été planétaire, du Mexique au Japon où des artistes avaient peint le splendide paravent qui idéalise la bataille.

Que peut-on lire à Mexico sur l'Asie ? En premier lieu, des textes sur la Terre sainte[43], ou qui explorent le passé du continent asiatique, comme l'*Historia del gran Tamorlán* de Ruy González de Clavijo[44], ou encore ce *best-seller* avant la lettre que Juan González de Mendoza a consacré à la Chine et publié à Rome en 1585, l'*Histoire des choses les plus remarquables, des rites et des coutumes du grand royaume de la Chine*[45]. Sur l'Asie espagnole, pas question de faire l'impasse sur la chronique du jésuite Pedro Chirino, *Relación de las islas filipinas...*, sortie à Rome en 1604[46]. Encore qu'il soit plus aisé de se procurer à Mexico les *Événements des îles Philippines* d'Antonio de Morga, un livre que ce serviteur de la Couronne a publié sur place en 1609[47]. Ce récit vivant qui fourmille de détails sur l'installation des Espagnols aux Philippines échappe au filtre réducteur de l'historiographie jésuite.

Mais l'Asie espagnole ne représente qu'une infime parcelle de cette partie du monde. On s'initie à l'Asie portugaise en retrouvant le Portugais Jerónimo Corte Real[48] et en lisant un épisode crucial de l'expansion portugaise, la prise de Diu, contée dans la *Véridique Histoire et admirable événement du second siège de Diu,* à moins que l'on ne préfère avoir une vision d'ensemble de l'histoire de cette partie du monde en feuilletant les *Commentaires* d'Afonso de Albuquerque, vice-roi de l'Inde[49]. Sur le chapitre des plantes médicinales, faute de pouvoir consulter le monument de Garcia da Orta, publié dans la lointaine Goa, on se rabat sur un traité joliment illustré et imprimé à Burgos, le *Traité des drogues et plantes médicinales des Indes orientales* de Cristóvão de Acosta. L'ouvrage a tout pour intéresser les médecins de Mexico et nombre de leurs patients[50]. Et pourquoi ne pas rêver d'aventures en Orient en se jetant sur le chef-d'œuvre de la littérature portugaise que sont *Les Lusiades* de Camões, dont on trouve régulièrement des exemplaires chez les libraires de la ville[51] ? Ou encore sur l'*Histoire de l'Inde* du jésuite Joannes Petrus Maffei, une compilation assez répandue, qui détaille longuement la geste portugaise dans cette partie du monde en reprenant les grands textes qui lui ont été consacrés. Elle rencontre un grand succès[52]. Sur le Nouveau Monde lui-même, les lecteurs de Mexico ont l'embarras du choix : de grands noms comme Fernández de Oviedo, López de Gómara[53], Las Casas, des récits de la Découverte (*Descubrimiento de las Indias*), des épopées sur le Chili (*La Araucana*) ou sur le Mexique (*Conquista de México* de Gabriel Laso de la Vega[54]), mais aussi des chroniques sur les Andes (*Conquista del Peru, Conquista de Chile*), et comme toujours la prose de Paul Giove (*Histoire de C. Colomb quand il a découvert la côte de Saint-Domingue*[55]).

Qu'elles soient saisies par la plume du poète ou de l'historien, les curiosités de l'Asie pèsent moins que celles de l'Espagne, mais davantage que celles du Portugal, de l'Angleterre ou de la France et autant que celles de l'Italie. À quoi il conviendrait d'ajouter quantité de textes sans prétention historique ni géographique, mais tout aussi indispensables pour imaginer le monde, qu'il s'agisse de l'*Orlando furioso* ou du *Guzmán de Alfarache,* pour ne citer que deux ouvrages au contenu et à l'esprit aussi diamétralement opposés que peuvent l'être le genre épique et la littérature picaresque[56].

Une mise en scène humaniste du monde

Mexico n'apprend pas seulement le monde dans le commerce des voyageurs ou la lecture des livres. Elle profite à intervalles réguliers d'entreprises spectaculaires destinées à faire partager les enjeux de l'empire aux élites et aux foules de la ville, toutes origines confondues. À quatre reprises au moins – en 1539 à l'occasion de la paix de Nice entre la France et l'Empire (18 juin 1538), lors des obsèques de Charles Quint (1559), de la célébration de la bataille de Lépante (1571) [57], puis de la réception des reliques apportées par les jésuites (1578) –, des célébrations fastueuses expliquent le monde aux habitants de la capitale de la Nouvelle-Espagne.

Dès la fin des années 1530, à Tlaxcala[58] et à Mexico, les populations espagnoles, indiennes et métisses furent massivement sensibilisées à l'actualité intercontinentale, ou plus exactement aux préoccupations planétaires de l'Église et de l'Empire. C'est déjà l'islam et ses menaces qu'on brandit en recourant au théâtre de masse monté par des milliers d'artisans[59], avec ses foules de figurants, sa musique, ses danses, ses décors de carton-pâte – « de grandes constructions avec des scènes postiches, aussi hautes que des tours » – et ses effets spéciaux conçus pour impressionner les mémoires : en 1539, l'assistance médusée vit au cœur de Mexico des navires à voiles, « qui naviguaient sur la place comme si c'était de l'eau, alors qu'ils roulaient sur terre », engagés dans une furieuse joute navale. Les combats mis en scène pour célébrer la paix entre Charles Quint et François Ier stigmatisaient l'adversaire musulman en inculquant le sens de l'histoire selon l'empereur et l'Église. Ce fut aussi l'occasion d'une formidable explication collective sur les relations internationales telles que les concevait la Couronne. Les foules indiennes firent connaissance des alliés et des adversaires de l'empereur en même temps qu'elles assistèrent à l'entrée de la Nouvelle-Espagne sur la scène mondiale, au côté de l'empereur mais aussi en compagnie du roi de France et de celui de Hongrie, figurés « leur couronne sur la tête[60] ».

La mort de Charles Quint fut l'occasion d'une réalisation beaucoup plus sophistiquée. Images, inscriptions, musique, rituels publics, tout fut méticuleusement programmé. Les habitants de la cité furent conviés à s'imprégner des peintures et des leçons que leur présentaient les décors conçus pour les obsèques de l'empereur. Nous en avons gardé la trace grâce à l'ouvrage que l'humaniste Cervantes de Salazar a publié à Mexico en 1560[61] pour immortaliser l'événement et en faire connaître le lustre outre-Atlantique. Le catafalque dressé pour l'occasion dans la chapelle du couvent de San Francisco était orné de peintures et d'inscriptions qui commémoraient les prouesses et les vertus du grand empereur. L'érudition débordante, l'imagination inépuisable et l'engagement sans frein de Cervantes de Salazar s'unirent au talent de l'architecte Claudio de Arciniega pour monter cette entreprise de propagande politique destinée à expliquer à un public de plus de quarante mille personnes les liens qui existaient ou étaient censés exister entre eux et la Couronne, « même s'ils se trouvaient fort loin de la personne du roi[62] ».

L'opération eut un impact considérable. Le vice-roi avait ordonné à tous les habitants de la ville, quelle que fût leur condition ou leur origine, de porter le deuil. Une partie du message s'adressait explicitement à la noblesse indienne, rassemblée pour l'occasion. Ses membres les plus éminents, don Cristóbal de Guzmán, don Antonio Cortés, don Hernando Pimentel, prirent part aux obsèques, tous en grand deuil. Derrière eux marchaient plus de deux cents seigneurs indigènes, « plongés dans le silence et la tristesse », qu'escortaient deux bons milliers de notables[63].

Qu'expliquait-on à cette noblesse affligée et au reste de l'assistance ? Sous forme d'inscriptions, d'allégories, d'emblèmes et de peintures, un ensemble de représentations exposait aux Indiens et aux Espagnols l'histoire des relations européennes dont Charles Quint avait été le centre sa vie durant. Un tableau figurant l'univers impérial apparaît divisé en deux mondes, le Nouveau et l'Ancien, unis dans la personne du souverain. L'Ancien Monde y est représenté par l'Espagne et par les puissances européennes et extra-européennes qu'a éclipsées la grandeur de Charles. Au pied des colonnes de la chapelle principale, des tableaux mettent en scène la soumission de l'Angleterre, de la France et du Grand Turc[64]. Sur le catafalque, une image fait la leçon sur les guerres de religion en rappelant le sort qui attend les adversaires impies de l'empereur. À l'entrée du catafalque, l'empereur encense la Foi dressée sur un autel sur les degrés duquel se morfondent les luthériens vaincus, pieds et poings liés, le duc de Saxe Jean-Frédéric et le landgrave de Hesse[65]. Explication de la scène selon Cervantes de Salazar : « Cette figure montrait l'immense service que l'empereur rendit à Dieu en soumettant deux princes si puissants et en les réduisant à la connaissance de notre sainte foi[66]. » On peut imaginer que le sort des princes allemands ne devait pas laisser indifférents les princes mexicains à qui l'on commenta les peintures.

L'image du globe terrestre constitue, comme il se doit, un élément important du décor. Sur le fronton placé à l'entrée du catafalque se dresse une représentation (sans doute une statue) de la Renommée : « Elle avait des ailes aux bras et aux pieds, elle était couverte d'yeux et de langues, elle sortait d'un globe ouvert, en sonnant la trompette[67]. » Au-dessous, une inscription latine détaille les conquêtes et les succès de l'empereur dans les deux mondes. Charles Quint y est tour à tour qualifié de *Caesar Augustus Maximus, Indicus, Turcicus, Africanus, Germanicus.* Vision triomphale et conquérante qui contourne soigneusement les échecs ou les déroutes du prince pour mettre en scène l'histoire du XVIe siècle à travers le prisme du passé impérial et romain. Le message est clairement antiprotestant, antiturc et antifrançais. Indiens et Espagnols ne doivent ignorer ni la prise de Tunis et de La Goulette, ni la mise en fuite de Dragut, le raïs de Tripoli, ni les affaires du duché de Clèves, et moins encore le clou des succès impériaux, la défaite humiliante de François Ier à

Pavie, « *Franciscum Gallorum regem devictum et in Hispaniam ductum* ».

Un autre tableau figure l'autre monde, le « Nouveau Monde », avec l'inévitable évocation du partage du globe par le pape Alexandre VI. Ou plus exactement de la remise du Nouveau Monde à Ferdinand le Catholique, car l'autre bénéficiaire, le roi de Portugal, est curieusement absent de la scène. Les droits de l'empereur sur le Nouveau Monde sont donc incontestables. Le tableau en réaffirme la légitimité politique et spirituelle en rappelant que le pape avait lié sa donation à l'évangélisation de « tant de nations infidèles ». Encore que ce Nouveau Monde ne se réduise pas à la Nouvelle-Espagne, puisqu'il rassemble aussi bien les Indiens du Mexique que ceux du Pérou.

Sur un tableau accroché face à la chapelle de San José, deux illustres princes sont agenouillés aux pieds de Charles Quint : « Moctezuma et Atahualpa, empereurs en ce Nouveau Monde, [lesquels] le visage plein d'allégresse faisaient savoir qu'ils avaient été vaincus pour vaincre le démon qui les avait vaincus[68]. » L'image de cette « soumission joyeuse » est une altération grossière de la réalité historique, conforme à l'idéologie impériale, mais l'interprétation qu'elle propose aux nobles nahuas tempère l'humiliation de la défaite indienne puisqu'elle légitime leur rattachement à la Couronne en le présentant comme la volonté expresse de leurs seigneurs naturels. La *political correctness* se doit d'atténuer les ressentiments et de gommer les mauvais souvenirs. Si attentif soit-il aux affaires d'Europe, Cervantes de Salazar sait traduire les exigences de la politique locale.

De l'Afrique à la Chine

En 1559, les obsèques de Charles Quint exaltaient une vision binaire de l'empire, conçue et mise en scène comme l'association de deux mondes, le Nouveau et l'Ancien, sous le sceptre de Charles. L'insertion de la Nouvelle-Espagne dans la chrétienté privilégiait les connexions avec l'Europe aux dépens de ses liens avec les autres parties du monde. L'évocation de l'Afrique se réduisait à celle de l'Afrique du Nord et aux guerres contre les musulmans, alors même que les esclaves noirs débarquaient en nombre croissant sur les côtes de Nouvelle-Espagne. Le silence sur le continent africain, même si les habitants de Mexico possèdent quelques ouvrages sur le sujet[69], tranche sur l'intérêt témoigné envers d'autres régions du monde. Si l'Afrique n'intéresse guère, en revanche l'Asie fascine. En 1578, la réception solennelle des reliques romaines rattacha spirituellement un autre partenaire mondial à l'orbite mexicaine : l'Asie de Goa, de la Chine et du Japon. Il n'est pas indifférent que ce soit la Compagnie de Jésus qui ait orchestré cette ouverture, et qu'elle l'ait fait à partir du Mexique et non de la péninsule Ibérique. Cette extension vers l'Asie manifeste un décentrement décisif qui fait de Mexico l'un des principaux acteurs de la mondialisation ibérique.

L'Asie, en fait, hante les esprits depuis les lendemains de la conquête du Mexique. Horizon en perpétuelle construction, cet ailleurs sécrète un attrait irrésistible, mais sans commune mesure avec sa présence réelle en Nouvelle-Espagne. Les conquistadores du Mexique qui s'aventurent sur le Pacifique ont des motivations à la fois matérielles, spirituelles, intellectuelles et même techniques, si l'on songe au défi qu'a longtemps représenté la découverte de la route de retour vers le continent américain. Dès les premiers temps de l'occupation de la Nouvelle-Espagne, l'immensité de la mer du Sud et la richesse de ses îles les attirent comme si le mouvement enclenché par l'invasion du continent engendrait toujours davantage de mouvement. Cette progression s'inscrit dans une dynamique globale puisque la conquête du Mexique et de l'Amérique centrale s'amorce en 1519, précisément quand l'empereur envoie une flotte de cinq navires vers les Moluques, sous la direction de Magellan. Les nouvelles possessions permettraient-elles de parvenir aux Moluques, donc aux riches terres productrices d'épices, sans avoir à suivre la route portugaise par le cap de Bonne-Espérance ?

L'annexion de l'espace Pacifique à l'espace mexicain a été très tôt l'une des obsessions de Hernan Cortés. Avec les encouragements de l'empereur, sans doute pas fâché de détourner vers des contrées encore plus lointaines un chef de guerre aussi entreprenant, le conquistador jette son dévolu sur la mer du Sud. Dans sa cinquième *Lettre de relation* (septembre 1526), Cortés offre de découvrir « l'Épicerie et d'autres îles », et, le cas échéant, d'en faire la conquête, « pour que Sa Majesté ait la terre des Épices non pas à travers le troc, comme le roi de Portugal, mais comme un bien propre ». Le conquistador propose même de s'y engager « en personne[70] ». La correspondance qu'il tente de nouer avec les souverains de l'Asie est révélatrice d'un état d'esprit qu'il partage avec nombre de ses contemporains. En date du 28 mai 1527, moins de six ans après la chute de Mexico, Cortés écrit au roi de Tidor, « dans la région des Moluques », pour lui rappeler le bon accueil qu'il avait réservé aux rescapés de l'expédition de Magellan. Avec sous-jacent le sentiment, voire la conviction répétée, de la proximité de l'Asie : « Je me trouve moi au nom de l'empereur sur cette terre qui est si près de la vôtre. […] Comme je l'ai dit, je réside sur cette terre qui est plus proche de la vôtre qu'aucun autre de ses royaumes[71]. » Mieux, Cortés met à la disposition du souverain asiatique les richesses de la Nouvelle-Espagne et « de tous les autres royaumes et seigneuries de Sa Majesté », en offrant « des hommes, des munitions et des armes pour la défense et la protection des terres » du maître de Tidor. En retour, Cortés le prie de dépêcher « des gens pour qu'ils viennent voir les choses d'ici et lui fassent savoir ce dont là-bas ils ont le plus besoin afin qu'il le leur fournisse ». Le même jour, il adresse une seconde missive au roi de Cebu au nom du « grand empereur et monarque des chrétiens », en reprenant l'argument de la proximité : « car nous nous trouvons si proches et en peu de temps nous pouvons communiquer entre nous ». Puisque des milliers de kilomètres séparent Mexico de Cebu et Tidor, ce n'est pas la proximité géographique qui stimule l'établissement de relations économiques – « *la dicha contratación*[72] » – et diplomatiques, mais tout le contraire. L'ambition du conquistador, le goût du lucre et de l'aventure, la vieille attraction qu'exerce l'Asie sur les Européens, tout contribue à rapprocher le Mexique de ces terres infiniment lointaines. Comme si la force de l'imaginaire parvenait à mobiliser les continents. Il est vrai qu'à l'époque la liaison maritime est encore la meilleure façon de rapprocher les mondes : pas d'obstacle à la circulation sur l'eau, pas de puissances terrestres à vaincre ni à contourner.

D'Acapulco à Manille

L'océan Pacifique ne s'est pourtant pas laissé aisément maîtriser. L'expédition de Saavedra Cerón remporte un succès fort mitigé. Un seul navire, *La Florida*, atteint Tidor. Il ne parviendra jamais à retraverser le Pacifique, et le cousin de Cortés périra le 19 octobre 1529[73]. Cependant, ni Cortés ni la Couronne ne sont prêts à renoncer. Un ordre royal, daté du 5 novembre 1529, accorde au conquistador « licence de découvrir, conquérir et peupler lesdites îles, terres et provinces », aussi bien celles qui se trouvent dans la mer du Sud de la Nouvelle-Espagne que toutes celles qui se situent en direction du ponant, à condition que ces terres ne soient pas déjà « pourvues de gouverneurs ».

Cortés avait reçu de l'empereur le marquisat del Valle, qui réunissait des terres immenses en Nouvelle-Espagne. Il possédait une ample façade sur le Pacifique et des ports que le conquistador espérait transformer en bases maritimes vers d'autres parties du monde, aussi bien vers le nord-ouest et le sud du continent américain que vers l'Asie : Tehuantepec, situé sur l'isthme du même nom, abrita les chantiers navals de Cortés ; Huatulco, sur la côte de Oaxaca, devint la tête de ligne d'une route vers le Pérou. À quoi s'ajoutent bientôt les ports d'Acapulco, Santiago (Manzanillo), Zacatula et Chametla. Entre 1532 et 1535, Cortés lance trois expéditions pour explorer les eaux du Pacifique. La première se dirige vers la Californie, mais avorte à la suite d'une mutinerie, l'un des deux navires disparaissant avec le chef de l'expédition,

Diego Hurtado de Mendoza. La deuxième n'a guère un sort plus heureux. Quant à la troisième (1535), elle appareille sous la direction de Cortés lui-même, qui reconnaît et baptise la terre de la Sainte-Croix dont on fera la Californie. Aucun résultat économique tangible, mais l'exploration d'une partie des côtes du Mexique du Nord-Ouest et de la pointe de la presqu'île de Californie. Une quatrième expédition, partie en 1539, sous la direction de Fernando de Ulloa, à la recherche des fabuleuses richesses de Cibola, complète la reconnaissance du golfe et de la péninsule : une carte géographique de cette région en concrétise l'aboutissement scientifique.

À chaque fois, les investissements financiers sont considérables. Les exigences de Cortés sont proportionnelles : le dixième de l'or, des pierres précieuses et des perles, les titres et les fonctions héréditaires de gouverneur des terres à découvrir, la propriété et la juridiction d'une île sur trois. Dans le mémoire adressé à l'empereur en 1533 où il énumérait toutes ses prétentions et s'engageait à porter l'exploration à quatre cents lieues des côtes, Cortés n'avait pas hésité à se présenter comme le découvreur de la mer du Sud, en lieu et place de Nuñez de Balboa, renvoyé aux oubliettes de l'histoire[74]. Mais, à la même époque, le Pacifique était déjà devenu la route du Pérou. Une route maritime, décalquée d'un trafic préhispanique qui reliait le Jalisco à l'Amérique centrale et aux côtes andines, commença à opérer *via* Panama entre le port mexicain de Huatulco et Le Callao, port de Lima. Cortés expédia par cette voie deux bateaux et des secours à « son cousin » Francisco Pizarro : soldats, provisions, artillerie, armes et cadeaux précieux. L'un des deux navires, de retour du Pérou, traversa le Pacifique et atteignit les Moluques avec un équipage décimé. Ce sont les survivants, tombés entre les mains du Portugais Antonio Galvão, qui firent connaître à cette partie de l'Asie les projets et les tentatives des Espagnols de Nouvelle-Espagne.

Un obstacle de taille bloquait l'avancée vers l'Asie : les vents et les courants empêchaient tout retour vers l'Amérique. Ce n'est qu'en 1566, en localisant enfin cette route, que des marins de l'expédition de Miguel de Legazpi scellent l'entrée véritable de l'Asie dans l'orbite américaine. L'occupation des Philippines fournit une base asiatique aux ambitions espagnoles et néo-hispaniques, et les rêves orientaux se transforment enfin en réalité, même si le voyage de retour se révèle aussi interminable que meurtrier.

Dès la fin des années 1560, l'Asie débarque en Nouvelle-Espagne : les marchandises précieuses entrent dans la rade d'Acapulco avec les premiers Philippins. À chaque voyage du galion de Manille, la connexion Pacifique se renforce. Dès lors, les yeux des marchands, de Mexico à Lima, se tournent vers l'occident et s'accoutument à guetter le retour du galion et de ses mirifiques cargaisons. Vers 1580, le commerce est déjà florissant ; il devrait s'amplifier pour peu que « s'ouvre celui de la terre ferme de la Chine[75] ». Marchands et missionnaires ne sont pas les seuls à guigner vers cet empire. Les propriétaires de mines de la Nouvelle-Espagne s'intéressent de près aux réserves chinoises de mercure qui pourraient arriver au Mexique à des coûts défiant toute concurrence, au risque de déséquilibrer la balance du commerce avec la Chine. En 1582, l'*alcalde mayor* de Querétaro juge inutile de développer la culture du ver à soie dans sa bourgade : « Il en arrive déjà tellement des Philippines[76]. » Trois ans plus tard, on se félicite de recevoir à Mexico des Portugais de Macao et des Chinois chrétiens[77]. On leur réserve même un traitement d'exception en les exemptant des taxes habituelles. Plus tard, ce sont des ambassadeurs japonais qui déambuleront dans la capitale de la Nouvelle-Espagne.

Mais la fascination que distille l'Asie continue d'être plus forte que ce que représente concrètement la liaison économique, religieuse et administrative avec Manille. C'est l'Asie de toutes les espérances, celle des rêves et des projets, moteur d'une continuelle fuite en avant[78]. À l'argument que les Chinois exigent de l'or et des *reales* contre leurs précieuses soieries, les autorités civiles et ecclésiastiques de la Nouvelle-Espagne opposent les impératifs de l'évangélisation : le commerce ouvrira les portes de l'empire céleste et préparera la conversion de « milliers d'idolâtres ». Comme le rappelle l'archevêque de Mexico en 1585, les voies du négoce, comme celles du Seigneur, sont impénétrables : « Même si c'est par ce biais donner beaucoup d'argent aux Chinois, cela profite aux vassaux de Sa Majesté, et ce sera le prétexte et l'appât pour que ces gens cupides prennent goût au commerce avec nous et se dirigent vers le chemin que Dieu est en train d'ouvrir aux saintes intentions de Votre Majesté[79]. » Car le voilà bien, le gigantesque chantier spirituel de la fin du siècle, la « grandiose entreprise[80] » que laisse présager la christianisation du colossal empire asiatique. Du rêve à la sèche réalité des combats, c'est la trésorerie de Mexico qui finance la reconquête des Moluques en 1606 et les soldats de la Nouvelle-Espagne qui composent la majorité des troupes expédiées de l'autre côté de l'océan[81].

Une Asie de rêve

L'intérêt pour l'Asie prend parfois un cours moins brutal et plus anecdotique, voire un tour plus fantastique. Mais le sensationnalisme ou l'affabulation ne sont-ils pas également l'un des moteurs de la mondialisation ibérique ? Dans l'ouvrage que le médecin Juan de Cárdenas consacre aux secrets du Nouveau Monde[82] et publie à Mexico en 1591, le lecteur découvre, dès les premières pages, une Inde pleine de prodiges. Citant l'un de ses confrères portugais, le *protomédico* de Goa, le docteur Solis, Cárdenas recense les merveilles de la rivière de cette ville : « Il est remarquable que sur les rives de ce fleuve naisse un arbre dont les feuilles, si elles tombent dans l'eau, se transforment en poissons et, si c'est sur le sable, deviennent des oiseaux qui ressemblent à des papillons. » On découvre avec lui les crabes aphrodisiaques d'Ormuz – « cette petite île de l'Inde orientale » –, on s'extasie devant les vertus d'un arbre des Moluques dont les fruits, selon qu'ils naissent à l'orient ou à l'occident, sont un poison ou un aliment délectable. On apprend qu'il existe des chiens au Japon qui, lorsqu'ils sentent la vieillesse les envahir, se précipitent dans la mer pour se métamorphoser en poissons. Le lecteur de Cárdenas a même droit à un peu d'histoire naturelle comparée entre l'Asie et les Indes occidentales quand il arrive au chapitre des pierres bézoards, ces calculs que l'on extrayait des cervidés et qui passaient pour avoir d'extraordinaires propriétés thérapeutiques[83]. Dans la mobilisation vers l'Asie se mêlent indissociablement préoccupations spirituelles, élans guerriers et religieux, convoitises matérielles et goût du merveilleux.

En 1604, dans la chronique qu'il consacre aux conquistadores du Mexique, le créole Baltazar Dorantes de Carranza s'acharne à démontrer les liens du Nouveau Monde avec une Inde prestigieuse et fascinante, que les Anciens tenaient dans la plus grande estime. Une série d'indices, qu'il a tôt fait de transformer en autant de preuves accablantes, prouve qu'il s'agit d'un seul et même continent : « Tout ce que j'ai dit sur la fertilité et l'heureuse condition de ces Indes-ci démontre et confirme qu'elles sont la dernière partie de l'Inde véritable[84]. » Ces supputations s'insèrent dans une vision du monde sur laquelle continuent de peser les mythes et la tradition savante. À l'aube du XVIIe siècle, à Mexico, la tête encombrée de leurs lectures classiques[85], des esprits curieux comme Baltazar mélangent à plaisir le neuf et l'ancien, ce qu'ils ont retenu d'Aristote, de Pline ou des chroniqueurs des Indes[86] avec les impressions des voyageurs qui passent régulièrement par la Nouvelle-Espagne. L'Orient qu'imagine un fils de conquistador, Baltazar Dorantes de Carranza, reste encore peuplé d'êtres fantastiques, comme ces régions de l'Inde ou de la Taprobane où il existerait « des montagnes dites d'or ou dorées, remplies de griffons, de fourmis [géantes] et d'autres bêtes[87] ». Autorités et informations à l'appui, souvent glanées dans le port de Veracruz où il exerça les fonctions de trésorier du roi, Baltazar Dorantes de Carranza n'a aucune peine à discourir des mérites comparés de l'Asie, de l'Europe, de l'Asie et de l'Amérique pour diagnostiquer l'infinie diversité du vaste monde : « L'horizon, c'est toute cette rotondité que l'on peut apercevoir en mer ou quand la terre est plate. Une fois que l'on change de cercle ou de ligne d'horizon, tout change de l'aspect du ciel au milieu où vivent les animaux, les plantes et les pierres qui naissent et se développent en cet endroit ; et c'est pour cette raison que les natures, les propriétés, les coutumes, les comportements et les choses qui s'engendrent en cet endroit varient et se différencient[88]. » Plus de vingt ans auparavant, Montaigne avait écrit : « Le monde n'est que variété et dissemblance[89]. »

Dorantes de Carranza n'est ni un médecin, ni un cosmographe, moins encore un pilote expérimenté. Sa connaissance du monde témoigne des horizons mentaux dans lesquels se déployait la pensée d'un créole, largement autodidacte, sans doute formé dans les collèges jésuites[90], mais réfléchissant en marge des cloîtres et de l'université. On l'imagine à Mexico, feuilletant à la hâte des classiques rencontrés dans les grandes bibliothèques ecclésiastiques, ou sur les quais du port de Veracruz à ses moments perdus, jetant un œil sur les cargaisons de livres que faisaient déballer les commissaires de l'Inquisition. Il se complaît dans le catalogue des prodiges de la nature, aime citer les poètes et la mythologie, bref exploite tout ce qu'il a sous la main et tous les arguments qu'il rencontre. Lui demande-t-on une preuve irréfutable de l'identité asiatique du Nouveau Monde, il invoque la faune commune aux deux régions du globe et explique que l'Amérique, comme l'Inde, abrite des populations de perroquets verts à col rouge[91]. À chacun ses rêves. À la même époque, les Portugais de l'Inde nourrissent des images fantastiques sur l'autre partie du globe, communiant avec les créoles américains dans une même vision imaginaire des horizons lointains. Dans l'un des chants des *Lusiades*, le poète Luis de Camões décrit le coucher du soleil sur un inaccessible Occident, évoquant l'attelage du Soleil qui plonge

> *là-bas près du grand lac qui entoure*
> *Temistitão, aux confins de l'Occident*[92].

De Mexico, il ne reste que le lac et le nom indigène de la ville quelque peu estropié (Tenochtitlan), mais replacé dans un cadre envahi par la mythologique antique, aussi hellénisé ou romanisé que l'Inde de Dorantes de Carranza. La mondialisation ibérique n'est parfois qu'un collage d'imaginaires.

Le débat sur les origines

D'où venaient les populations qui avaient peuplé l'Amérique et comment y étaient-elles parvenues ? Depuis la conquête du Mexique, si ce n'est depuis la découverte de l'Amérique, le débat s'est ouvert sur l'origine des Indiens et la relation des terres qu'on venait de découvrir avec l'Asie[93]. Durant tout le XVIe siècle et une bonne partie du suivant, les cercles lettrés de Mexico apportent leur pierre à la discussion. Le mystère des origines incite à concevoir un monde dont les différentes parties communiquent ou auraient communiqué entre elles depuis fort longtemps. La présence des Indiens ne suggérait-elle pas que le grand désenclavement provoqué par les Portugais, les Espagnols et les Italiens de la Renaissance était moins récent qu'il y paraissait ? Parmi les écrivains européens, métis et indiens, passés par les collèges des moines et des jésuites, beaucoup, toutes origines confondues, s'efforcent de définir la relation de leur terre d'origine, de naissance ou d'adoption avec les contrées asiatiques. Leur raisonnement confronte invariablement les données de la Bible, les connaissances des Anciens et les mémoires indiennes – mélange qui aurait pu être détonant s'ils n'avaient pas respecté, Inquisition oblige, les limites de l'exercice.

Commençons par un créole, Juan Suárez de Peralta, né à Mexico vers 1535, qui privilégie l'origine asiatique sans pour autant écarter d'autres hypothèses[94]. Les Indiens viendraient de l'Asie, mais le continent américain est si immense qu'il n'a pas pu être peuplé par « une seule colonie de gens », « il n'est pas croyable que le cap du Labrador, Terre-Neuve et la Floride se soient peuplés des mêmes gens que le détroit de Magellan, mais plutôt que Dieu a envoyé les uns par un côté et les autres par un autre[95] ». En 1589, Suárez de Peralta reprend l'idée que les Indiens viendraient d'Occident, ce qui s'expliquerait par leur origine juive. Il se fonde sur le livre d'Esdras pour soutenir que « les Indiens descendent des Hébreux des dix tribus d'Israël[96] ». Prisonnières du roi Salmanasar, les fameuses tribus auraient décidé d'éviter le contact des Gentils. Elles franchirent l'Euphrate et traversèrent une région appelée Asareth, « en suivant un si long chemin vers l'Orient qu'elles se sont retrouvées du côté du Ponant ». Elles finirent ainsi par aboutir dans les Indes occidentales. Les preuves qu'apporte Suárez de Peralta : les rites idolâtriques mexicains ressemblent aux pratiques des Hébreux, le mot indien *ají* signifie en hébreu « une chose forte[97] » et Jerónimo de Yepes affirme que « Pérou est un nom hébreu[98] ». Et, ce qui ne gâte rien, le grand géographe Ortelius montre sur la planche XII de son *Theatrum orbis terrarum* « cette terre d'Arsaset, plus loin sur la côte au nord de la Chine », et il indique que « s'il n'y a pas de détroit, celle-ci rejoint la terre de la Nouvelle-Espagne dans la zone septentrionale de la mer du Sud[99] ».

En 1606, un cosmographe allemand installé à Mexico, Heinrich Martin[100], développe un point de vue analogue, en expliquant que les conditions de la navigation ancienne ne permettaient pas d'atteindre le Nouveau Monde par mer : « [Ce continent] possède de chaque côté, sur ses côtes orientales et occidentales, des mers vastes et fort larges qui le séparent des autres terres habitables[101]. [...] On ne peut pas non plus imaginer qu'ils soient venus par les airs ou à la nage... », ajoute-t-il avec une once d'humour germanique. D'où l'hypothèse d'un peuplement par voie terrestre : les ancêtres asiatiques des Indiens auraient emprunté le mystérieux détroit d'Anian : « Sur les très hautes latitudes, il y a peu de distance entre cette terre et celle de l'Asie et de l'Europe[102]. » Sur un point capital, Martínez défend une position plus originale en privilégiant une origine européenne. À en croire son expérience personnelle, les Indiens sont venus de la Courlande, duché vassal des rois de Pologne, « une province peuplée de gens de la même allure, de la même couleur, énergie et condition que les Indiens de cette Nouvelle-Espagne ». Ce qui ne convainc pas tous ses lecteurs.

À commencer par notre mémorialiste indien Chimalpahin, qui s'interroge lui aussi sur l'arrivée des Indiens à Aztlan : « Ne serait-ce pas le dessein et l'inspiration de Dieu notre Seigneur qui les a poussés à partir de là, à se lancer sur la mer sur des canots pour la traverser et débarquer sur l'île d'Aztlan, où ils se sont établis au milieu des eaux[103] ? » Mais, en admettant cette interprétation providentialiste, d'où venaient-ils ? Face aux certitudes espagnoles et germaniques, le chroniqueur indigène étale ses doutes : « On ne sait pas avec certitude où se trouve la terre d'où sont partis les Anciens. [...] Nous devons croire pour tranquilliser notre cœur qu'elle se trouvait sur l'une des trois terres qui existent en trois endroits distincts : ou sur la première qu'on nomme Asie, ou sur la deuxième qu'on nomme Afrique, ou encore sur la troisième qu'on nomme Europe ; et puisque ces trois terres se situent dans des endroits différents, il faut bien que les anciens Chichimèques soient partis de l'une d'entre elles pour débarquer à Aztlan, cette quatrième terre qui est à l'écart dans un quatrième endroit qu'on nomme *Yancuic Cemanahuatl*, Nouveau Monde. Celui-ci est comme les trois autres terres, et c'est là que se trouvent aussi bien le pays d'Aztlan que celui de Mexico-Tenochtitlan où nous les Indiens sommes établis. »

Chimalpahin s'en prend ouvertement à la thèse de l'Allemand Heinrich Martin : « Un sage nommé Henrico Martínez, interprète de l'Inquisition à Mexico, qui a visité bien des pays, prétend qu'il a connu dans une province d'Europe qu'on appelle Courlande, dans les possessions des rois de Pologne, les habitants de cette région ; il soutient que nous ressemblons assez à ceux-ci, que le corps de ces gens est comme le nôtre, il dit aussi que l'esprit et le naturel de ces gens est pareil au nôtre, nous les habitants de la Nouvelle-Espagne, car [nos ancêtres] Chichimèques leur ressemblaient puisque c'étaient des hommes corpulents. Mais qui pourra le savoir ? Seul Dieu notre Seigneur sait si c'est vraiment de ces gens que nous nous sommes séparés, si là-bas ils se sont divisés et si ce sont bien ceux qui débarquèrent sur les côtes d'Aztlan[104]. » La chronologie indigène, explique encore Chimalpahin, incite à écarter l'hypothèse d'une origine juive liée à la destruction de Jérusalem par l'empereur Vespasien : à cette date, les anciens Chichimèques étaient déjà installés depuis vingt-quatre ans à Aztlan[105].

À la même période, le jeune métis Fernando de Alva Ixtlilxóchitl se joint au débat. Fils d'un Espagnol et petit-fils d'une princesse indienne, il se concentre sa vie durant sur l'histoire du royaume de Texcoco. Dans la *Sumaria relación de todas las cosas*, il se contente d'abord de coller à la tradition indigène, expliquant que les Toltèques sont arrivés les premiers dans ces contrées, « après avoir franchi des terres et des mers immenses », après un déluge destructeur, la construction d'une tour colossale, la dispersion des hommes sur la terre et la confusion des langues[106]. Dans son *Compendio histórico del reino de Texcoco*, rédigé avant 1608[107], ce lointain passé se précise. Le premier roi des Indiens, Chichimecátl, a conduit son peuple « des régions occidentales » dans le Nouveau Monde. « Il est sorti de la Grande Tartarie et ils se sont rendus dans le territoire de Babylonie [...] et, après avoir parcouru la plus grande partie du monde avec ce roi, ils sont arrivés sur cette terre. » Le *Compendio* reprend la tradition indienne du Deuxième Soleil en lui donnant un habillage biblique et asiatique, moins pour adhérer à une interprétation européenne que pour conférer une dimension universelle à un épisode clé du passé indigène. Le métis Alva Ixtlilxóchitl s'appuie à la fois sur la parole des Indiens – « l'opinion commune et générale d'eux tous » – et sur le témoignage dûment expliqué de leurs « peintures[108] ». Dans d'autres textes, il introduit des informations sur le littoral où débarquèrent les ancêtres et sur la route maritime qu'ils auraient suivie[109]. Il n'est pas indifférent que des auteurs indiens, métis, créoles et même péninsulaires[110] mettent les sources indigènes sur le même rang que les sources européennes. La connaissance du Pacifique et de l'Asie passe donc aussi par le savoir des Indiens et des anciens Mexicains. Un détail traduit la familiarité qu'avait le Mexique du XVIIe siècle avec le Japon : quand Alva Ixtlilxóchitl décrit les antiques habitants de Tula, les Toltèques, il précise « qu'ils portaient de larges tuniques pareilles à l'habit que revêtent les Japonais[111] », comme si ces voisins des Philippines étaient désormais plus proches dans son esprit que ses ancêtres amérindiens.

Le monde selon les métis

Fernando de Alva Ixtlilxóchitl n'est pas le seul métis à s'exprimer sur le monde et l'Asie. Diego Muñoz Camargo est le fils d'un conquistador et d'une Indienne de Tlaxcala, cité restée fameuse pour l'aide qu'elle prêta aux Espagnols au cours de la Conquête. Au début des années 1580, l'horizon qui s'offre à lui n'est guère différent de celui des créoles[112]. Sa Nouvelle-Espagne appartient déjà à un Nouveau Monde dont les limites occidentales pointent vers la Chine, *via* la Californie et les Philippines[113]. L'occupation de l'archipel par López de Legazpi constitue à ses yeux l'un des faits marquants de l'histoire du pays. Muñoz Camargo l'évoque en recueillant des anecdotes qui illustrent de quelle manière la traversée du Pacifique a rendu possible le tour de la planète et déclenché des circulations jusque-là inconcevables. C'est lui, on s'en souvient, qui rapporte comment un des membres de l'expédition Legazpi, Guido de Labezaris, introduisit le gingembre au Mexique après un rocambolesque voyage autour du monde.

Au sud, Muñoz Camargo s'intéresse à l'Amérique centrale, au Guatemala, au Nicaragua ou au Pérou, devenu accessible grâce à une liaison maritime établie par un Estrémègne de Cáceres, Diego de Campos. L'entrée de Francis Drake dans le Pacifique *via* le détroit de Magellan, et les ravages qu'il exerça sur les côtes du Pérou et de la Nouvelle-Espagne, l'ont si vivement impressionné qu'il y voit « l'un des grands événements survenus dans le monde[114] ». Pour un métis de Tlaxcala, les dates importantes de l'histoire ne sont pas les mêmes que pour un Européen, mais elles se rapportent systématiquement aux liaisons intercontinentales et aux découvreurs de routes nouvelles. Cette Amérique du Sud que les routes maritimes rapprochent du Mexique, et dans le cas de Drake rendent si vulnérable, lui remet en mémoire un autre épisode qui remonte au milieu du XVIe siècle. Alors que le Pérou était en proie aux guerres civiles, les gens de Mexico s'étaient enrôlés pour voler au secours de la Couronne et de son représentant La Gasca. La pacification du Pérou rendit inutile « un renfort si brillant[115] », mais l'affaire en disait long sur les solidarités qui pouvaient déjà se nouer entre les deux Amériques.

Muñoz Camargo s'appuie sur la tradition orale et sur des conversations : il s'est entretenu avec Andrés Dorantes, le père du créole Baltazar, avec Estebanico el Negro et Cabeza de Vaca, qui tous avaient parcouru de part en part le sud des États-Unis[116]. Il puise aussi dans des écrits scientifiques – le pilote de Séville Alonso de Chaves[117] – et connaît ses classiques, Ptolémée, Bède le Vénérable, Isidore de Séville[118]. Quant à ses sources locales, ce sont des « chroniqueurs de Mexico » dont il énumère les noms : Cervantes de Salazar, Jerónimo Ruiz de la Mota, Alonso Pérez, tous fixés dans la ville. En quoi la vision du monde de ce métis diffère-t-elle de celle d'un Espagnol ? Dans ses écrits, Muñoz Camargo superpose deux géographies : celle des découvertes du XVIe siècle et celle des anciens Nahuas. Quand il raconte les origines des habitants du Mexique, les Indiens Chichimèques se confondent avec les habitants de Cibola, Tiguex, Quibira et Sonora que des expéditions espagnoles avaient rencontrés au cours de leur progression vers le nord du continent. Aux Sept Cités de Cibola font écho les Sept Cavernes des anciens[119]. Il imagine les confins septentrionaux de la Nouvelle-Espagne en rattachant des bribes de mémoire indigène aux informations qu'avaient apportées Cabeza de Vaca et les rescapés de l'expédition de Coronado[120]. En entrelaçant les perspectives qu'ouvre la mondialisation ibérique avec des repères préhispaniques, il préfigure la façon de voir d'Alva Ixtlilxóchitl et de Chimalpahin – comme si, loin de rompre avec les cadres anciens, sa vision du monde s'encastrait sans peine dans la précédente.

Visions indiennes

La société indigène est confrontée de mille manières avec la domination occidentale. Les influences et les pressions du Vieux Monde marquent profondément ses modes d'existence, ses rythmes de vie et ses croyances. Mais, à l'exception des Indiens qui traversent l'Atlantique ou le Pacifique, ces changements constants sont expérimentés par Espagnols interposés, clercs, marchands, administrateurs ou *encomenderos*. En règle générale, les populations indigènes n'ont pas de contact direct, physique avec le Vieux Monde ni avec l'Asie, si ce n'est à travers les objets, les livres, les hommes et les femmes qui en débarquent. Ou le bruit des événements qui en parviennent, quand ce ne sont pas les mises en scène spectaculaires comme celle des obsèques de l'empereur Charles Quint ou celle de la réception de reliques romaines en 1578.

Comment les élites indiennes réagissent-elles aux informations et aux objets qui parviennent jusqu'à elles ? Qu'en retiennent-elles ? Qu'expriment-elles dans les rapports qu'elles nouent avec la Couronne, dans les chroniques qu'elles produisent, dans les peintures dont elles s'entourent, ou plus clandestinement dans les chants et les danses qu'elles continuent de célébrer à la manière ancienne ? Il est significatif que les chroniques indiennes enregistrent « Nouveau Monde », traduit par *yancuic Nueva España*[121] (Nouvelle-Espagne), *yancuic Cemanahuac* (Nouveau Monde) ou encore *yancuic Tlapan* (Nouvelle Terre)[122]. Dès le milieu du XVIe siècle, les lettres en latin que les princes indiens adressent à Philippe II adoptent la nouvelle géographie du pouvoir. Les nobles indigènes reconnaissent qu'ils appartiennent au Nouveau Monde, « à l'orbe des Indes » (*in hoc Indiarum orbe*), à la région de la Nouvelle-Espagne (*in partibus Novae Hispaniae*[123]). Et ce monde est éclairé par la splendeur et la « sublime majesté » de Philippe II[124], astre royal dont les rayons brillent jusqu'aux Indes. Si la métaphore solaire exprime classiquement le lien qui s'est instauré entre les nobles indigènes et la Couronne, l'idée d'une énergie calorique et solaire associée à la toute-puissance n'était pas étrangère à la pensée nahua : des récits anciens racontaient qu'on avait exposé le vieux roi Tezozomoc au feu du soleil pour lui rendre les forces dont l'âge le dépouillait[125].

Les élites indiennes adoptent l'idée de Nouveau Monde tout en revendiquant leur contribution à la conquête de ce continent : « Nous avons détruit toutes sortes d'idoles et soumis à Ta Majesté catholique et sacrée le monde des Indes tout entier », rappellent les nobles de Mexico dans une lettre en date du 17 mars 1566. Ils veulent être des acteurs à part entière dans les rapports instaurés entre le Nouveau Monde et l'Ancien. Mieux encore, les élites indiennes participent à leur manière du rêve asiatique quand elles saluent Philippe II du titre anticipé de roi de la Chine. Ces idées indigènes apparaissent sur des peintures qui ornaient les salles de la municipalité de Tlaxcala, la grande cité indienne qui avait ardemment collaboré à la conquête du Mexique par Cortés. Elles reprennent le thème du Nouveau Monde, et celui de l'association du Pérou et de la Nouvelle-Espagne. On y voit un Christophe Colomb offrir un « nouveau monde » à l'empereur Charles Quint, « avec toutes les îles conquises et découvertes ». Le Génois tient « un navire toutes voiles ouvertes, un compas, un astrolabe [...] et manifeste toute l'arrogance de la victoire qu'il a remportée[126] ». Les souverains vaincus, Moctezuma et Atahualpa, apparaissent au côté de leurs vainqueurs respectifs ; Cortés et Pizarre offrent au prince les nations qu'ils ont soumises : le premier présente une Indienne, la Nouvelle-Espagne, « avec une grande quantité d'argent » et le second, un Indien, qui incarne le Pérou[127].

Les écrits de Chimalpahin montrent de quelle manière un lettré indigène du XVIIe siècle enregistre en nahuatl les grands événements du monde. On retrouve dans ses relations et son journal toutes les grandes dates que nous avons évoquées. En 1559, l'année 2-Roseau, lorsque, « comme disaient les anciens, on a attaché les années », « arriva d'Espagne la nouvelle de la mort de Charles Quint, l'empereur de Rome ». Et de décrire les funérailles solennelles que la ville lui organisa, les notables espagnols en grand deuil et le défilé des bannières des quatre grandes cités du Mexique ancien, Mexico-Tenochtitlan, Tacuba, Texcoco et Tlaxcala. En 1566, le chroniqueur indigène ne pouvait manquer de rapporter le départ de Miguel López de Legazpi pour les Philippines : « Il fut le dernier à tenter d'arriver à la Chine. » Plusieurs années plus tard, la ville vibrera à l'annonce de la victoire de don Juan d'Autriche sur les Turcs à Lépante (1571) : « Cette année-là, les chrétiens remportèrent une grande victoire sur les mers d'Espagne et de Turquie, et le Grand Turc (*Huey Turco*) fut défait dans ce conflit » – une guerre, précise Chimalpahin, appellée « bataille navale[128] », pour ses lecteurs indigènes peu familiers du fait.

Chroniques, lettres et peintures ne livrent que des messages convenus en accord avec les discours officiels, mais il existe une autre façon de pénétrer dans l'imaginaire des élites indiennes. Dans la seconde moitié du XVIe siècle, les nobles de Mexico et des alentours composent et chantent des *cantares* où affleure une géographie mi-fantastique, mi-réelle des contrées qu'habitent le pape et l'empereur. Le motif du voyage, et en particulier de la traversée maritime, traduit la manière dont ils imaginent le lien qui unit désormais la noblesse mexicaine à ses maîtres européens. Un lien puissant, spirituel, presque mystique, joué, incarné dans le chant et la danse, où se mêlent inextricablement motifs préhispaniques et motifs mexicains. Dans le « Chant du déversement de l'eau », la pensée indienne interprète et élabore le rapport virtuel entre les deux mondes. C'est l'empereur (« Pelatol ») qui convoque les nobles chez lui, après une traversée aussi éprouvante que périlleuse. C'est lui également qui dépêche les Indiens à Rome : « Allez voir le Saint Père. » Et ceux-ci parviennent dans la cité divine, un au-delà paradisiaque, dominé par la « grotte multicolore », « là où se trouvent les mots en or qui donnent la vie ». Une Rome où siège sainte Cécile, maîtresse de la musique, et où le palais du pape est peint de papillons d'or. La Castille (*Caxtillan*) apparaît elle aussi, mais comme une variante de l'au-delà, « un lieu où l'on fait danser les victimes du sacrifice ». C'est là que l'on rencontre don Pedro Moctezuma selon le « chant d'oiseau » daté de l'an 1597. Or Pedro Moctezuma Tlacahuepantzin, le fils du grand Moctezuma, avait bien effectué un voyage en Espagne.

« Salut mon neveu, mes princes ! Le cher grand [prince], l'Oiseau-mouche, le Cygne turquoise, don Pedro Montezuma, s'en est allé boire à petites gorgées, siroter des fleurs d'eau de jade – là-bas ! – répandues sur les eaux de Castille.

« Il a étendu ses ailes, il est parti en volant, notre neveu Pedro Moctezuma, il est parti siroter des fleurs d'eau de jade – là-bas ! – éparpillées sur les eaux de Castille[129]. »

Il faudrait répertorier bien d'autres imaginaires pour cerner ce que recouvre le vers de Balbuena : « En toi se rejoignent l'Espagne et la Chine… » Les nouveaux chrétiens de Mexico ont des parents dans les quatre parties du monde, ils sont en relation avec le Pérou, le Brésil, l'Afrique, l'Asie, l'Europe du Nord et l'Europe méditerranéenne. Les « Flamands » – sous ce nom on regroupait Flamands, Hollandais, Allemands – correspondent avec les Pays-Bas et les terres infestées par l'hérésie luthérienne[130]. Pas plus que les marranes, ils n'ont de raisons d'apprécier les vertus de la Monarchie catholique. Les marins basques, andalous, galiciens ou portugais vivent dans d'autres horizons encore, construits dans les vents, les naufrages et les tempêtes. Sans parler des esclaves noirs, envoyés d'Afrique ou de la péninsule Ibérique, porteurs de langues et de mémoires inconnues sur les terres mexicaines. Ces imaginaires ont l'épaisseur des choses vues chez tous ceux qui circulent entre les continents, et ils sont légion.

Sous la diversité des visions du monde affleure un maillage universel qui se fait et se défait sans cesse, avec les moyens du bord – récits, conversations, expériences vécues, livres, lettres, cartes et menus objets rapportés d'ailleurs, rêves collectifs et souvenirs intimes. Car on peut aussi bien embrasser le monde depuis Goa ou Potosí que depuis Séville ou Anvers. Dans ses bastions d'Amérique et d'Asie, la mondialisation ibérique dilate les horizons humains en même temps qu'elle façonne les êtres et les sociétés.

CHAPITRE VI

Des ponts sur la mer

Comment les mondes se connectent-ils ? Cette question actuelle est au cœur de la mondialisation ibérique. En 1614, Antonio de Gouveia, un évêque portugais qui connaît bien Ormuz et la Perse, utilise l'image du pont. Dans un ouvrage qu'il rédige à l'entrée du golfe Persique, il propose d'en faire l'emblème du roi Manuel de Portugal, qui a ouvert la route de l'Inde à l'Europe de la Renaissance, et lui donne pour devise la formule *Rursum Asia Europae* : « À nouveau, écrit-il, l'Europe rejoint l'Asie grâce à la circulation des navires que ce prudent souverain [...] a demandé d'organiser tous les ans entre Lisbonne aux confins de l'Europe et l'Inde, cette fameuse province de l'Asie[1]. » Gouveia oppose le pont de bateaux lancé par Xerxès sur l'Hellespont, « qui n'a duré qu'une saison », à la liaison établie en 1497 par Vasco de Gama et que les Portugais exploitent avec succès « depuis cent dix-huit ans, malgré la fureur des mers, les rigueurs et les tempêtes des temps, la résistance des ennemis les plus puissants ».

En Italie, dans un autre registre, le dominicain Tommaso Campanella spécule sur ce qui peut rassembler les royaumes de la Monarchie en prônant des « unions naturelles et politiques ». Il faut développer trois sortes de liens, ceux des âmes, des corps et des richesses, car « plus nombreux sont ces liens, plus s'unifie et se renforce la domination[2] ». Depuis Manuel de Portugal et les Rois Catholiques, la mondialisation ibérique se déploie dans les quatre parties du monde et modifie l'existence de dizaines de milliers de personnes. Quantité d'entre elles s'accoutument à vivre sur des terres étrangères, partagées entre le souvenir de la contrée qu'elles ont quittée et l'image floue d'un monde en expansion. Des montagnes glacées des Andes aux forêts étouffantes des Philippines, d'autres subissent la domination d'une région du globe qui leur était jusqu'alors totalement inconnue.

Connexions ibériques

Mexico, Naples, Lisbonne ou l'Inde ne sont que des jalons sur la carte de ces liaisons planétaires qu'on appellera des connexions pour insister sur leur caractère composite, à la fois physique, matériel, psychologique et conceptuel, sur leur intensité et leur ampleur intercontinentale, sur les interactions en tous genres qu'elles déclenchent[3]. Ces connexions se multiplient depuis qu'au XVe siècle les Portugais ont entrepris de reconnaître les côtes de l'Afrique et que les Espagnols se sont engagés dans la conquête du Nouveau Monde. Comme le rappelle l'un des premiers spécialistes castillans de la Chine, Bernardino de Escalante, partout les Ibériques sillonnent « des mers, des îles et des royaumes [...] où ils ont trouvé des gens si divers, des lois et des superstitions si différentes et tant de sortes de gouvernements et de coutumes qu'on en reste stupéfait[4] ». Les entreprises des Espagnols et des Portugais débordent même les frontières des territoires visités ou conquis : leur curiosité pour la Chine, perçue dans son gigantisme et ses réussites, en témoigne. Parce qu'elles sont destinées à se pérenniser, les connexions qu'établissent les Ibériques bouleversent les histoires locales et les économies. Elles ont parfois des conséquences si délétères qu'elles poussent une grande partie de l'humanité amérindienne dans la tombe, fauchée par les épidémies venues d'Europe et d'Afrique.

Comment ne pas d'abord évoquer le choc des premières rencontres ? Les prises de contact se déroulent souvent dans le sang et l'épouvante : indigènes massacrés, mais aussi navires perdus, équipages décimés. En 1517 et 1518, les deux premières expéditions espagnoles qui touchent les côtes du Mexique sont des fiascos. Ce n'est qu'au troisième essai, et grâce à l'énergie de Hernan Cortés, que l'Anahuac des anciens Mexicains devient la Nouvelle-Espagne. Pour donner des formes juridiques à leur offensive en Amérique, les Espagnols pratiquent le *requerimiento*[5] qui institutionnalise la prise de contact en sommant les Indiens de se soumettre et, de fait, en légitimant la guerre qui s'ensuit, même si elle ne se solde pas toujours par l'écrasement des indigènes. Les conquérants paient souvent de leur vie leur témérité, leur mépris des gens et leur méconnaissance du terrain. Mais bien d'autres voies mettent en rapport les quatre parties du monde. Celles du troc, du commerce, des alliances sans lesquelles jamais Cortés n'aurait pu s'emparer du Mexique. Si le conquistador maîtrise à merveille le jeu des connexions, dans les rapports qu'il noue avec les sociétés de l'Inde, Vasco de Gama a la main moins heureuse. Le Portugais multiplie les ratés par incompréhension des données locales, mauvaise appréciation des obstacles, incapacité à dénicher les bons interlocuteurs[6]. Il est vrai que la collaboration de l'Indienne Malinche a facilité les progrès de Cortés en terre mexicaine, alors que le navigateur portugais n'a pas eu la chance de s'attacher si dévouée compagne.

Mais, quelle que soit l'intensité des premiers contacts, ceux-ci ne suffisent pas toujours à relier les mondes[7]. Il faut que s'instaurent des rapports à une tout autre échelle. La connexion se traduit d'abord par des transferts d'institutions, de lois, de pratiques, de techniques, de croyances ou de modes de vie. L'implantation des institutions civiles et ecclésiastiques ibériques en Amérique, en Asie et, dans une bien moindre mesure, en Afrique a pour but d'accrocher solidement les nouvelles possessions aux métropoles européennes, Lisbonne, Madrid, Rome. Ce quadrillage administratif dans les différentes régions de la Monarchie s'accompagne de l'installation des représentants de la Couronne[8]. L'Église renforce ce maillage en déployant ses diocèses, ses provinces religieuses, ses institutions d'enseignement – les universités de Mexico et de Lima, les collèges jésuites –, ses tribunaux ecclésiastiques, dont les quatre sièges du Saint-Office de l'Inquisition à Mexico, Lima, Carthagène des Indes et Goa[9]. Ces structures à vocation universelle matérialisent la présence du catholicisme et favorisent des va-et-vient incessants entre l'Europe et les autres parties du monde : missionnaires, dignitaires de l'Église, mais aussi envoyés diplomatiques comme l'évêque Antonio de Gouveia et parfois aventuriers en soutane.

Les institutions civiles qui s'enracinent dans les territoires conquis ont le même effet. Depuis la lointaine Castille, le Conseil des Indes chapeaute une administration qui couvre une partie du continent américain et un petit morceau d'Asie. À Lisbonne, le Conseil de Portugal traite des affaires d'Afrique, d'Orient et du Brésil. Les déplacements des représentants du monarque entre les différents royaumes contribuent à leur tour à rapprocher les possessions d'Amérique, d'Asie, d'Afrique et à faire de la Monarchie autre chose qu'une juxtaposition de circonscriptions administratives. Ce n'est pas un hasard si, à plusieurs reprises dans son *Journal*, Chimalpahin cite le nom d'Antonio de Morga, un juge sévillan qui fit carrière aux Philippines et à Mexico avant d'obtenir la présidence de l'audience de Quito[10]. Les mouvements de hauts fonctionnaires royaux rythment la vie politique des Indes occidentales et orientales.

Comment distinguer les liens qui relèvent plus étroitement de la colonisation d'une région particulière des connexions qui arriment entre eux de vastes secteurs du globe ? La mondialisation ibérique ajoute à la domination coloniale sur la sphère locale un arrière-fond planétaire, qu'il soit le théâtre d'entreprises et de projets gigantesques – la poussée vers l'Asie, l'évangélisation de la Chine, la lutte contre l'islam – ou le support d'imaginaires sans frontière qui finissent par confondre le globe avec la Monarchie et oublient ce qui les attache au Vieux Monde :

> *Ô peuple [de Mexico] si riche et illustre qu'il en perd*
> *le désir d'un monde de plus ; il est bien légitime*
> *que celui qui jouit de ce monde*
> *ait perdu le souvenir d'un autre*[11].

Relier les mondes

Le rattachement des nouveaux mondes à l'Europe ibérique se déroule à des rythmes divers. Depuis la seconde moitié du XVe siècle, la reconnaissance des côtes atlantiques de l'Afrique, les expéditions de Vasco de Gama, de Pedro Cabral, de Christophe Colomb, le tour du monde de Magellan, El Cano et Pigafetta ainsi que bien d'autres voyages élargissent de manière prodigieuse les horizons ibériques. Il a fallu trois expéditions (1517, 1518 et 1519) et seulement quatre années pour que le Mexique devienne la Nouvelle-Espagne. En revanche, l'établissement d'une liaison régulière entre l'Amérique espagnole et l'Extrême-Orient exige presque un demi-siècle de tâtonnements et d'échecs, du tour du monde de Magellan, de 1519 à 1522, à l'expédition de López de Legazpi, en 1564[12]. Les Castillans recherchaient aussi ardemment cette nouvelle route qui leur ouvrirait l'Asie qu'elle était redoutée des Portugais, à en croire le gouverneur des Moluques qui, dès les années 1530, lançait un cri d'alarme : « [Les Espagnols] ne veulent qu'une chose, trouver le chemin de retour à la Nouvelle-Espagne[13]. » En novembre 1564, cent cinquante marins, deux cents soldats et cinq moines sous les ordres d'un *alcalde* de Mexico, le Basque Miguel López de Legazpi, appareillent de Navidad, sur la côte du Jalisco, et gagnent les Philippines. L'année suivante, grâce aux talents de navigateur d'Andrés de Urdaneta, le *San Pedro* fait retour à Acapulco, après cent trente jours de navigation[14]. La connexion pacifique est définitivement établie. L'importance commerciale des Moluques, le poids accordé à ce que l'on appelait alors la « Chine » *lato sensu*, les enjeux diplomatiques, techniques et cartographiques liés à son contrôle, placent cette extrémité du globe au cœur de la mondialisation ibérique[15].

On peut souvent suivre sur le vif l'instauration de ces premiers liens planétaires avec ce qu'ils comportent de volontarisme, de hasard ou d'improvisation, comme le montrent les expéditions de Pedro Sarmiento de Gamboa. Fruits des efforts d'un « agent de liaison » d'un type nouveau, elles rendent compte presque étape par étape de la mise en rapport d'espaces maritimes et de territoires aussi différents et aussi distants que le Pacifique, l'Atlantique Sud, le Rio de la Plata, le Brésil, l'Afrique occidentale, les Açores et la péninsule Ibérique. Il est vrai que Pedro Sarmiento de Gamboa est un personnage hors du commun. Né dans les années 1530, après des études à Alcalá ou à Séville, puis des campagnes dans le Milanais et dans les Flandres – sur tous ces points, ses biographies sont incertaines –, il arrive au Mexique vers 1555. Pour des raisons qui restent mystérieuses, il doit s'enfuir pour le Guatemala et le Pérou. En 1564, l'Inquisition de Lima le fait arrêter alors qu'il est au service du vice-roi, le comte de Nieva, car elle le suspecte de détenir des anneaux dotés de pouvoirs magiques. Ces déboires ne l'empêchent pas de s'embarquer pour les îles Salomon entre 1567 et 1569 sous la direction d'Alvaro de Mendaña, puis de s'attacher au vice-roi Francisco de Toledo qui cherche à consolider la domination espagnole au Pérou. Son *Histoire des Incas*, ses compétences de cosmographe – il calcule la différence horaire entre Séville et Lima, et observe l'éclipse de 1578 – en font alors un savant écouté des autorités locales et un expert inappréciable.

L'histoire du navigateur se dévore comme un roman d'aventures, ponctué d'épisodes troubles, tragiques ou fascinants, comme cet entretien en latin que lui aurait accordé la reine Élisabeth d'Angleterre lors d'une escale forcée en Grande-Bretagne. Sarmiento de Gamboa commença donc par accompagner une expédition qui reprit l'exploration du Pacifique Sud et aboutit à la reconnaissance des îles Salomon en 1568. La Couronne voulait à tout prix renforcer la présence espagnole sur les vastes eaux de la mer du Sud. Les entreprises suivantes s'attaquèrent au détroit de Magellan. À l'origine, celui-ci ne représentait pas un enjeu crucial pour la Monarchie dans la mesure où la route du Pérou passait par Panama ou par le Rio de la Plata, tandis que celle des Philippines traversait la Nouvelle-Espagne. Les épouvantables tempêtes qui balayaient sans cesse cette contrée lointaine et singulièrement inhospitalière en faisaient davantage un enfer marin qu'une voie de passage.

Mais, à la fin des années 1570, les incursions des Anglais dans le Pacifique Sud alarment la couronne de Castille et le royaume du Pérou. Comment barrer l'accès des côtes péruviennes aux marins hérétiques d'Élisabeth et protéger les galions espagnols chargés d'argent qui remontent vers l'isthme de Panama ? La protection du passage entre les deux océans acquiert soudain une urgence justifiant de gros investissements en hommes et en navires[16]. Philippe II depuis l'Escurial, Lisbonne ou Badajoz, comme le vice-roi Toledo depuis Lima, s'emploient à verrouiller cette région du globe. Au Pérou, Francisco de Toledo voit en Sarmiento de Gamboa l'homme de la situation et le charge de coloniser le détroit en le fortifiant aux meilleurs endroits.

Une première expédition appareille le 11 octobre 1579. Ce qui n'était pas prévu, c'est qu'en se rendant de Lima à Séville par l'Atlantique Sud, l'expédition de Sarmiento de Gamboa croiserait la route maritime des Portugais vers l'Asie. Au cours de la traversée de l'Atlantique Sud, les courants déportent son navire vers l'est. Le 10 avril, les navigateurs mouillent devant l'île d'Ascension, « qui se trouve sur le chemin de l'Inde », où ils ne trouvent que des porcelets et de grosses tortues. Pas âme qui vive, mais une multitude de croix laissées par les Portugais qui enterrent là leurs morts au retour de l'Inde. L'une d'elles porte cette inscription : « L'amiral don Joan de Castel Rodrigo est arrivé ici avec cinq navires de l'Inde le 13 mai 1576. » « Près d'elle, on laissa une autre plaque pour rappeler l'arrivée ici du premier navire du Pérou qui ait traversé le détroit de Magellan de la mer du Sud à celle du Nord[17]. » Les courants et les vents conduisent ensuite Gamboa et ses hommes devant la Sierra Leone, où ils affrontent une Afrique inquiétante, porteuse de tous les dangers – bas-fonds, fièvres, scorbut, flèches empoisonnées et corsaires français. Le 23 mai 1580, alors que l'union du Portugal et de la Castille n'est pas encore consommée, l'expédition parvient devant Santiago du Cap-Vert, possession portugaise, au large des côtes du Sénégal : « Des navires de l'endroit vinrent aux nouvelles pour savoir quel bateau c'était, avec quelles gens et d'où il venait ; et quand on leur a dit qu'on venait du Pérou et qu'on était passé par le détroit de Magellan, ils restèrent muets, ils ne voulaient pas nous croire et tenaient la chose pour impossible. » Se joue alors une énième scène de « première rencontre », mais cette fois entre Ibériques ou presque. Les Portugais du Cap-Vert ont toutes les peines du monde à reconnaître des Espagnols dans l'équipage du mystérieux vaisseau à la peau tannée par le soleil et les vents, auxquels se trouvent mêlés des « hommes aux longues nattes » – en réalité, des Indiens péruviens et chiliens qui servaient sur le navire[18].

La connexion ainsi établie a des effets immédiats sur la circulation des informations. À Santiago, les Espagnols se renseignent sur les agissements des Anglais et des Français dans tout l'Atlantique Sud. Sarmiento s'attache à consigner les moindres détails : « Ma tâche présente consiste à enquêter sur cette question partout et avec tout le monde[19]. » De lointaines conversations de taverne finissent même par arriver à ses oreilles, quand le pilote de langue arabe d'un vaisseau portugais lui raconte qu'il a rencontré à la frontière du Portugal, près d'Ayamonte, deux marchands anglais qui lui ont parlé des projets de Francis Drake. Des pilotes et des capitaines débarqués du Brésil viennent l'informer sur la présence anglaise dans la région de Rio de Janeiro et dans la baie de Paranaiba, « au nord de Pernambuco ». Enfin, des corsaires français capturés dans les combats le mettent au courant de leurs agissements dans les Caraïbes entre Santo Domingo et Puerto Rico. Santiago du Cap-Vert est devenu le centre d'une collecte imprévue d'informations stratégiques sur l'Afrique, l'Inde et l'Amérique. Fidèle à sa mission, Sarmiento n'a de cesse qu'il envoie un navire porter au vice-roi du Pérou, *via* Panama, les nouvelles recueillies par son expédition.

Le navigateur met ensuite le cap sur l'Espagne. Dans le port d'Angla, sur l'une des îles des Açores, cet homme qui venait de Lima par le détroit de Magellan *via* le Brésil et l'Afrique assiste à l'arrivée d'un des convois les plus fabuleux du monde, la flotte portugaise de l'Inde : « [C'étaient] cinq grands navires de l'Inde, quatre de Goa et Cochin, un de

Malacca ; les quatre étaient chargés d'épices, de drogues, de porcelaines et de tissus de cette contrée » ; à lui seul, l'un des vaisseaux transportait huit mille quintaux d'épices. Toujours en quête de nouvelles fraîches, Sarmiento de Gamboa demande aux marins ce qu'ils savent sur les « Castillans des Philippines ». Des Portugais lui apprennent alors comment les Espagnols de Manille sont intervenus dans les affaires du roi de Bornéo. Le navigateur enregistre ces informations, mais prend ses précautions : « Votre Majesté saura mieux ces choses par les nouvelles sûres qui viennent à travers la Nouvelle-Espagne, je me borne à relater ce que j'apprends, car les princes doivent être fidèlement informés de tout ce qui peut les concerner[20]. »

Sarmiento de Gamboa met à profit toutes les ressources de la Monarchie et de la récente union des deux couronnes. Sans ses infrastructures terrestres et maritimes, il serait resté un cosmographe simplement attentif au spectacle du monde. Il subit aussi les dysfonctionnements des empires ibériques : lenteurs et pesanteurs bureaucratiques, contretemps de toutes sortes, poison de la corruption, susceptibilités maladives, rivalités effrénées. Ce qu'il compense par son opiniâtreté et sa clairvoyance. C'est d'abord un technicien qui ne cesse d'afficher formation scientifique et expérience de terrain, acquises « dans des parties du monde nombreuses et fort différentes[21] ». Il n'hésite pas à mettre en cause la supériorité des hommes de la Péninsule – « les navigateurs doivent se méfier des horloges faites en Espagne » –, il corrige les cartes des Portugais, pourtant réputés les meilleurs en la matière, et se vante de savoir calculer la longitude avec exactitude, une opération alors encore très aléatoire. C'est aussi un politique. À ses yeux, la reconnaissance et l'occupation du détroit de Magellan concernent la sécurité des « royaumes de l'Espagne et de l'Inde ». Le « bien commun de l'Espagne et des Indes[22] » est en jeu en cet endroit du monde. Les rapports qu'il entretient en Espagne avec le duc d'Albe et le marquis de Santa Cruz, en Afrique avec les gouverneurs portugais du Cap-Vert, en Amérique avec les autorités du Brésil et l'administration du Pérou l'aident à poursuivre les objectifs fixés par la Couronne. Il est lui-même convaincu que relier les mondes est autant une affaire diplomatique qu'une entreprise militaire et scientifique.

Partout, son œil dissèque les paysages, déchiffre les côtes, s'accroche aux icebergs du détroit de Magellan, observe les Indiens qui parcourent ces contrées désolées, consigne leurs usages chaque fois que ces informations peuvent servir de repères à de futures expéditions, comme ces feux que les indigènes allument en haut des collines et dont on peut voir la fumée de très loin. Au large des côtes d'Afrique, dans l'archipel du Cap-Vert, il multiplie les mesures, accumule les dessins et les relevés, tandis qu'en compagnie de l'ingénieur italien Antonelli il dresse l'inventaire des passages à fortifier[23].

Les liaisons planétaires s'opèrent rarement sans histoires. Au cours des deux expéditions, Sarmiento de Gamboa doit faire face à des ratages de toutes sortes. Les difficultés surgissent autant de ses rivaux que de la corruption des équipages, toujours prêts à chaque escale à se défaire des cargaisons les plus précieuses pour en tirer quelques sous. Une rivalité sans merci l'oppose au responsable en titre de la seconde expédition, Diego Flores, plus préoccupé de saboter le projet que d'aller risquer sa vie au bout du monde[24]. Quand les hommes sont calmes, ce sont les tempêtes, les épidémies, les corsaires français ou les indigènes rencontrés çà et là qui deviennent le cauchemar du navigateur[25].

Connected stories and histories

Les échanges de lettres offrent d'autres sources précieuses pour appréhender d'autres connexions, moins spectaculaires et moins dévoreuses d'hommes, mais tout aussi essentielles en ce sens qu'elles révèlent comment les individus réagissent aux ruptures et aux aléas que provoque la mondialisation ibérique. Elles ne concernent bien évidemment que les Européens et les métis qui ont accès à l'écriture et les moyens de payer les courriers qui circulent entre les continents. Tous n'ont pas de talents d'épistoliers et beaucoup doivent recourir à des plumes mercenaires – et pas toujours discrètes, comme cet Espagnol de Lima, Francisco de Meza, le rappelle à son épouse restée à Séville, au cas où elle l'aurait oublié : « Vous savez bien que je ne sais ni lire ni écrire et que je ne me fie à personne[26]. »

Les lettres qu'envoie Celedón Favalis à son père Simón, établi à Madrid, commentent l'épreuve qu'impose le voyage d'Espagne aux Indes occidentales[27]. Après la traversée atlantique, qui est loin d'être le pire moment du voyage, le jeune homme arrive à Carthagène, d'où il rejoint Nombre de Dios, où le climat tropical fauche ses premières victimes : « Nous avions très peur, car c'est là que meurt une infinité de gens. » De là, il reprend son voyage à destination de Panama, « une route extrêmement pénible [...] où mille fois j'ai cru périr et perdre la vie ». En Amérique centrale, sur le fleuve Chagre, nouvelles mésaventures : « Le vêtement que je portais en fibres mélangées s'est pourri [...] ; sur ce chemin, je ne sais quelle vermine m'a mordu la main gauche si bien que j'ai failli perdre la main et le bras qui ont enflé et sont devenus de la taille d'une botte ; je ne pouvais plus étendre le bras et j'avais la main toute recroquevillée. » Arrivé à Panama où il s'enquiert de son oncle de Lima, Celedón a la chance de rencontrer un de ses amis sévillans. Les voyages sont souvent fertiles en rencontres imprévues. Le Sévillan lui explique que son oncle voulait s'embarquer pour l'Espagne *via* Panama, mais qu'à la nouvelle du sac de Carthagène il est revenu au Pérou, où il a pris un autre navire en partance pour la Nouvelle-Espagne. Celedón n'a plus qu'à parcourir les quelque deux mille kilomètres qui séparent Panama de Lima : à nouveau, un « voyage des plus pénibles, où j'ai souvent cru périr de faim et de soif. [...] Le navire était si chargé qu'il ne pouvait avancer et il prenait tellement l'eau que l'on a dû le délester ». Une escale dans un port de Colombie lui fait découvrir le « blé des Indes », les « *tortillas* de maïs » qu'il prend immédiatement en exécration : « C'est une mauvaise nourriture pour qui n'a pas l'habitude de la manger, le corps se couvre tout de suite de boutons et d'éruptions. » Des averses incessantes gâchent le reste de la traversée ; pas de lit décent, aucun abri sur le pont, des fièvres à répétition, pas de nourriture consistante sauf une poule achetée à prix d'or pour reprendre quelques forces. Lors d'une nouvelle escale à Puerto Viejo, « premier port de la côte du Pérou », le mal du pays le saisit : « Jamais je n'ai été aussi triste et mélancolique que la veille de Noël. Je me souvenais comment cette nuit-là je m'amusais, et je me voyais si loin de cela, sur la mer, sans avoir de quoi célébrer Noël, sauf un peu de fromage et de maïs, faute de mieux[28]. » Dieu merci, le voyage par terre de Paita à Lima se fait en bonne compagnie et, cette fois, sans grand problème. Mais, comble de malchance, la capitale qu'il découvre vient d'être ruinée par un tremblement de terre et le port du Callao détruit par un raz de marée. Et toujours pas trace de l'oncle qui doit le recevoir. Il ne lui reste plus qu'à attendre son retour et à s'installer dans la cité des Rois.

Les échanges de lettres entre les habitants de la Monarchie révèlent comment des hommes et des femmes tentent d'affronter les déphasages et les décrochages qu'engendrent les distances, la précarité et la lenteur des transports, et les poisons de l'oubli. Chercher à garder le contact avec les parents, les enfants, les amis restés dans la Péninsule, c'est invariablement régler l'horloge humaine sur le temps atlantique, et donc s'adapter à une nouvelle temporalité, intercontinentale, rythmée par le mouvement des flottes entre la Péninsule et l'Amérique, ponctuée par les départs et les arrivées, souvent perturbée par les guerres, les corsaires, les tempêtes et les ouragans. C'est le flux des métaux précieux et des marchandises qui commande la circulation des gens, des nouvelles, et même l'évolution des sentiments les plus secrets. C'est l'arrivée des flottes et des convois qui ranime les amours à distance et raccommode les liens en déshérence. Mais c'est elle aussi qui engendre les attentes déçues, les espérances trompées, et confronte aux silences écrasants quand on apprend que le navire qui vient d'accoster n'apportera pas la lettre si longtemps désirée. Juan Sánchez, depuis Potosi, s'adresse à sa femme restée en Espagne à Mirandilla, non loin de Mérida : « Voilà trois ans que je vous ai écrit à travers Juan Diez Palomo et envoyé cent dix pesos de bonne monnaie. J'espère fort que vous les avez reçus. Je m'étonne de ne pas avoir reçu de lettre de vous, je ne sais pas si vous êtes vivants ou morts. Je vous supplie de m'écrire toujours. De mon père et de mon frère, je n'ai reçu aucun courrier. » Depuis Potosi, le bachelier Francisco de la Calzada confie à sa sœur, en Vieille-Castille : « Depuis que je suis arrivé dans ces royaumes du Pérou, je vous aurai écrit à vous et à mon neveu Próspero de Viso plus de quinze lettres. Je n'en ai reçu que deux de vous et une de mon neveu. Elles me sont si précieuses et je les conserve si bien qu'elles ne me quitteront pas si Dieu me laisse revenir avec du bien en Espagne[29]. »

Sans détour, loin des conventions de la poésie maniériste ou du sentimentalisme du roman pastoral alors à la mode, bon nombre de lettres envoyées en Espagne révèlent comment les habitants des Indes apprennent à aimer, à désirer ou à désespérer sur des distances tissées d'affectivités effroyablement distendues : « Je ne cesse de demander à Notre Seigneur que nous nous retrouvions ensemble comme je le désire. » On ne sait pas toujours ce que préfère l'émigrant dans son for intérieur, retourner sur la Péninsule ou faire venir ses proches sur le sol américain. « Votre venue en ce royaume (du Pérou) est la chose que je souhaite le plus au monde [...] et je vous supplie de ne pas craindre la longue traversée », écrit Juan de Mata Barahona à son frère. « Je souhaite fort avoir en ma compagnie un frère auquel je puisse faire confiance dans mes affaires, car tous deux nous pourrions fort bien nous en sortir », écrit Diego de Rojas de Potosi à sa mère à Madrid[30].

Les aléas des transports, les délais interminables, les lettres égarées, malgré les doubles envoyés par d'autres bateaux, rendent les liaisons souvent chaotiques, parfois douloureuses et pour longtemps. Ce n'est qu'à l'ère du téléphone et du courrier électronique que l'on s'offrira l'illusion d'abolir la distance et le temps entre les continents. La mobilisation ibérique disperse les familles aux quatre vents de la Monarchie. Depuis les mines d'argent de Potosi, Miguel de Avendaño demande qu'on envoie son frère Mateo auprès de lui – « sa vue m'importera bien plus que je ne saurais ici le dire » –, mais celui-ci a pris la route des Flandres. Le 15 juin 1583, Juan Verdugo de Cadena explique à son père qu'il a perdu un bras dans un accident stupide : un compagnon a laissé partir son arquebuse, le coup lui a emporté le bras jusqu'à l'épaule. Petite tragédie survenue au cœur des Philippines, puis confiée à une lettre, écrite à Manille, qui dut traverser deux océans avant d'arriver à son destinataire à Arévalo, cette bourgade de Castille où Isabelle la Catholique avait passé sa jeunesse[31]. De Santiago del Estero, dans le Rio de la Plata, un Espagnol écrit à un fils resté au pays natal pour lui rappeler qu'il a un oncle à Milan. À Santa Fé, un autre s'inquiète de la rébellion de Quito, qu'il commente à un frère établi à Madrid[32]. Tributaire des moyens de transport et de la circulation des marchandises, la mobilisation des sentiments résiste aux océans et aux continents, créant des proximités fragiles mais pas forcément illusoires.

Maria d'Evora et Diego de Malacca

Quantité d'êtres humains, bien plus démunis, sont emportés par la mobilisation ibérique, victimes impuissantes ou *outsiders* avides de grappiller les miettes des grands prédateurs. Les esclaves africains qui quittent les côtes de Guinée pour le Brésil, les Caraïbes, les Andes ou la Nouvelle-Espagne n'ont pas écrit de lettres à leurs parents restés sur le sol d'Afrique. Les *degredados* portugais, ces condamnés à l'exil que Lisbonne chasse vers le Brésil, l'Afrique ou l'Asie, ont un sort à peine plus enviable. Beaucoup périssent du scorbut sur les navires qui les emportent dans l'autre monde[33].

La plupart de ces êtres sont restés sans voix. Grâce à l'intérêt que lui a porté le Saint-Office de l'Inquisition, Maria Barbosa n'est plus une silhouette anonyme dérivant entre les continents. Cette Européenne est une mulâtresse née à Evora, la belle ville blanche, accrochée à son ciel outremer, fameuse pour avoir été la cité des humanistes portugais, puis le siège d'une université jésuite qui a prêché la Contre-Réforme au Portugal et dans son empire. La vie de Maria Barbosa dévoile une tout autre dimension de la mondialisation ibérique. Jugée au Portugal pour sorcellerie, elle est d'abord chassée vers l'Angola. En Afrique où elle continue à pratiquer ses enchantements et à jouer les entremetteuses, elle est condamnée au fouet. Elle traverse l'Atlantique et se retrouve au nord du Brésil, à Pernambouc, où elle risque encore d'être châtiée, mais « par respect pour le mari on ne l'a pas fait[34] ». Les tribulations de l'infortunée mulâtresse mettent à nu l'envers social et religieux de la mobilisation ibérique. Maria Barbosa « a parcouru une bonne partie du monde, car on l'expulsait partout où elle allait, de Pernambouc comme du Rio Grande, de l'île de Fernão de Noronha, d'Angola, et de la ville d'Evora ». En 1610, elle réside à Bahia quand elle se fait prendre à nouveau pour le même chapelet de crimes : prostitution, maquerellage, sorcellerie. Elle protège alors Isabel Roiz, une jeune et jolie veuve du Cap-Vert qui a traversé l'Atlantique Sud pour s'installer à Salvador de Bahia, où elle vend ses faveurs aux mâles portugais et métis de la ville, car « les hommes du Brésil paient fort bien ». Accusée d'être « la femme la plus notoirement néfaste et scandaleuse qu'on trouve en ces contrées où pourtant on en compte tant de mauvaises », voilà Maria Barbosa à nouveau condamnée à l'exil, et rejetée plus loin encore vers le sud du Brésil. Grâce à la bienveillance du gouverneur, Diogo de Meneses, elle parvient à rester à Bahia, mais elle est mise en prison. Elle s'y attache les services d'un féticheur africain, qui lui fournit les herbes nécessaires à ses préparations. Excédées, les autorités finissent par l'expédier à l'Inquisition de Lisbonne pour qu'elle y soit jugée.

Pendant la traversée, un nouvel épisode tragique vient compliquer une existence déjà si mouvementée : le bateau qui la transporte est capturé par des pirates au large du Portugal, à la hauteur du cap Espichel. Abandonnée sur une plage de Gibraltar, la malheureuse se débrouille pour gagner toute seule Lisbonne où, sans aucun moyen de subsistance, elle supplie les inquisiteurs de la secourir, « s'ils voulaient lui faire cadeau d'un manteau pour se couvrir, car elle est une femme honorable[35] ». Les termes de sa sentence et l'identité de l'un de ses diables préférés – c'était un « diable marin[36] » – en disent autant sur la mobilisation ibérique que les lettres des Espagnols du Pérou ou les mémoires de Pedro Sarmiento de Gamboa. L'Inquisition lui intime l'ordre de ne jamais remettre les pieds au Brésil, à croire que le voyage transatlantique se ramenait à une excursion dans la campagne portugaise. Non seulement la sorcellerie s'est aussi vite mondialisée que le christianisme, mais les sorcières qui errent corps et âme entre les continents savent adopter des protecteurs qui ont le pied marin.

Maria Barbosa a la mobilité, la plupart du temps involontaire, d'une femme de couleur aux prises avec le réseau intercontinental de l'Inquisition portugaise. D'Evora à Lisbonne en passant par l'Angola et le Brésil, Maria et les inquisiteurs jouent au chat et à la souris comme s'ils incarnaient l'avers et le revers de la mondialisation ibérique. Avers : c'est par l'union des corps et des herbes magiques, par ses agissements de sorcière et de maquerelle que Maria Barbosa met en rapport l'Europe, l'Afrique et l'Amérique, en totale contravention avec les principes qu'entend imposer l'Église. Revers : c'est aussi grâce à Maria Barbosa et à ses congénères que le Saint-Office ajuste les méthodes et les stratégies qui l'aident à intervenir plus efficacement à l'échelle planétaire.

Des myriades de liens clandestins se nouent aux quatre coins de la Monarchie catholique. Plus aucune distance n'est infranchissable, plus aucun déplacement inconcevable. Diego Chino est un lointain cousin de Maria Barbosa[37]. C'est également un métis, mais né d'un Espagnol et d'une femme de Malacca. Il a vu le jour dans ce comptoir portugais vers 1607. Enfant, on l'a envoyé à Macao, et de là il est arrivé à Manille, passant de la mouvance portugaise à la mouvance espagnole. Dans la capitale des Philippines espagnoles, il est devenu l'esclave de Bartolomé Tenorio, qui l'a offert au fils d'un membre de l'audience, lequel l'a emmené avec lui en Nouvelle-Espagne. Là, Diego épouse une Indienne de Metepec, s'enrichit au jeu, ouvre boutique à Tacuba, avant de prendre la fuite vers les terres du Michoacan, où il croise des Indiens Chichimèques qui lui fournissent des poudres « pour obtenir tout ce qu'il voudrait ». En 1632, l'Inquisition lui met la main au collet et le condamne pour blasphème. L'homme est alors au bord du désespoir – les inquisiteurs parlent de sa « profonde mélancolie » –, car il a perdu la bête de somme qui était tout son bien. Les enfants de Diego Chino et de l'Indienne de Metepec, s'ils en ont jamais eu, auraient eu du sang malais, espagnol et amérindien dans les veines. L'odyssée de Diego de Malacca, misérable métis aussi ballotté entre les continents que le fut Maria la mulâtresse, recèle tous les ingrédients de la mobilisation ibérique qui emporte le corps et l'esprit de milliers d'êtres : des routes asiatiques de l'esclavage à l'interminable traversée du Pacifique, du métissage des corps et des croyances à l'intercontinentale des magies et du Saint-Office.

Du Nouveau-Mexique aux Andes, de l'Afrique à l'Inde, de Malacca aux forêts des Philippines, Européens, Asiatiques, Africains et Amérindiens échangent, improvisent, mélangent tout ce qui passe entre leurs mains. Toutes les religions, y compris l'islam, sont mises à contribution. Des liens clandestins se créent qui brassent des croyances et des intermédiaires de toutes les origines et de tous les milieux. Des Espagnols à Manille suivent en procession « avec une croix et des torches » « une grande corne de zébu [...] et chantent les litanies[38] ». En Afrique, des Portugais et des mulâtres s'initient à des pratiques suspectes avec des sorciers de Guinée ou de Sierra Leone et apprennent ce qui deviendra le fétichisme. En Amérique, des Espagnols et des métis adorent des idoles avec les Indiens du Nouveau-Mexique ou les Mayas du Yucatan[39]. C'est ainsi qu'en 1587 Juan de Loria, à Valladolid, est accusé de s'être fait des scarifications sur le membre génital « à la manière des Indiens ». Pendant ce temps, les sbires de l'Inquisition espionnent, repèrent, traquent et parfois arrêtent des coupables. Les témoignages que recueillent scrupuleusement les greffiers et les juges nous renseignent sur l'ébullition de pratiques qui prolifèrent d'un continent à l'autre. Lima et Mexico figurent parmi les creusets les plus productifs, mais aussi Manille avec ses Chinois, ses Japonais, ses Cambodgiens, ses Siamois et ses Malais[40], Goa et ses alentours encore plus diversement fréquentés, ou encore l'archipel du Cap-Vert. À la fin du XVIe siècle, la région de Salvador de Bahia occupe fort les visiteurs du Saint-Office, tandis qu'à Carthagène des Indes l'Inquisition capture des sorciers du monde entier : femmes portugaises, mulâtres de Lima, Grecs de Tripoli, Italiens de Gaète. Ces croyances et ces pratiques n'ont certes rien de la respectabilité et de la pureté qu'on attribue souvent aux cultures autochtones, mais elles n'en constituent pas moins un phénomène planétaire, inséparable de la mondialisation ibérique.

Les renégats, sous cet angle, sont peut-être moins significatifs, car la conversion des Ibériques à l'islam, de la Méditerranée[41] à l'Inde et aux Philippines, est plutôt un saut sans retour dans l'univers musulman que le départ des liens suivis. Leurs déplacements n'en créent pas moins des contagions entre la Monarchie et ses voisins. Les mercenaires au service des rois africains et asiatiques sont d'autres « agents de liaison ». En Guinée, des soldats portugais participent avec leurs espingardes et leurs esclaves aux batailles qui opposent les peuples de la région[42]. Certains s'africanisent, comme ce Portugais de l'Alentejo et ce mulâtre nommé Paulo Palha qui, victimes d'un naufrage, sont intégrés dans les rangs des Sumbas : « Ils étaient habillés comme ces mêmes Sumbas, ils portaient les mêmes armes et ils servirent comme soldats jusqu'à l'arrivée en Sierra Leone, où ils trouvèrent des gens de chez nous qu'ils rejoignirent. » Ces auxiliaires voient leurs services d'ordinaire généreusement récompensés par les souverains africains. Des groupes de Portugais se fixent dans des contrées incontrôlées, comme Bento Correia da Silva, « naturel de l'île de São Tomé », dont on apprend qu'il « a réuni des parents et des amis, peuplé un village dont il est le seigneur, et que lui obéissent plus de trois mille Noirs ». Au total, voilà « près de cinq cents personnes privées des sacrements[43] », dominant trois bons milliers de Noirs. À quoi s'ajoutent les milliers d'autres qui se sont fixés dans les royaumes d'Asie[44]. « Il n'y a pas aujourd'hui au monde de terre plus frontière […] que l'Inde[45]. » En Orient, l'aisance avec laquelle les Portugais peuvent « adopter […] les usages, les costumes et les cérémonies des autres nations[46] » alarme plus d'un observateur. Quantité d'entre eux, renégats ou non, mènent des existences plus ou moins agitées, plus ou moins réussies, dans les empires et les royaumes qui cernent l'Asie portugaise. D'autres passent des années de captivité en Chine. Certains, doués pour l'écriture, en tirent des traités, comme Galiote Pereira[47] ou Fernão Mendes Pinto. Des Espagnols, en moins grand nombre, font des séjours volontaires ou forcés en Asie du Sud-Est. Chaque expédition y a laissé son quota de naufragés, de prisonniers et de fuyards. Après la prise de Ternate, en avril 1606, les capitulations imposées au roi de l'île le forcent à remettre, en plus des Hollandais tombés en son pouvoir, « les Espagnols en fuite qui se trouvaient à son service[48] ». Toute cette diaspora européenne relie à sa manière le Vieux Monde à d'autres modes de vie. Mais le changement de religion n'efface pas toutes les racines : les renégats qui s'éloignent définitivement de leur terre natale emportent toujours avec eux des fragments de leur propre univers.

Le cercle des mondes mêlés

Chaotiques ou programmées, pacifiques ou brutales, les rencontres des uns et des autres débouchent sur le mélange des corps, des couleurs de peau, des nourritures, des langues et des croyances. Le temps d'un repas ou d'une nuit, sexe et nourritures lient les êtres et les mondes, fût-ce de manière fugace. Partagées entre visiteurs, envahisseurs et indigènes, souvent aiguisées par le plaisir ou ponctuées de violences et de brutalités, ces expériences locales laissent des traces : habitudes alimentaires et vestimentaires, progénitures, maladies. Par-delà la cohorte coutumière des préjugés, des peurs, des haines et des attirances, la mobilité des hommes et des choses déclenche toutes sortes d'échanges, matériels aussi bien qu'affectifs, qui à force de se reproduire tissent des trames planétaires où vient s'enraciner la mondialisation ibérique. Les nouveaux modes de vie conjuguent spontanément des usages originaires de plusieurs mondes. En des pages remarquables et méconnues, l'historien brésilien Sérgio Buarque de Holanda a décrit ce lent travail d'invention et d'adaptation qui a fini par accrocher irrémédiablement cette partie de l'Amérique au Portugal et à l'Afrique[49]. Gonzalo

Aguirre Beltrán et George Foster ont exploré la manière dont vainqueurs et vaincus ont édifié une société coloniale au Mexique. Toute construction est interaction : les Espagnols se sont transformés parfois autant que les indigènes, même si en principe le rapport de forces ne cesse de leur donner l'avantage[50].

Les circulations, les échanges, les chocs et les fascinations créent des sociétés mêlées sur toute l'étendue de la Monarchie. Comme les Indes occidentales et le Brésil, l'Inde des Portugais, les Philippines des Espagnols, les côtes africaines aux mains des marchands d'esclaves, deviennent des terres de mélanges d'une intensité et d'une diversité sans précédent. Et ces sociétés nouvelles débordent partout les frontières de la Monarchie. En Amérique centrale, les Mayas incontrôlés du Petén pillent et consomment des marchandises d'origine occidentale[51]. En Amérique du Sud, les grands piémonts amazoniens descendent vers des forêts inconnues et hostiles qui n'interdisent ni les contacts ni les échanges entre Indiens, *mestizos*, *mamelucos* et Européens. Quant aux Portugais des confins asiatiques, qui ont échappé à la domination de Lisbonne et sont devenus des « Portugais hors de l'empire », ils circulent sans complexe d'un royaume à l'autre[52].

Doit-on pour autant opposer les « périphéries », les marges exotiques ou les confins interlopes de la Monarchie catholique à son cœur européen, apparemment indemne de ces brassages ? La Péninsule est elle-même le produit d'une longue histoire de mélanges, et elle abrite encore bien des marranes que l'Inquisition s'efforce de débusquer. Les morisques de Grenade et de Valence forment des sociétés issues d'une autre religion et d'une autre histoire, mais ils se sont déjà trop frottés aux chrétiens pour ne pas s'être, en tout ou en partie, métissés. Le fait est si notoire qu'au début du XVIIe siècle, depuis la ville de Mexico, le cosmographe allemand Heinrich Martin, si discret sur les métissages des populations mexicaines, dénonce l'existence sur la Péninsule « de rites et de cérémonies morisques [...] qui servent de divertissements[53] ». Lisbonne est ouverte aux quatre vents, Séville est l'avant-port de l'Amérique, et chacune accueille d'importants contingents d'esclaves d'origine africaine, sans compter ceux qu'on envoyait des Caraïbes et d'Asie. Les chiffres suggèrent que ces présences ont dû laisser des traces. Aux XVe et XVIe siècles, la traite portugaise aurait introduit de 300 à 450 000 Noirs dans la péninsule Ibérique. Entre 1570 et 1610, sur le chantier de la cathédrale de Lisbonne, de 10 à 20 % des esclaves venaient de Goa et de Calicut[54].

Les sociétés qui cohabitent au sein de la Monarchie se mêlent et se métissent. Tout au long du XVIe siècle, les métis américains viennent grossir lentement les rangs d'une nouvelle humanité, à cheval sur deux ou trois continents. Il en va de même en Afrique, en Inde, aux Philippines et au Japon. Dans son tableau de l'état des Indes occidentales (1574), López de Velasco esquisse un bilan rapide des mélanges humains : « Outre les Espagnols qui sont partis d'ici pour aller aux Indes et les créoles qui y sont nés de mères et de pères espagnols, il y a quantité de métis, fils d'Espagnols et d'Indiennes ou le contraire, et chaque jour leur nombre s'accroît de tous les côtés [...]. On compte en plus quantité de mulâtres, fils de Noirs et d'Indiennes, qu'on appelle *zambaigos* ; ce sont les pires gens et les plus vils [...]. Il n'y a pas autant de mulâtres nés d'Espagnols et de Noires, parce que tant d'Indiennes ont un comportement dépravé. On a introduit partout en grande quantité des Noirs du Monicongo et de Guinée, parce qu'on en avait besoin pour extraire l'or et l'argent des mines[55]. »

Les langues mêlées sont aussi le produit de ces rencontres, et la ville de Mexico n'a rien d'une exception. Le castillan commence fort tôt à s'enrichir de termes indigènes, et d'abord de mots caraïbes que les Espagnols imposent au reste des Indes occidentales. Le nahuatl des Indiens du Mexique évolue d'une manière plus brutale, même s'il ne désarme jamais devant la langue castillane. Reprenant un usage généralisé dans la capitale de la Nouvelle-Espagne, notre mémorialiste Chimalpahin, qui écrit en nahuatl, n'hésite pas à introduire des mots d'origine japonaise – *katana* pour « épée » – ou chinoise – *sangreyes* pour les marchands chinois de Manille[56]. Des sabirs apparaissent, comme le portugais africanisé que parlent les esclaves débarqués d'outre-Atlantique. En Asie, le portugais capture quantité de termes malais, chinois, japonais, indiens, que souvent l'espagnol et l'italien récupèrent, comme le montre à l'extrême fin du XVIe siècle le récit de Francesco Carletti, qui est autant un tour du monde linguistique qu'un voyage d'affaires[57].

Ces mélanges ont un effet paradoxal : en même temps qu'ils soudent les modes de vie et les subjectivités, ils introduisent de nouvelles différenciations, qu'expriment des vocables nouveaux surgis au contact des langues. Des mots apparaissent à leur tour pour désigner les multiples groupes nés du mélange des Européens avec les autres peuples : *mamelucos* au Brésil, *genízaros* au Nouveau-Mexique… Les Européens installés hors d'Europe forment également de nouvelles catégories : les uns s'africanisent, tandis que d'autres s'américanisent – les Castillans de la Péninsule les appellent alors, non sans condescendance, *Indianos* – ou encore s'orientalisent, comme les *castiços* ou *indiáticos* de l'Inde portugaise[58]. Les habitants européens du Brésil deviennent des *Brasílicos*, ceux de l'Angola les *Angolistas*. Les Castillans sont si attentifs à ces métissages qu'ils les repèrent même hors de la Monarchie : Bernardino de Escalante parle ainsi à plusieurs reprises d'*achinados* (sinisés) pour désigner les populations asiatiques influencées par la Chine[59].

Croyances, hantises, phobies

En Amérique comme sur les côtes de l'Afrique occidentale, du Mozambique et de l'Inde, ou sur les rivages de la Chine et du Japon, l'évangélisation des païens est sans conteste l'un des ressorts de la mondialisation ibérique. Tout au long du XVIe siècle, les ordres mendiants, la Compagnie de Jésus, des escouades de moines et de curés se relaient pour accroître l'influence de l'Église et ajouter de nouvelles chrétientés. Dès l'origine, l'entreprise a une vocation mondiale, elle est catholique au sens premier d'universelle, et ses gains dans les autres parties du monde compensent providentiellement la chute d'une partie de l'Europe dans l'hérésie protestante.

L'implantation outre-mer riposte ainsi aux avancées européennes des fidèles de Luther et Calvin. Le maillage de la foi se développe entre les Caraïbes, la Nouvelle-Espagne et le Pérou, mais également entre le Mexique, ses confins septentrionaux et les Philippines, entre le Brésil, l'Afrique et l'Asie des Portugais. Et c'est au Japon que se rencontrent et s'affrontent moines castillans et jésuites portugais. En 1597, le martyre des franciscains espagnols de Nagasaki, sous les yeux de l'évêque portugais et jésuite du Japon, illustre tragiquement la jonction des missions ibériques de l'autre côté du monde. Les grands ordres religieux opèrent dorénavant à l'échelle planétaire : quand le chapitre général des Franciscains se réunit à Paris, le moine métis Diego Valadés est désigné pour y représenter la province mexicaine. Mais, dès ses origines, la Compagnie de Jésus déploie ses missionnaires et ses collèges sur le globe. Saint François Xavier arrive à Goa en 1542, à Malacca trois ans plus tard, et il atteint le Japon en 1549. À cette date, d'autres jésuites prennent pied au Brésil[60]. Vingt ans plus tard, la Compagnie s'établit au Pérou et, trois ans après, elle apparaît en Nouvelle-Espagne, où elle s'installe dans les villes et occupe les derniers chantiers missionnaires, ceux des confins septentrionaux. L'histoire des progrès de la Compagnie est celle d'une autre pénétration qui double la mondialisation ibérique sans pour autant se confondre avec elle, comme le montrent les entreprises des jésuites italiens hors des frontière de la Monarchie[61].

La lutte contre les paganismes est plus brutale en Amérique qu'en Afrique et en Asie, où le rapport de forces ne facilite pas l'extirpation des idolâtries[62]. Cultes amérindiens et africains, grandes religions d'Asie, croyances animistes, sorcelleries et magies constituent les multiples visages d'un paganisme et d'une idolâtrie face auxquels le catholicisme semble bien minoritaire. Mais la confrontation engendre souvent des cultes syncrétiques qui adaptent les croyances indigènes au christianisme, quand ils ne font pas le contraire[63]. Ces mélanges sont souvent en partie encouragés par l'Église, qui y trouve le moyen de s'enraciner plus vite localement – ce qui explique que le paganisme ne soit sans doute pas l'adversaire qui tracasse le plus l'Église.

Dans trois parties du monde, l'Église catholique se heurte à un rival tout aussi planétaire qu'elle, l'islam, sans lequel on ne saurait prendre la mesure de la mondialisation ibérique et de ses limites[64]. Les mahométans inquiètent et fascinent. En Espagne, le chroniqueur de Cortés, López de Gómara, s'est probablement autant passionné pour la grandeur des Turcs que pour la geste américaine[65]. Dans son panégyrique de Mexico, Balbuena n'a garde d'oublier son « Espagne altière et fidèle » et ses succès contre Tunis, l'Afrique, les Turcs[66]. Dans son *Répertoire des temps*, publié à Mexico en 1606, Heinrich Martin reprend les prédictions européennes qui annoncent l'effondrement de l'empire ottoman. Il cite longuement les pronostics parus en Italie, analyse le sens de la comète de 1604 et spécule sur les conjonctions des planètes, dont chacun sait qu'elles provoquent des « changements de monarchie ». La préoccupation est si forte qu'il lui consacre tout un chapitre dans un ouvrage de vulgarisation imprimé en Nouvelle-Espagne, à des milliers de kilomètres de la frontière turque. Ce n'est pas non plus un hasard si, à la même époque, les peintres japonais représentent le sultan ottoman au côté du roi Henri IV et de l'empereur romain germanique.

L'ennemi musulman est aussi utile que coriace. Son évocation lancinante est indispensable pour galvaniser les énergies neuves et franchir de nouveaux horizons. N'est-ce pas l'or des Indes nouvelles qui devait permettre de financer la lutte contre la « secte infâme » et la délivrance des Lieux saints ? Dès ses débuts, la hantise de l'islam a été l'un des moteurs de l'expansion castillane et portugaise. Le Portugal progresse en Afrique en partie pour repousser les royaumes musulmans du nord-ouest du continent, et le premier voyage de Christophe Colomb suit le dernier acte de la *Reconquista* de la Péninsule : c'est la chute de Grenade qui donne le coup d'envoi des expéditions vers le Nouveau Monde et oriente la mobilisation ibérique vers ses horizons américains. L'islam est certes physiquement absent des terres américaines, mais les musulmans ressurgiront dans l'archipel asiatique conquis par l'Espagne. Comme pour mieux exorciser leur présence, Balbuena prophétise avec un optimisme de circonstance la défaite des Maures au cœur des Moluques, dans ces forêts de

Tidor au parfum de cannelle. Écrasement de l'islam et course aux épices vont de pair dans les royaumes de la Monarchie[67].

Quant aux Portugais, ils ne cessent d'être confrontés à des populations musulmanes, que ce soit sur les côtes de Guinée, au Mozambique, en Inde, dans l'océan Indien, à Malacca, à Sumatra ou à Achem[68]. Il n'est guère qu'au Brésil que l'impie leur laisse quelque répit. En août 1578, au Maroc, les troupes de Moulei Mohamed écrasent le roi Sébastien à Kasr al-Kebîr. Cette déroute a des conséquences incalculables sur le destin du Portugal, puisque la disparition de son roi jette le pays sous la coupe de Philippe II et de ses descendants. L'événement frappe les imaginaires ibériques, et alimente des attentes messianiques et millénaristes qui circulent en Europe, au Brésil et plus loin encore[69] : le roi Sébastien, qui erre de par le monde en combattant l'islam, reviendra délivrer les Portugais du joug espagnol et il fondera la cinquième et dernière monarchie.

Les musulmans suivent partout les progrès des Ibériques. Chez les Turcs, la carte que dresse l'amiral Piri Reis en 1513 enregistre la progression des Espagnols et des Portugais en Amérique. En 1580, le *Tarik-i Hind-i Garbi* (Histoire des Indes occidentales) offre une chronique extraordinairement détaillée de la conquête du Nouveau-Monde[70]. L'arrivée des Portugais en Orient suscite des réactions d'horreur dont la chronique de Zinadîm, écrite au Malabar, se fait l'écho en détaillant l'inventaire des crimes commis par les *franges*, les chrétiens, dans cette partie du monde : massacres en tous genres, musulmanes violées, mosquées incendiées, attaques contre des navires de pèlerins se rendant à La Mecque. Miroir musulman de la pénétration ibérique, Zinadîm fait l'éloge de la guerre sainte contre les envahisseurs[71] avec l'ardeur que met Luís de Camões à exalter la croisade et à dénoncer « la haine, la perfidie et la cruauté du mahométan[72] ». Entre les *Lusiades*, publiées en 1572, et *Le Don des défenseurs de la Foi*, achevé vers 1580, le parallélisme est parfait.

La mondialisation ibérique explique également le rayonnement planétaire donné à la victoire de Lépante sur les Turcs. Le bruit de l'événement résonne jusque dans les campagnes de la Nouvelle-Espagne ; il est mentionné dans les chroniques indiennes, et même peint par les élèves japonais des jésuites dans les ateliers de l'archipel nippon. La haine de l'islam est un ferment indispensable de la mondialisation ibérique et les évangélisateurs s'efforcent de l'inculquer aux Indiens d'Amérique en propageant des fêtes et des danses qui évoquent la lutte contre l'infidèle. *Moros y cristianos* se répand depuis les villes de l'Amérique espagnole jusque dans les montagnes les plus reculées ou sur les fronts pionniers. Aujourd'hui encore, on peut assister, dans des villages du Mexique, à la lutte colorée des Indiens maures contre les Indiens chrétiens. Un bouclier couvert d'une somptueuse mosaïque de plumes, conservé au Palais royal de Madrid, nous rappelle que l'art des plumassiers mexicains a su lui aussi exalter les triomphes de l'Espagne sur l'islam[73].

La haine du juif et de l'hérétique cimente d'autres solidarités entre envahisseurs et indigènes, associant encore plus fortement les terres nouvelles aux obsessions de l'Europe catholique. À Goa, le médecin Garcia da Orta ne manque pas de dire sa détestation du luthérien, ce qui n'empêche pas le Saint-Office d'exhumer et de brûler les ossements de ce nouveau chrétien. Dans la capitale mexicaine, les arrestations d'Anglais ou de Flamands luthériens défraient régulièrement la chronique. Le péril vient surtout des eaux des Caraïbes où rôdent les corsaires protestants, quand ils ne parviennent pas à contourner l'Amérique par le sud pour s'engouffrer sur les eaux du Pacifique et harceler les côtes du Pérou. Même si au moins elle rompt la torpeur des bourgades tropicales, la menace empoisonne la vie quotidienne d'un bout à l'autre du continent. Quand on ne redoute pas les descentes des corsaires, on s'inquiète de la sécurité des mers : depuis Trujillo au Pérou, Pedro del Castillo écrit à son cousin qu'il craint de lui expédier de l'argent, « car si je l'envoie par la flotte, il sera pour les luthériens et pas pour les chrétiens[74] ». Les efforts que déploie Sarmiento de Gamboa pour protéger le détroit de Magellan répondent à des préoccupations aussi vitales pour les individus que pour les représentants de la Monarchie.

La fidélité à la « vieille loi » sème des inquiétudes encore plus vives partout où les nouveaux chrétiens se sont installés. Les réseaux commerciaux qu'ils animent participent autant de la mondialisation ibérique que la trame policière et ecclésiastique mise en place par le Saint-Office pour les débusquer, les arrêter et les éliminer[75]. Régulièrement, des autodafés rappellent aux populations locales, toutes origines confondues, la menace qu'ils représentent pour la foi catholique : Goa, Mexico, Lima, Carthagène, Lisbonne, Séville châtient les nouveaux chrétiens surpris à judaïser, qu'ils soient vivants ou enterrés depuis des années. C'est aussi au cours de ces célébrations spectaculaires que les imaginaires commencent à s'unifier, comme si l'Église romaine avait besoin d'adversaires universels, juifs ou musulmans, pour mieux proclamer son universalité. Les nouveaux convertis ne tardent pas à entrer dans la danse infernale. Dans son *Journal*, Chimalpahin consigne sans sourciller le nombre des victimes de l'autodafé de décembre 1596 : « Ils ont brûlé cinq juifs relaps et quatre dames espagnoles, soit neuf au total. On a brûlé en effigie dix-neuf Espagnols et une dame dont les ossements se trouvaient dans une caisse de bois, soit vingt au total[76]. »

Imaginaires de richesses

Les routes commerciales, officielles ou clandestines, soudent ou rapprochent encore davantage les différentes parties du monde. Les cités qui les jalonnent sont des vitrines incomparables. Goa n'a rien à envier à Mexico : c'est « l'une des villes les plus grandes et les plus populeuses de l'Inde, où converge le plus grand commerce de toutes les marchandises orientales et occidentales qui affluent de toutes les parties du monde en grande abondance, comme à une foire et à un entrepôt universels pour tout l'Orient[77] ». Quant au Nouveau Monde, il est devenu un marché avide de marchandises européennes que même les notables et les nobles indigènes se procurent chaque fois qu'ils en ont les moyens. Une fois de plus, si la connexion entre l'Europe ibérique et le reste du monde demeure prédominante, d'autres routes se développent entre les différentes régions du globe. Les *Brasílicos*, ces Portugais du Brésil, entretiennent des rapports privilégiés avec l'Afrique des esclaves, tandis que les *Peruleros* s'acharnent à contrôler les trafics entre les Andes et Panama, les Caraïbes et Séville, La Plata et le Brésil[78]. Quant aux Espagnols de Mexico, ils susurrent ce que clame tout haut Bernardo de Balbuena : « Mexico divise le monde en deux parts égales[79] », et ne cessent de lorgner vers les terres asiatiques[80].

Quelle que soit leur virulence, les énergies déployées dans l'évangélisation du monde ont dès le début coexisté avec des entreprises commerciales qui ont puissamment contribué à répandre un imaginaire des richesses du globe. Les lettres que les Espagnols installés en Amérique expédient à leurs familles ou à leurs parents restés en Espagne n'ont souvent pas d'autre objet. À la recherche des vieux trésors de l'Asie s'ajoute l'irrésistible attrait que suscitent les mines d'argent du Mexique et des Andes : Zacatecas et davantage encore Potosi, où vivent plus de cent mille habitants vers 1600[81]. Depuis Goa, les Portugais sont à l'affût des trésors de l'Inde, de la Chine, de l'Asie du Sud-Est, tout en gardant un œil sur le golfe Persique, l'Afrique orientale ou l'or du Monomotapa. Le poète Balbuena esquisse, on s'en souvient, une cartographie des trésors du monde telle qu'on pouvait la saisir depuis Mexico à l'aube du XVIIe siècle : soieries de Chine, tapis de Perse, horloges de Flandre, bijoux de Venise, ambre du Malabar, bézoards des Andes, estampes romaines… L'Inde, Goa, Ormuz, le Siam, la Chine, Tidor, Ternate, les Andes, Rome, Milan, Venise – les mots scintillent sous la plume du poète et posent les relais d'un imaginaire qui s'offre un tour du monde en quelques strophes. Un imaginaire devenu matériellement disponible dans les meilleures échoppes de la Monarchie.

Car l'exaltation de la richesse est aussi celle de la consommation, et elle n'a pas attendu la Hollande du Siècle d'or pour se donner libre cours[82]. Le monde de la Renaissance est sans doute celui des commerces de luxe, à condition de ne pas le confiner à l'Europe occidentale. Goa, Mexico, Lima, la cité des Rois, et même Manille y ont accès autant que Lisbonne et Madrid.

> *Qui a jamais connu de mauvais jour*
> *quand il a de quoi dépenser ?*
> *Qui pourvu d'argent*
> *a jamais rencontré obstacle à son plaisir*[83]...

Voilà ce que réserve Mexico à ses nantis. La circulation des richesses excite les imaginations de tous ceux qui espèrent un jour toucher leur part de pactole. Elle rend haïssable la pauvreté où que l'on se trouve,

> *car vivre en des terres misérables*
> *c'est être condamné par Dieu en ce monde*[84],

comme si la richesse effaçait les différences entre l'Ancien Monde et le Nouveau, et permettait d'oublier l'Europe ou de s'en passer.

Vivre à l'heure de la mondialisation, c'est donc aussi apprendre à être partout chez soi, expérimenter l'oubli des origines dans les mirages de la fortune et de la consommation. Sans aucun doute, davantage que la lutte contre l'islam, l'espoir de faire fortune mobilise des quantités d'êtres qui, depuis le début du XVIe siècle, traversent l'Atlantique, séjournent dans les Caraïbes, partent pour le Mexique, tentent le sort au Pérou et à Potosi, pour se perdre au Chili ou se lancer à travers le Pacifique vers Manille, la porte espagnole de l'Asie. Les métaphores de Balbuena traduisent cette quête effrénée du bien-être et de la richesse. Mais qu'importe le nombre des élus si sans cesse le rêve se nourrit de nouveaux eldorados ! Quelque vingt années après *Grandeza mexicana*, la plume d'un Thomas Gage, dominicain anglais devenu puritain sur le tard, est tout autant intarissable sur le luxe qu'affichent les habitants de la capitale de la Nouvelle-Espagne, « la cité la plus riche et la plus opulente », « l'une des villes les plus riches du monde ».

Les rêves de richesse – désir d'avoir à portée de main tous les trésors du monde, argent du Pérou, épices des Moluques ou diamants de l'Inde – alimentent un imaginaire mondialement partagé où la modernité ibérique prend les accents d'un matérialisme conquérant, insatiable, sans bornes ni frontières, assumé et jubilatoire. Un matérialisme qui se complaît dans les modes de vie raffinés, d'autant plus convoités qu'on se trouve loin de la Péninsule et de l'Europe. Bernardo de Balbuena glisse allégrement de la liste des importations de luxe à l'évocation des plaisirs de la cité : les « chevaux vigoureux et superbes », les « maisons magnifiques », les « rues somptueuses », les fêtes de toutes sortes, les concerts et les pièces de théâtre. Avec la propagation de la foi, le désir de richesse est l'un des moteurs privilégiés de la mondialisation ibérique, l'une des causes et l'un des effets spectaculaires de la mobilisation qui emporte les êtres et les choses vers les autres parties du monde, vers l'Inde de Golconde ou vers cette Amérique à qui l'Espagne impose une *pax hispanica*, qui vaut bien la *pax americana*[85] qu'elle subit aujourd'hui.

Un seul monde ?

Les connexions entre les mondes peuvent devenir si intenses et si fécondes qu'elles engendrent des situations imprévues et sans précédent, des réalités nouvelles, voire des œuvres d'art. Les fresques peintes par les Indiens du Mexique révèlent comment surgissent des créations métisses à la croisée d'univers qui paraissaient incompatibles[86]. De façon plus prosaïque, une cuisine coloniale se constitue, qui recycle les aliments d'Espagne et ceux du pays, mêlant la viande de porc aux sauces indiennes, alternant le pain de froment et la *tortilla* de maïs. L'emprunt par les Indiens mexicains ou péruviens de vêtements espagnols qu'ils assortissent à leurs habits traditionnels est un phénomène du même ordre, tout comme les *huipils* brodés que les dames espagnoles de Mexico serrent dans leurs coffres pour sortir la nuit sans être remarquées. Tout élément, d'où qu'il vienne, est réinterprété, aménagé et modifié pour mieux s'adapter aux goûts, aux bourses et aux climats. Les mélanges des ailleurs et de l'ici sont souvent poussés si loin que l'origine des éléments eux-mêmes se perd dans les mémoires.

La prolifération des connexions parvient-elle à introduire une continuité entre les quatre parties du monde ? Jusqu'à quel point Chimalpahin a-t-il le sentiment d'appartenir au même univers que les habitants de la Castille ou ceux de Goa, un univers qui se confondrait avec la Monarchie catholique ? De l'instauration des premières connexions à leur omniprésence, il y a une distance qu'on se gardera de franchir pour le XVIe siècle. La scène de la Monarchie catholique permet avant tout de capter des amorces, des coups d'essai, des « premières », souvent chaotiques et portées par des initiatives individuelles, qui n'atteignent jamais la fréquence qu'ils auront à partir du XIXe siècle. C'est vrai pour ce qui raccorde les croyances, les arts ou les hommes. Souvent, les sources ne laissent capter que des bribes, des éclats et exceptionnellement des noms : Maria Barbosa, Diego « le Chinois », Domingo Chimalpahin… Les mêmes situations semblent se reproduire à des milliers de kilomètres de distance : Diego Chino, le métis de Malacca, est à sa manière le frère de Maria Barbosa, la mulâtresse d'Evora. Quand, à Mexico, Chimalpahin se penche sur la mort d'Henri IV et le Japon des Tokugawa, lorsque Maria Barbosa transporte son négoce de charmes et de chair féminine entre les continents, tous deux réagissent à la mondialisation ibérique. Autant que Bernardo de Balbuena, ils évoluent sur une planète qui a laissé loin derrière elle les petits mondes de l'Europe occidentale. La Monarchie catholique n'est pas simplement un ensemble politique ou dynastique, mais le cadre au sein duquel des milliers d'êtres doivent apprendre à vivre ou à survivre entre les continents. Les hommes et les femmes qui jonglent avec les espaces, les distances, les climats, les sociétés, qui court-circuitent les traditions et les mémoires, et qui s'attachent, vaille que vaille, à rendre synchrones des histoires que tout séparait, affichent une modernité qui n'est pas le privilège de nos contemporains[87].

TROISIÈME PARTIE

Les choses du monde

« La conoscenza del mondo è la metà del suo possesso »
(« Connaître le monde, c'est le posséder à demi ») .

Tommaso Campanella, *La Monarchia di Spagna*, 1599.

CHAPITRE VII

Les experts de l'Église et de la Couronne

« Le docteur Orta sait ces choses mieux que tout le monde, car nous, nous ne savons que celles des païens et lui, il sait celles des chrétiens, des maures et des païens mieux que nous tous. »

Malupa, médecin indien, dans Garcia da Orta, *Colóquios dos simples,* 1556.

Peut-on comprendre la Chine si l'on se contente d'un court séjour dans une de ses capitales provinciales ? Bien des Européens en ont pris aujourd'hui l'habitude. À Canton, en décembre 1556, c'est le dominicain portugais Gaspar da Cruz qui mène en six semaines, tambour battant, une enquête sur les « choses de la Chine ». Il visite la ville, observe ses habitants, parcourt ses rues qui dessinent un damier parfait entre les maisons basses. Son regard se perd sur le fleuve couvert de jonques. Comment pourrait-il oublier les grands remparts de pierre rouge, vieux de presque deux millénaires, avec leurs soixante-dix-huit tours et leurs sept portes monumentales[1] ? La cité chinoise est-elle plus étendue que Lisbonne, et ses avenues plus imposantes que la rue Nova dos Mercadores ? Les avis des rares Portugais qu'il a rencontrés sur place divergent…

En ce même mois de décembre 1556, mais à des milliers de kilomètres de là, à Mexico, un moine espagnol entouré d'Indiens arpente les cloîtres du couvent de Santiago Tlatelolco.

La capitale de la Nouvelle-Espagne est en train de prendre forme avec ses monastères, ses places et ses églises. La vieille agglomération indienne se glisse dans les nouveaux atours d'une cité de la Renaissance. Mexico grouille de monde comme la ville chinoise et, quand le soleil se couche derrière la montagne de l'Ajusco, la pierre volcanique de ses édifices – le *tezontle* léger et poreux – se colore d'un rouge plus sombre que celui de la muraille de Canton. Au nord de la ville, dans le faubourg de Santiago Tlatelolco, le franciscain Bernardino de Sahagún enquête sur les « choses de la Nouvelle-Espagne ». Autour de lui, on parle latin, castillan, nahuatl, otomi, on déploie des feuilles d'agave couvertes de signes multicolores, on corrige les manuscrits où sont consignées des enquêtes entamées depuis des années, et les Indiens sourient des ignorances des moines.

Pendant ce temps, à Goa, en ce même hiver de 1556, le médecin Garcia da Orta attend avec impatience les plantes qu'on a promis de lui rapporter de Sumatra. Goa est fière de son palais, de sa cathédrale, de ses églises, de ses monastères et de ses grandes bâtisses qui surplombent des rues étroites et encombrées par les palanquins des riches Portugais et leurs suites d'esclaves. Goa, la « Rome de l'Asie », régente l'Inde portugaise, comme la cité mexicaine domine les Indes occidentales. C'est là qu'affluent de toute l'Asie les hommes, les marchandises précieuses, les plantes et les pierres qui guérissent ou apaisent les souffrances. Un endroit privilégié pour Garcia da Orta, qui ne cesse de questionner les médecins asiatiques pour enrichir son traité sur « les drogues et les simples ».

Garcia da Orta et Gaspar da Cruz se sont sans doute croisés dans les rues de Goa. Mais ni l'un ni l'autre n'ont probablement jamais entendu parler du franciscain qui, à Mexico, s'emploie lui aussi à engranger des savoirs dont l'Europe n'a pas la moindre idée. Les trois hommes rédigèrent des ouvrages étonnants qui, chacun dans leur domaine, marquèrent des étapes essentielles du rapport de l'Europe avec le reste du monde. Les travaux du franciscain Sahagún ont été salués comme ceux d'un pionnier de l'ethnographie, Gaspar da Cruz a écrit le premier ouvrage moderne sur la

Chine, et Garcia da Orta a publié une somme sur les plantes de l'Asie qui connaîtra une pléiade d'adaptations et de traductions sur le continent européen. Hors du Portugal ou du Mexique, ces ouvrages sont rarement cités alors qu'ils peuvent rivaliser avec les meilleures études européennes de l'époque, quand ils ne nous entraînent pas vers des horizons d'une audace et d'une lucidité rarement égalées. Si des connexions se sont établies entre les quatre parties du monde, c'est que des groupes et des individus se sont engagés dans une entreprise sans précédent et partout répétée : confronter des croyances, des langues, des mémoires, des savoirs jusque-là inconnus avec ce que pensaient et croyaient connaître les Européens.

Ce vaste programme tient en un mot, les « choses » (*cosas, coisas, cousas*)[2], qui apparaît souvent dans l'intitulé de leurs travaux comme il figurait autrefois dans nos « leçons » d'école primaire. Plusieurs termes reviennent dans les sources pour désigner ces passeurs et leurs compétences : les Portugais les appellent *os práticos*, les Espagnols parlent des *hombres expertos*[3], tous insistent sur leur « expérience ». Les uns enquêtent à l'intention des autorités civiles et ecclésiastiques locales ; d'autres s'adressent à la Couronne ou à Rome, voire aux deux à la fois[4] ; d'autres encore visent les publics lettrés de l'Europe, de l'Inde portugaise ou des Indes occidentales. Leur but est d'informer, mais toujours à des fins pratiques et politiques. Ces « experts » ne sont jamais des chercheurs en chambre, cloîtrés dans leurs cabinets. Mais tous sont des hommes de plume, seul moyen de fixer et de transmettre leur expérience[5].

Les moines et les Indiens

La « conquête spirituelle » du Mexique n'aurait pu être menée à bien sans des esprits intimement familiarisés avec le monde indigène. Dans une relation qu'ils adressent en 1569 à Juan de Ovando, président du Conseil des Indes, les *visitadores* de la province franciscaine rendent compte des activités de deux éminents connaisseurs des choses et des langues indiennes : « Ce moine, frère Alonso de Molina, et cet autre qui s'appelle frère Bernardino de Sahagún peuvent savoir n'importe quelle chose sur la langue mexicaine et l'écrire, comme ils l'ont fait depuis bien des années et le font aujourd'hui inlassablement[6]. » Ils connaissent « les secrets et les antiquités de la langue[7] ». Alonso de Molina a rédigé un dictionnaire castillan-nahuatl et nahuatl-castillan, qui demeure encore aujourd'hui l'un des meilleurs instruments de travail en ce domaine, tandis que l'*Historia general de las cosas de la Nueva España* et le *Codex de Florence* (1575-1577)[8] contiennent les savoirs encyclopédiques réunis par Bernardino de Sahagún sur le Mexique ancien. On reste stupéfait de l'intelligence avec laquelle ce moine était parvenu à maîtriser et à mettre en forme cette gigantesque masse d'informations. Sans toujours atteindre pareille richesse, l'histoire du dominicain Diego Durán, les travaux des franciscains Olmos, Motolinía et Mendieta nous mettent face à des spécialistes que rien dans les cloîtres et les universités de l'Europe occidentale n'avait prédisposés à observer, à penser et à décrire les sociétés mexicaines. Tous découvrent leur vocation sur le terrain, dans les villes et les villages de l'*altiplano* mexicain où ils apprennent à interroger les survivants des vieux mondes amérindiens.

Les moines du Mexique ne sont pas des ethnologues avant la lettre ou des « pionniers de l'anthropologie », même si leurs enquêtes semblent s'apparenter à la recherche ethnographique. Le rapprochement est anachronique et il déforme le rôle historique que ces moines ont exercé au sein de la Monarchie. Ces missionnaires sont des linguistes sans pareil, des chroniqueurs passionnés, bref des « historiens » au sens encyclopédique que les contemporains donnaient à ce terme[9]. Les savoirs qu'ils acquièrent et les interprétations qu'ils échafaudent ne cessent d'être étroitement soumis à des objectifs politiques et religieux, puisqu'ils ont mission d'effacer le paganisme et d'extirper les idolâtries. Le dominicain Diego Durán est catégorique : « Je prétends seulement prévenir de ce qu'il y avait de mal à l'époque pour qu'aujourd'hui, s'il apparaît quelque chose de ce genre, on y remédie et qu'on l'extirpe comme il faut[10]. » Malgré leur étonnante proximité avec les élites indigènes, Sahagún ou Durán ne perdent jamais de vue l'ultime justification de leur entreprise. La dénonciation de l'idolâtrie est un leitmotiv qui court tout au long de leurs écrits, quand elle n'anime pas des rivalités d'experts sur fond d'Inquisition. À leurs yeux, la conversion des populations vaincues, qui implique leur intégration sociale, politique et religieuse à la Monarchie, constitue donc une priorité absolue.

Mais pas à n'importe quel prix. La violence des conquérants qui ont prétendu « réduire les Indiens aux modes de vie de l'Espagne, aussi bien dans les choses divines que dans les choses humaines », a eu des conséquences néfastes en détruisant « le régime qu'ils avaient[11] », reconnaît Sahagún. Il faut donc séparer le bon grain de l'ivraie, la coutume respectable de l'idolâtrie, pour purifier le monde indigène et même réformer la société coloniale : « Si on introduisait ce régime dans cette république indienne et espagnole, une fois lavée de tout ce qui est idolâtrique et devenue intégralement chrétienne, on ferait certainement une excellente chose qui délivrerait une république comme l'autre de bien grands maux et épargnerait des tourments à leurs dirigeants[12]. » Le projet de Sahagún est si ambitieux qu'il aboutit à réexaminer les fondements sur lesquels les deux sociétés ont été réunies en une même « république indienne et espagnole ». Ses collègues affichent rarement une attitude aussi radicale, mais tous se demandent dans quelle mesure les populations amérindiennes sont incorporées à la chrétienté.

La connaissance est une voie royale pour y parvenir. Les informations que rassemblent les missionnaires concernent les aspects les plus divers et parfois les plus déroutants du Mexique ancien, et trahissent une volonté obsessionnelle de pénétrer les sociétés indigènes. L'organisation sociale, familiale, politique, les croyances, les langues, la botanique, la zoologie, les techniques, la « philosophie naturelle », l'histoire, rien ne saurait échapper à leur sagacité. Certains passent souvent une bonne partie de leur existence au contact de leur objet d'étude : un demi-siècle (1540-1590) pour le franciscain

Bernardino de Sahagún, une vingtaine d'années pour le dominicain Diego Durán[13]. Tous recueillent des connaissances sur les sociétés vaincues et colonisées en même temps qu'ils forgent des instruments pour combattre les foyers de résistance païenne. « La *curiosité* de ce moine [Sahagún] sera fort utile, le cas échéant, et c'est bien évident si l'on veut que l'Inquisition puisse connaître les rites des Indiens quand elle se mettra à juger leurs fautes[14] », explique l'archevêque de Mexico à Philippe II dans une lettre où il prend la défense du franciscain.

À ce titre, les experts de l'Église exercent un rôle crucial dans l'enracinement local de la société coloniale. Parallèlement à la construction des églises et des couvents, à la célébration du culte et des fêtes, à l'ouverture des écoles qui accueillent les rejetons de la noblesse, les enquêtes des moines contribuent à asseoir la domination de l'Église et du roi sur les nouvelles chrétientés. Plus subtilement, elles concourent à leur redonner une mémoire. Sahagún n'a pas voulu que se perdît la sagesse contenue dans les « paroles des anciens » – les *huehuetlatolli* – qu'il a méticuleusement recueillies au cours de ses entretiens, ni que s'effaçât la version indigène de la conquête espagnole. Les missionnaires passent au peigne fin les pratiques et les croyances de ces nouveaux chrétiens dorénavant rattachés à la catholicité, et même les tares que les Espagnols leur trouvent sont censées les rapprocher des paysans ibériques[15]. Entre colonisation de l'imaginaire et sauvetage archéologique, ils façonnent un passé indien, revu et corrigé, qui vient se ranger aux côtés des passés des autres peuples de la Monarchie[16]. C'est pour toutes ces raisons que leurs travaux sont lus, copiés et recopiés. Il arrive pourtant que l'Église ou la Couronne, alarmées de voir circuler tant d'informations, redoutent de ne plus pouvoir en contrôler les flots et décident de confisquer les manuscrits ou de geler des enquêtes[17]. Ces décisions – qui frappent des franciscains comme Mendieta ou Sahagún – révèlent qu'il est difficile d'entraver le flux d'informations que provoquent la mondialisation ibérique et la fin du désenclavement du continent américain. Un désenclavement qui explique que les « nations » indigènes ont désormais cessé de vivre « si éloignées et si étrangères à la fréquentation des nations espagnoles et policées[18] ».

Le rayon d'action des missionnaires de la Nouvelle-Espagne dépasse amplement les frontières de l'Amérique du Nord. Ceux-ci comptent parmi les artisans les plus passionnés du rapprochement avec l'Asie. C'est pourquoi les grands chroniqueurs des ordres monastiques, l'augustin Juan de Grijalva[19], le franciscain Juan de Torquemada, ne manquent pas d'ajouter à leurs chapitres sur l'Amérique de longs développements sur les Philippines, le Japon ou l'Asie. Là encore, les savoirs et les expériences accumulés sur le Pacifique et les rivages de l'Orient font l'objet de collectes systématiques en vue de préparer l'ancrage de la Monarchie sur l'immense chantier asiatique. Une Asie où s'activent d'autres experts.

D'un bout à l'autre du monde

Les spécialistes de l'Église ne se contentent pas de couvrir les différentes régions de la Monarchie, ils explorent les empires environnants. Partout ils manifestent une même volonté de recenser les sociétés indigènes, d'évaluer leurs ressources, d'inventorier les faunes, les flores, les minéraux. Dans le nord du Brésil, un demi-siècle après Sahagún, entre 1624 et 1627, un autre franciscain est à pied d'œuvre, avec en tête un programme tout aussi ambitieux[20] : écrire une histoire qui commencerait par « une digression pour informer sur la région en donnant ses limites, sa latitude, son climat, ses montagnes, ses fleuves, les choses remarquables de la nature, fruits, plantes, minéraux, animaux terrestres, oiseaux, poissons, aspects des hommes, coutumes, religion publique, troupes ». Le projet a abouti à l'*Historia natural e moral do Maranhão* du franciscain Cristóvão de Lisboa[21], dont le texte est perdu mais dont subsistent aujourd'hui les précieuses planches (259 dessins), accompagnées de commentaires qui consignent systématiquement les noms indigènes des animaux et des plantes. Avec les chapitres que Sahagún a consacrés à l'histoire naturelle des Indiens du Mexique, ce manuscrit constitue un autre maillon capital d'une histoire franciscaine des choses de l'Amérique, elle aussi destinée à amarrer une partie de ce continent à la Monarchie catholique.

Alors même que les moines du Mexique et du Brésil explorent les sociétés amérindiennes, d'autres religieux s'occupent de l'Asie. À l'époque où Sahagún en était encore à la première étape de ses recherches mexicaines, un dominicain portugais, frei Gaspar da Cruz, s'attaque à la Chine. Il quitte Lisbonne en 1548 avec un groupe de coreligionnaires résolus à fonder une mission en Asie. Son apostolat le conduit d'abord à Goa, Chaul et Cochin, où s'ouvrent les premiers établissements dominicains. On le retrouve à Malacca en 1554, puis au Cambodge durant presque une année. À la fin de 1556, le voilà à Canton où il profite d'une visite de six semaines pour s'informer sur la Chine et ses habitants. Après des séjours à Macassar et trois années à Ormuz (1560-1563), Gaspar da Cruz retourne à Goa et rejoint le Portugal, où il meurt en 1570, l'année même où Sahagún envoie des résumés de ses travaux au Conseil des Indes et au pape Pie V[22].

Éminent spécialiste de l'Asie, ce missionnaire est l'auteur du *Tratado das coisas da China* (1569/1570). Comme ses collègues castillans, Gaspar da Cruz manifeste un appétit de savoir à la mesure de son objet, l'empire du Milieu. Comme eux, il s'interroge sur la manière dont cet ensemble colossal pourrait être rattaché à la chrétienté. Les facettes les plus diverses de la vie sociale, matérielle, économique, politique et religieuse captivent son esprit, qui apprend à faire feu de tout bois : relations manuscrites, informations glanées auprès des marchands et des voyageurs, récits fournis par des compatriotes passés par les prisons chinoises, observations de son cru. Il se fait même traduire des documents chinois qui se rapportent à la présence portugaise[23]. Gaspar da Cruz rédige un traité qui propose une synthèse de tout ce que l'on pouvait savoir sur la Chine. La tâche est encore plus démesurée que celle de Sahagún et de Durán. Si l'empire des Ming pèse alors bien plus lourd que toutes les sociétés indigènes d'Amérique réunies, les missionnaires n'y sont pas les bienvenus, et la diversité de ses langues comme la complexité de son écriture ajoutent d'autres obstacles tout aussi sérieux. L'audace de Gaspar da Cruz et la curiosité des contemporains servirent l'ouvrage du dominicain. Tandis que les travaux de Sahagún et de Durán demeurèrent manuscrits durant des siècles, le traité de Gaspar da Cruz – de proportions plus modestes, il est vrai – sort en 1570, à Evora, sur les presses de l'imprimeur castillan Andrés de Burgos. C'est la première fois que le Portugal publie un livre intégralement consacré à une partie du continent asiatique[24]. Si la Chine reçoit ce traitement de faveur, c'est probablement parce qu'elle fascine les Européens depuis des siècles et que les nouveautés, les *coisas novas*, que le livre divulgue ne menacent guère la suprématie des Portugais en Asie. L'ouvrage laisse en outre espérer qu'un jour la Chine rejoindra les rangs de la chrétienté romaine, puisque « les gens de cette terre sont tout à fait disposés à se convertir à la foi tant ils ont une piètre estime de leurs dieux et de leur clergé[25] ».

Les pages écrites sur le Mexique et sur la Chine préfigurent celles que le Japon inspire au jésuite Luís Fróis. Débarqué à Goa en 1548 à l'âge de seize ans, Fróis se rend en 1563 dans l'archipel où il meurt en 1597, après avoir rédigé une copieuse histoire du Japon[26] et un précis sur les coutumes comparées des Européens et des Japonais[27]. Arrivés depuis 1549 avec saint François Xavier, les jésuites y découvrent une société qui émerge d'années de guerres civiles et retrouve progressivement l'équilibre sous la poigne de ses shoguns. Rédigé dans la région d'Arima en juin 1585, le traité de Fróis présente « de manière très succincte et abrégée quelques contradictions et différences de mœurs entre les Européens et les habitants de cette province du Japon ». Il recense les coutumes japonaises et les compare systématiquement aux pratiques européennes, des plus banales aux plus essentielles. On y apprend que les Japonais ne comptent pas les heures comme nous, que seuls les hommes utilisent l'éventail ou encore que les habitants de l'archipel ont l'habitude d'incinérer leurs morts, au milieu d'une foule d'autres détails qui nous en disent aujourd'hui souvent autant sur les habitudes des Portugais de la Renaissance que sur celles des Japonais. Fróis est aussi un excellent observateur de la scène politique japonaise[28]. Mais si son traité s'adresse au lecteur de Lisbonne ou de Rome, il peut et doit avant tout servir à la formation accélérée des jésuites envoyés au Japon. Cette arme au service de la Compagnie est censée faciliter l'adaptation des jeunes missionnaires européens à un milieu si déconcertant.

Faire l'inventaire des différences, c'est aussi relever des points communs. L'exercice est indispensable pour qui prétend lancer des ponts entre les mondes. Avant Fróis, Gaspar da Cruz s'en est déjà inquiété pour la Chine, notant avec satisfaction que les habitudes alimentaires de ses habitants les rapprochent des chrétiens : « Ils ne font aucune distinction dans la nourriture comme le font tous les gens de l'Inde. Et comme c'est la viande de porc qu'ils préfèrent, il est presque impossible qu'ils se fassent musulmans[29]. » Au Japon, Fróis relève des « contradictions » insurmontables entre le christianisme et l'idolâtrie : les chrétiens chassent les sorciers, alors que les bonzes « agréent leur compagnie » ; les premiers croient en l'immortalité de l'homme, quand les seconds « disent qu'il n'y a rien d'autre que la naissance et la mort[30] ». Mais, au lieu de se borner à rejeter les païens du Japon dans l'infériorité, la barbarie ou l'altérité, la comparaison débouche sur un paradoxe auquel se heurtent nos experts dans d'autres parties du monde : on peut être différent sans être barbare. « Nombre de leurs coutumes sont si étrangères et lointaines des nôtres qu'il semble presque incroyable qu'il puisse y avoir tant d'oppositions chez des gens d'une aussi grande police, vivacité d'esprit et sagesse naturelle qu'eux[31]. »

Des années plus tôt en Amérique, Bartolomé de Las Casas et Bernardino de Sahagún avaient également observé qu'un remarquable degré de civilisation pouvait s'accommoder de coutumes jugées inacceptables, répugnantes ou diaboliques : « Si ce régime politique n'était pas aussi infecté par les rites et les superstitions idolâtriques, il me semble, affirme Sahagún, qu'il serait fort bon[32]. » Partout, il est fondamental de savoir sur quel type de société et de passé l'on greffe le christianisme. En réalité, les différences que consigne le jésuite portugais dissimulent mal sa proximité avec les Japonais. Bien des divergences ne concernent que des pratiques ou des détails techniques, sans incidence morale : tels l'usage de l'éventail, la forme des lieux de culte, le format des livres, la diversité des peintures, le sens des proportions ou encore les styles de prédication – en chaire pour les chrétiens et assis dans des fauteuils pour les bonzes. Quantité de traits païens sont même consignés sans jugement : l'incinération, les vêtements des moines zen, les rituels du baptême local, les supports des images vénérées, peintes sur bois en Europe et sur des rouleaux de papier au Japon. Fróis laisse même percer par endroits l'étonnement amusé des Japonais face aux usages des Européens : « Nous ornons nos églises de branches et tapissons le sol de joncs et de massettes ; les Japonais s'en gaussent en nous disant que nous faisons de nos temples des forêts et des jardins. »

Du Mexique au Japon surgissent des radiographies des sociétés indigènes, qui trahissent une évaluation familière, attentive et parfois même étonnamment nuancée des réalités locales. Ainsi ces remarques de Fróis sur l'odorat des Japonais : « Nous aimons beaucoup les odeurs du benjoin, des pâquerettes, etc. ; elles déplaisent aux Japonais, qui les trouvent trop fortes et ne peuvent les souffrir ; [...] chez nous, quand nous cueillons une rose ou un œillet richement parfumé, nous le sentons d'abord, et ensuite nous le regardons ; les Japonais, au contraire, ne tiennent aucun compte de l'odeur et ne se délectent que de sa vue[33]. » À l'inverse, de l'autre côté du monde, les Indiens du Mexique intriguent les Européens par leur passion « sensuelle » et leur goût immodéré pour les fleurs : « Ils prennent leur bonheur et leur plaisir à sentir toute la journée une rose ou un bouquet fait de différentes roses[34]. »

Luís Fróis n'est pas une exception. À côté des franciscains et des dominicains, les jésuites figurent parmi les meilleurs experts des mondes de la Monarchie et de ses confins. De la Nouvelle-Espagne au Japon en passant par le Pérou, le Brésil, l'Inde et l'Afrique, ils sont des dizaines à rédiger des relations et des lettres annuelles pour décrire leurs progrès et leurs espérances[35]. Malgré la diversité des regards, les observations des missionnaires tendent souvent à se recouper : mêmes objectifs, mêmes méthodes et parfois mêmes réactions des indigènes. Leurs relations suscitent quelquefois une impression de déjà vu. Comme ces pages écrites en Inde à la fin du XVIe siècle, et qui décrivent la vie des nouveaux convertis autour du collège de Salsete, non loin de Goa : « Il y a dans toutes les églises une école où l'on apprend à lire, à écrire et à compter. Ils apprennent le catéchisme du père Marcos Jorge, adapté aux capacités des élèves, traduit en kanari [...]. Les enfants qui vivent près des églises se rendent tous les matins au catéchisme ; ceux qui habitent loin se rassemblent dans les cabanes de branches que l'on dresse à cet effet dans les villages. Dans certaines églises il y a des peintures qui enseignent aux ignorants les mystères de notre sainte foi, car les images sont les livres qui éduquent le peuple[36]. » Ne se croirait-on pas dans le Mexique des années 1520, quand les franciscains ouvraient leurs écoles aux enfants de la noblesse indienne ?

Administrateurs et militaires

Goa, dans les années 1580. Dans la riche capitale de l'Estado da India, un Portugais âgé d'une quarantaine d'années, Diogo do Couto, responsable des magasins de vivres, s'emploie à rassembler des informations sur la présence portugaise dans cette partie du monde, avec le projet d'écrire une histoire de l'Asie à l'époque de Philippe II[37]. Au même moment, dans la chaleur étouffante des îles du Cap-Vert, un Luso-Africain rompu au métier des armes, André Álvares de Almada, met à profit ses contacts avec les Africains de la côte occidentale pour recenser les peuples et les ressources de la Guinée et de la Sierra Leone. Dans ces années-là également, mais de l'autre côté de l'Atlantique, au cœur des terres mexicaines, le fils d'un conquistador et d'une Indienne, Diego Muñoz Camargo, enquête sur sa région d'origine, la province de Tlaxcala. Le représentant de la Couronne, l'*alcalde mayor*, l'a chargé d'en faire une description que notre métis transformera plus tard en une véritable histoire.

Couto le Portugais de Goa, Almada le Cap-Verdien et Muñoz Camargo le Tlaxcaltèque sont des serviteurs de la Monarchie catholique. Les experts de la Monarchie ne sont donc pas tous issus des rangs de l'Église, même si c'est en son sein que se recrutent les contingents de *prácticos* les plus nombreux et les mieux formés selon les critères du temps. Représentants de la Couronne et militaires figurent aussi en bonne place parmi les spécialistes des nouveaux mondes[38]. Dès la seconde moitié du XVe siècle, ils ont contribué au démarrage de la mobilisation ibérique. C'est à Gonzalo Fernández de Oviedo, remarquable connaisseur des Caraïbes et de l'Amérique centrale, que l'on doit une des premières histoires naturelles de l'Amérique et la première grande histoire de la conquête et de la colonisation de cette partie du monde[39]. Tous n'ont pas son talent et ses ambitions, mais tous sont exposés quotidiennement à des sociétés, des croyances, des traditions, des manières d'être et de penser qui ne sont pas les leurs. Parfois ces populations les déconcertent et souvent elles les scandalisent. Accoutumés à faire face à des situations imprévues, ils ont appris à s'adapter à la distance qui les sépare du continent européen, une distance qui entraîne à la longue un déphasage croissant par rapport aux transformations que traverse l'Europe occidentale. L'effort d'adaptation tourne à l'acrobatie politique pour les représentants de la Couronne quand il leur faut non seulement administrer des populations indigènes, mais aussi nouer des relations avec des empires qui ne se laissent guère éblouir par les feux de la Monarchie catholique. La correspondance qu'entretient le gouverneur espagnol de Manille avec les autorités chinoises et japonaises en fournit une illustration spectaculaire. Le représentant de la couronne espagnole est constamment contraint de réagir à des stratégies régionales qui le dépassent et de prendre en compte des histoires étrangères à son univers : à lui de saisir l'enjeu des conflits tout en se pliant aux formes de communication en usage chez ses puissants voisins pour négocier avec des païens rétifs aux mérites du christianisme et tout aussi insensibles aux prétentions des Habsbourg. En 1604, quand le shogun Ieyasu se plaint des progrès du catholicisme au Japon, « exprimant le déplaisir que lui causaient la ruine du culte de ses dieux et la prédication en ses royaumes de la loi de l'Évangile », le gouverneur espagnol doit ronger son frein, demandant « avec prudence que cessent les tourments qui commençaient à frapper les moines en ce royaume[40] ».

Portugais et Espagnols au service des deux couronnes envoient en Europe des correspondances et des rapports où les chroniqueurs de la métropole puisent leurs matériaux. Il est plus exceptionnel que soit rédigée sur place une histoire officielle de la Monarchie. C'est pourtant ce que fit le Portugais Diogo do Couto en combinant expérience de terrain, charges locales et tâches d'écriture. Arrivé en Inde vers 1560, Couto y passe près d'une quarantaine d'années en servant Lisbonne d'abord comme soldat, puis comme intendant des magasins de vivres de Goa. En 1589, il aspire à devenir le chroniqueur officiel de l'Inde portugaise et, six ans plus tard, Philippe II consent à lui octroyer le titre convoité. Il prend du même coup la tête du dépôt d'archives à Goa, obtenant un accès direct aux documents officiels et à d'autres sources confidentielles. Mais Couto n'a pas attendu de se lancer dans cette vaste entreprise pour s'intéresser aux questions que soulève la présence portugaise en Asie. Entre 1565 et 1570, il a écrit un *Diálogo do soldado prático portugués*[41], où il critique les errances de l'administration portugaise dans cette partie du monde.

Au fil des années, Diogo do Couto s'asiatise presque malgré lui. À son premier retour de l'Inde, en 1570, il tente en vain d'obtenir une charge au Portugal. Pour ne pas « mourir de faim en ce royaume[42] », il décide de se fixer en terre asiatique. Son mariage à Goa avec Mariana de Melo scelle son ancrage dans l'Inde portugaise[43] en le faisant entrer au sein du groupe privilégié des *casados* qui tiennent le haut du pavé dans la « Rome de l'Asie ». C'est dans ce milieu et cet état d'esprit qu'il s'applique à réunir les matériaux pour écrire l'histoire d'un monde qui est devenu le sien. Ses *Décades* racontent l'histoire de l'Asie portugaise depuis 1526, date à laquelle s'était arrêté son prédécesseur João de Barros[44]. Pour les rédiger, Couto visite les bibliothèques et les archives de Goa et consulte plus de soixante-dix ouvrages qui étaient probablement en sa possession, parmi lesquels les grandes chroniques de l'expansion portugaise, la *Géographie* de Ptolémée, le *Theatrum orbis terrarum* d'Ortelius ainsi que des histoires d'autres régions du globe, de l'Afrique à l'Amérique espagnole[45]. Comme chez la plupart des experts, ses connaissances livresques ne font qu'étoffer sa solide expérience des hommes, du terrain et des sources locales. En même temps qu'il dépouille les archives, Couto interroge les acteurs portugais et asiatiques qu'il croise dans la capitale de l'Asie portugaise. Il a même l'occasion de rencontrer Luís de Camões, au Mozambique, et compose pour lui un commentaire des *Lusiades*, dont les vers imprégneront l'écriture de ses *Décades*.

À Goa, Diogo do Couto fréquente des médecins comme Garcia da Orta, mais aussi des représentants de la Couronne, des capitaines, des soldats, des marchands, des chrétiens et des païens. L'établissement portugais est entouré d'un ensemble de royaumes hindous et musulmans dont le plus important est alors l'empire du Grand Moghol sur lequel règne Akbar (1556-1605), l'un des rivaux planétaires de Philippe II. Couto en profite pour questionner les envoyés des princes de l'Inde, converser avec les ambassadeurs du Grand Moghol, comme cet « homme fort posé et qui avait beaucoup lu leurs histoires », dont il obtient des informations tirées de leurs chroniques[46]. De quoi satisfaire les « curieux d'antiquités » et, du même coup, dissiper les confusions que commettent les meilleurs auteurs portugais et italiens entre les Tartares et les Moghols[47]. Parmi ses interlocuteurs à Goa, il compte également des janissaires et des Arabes. Ses contacts avec les indigènes, ses conversations avec des sages indiens – « des Kanaris doctes et anciens », précise-t-il – évoquent les entretiens que les moines de Nouvelle-Espagne mènent à la même époque avec les nobles indigènes sur l'autre face du monde. À Goa non plus, la collecte des données ne va pas toujours de soi : « Les informations que nous avons prises des Maures et des païens nous ont causé bien du tracas, car nous écrivions le nom spécifique d'une chose avec les lettres qu'ils emploient. Or, lorsque nous répétions le mot, à cause de notre accent ou de la prononciation, ils ne reconnaissaient rien car ce sont des langues grossières qui utilisent des caractères fort différents des nôtres[48]. » Archiviste, géographe et avant tout historien, Diogo do Couto est pourtant, avec les jésuites de l'Inde, l'un des meilleurs spécialistes de cette partie du monde. Autant que les missionnaires, en écrivant l'histoire des rapports du Portugal avec le monde afro-asiatique, il participe à l'arrimage de cette partie du globe à la péninsule Ibérique et au christianisme : le panorama qu'il construit, les savoirs qu'il a accumulés doivent servir à renforcer l'*Estado da India*, en lui procurant de nouvelles sources de richesse, pour « qu'il puisse entreprendre toutes les conquêtes qu'il voudra, que ses vassaux deviennent aussi opulents que ceux de la Nouvelle-Espagne et que l'Église romaine s'enrichisse de tant de terres placées sous son obédience[49] ». Telle est bien l'ambition qu'affiche la seconde version du *Soldado prático* (1612), dans laquelle Couto ne peut s'empêcher d'évoquer l'exemple de la Nouvelle-Espagne, si lointaine et pourtant si proche depuis qu'elle a pris pied sur l'archipel des Philippines.

André Álvares de Almada est lui aussi un militaire, mais il a exercé ses activités en Afrique occidentale, dans la zone d'influence portugaise, au cours de la seconde moitié du XVIe siècle. Il appartenait à l'une des grandes familles de Santiago, la capitale de l'archipel du Cap-Vert. En 1599, les services rendus à la Couronne lui valurent d'obtenir de Philippe II l'habit du Christ, une distinction exceptionnelle pour un homme de cette partie du monde. Ce soldat est aussi un commerçant actif, impliqué dans toutes les activités de la région, et notamment dans le trafic des esclaves à destination de la Péninsule, du Brésil et des Indes occidentales. On comprend qu'une figure de cette envergure, liée à des circuits intercontinentaux[50], ait acquis une conscience aiguë de la place des îles du Cap-Vert dans l'Atlantique Sud. Ce qui explique à la fois qu'Almada soit parti défendre les intérêts cap-verdiens à Lisbonne au cours des années 1580 et que sur l'archipel il ait été le *procurador*, c'est-à-dire le chargé d'affaires, des grands marchands lisboètes[51]. C'est aussi pour cette raison qu'il rédige un *Bref Traité des fleuves de la Guinée du Cap-Vert* (1594), témoignage exceptionnel sur les populations de la région, souvent aussi précis dans ses descriptions que les chroniques du Mexique, en tout cas assez riche pour être repris, pillé et diffusé en Europe par les jésuites Guerreiro et Barreira[52].

On sera d'autant plus surpris d'apprendre qu'Almada est un homme de couleur, né d'une mulâtresse et d'un Portugais du Cap-Vert. Sa connaissance de l'Afrique lui vient de ses origines familiales, de ses voyages sur la côte, de ses activités commerciales et militaires, et de la fréquentation des nobles africains réfugiés à Santiago. Ses origines mêlées, même si lui-même reste discret sur ce point, lui ont incontestablement facilité la tâche. À ce titre, c'est un Luso-Africain – ou même un « Africain », si l'on songe que c'est le nom qu'on donnait au grand médecin portugais Cristóvão de Acosta, originaire du Mozambique ou du Cap-Vert.

Comme les Espagnols des Indes occidentales ou les Portugais de l'Inde, Almada est parfaitement au fait des questions régionales. Comme eux également, il ne voit plus les choses avec les yeux de la métropole, mais plutôt avec ceux d'un Luso-Africain dépositaire de plus d'un siècle d'expériences dans cette partie du globe[53]. Les liens qui rattachent les îles de l'archipel à la Sénégambie et à la côte de haute Guinée, la « Guinée du Cap-Vert », influencent fortement la façon dont Almada conçoit l'ensemble de la région et son insertion dans la Monarchie. Cette vision cap-verdienne se nourrit également d'une géographie spécifiquement africaine du pouvoir qui fait des Noirs de la Guinée du Cap-Vert des vassaux de l'empereur Mandimansa, dont la souveraineté est censée s'étendre jusqu'au Congo et à l'Angola[54]. De ce point de vue, Almada n'a pas la même position que l'administration de Lisbonne, qui ne cesse d'interdire aux Luso-Africains et aux Portugais du Cap-Vert le commerce en Sierra Leone[55]. C'est dans cet esprit qu'il écrit en 1594 un traité où il cherche à légitimer les vues des commerçants de Santiago en imaginant une Afrique occidentale sous influence cap-verdienne, un peu à la manière dont Couto, dans son *Soldado prático,* défend les intérêts locaux de l'*Estado da India* depuis Goa. Si le travail des experts ne se borne pas seulement à resserrer les fils entre l'Europe et leur région, c'est que le processus de mondialisation passe aussi par la redéfinition de grands ensembles régionaux, dont l'identité se forge face à la Monarchie.

On ne peut s'éloigner de l'Afrique sans évoquer une figure moins en vue qu'Almada, mais tout aussi fascinante : celle d'André Donelha. Cap-verdien, probablement mulâtre comme Almada, luso-africain lui aussi, il s'intéresse à l'accès à la Sierra Leone. Il est toujours curieux de « voir, circuler, interroger et connaître les coutumes et les choses des terres qu'il a parcourues[56] ». Un peu plus tardive – elle date du début du XVIIe siècle (1625) – et restée également manuscrite, sa *Description de la Sierra Leone et des fleuves de Guinée et du Cap-Vert*[57] rend compte du même monde aux frontières mobiles, où se croisent et se mélangent des Portugais partis à l'aventure, *lançados* et *tangomaos,* et des marchands d'esclaves *jalofos* et mandingues[58]. Avec la même volonté d'établir des concordances entre la chronologie portugaise, les mémoires cap-verdiennes et les sources orales d'origine africaine[59]. Dans ces deux textes, les liens physiques avec la terre décrite sont déterminants. Il existe une Afrique de Donelha et d'Almada, comme une Asie de Couto.

Le Mexique espagnol engendre lui aussi ce type d'expert, ancré sur place, les yeux rivés sur la Monarchie. Quand Diego Muñoz Camargo (1540 [?]-1599) évoque ses origines, il se présente comme un « homme né en ce nouveau monde[60] ». En réalité, comme Almada, Muñoz Camargo est un sang-mêlé, lié aux élites d'un État indigène, Tlaxcala, qui a soutenu les Espagnols lors de la conquête du pays. Son père était un compagnon de Cortés et son fils allait gouverner la cité de Tlaxcala entre 1608 et 1614. En 1579, l'administration espagnole charge ce lettré doté d'une bonne plume, « *leydo e escrebido*[61] », de rédiger le texte de la *Réception que fit la ville de Tlaxcala* à l'évêque de Puebla, Diego Romano. Ses relations avec l'administration espagnole et la noblesse tlaxcaltèque font de lui le porte-parole idéal des autorités de la région. C'est à ce titre, en qualité d'interprète et de lieutenant de l'*alcalde mayor*, qu'il accompagne en Espagne en 1584 une délégation de nobles indigènes[62]. Il a d'ailleurs probablement profité de cette occasion pour remettre au roi Philippe II sa *Description de la ville et province de Tlaxcala de la Nouvelle-Espagne et des Indes de la mer Océane*[63].

À l'origine, Muñoz Camargo devait simplement répondre au long questionnaire que la Couronne envoyait dans toutes ses possessions américaines pour dresser un gigantesque inventaire des ressources humaines et matérielles du Mexique et des Andes, et ainsi assurer « le bon gouvernement et l'ennoblissement des Indes[64] ». Il s'attela donc à la rédaction du texte qui correspondait à cette province, mais sa réponse prit des proportions inattendues. Abandonnant formalisme et sécheresse administrative[65], Muñoz Camargo rédige entre 1581 et 1584 un gros manuscrit d'une belle calligraphie, qu'il enrichit de plus de cent cinquante dessins à la plume. Solidement documenté sur les « antiquités des Indes[66] », intarissable sur le passé et les coutumes des populations indigènes, avide de faire connaître l'histoire préhispanique et coloniale de la province, l'ouvrage offre l'équivalent pour Tlaxcala et sa province du *Traité des fleuves de Guinée* pour l'Afrique occidentale. Son contenu était si fouillé que notre métis le remania pour en faire une histoire qu'il acheva en 1592 et à laquelle on donna bien plus tard le titre de *Historia de Tlaxcala.*

Aux confins du Brésil et des Andes, dans une autre Amérique qu'on désigne parfois du beau nom d'*Argentina*, Ruy Díaz de Guzmán a du sang indien comme Muñoz Camargo et, comme lui, rien ne semble le prédisposer au métier d'historien. Né à Asunción vers 1560[67], d'un Espagnol et d'une métisse, il ne quitta jamais la région du Rio de la Plata, accumulant des charges administratives de second ordre et des faits d'armes contre les Indiens. Ce qui ne l'empêche pas « de mener un projet si éloigné de son métier de soldat et de prendre la plume pour écrire ces annales de la découverte, du peuplement et de la conquête des provinces du Rio de la Plata ». Bien que la région soit dépourvue du lustre des grands empires des Andes et du Mexique, il entend préserver le souvenir de ceux qui « achevèrent leurs vies en cette contrée, en supportant les misères, les famines et les guerres les pires de toutes celles subies dans les Indes sans qu'il en subsiste rien dans les mémoires ». En ce sens, comme Couto, Almada ou Muñoz Camargo, le métis d'Asunción compte bien inscrire dans l'histoire de la Monarchie une terre qu'il considère d'ores et déjà comme sa « patrie ». La chronique qu'il achève à La Plata en 1612 relate par le menu les « choses de cette province », sans dissimuler que son rattachement à la Couronne ne fut jamais une partie de plaisir. Cette lointaine avancée de la Monarchie bénéficiait d'un climat peu attirant : « Sous le tropique du Capricorne, [...] la chaleur du soleil est fort néfaste et provoque des fièvres aiguës et de profondes torpeurs[68]. » Page après page, la description de la lutte contre les populations indigènes et les conditions naturelles alterne avec le récit des révoltes et des mutineries qui déchirent le camp espagnol, montrant la mise en place de la domination ibérique sous un jour assez chaotique. Díaz de Guzmán ne cesse de nous expliquer les populations indiennes, la géographie, les distances[69], les axes qu'emprunte la pénétration européenne dans cette région du monde où, plus qu'ailleurs, la « connaissance du pays » se révèle être une question de vie ou de mort[70]. À la différence des très officielles *Décades* de Couto ou de l'irréprochable *Description* de Muñoz Camargo, les *Annales* de Díaz de Guzmán mettent à nu les tâtonnements et les ratés de la colonisation espagnole, pointant au jour le jour la responsabilité des hommes, l'incompétence des chefs et les incohérences des entreprises.

Autant que les missionnaires, les représentants du roi participent à la mondialisation ibérique. Chroniques, traités et descriptions : toutes ces pièces prennent leur place, les unes après les autres, sur la gigantesque marqueterie planétaire où doivent triompher les intérêts de la Monarchie et s'imposer l'« humaine police[71] » à la manière ibérique. Le Rio de la Plata de Ruy Díaz de Guzmán au sud du Brésil, la Guinée d'André Álvares de Almada, l'Inde portugaise de Diogo do Couto, l'Afrique orientale de João do Santos, le Pérou de

Juan de Matienzo (1520-1579) et de Pedro Sarmiento de Gamboa (1530 ?-1592)[72] sont embarqués dans la même dynamique. L'enjeu n'est pas seulement géographique : les experts raccordent à la Péninsule des régions lointaines où le temps jusque-là avait suivi un cours séparé avant de rejoindre le grand fleuve de l'histoire chrétienne, européenne et ibérique. C'est cette nécessaire synchronisation qui pousse Diego Muñoz Camargo à exiger que l'on rectifie la corrélation établie entre le calendrier indigène et le calendrier romain[73].

Aux autorités de tirer profit de ces savoirs, comme s'y applique au Pérou le vice-roi Francisco de Toledo quand il faut intégrer la main-d'œuvre indigène dans une économie coloniale fondée sur l'extraction de l'argent des Andes. Au cours de la décennie 1570, la Couronne quintuple les revenus annuels qu'elle tire du métal précieux – ils grimpèrent de 200 000 à un million de pesos[74]. Les experts locaux n'y furent pas étrangers. La connaissance des rouages indigènes et préhispaniques des sociétés andines, acquise grâce à Juan de Matienzo et à Pedro Sarmiento de Gamboa, servit à consolider un des maillons essentiels de la domination espagnole et à « adapter » les populations péruviennes aux besoins de l'empire[75]. Il est plus difficile d'évaluer l'impact des *Décades* de Couto ou de la *Description de Tlaxcala* de Muñoz Camargo, mais il est certain qu'à l'instar des missionnaires, tous contribuèrent à réunir pour la première fois et presque simultanément, dans des endroits et des civilisations disséminés de par le monde, des connaissances destinées à satisfaire les ambitions planétaires d'un même monarque et d'une même Église. Une gigantesque entreprise de collecte et de filtrage de l'information s'amorça à l'échelle planétaire, sans laquelle on ne saurait comprendre aujourd'hui l'histoire de l'Europe et les racines de l'Occident moderne.

CHAPITRE VIII

Les savoirs de la mer, de la terre et du ciel

« Les stratèges américains, en multipliant les erreurs et en ignorant les mises en garde des experts, ont gâché la victoire. »

Le Monde, 11 novembre 2003.

Moines, soldats et représentants de la Couronne sont les instruments dociles d'un pouvoir qui concentre dans les mains du monarque les affaires civiles et ecclésiastiques. L'ancrage de l'Europe aux terres lointaines passe également par d'autres spécialistes, d'autres curiosités et d'autres exigences. Pour une médecine encore bien impuissante à soulager les maux des humains, la découverte de nouvelles terres, de nouvelles plantes et de nouveaux remèdes éveille bien des illusions, comme l'atteste le succès remporté en Europe par l'ouvrage de Nicolas Monardes, un médecin de Séville dont la compilation n'aurait pu être menée à bien sans la réunion sur place de quantité d'informations sur les plantes, les animaux, les pierres et les remèdes indigènes.

Des médecins et des plantes

Cette collecte s'effectue dès les premiers temps de la conquête. Les soldats blessés dans les combats sont toujours soignés avec des herbes locales et souvent par des guérisseurs indigènes. L'Europe elle-même place tous ses espoirs en ces nouveaux remèdes et déclenche des enquêtes informelles qui entraînent une exploitation commerciale dont profitent largement des médecins européens comme Nicolas Monardes ou luso-africains comme Cristóvão de Acosta. Des moines comme Motolinía, des représentants de la Couronne comme Gonzalo Fernández de Oviedo ou Tomás López Medel[1], recueillent quantité de données sur la faune et la flore qui les entourent, consignant systématiquement les appellations en langue indigène et se livrant à toutes sortes de rapprochements. « Bien des plantes merveilleuses de ce monde nouveau ouvriront un champ étendu à la réflexion philosophique quand les esprits subtils qui s'y forment s'occuperont davantage de la connaissance des sciences véritables que des moyens d'en extraire et d'en exploiter les incomparables richesses[2]. » Ces inventaires, qui forment une masse chaotique de données, ne seront guère exploités avant la seconde moitié du XVIIe siècle[3].

Passé 1550, des entreprises plus ambitieuses voient le jour. Des médecins européens installés hors d'Europe ou des spécialistes expressément envoyés depuis la Péninsule explorent les flores locales. Nous avons déjà rencontré Garcia da Orta en Asie : « C'est le Pline, mais aussi le Dioscoride de ces contrées […], à la fois excellent médecin et excellent philosophe. » La stature de Garcia da Orta (1499 ?-1568) domine l'Inde portugaise[4]. Formé à Salamanque et à Alçala de Henares, à trente ans professeur de logique à l'université de Lisbonne, ce nouveau chrétien quitte dès 1534 un Portugal où ses congénères commencent à faire l'objet de persécutions croissantes. Il s'embarque avec le vice-roi de l'Inde Martim Afonso de Souza en qualité de médecin particulier et se fixe à Goa, où il s'adonne à la médecine, tout en se livrant au commerce des épices et des pierres précieuses.

Plus que nul autre, Garcia da Orta étudie des plantes « ignorées de Médée et de Circé qui pourtant ont outrepassé les lois de la magie ». Publiés à Goa en 1563 par Joannes de Endem, ses *Colloques* sur les simples et les drogues, qui offrent la particularité d'être rédigés en portugais et non pas en latin, insistent sur la diversité des plantes, des langues et des histoires, en réunissant des savoirs originaires de l'Antiquité gréco-romaine, du monde musulman, des terres de l'Inde, de l'empire chinois et même de la Nouvelle-Espagne et du Pérou. Les comparaisons que l'auteur établit entre les données qu'il recueille sur place et les traditions européennes mettent en évidence l'un des effets intellectuels les plus perturbateurs de la mondialisation ibérique pour les Européens : le décentrement des savoirs, l'inversion des points de vue, la remise en cause de la tradition européenne. En absorbant des connaissances asiatiques dans son savoir européen, Garcia da Orta accouche d'une science occidentale qui prend ses distances avec les Anciens comme avec les Modernes. Plus d'une fois, l'expérience acquise en terre asiatique s'oppose aux idées des premiers – Galien, Pline, Dioscoride – comme à celles des seconds – « ces écrivains modernes[5] » –, qu'ils se nomment Andres Laguna ou Johannes Ruellius[6]. Sur la base de ses collectes de plantes qui proviennent de l'Inde, de Malacca ou de Sumatra, Garcia da Orta n'hésite pas à critiquer les savoirs européens et non européens. Mais le médecin porte aussi en lui un historien en puissance, attentif à rappeler des contextes oubliés ou mal connus, quitte à s'excuser de ses digressions : « Je ne voudrais pas que nous perdions un chapitre sur ces choses qui ne sont pas de la science, car le lecteur dira que je me mets à écrire un livre plein de mensonges[7]. » Même s'il prend les précautions d'usage, Garcia da Orta circule avec une telle virtuosité entre les religions et les sociétés, il affiche si volontiers ses contacts ou même ses amitiés avec des musulmans, des juifs ou des hindous[8] qu'on comprend que l'œil de la Contre-Réforme et du Saint-Office ait fini par s'en inquiéter. Ses origines juives n'arrangeant rien, comment s'étonner qu'après sa mort, son corps et son livre aient eu maille à partir avec l'Inquisition. Trop tard, il est vrai, pour étouffer sa pensée, puisque l'œuvre avait eu le temps de s'engouffrer dans le patrimoine européen.

Formé comme Garcia da Orta à l'université d'Alcala, Francisco Hernández (1517/8-1584) poussera plus loin encore la confrontation avec les savoirs indigènes[9]. Nommé par Philippe II son « premier médecin général de toutes les Indes, îles et terre ferme de la mer Océane », il dirige la première expédition scientifique jamais réalisée en Amérique, et met à profit son séjour de six ans[10] au Mexique pour réaliser un des plus grands monuments de la science de la Renaissance sur l'Amérique[11]. On y trouve la description de plus de trois mille plantes, leurs propriétés, leurs noms dans plusieurs langues indiennes, dont le nahuatl, le tarasque, le huaxtèque, ainsi que l'origine géographique pour près de deux mille d'entre elles[12]. Le médecin castillan ajoute à son programme de recherche les animaux, les minéraux et les « antiquités » de la Nouvelle-Espagne. À la différence des grands noms européens de son temps – le Suisse Conrad Gesner ou l'Italien Ulisse Aldovrandi –, Hernández fait l'expérience des réalités et des savoirs américains. Il veut « non seulement rendre compte des remèdes, mais aussi recenser la flore et rédiger l'histoire des choses naturelles du Nouveau Monde[13] ». Il parcourt le centre du Mexique, escalade les montagnes, visite les hôpitaux de province, séjourne dans les jardins des anciens rois indiens, et pratique même des autopsies pour identifier les causes d'une épidémie qui décime la population. Avant lui, Gonzalo Fernández de Oviedo (1478-1557) ou Bernardino de Sahagún avaient déjà rédigé des histoires naturelles, mais Hernández est bien le premier à attaquer ces vastes domaines avec tous les outils scientifiques de son temps.

En marge de sa mission officielle, au fil de ses enquêtes et de ses entretiens, il découvre une étrange réalité. La médecine indienne et la médecine espagnole ont déjà noué de multiples liens, alternant pratiques, savoirs et croyances du Nouveau Monde et de l'Ancien dans l'exercice quotidien de l'art de guérir. Que conseillent les médecins espagnols de

Mexico pour éviter l'avortement ou guérir la dysenterie ? De griller puis de réduire en poudre des rejets d'*iczotl*, et de les mélanger au bol d'Arménie, une argile jaune ou blanche[14] réputée combattre la diarrhée et les vomissements, que les Européens font venir d'Orient. La racine de Michoacan, dont on se rappelle le succès européen, s'administre avec de la tragacanthe pour évacuer la bile et la pituite. Or la tragacanthe[15] n'est autre que la « gomme d'Alquitira », qu'on obtient des arbres qui poussaient en Syrie, à Alep et à Candie[16]. Pour cette raison, c'est aussi l'une des plantes que le lointain confrère portugais de Hernández étudie et publie à Goa. Autre effet des croisements entre les mondes, les médecins espagnols combattent des pathologies européennes avec des potions indigènes : ils emploient le jus des feuilles du maguey sylvestre – le *zacamexcalli* – pour soigner les effets secondaires des vapeurs de mercure appliquées contre la syphilis[17]. Tandis qu'à Goa, Garcia da Orta puise dans les médecines locales en adoptant, après les avoir testées, les pratiques des « brahmanes » qui lui semblent les plus efficaces[18].

La médecine indienne du Mexique n'est pas non plus un savoir inerte. Le premier ouvrage consacré aux plantes mexicaines est l'*herbier* de Martín de la Cruz (1552), un médecin indigène qui souhaite faire valoir auprès de l'empereur Charles Quint le savoir des « pauvres et misérables Indiens inférieurs à tous les autres mortels ». Martín de la Cruz n'était pas passé par l'académie européenne. Il doit tout à la pratique de terrain et aux traditions indigènes, et il a reçu licence du vice-roi pour « soigner avec des herbes[19] ». Grâce à un autre Indien, Juan Badianus, éminent latiniste, c'est dans la langue de Pline que l'ouvrage est rédigé et divulgué au monde européen. Mais la médecine indienne ne se borne pas à emprunter à la médecine ibérique sa langue scientifique : elle épouse plusieurs de ses principes, en particulier la théorie des humeurs selon laquelle on distinguait plantes sèches et plantes humides, plantes chaudes et plantes froides – distinction qui a fini par parasiter les nomenclatures indigènes, en recouvrant peut-être de vieilles catégories amérindiennes[20].

La mondialisation ibérique affecte autant les corps que les choses et les âmes. Au milieu du XVIe siècle, elle se déploie à partir de deux foyers privilégiés : la capitale de la Nouvelle-Espagne[21] et celle de l'Inde portugaise. Ces échanges entre les médecines expliquent que Francisco Hernández n'hésite jamais à qualifier de médecins ses interlocuteurs indigènes et se prend même parfois à les couvrir d'éloges[22]. Garcia da Orta est plus réticent sur le compte des praticiens asiatiques, réservant ses louanges aux médecins arabes. Les Hernández ou les Garcia da Orta ont des émules, comme les Portugais Cristóvão de Acosta[23] ou Aleixo de Abreu[24], dont les carrières auraient pu retenir notre attention si elles ne nous propulsaient à nouveau à travers les mers et les continents. À vrai dire, ces savants n'existeraient pas sans une foule d'autres médecins, intellectuellement moins ambitieux, mais qui manifestent une telle passion pour leur terre d'adoption qu'ils en décrivent inlassablement les singularités.

Tel cet Andalou fixé à Mexico, Juan de Cárdenas, qui se targue de jouer les vulgarisateurs : « J'écris davantage pour le lecteur curieux et non latiniste que pour des hommes de science et des lettrés[25] », proclame-t-il dans ses *Problèmes et merveilleux secrets des Indes* qui eurent la chance d'être publiés à Mexico en 1591. Devant « un monde neuf doté d'une histoire neuve », Cárdenas s'excuse de son jeune âge – il n'a alors que vingt-six ans – avant d'entraîner son lecteur dans les sujets les plus divers et parfois les plus étranges, passant des mines d'or aux effets du chocolat, des tremblements de terre à la couleur du sucre, de la calvitie des Espagnols à la diffusion de la syphilis ou à l'« excellente et fameuse plante du *piciete* », c'est-à-dire au tabac[26]. Son goût du sensationnalisme et de l'insolite ne parvient pas toujours à rompre la lourdeur des démonstrations qu'il croit bon d'assener à ses lecteurs. Mais l'écriture reste de bout en bout passionnée. De Mexico à Goa, les soins du corps, la lutte contre la maladie et la douleur obsèdent les Ibériques et les Européens. Autant que la christianisation ou que l'écriture de l'histoire, l'inventaire médical du monde est un ferment de la mondialisation ibérique ; il permet de réduire l'écart entre la manière européenne de soigner et les « coutumes du pays[27] ».

Cosmographes et ingénieurs

Le médecin Francisco Hernández a débarqué en Nouvelle-Espagne en compagnie d'un géographe, Francisco Domínguez y Ocampo, que Philippe II avait chargé de « calculer la latitude [...], de délimiter la terre » et de dresser la « carte de l'audience de Mexico[28] ». Durant plus de trente ans, ce Portugais exerce au Mexique les fonctions de cosmographe du roi[29]. Il commence par effectuer le calcul des « latitudes » des provinces de la Nouvelle-Espagne, dont il se sert pour dresser des « tables générales [...] spécifiant la qualité des terres et de leurs habitants ». Il étend ses enquêtes jusqu'aux confins septentrionaux du pays, allant jusqu'à inclure le Nouveau-Mexique dans ses calculs et ses relations. Il réalise aussi des travaux sur la Chine qui débouchent, semble-t-il, sur la publication d'une « table et description générale de tous les royaumes de la Chine, de ses voisins et des autres terres[30] ». Domínguez y Ocampo se consacre en plus à l'étude des éclipses de soleil et de lune, l'un des meilleurs moyens d'améliorer le calcul des longitudes. Ses attributions ne s'arrêtent pas là, puisqu'il a la charge d'établir « tous les instruments géographiques et cartographiques, arbalétrilles, boussoles, horloges, cours du soleil et des étoiles, et d'examiner les pilotes en leur enseignant des règles et des instructions pour améliorer et rendre plus sûres leurs traversées vers le Pérou et les Philippines ». Dans une lettre qu'il adresse à Philippe II en 1584, il rappelle l'importance que revêt à ses yeux la mission qu'on lui a confiée et le prestige qui ne manquera pas de rejaillir sur la Couronne : « Tout comme Ptolémée fut le premier à établir les tables géographiques des régions orientales, Votre Majesté sera le second par l'imitation mais le premier à l'ordonner en ces régions occidentales[31]. »

Les techniciens du calcul, les spécialistes des cartes et de l'astronomie, les cosmographes, les dessinateurs et les pilotes sont à n'en pas douter les *prácticos* les plus indispensables à la Monarchie. Sans navigation, pas de Monarchie, et sans pilote, pas de navigation. Les pilotes portugais se formaient sur le tas. Ils possédaient des livres d'art nautique (*marinharia*) et des routiers (*roteiros*) qui décrivaient les itinéraires habituellement suivis. À l'aube du XVIe siècle et avec la navigation dans l'océan Indien, ces ouvrages intègrent des connaissances arabes, qu'il s'agisse de données chiffrées ou de dessins des côtes et des îles jalonnant la marche du navire[32]. Parce que les rencontres entre pilotes portugais et asiatiques tissent toutes sortes de liens entre les expériences maritimes : « La cartographie nautique portugaise, en particulier celle de l'Asie orientale, est une espèce de synthèse des savoirs géographiques de l'Occident et de l'Orient[33]. » Les Portugais consultaient les pilotes, les cartographes et les marchands arabes, persans, gujaratis et malais pour préparer leur navigation et rédiger leurs manuels. Le *Livro de geografía oriental* de Francisco Rodrigues (1512) en est un bon exemple. On y trouve vingt-six cartes hydrographiques et vingt-cinq dessins panoramiques représentant les côtes entre l'archipel de Banda et la presqu'île de Malacca. On doit également à ce même Rodrigues un *Chemin de la Chine,* premier itinéraire à décrire la navigation dans les mers chinoises et à employer le terme *China*.

C'est aussi par ces échanges que les pilotes de Lisbonne se familiarisent avec le régime des moussons qui dicte la date des départs : ils savent qu'il faut quitter Lisbonne vers mars-avril pour pouvoir traverser l'océan Indien en septembre. Les Portugais acquièrent un savoir-faire composé de recettes mécaniquement appliquées, d'habitudes acquises, d'observations personnelles et d'intuition. « Avoir un œil vif pour les vents, les courants et les signes, ce n'est pas seulement une pratique, cela exige aussi un rien d'intuition et d'art[34]. » On comprend que les pilotes se soient montrés rétifs aux efforts des mathématiciens qui prétendaient corriger leurs approximations ou leur inculquer des méthodes plus sophistiquées et plus précises de naviguer. Sous l'impulsion de João Baptista de Lavanha, la formation technique des pilotes devait s'améliorer à la fin du XVIe siècle, mais l'empirisme resta de règle[35], en particulier pour le calcul de la longitude qui occasionnait des erreurs aux conséquences désastreuses.

Qu'ils soient au service du Portugal ou de la Castille, les pilotes contribuent à étendre l'emprise ibérique en élargissant le cercle des terres et des mers nouvelles susceptibles d'être soumises à la Monarchie. Encore faut-il parvenir à diffuser en Europe le résultat des explorations, ce qui exige un entregent et des talents de divulgateur que n'ont pas tous les hommes de mer. Pedro Fernández de Quirós échappe à la règle. Né à Evora vers 1565, établi à Séville et marié à une Madrilène, il avait accompagné Alvaro de Mendaña comme *piloto mayor* dans sa désastreuse expédition vers les îles Salomon (1595). Dans le sillage des expéditions lancées sur le Pacifique mexicain en direction des Philippines et de la Californie, ce Portugais se lance à la découverte des terres australes, la *Terra australis,* réputée être la véritable quatrième partie du monde[36], en promettant d'ajouter à la chrétienté « un nombre aussi infini d'âmes qu'il s'en trouve en ce nouveau monde[37] ». En 1605, il quitte Callao pour « découvrir ce tout nouveau continent », mais ne trouve que les Nouvelles-Hébrides. C'est un autre Portugais, parti avec lui, Vaez de Torres, qui reconnaît la pointe septentrionale de l'Australie, plus tard baptisée péninsule d'York. L'expédition de Fernández de Quirós est donc loin d'être un succès. Les indigènes ramenés à Mexico pour expliquer les « choses de leur île » ne survivent pas longtemps à l'interminable traversée[38]. Le navigateur lui-même a toutes les peines du monde à regagner l'Espagne où, grâce à sa plume et à sa persévérance, il s'emploie à donner la plus large publicité à ses voyages. Le succès de son ouvrage dépasse les espérances, effaçant ses échecs de navigation : son mémorial est successivement publié à Madrid (1609), Pampelune et Séville (1610), Valence (1611), en latin à Cologne (1612), en allemand à Augsbourg (1611), en italien à Milan (1611), en hollandais à Amsterdam (1612), puis en français et en anglais (1617)[39]. De l'Australie à la Nouvelle-Guinée et de la Nouvelle-Guinée aux Moluques, de nouveaux peuples, « des

Indiens nus pas très blancs », « des gens noirs, très corpulents et nus[40] », des « papous », des Malais musulmans, découvrent les marins de Philippe III.

Si les grands cosmographes et cartographes de la Monarchie se rencontrent à Lisbonne, à Séville ou à Anvers[41], les nouveaux savoirs voient également le jour dans les autres parties du monde. L'*Atlas universel* de Fernão Vaz Dourado, réalisé à Goa, est une œuvre aussi impressionnante que les *Colloques* de Garcia da Orta. Il se compose de dix-sept cartes, dessinées par le fils d'un Portugais et d'une Indienne, qu'on considère aujourd'hui comme l'un des meilleurs cartographes de la Renaissance. Né en Inde vers 1525, Fernão Vaz Dourado prend part au second siège de Diu (1546), dirige une forteresse aux confins de la domination portugaise et apprend la cartographie auprès de Diego Botelho Pereira. Outre l'atlas de 1575, il en élabore cinq autres, entre 1568 et 1580, qui témoignent d'une remarquable familiarité avec les terres asiatiques. On lui doit la première référence à Macao sur une carte faite à Goa en 1570, représentant l'Asie de Ceylan jusqu'au Japon[42]. Il n'est d'ailleurs pas le seul métis à se mêler de cosmographie : le plan le plus ancien de Macao est l'œuvre de Manuel Godinho de Erédia (1563-1622), le fils d'un Portugais et d'une Malaise, qui laissa une abondante œuvre cartographique très influencée par le monde javanais et malais[43].

Alors que les Portugais prennent possession des terres nouvelles en s'évertuant à calculer leur position, la couronne de Castille s'emploie à cartographier les territoires. En pleine conquête du Mexique, en 1521, Francisco de Garay trace la première carte du golfe du Mexique ; en 1527, Diego de Rivero dresse une première ébauche cartographique de la Nouvelle-Espagne et, en 1541, la côte du Pacifique est dessinée par Domingo del Castillo sur la base des données rassemblées par les expéditions de Californie. Une carte assez convenable de la Nouvelle-Espagne figure ainsi dès 1546 dans les compilations de l'Italien Ramusio[44]. Tous ces travaux ont indirectement exploité des savoirs indigènes.

L'entreprise cartographique la plus originale reste celle qui a accompagné la rédaction des *Relations géographiques*, ces rapports, nous l'avons vu, établis à partir d'un long questionnaire expédié par la Couronne dans ses possessions du Nouveau Monde[45]. À la fin des années 1570 et au début des années 1580, des dizaines de cartes locales sont dressées en Nouvelle-Espagne[46]. Beaucoup sont dessinées et peintes par des *tlacuilos* indigènes. Comme les pilotes portugais en Asie, l'administration castillane met à profit les savoirs indigènes et recueille des dizaines de « peintures » où les Indiens représentent l'espace et marquent la toponymie d'une manière qui leur est propre tout en étant susceptible d'être comprise des Européens. La série des cartes et des textes ainsi réalisés se centre sur de petites régions et leur environnement immédiat. Si la Nouvelle-Espagne se dégage mal de cette mosaïque de « pays » et d'identités particulières, cette présentation fragmentée trouve sa cohérence dans le lien qui unit toutes ces populations au monarque auquel elles s'adressent. Les modes de vie, les traditions, les ressources, les populations locales s'inscrivent là encore dans le cadre planétaire de la Monarchie. Avec sa *Relation de Tlaxcala,* Diego Muñoz Camargo en a donné une démonstration éloquente.

En Asie, la couronne de Portugal fait dessiner et peindre les villes et les forteresses portugaises dans des ouvrages dont le plus fastueux est sans doute le *Livre des plans de toutes les forteresses, cités et agglomérations de l'État de l'Inde orientale* d'António Bocarro (1635)[47]. Pour peindre cet atlas, Pedro Barreto de Resende s'est rendu en Inde en 1629, où il exploite les informations et les dessins que lui fournissent les architectes et les ingénieurs qui travaillent sur place. À l'instar du Portugais Francisco Domínguez y Ocampo ou du Luso-Indien Fernão Vaz Dourado, ils sont nombreux à s'être établis dans les différentes parties de la Monarchie où ils élaborent des matériaux cartographiques au service du roi. Goa et Mexico sont ainsi devenus des centres de production de savoirs cartographiques et cosmographiques.

Les tentatives pour déterminer la longitude conduisent plus d'un spécialiste à visiter les autres parties du monde. Pour y travailler, mais aussi pour publier. C'est à Mexico, en 1587, que Diego García de Palacios publie son *Instrucción nautica para navegar,* et en 1606 que Heinrich Martin édite son *Répertoire des temps et histoire naturelle de cette Nouvelle-Espagne*, œuvre sans précédent dans les annales locales. Heinrich Martin est l'une des figures les plus intrigantes de la ville de Mexico à l'aube du XVIIe siècle. Né à Hambourg au milieu du XVIe siècle, Martin séjourne quelque temps en Espagne avant de s'établir à Mexico (1589), où il installe une imprimerie. Typographe, cosmographe, mathématicien et interprète de l'Inquisition, il participe activement à la grande œuvre de l'assèchement de la vallée de Mexico et s'éteint en 1632[48]. Son *Repertorio* s'inscrit dans la tradition des « répertoires » que Rodrigo Zamorano ou Martín Cortés ont publiés en Espagne au cours du XVIe siècle. Il traite de cosmographie et d'astrologie, mais c'est aussi une histoire naturelle qui se propose de décrire les « singularités de cette Nouvelle-Espagne ». L'ouvrage contient en outre une chronologie comparée du Mexique et du reste du monde, une table des longitudes des grandes villes de la Monarchie, ainsi qu'une série d'observations sur les phénomènes naturels.

Heinrich Martin agit d'abord en éditeur, qui entend vulgariser la science européenne et l'adapter à son public. Rien ici de scientifiquement bouleversant. À la différence des experts que nous avons croisés jusqu'ici, il ne cherche pas à approfondir la connaissance du monde indigène pour en informer la Couronne ou la péninsule Ibérique. Il veut tout simplement offrir aux Espagnols et aux créoles de Nouvelle-Espagne les moyens de comprendre les réalités américaines à partir d'un système rigoureusement orthodoxe, fondé sur une conception médiévale et géocentrique du monde, inspiré par Ptolémée. Martin rédige aussi un traité d'agriculture, où il exprime la même volonté d'adaptation locale. Cette œuvre, malheureusement perdue, contenait « tout ce qui touche non seulement à l'agriculture, et au travail des champs, mais aussi aux vergers, aux jardins, à la canne à sucre, à l'élevage et à d'autres choses de cette sorte, le tout adapté au tempérament et au climat de cette Nouvelle-Espagne[49] ». À sa manière, l'œuvre de Heinrich Martin participe à la mondialisation ibérique dans la tâche plus prosaïque d'acclimater et de vulgariser des savoirs européens en terre américaine.

Autant que la navigation océanique, l'exploitation des mines est un enjeu stratégique pour la Monarchie catholique. Les « ingénieurs » des mines sont des agents indispensables de la Couronne, puisqu'ils mettent en valeur les ressources métalliques des Indes occidentales et contribuent à l'extraction de l'argent américain à destination de l'Europe et de l'Asie. Eux aussi participent au transfert des connaissances européennes vers l'Amérique, mais également à la diffusion vers le Vieux Monde de savoirs nouveaux, puisés dans les sociétés amérindiennes ou directement issus de l'expérience coloniale[50]. Un savant comme Álvaro Alonso Barba, curé à Potosi, où se trouvent les plus gros gisements d'argent d'Amérique, a joué ce rôle de passeur. Arrivé dans la région de Charcas en 1602, après des études à Séville, Barba poursuit sa carrière ecclésiastique dans les paroisses du Haut-Pérou tout en préparant un manuel qui réunit les connaissances qu'il avait pu rassembler et expérimenter dans les Andes. Son *Arte de los metales*, publié à Madrid en 1640, marquera durablement l'histoire de la minéralogie et de la métallurgie européennes. Avant lui, plusieurs techniciens s'étaient déjà distingués dans les Andes. Dès 1556, le Florentin Nicolas del Benino ouvre la première galerie de mine à Potosi, onze ans à peine après la découverte des gisements[51]. Il est aussi l'auteur d'une description du Cerro Rico de Potosi (1573) et d'une histoire du Pérou des guerres civiles. Mais c'est au Portugais Henrique Garcés que l'on doit l'introduction de l'amalgamation dans les fameuses mines, une technique qui permet d'accroître considérablement la production d'argent. Ce savant fut également libraire, poète et traducteur de Camões et de Pétrarque en castillan. C'est probablement parce que ces hommes de la Renaissance avaient plusieurs cordes à leur arc qu'ils furent d'efficaces intermédiaires entre les mondes. Il faudrait enfin évoquer les ingénieurs italiens, portugais et castillans qui élèvent des fortifications dans les différentes parties du monde, comme João Baptista Milanez et Julio Simão qui travaillent à Goa et à Cochin au début du XVIIe siècle. Ce dernier ne se limite pas à des réalisations militaires, il participe à la construction de la cathédrale de Goa, bâtit la Porte des vice-rois, érigée en l'honneur de Vasco de Gama, et finit par être nommé « ingénieur général de l'État de l'Inde et maître des chantiers des fortifications de Goa[52] ». Pendant ce temps, des Castillans et des Italiens fortifient les ports des Caraïbes, du Brésil et de la Nouvelle-Espagne.

Propagandistes de la Monarchie

Des lettrés participent à la promotion de la Monarchie dans les terres où elle s'est enracinée. Professeurs d'université, jésuites, moines et chanoines cherchent moins à raccrocher la sphère locale à la Péninsule qu'à enraciner les symboles et les images de la domination ibérique dans les autres parties du monde en se faisant les propagandistes planétaires de la Monarchie. Ils organisent des manifestations qui célèbrent le pouvoir du Roi Catholique, commémorent les avènements et les décès des souverains, donnent de l'éclat aux entrées des vice-rois et des archevêques. En Nouvelle-Espagne, l'exemple le plus accompli en est Cervantes de Salazar, figure éminente des élites lettrées qui transforment les savoirs européens en savoirs occidentaux et donc potentiellement universels. « Il a introduit au Mexique à un degré de pureté sans doute atteint par aucun autre, le nouvel homme européen ; le séculier cultivé, le laïque qui possède la clé d'or des langues mortes ; l'expert aussi féru de textes sacrés que de textes profanes ; celui qui mêlait l'adoration du Christ à l'admiration qu'il vouait aux païens[53]. » Humaniste, traducteur de Luis Vives, Cervantes de Salazar inaugure la chaire de latin à l'université de Mexico. Quelques années plus tard, on s'en souvient, les autorités le chargent de concevoir le programme des obsèques mexicaines de Charles Quint, et donc d'insérer la mort du monarque dans l'histoire locale et le cadre universel imposé par l'empire. Cervantes de Salazar laissa le souvenir détaillé du déroulement des obsèques dans un ouvrage publié à Mexico en 1560[54], qui fut l'une des trois relations imprimées et illustrées des funérailles de l'empereur avec celles de Bruxelles et de Valladolid. Empressé à mettre ses talents et son érudition au service de l'image impériale, une vingtaine d'années avant l'union des deux couronnes, Cervantes de Salazar ouvre la voie aux élites lettrées de la Monarchie. Il n'était pas seul dans sa tâche. L'humaniste a collaboré avec l'architecte Claudio de Arciniega pour donner corps aux messages politiques et religieux que la cérémonie et le monument funéraire de 1559 transmirent aux élites locales et au peuple de Mexico. Ils avaient la ferme intention de faire œuvre originale – « il fallait que par sa nouveauté et sa singularité la pompe funéraire séduise les assistants[55] ». Le résultat aurait dépassé les espérances et, croyait-on, tout ce qu'on avait réalisé jusque-là dans l'Ancien Monde[56].

Goa précède en ce domaine la cité mexicaine d'une bonne dizaine d'années. Le vice-roi João de Castro, lecteur attentif du *De architectura* de Vitruve[57], et son entourage mirent également les ressources de l'humanisme classique au service de la politique portugaise en Asie. Après sa victoire à Diu en 1547, le vice-roi organise deux triomphes à la romaine lors desquels les emprunts à la vision humaniste de la Rome antique avec ses arcs de triomphe se mêlent à des éléments autochtones pour célébrer la grandeur du Portugal et de João de Castro, salué d'un « vice-roi du monde tout entier[58] ». « Ces choses étaient si admirables, et si réussie la manière dont elles étaient arrangées, qu'il semblait qu'elles surpassaient le triomphe de Paul-Émile et de Scipion l'Africain à leur entrée dans Rome[59]. » À l'occasion de cette mise en scène impériale, on installa un quai artificiel dans la cité pour conférer plus d'éclat au déroulement « à l'antique et sur le mode romain » de la procession triomphale. Au cours du second triomphe, la couronne de palmes qu'est censé recevoir João de Castro est remplacée par une « guirlande de feuilles de l'arbre de cannelle[60] », comme pour mieux enraciner l'événement en terre asiatique. Pour immortaliser les célébrations goanaises, des récits en portugais et en latin ainsi qu'une série de somptueuses tapisseries apprendront à l'Europe l'ampleur de la victoire remportée en Orient[61].

« Ô Indes ! chaos truffé d'obstacles… »

Cervantes de Salazar et João de Castro étaient au service des couronnes ibériques ; Gaspar da Cruz, Luís Fróis ou Bernardino de Sahagún répondaient à des commandes de leurs ordres respectifs ; le médecin Francisco Hernández œuvrait pour Philippe II. Mais d'autres habitants du Nouveau Monde s'improvisent experts des choses des Indes, et des francs-tireurs à qui nul n'a rien demandé éprouvent eux aussi le besoin d'informer l'opinion ou d'alerter la Couronne.

À l'instar des précédents, ces lettrés s'offrent invariablement à décrire « tout ce qu'il y a dans le royaume », qu'il s'agisse des « Indes du Pérou », du Brésil ou encore de l'Asie portugaise. Les uns sont des Européens, Espagnols ou Portugais, d'autres sont des créoles nés loin du Vieux Monde, d'autres encore sont des métis ou des indigènes formés aux lettres occidentales. Comment imaginer ces personnages qui s'expriment aussi bien à Mexico, à Lima ou à Goa que depuis leur retraite dans quelque cité ibérique ? Un traité dû à la plume acerbe de Diogo do Couto dépeint une suite de scènes animées où intervient l'un de ces experts bénévoles. On le reconnaît dans la figure intarissable du *soldado prático*, donneur de conseils et d'avertissements, toujours pauvre et modeste, jamais en manque d'idées : « Puisque je ne suis qu'un soldat pauvre et idiot[62] » ; « Moi, un pauvre soldat, je sais bien que cela est du ressort de capitaines expérimentés ; mais avec toute mon incompétence […] je dirai ce que je sais et que j'ai entendu dire aux vieux d'autrefois[63] ». D'ordinaire, les conseilleurs agrémentent leur analyse de la situation locale de pressants « avertissements[64] ». Chaque auteur se targue d'avoir accumulé une expérience unique qu'il s'offre obligeamment à mettre au service de la Couronne et de ses représentants. En échange de quoi, il escompte une récompense sous la forme d'une grâce.

Ambrósio Fernandes Brandão en est un bon exemple. Auteur des *Diálogos das grandezas do Brasil* (1618), c'est un personnage malaisé à cerner[65]. Nouveau chrétien – comme

Garcia da Orta, comme Couto… –, il arrive au Brésil en 1583. « Neuf dans le pays », Brandão commence par s'occuper de la perception des droits sur le sucre. Deux ans plus tard, il dirige une compagnie de marchands qui fait la conquête de la Paraiba, se bat contre les Indiens, alterne les entreprises militaires, agricoles et commerciales. Entretenant des liens avec des membres de la haute administration à Lisbonne, il réapparaît sur les bords du Tage en 1597. Sept ans plus tard, il est « trésorier général du fonds des défunts et des absents », sans négliger pour autant les belles-lettres, la botanique et le jardinage, puisqu'il s'adonne à la culture de l'indigo dans « son potager et sa ferme ». De retour au Brésil en 1607, il exploite la canne à sucre dans la Paraïba et à Pernambouc. Dans ses *Dialogues*, Brandão opine sur tout : la faune, la flore, le climat, l'origine des Indiens, la population, la production sucrière, l'état des capitaineries du Brésil. Il s'inquiète aussi du sort du pays. Il n'est pas le seul.

Au moment où Brandão achève son ouvrage, Simão Estácio de Sylveira débarque au nord du Brésil avec l'expédition de Betancour. « Expert des choses de la mer », spécialiste « des mines, de la fonte des métaux, de la fabrication du salpêtre et de la poudre[66] », ce Portugais se flatte de pouvoir « observer les îles, les plages et les indigènes en décrivant et dessinant toute chose comme je sais le faire ». Il n'envisage rien de moins que d'écrire une « histoire morale et naturelle » du Brésil, qui serait le pendant de l'œuvre de José de Acosta pour l'Amérique portugaise[67]. Mais, pour la mener à bien, il aurait fallu bien plus qu'un vernis de culture latine à ce militaire qui, à l'en croire, « depuis des années enseigne l'agriculture[68] ». Parce qu'il caresse le projet de prendre en main la colonisation du Grão Para et Maragnon, Estácio da Sylveira se présente comme un connaisseur de cet immense territoire qui correspond à une partie de l'Amazonie. Comme Brandão l'avait fait pour le Brésil, sa relation dresse l'inventaire des ressources naturelles et humaines de la région, avec la conviction que les « drogues » qu'elle recèle en font un second Pérou : « L'histoire de Gonçallo Pizarro démontre qu'on y trouve la même cannelle que celle de Ceylan ; des Blancs qui sont entrés en cette contrée disent qu'il y a du clou de girofle comme celui de Ternate [...]. En un mot, c'est le Pérou oriental, il se trouve à la même latitude que les îles du clou de girofle et on peut attendre de la bonté du sol qu'il produira tout ce qu'on y jettera, même du safran[69]. » Dans cette perspective, il reprend à son tour l'idée de l'ouverture d'une gigantesque liaison fluviale entre le Pérou et l'Atlantique *via* l'Amazone[70] : « [Le fleuve des Amazones] est le plus grand fleuve qu'il y a sur le globe, il a une embouchure qui fait cent vingt lieues et descend du Pérou sur plus de mille lieues. Sa Majesté peut ordonner d'ouvrir une porte par ce fleuve par laquelle fort rapidement et fort commodément les richesses du Pérou arriveront en Espagne. » Même recommandation dans une lettre publiée en espagnol et à Madrid en juin 1626, où il propose de « créer une nouvelle route par l'un des fleuves du Maragnon qui permettra en toute sécurité et en quatre mois d'aller du Pérou en Espagne ».

L'amélioration des circulations n'est pas dénuée d'arrière-plans militaires : en Amazonie comme dans les autres parties du monde, il faut écraser les Hollandais et « leurs sectes perverses ». À l'autre bout de l'empire portugais, les marchands et les marins des Provinces-Unies donnent en effet bien du fil à retordre à la Couronne. C'est depuis une perspective asiatique et en s'appuyant sur « sa pratique et son expérience de l'Inde » qu'en 1599 Francisco Rodrigues Silveira conçoit sa *Réforme de l'armée et du gouvernement de l'État de l'Inde*[71]. Né à Lamego vers 1558, Silveira s'était embarqué à vingt-sept ans pour l'Inde et se trouvait à Goa en 1586. En 1598, après avoir servi du golfe Persique à Malacca, notre soldat rentre au Portugal et se retire à Lamego, « sa patrie[72] ». Il ne remettra plus les pieds en Asie mais, « pauvre et privé d'une jambe[73] », visitera à plusieurs reprises Lisbonne, Madrid et Valladolid pour présenter son ouvrage et finalement arracher une pension annuelle de cinquante mille *réis*. Une douzaine d'années avant le *Díalogo do soldado prático* (1612) de Diogo do Couto qui s'en prenait aux « tromperies et désillusions de l'Inde », la *Réforme* détaille les difficultés auxquelles doit faire face l'*Estado da India* à la fin du XVIe siècle : manque d'hommes, gaspillage des vies humaines, incompétence, corruption, visions à court terme. De manière plus systématique que l'auteur des *Décades*, Sylveira propose des solutions militaires pour mettre un terme au désordre et à la corruption qui conduisent droit au naufrage les entreprises portugaises dans cette région du globe. Au passage, il énonce les qualités qu'il faut réunir pour connaître les autres mondes : les candidats doivent posséder « pratique et expérience », ou à défaut disposer « de beaucoup d'habileté et de dextérité et être habitués à des situations qui les rendent intelligents[74] ». Voilà pourquoi les experts de Lisbonne, qui ne font qu'exporter « la pratique et l'expérience militaire de l'Europe », finissent tous, sans exception, par se perdre corps et âme dans « ce labyrinthe de désordres[75] ». Comme ses collègues des autres parties du monde, Silveira affiche cette priorité accordée au local et au vécu, et la conviction que ceux qui sont restés en Europe sont incapables d'atteindre pareil degré de connaissance et d'efficacité[76].

Dans cette abondante production qui envahit alors la Péninsule surnagent quelques œuvres maîtresses comme la chronique de Felipe Guaman Poma de Ayala, *El primer nueva corónica y buen gobierno* (1615), qui nous entraîne à nouveau vers le Pérou indigène. Son auteur appartient à une famille de la noblesse indienne, originaire de la province de Lucanas. Trop âgé pour se rendre en Castille, il a sans doute près de quatre-vingts ans en 1615 quand, épuisé, ruiné et écœuré par les ravages qu'a causés la domination espagnole, il implore la générosité du roi Philippe III : « Récompensez-moi pour trente années de service et pour être si pauvre, puisque j'ai laissé maison, enfants et affaires pour servir Votre Majesté[77]. » Son texte de près de mille deux cents pages s'inspire des relations commandées par la Couronne[78]. Riche d'un demi-millier d'illustrations, il est truffé de conseils pour contribuer « au bon gouvernement et à la justice » de cette partie du monde et au rachat de ses péchés[79]. Mais l'initiative répond d'abord à des motifs personnels : ceux d'un individu floué, qui s'improvise le porte-parole d'une noblesse à la dérive et de peuples accablés par l'injustice. D'où le pessimisme de l'homme et la sévérité du bilan. Les points de vue de l'Indien s'opposent radicalement à ceux des Espagnols établis dans les Andes. Loin du regard du souverain, les populations indiennes sont les victimes des curés, des *encomenderos* et des profiteurs espagnols qui les exploitent de toutes les manières. Comment, dans ces conditions, imaginer ce que devrait être la place des sociétés indiennes des Andes au sein de la Monarchie ? Guaman Poma part d'une réinterprétation de l'histoire locale qui idéalise la période préhispanique et s'efforce de gommer la tare de l'idolâtrie. Dans son esprit, la conquête espagnole n'est plus la sanction d'une défaite, mais la réalisation d'une *translatio imperii*, c'est-à-dire un transfert de pouvoir librement consenti[80]. C'était remettre en question d'une manière radicale la place des Espagnols aux Indes et dans les Andes. Mais Philippe III était-il disposé à écouter son chroniqueur péruvien, plus isolé encore que le soldat de Couto dans ses soirées de Goa ?

Baltazar Dorantes de Carranza, le fils de l'un des Espagnols qui accompagnèrent Cabeza de Vaca dans son errance entre la côte de Floride et le nord-ouest du Mexique, est aussi un expert amer et déçu, mais pour d'autres raisons. Son plaidoyer nous ramène à notre point de départ, la Nouvelle-Espagne[81]. Sans atteindre la virulence tragique de la chronique péruvienne, il exprime tout autant le malaise d'un milieu social et l'échec d'un individu. Sa *Relation sommaire des choses de la Nouvelle-Espagne* (1604)[82] est contemporaine de *Grandeza mexicana* de Balbuena et précède d'une dizaine d'années la chronique de Guamán Poma. Elle contient la liste des descendants des conquistadores établis au Mexique – près d'un millier en 1604 –, inventaire qui devrait inspirer la bienveillance du vice-roi et l'aider à favoriser les descendants légitimes des conquérants en leur réservant les charges du royaume de la Nouvelle-Espagne. Dorantes de Carranza en profite pour s'en prendre aux intrus venus de la Péninsule et attaquer les nouveaux arrivants qui amassent des fortunes faciles tandis que les petits-fils des conquérants plongent dans la misère. Les imprécations dont il émaille sa relation sont d'une virulence inouïe : « Ô Indes ! […] chaos truffé d'obstacles, maquereau de fainéants […] banque où tous font faillite, dépôt de mensonges et de tromperies, arrogance des sots, bordel des bons, affolement des gens sages, fin et terme de la noblesse, destruction de la vertu, confusion des sages et des discrets, divagation et fantaisie des simples et de ceux qui ne se connaissent pas. Ô Indes ! appât pour les faibles, maison de fous, abrégé de toutes les méchancetés, enflure des riches, présomption des orgueilleux. Ô Indes ! quelques qualités collées à la cire, épinglées avec des aiguilles, jouet des vaniteux, ascension des gens inconstants et sans vergogne, expert en escroquerie. [...] Ô Indes ! mal français, portrait de l'enfer, trafic et confusion[83]. » De là à se demander si cette malédiction n'est pas liée aux excès mêmes de la Conquête, il n'y a qu'un pas que Dorantes de Carranza semble souvent prêt à franchir quand il proclame que les Espagnols n'ont aucunement « le droit de mépriser et de maltraiter les autres gens[84] ». Quelques années plus tard, l'écho de cette prise de conscience retentit dans Goa l'indienne : « Le pire qu'on trouve là-bas, ç'a été nous, qui sommes venus détériorer une terre si merveilleuse avec nos mensonges, nos faussetés, nos tromperies, nos escroqueries, nos convoitises, nos injustices et d'autres vices qu'ici je tais[85]. »

Plaidoyer au Cap-Vert pour les élites locales luso-africaines, défense de la noblesse indienne des Andes[86] et des populations indigènes au Pérou, ou apologie des créoles en Nouvelle-Espagne : ces objectifs varient comme les contextes sociaux et ethniques, à l'image d'une Monarchie catholique, mosaïque planétaire où s'imbriquent des situations et des sociétés si diverses. Chacun de ces points de vue exprime les contradictions, les impasses et les espoirs des mondes mêlés qui émergent ou s'enlisent dans les différentes parties du globe soumis aux Ibériques. Tous travaillent à raccorder l'Europe à des univers exposés aux affres de la colonisation et emportés dans les flux de la mondialisation ibérique.

CHAPITRE IX

Les outils de la connaissance et du pouvoir

« On en apprend plus en un jour aujourd'hui grâce aux Portugais qu'en cent ans avec les Romains. »

Garcia da Orta, *Cóloquios dos simples*, 1563.

À suivre tous nos experts, le risque est grand de transformer ce tour du monde en un interminable périple. Où trouver le temps pour accompagner le dominicain João do Santos sur les rivages étouffants de l'Afrique orientale, observer les natifs des îles Salomon avec Sarmiento de Gamboa, visiter les pagodes de l'Inde ou remonter l'Amazone en direction de Quito et des Andes équatoriennes ? La prolifération des expériences et des savoirs sur les terres d'Amérique, d'Asie et d'Afrique, à l'intérieur de la Monarchie comme sur ses confins, offre l'embarras du choix. Cette avalanche de rapports, de lettres, de descriptions, d'histoires traduit en mots et parfois en images une mondialisation des regards. Elle capture les myriades d'interactions qu'engendre la présence ibérique dans les autres parties du monde.

Communiquer

Que signifie rattacher les mondes entre eux ? C'est d'abord les faire communiquer, aussi anachronique que puisse paraître ce terme aujourd'hui. Si le créole mexicain Dorantes de Carranza décrit les peuples indigènes des Indes, c'est, explique-t-il, « pour que tous ceux qui ne les connaissent pas sachent qu'ils ne sont pas uniques au monde et qu'ils ne sont pas non plus les pires[1] ». Dans un autre coin du globe, Francisco da Costa, un notaire de la *feitoria* de Cochin, spécialiste du commerce du poivre et des malheurs de l'Inde, insiste également sur la même idée : « On a bien raison de louer ceux qui écrivent s'ils le font avec l'intention de *communiquer* ce qu'ils savent à ceux qui veulent savoir[2]. » Des années plus tôt, cédant à la pression de son entourage, le médecin de Goa Garcia da Orta a abandonné le latin pour le portugais, « afin de mieux *communiquer* les fruits [de son ouvrage][3] ». Dans les années 1520, Hernan Cortés fait des offres d'amitié au roi de Cebu : « Étant si proches et à une si courte distance, nous pourrons être en communication[4]. »

La communication des « choses » lointaines entretient des circulations entre les mondes et resserre les liens qui les unissent. Toute prise de contact doit à son tour favoriser un élargissement des savoirs. Au début des années 1560, dans sa soif insatiable d'informations et de nouveautés, le Portugais Garcia da Orta exprime le souhait qu'on en sache beaucoup plus sur la Chine, « car celle-ci a déjà tant de rapports avec les Portugais[5] ». Il est vrai que les autorités chinoises semblent plutôt rétives aux échanges, parce que « le roi de la Chine a trouvé qu'une intense *communication* avec les gens du dehors pouvait provoquer des soulèvements et que, sous prétexte de naviguer à l'étranger, beaucoup de Chinois devenaient des voleurs qui attaquaient les terres en bord de mer[6] ».

Les grandes découvertes ont accéléré la diffusion des connaissances : « On en apprend plus en un jour aujourd'hui grâce aux Portugais qu'en cent ans avec les Romains[7]. »

Beaucoup d'experts travaillent vite et bien. L'information est souvent saisie au vol, au hasard d'une rencontre, lors du passage d'un spécialiste indigène ou étranger. Il suffira au dominicain Gaspar da Cruz d'avoir séjourné six semaines à Canton pour être en mesure d'écrire un traité sur la Chine. L'augustin Juan de Grijalva ne met que dix-huit mois à rédiger sa chronique du Mexique, un temps si court que le réviseur du texte se demande comment l'auteur a pu « lire autant de relations si longues et si différentes », et lui décerne le titre de « Hercule de bien des mondes[8] ». D'un séjour de sept ans au Mexique, le médecin Francisco Hernández rapporte une œuvre scientifique colossale qui suscite l'intérêt de l'Espagne, de l'Italie et des Flandres. La rapidité avec laquelle un Diogo do Couto enchaîne ses *Decadas* de l'histoire de l'Inde portugaise est tout aussi stupéfiante.

À la célérité de l'écriture s'ajoutent celle de l'enquête et celle de la compilation – fût-ce, il est vrai, au prix du plagiat qui permet de gagner un temps précieux. Cette solution de facilité est alors de règle dans toutes les parties du monde[9]. Mais le plagiat n'est pas seulement une économie de temps et de travail, c'est aussi la meilleure façon de mettre ou de remettre en circulation des informations autrement condamnées à l'oubli. Il rentabilise et sauve des connaissances souvent consignées dans les pires conditions, comme le manuscrit de ce Portugais, longtemps prisonnier des geôles chinoises, Galiote Pereira, que le dominicain Gaspar da Cruz exploita jusqu'à la corde pour rédiger son traité sur la Chine. Il arrive pourtant que le travail de l'expert envahisse l'espace d'une vie entière, qu'il soit sans cesse remis sur le métier tant la matière est immense. C'est ce qui arrive au franciscain Sahagún, au dominicain Durán, ou encore au Péruvien Guaman Poma qui avoue avoir passé près de trente ans à rédiger sa chronique[10]. Aujourd'hui, l'homme et l'œuvre finissent par se confondre dans notre esprit.

Les Anciens et les Modernes

On ne s'interroge nulle part sur le statut, l'histoire et le devenir des nouvelles terres sans recourir à un bagage classique qui organise les cadres de la pensée et la nourrit de références multiples. De Mexico à Goa en passant par Manille et Nagasaki, malgré les distances océaniques qui les séparent des bibliothèques et des librairies européennes, nos experts puisent au même fonds hérité de l'Antiquité gréco-latine et des Pères de l'Église, enrichi des apports des théologiens, des savants et des voyageurs médiévaux. Nul n'échappe à la tradition lettrée de la Renaissance, même si la consultation de première main est loin d'être la règle. Or c'est précisément la confrontation ou le choc entre leur formation humaniste plus ou moins consistante et les réalités observées qui aiguillonne la curiosité des experts, et oriente les enquêtes avant d'ordonner les observations. Voilà ce qui pousse le médecin Francisco Hernández à confronter au Mexique sa traduction et son commentaire de Pline avec ses descriptions des plantes de la Nouvelle-Espagne, « pour que l'histoire naturelle de ce monde puisse s'unir à celle de l'autre[11] ». Ce qui explique qu'un traité rédigé en Asie portugaise et qui ne concerne que cette partie du monde, le *Soldado prático* de Diogo do Couto (1612), soit cousu d'allusions à l'Antiquité. Au fil des pages, les meilleurs auteurs – Cicéron, Végèce, Tite-Live, Appien, Hircius[12], Plutarque –, les exemples illustres – Diogène, Thémistocle, Alexandre, Pompée, Pithéas, César, Tibère – ne cessent de défiler pour étayer le raisonnement de l'expert qui prétend « donner raison de toute chose[13] ». Ajouter quelques mots de grec ne gâte rien. La lecture des « Anciens » aide à diagnostiquer la décadence de l'Inde portugaise, « le misérable état dans lequel elle est tombée[14] » ; elle peut aussi souffler les moyens d'y remédier en proposant son lot de certitudes, donc de modèles et de valeurs pérennes.

Les experts interprètent les mondes qu'ils découvrent à l'aune des catégories et des grilles de la pensée antique, et principalement de celle d'Aristote. Avant d'entreprendre la description des peuples amérindiens, le créole mexicain Dorantes de Carranza éprouve le besoin d'avancer une série d'explications théoriques sur les six « causes naturelles » qui conditionnent l'entendement humain. Détour pas aussi pédant qu'on pourrait le croire, car il lui permet d'expliquer l'unicité du genre humain et sa diversité : « Voilà la raison pour laquelle des hommes paraissent plus subtils et plus ingénieux que les autres et mieux dotés des vertus naturelles de l'âme[15]. » En citant Aristote et saint Thomas d'Aquin, Dorantes de Carranza ne fait qu'exploiter l'enseignement qu'adolescent il a probablement reçu chez les jésuites de Mexico. Ce réflexe banal illustre sur le vif les fruits de la mondialisation du système éducatif prôné par la Compagnie. Rien de plus banal non plus que de voir Francisco Hernández à Mexico et son confrère Garcia da Orta à Goa recourir à la théorie des quatre humeurs de Galien – le sang, le flegme, la bile noire et la bile jaune – pour expliquer l'action thérapeutique des plantes qu'ils recueillent et étudient.

Mobilisation et mondialisation aidant, les classiques font alors le tour du monde. Homère, Aristote[16], Ptolémée, Pline, César, Ovide[17], Flavius Josèphe[18], Diodore de Sicile[19], Isidore de Séville, Marco Polo figurent parmi les auteurs « mondialisés ». À quoi s'ajoutent le médecin grec Dioscoride, Avicenne, Galien, le philosophe arabe Rhazès et bien d'autres qu'on rencontre aussi bien sous la plume de Diogo do Couto[20] que sous celle de Garcia da Orta ou de Juan de Cárdenas[21]. Les références à l'Antiquité se succèdent, inextricablement imbriquées dans les descriptions des terres nouvelles. Qu'on lise le nouveau chrétien portugais Ambrósio Fernandes Brandão ou le créole mexicain Baltazar Dorantes de Carranza, qu'on se perde dans les digressions de la *Relation sommaire des choses de la Nouvelle-Espagne* (1604) ou dans les développements des *Dialogues des grandeurs du Brésil* (1618)[22]. Hérodote, Pline, Sénèque, Strabon, Diodore de Sicile, Isidore de Séville[23] sont aussi lus à Goa et à Mexico qu'à Salamanque ou à Paris.

Nos experts ne sont pas des humanistes égarés, condamnés à l'amère solitude des exils lointains. Les textes qu'ils citent et critiquent parfois circulent dans toute l'Europe de la Renaissance. Ils se comportent ni plus ni moins comme tous les lettrés du Vieux Monde, dont ils partagent la formation, les tics et les travers. Par exemple, les citations de deuxième ou de troisième main qui leur permettent, on l'a dit, de s'épargner d'interminables lectures ou de pallier les lacunes des bibliothèques dont ils disposent. Ainsi Diogo do Couto connaît-il Bérose, l'astronome de Babylone, Diodore de Sicile ou Annius de Viterbe à travers la *Chorografia* de Gaspar Barreiros, publiée à Coimbre en 1561[24], qui quelque temps auparavant avait offert un chapelet de références à son compatriote Garcia da Orta.

Depuis la ville indienne de Tlaxcala (1585), le métis mexicain Diego Muñoz Camargo célèbre les humanistes de la Renaissance – « les esprits humains sont si remplis de lumières et de subtilité en ces temps-ci[25] » –, mû sans doute du secret désir de rejoindre leurs rangs. Pas question d'entamer sa description de la province indienne sans citer le « divin Platon », sans invoquer le « célèbre Végèce », sans mentionner Ptolémée ni caser une anecdote sur le roi Artaxerxès, égarant le lecteur curieux du Mexique dans la Perse ancienne[26]. Si le Luso-Africain Almada est moins prolixe dans ces références, il ne peut s'empêcher d'évoquer le siège de Numance pour décrire le cannibalisme des Sumbas ou des Manes, et ainsi mieux accabler les Africains – « car les gens de Numance n'étaient pas les assiégeants, mais les assiégés[27] ». Quelques années auparavant, cette Numance de l'Antiquité, si familière aux lettrés ibériques, avait inspiré à Miguel de Cervantès son *Siège de Numance,* un des chefs-d'œuvre du théâtre espagnol[28]. En Amérique, la romanisation des passés non européens est presque devenue un exercice de style : les douze Incas deviennent le pendant des douze Césars et Cuzco, la capitale de leur empire, passe pour avoir été le nombril du monde.

On ne s'étonnera pas que les chroniqueurs originaires de la péninsule Ibérique aient constitué une mine d'informations constamment consultée ou sollicitée. Diogo do Couto lit aussi bien Ruy González de Clavijo, un ambassadeur de Castille auprès des Mongols mort en 1412, auteur d'une *Vie du grand Tamerlan*[29], que l'historien Fernando del Pulgar (1536-1486) [30]. Manuscrits ou imprimés, les textes inspirés par la découverte des terres nouvelles offrent des sources où chacun puise à l'envi. Il va sans dire que les grandes chroniques des Indes occidentales sont des documents de premier ordre pour les habitants de l'Amérique espagnole. S'y ajoutent des épopées en vers comme l'*Araucana* d'Ercilla, la *Conquête et Nouveau Monde* de Francisco de Terrazas[31], « excellent poète en toscan, en latin et en castillan », dont Baltazar Dorantes de Carranza recopie et pille de longs extraits[32]. Les œuvres de Bartolomé de Las Casas constituent une autre source inépuisable. À Mexico, Dorantes de Carranza exploite son *Apologética historia sumaria* comme le fait Guaman Poma de Ayala au Pérou. Celui-ci, de son côté, met également à contribution Agustin de Zarate (1555)[33], Diego Fernández el Palentino, Gonzalo Fernández de Oviedo ou encore le jésuite José de Acosta[34]. En Asie, de la même façon, Couto utilise tous ses prédécesseurs, João de Barros, Fernão Lopes de Castanheda, Gaspar da Cruz et d'autres. Les savoirs sont moins spécialisés qu'aujourd'hui. Les Portugais d'Asie lisent les Espagnols qui ont fréquenté l'Amérique, et réciproquement. À Goa, Diogo do Couto s'inspire de l'œuvre de Gonzalo Fernández de Oviedo pour écrire l'histoire des Moluques[35], tandis qu'à Mexico Juan de Cárdenas emprunte aux commentaires d'Afonso de Albuquerque de quoi étoffer sa comparaison des Indes occidentales avec l'Asie. Le siècle est aux lectures croisées.

L'Italie de la Renaissance offre un formidable réservoir de textes en tout genre, en particulier pour ceux qui décrivent l'Asie. Pour présenter la Chine, Gaspar de Santa Cruz s'appuie sur le *Supplementum chronicarum* de Jacopo Filippo Foresti de Bergame (Venise, 1483), objet de plusieurs éditions au XVIe siècle. Diogo do Couto cite des humanistes italiens comme Flavio Biondo (1392-1463), Enea Silvio Piccolomini, le futur Pie II (1458-1464), qui avait introduit une description de l'Asie dans son *Historia rerum ubique gestarum*, ou encore Paul Giove (1483-1552), très lu à Mexico et dans les Indes occidentales. L'historien des *Décades* recourt également à cette extraordinaire encyclopédie que Ramusio a mise à la disposition des lettrés et des curieux de la Renaissance, la collection de voyages *Navigationi et Viaggi*[36]. Elle offre un accès commode aux premiers récits sur l'Asie, ceux de Jean du Plan Carpin, parti négocier avec le khan des Mongols, du franciscain Odoric de Pordenone qui avait sillonné cette partie du monde entre 1318 et 1330, ou, plus récents, de Niccolò di Conti. Parmi les Italiens contemporains, Couto compulse – ou du moins prétend avoir compulsé – Raphael de Volterra (1451-1522)[37] et Cambino Florentino (Andreas Cambinus), auteur d'un ouvrage sur *L'Origine des Turcs et de l'empire des Ottomans,* publié à Florence en 1537[38]. Il a fort probablement entre les mains l'*Universale fabrica del mundo*, de Giovanni Lorenzo d'Anania ; c'est grâce à cette œuvre éditée à Naples en 1573 qu'il aurait connu les idées du géographe arabe Abul Feda (1273-1331). Ce florilège de références italiennes n'est pas pour nous surprendre. L'Italie du XVIe siècle exerce un rôle majeur dans la diffusion des découvertes, grâce à ses cohortes d'humanistes et d'imprimeurs, grâce également à la faveur dont jouit la langue italienne. La mondialisation des connaissances explique que le livre italien oriente le regard que les Européens portent sur les parties du monde tout autant qu'il influence la manière dont les gens de Goa et de Mexico envisagent les terres environnantes où même dont les Turcs perçoivent l'Amérique[39].

D'autres auteurs sont mis à contribution, parmi ceux qui ont publié des compilations à prétention planétaire. C'est le cas de Giovanni Botero, qu'invoque João do Santos dans son *Etiopia oriental* (Evora, 1609)[40], tandis qu'au fond des cordillères andines Johann Boemus intéresse l'Indien Guaman Poma. La perspective comparatiste du *Livre des coutumes de tous les gens du monde et des Indes* – lu dans une traduction espagnole publiée à Anvers en 1556 – a visiblement séduit le chroniqueur péruvien : « Boemus a écrit [sa chronique] en comparant les climats, les rites, les rois et les situations des terres de tous ces pays avec ceux des Indiens naturels de ce Nouveau Monde[41]. »

La circulation des livres ne provoque pas forcément des changements de mentalités ; parfois même au contraire elle entretient des idées fausses : dans les premières années du

XVIIe siècle, à Mexico, le créole Dorantes de Carranza imagine encore l'Inde, ses fleuves et ses merveilles à travers Strabon, Hérodote, Pline et Diodore de Sicile[42], comme si les informations souvent fabuleuses des Anciens étaient aussi solides que celles qu'il pouvait recueillir chez les auteurs modernes, les marchands portugais ou les missionnaires rentrés des Philippines.

Rivalités d'auteurs, rivalités d'experts

Nos experts ne se gênent pas pour reprendre ou rectifier les chroniqueurs qui les ont précédés. Depuis Goa, Diogo do Couto s'empresse de corriger les erreurs des Européens, anciens ou modernes, qu'ils se nomment Ptolémée, Quinte-Curce, Ortelius, Paul Giove ou Flavio Biondo[43]. Dans le chapitre de la *Quatrième Décade* (1602) qu'il consacre aux rois de Malacca, le chroniqueur portugais reproche aux meilleurs auteurs – João de Barros, Afonso de Albuquerque, Damião de Góis – de n'avoir rien compris à la titulature des souverains indigènes[44]. Dans sa géographie du Gujarat, Anciens et Modernes sont tour à tour pris à partie, fussent-ils des sommités européennes, comme le Flamand Abraham Ortelius « et tous les autres géographes qui ont mis l'Indus dans la baie de Cambay alors qu'il est aussi loin que de là au Sind[45] ».

Beaucoup reprochent aux Anciens de s'être fait une idée fausse ou incomplète du monde, et accusent les Modernes des mêmes errances. C'est probablement Garcia da Orta qui pousse le plus loin la double critique en arguant d'une position aussi excentrée que privilégiée : « Moi, si j'étais en Espagne, je n'oserais rien dire contre Galien ni contre les Grecs[46]. » Cantonné au rôle d'obligeant faire-valoir, Ruano, son interlocuteur castillan dans les *Colloques*, s'inquiète du ton trop péremptoire de ses jugements : « J'ai l'impression que vous détruisez tous les auteurs anciens et modernes[47]. » Encore plus retors et persifleur qu'à l'accoutumée, Garcia da

Orta se défend : « Je ne dis pas de mal des Grecs parce qu'ils sont les inventeurs des belles-lettres, mais parce qu'ils ont aussi inventé bien des mensonges et qu'ils avaient des coutumes mauvaises et efféminées[48]. » Les Modernes ne trouvent pas davantage grâce à ses yeux : « Si vous voulez connaître mon idée, il vous faut laisser de côté votre attachement à ces écrivains récents et vous plaire à écouter mes vérités qui sont dites sans couleurs rhétoriques, car la vérité se peint toute nue[49]. » Il s'en prend en particulier aux voyageurs de l'Inde qui l'ont précédé. Ludovico de Varthema est tout bonnement accusé de raconter n'importe quoi[50] : « Cet auteur est un mauvais témoin des choses de l'Inde. » De quoi ébranler la réputation du voyageur bolognais dont l'*Itinerario* (1510) aux multiples éditions avait longtemps constitué « une des autorités modernes majeures sur les découvertes portugaises en Orient[51] ».

D'autres que Garcia da Orta dans d'autres parties du monde ne perdent pas une occasion de corriger les idées établies ou de se démarquer des clichés dominants. À Mexico, le médecin Francisco Hernández reproche à ses contemporains d'avoir mal lu les Anciens et à ces derniers d'avoir rapporté des informations sans fondement[52]. Un autre médecin, Juan de Cárdenas, imagine qu'un sage des Indes pourrait en remontrer à Pline : « Qu'est-ce qu'a pu dire Pline, quel éloge a-t-il pu faire du crocodile que n'écrive le philosophe indien sur le caïman de ce continent[53] ? » Le métis Diego Muñoz Camargo accuse les premiers franciscains d'avoir altéré le calendrier indigène en fixant la fin de l'année indienne au 31 décembre, « comme le compte romain », après avoir rabroué Ptolémée qui a prétendu que la zone torride était inhabitable[54]. « Des théoriciens modernes et non des gens expérimentés pensent que les rois mexicains peuplaient les côtes et les parages maritimes de gens venus de la terre froide ; je considère que c'est une opinion chimérique et fabuleuse ; je soutiens absolument le contraire. » Ce sont les Espagnols, affirme Muñoz Camargo, qui ont forcé les populations indigènes à changer d'environnement climatique, « en provoquant la mort de beaucoup de monde[55] ». On a vu comment au début du XVIIe siècle un autre chroniqueur indigène, le Mexicain Chimalpahin, s'attaquait à la science européenne en opposant la dure réalité des faits aux spéculations des savants. Les attaques les plus virulentes dressent souvent les spécialistes les uns contre les autres. Alors qu'à Goa Garcia da Orta ou Diogo do Couto s'en prennent au chroniqueur espagnol des Indes, Gonzalo Fernández de Oviedo, le Péruvien Guaman Poma accable le mercédaire Martín de Murúa, coupable à ses yeux de ne pas avoir su mener à bien sa chronique du Pérou : « Il a commencé à écrire et il n'a pas terminé, ou pour mieux dire il n'a ni commencé ni achevé son travail[56]. » Ce qui n'empêche aucun de nos experts d'étaler une modestie de circonstance et de se dire prêts à s'effacer derrière « d'autres personnes plus expertes et d'un esprit plus aiguisé que le leur[57] ».

Les missionnaires sont-ils plus charitables ou moins exigeants ? « Parmi nous il n'y a pas de haine entre les différents ordres, alors que les bonzes se haïssent entre eux[58] », affirme le jésuite Luís Fróis, faisant bon marché des rivalités qui divisent les missionnaires catholiques. Dominicains, franciscains et augustins se retrouvent la plupart du temps en situation de concurrence, et dès la seconde moitié du XVIe siècle ils doivent affronter dans toutes les parties du monde une Compagnie de Jésus aussi coriace que débordante d'énergie, aussi romaine que rétive au patronage royal. Les conflits qui opposent les jésuites aux autres ordres religieux dans le Japon du XVIe siècle sont accablants. D'où ces livres qui répondent à d'autres livres. Dans son *Etiopia oriental* (Evora, 1609), le dominicain João do Santos fait valoir les entreprises africaines de son ordre face aux rivaux ignaciens. La *Conquista espiritual do Oriente* (1630/1636) du franciscain Paulo da Trindade est explicitement dirigée contre les assertions du jésuite Maffei qui, « avec autant de témérité que d'audace, s'est risqué à affirmer qu'en Inde les frères de saint François ne s'occupaient pas de créer des chrétientés, mais seulement d'enterrer les morts et de chanter des messes de Requiem[59] ». Des frictions éclatent aussi à l'intérieur d'un même ordre religieux. Le franciscain Bernardino de Sahagún n'hésite pas à dénoncer au tribunal du Saint-Office un traité de son confrère Motolinía sur le calendrier indien, sous prétexte qu'il ferait « l'éloge de l'art divinatoire des Indiens[60] ». Il faut détruire et brûler un texte « aussi préjudiciable à notre sainte foi catholique ». On ne plaisante guère entre confrères. Arroseur arrosé, Sahagún fait à son tour l'objet de pressions et de mesures déplaisantes quand des membres de son ordre tentent de l'empêcher de poursuivre ses enquêtes. Leurs menées[61] accélérèrent le coup de grâce qui mit officiellement un terme au grand œuvre lorsqu'un ordre de Philippe II de 1577 enjoignit à Sahagún d'envoyer ses écrits en Espagne, « sans qu'il en restât ni original ni copie[62] ».

Expériences locales et sources indigènes

La force des experts de la Monarchie repose sur la profondeur de leur expérience de terrain[63], dont ils n'hésitent jamais à se targuer. Ce ne sont pas des théoriciens (*contemplativos*), mais des experts (*baquianos*) – pour reprendre la distinction opportunément introduite par le métis Diego Muñoz Camargo, qui avance une expérience de trente-cinq ans dans la région de Tlaxcala[64]. Au Pérou, l'Indien Guaman Poma s'est formé sur le tas lors des grandes enquêtes qu'a lancées dans les années 1570 le vice-roi Francisco de Toledo sur l'histoire et le gouvernement des Incas[65]. Les conversations avec les moines et les représentants du roi l'ont familiarisé avec des pratiques et des idées européennes qui circulent dans les quatre coins de la Monarchie. À Canton ou à Cuzco, le manque de livres et la soif d'informations, le besoin insatiable de comprendre, parfois l'isolement et les temps morts favorisent de prolixes échanges. À l'ombre d'un cloître andin ou à la table d'un marchand chinois ou goanais, on écoute, on s'étonne, on interroge, on discute et on prend note.

L'apprentissage oral fait partie d'une expérience physique, quotidienne, inlassablement répétée du monde local, qu'elle se déroule à la maison, dans les ports, sur les places et les marchés, dans les édifices publics ou dans les palais des prince indigènes. En remontant des fleuves interminables, en longeant des côtes qui finissent par devenir familières, au hasard d'un naufrage dont on parvient miraculeusement à réchapper, on s'initie aux odeurs, aux formes, aux sons étranges des parlers indigènes. En Afrique, quand le Luso-Africain Almada prend la plume, il sait de quoi il parle, car « il en a vu la plus grande partie et il a eu à connaître quantité de fleuves qu'il a remontés sur de nombreuses lieues[66] ». Les déplacements continuels de Díaz de Guzmán dans la région du Rio de la Plata, les errances forcées de Cabeza de Vaca dans ce qui deviendra le sud des États-Unis ou celles de Mendes Pinto dans l'empire de Chine, un séjour court mais intensif (Canton) ou une sédentarisation durable (Goa, Mexico) confèrent aux témoignages cette familiarité des choses vues, cette épaisseur des sens, cette dose d'étonnement et parfois d'incompréhension avouée qui manquent tant aux textes de qui jamais n'a quitté l'Europe. L'enfance passée sur place a le même effet : le dominicain Durán, un Sévillan arrivé vers l'âge de cinq ans au Mexique, n'a jamais oublié les jeux partagés avec les jeunes Indiens dans les venelles de Texcoco.

Cet avantage, nos auteurs le doivent aux contacts privilégiés qu'ils entretiennent avec les mondes qui les entourent. À commencer par les informateurs locaux et les experts indigènes qui sont omniprésents, qu'il s'agisse de ces « témoins oculaires » qu'invoque cérémonieusement Guaman Poma ou de ces Portugais rencontrés à Canton par Gaspar da Cruz[67]. Le contact peut être noué de manière plus systématique. Les moines de Mexico ont multiplié les dialogues ou les « palabres » avec les Indiens qui connaissaient le mieux les « choses de la justice, de la guerre, de la politique et même de l'idolâtrie[68] ». Sahagún nous a même décrit cette expérience de façon détaillée. En 1561, « j'ai été vivre à Santiago Tlatelolco où j'ai réuni les autorités de l'endroit pour leur exposer le but de mes enquêtes et je leur ai demandé de m'indiquer des notables expérimentés avec lesquels j'examinerais et je discuterais les écrits que j'avais ramenés de Tepepulco. Le gouverneur et les *alcaldes* m'ont alors indiqué entre huit et dix notables, choisis parmi eux tous, fort habiles en leur langue et dans les choses de leur passé. Avec ceux-ci et quatre ou cinq élèves, durant plus d'un an, enfermés dans le collège, nous avons corrigé, éclairci et complété les manuscrits que j'avais apportés de Tepepulco[69] ».

Sans ces collaborations précieuses, sans le secours des interprètes – *nahuatlatos* du Mexique, *lenguas* de l'Amérique espagnole, *língas* du monde portugais –, sans les médecins indigènes du Mexique ou de l'Inde, toute enquête aurait fait long feu. Diogo do Couto, qui, semble-t-il, ne dominait aucune langue asiatique, s'est procuré des truchements capables de lui traduire ou de lui résumer oralement les chroniques persanes qui relataient l'histoire des Grands Moghols. À Mexico, l'œuvre de Francisco Hernández est truffée d'allusions aux savoirs des spécialistes indigènes : « Les médecins indiens nous garantissent », « On sait par les médecins indigènes à cause de leur expérience répétée », « comme le pensent les médecins indiens[70] ». Son enquête nous entraîne dans les hôpitaux de Mexico et de sa région où travaillent côte à côte médecins européens et indigènes, affrontés quotidiennement à la mort et à la maladie. À Santiago du Cap-Vert, les rencontres se déroulent dans des circonstances moins dramatiques. André Donelha sait exploiter ses liens d'amitié avec des nobles réfugiés sur l'archipel, comme les Sapes (ou Temnes) de la Sierra Leone[71] : « [J'ai parlé] avec nombre de Fulos, de Jalofo et de Mandingues en Guinée, et avec beaucoup qui sont devenus chrétiens et se sont mariés sur cette île[72]. » Les *línguas* africains sont appréciés à leur juste valeur : Lourenço Nunes devient « portier » de la forteresse d'Axen, et en 1540 un Noir, André Dias, se voit confirmer les avantages attenant à sa charge de « traducteur de la côte de la Malaguette[73] ». Au Mexique, le métis Fernando de Alva Ixtlilxóchitl occupe plusieurs emplois de juge.

En principe, sur place, une charge officielle facilite la collecte de l'information : le *protomédico* Francisco Hernández à Mexico ou le chroniqueur du roi Diogo do Couto à Goa sont tous deux au service de Philippe II. Même dans ces conditions, les informateurs locaux ne sont pas toujours dociles : Francisco Hernández se plaint de ses confrères indigènes qui refusent de lui confier ce qu'ils savent sur les plantes du pays, « en entourant d'un grand secret leurs propriétés », encore qu'à force de pressions et de persévérance on finisse bien par leur arracher ce qu'ils cachent[74]. Que n'aimerait-on en savoir davantage sur les méthodes des serviteurs de Philippe II confrontés au silence ou à la rétention d'informations ! Les natifs sont loin d'être tous des chrétiens. Le Luso-Africain Donelha fréquente des *bixirin,* c'est-à-dire des marabouts chez les Mandingues musulmans[75]. Gaspar da Cruz rencontre des moines bouddhistes, Diogo do Couto interroge des musulmans, et les Indiens du Rio de la Plata que croise Díaz de Guzmán sont encore souvent païens. Garcia da Orta questionne des médecins musulmans et hindous et n'hésite pas à discuter avec des juifs, comme cet Isaac du Caire, « un homme avisé qui savait beaucoup de langues » et qui se trouvait à Lisbonne en 1537, ou encore cet « apothicaire », questionné à Goa sur l'amome, « de langue espagnole, juif de par sa fausse religion et qui prétendait être originaire de Jérusalem[76] ».

On s'informe aussi à travers les contacts avec d'autres Européens fixés sur place. « J'ai pris mes informations auprès des personnes expertes qui connaissent ces régions, écrit le Luso-Africain Almada. [...] Je me suis renseigné sur toutes ces questions auprès de nos experts de ces contrées autant que des Noirs eux-mêmes[77]. » Capitaines et pilotes lui fournissent des données chiffrées sur les terres qui l'intéressent. Comment expliquer autrement la précision avec laquelle il décrit la position de la Sierra Leone, qui s'étend du « Cap da Verga, à neuf degrés et deux tiers, jusqu'aux bas-fonds de Sant'Ana, qui se trouvent à sept degrés de latitude », sur 80 kilomètres de côte[78] ? En Chine, le dominicain Gaspar da Cruz profite des connaissances d'un marchand vénitien croisé à Canton, d'un Jorge de Melo, « capitaine du voyage au Pégu », et de compatriotes qui ont eu tout loisir d'observer la Chine depuis les cachots où ils croupissaient[79]. Rien d'étonnant à ce que les prisons surpeuplées de l'empire céleste aient constitué l'un des endroits sur lesquels les Portugais, et grâce à eux les Européens du XVIe siècle, ont été le mieux renseignés[80].

Beaucoup de ces Européens sont en fait, biologiquement ou culturellement, des métis. En Afrique, les intermédiaires qui circulent entre l'intérieur du continent africain et les côtes, *lançados* et *tangomaus*, servent d'informateurs et d'interlocuteurs à Almada et à Donelha. En Asie, les Portugais du « dehors de l'empire » captent l'information au cœur des royaumes qui échappent à la domination ibérique et, pour peu qu'ils reprennent contact avec leurs compatriotes, ils rapportent ce qu'ils ont appris vers les avant-postes de la Monarchie, tout comme ils avaient diffusé des savoirs occidentaux dans les contrées qui les avaient accueillis. Ces va-et-vient entre les mondes annoncent des raccordements plus définitifs ou plus brutaux[81].

Partout dans la Monarchie, les experts disposent d'un avantage inappréciable sur ceux qui ont préféré le confort des cabinets et des bibliothèques européennes : la multiplication et l'intensité des contacts avec les autres mondes. En Europe, au mieux on découvrira l'Amérique ou l'Asie à Séville ou Lisbonne, qui sont devenues à leur manière des extensions européennes des terres nouvelles. Les plantes américaines et asiatiques qui affluent dans le port du Guadalquivir transforment les jardins de la ville en laboratoires où l'on peut étudier des échantillons des mondes lointains[82]. Il en va de même à Lisbonne, où Brandão cultive son verger brésilien. Des êtres débarquent également des autres parties du monde ; des animaux, des objets rares s'amoncellent sur les quais. Au terme de son ouvrage, le Galicien Bernardino de Escalante explique qu'il a décrit les grandeurs d'une Chine qu'il n'a jamais visitée en interrogeant des Portugais familiers des terres d'Asie et en rencontrant des Chinois à Lisbonne, « venus dans la Péninsule[83] ». Ses interlocuteurs asiatiques lui montreront comment s'écrit leur langue et lui-même, grâce à eux, sera le premier Espagnol à faire imprimer des caractères chinois. Mais l'échange en terre d'Europe, pour peu qu'il existe, est irrémédiablement hors contexte. Montaigne aura beau interroger un « sauvage » brésilien à Rouen ou s'entretenir à Bordeaux avec un Français revenu de Rio de Janeiro, il ne vivra jamais l'expérience d'un Sahagún, d'un Fernández de Oviedo ou même d'un André Thevet. Les livres et les conversations ne sauraient remplacer les voyages.

La rencontre des écritures

Le contact direct avec les sociétés indigènes confronte l'enquêteur avec des modes d'expression dont, la plupart du temps, l'Europe ignore tout. L'exercice était encore plus ardu quand les sociétés indigènes ne disposaient d'aucune sorte de notation alphabétique ou phonétique, comme ce fut le cas en Amérique et en Afrique. La question de l'écriture n'est pas qu'un détail technique car, pour les Européens de la Renaissance, seule la maîtrise de cet art autorise la préservation d'une mémoire et donc la constitution d'une histoire. En somme, pas d'écriture, donc pas de transmission du passé. Or ce n'est pas une écriture, mais de multiples types d'écriture, que rencontrent les Ibériques dans les autres parties du monde, quand ce ne sont pas des modes d'expression qui s'écartent si radicalement des standards du Vieux Monde – latin, grec, hébreu – qu'on hésite à leur reconnaître le statut de l'écrit. Les idéogrammes chinois, les pictographies mexicaines, les quipus péruviens –ces cordes à nœuds qui servaient à consigner des histoires et des mythes –, les signes étranges découverts au Brésil dans la capitainerie de la Paraiba[84] sont autant de casse-tête que doivent résoudre les experts disséminés dans les terres lointaines. Tâche commune et multiple à la fois, qui mobilise laïcs et ecclésiastiques.

À Canton, Gaspar da Cruz s'interroge sur les idéogrammes, dont la disposition spatiale diffère tant des « écritures de tous les autres peuples[85] ». Les Chinois « n'ont pas de lettres particulières pour écrire, car ils écrivent tout en utilisant des figures et tracent des lettres séparées, ce qui fait qu'ils ont une multitude de lettres, chacune signifiant une chose déterminée ». Mais il lui faut bien reconnaître que les idéogrammes permettent de lever l'obstacle de la diversité des parlers : « Ni les Japons ni les Chinois ne peuvent se comprendre oralement, mais tous s'entendent à travers l'écriture[86]. » Les experts sont encore plus déconcertés quand les peuples qu'ils observent ont abandonné un système d'écriture pour un autre. Avec ses « écrivains malais » et ses textes antérieurs à l'arabisation, la Malaisie ne pouvait échapper à la sagacité de Diogo do Couto, attentif aux transformations d'une historiographie locale qui, avec la conversion à l'islam, a troqué ses « écritures anciennes » contre l'écriture arabe. De quoi démêler les confusions qui brouillent les titulatures des rois de Malacca, advenues « après qu'ils ont appris les lettres arabes quand ils ont changé de manière d'écrire[87] ».

Les experts s'accordent à reconnaître que les sources indigènes sont trop précieuses pour être détruites. Après avoir compris qu'il ne servait à rien de les réduire en fumée, les moines du Mexique se mirent à exploiter systématiquement les peintures pictographiques alors que ceux des Andes se faisaient déchiffrer les quipus. Dans son prologue, le Péruvien Guaman Poma se plaint du travail que lui a donné la rédaction de sa chronique, car il ne disposait « ni d'écriture ni de lettres, mais simplement de quipus[88] ». L'absence d'écriture de type alphabétique ne condamne pas la mémoire au silence. D'autres systèmes de signes peuvent exister et même se révéler très satisfaisants, comme le souligne à l'envi le métis Muñoz Camargo dans sa description du calendrier des anciens Mexicains : ce système « de signes et de peintures si bien accordées entre elles et si justes » mérite d'être comparé aux « histoires très anciennes des Grecs, des Hébreux et des Latins[89] ».

L'Afrique serait-elle la seule partie du monde demeurée sans écriture ? En 1594, le Luso-Africain Almada ouvre son traité sur les fleuves de Guinée sur un constat de carence : « Parmi les Noirs de notre Afrique, il n'y a pas eu d'écrivains et ils n'ont jamais eu l'habitude d'écrire des choses qui puissent être lues ; s'il existe bien des Noirs qui sont considérés comme des religieux, qu'on appelle *bixirin* et qui écrivent sur du papier et dans des livres reliés […], leurs écritures sont telles qu'elles ne peuvent servir à personne d'autre ni être comprises par celui qui ne les aurait pas écrites. Il s'agit davantage de signes et d'idées particulières que de lettres que l'on puisse comprendre. » Almada ne dit pas que les Africains n'ont pas d'histoire, mais simplement que celle-ci se borne à ce que peut retenir la mémoire orale[90]. Ce qui ne l'empêche pas de fouiller ces mémoires africaines et de tenter de remonter quarante ans en arrière, et même parfois davantage lorsqu'il évoque des cycles séculaires d'invasion « de cent ans en cent ans[91] ».

Les inscriptions découvertes au Brésil sont encore plus frustrantes. Non seulement celles qu'a consignées Brandão dans ses *Dialogues* préservent tout leur mystère, mais on reproche aux Indiens sans écriture de cette région de l'Amérique de parler une langue où manquent trois lettres de notre alphabet « qui sont F, L, R, signe qu'ils ne possèdent ni foi, ni loi, ni roi[92] ». Pas d'écriture et même des carences phonétiques, voilà pourquoi ces populations sont « toutes fort enclines à se battre » et qu'elles mangent de la chair humaine.

Des myriades de langues

« Il est difficile de prouver qu'une langue est supérieure à une autre[93]. » L'observation de Garcia da Orta traduit toute l'attention que nos experts portent au fait linguistique et à la diversité des langues. La communication est partout un préalable à la description des richesses locales et à l'enquête religieuse, sociale et politique. L'expert aime étaler ses talents linguistiques. Dans le prologue de sa chronique, le Péruvien Guaman Poma énumère les langues qui lui ont servi à rédiger sa chronique : « quichiua ynga, aymara, poquina colla, canche, cana, charca, chinchaysuyo, andesuyo, collasuyo[94] ». Il n'oublie que le castillan. Si au Mexique le franciscain Sahagún ou le dominicain Durán maîtrisent parfaitement le nahuatl, si le franciscain Oré possède plusieurs langues des Andes, c'est que tous trois sont constamment appelés à prêcher aux Indiens[95]. Même chose en Inde, en Afrique, au Japon ou en Chine chaque fois qu'il est question de missions et de missionnaires[96]. En 1588, le dominicain Juan Cobo apprend le chinois à Manille, sans livre, sans maître, sans dictionnaire. Il parvient à mémoriser trois mille signes et à traduire quelques ouvrages en castillan, « où se trouvent des pensées profondes, même si elles viennent de gens qui sont des païens comme Sénèque[97] ».

La langue indigène peut faire l'objet d'une étude approfondie. De nombreux missionnaires confectionnent des catéchismes dans la langue qu'ils apprennent, auxquels ils ajoutent souvent une grammaire élémentaire ou des règles linguistiques plus ou moins sommaires. Les plus savants vont jusqu'à produire des dictionnaires : Molina a illustré le genre au Mexique, et González Holguín dans les Andes[98], en s'adonnant chacun à l'exercice difficile consistant à débusquer l'équivalent castillan des termes indigènes, et réciproquement. Les presses de Mexico, de Lima ou de Goa ont d'ailleurs contribué à diffuser quantité de ces travaux. La « linguistique appliquée » que pratiquent les missionnaires est, nous l'avons dit, indissociable de la conquête spirituelle et de l'extirpation des idolâtries. La dépense d'intelligence et de temps qu'elle représente se justifie par les urgences de l'évangélisation et de la colonisation. Dans le domaine hispanique, la prospection linguistique progresse au fil des conquêtes qui entraînent les Espagnols des îles des Caraïbes en 1492 à l'archipel des Philippines un siècle plus tard, où des moines augustins venus d'Espagne et de Nouvelle-Espagne ne tardent pas à s'initier aux langues et aux vocabulaires des « Indiens tagalos, pampangos, ilocos et bisayas[99] ». Dans le domaine portugais, en revanche, la curiosité linguistique dépasse systématiquement les espaces conquis ou contrôlés, mais elle n'est pas davantage dépourvue d'arrière-pensées missionnaires, politiques et commerciales.

Même quand ils dominent mal les langues qui les entourent, nos experts vivent cernés d'hommes et de femmes qui s'expriment dans des langues indigènes. Les Portugais de Goa écoutent le mahratte de la région de Bombay et de Bassein, le gujarati de Daman et de Diu, le kanara qu'on parle sur la côte et dans le sud-ouest du Deccan. À Goa, Couto possède des éléments de konkani. Il a dû aussi se frotter au persan, à l'arabe et au malais. Le Luso-Africain Almada émaille son traité de termes et d'expressions qu'il a recueillis sur la côte de Guinée et dans les îles du Cap-Vert. À l'autre bout du monde, dans les pays du Rio de la Plata, bien des Espagnols qui circulent avec Ruy Díaz de Guzmán comprennent ou parlent le guarani.

Administrateurs, soldats et marchands sont *a priori* intellectuellement moins bien armés que les missionnaires, mais pas toujours moins compétents. Les métis et les Indiens des Amériques n'ont de leçon à recevoir de personne. C'est le cas de Diego Muñoz Camargo, de Fernando de Alva Ixtlilxóchitl ou d'un Guaman Poma de Ayala – qui avait même servi d'interprète dans sa jeunesse à un extirpateur d'idolâtrie, Cristóbal de Albornoz[100]. Le Tlaxcaltèque Muñoz Camargo pousse même la précision jusqu'à donner le nom du caoutchouc dans deux langues amérindiennes : *uli* en nahuatl et *batey* en caraïbe, en ajoutant, dans une inspiration prémonitoire, que « si l'on faisait des semelles avec cet *uli* [...], celui qui chausserait ces souliers se mettrait malgré lui à sauter en l'air partout où il irait[101] ».

On n'apprend pas une langue seulement pour communiquer et se faire comprendre ou rédiger des sermons. La connaissance des langues locales permet aussi de pénétrer les mondes inconnus où s'enfoncent les Européens. Le simple fait de noter la « variété des langues » ou d'établir quelle est « la langue la plus courante, celle que tout le monde emploie », et de s'interroger sur les raisons de sa prédominance apporte déjà des informations fondamentales sur les régions observées, qu'il s'agisse des Moluques, des Andes ou de la Nouvelle-Espagne[102]. Le nom même du pays ou du peuple auquel on s'intéresse fait parfois difficulté. Avant d'aborder le récit de son séjour en Chine, le dominicain Gaspar da Cruz critique la façon dont on appelle ce pays : « Ce nom de Chine n'est pas proprement le nom des gens de cette terre, ni de la terre elle-même, et personne généralement n'a connaissance d'une telle appellation. Ce n'est que parmi les gens de l'Inde et ceux qui vivent dans le sud, à Malacca, au Siam et à Java, que circule ce nom de Chinois ainsi que parmi les Chinois qui sont en rapport avec nous. Le nom exact de cette terre est *Tame*, sans prononcer clairement le *e*, plutôt en le mangeant, et le nom de ses habitants est *Tamgin*[103]. » L'information linguistique n'a rien ici d'un exercice d'érudition, elle remet en cause une appellation plaquée de l'extérieur et réintroduit le nom autochtone, à rebours de toute démarche exotisante[104].

Dans un premier temps, les experts empruntent des termes indigènes pour mieux décrire les singularités locales. Les unes après les autres, quantité de langues amérindiennes, africaines ou asiatiques sont ainsi mises à contribution. À Tlaxcala, Diego Muñoz Camargo annonce d'entrée de jeu qu'il compte introduire « des mots de la langue que pratiquent les naturels[105] ». Et, sans plus tarder, il passe à l'acte en expliquant que les indigènes mesurent les distances en « repos », le « repos » correspondant à une lieue que les Indiens appellent *cenecehuilli*. Mais les Indiens possèdent aussi une unité de mesure, *cen netlaloli*, « ce qui veut dire une course et c'est la même chose qu'une lieue[106] ». Rodrigues Silveira nous apprend que les deux tribus arabes qui pêchent dans le détroit d'Ormuz ont pour nom *cabildas*[107] et que leurs embarcations sont des *terradas*[108]. Dans le traité de Luís Fróis, le Japon prend peu à peu corps sous nos yeux grâce à une kyrielle de termes et d'objets : le « *catabira* », kimono d'été à ne pas confondre avec le « *quimão* », kimono d'hiver, les « *biobus* » (paravents), les « *tatami* » et les « *nivas* » qui décorent les maisons. L'organisation de la société avec ses « *tono* » (seigneurs) et ses « *buriaqo* » (moines-soldats), les fêtes, l'habitat ou encore les jardins acquièrent ainsi une présence et un relief qui sauvent le récit du flou et de l'abstraction[109].

Même collecte linguistique en Afrique, où André Álvares de Almada retient des expressions et des adages qu'emploient les Sapes, comme ce *summa filmo cachim* « qui veut dire manger de la viande gratis sans rien avoir à payer ». Il relève des mots comme *gampisas*, les « brigands noirs », ou *sopracanta*, « qui veut dire fort » et désigne un Portugais particulièrement réputé pour sa vaillance. Il engrange même des injures, comme « *malaco* [...] qui signifie crapauds, ce que les Biafrais tiennent pour une grande offense[110] ». En rompant périodiquement le formalisme de l'observation, le mulâtre du Cap-Vert nous rapproche davantage des peuples qu'il décrit.

Le recours aux termes indigènes constitue aussi une façon de s'ouvrir à des classifications inconnues des langues européennes. Au Brésil, Brandão répertorie les noms d'innombrables espèces d'arbres : *acabengita* jaune, *jataúba* rouge et doré, *maçaranduba* roxa, *corpaúba* noire, *burapiroca*, *camaçari*, *jacarandá*, « si excellent pour faire des lits », etc.[111] ; ou d'aliments à base de manioc : *maniçoba*, *beiju*, *carimã*, *mingau*[112]. L'*Histoire des animaux* de Cristóvão de Lisboa regorge de noms d'animaux et de plantes en langue tupi. Plus modeste, Estácio de Sylveira évoque les *nambus* et *motus* qui traversent les airs[113], ou les *jurarás* qui peuplent les fleuves interminables de l'Amazonie. Quant au médecin Hernández, il passera des années à consigner les noms indigènes des milliers de plantes mexicaines qu'il recense.

En Inde, l'intérêt que Garcia da Orta manifeste pour les terminologies arabes ou asiatiques relève d'une ambition encore différente. Il recueille systématiquement les noms des plantes qu'il étudie, naviguant entre les langues que l'on parle dans le continent : celles de l'Inde, mais aussi l'arabe, le malais et le persan. À Banda, « sur la terre où pousse la noix de muscade, celle-ci s'appelle *pala*, en deccan *japatri* et, en arabe, Avicenne la nomme *jauzibam* (qui veut dire noix de Banda). Et ce terme arabe est plus exact que tous les autres, même si beaucoup de Maures, d'Arabes, de Turcs et d'habitants du Khorassan emploient d'autres noms corrompus[114] ». Grâce à ces appellations locales, qu'il juge préférables à celles qu'emploient les Européens, il peut reconstituer des circulations intercontinentales en fouillant l'étymologie des noms de plantes et la transformation des vocables d'un pays à l'autre[115]. À Goa encore, le chroniqueur Diogo do Couto recourt lui aussi à la terminologie locale pour corriger les toponymes qu'emploient les Portugais : les Moluques « s'appellent *Moloc* (leur vrai nom), et non *Maluco* qui est la corruption de ce terme ; dans leur langue, ce nom désigne la tête d'une chose de grande taille[116] ». Loin d'être une préciosité d'érudit ou un placage visant à créer l'illusion de la couleur locale, l'étymologie nourrit la réflexion historique. Comme Garcia da Orta, le chroniqueur de Goa n'hésite pas à se servir des langues pour reconstruire l'histoire plus que millénaire du commerce entre l'Europe et l'Asie[117] et aborder la question, alors stratégique, des épices. L'histoire d'abord : si les noms donnés à la cannelle par Avicenne et Rhazès, *darcine* et *cinamomo*, signifient respectivement « pain de la Chine » et « pain odorant de la Chine », c'est que les Persans et les Arabes l'obtenaient des commerçants chinois et qu'ils ignoraient qu'elle provenait des Moluques[118]. À travers les noms du clou de girofle qui défilent sous sa plume – *calafur* pour les Perses et les « Maures », *cariofilum* pour Pline et les Romains, *chanque* pour les gens des Moluques, *lavanga* pour les brahmanes, *gilope* pour les Castillans –, le lecteur glisse d'une civilisation à l'autre pour aboutir au mot *cravo*, « girofle », « par lequel il est si connu dans le monde ». Peu importe ici que les étymologies de Couto et son analyse du commerce chinois soient historiquement fantaisistes[119], le chroniqueur entend marquer les horizons planétaires de son enquête en dissertant « sur les noms que ces drogues reçoivent dans le monde entier[120] ».

La connaissance de la langue constitue la voie royale pour appréhender les réalités indigènes dans leurs dimensions les plus sophistiquées. Au Mexique, le franciscain Sahagún en fait même l'un des axes prioritaires de son travail encyclopédique. Le meilleur de son œuvre repose sur la collecte des vocabulaires religieux, militaires et politiques qui composent le nahuatl. Son but n'est-il pas de « mettre au jour tous les vocables de cette langue, avec leurs sens propres et figurés, toutes leurs manières de parler et l'essentiel des choses de leur passé[121] » ? L'inventaire est illimité, car la langue indienne est censée ouvrir tous les arcanes des sociétés d'avant la Conquête. Seuls peut-être les jésuites en Chine et en Inde accorderont une place aussi stratégique à la langue, à ceci près que les Matteo Ricci et les Roberto de Nobili[122] sont en présence de civilisations en pleine activité, alors que les moines du Mexique se penchent sur des sociétés vaincues et largement christianisées. Si l'introduction de termes étrangers dans les textes qu'on rédige dans l'Europe d'alors peut relever d'un souci d'étrangeté, de couleur locale ou d'ornementation gratuite, hors du Vieux Monde, le heurt immédiat, brutal, répété, constant avec d'autres humanités, le tête-à-tête avec la complexité des langues et des sociétés interdisent de réduire ces importations aux jeux superficiels d'un irrépressible exotisme[123].

Le discours de la méthode

Quand les experts ont récolté les informations locales dont ils ont besoin, une fois levé le double obstacle des langues et des écritures, leur tâche ne fait que débuter. L'enseignement de l'université et des collèges jésuites explique des continuités que l'on retrouve dans les quatre parties du monde. Les têtes les plus critiques et les plus déliées ne peuvent échapper au raisonnement scolastique, comme l'illustre Garcia da Orta dès qu'il entend démontrer et persuader[124]. Le livre que le médecin Cárdenas consacre à la Nouvelle-Espagne et qu'il intitule *Problèmes et secrets* s'inscrit dans le droit fil de la tradition aristotélicienne[125]. Les cadres classiques de l'histoire naturelle sont tout aussi prégnants. Parfois, la méthode suivie fait l'objet d'une mise au point explicite. Plusieurs experts annoncent même les étapes du programme qu'ils se sont fixé. Nous y avons déjà fait allusion à propos du créole mexicain Dorantes de Carranza. D'emblée, avec la lourdeur qui est souvent la sienne, il explique qu'il entend étudier les populations indigènes en examinant successivement cinq points : « la capacité naturelle qu'elles manifestent dans les actes de l'entendement », « les formes de sagesse qui sont les leurs », « leur type de gouvernement », « leurs mœurs bonnes et mauvaises », enfin « la religion, les rites et les superstitions qu'elles observaient quand elles étaient privées de la grâce divine et de la véritable doctrine[126] ». Les consignes que laisse le savant portugais Severim de Faria à son frère Cristóvão de Lisboa sont plus sophistiquées. Elles définissent avec encore davantage de précision le plan d'un ouvrage censé couvrir tous les aspects de la réalité observée dans le Grand Pará et Maragnon. Pourtant, quelle que soit sa spécialité, l'expert s'en tient rarement au programme qui lui est imparti : quand il a rédigé ses *Tables géographiques* des provinces de la Nouvelle-Espagne, le cosmographe Francisco Domínguez y Ocampo ne s'est pas borné à faire une étude géographique et climatique, il a aussi voulu s'intéresser aux populations en rendant compte « de leurs rites, de leurs cérémonies et de leurs coutumes[127] ».

Les comparaisons sont pratique courante. Après la description de son programme de travail, Dorantes de Carranza annonce la perspective comparatiste : « Dans tous ces domaines, on confrontera ces peuples avec les autres peuples du monde, ceux du passé et surtout ceux d'aujourd'hui[128]. » À condition de ne pas s'en laisser conter. Se méfier des fables locales est pour tous une autre règle d'or. Le dominicain Gaspar da Cruz se gausse des croyances du Cambodge – « tout leur savoir n'est qu'un tissu d'ignorances et de sottises idolâtriques » – et n'apprécie pas davantage les « mensonges païens » qu'il recueille en Chine[129]. Si, dans les pages qu'il consacre à l'origine du royaume et des rois de Malacca, Diogo do Couto commente des mythes d'origine, il ajoute aussitôt que ce ne sont que des « fables sans aucun fondement[130] ». « Absurdités, infamies, mensonges », tonne le jésuite Gonçalo Fernandes Trancoso dans son *Traité sur l'hindouisme* (1616) à propos des croyances des brahmanes[131]. Quelques décennies auparavant, à Mexico, au moment d'expliquer l'« astrologie naturelle » des Indiens du Mexique, Sahagún avait pareillement mis son lecteur en garde contre les sornettes qu'il allait rapporter. Tributaires des idées de leur temps – et comment en eût-il été autrement ? – et tout autant soucieux de ne pas s'attirer les foudres de l'Inquisition, la plupart prennent leurs distances par rapport aux « fables » qu'ils écoutent.

Mais ne crions pas trop vite à l'européocentrisme. Il y a fable et fable. Le médecin Garcia da Orta commence par raconter le mythe indien de l'Arbre triste[132] : une jeune fille tombée amoureuse du soleil, puis abandonnée par l'astre inconstant, se serait suicidée et de ses cendres serait né cet arbre dont les fleurs abhorrent le soleil. Ce récit est immédiatement mis au compte des « mensonges et fables de ces païens », mais notre Portugais éprouve le besoin de ponctuer son récit d'une allusion ironique à Ovide : « Ne semble-t-il pas qu'il était lui aussi de ces régions, puisqu'il composait des fables de cet acabit[133] ? »

Il ne s'agirait en effet que d'un réflexe ethnocentrique de plus si les légendes qui couraient en Occident sur les terres lointaines n'étaient tout aussi énergiquement rejetées. Au terme d'un chapitre consacré à la géographie de la Chine, Gaspar da Cruz s'en prend aux Anciens : « Ce que les Anciens disaient des pygmées, que c'étaient des Scythes qui vivaient à l'extrémité de la Scythie, et des hommes fort petits qui se battaient contre des griffons pour s'emparer de l'or, se révèle aujourd'hui être un conte aussi fabuleux que d'autres choses qu'ils racontaient sur des hommes censés vivre en Inde qui avaient des bouches si minuscules qu'ils mangeaient et buvaient en aspirant avec une pipe ou s'alimentaient de choses pilées ; d'autres auraient eu un pied si grand qu'il leur faisait de l'ombre, quand ils le tenaient au-dessus de la tête. Toutes ces choses que l'on affirmait autrefois sur ces contrées se sont révélées *fabuleuses* après la découverte de l'Inde par les Portugais[134]. » Garcia da Orta accuse lui aussi les Anciens d'avoir écrit et colporté n'importe quoi sur l'Inde[135]. C'est reconnaître que les découvertes faites en terre asiatique transformaient en fables les vérités des Anciens, comme si la mobilisation ibérique avait le pouvoir de déplacer les horizons du fantastique et les bornes du vrai.

Le fabuleux n'est donc pas toujours l'apanage des autres, et les « autres » sont parfois des Européens. Garcia da Orta, à son habitude, a des mots cinglants pour le chroniqueur espagnol Francisco de Tamara qui s'est mêlé d'écrire sur les diamants : « Si Francisco de Tamara veut raconter des fables, qu'il le fasse sur ses Indes [entendons l'Amérique] et pas sur les nôtres[136] ! » Il arrive même que le savoir des indigènes soit opposé à celui des chroniqueurs et des savants européens, comme le font à Goa Garcia da Orta et Diogo do Couto[137]. À des milliers de lieues de là, dans la ville de Mexico, le médecin Hernández est contraint d'admettre avec force circonlocutions que les médecins indiens n'ont pas forcément tort d'affirmer que le chaud peut combattre le chaud, bien que cette idée soit contraire à la médecine européenne[138]. Hernández confesse que certains médicaments du cru agissent contrairement aux principes de la médecine galénique et hippocratique, mais il se contente de renvoyer aux praticiens indigènes le lecteur désireux d'en savoir plus. Au fond, que ce soit à Goa ou à Mexico, nos deux médecins n'aiment guère reconnaître leurs ignorances et préfèrent garder le dernier mot, quitte à rejeter les savoirs locaux dans le camp de l'ignorance : « Tous ces remèdes ne paraissent guère s'accorder à la raison et, dans la majorité des cas, non seulement ils n'aident pas le malade, mais ils le tourmentent et lui ruinent lamentablement la santé[139]. »

Le secours des images

Tout ne passe pas par l'écrit ou par la parole – tant s'en faut. Plusieurs experts, et non des moindres, font appel à l'image. Au Mexique le franciscain espagnol Sahagún et le métis Diego Muñoz Camargo, dans les Andes l'Indien Guaman Poma de Ayala, en Amazonie le Portugais Cristóvão de Lisboa, en Inde le peintre du *Codex Casanatense*, à Manille le jésuite aragonais Adriano de las Cortes emploient des images pour traduire une partie des réalités qu'ils observent et qu'ils veulent expliquer et transmettre. La plupart du temps, ces images sont d'origine indigène ou métisse. Dans ses déplacements au Mexique, le médecin Francisco Hernández se fait accompagner par trois peintres *tlacuilos* – Antón, Baltazar Elias et Pedro Vásquez – qui dessinent toutes les plantes qu'il répertorie. Après son séjour en Chine, Adriano de las Cortes demande à un peintre chinois de Manille d'illustrer sa relation sur les Chinois et les choses de la Chine, car « il aurait été fort difficile à un peintre européen de talent de les représenter d'une manière aussi expressive et aussi exacte[140] ».

À chaque fois, ces œuvres témoignent d'une rencontre entre l'observation de terrain, les traditions locales et l'iconographie de la Renaissance. À chaque fois également, la mobilisation des talents et des traditions locales sert les intérêts de la Monarchie catholique tout en sauvant de l'oubli des pans précieux des savoirs indigènes. Ce ne sont jamais de simples illustrations ni des *curiosa* qui viendraient de temps à autre aérer le cours de la chronique. Le nombre d'images est étonnant. Chez Muñoz Camargo, Diego Durán ou Guaman Poma, elles forment des séries dotées de leur propre cohérence et se comptent par centaines : 156 dessins à l'encre chez Muñoz Camargo, 400 chez Guaman Poma, 259 chez Cristóvão de Lisboa[141]. Les *Primeros Memoriales* et le *Codex de Florence* du franciscain Sahagún constituent un corpus de plusieurs milliers d'images[142]. Chez Sahagún, toutes sont d'origine indigène, mais elles n'ont pas toujours le même rôle ni la même nature. Les peintures des *Memoriales* sont des composantes essentielles du manuscrit, alors que celles du *Codex de Florence* tendent davantage à servir d'illustrations à l'occidentale, même si elles recèlent aussi des informations que le texte laisse de côté. Les dessins qui accompagnent les travaux du médecin Francisco Hernández ou du franciscain Cristóvão de Lisboa traduisent l'intérêt stratégique de la quête d'images dans le domaine de la faune et de la flore américaines. L'empressement des Italiens à mettre la main sur les planches mexicaines en dit le prix aux yeux des contemporains, et le fait que Galilée lui-même ait reçu mission de les expertiser en souligne le caractère exceptionnel.

Des cartes servent directement le propos des experts : au Mexique, celles des *relations géographiques* fournissent des dizaines de vues et de paysages locaux saisis pour que rien n'échappe à l'œil omniscient du monarque. Au Pérou, le *mappamundi* qui orne la chronique de Guaman Poma est une carte des Indes revue par un auteur péruvien obstiné à combiner de vieux principes indigènes – une division quadripartite de l'espace – avec un modèle cartographique européen, « quadrillé de degrés de longitude et de latitude[143] ». Le centre de ces Indes, et donc de l'univers, est encore Cuzco, mais il devient Mexico quand s'exprime le point de vue des métis et des Indiens de la Nouvelle-Espagne.

Une fois qu'elles ont gagné l'Europe, ces images ont rarement le sort qu'elles méritent. Au mieux, les peintures du *Codex de Florence* attirent l'attention d'un peintre florentin qui s'en inspire pour décorer une partie de l'armurerie des Offices. Les croquis de l'*Histoire des animaux* ne furent jamais gravés et restèrent enfouis dans l'ombre des bibliothèques portugaises. Même sort obscur pour les dessins de Guaman Poma, pour les « peintures » des *relations géographiques* ou celles qu'avait commandées le jésuite Adriano de las Cortes à Manille. Les planches du médecin Hernández sont l'exception qui confirme la règle, mais au prix de péripéties et de transformations qu'il serait trop long de rappeler dans ce chapitre[144].

CHAPITRE X

Histoires locales, pesées globales

« Une pesée globale [...]. On peut estimer à un peu moins de deux cent mille, en 1600, les Européens hors d'Europe, face à des populations indigènes de cinquante à cent fois plus nombreuses. »

Pierre Chaunu, *Conquête et exploitation des Nouveaux Mondes*, 1969.

« Il y a tant de royaumes et de provinces, tant de cités, de bourgades et d'endroits ; il y a tant d'agglomérations importantes où vécurent des gens si nombreux et si innombrables, distribués en tant de langues et de nations différentes, avec tant de noms, de conditions, de costumes et de coutumes diverses [...]. Il suffisait qu'un historien attentif se bornât à ne rendre compte que d'un peuple, et c'était déjà trop d'avoir à écrire les prouesses d'un seul d'entre eux[1]. » Face à l'immensité de la tâche, le dominicain Diego Durán ne peut s'empêcher d'exprimer sa perplexité et même son désarroi. Les peuples du Mexique ne représentent pourtant qu'une infime fraction des sujets de la Monarchie.

La diversité des mondes

La diversité des mondes que rencontrent, dépeignent et analysent les experts de la Monarchie est stupéfiante. D'un bout à l'autre de la terre, Européens, Indiens, mulâtres ou métis, vieux ou nouveaux chrétiens, s'efforcent de décrire toutes les sociétés qui entrent alors en contact avec l'Europe. Qu'ils soient installés à Mexico, à Cuzco, au Cap-Vert ou à Goa, ou qu'ils viennent dans un coin d'Espagne ou d'Italie rédiger ce qu'ils ont vu – Garcilaso de la Vega à Montilla, Diego Valadés à Rome –, leur but est identique. Introduire ces peuples dans le savoir européen, rattacher ce que l'on sait d'eux au monde tel que le conçoivent les Ibériques, connecter les mémoires, apprivoiser le neuf et l'inconnu, désamorcer l'étrange pour le rendre familier et subjugable. Alors que les moines espagnols de la Nouvelle-Espagne entreprennent de faire l'histoire des anciens Mexicains, que l'Inca Garcilaso de la Vega s'occupe – et avec quel génie – des Incas, Diogo do Couto, le chroniqueur-archiviste de Goa, en fait autant avec les Grands Moghols : « Puisque maintenant nous parlons des Moghols – que nous aurons à évoquer bien des fois –, il sera bon que nous les fassions connaître au monde et montrions quelle fut leur origine, car nous ne nous rappelons pas avoir lu quoi que ce soit qui permette de connaître vraiment ces barbares[2]. » Plus question à présent de confondre les peuples : le médecin Garcia da Orta interrompt son inventaire des plantes asiatiques pour expliquer à son interlocuteur castillan la différence qui sépare les Roumis des Turcs : « Les Turcs sont de la province d'Anatolie (qu'on appelait autrefois Asie Mineure) et les Roumis sont ceux de Constantinople et de son empire[3]. » Sensibles aux réactions des sociétés locales face aux Ibériques, nos experts s'interrogent souvent sur les liens qu'elles entretiennent avec d'autres peuples. Les chroniqueurs du Mexique opposent les Chichimèques, nomades et barbares, aux sociétés urbaines et sédentarisées du centre du pays. Les historiens des Andes consacrent de longs chapitres aux relations des Incas avec les populations qu'ils soumettaient. En Inde, non content d'évoquer les difficultés que rencontrent les Chincheos et les Jaos de Malacca avec les capitaines portugais, Francisco Rodrigues Silveira se penche sur les rapports des musulmans avec les hindous de la côte du Malabar[4].

Mais n'allons pas croire que les Asiatiques ou les Indiens des grands empires amérindiens soient forcément mieux observés que d'autres peuples moins prestigieux. « Qui s'intéresse aux Indiens doit s'attacher à les préserver et à les satisfaire, sinon ils gagnent l'intérieur des terres », conseille Estácio de Sylveira qui s'inquiète du sort des Indiens de l'Amazonie et met la Couronne en garde contre la présence des Hollandais. Ces hérétiques commercent avec les « païens Guarijos », qu'ils finiront par attirer dans leurs « sectes perverses[5] ». Dans ses descriptions de l'Afrique occidentale, Almada surprend également par l'acuité du regard : « Les royaumes des Noirs sont si nombreux, leurs langues et leurs coutumes si variées, puisque partout en moins de vingt lieues coexistent deux ou trois peuples, tous mélangés[6]... » Et le Luso-Africain nous entraîne des Jalofos aux Mandingues, des Arriatas aux Falupos, des Buramos aux Bigajos, des Beafares aux Sapes et aux Sumbas. Les royaumes se succèdent : Ale-em-Biçame, Borçalo, Gambie et Casamance. Sous sa plume, les groupes se subdivisent en d'autres groupes, aussitôt recensés. En Sierra Leone, se trouve le royaume des Sapes qui rassemble à son tour des Bagas, des Tagunchos, des Sapes, des Bolões, « des mangeurs de chair humaine », des Temenes, des Limbas, des Itales, des Jalungas, « et tous se comprennent les uns les autres[7] ».

Mais l'univers d'Almada va au-delà des frontières de l'Afrique occidentale. Il n'ignore pas l'existence d'autres peuples « barbares », et qui « sont d'une autre couleur », comme les « Caribes des Indes » ou les « païens du Brésil[8] », qu'il connaît à travers les récits des négriers portugais qui traversent l'Atlantique Sud ou partent décharger leurs cargaisons humaines à Saint-Domingue et à Carthagène des Indes. Sa vision est toujours dynamique. Les sociétés africaines ne sont jamais immobilisées dans le temps ou la tradition. Elles se transforment, comme le montrent les progrès des armes à feu chez les peuples de Guinée. « Des rois de ces contrées possèdent déjà de l'artillerie dans leurs forts, et il y a même un Noir Mane qui est excellent bombardier et des escopettiers ; quand ils se font la guerre, ils fortifient leur position et pointent leur artillerie ; d'ailleurs, ils aiment avoir des gens de chez nous comme escopettiers et achètent des escopettes[9]. » Sans le savoir, les Africains suivent la trace des Japonais et des peuples indiens de l'Amérique qui, les uns après les autres, se familiarisent avec les armes et l'art de la guerre que les Ibériques introduisent partout sur leur passage.

Diversité des mondes présents, diversité aussi des mondes disparus. Les experts scrutent des transformations advenues bien avant l'arrivée des Européens. Quand Diogo do Couto n'évoque pas les effets de l'islamisation de Malacca sur la mémoire historique locale[10], il insiste sur l'ancienneté du rôle des Chinois, « qui les premiers ont inventé les bateaux et la navigation dans tout l'Orient ». Parce que les Chinois ont découvert les îles aux épices, ce sont eux qui furent à l'origine du grand commerce entre Rome et l'Asie : « Ils apportèrent le clou de girofle sur leurs jonques jusqu'aux golfes Persique et Arabique [*sic*] avec pêle-mêle d'autres parures et richesses de la Chine qui, passant par les mains des Perses et des Arabes, finirent par arriver chez les Grecs et les Romains, en attisant de telles convoitises que des empereurs de Rome ont tenté de conquérir l'Orient[11]. » Au Mexique et au Pérou, les chroniqueurs et les missionnaires s'attachent à repérer dans les passés indigènes les étapes qui ont précédé l'invasion espagnole. Au Brésil, le Portugais Brandão s'intéresse à des vestiges d'écriture indienne dans une partie du monde où s'imposera l'image de sociétés froides, restées en marge de l'histoire.

La différence religieuse

La religion, en revanche, fait problème. Allergie généralisée à l'islam – « les mosquées abominables de l'infâme Mafamede[12] » –, mépris irrépressible pour l'idolâtrie, rejet de toutes les pratiques religieuses qui de près ou de loin rappellent la sorcellerie, *brujería* des Castillans, *feiticeria* des Portugais[13]. Le christianisme des experts, que surveille partout l'œil vigilant de l'Inquisition, impose des jugements tranchés, en principe fermés au moindre accommodement. Le *religiously correct* est partout de mise[14]. L'orthodoxie des vues se coule dans un langage stéréotypé qui se répète à satiété de la Chine au Mexique et prend vite des allures de langue de bois : idoles, idolâtries, sacrifices, temples, offrandes, divination, *cantares* (hymnes), autant d'entrées obligées pour décrire tout ce qui n'est ni chrétien ni musulman[15]. La nouveauté n'est pas là. Elle réside dans l'éventail des formes religieuses qui sont simultanément abordées. Ce qui inspire à Bartolomé de Las Casas, dès le milieu du XVIe siècle, un étonnant parcours encyclopédique des religions du globe[16]. Dans la seconde partie du siècle, la plupart des religions du monde et quantité de croyances locales sont passées au crible du regard ibérique, une à une ou par vastes ensembles. De la Nouvelle-Espagne au Malabar, les missionnaires composent des traités sur « les dieux païens [...] et les rites et cérémonies en usage ». Il ne reste plus qu'à accoler le nom des peuples que l'auteur a côtoyés ou entrepris de décrire. Ce qui donne en portugais le *Tratado dos deuses gentílicos de todo o Oriente e dos ritos e cerimonias que usam os Malabares* (1618) du jésuite Manuel Barradas[17], ou en castillan *Las supersticiones y costumbres gentílicas que oy viven entre los indios* (1629) de Ruiz de Alarcón.

Le rejet n'empêche pourtant pas nos observateurs de détailler les clergés païens et les rites qu'ils pratiquaient, qu'ils les aient personnellement observés, comme le dominicain Gaspar da Cruz ou le jésuite Gonçalo Fernandes Trancoso[18], ou qu'ils aient recueilli leurs informations de la bouche des anciens à la manière de Sahagún, Durán ou Garcilaso de la Vega. Même Garcia da Orta trouve moyen de délaisser un instant son inventaire des plantes de l'Inde pour nous entraîner dans les temples du pays, comme ceux de Puri (Gharapuri) ou de l'île d'Elephanta, près de Bassein : « Sur les murs, tout autour, il y a de grandes sculptures d'éléphants, de lions et de tigres et bien d'autres représentations humaines, par exemple des amazones, ainsi que d'autres figures de bonne facture. Il est certain que c'est une chose qu'il faut voir et il semble que le diable a employé toutes ses forces et son savoir pour tromper les païens qui l'adorent[19]. » L'inévitable condamnation dissimule mal l'admiration qu'éprouve notre médecin devant la qualité de l'ouvrage qu'il a fort envie d'attribuer aux Chinois, réputés si « ingénieux[20] ».

Exceptionnellement, les experts forgent de nouvelles catégories pour l'histoire des religions. Quand Almada écrit que les Naluns de Guinée passent pour être de « grands sorciers[21] », il emploie une notion d'origine médiévale qui s'est progressivement chargée d'une autre signification. Dans le Portugal de la fin du Moyen Âge, les mots *feitiço*, *feiticeiro* et *feitiçaria* décrivaient l'univers de la sorcellerie. À partir du XVe siècle et tout au long du XVIe, l'idée de fétiche commence à prendre corps sur les côtes de l'Afrique occidentale, avec ce qu'elle implique de résonance sociale, de présence active et agissante et d'individualisation conférée à un objet inanimé. Faute d'avoir en face d'eux des idoles et de l'idolâtrie, autrement dit des statues et des images où pourrait s'introduire le démon, les Portugais portèrent leur attention sur des objets magiques, qu'ils baptisèrent *feitiços*. Les religions africaines devenaient des *feitiçarias*. Mais ces coutumes africaines coexistaient avec des pratiques d'origine chrétienne, et les *feitiços* voisinaient avec des rosaires chrétiens sur les poitrines des Noirs et des mulâtres. Le mot *feitiço* (ou *fetisso*) circule donc sur des rivages où se croisent des Noirs, des Européens et des mulâtres, des hommes libres et des esclaves. La notion s'épanouit dans un contexte de traite négrière et d'échanges, sur un terrain où interviennent un nombre incalculable d'intermédiaires, parmi lesquels ces *lançados* et *tangomaus*, qui sont des aventuriers portugais implantés localement, largement africanisés et accoutumés à passer d'un monde à l'autre, ou ces *pombeiros*, des esclaves au service des Portugais qui pénétraient là où les Européens n'osaient pas s'aventurer[22]. Terme appartenant au pidgin de cette région du globe, *fetisso* finira par être repris par les observateurs des Lumières et connaîtra au XIXe siècle le succès que l'on sait[23].

Barbares ou civilisés ?

Nos experts abordent l'anthropophagie chaque fois qu'il leur est donné de la rencontrer. L'horreur provoquée par le cannibalisme s'étale dans les pages que les Européens consacrent aux Indiens du Brésil et Álvares de Almada aux peuples de Guinée. Aux yeux du Luso-Africain, cette pratique justifie l'esclavage des Noirs et, quand elle s'exerce aux dépens des Portugais, elle légitime les pires représailles. La description des armées Manes qui avancent en déterrant les morts pour piller les sépultures et en dévorant les vivants est faite pour susciter la répulsion du lecteur et lui faire partager la panique des Sapes qui en furent victimes. « Il y avait des boucheries d'êtres humains et d'animaux ; tant qu'il manquait de la nourriture, ils les amenaient et les tuaient comme si c'étaient des vaches ou des moutons[24]. » C'est grâce à de complaisants trafiquants d'esclaves qui les recueillaient sur leurs bateaux que les « pauvres gens » sauvaient leur vie, à défaut de préserver leur liberté. On ne plaisante pas non plus avec la sodomie, qui justifie bien des atrocités dans le Nouveau Monde et consterne les admirateurs de la Chine, de Gaspar da Cruz à Matteo Ricci[25].

Pourtant, sous la plume des experts, même les terres apparemment les plus barbares ou les plus stigmatisées apparaissent sous des jours contrastés. André Álvares de Almada observe la complexité des réseaux d'allégeance qui traversent le monde africain ; il nous explique que le roi de Casamance, si puissant soit-il, « rend hommage à un *farim* appelé Cabo, qui est chez eux comme l'empereur, et celui-ci à son tour rend hommage à un autre qui se trouve au-dessus de lui, et de la sorte ils prêtent allégeance jusqu'au *farim* d'Olimança, je veux dire de Mandimança, qui est l'empereur des Noirs, et dont ils tirent ce nom de Mandingues[26] ». Les rituels d'intronisation font l'objet d'une longue description, attentive à repérer les symboles indigènes du pouvoir : chez les Sapes de la Sierra Leone, « tous les rois portent ces armes dans les mains qui sont les emblèmes royaux. En accomplissant cette cérémonie, le roi se fait obéir et craindre des siens ». L'emploi d'une terminologie ibérique – « emblèmes royaux », « salle royale », « conseil du roi », « nobles *fidalgos* », « plébéiens », « maison de la religion », « tribunal des audiences[27] » – n'explique pas seulement l'organisation des sociétés africaines, il les place sur le même plan que les sociétés européennes : « Les Solategis [...] sont des *fidalgos.* » Les Noirs ont des lois – « qu'ils observent ponctuellement[28] », à la différence des Indiens du Brésil, réputés sans loi, sans foi ni roi. L'expert n'absout rien, mais dans la course entre le préjugé et le sens de l'observation, le second talonne toujours le premier.

La religion n'est donc pas un marqueur univoque. Non seulement le paganisme ne s'assortit pas toujours d'un état de sauvagerie, mais en Asie en particulier ou dans l'ancienne Amérique, celle d'avant la conquête espagnole, il apparaît compatible avec des formes raffinées de civilisation, quand ce n'est pas avec des principes moraux que les chrétiens auraient tort d'ignorer. C'est vrai du Japon ou de la Chine, comme si le degré de paganisme était directement proportionnel au niveau de civilisation. L'ombre du modèle chinois se projette sur les écrits de tous ceux qui se sont frottés à l'Asie. On évoque volontiers la « grandeur de la Chine », qui s'est maintenue « tant de milliers d'année au faîte de la puissance[29] ». Les Chinois fascinent et intriguent : « Leur régime politique, le gouvernement de leur pays et leur vie quotidienne sont aussi civilisés qu'ils sont bestiaux dans leurs pratiques païennes avec leurs dieux et leurs idolâtries[30]. » Dans son *Soldado prático*, Couto, le chroniqueur officiel de Philippe II puis de Philippe III, se risque même à conseiller à la Couronne de suivre l'exemple des Chinois : « Le vice-roi que l'on choisit pour l'État de l'Inde doit être désigné comme le font les rois de la Chine pour leurs provinces[31]. » Même extension incommensurable, mêmes solutions.

Les sociétés indiennes de l'Amérique espagnole ont aussi leurs défenseurs. Quand Guaman Poma plaide la fidélité des peuples du Pérou, il la porte au pinacle : « ni les Indiens de l'empereur de Chine, ni ceux de Mexico, ni ceux d'aucune autre nation au monde » ne se sont montrés aussi obéissants que ceux des Andes[32]. Avant l'arrivée des Espagnols, l'ordre régnait. « Alors ils ne se tuaient pas, ils ne volaient pas, ils ne lançaient pas de malédictions, ils ne commettaient pas d'adultère ni d'offense contre Dieu, il n'y avait alors ni luxure, ni envie, ni avarice, ni gourmandise, ni orgueil, ni colère, ni négligence, ni paresse[33]. »

Au Mexique, le franciscain Bernardino de Sahagún reconnaît que les indigènes « ont été, à l'évidence, extrêmement dévots avec leurs dieux, extrêmement préoccupés de leur république, extrêmement bien élevés et d'une grande rigueur. [...] En matière de civilisation, ils devancent bien des nations qui se prétendent fort civilisées[34] ». « En matière de gouvernement et de civilisation, d'obéissance et de respect, de grandeur et d'autorité, d'énergie et de courage, renchérit Diego Durán, je ne vois personne qui les dépasse. [...] Ces populations ont beau être si différentes et si éloignées du contact avec les peuples espagnols et civilisés, il n'y a pas eu de gens ni de peuple au monde qui vivent dans le paganisme avec autant d'ordre, d'harmonie et de civilisation qu'elles[35]. » L'examen des titulatures et des rangs, signes et preuves d'un ordre policé, occupe le franciscain Sahagún comme il intéresse Garcia da Orta en Inde. Aux yeux du franciscain, cette société policée était régie par des principes moraux si admirables qu'il ne peut s'empêcher de reprendre en les christianisant les discours édifiants qu'échangeaient les Indiens d'avant la Conquête. Au Mexique encore, le métis Alva Ixtlilxóchitl fait l'éloge des rois de Texcoco et prétend même que l'un d'eux était d'une sagesse supérieure à celle du « divin Platon et d'autres grands philosophes[36] ». Chez les chroniqueurs indiens et métis, cette réhabilitation aboutit même à des spéculations sur la prescience de l'existence de Dieu, du monothéisme et de la Trinité[37]. Comme si une présentation enthousiaste des institutions politiques et de la vie sociale aidait à contourner la condamnation obligée de l'idolâtrie...

Une réceptivité à d'autres mondes

L'observation suppose une proximité, voire une connivence, avec les sociétés et les terres observées. Cette qualité n'est pas que d'ordre intellectuel. Nos experts doivent s'accoutumer aux milieux nouveaux qu'ils découvrent, et pas seulement à des formes de pensée et de croyances qui ne sont pas les leurs. L'effort physique est loin d'être négligeable. « Voyageur de passage sur des terres inconnues sous des climats étrangers, privé du pain que j'avais l'habitude de manger et étanchant ma soif le plus souvent dans des eaux impures », voilà le tableau peu engageant que brosse le médecin Francisco Hernández quand il rend compte de sa mission au Mexique à l'humaniste Benito Arias Montano[38]. Les *práticos* s'adaptent d'ordinaire plus facilement. Mais il y a des limites à ne pas franchir : Rodrigues Silveira s'inquiète de l'inquiétante facilité avec laquelle les Portugais d'Asie peuvent « embrasser [...] les coutumes, adopter les costumes et les cérémonies des autres peuples[39] ».

On comprend que les experts réfléchissent sur les effets du climat ou que la question de l'alimentation puisse occuper une place de choix dans leurs commentaires. Pour le médecin Juan de Cárdenas, « les Espagnols nés aux Indes sont pour la plupart d'esprit vif, rapide et subtil », et il l'explique « par la propre nature et le climat des Indes qui combine chaleur et humidité, ou, pour mieux dire, la grande influence qu'exerce le soleil sur tous les gens des Indes auxquels la rectitude de ses rayons transmet une forte chaleur. L'astre absorbe l'humidité de la terre à travers les corps qui sont chauds, humides ou sanguins[40] ».

Les nourritures terrestres sont justement appréciées. Gaspar da Cruz, le divulgateur des « choses de la Chine », s'intéresse à une variété blanche et parfumée du riz indien et à la façon dont on le consomme : « C'est vrai que ce riz qui est la nourriture commune de l'Inde se mange pilé dans des mortiers même quand il n'a plus sa pelure, mais ils ont des bouches comme celles des autres habitants du monde[41]. »

Estácio de Sylveira, grand connaisseur de l'Amazonie portugaise devant Philippe IV, esquisse une géographie mondiale de l'alimentation pour placer son éloge du manioc : « Sur les quatre parties du monde, trois ne consomment pas de blé ; toute cette vaste Asie mange en majorité du riz, l'Afrique consomme du riz, des millets et d'autres céréales, et les gens d'Amérique du maïs – le gros millet des Indes – et du manioc que leur aurait montré le bienheureux apôtre saint Thomas, selon les traditions ; avec ce manioc, l'Amérique vit aussi heureuse que nous avec notre pain de froment dont Galien dit qu'il est la pire des choses que nous puissions consommer[42]. » Mais toute nourriture n'est pas bonne à prendre, et la curiosité risque parfois de coûter la vie : le médecin Hernández en a fait l'expérience à Mexico en goûtant un suc de rhododendron qui l'a mis à deux doigts du trépas[43].

Les sons, comme les saveurs, peuvent retenir l'attention. Dans des contextes où les échanges linguistiques ne sont pas toujours aisés et où les distractions sont rares, le lien par la musique joue un rôle que nous avons souvent de la peine à imaginer. Au Mexique, les chroniques des moines couvrent d'éloges les instrumentistes indigènes qui parviennent à copier des instruments espagnols et qui se révèlent même capables de composer des messes dans le style de la Renaissance. Les observateurs espagnols ou portugais ne sont pas les seuls à être sensibles à la musique locale. André Álvares de Almada s'intéresse aux instruments de musique des Beafares « qui ressemblent à nos chalumeaux ». « Ces Noirs jouent ensemble et ils le feraient fort bien s'ils savaient la polyphonie ; leurs musiciens s'appellent des *jabundares*. Ils utilisent aussi des trompettes d'ivoire [...] et des sonnailles de chez eux[44]. » La curiosité d'Almada s'explique quand l'on sait que la cour de Lisbonne appréciait ces précieux olifants et qu'ils figurent parmi les premiers instruments africains importés sur le sol européen à la fin du XVe siècle.

Les experts sont aussi réceptifs à l'image que les autres peuples se font des Européens. À commencer par l'islam. Garcia da Orta rappelle que les musulmans donnent à la chrétienté le nom de *Franguistam*[45] et aux chrétiens celui de *franges* – un vocable interprété à tort comme l'équivalent de « pestiférés » ou « lépreux », et qui vient du mot Francs, lequel désignait les croisés européens[46]. La méprise en dit long sur la qualité des rapports entre les deux camps. Les Chinois ne se montrent guère plus aimables. Selon Gaspar da Cruz, « sous l'empire de la haine et de la répugnance, ils avaient d'abord appelé les Portugais *Fancui*, qui veut dire "gens du diable" [...]. Même maintenant, ajoute le dominicain, ils ne communiquent pas avec nous en nous appelant des Portugais, ce nom n'a même pas été employé à la cour quand nous sommes convenus de payer des droits, ils continuent au contraire à nous donner le nom de *Fangim*, c'est-à-dire "gens de l'autre côte"[47] ». L'allergie chinoise apparaît liée à la crainte des contacts avec l'extérieur, ressentis comme une source potentielle de troubles et un encouragement à la piraterie côtière[48]. L'attitude des autres peuples asiatiques réserve quelques surprises : au Cambodge, où Gaspar da Cruz séjourne avant de se rendre en Chine, les habitants demandent au dominicain « s'il était un sorcier[49] », comme si les missionnaires arrivaient dotés de pouvoirs magiques – une réputation dont les jésuites useront et abuseront dans leurs missions américaines. Au Japon, on accuse les moines espagnols de manger les corps des lépreux « puisqu'ils consomment de la vache[50] » : « Ils pensent que nous mangeons des hommes. » À croire qu'on est toujours le cannibale de l'autre[51].

Comment les peuples d'Amérique ou d'Afrique se représentent-ils l'invasion et la domination ibériques ? Quand exceptionnellement les descendants des vaincus peuvent exprimer leur point de vue, comme Chimalpahin au Mexique ou Guaman Poma au Pérou, l'image des Castillans n'est guère avantageuse. Le chroniqueur péruvien ne mâche pas ses mots : les Espagnols au Pérou ne sont que des étrangers, des *mitimays* qui feraient mieux de respecter les seigneurs naturels des Andes[52]. Une des illustrations du livre de Guaman Poma montre même des Indiens traquant des Espagnols – il s'agit des traîtres à la Couronne compromis dans les guerres civiles qui dévastèrent le Pérou au milieu du XVIe siècle. Cette vision est d'autant plus saisissante qu'elle émane d'un descendant des victimes de la *Conquista*. La fidélité à la Monarchie n'empêche pas de rapporter des souvenirs sinistres. En Nouvelle-Espagne, Sahagún et Muñoz Camargo enregistrent les propos d'Indiens qui se rappellent de l'invasion espagnole. Certains en gardent des images d'épouvante, racontant qu'on imaginait que « les Espagnols amenaient avec eux des animaux énormes, des bêtes féroces et des dragons pour qu'ils dévorent et avalent les Indiens[53] ».

D'une manière beaucoup plus intéressée, les experts sont attentifs à la façon dont les vaincus réagissent à la domination ibérique. La question est cruciale quand les indigènes sont destinés au service des envahisseurs. Chez les Neluns de Guinée, Almada note que « les jeunes gens comme les jeunes filles sont bons et sûrs pour nous, mais ceux qui deviennent adultes avant de s'être accoutumés à nous sont incontrôlables et meurent [vite] ». Quant aux Beafares, ils s'acculturent sans peine, « beaucoup savent parler notre langue portugaise et s'habillent de notre façon. C'est le cas des nombreuses Noires qu'on appelle des *tangomas* qui travaillent au service des *lançados* », ces Portugais installés dans les sociétés africaines[54].

Visions locales, horizons planétaires

La plupart des experts commencent par établir un état des lieux. Mondialisation ibérique oblige, ils rapportent systématiquement les affaires locales aux horizons de la Monarchie, et ceux-ci changent en fonction de chacun. Baltazar Dorantes de Carranza n'a rien d'un cosmographe patenté, mais l'œil du créole de Mexico est rivé sur la sphère terrestre, « comme pourra le voir quiconque examine attentivement le globe où est figurée et peinte la terre entière[55] ». L'interprète métis Diego Muñoz Camargo insère d'emblée l'histoire de la province de Tlaxcala dans un cadre continental, aux dimensions américaines : les nobles tlaxcaltèques qui permirent à Charles Quint de s'emparer du Mexique « l'aidèrent à gagner et à conquérir toute la superficie et l'ensemble de ce nouveau monde[56] ». Même si l'histoire de Tlaxcala se rattache à une conception occidentale du monde et de la découverte de l'Amérique, elle ne verse jamais dans l'européocentrisme. Muñoz Camargo adopte pour toile de fond l'image d'une Nouvelle-Espagne en extension continue, progressant vers le nord du continent, les Philippines et même la Chine[57], comme s'il était conscient de la mobilisation planétaire qui propulse le Mexique vers de nouveaux horizons : « Que s'est-il passé, Seigneur, si ce n'est que Tu as ouvert la porte en permettant qu'on découvre le monde tout entier d'un bout à l'autre, d'un pôle à l'autre, toute la terre et ses gens et ses habitants sans qu'il subsiste rien qui ne soit ramené dans le sein de notre sainte mère l'Église[58] ? »

Quand Couto envisage les remèdes à donner aux maux de l'Inde portugaise, il réagit de la même manière. Il multiplie les confrontations planétaires, en rappelant les efforts démesurés que déploie la Castille pour défendre les Flandres « contre les rebelles[59] » et en invoquant l'exemple américain[60]. Lorsqu'il est question de conquérir les mines africaines du Monomotapa, il met aussitôt en avant le cas du Pérou et de la Nouvelle-Espagne[61]. Une fois les mines d'Afrique découvertes et exploitées, « tout sera si prospère et si florissant qu'on y établira des agglomérations de Portugais et de chrétiens du pays, et cela deviendra une autre Nouvelle-Espagne[62] ». Le précédent mexicain incitera à exploiter les richesses de l'Afrique pour mettre un terme aux déboires de l'Inde portugaise. L'argumentation du chroniqueur de Goa fait le tour de la monarchie ibérique, avec une aisance qui déconcerte encore l'historien d'aujourd'hui. Un autre spécialiste des questions asiatiques, Francisco Rodriguez Silveira, a compris que les Ibériques sont en train de livrer une guerre mondiale contre les Hollandais. Ses horizons finissent eux aussi par embrasser toute l'Asie et se confondent avec ceux de l'expansion portugaise. Des années avant eux, le médecin Garcia da Orta décrivait la circulation des plantes à partir des réseaux terrestres ou maritimes qui reliaient l'Asie, l'Europe occidentale et l'Afrique[63], évocation qui passait immanquablement par le rappel de l'expansion chinoise et l'image saisissante des quatre cents jonques portées par la marée dans le port d'Ormuz. Le monde du médecin de Goa commençait à Setúbal et s'achevait au Brésil en passant par l'Inde, Timor et le Nouveau Monde[64].

Même ampleur de vue chez André Álvares de Almada : il conclut son traité des fleuves de Guinée en expliquant que l'occupation de la Sierra Leone compensera en Afrique les pertes subies par une Europe « encerclée de nombreuses hérésies » et permettra d'en chasser les Français et les Anglais. Quelques chapitres plus tôt, il avait mis sur le même plan les féroces Sumbas, les Indiens des Indes occidentales et du Brésil[65]. Dans les Andes, au début du XVIIe siècle, Guaman Poma se livre à des considérations diamétralement opposées, mais tout aussi planétaires : si les peuples des Andes étaient les seuls à posséder des droits légitimes sur les terres qu'ils habitaient, il en allait de même pour les gens de Castille et les Noirs de Guinée[66]. Dans sa conception du monde, Guaman Poma place quatre souverains – ceux de Rome, des Maures du Grand Turc, des Indes et de Guinée – sous la suzeraineté de Philippe III. À chaque fois, le point de vue local renvoie aux quatre parties du monde.

Plus l'auteur s'accroche à un territoire, à une histoire ou à un groupe, plus sa vision se projette vers les limites du globe. Dans son castillan chaotique, Guaman Poma s'adresse textuellement à « la grandeur de l'univers mondial de toutes les nations et de tous les genres de personnes : Indiens, Noirs, Espagnols chrétiens, Turcs, Juifs, Maures du monde ». Loin au nord, dans l'autre hémisphère, quand Domingo Chimalpahin commente la mort de Philippe II, c'est également pour en faire le monarque du monde : dans un geste symétrique de celui de Guaman Poma, il inscrit sa terre de Chalco-Amecameca sur un globe que domine le pouvoir incontesté du monarque catholique. Sans doute aurait-il fort bien pu reprendre à son compte le message de son contemporain péruvien : « Aucun roi, aucun empereur ne peut se hisser au niveau de ce monarque[67]. »

Des visions engagées et critiques

L'engagement passionné qui lie les uns et les autres à leur patrie d'adoption ou d'origine se reflète dans leurs traités. Quand le dominicain Diego Durán explique qu'il écrit dans « le souci de conserver la mémoire des choses de la patrie[68] », il oublie que ce n'est pas au Mexique qu'il est né, mais en Espagne. Souvent, leur plume transfigure des contrées jugées hostiles et sans ressources. Écoutons Diogo do Couto : « En Inde, il y a les airs les plus purs, les plus excellents, les fruits, les eaux de source, les rivières les meilleures et les plus saines de toute la terre, le pain, l'orge, tous les légumes, toutes les herbes potagères, du gros et du petit bétail, tout ce que le monde peut produire de plus admirable[69]. » « Cette terre est si pleine de tout qu'il ne lui manque rien : on y trouve des aliments en quantité, des rivières aux eaux fraîches, des orangers, des citronniers, des limoniers, de la canne à sucre, force palmeraies et quantité de bois excellents » – voilà pour la Sierra Leone d'Almada[70]. Baltazar Dorantes de Carranza exalte la grandeur de sa ville, Mexico, à laquelle il n'hésite pas à attribuer le chiffre astronomique d'un million d'habitants à la veille de la conquête espagnole[71]. Le métis Muñoz Camargo invoque l'exemple de Platon et rappelle que « l'homme n'est pas né seulement pour lui seul, mais aussi pour sa douce patrie et pour ses amis[72] ». C'est la région de Tlaxcala qu'il a en tête. Quant au médecin Garcia da Orta, il ne cesse d'opposer Goa, sa terre, celle où il écrit et d'où il parle, au pays de son interlocuteur Ruano, « votre terre d'Europe[73] ». « Je suis convaincu que c'est la meilleure terre du monde », écrit Estácio de Sylveira à propos de l'Amazonie, concluant le prologue de sa relation sur cette supplique : « À ceux que ce texte persuadera d'aller vivre dans ce pays, je demande [...] qu'une fois là-bas satisfaits et sortis du besoin, ils prient Dieu de faire en sorte que je puisse un jour les accompagner[74]. »

Cet attachement des individus à « leur » terre passe par des racines réelles ou créées de toutes pièces qui ancrent leur destin personnel dans une communauté locale, indigène, créole ou encore à construire. Álvares de Almada défend d'autant plus volontiers sa vision cap-verdienne de l'Afrique occidentale qu'il est né à Santiago et qu'il est africain par sa mère. Tout comme Guaman Poma fondait les prétentions de la noblesse péruvienne sur le passé préhispanique, ou comme Dorantes de Carranza jetait des ponts entre l'empire mexica et les conquistadores de la Nouvelle-Espagne, Almada rattache son ambition de Luso-Africain à des situations antérieures à la présence européenne.

Les experts adoptent souvent un ton critique. Ce peut être un simple agacement d'intellectuels qui supportent mal d'être entourés de compatriotes qui s'intéressent à tout, sauf aux choses de l'esprit. Garcia da Orta, qui n'a jamais sa langue dans sa poche, déplore le manque de curiosité des Portugais : « Où qu'ils aillent, la seule chose qui les intéresse, eux qui naviguent dans une grande partie du monde, c'est de savoir comment faire fructifier leurs affaires[75]. » Même sentiment de frustration à Mexico chez l'Allemand Heinrich Martin, qui se plaint de ne pas trouver un public à la hauteur de ses travaux.

Outre leurs attaques à l'encontre des savoirs et des certitudes européennes, les experts de la Monarchie jugent et comparent tout ce qui se passe sur place. Leurs témoignages nous restituent le climat des débats qui animaient la Péninsule et ses domaines planétaires. Ils discutent aussi bien de l'avenir de l'*Estado da India* en Asie – quelles conquêtes entreprendre ou abandonner[76] ? – que des résultats de la christianisation en Amérique. L'intérêt pour la terre où ils se sont établis les incite à se démarquer des colons européens qui ne rêvent que de repartir chargés d'or en métropole[77]. Au Brésil, Brandão décrit le luxe des seigneurs du sucre, qui exhibent leurs riches montures et leurs vêtements coûteux dans les fêtes qu'ils organisent à grands frais, corridas, jeux de bague, jeux de cannes et toutes sortes de divertissements où ils engloutissent des fortunes. La description fait vite place à la dénonciation et la critique alors tourne à l'aigre. Brandão reproche aux Portugais du Brésil « leur négligence et leur manque de savoir-faire » : ils ne cherchent qu'à s'enrichir pour en repartir au plus vite, sans jamais se préoccuper du « bien général[78] ». Les riches marchands de Goa ne valent guère mieux : ils dépensent des fortunes pour avoir le droit de se pavaner en palanquin, prenant des habitudes dégradantes, propres à des « hommes efféminés », qui scandalisent le « soldat expert » dont Couto s'est fait le porte-parole[79].

Un pas de plus. Dénonçant la corruption qui pourrit l'*Estado da India*, Francisco Rodrigues Silveira agite le spectre du passé en rappelant que les richesses d'Asie causèrent la ruine de l'empire romain[80]. Le sort réservé aux soldats portugais qui débarquent en Inde lui paraît scandaleux : « La plupart arrivent sans un réal d'argent pour avoir au moins de quoi manger le premier jour [...] ; la faim les consume purement et simplement, et beaucoup finissent par tomber malades et par en mourir », bref « l'état calamiteux et la misère de ces gens sont intolérables[81] ». Même ton et mêmes récriminations dans le *Soldado prático* (1612), où Couto passe en revue les maux de l'*Estado da India* : gabegies, corruptions, gaspillages. Au Mexique, le créole Dorantes de Carranza a des pages cinglantes à l'encontre des péninsulaires établis en Nouvelle-Espagne. Écœuré par l'arrivisme de ses contemporains, par l'ascension sociale des parvenus fraîchement débarqués, il ne décolère pas. Mais la situation de la population indienne est bien pire, et pas seulement sa condition matérielle ou physique. Le chaos qu'a provoqué la Conquête a miné les valeurs anciennes et accouché d'une jeunesse perdue qui scandalise les plus âgés : « Aujourd'hui, les jeunes Indiens qui ont entre dix-huit et vingt ans sont si pervertis et si dévergondés, si ivrognes, voleurs, coucheurs, tueurs, brigands, désobéissants, effrontés, gloutons et mal éduqués[82] ! »

La critique adopte un tour plus radical encore quand elle vise l'ensemble des Ibériques. Les chapitres que Guaman Poma consacre au *buen gobierno* du Pérou comportent des réquisitoires passionnés contre les excès des Espagnols : « Depuis vingt ans, il n'y a pas un seul Indien en ce royaume qui ne serve votre couronne royale et la défense de notre sainte foi catholique. Car, sans les Indiens, Votre Majesté ne vaut rien, qu'elle se rappelle que c'est grâce aux Indiens que la Castille est la Castille. [...] Vous devez considérer que le monde entier est à Dieu, la Castille aux Espagnols et les Indes aux Indiens[83]. » D'où cet appel désespéré au souverain espagnol : « Où es-tu, toi notre roi et seigneur Philippe, toi qui es ainsi en train de perdre ton royaume et ton bien[84] ? » La plainte véhémente alterne avec la satire des mœurs des conquérants dans une liberté de ton qui demeure unique dans toute la Monarchie et semble préfigurer les mouvements radicaux du XVIIe siècle anglais[85].

Connecter les mondes

Tous nos experts inventent et développent des manières de lier l'Europe et les mondes qu'ils ont adoptés ou dont ils sont originaires. Peu importe qu'ils abordent l'histoire de la conquête, de la colonisation ou même des royaumes encore insoumis (Chine, Japon) comme des Ibériques, des créoles, des métis ou des indigènes. Leur vision des choses aboutit invariablement à raccorder les réalités locales au contexte de la Monarchie à mesure que la mondialisation ibérique étend ses tentacules vers de nouvelles terres et de nouvelles sociétés.

Ce rattachement suit des voies extrêmement diverses, en apparence on ne peut plus officielles, quand l'expert est le chroniqueur du roi et qu'il se nomme Diogo do Couto. Plus personnelles ou plus solitaires chez les créoles mexicains et les métis d'Amérique. Une vision idéalisée du local vient se greffer sur le souvenir des conquistadores chez un Antonio de Saavedra Guzmán. Son *Peregrino indiano* (1599) joue la carte de l'épopée et fait de la conquête du Mexique l'articulation fondatrice et glorieuse entre la Péninsule et la Nouvelle-Espagne. La récupération du passé local peut plonger beaucoup plus loin et s'emparer des mémoires indiennes, comme si tout était bon pour souder les deux mondes. Baltazar Dorantes de Carranza ne se borne pas à établir un parallèle entre les Mexicas et les Juifs de l'Ancien Testament (« La dernière tribu fut celle des Mexicas, […] c'était la tribu la plus illustre, comme la grande tribu de Juda chez les Juifs »), il justifie le choix de la ville de Mexico comme capitale de la Nouvelle-Espagne en invoquant son antiquité et sa fondation « merveilleuse[86] ». Tout capital symbolique, fût-il mythique, serait-il bon à prendre ?

Encore que le rattachement d'un monde à l'autre ne se limite pas à la traduction des choses indigènes dans une langue ibérique et dans des codes européens. La liaison serait imparfaite si elle n'impliquait pas aussi une indianisation ou une africanisation des choses de l'Europe. En même temps qu'il consacre la majeure partie de ses efforts à traduire le nahuatl en castillan, le moine Sahagún s'applique aussi fébrilement à donner une version indienne aux textes chrétiens, en tirant de la langue des vaincus les images et les métaphores qui rendront la foi chrétienne plus proche des néophytes. Des récits ou des mythes glissent d'un monde à l'autre : pendant qu'on traduit les fables d'Ésope au Japon et à Mexico, des chroniqueurs ibériques, métis et indigènes s'intéressent aux fables des habitants de l'Inde et de l'Amérique. C'est que les univers mêlés de la Monarchie catholique sont aussi des mondes « communicants ». Les sujets indigènes et métis doivent rattacher leur propre passé, et même leur idée du monde – ce que les Nahuas appelaient l'*anahuac* –, à l'univers des chrétiens et des Ibériques. Pour les métis qui se reconnaissent comme tels, la tâche est double. Elle est à la fois plus complexe et plus acrobatique, car il leur faut aussi bien se raccorder au passé autochtone qu'à l'histoire chrétienne et européenne. Ce à quoi se consacrent en Nouvelle-Espagne des historiens de la taille de Diego Muñoz Camargo et de Fernando de Alva Ixtlilxóchitl. D'autres métis, il est vrai, comme Ruy Díaz de Guzmán ou Diego Valadés préfèrent faire l'impasse sur l'origine indienne et abattre la carte créole.

Pour les Indiens, l'opération n'est qu'apparemment plus simple. Le chroniqueur chalca Domingo Chimalpahin nous est maintenant devenu familier. Rédigées en nahuatl dans la première moitié du XVIIe siècle, ses *relaciones* sont des annales indigènes, étayées sur l'interprétation des codex préhispaniques et coloniaux, où il aborde tour à tour migrations, conquêtes, alliances et généalogies. Mais Chimalpahin, qui exploite également des sources européennes[87], possède une manière bien à lui d'insérer l'histoire de la seigneurie de Chalco-Amecameca – le « local » selon notre chroniqueur – dans la perspective de la mondialisation ibérique, et de lire celle-ci à partir de Mexico. Et c'est bien cette démarche qui fait toute l'ambiguïté et tout l'intérêt du mémorialiste chalca. Pour connecter les mondes, Chimalpahin pille le *Répertoire des temps* de Heinrich Martin (1606). Il ouvre sa chronique sur l'histoire chrétienne du monde par un « Livre de la création du ciel et de la terre et de notre premier père Adam et de notre première mère Ève ». Un peu plus loin, le récit de la découverte de l'Amérique se glisse dans la trame du passé mexicain. On y trouve, à côté des faits marquants de l'année 1484, cette évocation de la visite de Christophe Colomb aux souverains de Castille et d'Aragon :

« *Auh no ypan yn xihuitl yn macuilli tecpatl de 1484*... » « Et c'est aussi en cette année 5-silex 1484 qu'il entra dans le palais des *tlahtoque* [rois] don Fernando et doña Isabel, *tlahtoque* de Castille. Et celui qui est entré dans le palais, celui qui se nommait Christophe Colomb, ce n'était pas un Espagnol (*amo español*), l'Espagne n'était pas sa patrie car, avant de partir pour venir ici, il résidait dans la ville (*altepetl*) appelée Nervy, sujette et voisine de la ville (*altepetl*) qui s'appelle Gênes[88]... »

En traduisant en nahuatl et en adaptant la prose castillane de l'Allemand Martin, le chroniqueur indien adopte un point de vue qui l'oblige à corriger la version européenne. La « découverte » de l'Amérique n'est plus qu'une « arrivée » et c'est la Nouvelle-Espagne qui s'affiche comme destination exclusive de l'entreprise colombine, bien avant qu'il soit question du Nouveau Monde[89]. Il est évident que, vu de Chalco ou de Mexico, le but de l'expédition ne pouvait être ni l'Asie de Colomb ni même le Nouveau Monde, mais bien la terre millénaire dont Chimalpahin était l'un des derniers chroniqueurs indigènes. À la date de 1493, la perspective de la chronique se modifie encore. Elle se bornait jusque-là à mettre en parallèle événements mexicains et événements européens en juxtaposant deux chroniques « régionales ». À partir de 1493, elle se mondialise. Le récit synoptique rentre dans le cadre planétaire qu'évoque la réception de la bulle d'Alexandre VI : « Le pape a déclaré comment était divisé [le monde][90]. »

Les rapports de Chimalpahin au « local » et au « global » reflètent les transformations qu'a subies durant un siècle la société hispano-indienne. Le « local » est à la fois le proche, le familier, l'héritage séculaire chalca[91]. Mais c'est aussi la Nouvelle-Espagne, comme si l'espace ancestral finissait par être « contaminé » par la manière dont les Espagnols concevaient et désignaient leur conquête. La même ambivalence affleure dans la façon dont Chimalpahin traduit les termes « Nouveau Monde ». Au lieu de recourir à l'expression espagnole *Nuevo Mundo*, le chroniqueur utilise une formule hybride, qui part de l'idée nahua de monde, *cemanahuatl, cemanahuac*, mais confère à ce concept si chargé de résonances cosmiques une projection occidentale.

Cette entreprise intellectuelle n'est pas isolée[92]. Si la démarche des écrivains métis de la Nouvelle-Espagne, des Fernando de Alva Ixtlilxóchitl, des Juan Pomar ou des Diego Muñoz Camargo suit encore d'autres voies, tous n'en partagent pas moins le souci de construire une mémoire locale qui serait aussi une mémoire du monde. Et les lettrés de la Nouvelle-Espagne, toutes origines confondues, ne font souvent que porter à sa plus haute expression ce que d'autres plumes dans d'autres parties de la monarchie s'appliquent à imaginer et à mettre en mots.

Destins privés et mondialisation ibérique

Partout, des hommes et des femmes sont ainsi confrontés à des environnements, à des conditions de vie et à des défis intellectuels qui leur imposent de redéfinir leurs origines, leurs racines et leurs identités[93]. La prolifération des attaches et des références, les effets de l'éloignement et du décentrement, le nomadisme des êtres ne cessent de créer des situations imprévues et sans précédent dont se ressentent la vision et l'écriture des choses du monde. Mais rares sont les témoignages qui nous renseignent explicitement sur cette alchimie intime des identités et des racines. En 1591, après s'être livré à un éloge enthousiaste de sa « patrie » d'origine – « ma douce et chère patrie Constantina, où Séville s'amuse[94]... » –, le jeune médecin Juan de Cárdenas se surprend à vanter une « terre étrangère » – il s'agit du Mexique –, puis se corrige : « Mais que dis-je étrangère, alors que j'ai raison de la dire mienne[95] ? » Dans un sonnet de circonstance qui célèbre la réussite du *Peregrino indiano*, le frère du créole mexicain Antonio de Saavedra Guzmán explique comment celui-ci s'est définitivement lié à la terre qu'il a chantée, la Nouvelle-Espagne. Le poème rendra le Mexique fameux et celui-ci adoptera Antonio :

Le sol mexicain qu'ainsi tu as payé
pour l'hospitalité reçue
sera orgueilleux de te dire sien[96].

Le raisonnement surprend si l'on songe que le poète est bien né à Mexico. Preuve en est qu'il ne suffisait pas encore, à la fin du XVIe siècle, d'être né au Mexique pour s'en dire le fils !

Les passages entre les mondes ne sont pas des exercices aisés ni toujours aboutis[97]. Baltazar Dorantes de Carranza ne nous cache rien de son dépit et de sa désespérance. Lui qui voit partout s'effondrer la société née dans le fracas des armes et de la conquête espagnole, celle des conquistadores, des *encomenderos* et des *beneméritos*, ne se résigne pas au triomphe du vice. Le spectacle de la déchéance sociale alimente en lui une souffrance personnelle où se mêlent angoisse, tristesse, lassitude et cette amertume si singulière qu'il appelle le *desagradecimiento* : « Je suis tombé malade d'un mal long et interminable, et j'étais si abattu que mille fois j'ai voulu tout jeter au feu et ne plus continuer[98]. » Le dominicain Durán pleure la décadence de Mexico, la perdition de la noblesse indienne, la misère et la pauvreté où celle-ci s'enfonce[99].

Mais quelle attitude adopter lorsque l'on revendique une origine indienne au sein de la Monarchie catholique et que l'on nourrit une vision aussi tragique du monde indigène que celle de Guaman Poma ? Le radicalisme critique du chroniqueur péruvien est d'autant plus frappant qu'il n'aboutit jamais à une rupture avec la Couronne. Il ne saurait se confondre, comme on l'a écrit, avec « un essai désespéré pour colmater les lacunes de la communication[100] ». Guaman Poma jongle avec les formes et les genres littéraires, alliant la chronique à la satire et la satire au sermon pour dénoncer les contradictions d'une société coloniale insupportable aux Indiens[101]. Chez lui, l'appropriation de l'écriture alphabétique, du castillan, des procédés littéraires et cartographiques, des images et des idées européennes sert à défendre magistralement un point de vue local qui se présente comme le point de vue indigène par excellence. Mais l'auteur peut-il encore démêler la sphère indigène de la sphère européenne ? La remise en cause de la domination coloniale, « qui a mis le monde à l'envers », s'assortit d'une allégeance répétée à la Monarchie. Si téméraire soit-il, le chroniqueur péruvien ne remet jamais en cause la pierre angulaire du système, la toute-puissance du monarque du monde. La traduction politique, sociale et culturelle de cette vision des choses exige que les caciques indiens reprennent les rênes du pouvoir, mais qu'ils le fassent sous la houlette du souverain, en s'habillant à l'européenne, en apprenant l'écriture latine et les lois des Indes, en suivant les horloges pour organiser le temps de travail et en se montrant des chrétiens exemplaires[102]. Telle est bien la force du consensus qu'exalte le censeur à peine moins sévère que fut Diogo do Couto dans son *Soldado prático* : « Il n'est d'empire plus grand au monde par l'étendue, le ressort de la juridiction, la splendeur des villes, les richesses et la chrétienté [qu'il abrite]. Par toute l'Inde, de Sofala au Japon vivent plus de deux millions de chrétiens, sans compter le grand nombre qui chaque jour sort des fonts baptismaux[103]. »

Pour ses partisans américains, africains et asiatiques, la Monarchie se confond avec le monde. Son gigantisme les rassemble, les enserre et les galvanise. Il ne saurait y avoir d'autres mondes possibles. En même temps, leurs savoirs et leurs existences les rattachent à des espaces intermédiaires, à ces *middle grounds* qu'on a trop longtemps pris pour des périphéries, alors qu'ils se trouvent toujours au carrefour des mondes[104]. Le bilan est impressionnant : des experts de tous bords et de toutes origines, des entreprises hétéroclites, plus ou moins improvisées, toujours obstinément poursuivies, des savoirs métis, à la fois européens et autochtones, souvent plus occidentaux qu'indigènes, mais assez américanisés, africanisés ou orientalisés pour qu'on ne puisse les confondre avec ceux que filtrent et propagent les cabinets européens.

Le Vieux Monde est loin, encore aujourd'hui, d'avoir absorbé ces trésors d'observation. Quantité de manuscrits se sont perdus ou n'ont été publiés qu'au XIXe et au XXe siècle dans d'autres contextes et d'autres mondialisations. Mais l'essentiel n'est pas le sort fait à ces enquêtes et à leurs auteurs ; c'est la multiplication, sur place, des contacts et des échanges qu'a entraînée la collecte planétaire. L'élaboration lente, progressive d'un tissu de relations qui, au prix d'innombrables affrontements et complicités, a construit la mondialisation ibérique et connecté entre elles les terres de la Monarchie catholique[105].

CHAPITRE XI

Les premières élites mondialisées

« Quand on aura posé les pieds en Corée,
on pourra de là étendre les bras jusqu'à la Chine. »

Rodrigo de Vivero, comte del Valle de Orizaba,
créole de Mexico (1609).

Quelle que soit l'ampleur de leur vision du monde, la plupart des experts de la Monarchie restent fidèles à une région du globe. Créoles ou européens, métis ou indigènes, ils occupent rarement les devants de la scène et mènent une carrière locale, à distance des grands organes de la Monarchie, ou ils sont cantonnés à des emplois de second ordre. D'autres sujets de la Couronne, en revanche, se déplacent entre les continents, pensent et organisent la communication entre les différentes parties du monde en développant des projets religieux, politiques et intellectuels à des échelles sans précédent. À bien des égards, ces êtres sont des mutants qui préfigurent les élites mondiales de notre temps.

Des élites catholiques

On connaît mal ces milieux, tant ils ont été soumis au lit de Procuste des historiographies nationales. Privés de leur stature originelle et devenus méconnaissables, bien des artisans de la mondialisation ibérique ont été purement et simplement escamotés de la scène historique. Certains ne sont pas inconnus des historiens des institutions : ce sont les vice-rois des Indes occidentales et de l'Inde portugaise, les Antonio de Mendoza, les Luis de Velasco, les Francisco de Toledo, les présidents et les juges des audiences de l'empire espagnol, les gouverneurs de l'Angola, les capitaines du Brésil[1]. La cohorte des vice-rois espagnols qui régnèrent tour à tour sur le Mexique et les Andes et leurs liens, par-delà l'Atlantique et la Méditerranée occidentale, avec les vice-rois de Naples pourraient ouvrir la vaste galerie des élites mondialisées : les Velasco père et fils, le comte de Monterrey, le marquis de Montesclaros, le marquis de Guadalcazar[2]. Avec eux transitent les modes, les idées, les livres et les courtisans : quand il s'installe à Lima avec sa femme doña Ana et ses deux filles, Francisco de Borja y Aragón, prince d'Esquilache et vice-roi du Pérou, est entouré d'une suite de cent soixante-quatorze personnes[3]. D'autres figures, moins visibles mais peut-être plus évocatrices encore du déploiement de la Monarchie catholique, exercent des fonctions sur plusieurs continents et apprennent à évoluer entre les « quatre parties du monde ».

La carrière du Portugais Luís Mendes de Vasconcelos offre un large éventail de ces interventions planétaires. En Europe, ce soldat participe à l'expédition espagnole des Açores et à la guerre de Flandres ; en Asie, il sert sur la flotte d'Orient comme « capitaine général », avant d'obtenir en Afrique le gouvernement de l'Angola (1617-1621). Ambitieux au point de briguer le titre de vice-roi d'Éthiopie, il se lie à Antonio Fernandes de Elvas, tout-puissant détenteur du contrat du trafic d'esclaves qui fait de l'Atlantique Sud un nouveau Potosi. Mendes de Vasconcelos trouve pourtant encore le temps de rédiger sa fameuse description de Lisbonne, un *Tratado de la conservación de la monarchia de España*, un traité d'art militaire (1612) et quelques poésies bilingues en portugais et en castillan[4]. Comme lui, ces serviteurs de la Monarchie sont souvent des décideurs, appelés à un moment ou à un autre de leur existence à prendre des initiatives dont la portée sera continentale ou plus vaste encore.

Quand la Couronne leur confie des responsabilités politiques, ils traitent des dossiers intercontinentaux et franchissent même parfois les frontières de la domination ibérique pour se pencher sur les puissances asiatiques qui résistent encore au monarque catholique : la Chine, le Japon, l'Inde du Grand Moghol, l'empire ottoman. Enclins à faire coïncider les limites de la Monarchie catholique avec celles du globe, ils forment les premiers contingents d'une élite mondialisée, vouée à la tâche prométhéenne de relier entre eux les mondes du roi Philippe et de soutenir la couronne ibérique face à ses rivaux planétaires, européens et asiatiques.

De la Chine au Rio de la Plata

Né au milieu du XVIe siècle, Martín Ignacio de Loyola possède des ascendants qui semblent l'avoir prédestiné à parcourir le monde et à le penser. Par sa mère, il n'est rien de moins que le petit-neveu de saint Ignace de Loyola. Son père, un Mallea, appartenait à une famille habituée aux horizons européens et océaniques de la Monarchie. Elle sert en Flandres, à Naples, à Malte, en Sicile, « sur la flotte des Indes[5] ». Martín doit sa notoriété à un texte, *Itinéraire du custode Martín Ignacio*, publié dans la fameuse *Histoire de la Chine* de Juan González de Mendoza, qui remporta un succès fulgurant en Europe[6]. Ce n'est toutefois pas sa célébrité littéraire qui fait de Martín une figure représentative des premières élites mondialisées, mais les espaces où il évolue.

La première partie de sa carrière se déroule dans la mouvance asiatique de la Monarchie, à Manille, Macao et Malacca. Les augustins espagnols avaient précédé les franciscains sur les routes de Chine. L'un d'eux, Martín de Rada, a probablement inspiré les pas de Martín Ignacio de Loyola. Après des études à Paris et à Salamanque, Rada a gagné en 1561 le Mexique, où il connaît assez d'otomi pour rédiger une méthode d'apprentissage de cette langue et quelques sermons. Il renonce à l'évêché de Jalisco pour s'embarquer avec

Legazpi et Urdaneta en 1564 dans l'expédition qui ouvre une fois pour toutes la route des Philippines. Une fois dans l'archipel, il devient le provincial de son ordre, apprend la langue de Cebu et compose un catéchisme avant de se mettre au chinois. Ses tentatives en Chine se soldent par des échecs. Inlassable, il participe à une expédition vers Bornéo et meurt au cours du voyage de retour vers Manille. Par ses connaissances, sa flexibilité et ses projets, Rada a l'étoffe des élites mondialisées : mobilité planétaire, projets grandioses (dont l'évangélisation de la Chine) et maîtrise des langues non européennes, amérindiennes ou asiatiques.

En juin 1581, c'est au tour de Martín Ignacio de Loyola de quitter Séville et de prendre le chemin de l'Asie en compagnie d'un groupe de moines franciscains. Sa route traverse la Nouvelle-Espagne, une étape obligée vers les Philippines. Il quitte Acapulco en mars 1582 et « navigue sans jamais voir terre » sur « l'étendue maritime la plus grande du monde ». De Manille, il décide de se rendre à Macao avec six autres moines pour annoncer l'avènement de Philippe II et l'union des deux couronnes aux Portugais de la région. Il souhaite également monter une mission vers la Cochinchine. Mais les moines échouent sur les côtes chinoises, « la meilleure terre du monde[7] », où ils passent par toutes sortes de tribulations avant de rejoindre Macao. Pas question d'évangéliser cette partie du monde sans le concours des Portugais de cet avant-poste de la Chine. Des tractations aboutissent à un audacieux remaniement de la carte ecclésiastique : les couvents de Macao et de Malacca se séparent de la province espagnole de San Gregorio, et Martín devient custode de la nouvelle province asiatique. Il se rend alors à Malacca, mais il y est si mal accueilli qu'il lui faut reprendre la route de l'Europe, *via* Ceylan, Tuticorin, Cochin, Goa, Madagascar, Sainte-Hélène et Lisbonne, où il débarque en août 1584. Premier tour du monde et échec sur toute la ligne ? Pas tout à fait. Martín rapporte un récit circonstancié de son passage en Chine, son *Itinerario*, et profite de son séjour à Rome en 1584 pour obtenir de Grégoire XIII l'autorisation de revenir en Chine, avec l'accord du roi. Retour donc sur l'Asie : il passe cette fois par Lisbonne et Goa, où sa présence exaspère les franciscains portugais qui protestent contre l'intromission scandaleuse de ce missionnaire espagnol, nommé « commissaire des pères déchaux de l'ordre de saint François en ces régions de la Chine[8] ». De 1585 à 1587, Martín se retrouve à Macao où il reprend la responsabilité du couvent franciscain, mais il se heurte à la triple hostilité des autorités portugaises, des jésuites et même des Chinois qui le chassent de Canton où il a eu malgré tout le temps d'apprendre « pas mal de mandarin et de leur écriture[9] ». Les rivalités entre Espagnols et Portugais dans cette partie du monde finissent par venir à bout du moine, qui se résigne à revenir en Espagne, *via* Manille et le Mexique. Il espère convaincre Philippe II de lever l'hostilité des Portugais. Peine perdue. En 1589, au retour de son deuxième tour du monde, Martín Ignacio de Loyola se retire au couvent de Cadahalso et renonce définitivement à évangéliser la Chine.

Ce n'est qu'un court répit. En 1595, le moine s'embarque avec des missionnaires en route pour le Rio de la Plata, *via* Panama, le Pacifique Sud et le Chili. Il entame la seconde phase de ses activités et s'enfonce dans l'hémisphère Sud. Martín consacre une dizaine d'années à la « conversion des païens » au Paraguay et au Tucuman en s'efforçant de trouver les « remèdes suffisants pour aider ces provinces ». S'appuyant sur son expérience asiatique, il veille à ce que l'évêque et les religieux appartiennent au même ordre mendiant afin d'éviter les conflits qu'il avait essuyés dans l'autre partie du monde[10]. Arrivé comme custode de la province franciscaine, nommé évêque du Rio de la Plata en 1601[11], il se voue corps et âme à son nouveau diocèse qui manque de tout. Il lui faut importer des ornements, des images, « des bréviaires, des manuels, des livres de chant... ». Il obtient que le monastère de San Lorenzo de l'Escurial lui fasse don d'une trentaine de missels, que le vice-roi de Portugal lui expédie des cloches de Lisbonne et que la Caisse de Potosi lui accorde une aide financière. De retour d'Espagne, Martín fonde une confrérie à Buenos Aires, en 1603, et encourage le développement des réductions franciscaines dans la région. Le synode d'Asunción est le point d'orgue de son épiscopat : choix du guarani comme langue d'évangélisation, imposition du catéchisme du franciscain Bolaños, admission des décrets du troisième concile de Lima. En 1605, épuisé, le moine-évêque demande à Philippe III « qu'on lui permette de revenir mourir dans un coin d'Espagne », ajoutant « qu'un évêque aussi pauvre se satisfera de peu ». En vain. Il s'éteint un an plus tard à Buenos Aires[12].

Dans cette lointaine partie du monde, Martín Ignacio de Loyola s'occupa également d'une tout autre affaire. Depuis le Rio de la Plata, les établissements espagnols cherchaient à commercer avec le Brésil, malgré des interdictions à répétition (1594, 1595, 1600) qui montraient bien que les ordres royaux se heurtaient à de fortes résistances[13]. Le contrôle et le développement d'une côte sans ressources, exposée aux attaques des pirates anglais, constituaient une question de vie ou de mort pour la région. Les mesures destinées à renforcer les défenses locales étaient pourtant rarement suivies d'effets, car la Monarchie avait des priorités qui ne s'accordaient guère avec les besoins de cette partie du monde. Quand Philippe II se résolut à nommer un châtelain pour défendre le port de Buenos Aires, celui-ci finit par être dépêché en Italie avec ses trois cents hommes. Buenos Aires faisait une fois de plus les frais d'une stratégie planétaire qui n'avait pas les moyens de sa politique, tiraillée qu'elle était entre des champs d'action dispersés sur les deux hémisphères. L'interdiction du commerce avec le Brésil, décrétée en 1594, avait vidé la ville de sa population et l'avenir de Buenos Aires dépendait de la reprise des échanges. Comment obtenir les instruments d'un « secours spirituel et temporel » ? En juillet 1600, la municipalité demanda à Martín d'aller négocier en Espagne la réouverture du port de Buenos Aires. À Madrid, le franciscain expliqua que s'il obtenait l'autorisation « d'exporter les produits du pays vers le Brésil, la Guinée et les autres îles et terres voisines, et de les échanger contre des vêtements, du fer, des Noirs et d'autres choses[14] », les autorités de Buenos Aires se feraient fort d'interdire l'entrée de commerçants étrangers et de contrôler les transactions. Martín eut gain de cause. L'ordre royal du 20 août 1602 fixa la quantité et la nature des marchandises – « farine, viande séchée, suif » – qui pouvaient quitter chaque année Buenos Aires vers le Brésil. Le commerce était autorisé pour six ans, mais la cédule maintenait l'interdiction de faire sortir l'argent du pays. Pour l'heure, cette décision équivalait à une seconde fondation. Elle assurait l'avenir de la ville.

Une autre affaire allait bientôt éclater. Beaucoup de Portugais profitèrent de cette embellie pour s'installer et se marier à Buenos Aires. Comme c'étaient souvent des marranes suspects aux autorités ecclésiastiques, en 1603, la Couronne décréta l'expulsion de quarante sujets d'origine portugaise[15]. Martín intervint alors à nouveau auprès de Philippe III pour plaider la cause de Buenos Aires. S'il était scandaleux que les Indes accueillent « autant de gens mal nés, nouveaux chrétiens, grecs, français, flamands et d'autres peuples », il n'était pas vrai qu'il en soit « entré par ici en cinquante ans autant qu'il en pénètre par Panama chaque année ». Les Portugais de Buenos Aires qui s'y étaient mariés s'adonnaient à des métiers d'artisans ou à l'agriculture et tous contribuaient à la prospérité du Rio de la Plata. Après tout, n'étaient-ils pas les sujets du même roi ? La répression de l'Inquisition et la vigilance de la Couronne devaient s'exercer sur d'autres ports, comme Nombre de Dios ou San Juan de Ulua, puisque « le Pérou et le Mexique tout entiers étaient pleins [d'étrangers] ».

Une vision globale

Les entreprises de Martín Ignacio de Loyola sont à la mesure de la mobilisation qui entraîne les élites catholiques à travers le monde. Le premier voyage de Martín, de Séville à Lisbonne *via* Manille et Macao, couvre 9 040 lieues. Au cours de sa vie, le moine fait deux fois le tour de la Monarchie, soit deux fois le tour du monde. Il parcourt l'Amérique du Sud en rejoignant le Rio de la Plata par le Pérou, les Andes et le Chili. Pour se rendre en Asie et en revenir par le Pacifique, il a traversé à deux reprises le Mexique, qu'il place au passage au rang des « royaumes les plus grands et les plus riches du monde, hormis la Chine ». On comprend que le comparatisme soit devenu chez lui un réflexe obligé, une seconde nature, à l'exemple de Bartolomé de Las Casas dont il est un lecteur attentif.

Martín Ignacio de Loyola confronte tout ce qu'il lui est donné d'observer. Au cours d'un voyage au Nouveau-Mexique, il aperçoit « dans l'un de ces villages une pie dans une cage, comme si on était en Castille, et des ombrelles, comme celles qu'on rapporte de Chine, sur lesquelles étaient peints le soleil, la lune et quantité d'étoiles[16] ». La comparaison n'est pas toujours à l'avantage de l'Espagne : la ville chinoise de Saucheofu lui paraît trois fois plus étendue que Séville, et l'empire moghol le plus grand du monde après celui des Chinois[17]. Le port de Lisbonne, qu'il fréquente dans ses voyages vers l'Asie et le Rio de la Plata, lui est devenu aussi familier que celui de Séville. Il porte autant d'intérêt aux activités commerciales de Buenos Aires, de Malacca ou de Canton. Il calcule, par exemple, « qu'il sort chaque année de Canton pour les Indes de Portugal trois mille quintaux de soie, sans compter les quantités exportées au Japon et celles que chargent plus de quinze navires à destination des Philippines[18] ». Pour autant, l'homme de Dieu reste toujours aux aguets d'une conjoncture qui favoriserait l'évangélisation des contrées qu'il visite, et son *Itinéraire* est avant tout un diagnostic religieux de la Chine et des royaumes de l'Asie[19].

Les activités de Martín témoignent en apparence d'une dispersion planétaire et tournent autour d'enjeux qui semblent ne pas avoir de lien entre eux. Ses interventions prennent un tour plus cohérent dès qu'on les replace dans les horizons de la Monarchie catholique et au croisement de plusieurs réseaux qui enserrent le globe. Un réseau ecclésiastique d'abord, car le franciscain Martín appartient à un ordre qui a envoyé ses moines au cœur de l'Asie dès le Moyen Âge, et profite maintenant de la mobilisation ibérique pour devenir planétaire. C'est à cet égard le digne rival de la Compagnie de Jésus[20]. Martín sera ainsi custode de Macao, avant de devenir le troisième « custode des provinces du Rio de la Plata ». Il entretient également des rapports avec une autre institution intercontinentale, le Saint-Office de l'Inquisition, dont il est le commissaire pour le Rio de la Plata. Ces réseaux ecclésiastiques se doublent d'un réseau familial et « national » au sens du XVIe siècle. Martín appartient à la « nation » basque, comme beaucoup de ses compagnons, et c'est un Loyola : il est non seulement le petit-neveu de saint Ignace – dont il porte le nom –, mais aussi le cousin d'un Martín de Loyola qui mourut gouverneur du Chili (1598), après s'être illustré en réduisant le dernier Inca, Tupac Amaru (1572), et en épousant l'héritière de la lignée impériale, Beatriz Clara Coya de Mendoza. Si cela ne suffisait pas, Martín dispose d'un atout politique de taille dont il saura jouer sous le règne de Philippe III : son oncle est le duc de Lerma, le favori du roi, qui obtient pour lui la « mitre misérable » d'Asunción.

Malgré les distances considérables qui séparent ses terrains d'action, les entreprises asiatiques et américaines de Martín ont plus d'un point commun. Les réseaux du moine sont mobilisés au service des intérêts planétaires de la Monarchie. La conversion de la Chine, la question des rapports entre Manille et Macao, la liberté du commerce avec le Brésil et la Guinée confrontent Martín aux difficultés que soulève partout la frontière, ou *demarcación*, entre les possessions portugaises et les possessions espagnoles. L'union des couronnes ne l'a pas abolie. Portugais et Castillans ont beau être les sujets d'un même roi et les fidèles d'une même religion, les avantages qu'offre la complémentarité des empires sont largement contrebalancés par les vieilles susceptibilités qui opposent les clergés et les bureaucraties. Si physiquement, en Amérique du Sud, la limite qui sépare le Brésil des territoires espagnols est très imprécise, elle se révèle encore plus floue en Asie, où elle se perd sur des mers lointaines, entre des îles mal connues et insoumises.

Martín ne se laisse jamais emprisonner dans la sphère locale et régionale. Le moine était convaincu que l'insertion du Rio de la Plata au sein de la Monarchie ne posait pas seulement la question de ses rapports avec le Brésil portugais. La voie *platense* offrait une alternative à la route officielle qui reliait les mines d'argent des Andes aux ports des Caraïbes où la flotte espagnole de l'Atlantique attendait l'arrivée des métaux péruviens. En rompant le monopole de Portobelo et en développant la voie du Tucuman, on donnerait un nouveau débouché à l'argent de Potosí dont profiterait la région démunie du Rio de la Plata[21]. Sans compter que Buenos Aires pouvait prêter un appui stratégique à des troupes destinées au Chili[22]. À ceux qui l'accusent de causer « la faillite du commerce de l'Espagne vers les Indes », Martín riposte en sujet et en acteur d'une monarchie planétaire. Quel tort Buenos Aires peut-elle causer aux finances du roi si l'on songe « à la quantité de millions qui vont du Pérou et du Mexique vers les Philippines » et aux navires « chargés pour la plupart de marchandises de contrebande qui pénètrent au Pérou » ? « Ce que je raconte, ce n'est pas quelque chose qu'on m'a relaté, mais que j'ai constaté de mes propres yeux, quand j'ai vu dans le port du Callao un navire chargé de marchandises de la Chine qui valaient plus que tout ce qui était entré dans ce port depuis cinquante ans et que la valeur entière de cette province où je me trouve. » En un mot, la connexion *platense* contre la connexion chinoise. La question dépasse le domaine de la liberté commerciale. Dans l'esprit de Martín Ignacio de Loyola, économie et politique vont de pair : la contrebande de tissus importés de la Chine menace la stabilité de l'empire ; la valeur des marchandises venues d'Espagne risque de s'effondrer face à la prolifération des importations chinoises. À force de vouloir fermer Buenos Aires, les ministres du roi laissent béante « cette immense porte par laquelle s'échappent tant de millions chaque année ». Les conséquences seront désastreuses : « Le jour où les Indes cesseront de dépendre en tout de l'Espagne, il est certain que l'ordre spirituel et la civilisation s'y effondreront[23]. »

Dans les trois parties du monde

La Chine avait été un fiasco pour Martín Ignacio de Loyola. Le Japon sourirait-il davantage à Rodrigo de Vivero ? Né à Mexico en 1564, mort dans son pays natal à

Tecamachalco en 1636, ce créole mexicain a lui aussi cherché à embrasser l'Asie et l'Amérique par son rayon d'action et sa réflexion[24]. Il possédait tous les atouts qui font d'un sujet de la Monarchie un membre éminent des élites catholiques : la famille et les réseaux, la richesse, l'audace politique et intellectuelle, la capacité de penser le monde. Quoique les sources officielles restent discrètes sur ses activités commerciales et qu'il jure s'être tenu à l'écart des « affaires », on sait qu'il appartenait aux milieux les plus aisés de la Nouvelle-Espagne. À sa mort, Vivero laissa une fortune de 360 000 pesos. Il ne s'était jamais remis d'avoir perdu dans son naufrage sur les côtes japonaises les « souvenirs » de son séjour aux Philippines, « du mobilier chinois, des diamants et des rubis pour plus de cent mille ducats ». Il possédait une bibliothèque et lisait beaucoup, pillant l'historien Fernández Navarrete, citant les *Hiéroglyphes* de Pierio[25], invoquant comme tout un chacun l'autorité de Pline et de Ptolémée.

La famille paternelle de Rodrigo de Vivero était originaire de Vieille-Castille. Son grand-père avait épousé Antonia de Velasco, dont le frère Luis deviendra le second vice-roi de la Nouvelle-Espagne. Son père suivit l'oncle Luis, et la famille s'établit au Mexique. Au cours de sa carrière, Rodrigo saura tirer profit de ses liens avec les Velasco, ces acteurs incontournables de la scène mexicaine et hispanique, puisque le fils de ce grand-oncle par alliance – lui aussi prénommé Luis – régnera à deux reprises sur la Nouvelle-Espagne, avant de prendre la tête du Conseil des Indes. Quant à la mère de Rodrigo, elle était aussi née au Mexique. Elle avait des origines basques et sévillanes, et détenait la riche *encomienda* de Tecamachalco, dans la vallée de Puebla, où son fils Rodrigo rendit l'âme en 1636. Le grand-père et le père de Rodrigo appartenaient à l'ordre de Santiago, ce qui ne gâchait rien. Par sa femme, Rodrigo de Vivero était lié à don Martín de Yrcio, « l'un des premiers découvreurs et conquistadores de la Nouvelle-Espagne et de la ville de Mexico[26] », à don Tristan de Luna y Arrellano, gouverneur et capitaine général des provinces de la Floride, et au premier vice-roi du Mexique Antonio de Mendoza. Ajoutons que son frère, Francisco de Velasco, était *calificador* du Saint-Office et que son fils naturel était entré chez les jésuites. Ce qui cimentait les rapports de Rodrigo avec deux corps essentiels de la Nouvelle-Espagne et de la Monarchie, l'Inquisition et la Compagnie de Jésus.

À la fin de sa vie, en récompense des services rendus sur toute l'étendue de l'empire, Rodrigo reçut le titre de vicomte de San Miguel, puis celui de comte del Valle de Orizaba. Les grands champs de canne à sucre où s'échinaient esclaves africains et main-d'œuvre indigène prenaient ainsi, du moins sur le papier, des allures de seigneurie à l'européenne. La réussite de Rodrigo de Vivero est d'autant plus éclatante que jusqu'alors, au Mexique, seuls les descendants de Hernan Cortés, les marquis del Valle, pouvaient se targuer d'être titrés. Elle ne s'explique que par la trajectoire de cet homme dévoué corps et âme à la Monarchie, qu'il accompagne depuis la naissance de l'union des deux couronnes jusqu'à son déclin, dans les années 1630.

Tout jeune, Vivero est envoyé à la cour de Philippe II, où il devient page de la reine Anne. Il passe ensuite deux années à servir sur les galères de l'Espagne, sous le commandement du marquis de Santa Cruz, avant de se joindre à l'« expédition » de Portugal. À seize ans, il assiste à l'invasion du royaume derrière le duc d'Albe[27]. Après le Portugal, il aurait visité l'Italie. De retour en Nouvelle-Espagne, il combat les Indiens du Nord et vole au secours du port d'Acapulco menacé par des corsaires anglais. Il obtient alors des emplois qui lui font parcourir la Nouvelle-Espagne. Nommé *corregidor* de Cholula, il se familiarise avec une cité proche de Puebla de Los Angeles, où vit une forte communauté indigène encore attachée au souvenir des temps préhispaniques[28]. En 1595, il devient *alcalde mayor* et châtelain du fort de San Juan de Ulúa qui défend l'entrée du port de Veracruz. Des rivages du Pacifique aux côtes du golfe du Mexique, Vivero a tout loisir de saisir les enjeux mondiaux de la position de la Nouvelle-Espagne. À nouveau comme *alcalde mayor*, il rejoint Taxco en 1597, au cœur d'une des grandes régions argentifères du Mexique. De quoi bâtir sa fortune personnelle et s'initier aux questions que soulève la production de l'argent. Il ne lui restera plus qu'à expérimenter les risques et les périls de la guerre sur les frontières septentrionales en occupant six années durant la charge de gouverneur et capitaine général du royaume de Nouvelle-Biscaye. Plus libre de ses mouvements qu'un *corregidor* ou un *alcalde mayor*, il lui faut affronter les résistances des populations indiennes et la précarité des établissements espagnols dans cette zone pionnière. Il fait la guerre aux Acajes qui assiègent les mines de San Andrés et de Topia ; il les extermine ou les condamne aux travaux forcés dans les exploitations de la région.

En 1608, un nouvel emploi le propulse de l'autre côté du Pacifique. Promu gouverneur intérimaire des Philippines, Rodrigo de Vivero s'embarque à Acapulco le 15 mars 1608 et arrive sur l'archipel trois mois plus tard. Quand l'année suivante le gouverneur envoyé d'Espagne parvient à son tour à Manille, Rodrigo quitte l'archipel pour regagner sa terre natale, mais un naufrage le jette sur les côtes du Japon. Il y séjourne plus d'un an, de septembre 1609 à octobre 1610, avant de regagner le Mexique. Après des années difficiles – le départ de Luis de Velasco pour l'Espagne, puis sa mort en 1614, le privent d'un soutien précieux –, Rodrigo profite de la nomination d'un nouveau vice-roi, le marquis de Gelves, qui était également son parent, pour reprendre du service. Il obtient la charge de capitaine général de Terre Ferme et Veragua, assortie de la présidence de l'audience de Panama. Plus encore que Manille, Panama est un secteur stratégique de la Monarchie puisque c'est la place qui veille sur l'acheminement de l'argent du Pérou vers la mer des Caraïbes, l'Atlantique et l'Espagne. À nouveau l'ombre du clan Velasco : Rodrigo succède à Diego de Velasco, qui lui avait déjà laissé le gouvernement de la Nouvelle-Biscaye. Il passera huit ans à Panama, avant de se retirer sur ses terres d'Orizaba en Nouvelle-Espagne. À vrai dire, l'endroit n'est pas franchement à son goût : il a des mots durs pour « Panama, où il se voit enterré sans plus aucune espérance ». Sa carrière, pourtant, est loin d'être achevée. En 1632, on lui confie la défense du port de San Juan de Ulúa contre les attaques hollandaises. Quatre ans plus tard, en 1636, il est nommé « maître de camp et lieutenant de capitaine général des côtes de la mer du Nord et des ports y attenant ». Il se retrouve au cœur de la réforme militaire menée par Philippe IV et le marquis de Cadereita, son représentant en Nouvelle-Espagne : réorganisation de la garnison de trois cents hommes, « réforme » des compagnies d'infanterie, recrutement et encadrement de la « milice » qui forme le bataillon levé dans l'évêché de Puebla, mise sur pied d'une défense rapide et décentralisée[29]. C'est que la Monarchie livre alors une guerre mondiale contre la Hollande, du Brésil portugais aux terres d'Asie.

Connexions planétaires

Ce soldat et cet administrateur est aussi un homme de plume qui laisse une série de témoignages révélateurs des vues que développaient les élites catholiques de la Monarchie. Comme les experts, il possède une solide expérience de terrain, mais la sienne couvre plusieurs continents : l'Amérique, l'Europe et l'Asie. Il connaît la Péninsule et l'Italie. Il a fréquenté la cour. En Nouvelle-Espagne, il s'est d'abord frotté aux Indiens du centre du Mexique, puis aux Chichimèques insoumis du Nord-Ouest, ces Acajes qu'il a si efficacement « pacifiés »[30]. En Asie, il a découvert les populations philippines avant d'être plongé une année durant au sein de la société japonaise. En Amérique centrale, il côtoie les Noirs et les indigènes de la région de Panama, qui ne sont pas ceux qu'il a pu croiser dans les rue de Mexico, de Cholula ou de Taxco.

C'est sur la question asiatique que Vivero apporte les analyses les plus saisissantes. Depuis la fin des années 1560, l'arrivée des Espagnols a modifié la situation de cette partie du globe en faisant de l'océan Pacifique une mer navigable de part en part. Manille ouvrait aux marchandises orientales une nouvelle route vers l'Europe *via* le Pacifique et le Mexique, offrant une alternative à la route portugaise par l'océan Indien. La présence espagnole n'était pas dépourvue d'arrière-pensées conquérantes. Elle recelait une ambition vague et démesurée, combattue par les uns, appuyée par les autres : celle de poursuivre la conquête spirituelle et même militaire en prenant pied au Japon, en Corée ou en Chine, voire dans les trois pays à la fois. La nomination de Rodrigo à Manille l'avait placé au cœur de l'Asie espagnole. Il se retrouvait voisin de ces Portugais qu'il avait contribué à soumettre un quart de siècle plus tôt, au temps de l'« expédition du Portugal ». Comment traiter des rivaux devenus les sujets du même roi ?

Manille était aussi la porte du Japon. La capitale des Philippines abritait de nombreux Japonais convertis, et des missionnaires espagnols profitaient de ces intermédiaires pour s'introduire sur l'archipel en bravant les interdictions des autorités nippones et en enfreignant le monopole spirituel que s'y étaient octroyé les jésuites portugais. Les Japonais de Manille n'avaient pas attendu l'arrivée des Espagnols pour s'installer aux Philippines, où ils se livraient à toutes sortes de commerces et formaient une colonie assez remuante. En 1606, ils s'étaient révoltés et furent brutalement réprimés.

Traiter avec le Japon est une tout autre affaire. Dans les premières années du XVIIe siècle, le shogun Ieyasu semble vouloir donner des preuves de bonne disposition à l'égard de l'Espagne[31]. En 1602, il lui accorde la liberté de commercer et de naviguer au Japon et, l'année suivante, il dépêche une ambassade auprès du gouverneur des Philippines pour demander que le galion de Manille fasse escale sur l'archipel. Cherchant à favoriser le commerce dans ses ports, le shogun ménage les missionnaires espagnols et portugais qui affluent sur l'archipel. Pourtant, en 1606, Ieyasu prend à nouveau des mesures contre la nouvelle religion en interdisant la conversion des Japonais au christianisme. La décision n'a rien d'anodin si l'on considère qu'au moment de son séjour au Japon, Vivero ne dénombre pas moins de trois cent mille chrétiens. La question religieuse, autant que les rivalités commerciales dans cette région du globe, va-t-elle bloquer l'entrée du Japon dans les circuits ibériques ? Car c'est bien de cela qu'il s'agit depuis que deux routes, celle du Pacifique et celle de l'océan Indien, relient les côtes de l'Europe occidentale à celles de l'archipel nippon.

Au Japon, tirant profit de son séjour imprévu et forcé, Vivero complète les informations ramassées à Manille en étudiant la situation politique et économique de l'archipel. Après avoir traversé des décennies troublées, le pays vivait depuis 1598 sous la domination de Ieyasu qui s'était emparé du shogunat et posait les bases du gouvernement des Tokugawa[32]. Les grands seigneurs du pays, les *daimyo*, s'étaient dans l'ensemble soumis au vainqueur et pliés au régime autoritaire connu sous le nom de *bakufu*. Peu importe que Vivero passe à côté de bien des particularités du Japon des Tokugawa, qu'il fasse de Ieyasu un « empereur » et de son fils un « prince ». Il observe, saisit des mots et décrypte des hiérarchies. Un roi, ou *daire* (le *Tenno*), installé dans son palais de Meaco (Kyoto), jouit de prérogatives essentiellement cérémonielles – il s'agit en fait de l'empereur du Japon. Un shogun tout-puissant domine des seigneurs, les *tono* (déformation de *dono*), tous à la merci du nouveau pouvoir, sauf quelques « rois » plus ou moins indépendants. Pour imaginer de quelle manière le créole mexicain a perçu la société japonaise et son système politique, il faut se rappeler qu'il avait déjà en tête au moins quatre formes d'organisation sociale fort différentes les unes des autres. La confrontation de ces expériences composait un panorama d'une diversité qu'on aurait pu difficilement concevoir dans le Vieux Monde. Il y avait d'abord la société castillane dont était originaire sa famille, avec ses vestiges de régime seigneurial ; la société coloniale du centre de la Nouvelle-Espagne, avec ses Indiens, ses *encomiendas* et son absence – ou presque – de noblesse titrée ; le monde des frontières du Mexique septentrional, une zone pionnière et chaotique où, pour un œil occidental, tout était à construire ; enfin, la mosaïque des Philippines où un mince vernis hispanique recouvrait des populations autochtones mêlées de Chinois et de Japonais. C'est un des traits caractéristiques des élites catholiques, déjà repéré chez Martín Ignacio de Loyola, que d'affronter des populations extrêmement diverses, issues d'histoires sans rapport les unes avec les autres. Qu'avaient de commun les Indiens nomades du nord du Mexique avec les samouraïs de la cour de Ieyasu ? Les sociétés ibérique et japonaise portaient chacune le poids des millénaires, alors que la Nouvelle-Espagne comptait à peine un siècle d'existence et que les confins de la Nouvelle-Biscaye étaient encore inexplorés. Le patchwork de l'archipel philippin réunissait une série de défis autour de la menace musulmane, des rivalités portugaises, du cauchemar hollandais et de la déroutante complexité des sociétés asiatiques.

Au Japon, Rodrigo de Vivero dispose de l'appui des franciscains, alors qu'il est en butte à l'hostilité des jésuites. C'est pourtant le provincial de la vice-province des Philippines, Pedro Montes, qui l'accompagne lors de l'audience que leur accorde le shogun, et c'est encore un autre jésuite, l'Italien Giovanni Baptista Porro, qui sert de truchement entre Vivero et Ieyasu. Mais de nouveaux adversaires guettent Rodrigo de Vivero : les Hollandais, les ennemis les plus acharnés de la Monarchie, eux aussi arrivés au Japon. Le créole retrouve donc les principaux rivaux des Castillans à l'intérieur et à l'extérieur de la Monarchie. Les conflits européens le rattrapent de l'autre côté du globe, comme ils le rattraperont à la fin de sa carrière quand on l'enverra à Veracruz repousser « une flotte d'ennemis hollandais qui tentaient d'envahir le port de San Juan de Ulúa ».

Qu'attendent les Japonais des Espagnols ? Que des mineurs de la Nouvelle-Espagne viennent les aider à « exploiter leurs métaux » et que des marchands et des marchandises du Japon puissent traverser le Pacifique : « Ils voulaient connaître la route et ce commerce qui profitait aux deux royaumes. » Ils insistent pour « que s'établissent le commerce et les échanges entre le Japon et la Nouvelle-Espagne ». De quoi encore renforcer les connexions du monde. Vivero exulte : l'occasion lui semble exceptionnelle, de celles « que l'on ne retrouvera pas avant des siècles ». Mais il pose ses conditions : que le shogun expulse les Hollandais qui font commerce avec l'archipel. À l'en croire, l'Espagne aurait tout à gagner d'une alliance avec le Japon. La jeune chrétienté locale n'en serait que mieux protégée et l'on pourrait envisager d'aider le Japon à conquérir la Corée, une contrée « regorgeant d'or et d'argent, riche de ressources pareilles à celles de l'Espagne, dotée de grandes agglomérations construites en dur. Quand on y aura posé les pieds, on pourra étendre les bras jusqu'à la Chine[33] ». En revanche, l'hostilité des Japonais ne ferait que profiter à des Hollandais qui, en devenant les maîtres de la mer du Sud, obtiendraient les moyens d'empêcher le commerce entre les Philippines et le Mexique. Comment défendre alors les Moluques et chasser les Hollandais de Ternate ? Commercialement, les Espagnols ont tout à gagner à traiter avec le Japon : « Il est certain que le Japon possède une grande abondance d'or et d'argent, ce qui n'est pas un mauvais fret de retour pour les tissus, la cochenille et l'indigo, les cuirs, les feutres, les couvertures et d'autres marchandises qu'ils apprécient et dont ils ont besoin, mais dont l'Espagne et les Indes sont si riches qu'on peut les en tirer avec suffisamment de profit. Puisque l'on conserve et que l'on soutient les Philippines qui envoient taffetas, plats et écuelles de pacotille, contre un million et demi qui en part chaque année, combien davantage de raisons n'a-t-on d'apprécier le Japon qui reçoit ce qui nous est inutile et retourne ce qui nous est si avantageux[34] ! »

Toutefois, l'expertise mondiale de Vivero ne se restreint pas aux échanges à travers le Pacifique. L'expérience de Panama lui ouvre d'autres horizons qui nous ramènent de l'Asie à l'Amérique centrale et à l'Amérique du Sud. Vivero compte améliorer les circulations entre le Pérou et l'océan Atlantique en proposant l'ouverture d'une nouvelle voie destinée à doubler celle de Panama. Son analyse du transport de l'argent de Potosi jusqu'à la mer des Caraïbes repose sur l'étude des contraintes saisonnières qui s'exercent dans chaque région du continent, depuis les pluies de montagne qui font tourner les moulins à broyer l'argent de Potosi jusqu'à la crue des rivières qui traversent l'Amérique centrale. À partir de ces données climatiques et de l'évaluation des durées de traversée, en tant que président de l'audience de Panama, il suggère d'organiser le rythme des flottes entre l'Espagne, l'Amérique centrale et le Pérou selon un nouveau calendrier. Comme si l'espace de la Monarchie était une donnée mesurable, contrôlable, et qu'il n'y aurait plus qu'à gérer de la manière la plus efficace. En imaginant des circulations continentales et intercontinentales qui tiendraient compte des multiples variables dont il pouvait disposer, Vivero se révèle à nouveau capable de concevoir une région planétaire comme un ensemble de zones interdépendantes. À ses yeux, la réorganisation des circuits commerciaux entre les Andes et les Caraïbes devait également profiter à la navigation sur le Pacifique et la création d'arsenaux et de fonderies sur la côte de la « mer du Sud » servir aux flottes de la Chine et des Moluques[35].

Mais que faire de ces immenses territoires qui s'étendent au nord de la Nouvelle-Espagne et dont la Nouvelle-Biscaye lui a donné un avant-goût ? La frange orientale de l'Amérique du Nord était menacée par les établissements anglais de Virginie – « avec plus de quatre mille hommes » – et par ceux des Bermudes. Jamais à court d'idées, Vivero envisage là encore des stratégies et avance des solutions : conquérir la Virginie, puis expulser les six cents Hollandais qui occupent l'archipel. À nouveau, Vivero trace des cartes, échafaude des rapports entre la Floride, le Nouveau-Mexique et Zacatecas, et s'exalte à la perspective de s'emparer des territoires qui courent du Pacifique à l'Atlantique, quitte à croire encore que l'Amérique du Nord abrite des populations fantastiques, monopodes, géants et autres créatures aux oreilles traînant jusqu'à terre.

Quels échanges développer entre les différentes parties de la Monarchie ? Vivero est convaincu que les productions textiles et agricoles des Indes sont assez abondantes pour que l'Amérique ne dépende pas de l'Espagne : vins de Trujillo et de Nazca, olives, viandes, volailles, étoffes de Puebla et de Tlaxcala, soie de la Mixtèque, lin de Quito… Il souhaite, en revanche, développer le commerce entre la Nouvelle-Espagne, le Japon et la Chine. Son souci d'écarter les étrangers s'inspire des mêmes velléités protectionnistes. L'exemple, cette fois, lui vient de l'extérieur : « Si le Turc, le Maure, le Japonais et le Chinois vivent en paix et la préservent en refusant l'accès de leurs terres aux étrangers, pourquoi l'Espagne n'en feraitelle pas de même ? » Il s'en prend aussi bien aux banquiers génois, accusés de s'enrichir « avec notre sang », qu'aux Européens installés dans les Indes et « naturalisés », « avec mille privilèges qui les avantagent, avec femmes et enfants, qui sont si infidèles aux Castillans et qui aiment tant leur patrie qu'ils nient tout cela et expédient des lettres qui informent sur tout ce qui se passe ici ». En clair, ces gens servent de tête de pont aux Hollandais. D'où la nécessité impérieuse « d'arracher cette mauvaise racine une bonne fois pour toutes et de les faire sortir des Indes sans en laisser aucun revenir ni entrer en Espagne[36] ».

Ces accents xénophobes trahissent l'époque à laquelle ils appartiennent. Ils accompagnent une vision critique de la Monarchie qui dans les années 1630, face à la Hollande, à la France et à ses déboires financiers, a perdu l'assurance triomphaliste d'antan. Une conscience territoriale d'un type nouveau est en train d'émerger. Né des impasses de la Monarchie, de ses dysfonctionnements répétés – la révolte de la ville de Mexico en 1624 en est une manifestation –, le projet de Vivero propose un rééquilibrage des rapports au sein de la domination ibérique. La Monarchie compte trop de moines et trop d'étudiants. Il faut interdire l'émigration espagnole aux Indes, source d'appauvrissement et de dépeuplement pour la Péninsule. L'arrivée clandestine des sujets du roi est d'autant plus catastrophique que ceux-ci échappent vite à tout contrôle, « car le nègre et l'Indien les cachent ou bien encore ils sont aidés de leur propre province et de leur peuple. Et comme le pays est très étendu, montagneux, et offre des caches faciles, quand ils réapparaissent, nul ne les connaît. C'est ainsi que s'est fait au Pérou et au Mexique un grand mélange de peuples différents, ce qui est fort préjudiciable au bon gouvernement de ces pays[37] ». Le spectre du métissage et le fantasme de la plèbe hantent Vivero, qui voit dans la collusion de « ces gens oisifs et vagabonds » avec les Noirs et les Indiens l'origine du soulèvement de Mexico. Comme si les mélanges et les flux clandestins menaçaient le bel équilibre de la Monarchie avec ses populations idéalement compartimentées et hiérarchisées.

Pour Vivero, la Monarchie doit reposer sur des principes légalistes qui exigent l'application des lois, la lutte contre la fraude, la chasse aux incompétents et la protection des populations indigènes. Hostile au travail des Indiens dans les mines et à la pratique du *repartimiento,* qui n'est à ses yeux qu'une forme d'« esclavage pernicieux », il demande que les Indiens vivent séparés des Espagnols, « car si l'on a pu dire du scorpion que son haleine seule empoisonne et tue, on pourrait bien dire la même chose en parlant de l'Espagnol vis-à-vis de l'Indien[38] ». Les *pueblos* indigènes les plus prospères ou les moins affaiblis ne sont-ils pas ceux qui restent isolés ? Il s'oppose vivement à la politique de « congrégations » qui aurait causé la disparition, en six années, de plus de cinq cent mille indigènes. L'arrachement des Indiens à leurs terres lui inspire même des pages surprenantes chez un homme qui a tant « pérégriné » de par le monde : « Il est clair que le misérable Indien qui ne cultive la terre qu'à deux toises de chez lui ne va jamais parcourir de quatre à six lieues pour retrouver celle qu'il a dû quitter et qui en peu de jours sera occupée par des Espagnols avec ou sans titres légaux. » En propriétaire éclairé qui se targue de savoir ce dont il parle, maître de grands élevages et de moulins à sucre, Vivero souhaite que les travailleurs indigènes soient traités comme « des journaliers en Espagne[39] ». Les Indiens ne sont-ils pas des « hommes libres », comme l'ont ordonné les Rois Catholiques ?

Mais Vivero se fait aussi le porte-parole de son milieu créole. Avec des accents qui rappellent ceux de Baltazar Dorantes de Carranza, il défend ardemment la cause de ses congénères, « les gens nés aux Indes qui descendent de ceux qui ont conquis le pays ». Dans l'organisation planétaire de la Monarchie, la domination des gens de la Péninsule sur les Blancs des Indes lui paraît inadmissible. Pourquoi faudrait-il qu'on préférât les « courtisans de Madrid » aux « créoles » pour distribuer les emplois américains ? Les Espagnols des Indes n'ont rien à envier à ceux de la métropole : « Ils sont issus de Mexico et des autres cités du royaume, ce sont des orateurs d'une extraordinaire éloquence dans la langue latine, des philosophes et des artistes fameux, de grands théologiens fort versés dans les canons et les lois ; je n'en veux pour preuve que les universités et les couvents qu'ils remplissent de rares talents et d'esprits habiles. » Les créoles ont « l'avantage que leur donnent sur les nouveaux arrivants l'expérience, la connaissance des Indes et des Indiens, de leur langue (chose si importante pour arriver à les gouverner si parfaitement), tout cela devrait suffire pour préférer les créoles. Que les services des Flandres se paient en Flandres et en Espagne, que les Portugais soient récompensés dans leur pays et que les gens des Indes le soient aux Indes. Alors Votre Majesté sera entièrement servie et eux se montreront satisfaits et récompensés[40] ».

Un Carioca mondialisé

La partie portugaise de la Monarchie n'est pas non plus avare de figures rompues à sillonner les espaces et à relier les continents. « Protagoniste important sur le plan politique et administratif de l'union ibérique[41] », Salvador Correia de Sá e Benevides est né à Cadix en 1602. Son grand-père paternel est un Portugais, Salvador Correia de Sá, deuxième capitaine général de Rio de Janeiro où il a établi la famille, alors que son grand-père maternel est un Espagnol, Manuel de Benevides, qui occupa les charges de châtelain puis de gouverneur de Cadix. En 1631, en épousant à Tucuman Catalina de Ugarte y Velasco, la nièce de l'ancien vice-roi de la Nouvelle-Espagne et du Pérou Luis de Velasco, Sá e Benevides s'allie au « clan » des Velasco auquel, on le sait, Rodrigo de Vivero était lui-même aussi apparenté. En 1615, après avoir probablement étudié chez les jésuites de Lisbonne, Salvador arrive au Brésil en compagnie de son père Martim de Sá.

De 1630 à 1635, il connaît une période « hispano-américaine » : il participe à des expéditions contre les Indiens du Chaco et de Tucuman, s'occupe de l'*encomienda* que son épouse possède dans la contrée. Cette institution est une singularité de l'empire espagnol qui ne doit pas échapper aux yeux d'un Portugais[42]. Les appuis de Salvador dans la région ne sont pas négligeables, puisque le gouverneur espagnol du Paraguay est l'époux de sa cousine Vitória. À quoi s'ajoutent quelques parents espagnols à Buenos Aires qui facilitent son insertion dans la province du Rio de la Plata. Salvador de Sá ne s'intéresse d'ailleurs pas qu'à cette région si cruciale pour les échanges avec le Brésil. Il se lance dans un long voyage dans les Andes qui le mène jusqu'aux fabuleuses mines de Potosi.

De 1634 à 1636, premier intermède européen pour Salvador, qui regagne la péninsule Ibérique. À partir de 1637 s'ouvre sa phase carioca proprement dite. Il a obtenu de Lisbonne la charge de gouverneur de la capitainerie de Rio de Janeiro, où il succède à son père. La rupture de l'union des deux couronnes le conduit à choisir le bon parti, celui du nouveau souverain du Portugal, Jean IV, qui le récompense en le nommant gouverneur des flottes du Brésil en 1643, puis membre de son Conseil d'outre-mer. Quatre ans plus tard s'amorce sa grande période africaine. Salvador organise la reconquête de l'Angola, tombé aux mains des Hollandais depuis 1641. La flotte qu'il monte à Rio quitte la baie de Guanabara en 1648. « Deux cent soixante-dix ans avant que l'armée yankee du général Pershing traverse l'Atlantique pour participer à la Première Guerre mondiale et se battre dans les tranchées de Lorraine (1918), appareillait de Rio de Janeiro la première *task force*, équipée et armée pour l'essentiel par des colons du Nouveau Monde[43]. » Salvador débarrasse l'Angola des Hollandais en trois mois et gouverne cette terre d'Afrique jusqu'en 1652, soumettant les Sobas du royaume du Ndongo et concluant un traité de paix avec le roi du Congo. Il n'a cessé, comme Carioca, de renforcer le ressort territorial du gouvernement de Rio de Janeiro et finit par obtenir en 1659 le titre tant convoité de capitaine général de la *repartição do Sul*. Mais, un an plus tard, une révolte des habitants de Rio le contraint à regagner Lisbonne, où il se mêle aux intrigues de la cour. En 1678, il s'offre une nouvelle fois à partir pour l'Afrique orientale mater une rébellion aux portes de Mombasa. Dix ans plus tard, il achève à Lisbonne une existence construite entre trois continents et deux empires.

Salvador est donc à la fois un Portugais profondément enraciné dans la capitainerie de Rio, un connaisseur exceptionnel de la présence espagnole dans le sud du continent américain, un familier de la cour de Lisbonne, un ami des jésuites et le détenteur d'une solide expérience africaine. Tout cela en fait un remarquable spécialiste de l'Atlantique Sud, cet « archipel du Capricorne[44] » autour duquel s'est jouée la formation du Brésil moderne. Les flux commerciaux qui irriguent cette partie du monde relient les réserves à esclaves de l'Afrique occidentale aux mines d'argent de Potosi. Comme Martín Ignacio de Loyola et encore mieux que lui, Salvador s'intéresse au destin de cette partie du monde. Il réunit des informations et monte des projets de chaque côté de l'Atlantique : il envisage la création de la colonie du Sacramento de manière à étendre la frontière méridionale du Brésil et propose d'enlever Buenos Aires aux Espagnols en 1644. Dans le même temps, il se préoccupe de consolider les liens entre Rio et les ports d'Afrique. « Grâce à la reconquête de l'Angola que réalise l'expédition luso-carioca de Salvador de Sá, l'économie brésilienne s'approprie pour deux siècles la plus grande réserve africaine de main-d'œuvre[45]. » Ce qui ne l'empêche pas d'organiser expédition sur expédition à la recherche de l'or, de l'argent et des émeraudes du Brésil.

Les horizons planétaires de Salvador, ses réseaux, son aptitude à intervenir sur les théâtres les plus divers – les Paiaguás et les Guaicurus du Chaco central (Argentine) ne sont pas les Jagas de Matamba ni les roitelets d'Angola[46] – en font le pendant luso-brésilien de l'Hispano-Mexicain Rodrigo de Vivero, son lointain parent. N'était la « trahison » que Salvador a commise en 1640, quand il préfère suivre le Portugal dans la sécession et la restauration. Reste que ce Carioca hybride habitué à évoluer entre les continents offre une illustration tout aussi spectaculaire des élites mondialisées dont la Monarchie a favorisé l'éclosion. Son extraordinaire capacité d'initiative se nourrit d'une perception aiguë des rapports à développer entre les différentes parties du monde. L'exploitation des trois principales sources de richesse de l'hémisphère Sud – l'argent des Andes, le sucre du Brésil, le bois d'ébène africain – exigeait l'établissement de la connexion *platense* et son articulation à la connexion africaine ; Salvador aurait même souhaité la prolonger vers l'océan Indien en reliant l'Angola au Mozambique. Il fallait pour y parvenir toute son alchimie entreprenante, appuyée sur de solides bases locales, elles-mêmes étayées par la domination tentaculaire qu'exerçaient les membres de sa famille sur la région de Rio[47]. Effet en retour de la mondialisation ibérique et du rapprochement des continents, les Noirs d'Afrique allaient être chassés avec la même violence que les Indiens du Brésil, puisque les Luso-Brésiliens pouvaient dorénavant mener leur guerre du *sertão* de chaque côté de l'Atlantique. En 1665, Salvador de Sá aura même l'idée d'envoyer les « mulâtres affranchis, rebelles et criminels » qui « prolifèrent » dans l'État du Brésil se battre en Angola[48]. Le « rapatriement » des descendants métissés d'esclaves d'Afrique aurait scellé encore plus fortement les rapports entre les deux rives de l'Atlantique Sud.

Poète entre deux continents

Peut-on réduire la mondialisation ibérique au domaine de la guerre, de la diplomatie ou de la christianisation ? D'autres acteurs plus inattendus ont contribué à étendre la sphère de la domination ibérique au-dessus des continents. Quand Vivero explique que « les rois d'Espagne deviennent les plus grands et les plus puissants du monde » et que « tout indique la grandeur de l'Espagne et de ces Indes où au premier regard on découvre des mines[49] », son triomphalisme n'est pas isolé. On y retrouve l'écho des envolées enthousiastes du poète Bernardo de Balbuena :

> *Ô Espagne valeureuse, que couronne*
> *le monarque du Vieux et du Nouveau Monde*[50].

À bien des reprises, l'auteur de *Grandeza mexicana* nous a servi de guide et de repère dans l'exploration de la mondialisation ibérique que nous avons choisi de mener depuis la Nouvelle-Espagne. La rencontre du poète et du serviteur de la Monarchie n'est pas fortuite. Les strophes de *Grandeza mexicana* sont de bout en bout politiques. Elles exaltent la domination planétaire de la Monarchie autant que la capitale de la Nouvelle-Espagne et s'inscrivent dans une production intercontinentale qui métamorphose la littérature européenne en littérature occidentale. Originaire de la Manche comme Don Quichotte, Bernardo de Balbuena voit le jour à Valdepeñas, en 1562, l'année de la naissance de Lope de Vega. Il n'a que deux ans quand son père, qui possédait des biens au nord-ouest du Mexique, regagne la Nouvelle-Espagne. Il le rejoint vingt ans plus tard, en 1584. Une année après son arrivée à Mexico, Balbuena fait ses débuts dans la carrière littéraire en remportant un prix dans un concours organisé à l'occasion de la Fête-Dieu. Ses succès l'introduisent dans les cercles lettrés de la capitale de la Nouvelle-Espagne. Mais c'est à Guadalajara qu'il se prépare à la carrière ecclésiastique. Les liens de son père avec cette région du Mexique expliquent qu'il y passera une partie de son existence. Nouvelle distinction en 1590, à l'occasion du concours organisé pour fêter le vice-roi Luis de Velasco. Deux ans plus tard, Bernardo est nommé chapelain de l'audience de Guadalajara, dont il s'éloigne pour prendre possession de la cure de San Pedro Lagunillas et entamer la rédaction de son poème *El Bernardo*. Sa vie se déroule alors entre le nord-ouest du Mexique et la capitale de la Nouvelle-Espagne, qu'il ne cesse de visiter. Au tout début du XVIIe siècle, il est curé à San Miguel de Culiacán, dans l'ouest de la Nouvelle-Galice, aux confins des Indes occidentales. C'est dans cette région qu'il met le point final à *El Bernardo*, l'année où Shakespeare termine *Othello* et Tommaso Campanella sa *Cité du Soleil*. Cinq mille octaves, quarante mille vers consacrés à la geste de Bernardo del Carpio, l'adversaire de Charlemagne et de Roland, le vainqueur de la bataille de Roncevaux, le *Bernardo* est un tissu d'aventures médiévales qui exploitent toutes les ficelles du genre et lancent des incursions dans le ciel des Indes et de la Nouvelle-Espagne. C'est aussi « un fantastique chant de triomphe consacré à l'histoire et à la grandeur de l'Espagne, tout imprégné des idées espagnoles de domination universelle qui s'incarnent dans tous ses personnages et ses épisodes fabuleux[51] ».

L'année 1604 est faste pour le poète, puisqu'elle est marquée par la publication de *Grandeza mexicana* à Mexico. L'ouvrage connaît deux éditions, la première dédiée à l'archevêque de Mexico García de Mendoza y Zuñiga, et la seconde au comte de Lemos. La mort du prélat avait en effet imposé le choix d'un nouveau protecteur, le comte de Lemos, alors au faîte de sa puissance. Les sonnets qui introduisent le poème permettent d'imaginer l'entourage de Balbuena : on y trouve des membres de l'Inquisition, des créoles lettrés de la grande oligarchie foncière, des membres du clergé de Nouvelle-Galice et jusqu'à son frère Francisco qui fait l'éloge « de qui a su honorer / la meilleure cité du monde[52] ».

Dès son arrivée en Nouvelle-Espagne, Balbuena avait gravité dans des milieux qui s'attachaient à répliquer outre-Atlantique la vie lettrée des grandes cités d'Europe. Le sonnet flatteur que lui consacre Antonio de Saavedra Guzmán révèle la mesure de son insertion dans les milieux créoles[53]. Les Saavedra Guzmán occupent des fonctions importantes dans l'administration de la ville de Mexico et font partie de la grande oligarchie foncière[54]. L'ascension d'Antonio, entrecoupée de voyages en Espagne, avait de quoi fasciner Balbuena. C'est lors de sa seconde traversée atlantique que ce créole rédige le *Peregrino indiano*, son histoire rimée de la Conquête. Dans la Péninsule, où ses relations familiales lui avaient ouvert les portes des milieux littéraires, il rencontre Lope de Vega et Vicente Espinel, et le chroniqueur Antonio de Herrera l'aide à faire imprimer son poème[55]. Après Antonio, Balbuena saura profiter des liens qui se tissent entre les cercles ibériques et les milieux mexicains.

En vingt ans, Bernardo s'est progressivement taillé sa place dans le petit monde littéraire mexicain. Il lui reste à conquérir la Péninsule et à transformer son titre de *bachiller* en celui de docteur, avec l'espoir de trouver un meilleur emploi dans la Monarchie. En 1606, deux années après la publication de *Grandeza*, il regagne Madrid et s'établit à Sigüenza, où il obtient son doctorat en théologie. En 1608, son séjour dans la Péninsule est doublement récompensé : Balbuena reçoit la dignité d'abbé de la Jamaïque et parvient à publier à Madrid son roman pastoral, le *Siglo de oro en las selvas de Erifile*. En transposant habilement l'*Arcadia* de Jacopo Sannazaro[56], le *Siglo de oro* montre que la mode italianisante ne s'arrêtait pas à Pétrarque et qu'on pouvait rêver en italien sur les rivages du Pacifique. Comme *Grandeza mexicana*, l'œuvre est dédiée au comte de Lemos, alors tout-puissant président du Conseil des Indes. Balbuena attend encore deux années pour quitter l'Espagne et gagner Santo Domingo, puis l'île dont il sera l'abbé. À la Jamaïque, il succède à un lointain et illustre prédécesseur qui n'avait jamais mis le pied en Amérique, le chroniqueur Pierre Martyr d'Anghiera. En 1619, Balbuena est gratifié d'une nouvelle promotion qui le maintient dans cette région du globe. Il devient évêque de Puerto Rico et assiste deux ans plus tard au concile provincial de Santo Domingo. Ce n'est qu'au bout de quatre années qu'il rejoint son diocèse. En 1624, tandis qu'il s'accoutume à sa nouvelle existence à San Juan, *El Bernardo* est publié à Madrid, l'année même où Juan Ruiz de Alarcón compose *La verdad sospechosa*. Un an plus tard, l'histoire mondiale et la guerre de Trente Ans le surprennent sur son île tropicale : sa maison et sa bibliothèque sont détruites par des pirates hollandais. Il ne se releva jamais de cette catastrophe et rendit l'âme deux ans plus tard, le 11 octobre 1627, à San Juan de Puerto Rico.

Balbuena est un nomade de la Monarchie, qui n'hésite pas à se présenter comme un homme des confins. Dans l'introduction de la *Grandeza mexicana*, il évoque ses longs séjours sur la côte pacifique : « Là-bas, dans les marges les plus reculées des Indes occidentales, dans la région du Ponant, presque sur les limites qui marquent le seuil de la société humaine, il semble que la nature, lasse de s'étendre en des contrées si accidentées et si chaotiques, n'a pas voulu créer plus de terre[57]. » Dans tous les sens du terme, les contrées tropicales qui bordent le Pacifique étaient alors des bouts du monde. Perdu à plus de 700 kilomètres de Guadalajara et de 1 300 kilomètres de Mexico, San Miguel Culiacan[58] rassemble au début du XVIIe siècle une trentaine de résidents espagnols, des serviteurs indiens et des esclaves noirs[59]. Les gens de San Miguel Culiacan « ne pensent pas et ne se rendent pas compte qu'il y a d'autres gens au monde [...], ils ne s'intéressent pas aux nouvelles, ne veulent pas savoir s'il y a des guerres dans le monde, sont indifférents aux mouvements de la flotte des Indes ; personne ici n'utilise de papier en dehors du notaire[60] ». Compostela, dans le Nayarit, n'est guère plus exaltant. En 1605, une vingtaine de résidents espagnols y végètent. De temps à autre, quelques barques se rendent à Acapulco « pour charger des tissus de la Chine et des vins du Pérou » ou plus prosaïquement du sel dans la province voisine de Culiacan[61].

Bien qu'il soit confiné au bout du monde, Balbuena écrit comme on écrirait à Madrid en se lançant dans la composition du *Siglo de oro* et du *Bernardo*, comme si la création occidentale s'était totalement affranchie du cadre européen. C'est dans les provinces tropicales du Pacifique qu'il imagine les paysages bucoliques des *Selvas de Erifile* et l'Espagne du haut Moyen Âge où résonnent les exploits de Bernardo del Carpio. Balbuena n'écrit pourtant ni une chronique du Nouveau Monde ni une épopée mexicaine, mais un poème de plus de quarante mille vers qui prétend imiter deux monuments de la littérature italienne de la Renaissance, l'*Orlando inamorato* de Boiardo et l'*Orlando furioso* de l'Arioste. Pareille transplantation ne l'empêche pas de se faire un nom et d'attirer l'attention du grand Lope de Vega, qui salue dans son *Laurel de Apollo*, ce palmarès des poètes ibériques, le « prélat généreux et si docte Bernardo de Balbuena[62] », tandis que plus près de nous le critique espagnol Menéndez y Pelayo en fait « le véritable patriarche de la poésie américaine[63] ».

Le poète mène sa carrière sur deux continents en s'adaptant à tous les contextes : métropoles, cités provinciales ou culs-de-sac comme San Miguel Culiacan. Ses déplacements successifs construisent une nouvelle figure d'écrivain, toujours en mouvement entre les continents. Balbuena apprend à veiller sur la publication de son œuvre à Madrid depuis Santo Domingo et la Jamaïque. Le nomadisme du créateur exige une nouvelle organisation du travail d'écrivain. C'est depuis les Caraïbes qu'il négocie la publication du *Bernardo*, réunit les références de l'ouvrage, corrige les épreuves, envoie ses ajouts à son éditeur madrilène[64]. Et rien n'indique que les choses étaient plus faciles depuis San Juan de Puerto Rico que depuis Compostela au Mexique. Les notes, les manuscrits, les livres, la bibliothèque personnelle de l'auteur traversent et retraversent les mers, emportés dans les flux de la mobilisation ibérique. Lorsqu'il quitte l'Espagne pour les Caraïbes, on l'autorise à emporter pour deux cents ducats de livres, soit un bon millier de volumes. La liste des sources des quarante mille vers du *Bernardo* est interminable : Horace, Aristote, Homère, Virgile..., ce qui veut dire que pour écrire le *Bernardo*, *Grandeza mexicana* ou même *El Siglo de oro*, Balbuena doit constamment avoir en tête ou sous la main quantité d'ouvrages quand il ne peut pas les consulter dans une des nouvelles bibliothèques des Indes, à Guadalajara, à Mexico, à Santo Domingo ou à San Juan.

D'autres, plus illustres que lui, ont traversé les océans. La destinée du créole mexicain Ruiz de Alarcón, parti sans retour pour la Péninsule, a croisé celle de Mateo Alemán, le créateur du roman picaresque, qui finit ses jours en Nouvelle-Espagne. Balbuena se singularise par son détachement continuel : à la différence des précédents, il ne se fixe nulle part. Il peut chanter les richesses de Mexico, en exalter la centralité – « c'est le centre et le cœur de la grande sphère[65] » –, admirer l'élégance de la langue qu'on y parle – « l'espagnol le plus pur et le plus distingué » –, magnifier son insertion planétaire – « elle tient le globe par une chaîne » –, puis plier bagage et continuer sous d'autres latitudes sa carrière ecclésiastique et littéraire.

Si *Grandeza mexicana* développe une vision du monde qui nous a souvent guidé au fil de ces chapitres, le *Bernardo* recèle également des épisodes qui décrivent l'univers que capte le regard mobile du poète. Balbuena nous entraîne en compagnie de Reynaldos, Morgante et Orimandro sur le vaisseau volant du mage Malgesi, d'où l'on découvre un spectacle inoubliable tel qu'aucun navigateur n'a pu le contempler : le monde vu depuis l'espace. L'Europe, l'Italie et ses belles cités, la France et ses fleuves, l'« Espagne heureuse et guerrière[66] », le Nouveau Monde, le détroit de Magellan, le pays des Patagons, le Brésil, les Andes,

Panama, le Mexique, Chiapas, Oaxaca, les rivages du Pacifique et les terres de Nouvelle-Galice où Balbuena rédigea les vers du *Bernardo* : peu importe que les images qui défilent sous nos yeux soient les créations d'un poète, elles participent du même effort pour transcrire la mondialisation ibérique[67].

Camões et Balbuena

Même si la lecture du *Bernardo* est devenue aussi difficile aujourd'hui que celle des *Lusiades* de Camões, l'histoire de la littérature se refuserait sans doute à rapprocher les deux épopées, et le succès qu'a remporté le poème portugais est sans commune mesure avec l'estime dont a joui en son temps le *Bernardo*. Ces œuvres ont pourtant un air de parenté. La carrière asiatique du Portugais et les envolées planétaires des *Lusiades* réunissent déjà les dimensions qui font de Camões un lettré mondialisé. Né en 1524 dans la petite noblesse, attiré vingt ans plus tard par la cour de Jean III à Lisbonne, le poète s'attache à la maison du comte de Linhares qu'il accompagne en Afrique, à Ceuta, de 1549 à 1551. Un an après, il s'embarque pour Goa sur la flotte de Fernão Alvares Cabral. Il participe à des expéditions militaires en Inde, patrouille sur la mer Rouge, décroche pour un temps un emploi d'« administrateur des biens de défunts » à Macao, avant d'être destitué. Il se trouve alors à deux doigts de perdre le manuscrit des *Lusiades,* lors d'un naufrage dans le delta du Mékong. De retour à Goa, il recherche la protection des vice-rois et s'embarque en 1567 pour le Mozambique, où le croise le chroniqueur Diogo do Couto. Rentré à Lisbonne, il consacre toutes ses forces à la publication des *Lusiades,* qui sortent en 1572 avec l'appui de dom Manuel de Portugal, et obtient du roi Sébastien une rente qui améliore la fin de ses jours. Camões s'éteint le 10 juin 1580, à la veille de l'union des couronnes ibériques.

Le poète avait vécu une existence « fragmentée de par le monde[68] », dont les déplacements asiatiques et africains avaient tissé la toile de fond. C'est en Asie que Camões cherche l'inspiration, compose ses poèmes ou révise ses manuscrits. Partout, le poète transporte sa connaissance intime des classiques latins, Virgile, Ovide, Horace, des conteurs médiévaux comme Boccace, sa familiarité avec la littérature italienne et espagnole. Pétrarque, Juan Boscán et Garcilaso de la Vega l'accompagnent dans ses voyages entre les trois continents. Comme Balbuena, il emporte dans ses malles et plus encore dans sa tête tout un répertoire de formes et de genres : l'églogue, l'élégie, l'ode, le sonnet, qu'il cultivera sous le grand ciel d'Asie. Sur deux points majeurs, il préfigure magistralement Balbuena : en édifiant jour après jour une œuvre occidentale loin des réalités et des contingences de l'Europe, mais aussi en imaginant un monde où éclate la grandeur du royaume dont il est le sujet. Les *Lusiades* et *El Bernardo* ne sont pas que des créations littéraires plus ou moins abouties, ni les bouffées d'exaltation nationaliste auxquelles les a souvent réduites la critique ibérique. En prophétisant et en célébrant le destin mondial du Portugal ou le destin planétaire de l'Espagne, en les inscrivant dans l'espace et dans le temps de l'Occident, en mêlant inextricablement histoire et mythologie, les deux épopées imaginent le monde dont ont accouché les découvertes hispano-portugaises. Elles exploitent toutes les ressources de l'invention poétique pour marquer sur le globe qu'ils se sont partagé l'histoire providentielle des deux royaumes ibériques. Balbuena et Camões commencent par décrire l'univers, la « vaste machine du monde[69] », le « grand appareil du monde[70] ». « Là, [les héros des *Lusiades*] aperçoivent un globe suspendu en l'air, que la lumière éclatante traversait de part en part, si bien que son centre était aussi visible que sa superficie[71]. » Et les « divers continents » défilent sous leurs yeux, « séparés par les mers furieuses, séjours de nations diverses, soumises à des rois divers, à diverses coutumes et diverses croyances[72] ». À trente années de distance, loin de Goa et de Macao, sur les rives du Pacifique mexicain, l'écho des vers de Camões et le leitmotiv de la diversité résonnent dans les strophes de Balbuena :

[...] Des hommes et des femmes
de couleurs et de professions diverses,
différents par les langues et les origines,
les intentions, les buts et les désirs,
et parfois les croyances et les opinions[73].

La proximité des deux œuvres est plus forte encore si l'on accepte que les *Lusiades* sont aussi un poème à la gloire de l'Espagne tout entière, autant dire de la péninsule Ibérique. « Dans les littératures hispaniques il n'y a sans doute pas de poème aussi "espagnol" que les *Lusiades*, pas seulement par l'héroïsme et l'esprit de croisade qui s'y expriment, mais aussi par la forme glorificatrice, orgueilleuse et hyperbolique qui le caractérise[74]. » Ce qui explique que les *Lusiades* aient remporté un succès considérable dans le monde hispanique, s'attirant lecteurs et traducteurs aussi bien en Espagne qu'en Amérique. Si, au cœur des Andes, Henrique Garcés traduit son compatriote à ses heures de liberté, à Mexico les libraires commandent régulièrement des exemplaires des *Lusiades*[75], qui arrivent par Veracruz à côté de l'*Araucana* d'Ercilla et de l'*Orlando furioso* de l'Arioste. Peu importe que Camões ait rêvé d'un monde réconcilié par les navigateurs portugais avec l'harmonie perdue ou que Balbuena ait préféré exalter la suprématie des armes hispaniques, les destins planétaires de la Péninsule entraînent ces grands nomades de la Monarchie à forger ce que la poésie de la Renaissance européenne tout entière pouvait difficilement leur offrir, les mots qui donneraient à voir et à penser le monde :

Car dès que se lève le blond Apollon,
en son char de feu dont les flammes mettent en fuite
le dragon glacé renvoyé vers le pôle,
il découvre, à mesure qu'il répand sa lumière,
un monde semé de blasons tout entiers brodés
des fils de la renommée espagnole[76].

Élites catholiques et mondialisation ibérique

Cette poignée d'existences ne livre qu'une idée sommaire des hommes et des milieux qui portent la mondialisation ibérique dans ses dimensions politiques, religieuses, économiques et artistiques. Ces premières élites mondialisées se rencontrent dans les allées du pouvoir d'un bout à l'autre de la Monarchie catholique. À l'aise sur chaque continent, prêtes à affronter les situations les plus imprévues, elles accumulent les états de service dans le monde entier et réagissent à des défis qui s'exercent sur une échelle planétaire[77]. En quoi ces milieux diffèrent-ils des experts croisés dans les chapitres précédents ? La frontière qui les sépare est parfois ténue. L'attachement à la Nouvelle-Espagne est aussi vif chez Baltazar Dorantes de Carranza que chez Rodrigo de Vivero. Experts et élites communient dans une même fidélité au monarque. Les imprécations de Martín Ignacio de Loyola ou celles de Rodrigo de Vivero contre les étrangers qui envahissent le Nouveau Monde prouvent que la verve critique n'est pas le monopole d'un Dorantes de Carranza ou d'un Guaman Poma de Ayala. Mais, pour les *práticos*, les horizons planétaires restent en partie virtuels, alors qu'ils se confondent avec le vécu des élites de la Monarchie.

Au bagage classique, à la sensibilité au local, à l'ouverture sur les autres mondes, les élites mondialisées ajoutent une flexibilité qui leur permet d'affronter la pluralité et la diversité des royaumes de la Monarchie. Mobilité et nomadisme, souplesse des attaches, passages d'un monde à l'autre, multiplicité des références et des repères inciteraient à parler d'un « cosmopolitisme catholique », en donnant à l'adjectif « catholique » ce double sens qui renvoie autant à l'Église de la Contre-Réforme qu'à l'essence universelle de la Monarchie. Les élites se forment à l'épreuve des différentes régions du monde : Valdepeñas, Mexico, Compostela, Puerto Rico, Madrid pour Balbuena, Cadix, Rio, Buenos Aires, Luanda, Lisbonne pour Salvador Correia de Sá. Lorsque le comte del Valle de Orizaba, le Mexicain Rodrigo de Vivero, énumère au roi Philippe IV les parties du globe qu'il a visitées, ce n'est pas un hasard s'il met à la fois l'accent sur sa mobilité et sur l'éloignement de ces terres : « [Voilà] ce que j'ai parcouru du monde, en accumulant tant de mérites et tant de temps perdu, tantôt en Espagne, tantôt en Italie, tantôt sur la mer, tantôt dans les Indes du Mexique, tantôt dans la Chine et le Japon, et au centre de tout cela dans l'antichambre du Pérou qu'est Panama[78]. »

La mobilité prime sur l'origine géographique. Le lieu de naissance des élites mondialisées n'est pas un élément déterminant : on peut être né en Espagne comme Balbuena, ou dans les Indes comme Antonio de Saavedra Guzmán ou Rodrigo de Vivero. Certains ont vu le jour dans la Péninsule alors qu'ils appartiennent à des familles déjà solidement implantées dans une autre partie du monde : c'est le cas des Velasco et des Sá. Déterminants, les réseaux internationaux de parents, d'amis, de confrères facilitent les déplacements entre les parties du monde. Si Diogo do Couto, le chroniqueur officiel de Philippe II, possède l'information et l'ampleur de vue des élites de la Monarchie, il lui manque précisément le soutien des multiples réseaux qui facilitent la carrière intercontinentale d'un Martín Ignacio de Loyola ou même d'un Bernardo de Balbuena. Les relations intellectuelles ne gâtent rien : elles permettent à un Balbuena de se propulser dans la péninsule Ibérique. L'insertion dans des organismes à dimension continentale – la grande bureaucratie des Indes occidentales ou celle de l'*Estado da India* –, voire dans des organismes à vocation impériale, comme le Conseil des Indes ou le Saint-Office, maintient leurs membres en contact avec les autres parties du monde.

Les élites catholiques se recrutent aussi bien au sein de la bureaucratie que du clergé, puisque le régime du *patronato* espagnol et du *padroado* portugais place les Églises de la Monarchie sous le contrôle de la Couronne et que l'Inquisition dépend du vouloir du monarque. Seule la Compagnie de Jésus, sans doute l'élite la plus dynamique, la plus soudée et la plus entreprenante, échappe en partie à l'œil de Madrid pour dépendre de Rome. Comme les autres carrières que nous venons d'entrevoir, celle d'un jésuite espagnol comme

José de Acosta[79] conjugue nomadisme, activités transocéaniques et préoccupations planétaires. S'y ajoute pour l'auteur de l'*Histoire naturelle des Indes* la gloire d'être traduit en castillan, en italien, en français, en allemand, en hollandais et bien évidemment en latin[80]. Quand ces élites mondialisées sont des élites intellectuelles, la visibilité de l'homme et celle de l'œuvre sont indissociables.

À défaut de gloire littéraire, les élites ramassent les titres, les reconnaissances ou les dignités. Martín Ignacio de Loyola meurt évêque du Rio de la Plata, Balbuena évêque de Puerto Rico ; le fils de Salvador Correia de Sá est fait vicomte de Assêca[81] ; Luis de Velasco, qui exerce deux vice-royautés et la présidence du Conseil des Indes, accède au rang de marquis de Salinas del Río Pisuerga[82] ; le marquis de Montesclaros, vice-roi du Mexique et du Pérou, président des Conseils des finances et d'Aragon, décroche un titre de grand d'Espagne en fin de carrière[83]. Nous voilà loin des laissés-pour-compte de la Monarchie, qu'ils soient créoles comme Baltazar Dorantes de Carranza, indiens comme Guaman Poma, métis comme Díaz de Guzmán, ou même européens comme le Couto du *Soldado prático*. Quoi de plus éloigné du triomphalisme de *Grandeza mexicana* que le témoignage de Dorantes de Carranza qui évoque un tout autre Mexique, celui des arrivistes et des escrocs, et qui, « atteint d'un long et interminable mal », souffre dans sa chair des maux de la Nouvelle-Espagne[84]. À moins que l'auteur de *Grandeza mexicana* ait mieux su que le créole dissimuler ses inquiétudes et ses perplexités[85] ?

QUATRIÈME PARTIE

La sphère de cristal

« L'Empire ne se contente pas
de diriger un territoire et une population,
il crée le propre monde qu'il habite. »

Michael Hardt et Antonio Negri, *Empire*, 2000.

CHAPITRE XII

La piste des objets

« Trois petits habits de plumes d'Inde,
quatre devants de plumes moresques,
deux têtes d'oiseau en plumes d'Inde... »

Guardaroba Medicea, 1539.

Comment perçoit-on l'irruption des Européens ? La chronique que le musulman Zinadîm rédige en Inde, vers 1579, évoque l'arrivée des Portugais. Le chapitre s'ouvre abruptement sur la vision des navires qui pointent à l'horizon de l'océan Indien : « C'est en 1498 que les *franges* sont apparus pour la première fois au Malabar et ils sont arrivés à Pandarane sur trois vaisseaux à la fin de la mousson de l'Inde. Puis par terre ils ont gagné le port de Calicut, où ils ont séjourné des mois en s'informant sur le Malabar et sa situation[1]. »

Manquent les images que nous réservent d'autres témoins, et d'autres arrivées en d'autres parties du globe. Le *Codex Durán* est un manuscrit mexicain de l'époque coloniale, aujourd'hui conservé à Madrid. Achevé en 1581, il raconte l'histoire des Indiens du Mexique et contient des dizaines de vignettes polychromes peintes par des mains indigènes. L'une d'elles montre l'arrivée des Espagnols sur les côtes du golfe du Mexique[2]. Le littoral de cette région du Mexique est reproduit avec une précision confondante, presque photographique. Perché sur un arbre, un Indien – qui n'est autre qu'un envoyé de Moctezuma – observe le vaisseau espagnol et un

Européen sur une barque, occupé à pêcher non loin du rivage. Le *tlacuilo* mexicain s'est à l'évidence inspiré des techniques de la gravure européenne ; il s'est même probablement souvenu de la scène, souvent représentée par les artistes européens, de l'entrée du Christ à Jérusalem dans laquelle le nain Zachée juché sur un sycomore ne veut rien perdre du spectacle.

Au Japon, dans la dernière décennie du XVIe siècle, des artistes reprirent un thème voisin, en peignant le débarquement des Portugais sur le sol de l'archipel. Un paravent, ou *biombo*[3], présente sur les trois panneaux de sa partie gauche un grand navire noir dont les marins déchargent la cargaison, tandis qu'à droite un groupe de Portugais assiste au débarquement des caisses. Plusieurs d'entre eux fument du tabac – un produit et une habitude nouvelle introduite par les « Barbares du Sud » et que les autorités de l'archipel finirent par proscrire. Les ballots de soie et les coffres chinois représentés sur le paravent rappellent l'importance du commerce auquel s'adonnaient les Portugais entre l'Inde, la Chine et le Japon. Le peintre japonais du paravent, Kano Domi, appartenait à la fameuse école de Kano dont l'éclat domina la peinture japonaise au cours de la seconde moitié du XVIe siècle et au début du suivant. Il a librement interprété les éléments étrangers, en particulier le *kurofuné*, le « navire noir[4] », en exagérant les traits qui lui semblaient caractéristiques des intrus. La maîtrise de l'espace est remarquable : une grande diagonale divise de part en part la composition, séparant l'étendue marine semée de vagues noires et argent d'un rivage découpé dans une somptueuse feuille d'or. Ces paravents connurent un tel succès dans le monde ibérique que Castillans et Portugais adoptèrent le mot japonais *byobu* (devenu *biombo*) pour les désigner.

Chacune de ces œuvres traduit à sa manière la mobilisation des Ibériques d'un bout à l'autre du globe. L'une donne à voir le prologue de la conquête espagnole, alors que l'autre met en scène la pénétration commerciale des Portugais. Sur la peinture du codex règne le calme plat avant la tempête qui balaiera les civilisations méso-américaines. Sur le paravent, tout n'est que mouvement des navires, des esclaves et des marins, clapotis des vagues, accostage et débarquement, signes d'une agitation trépidante que la fermeture du Japon interrompra brutalement, du moins pour ce qui est des Ibériques. La peinture mexicaine a la discrétion des vignettes vouées à décorer un manuscrit ; le paravent japonais étale au grand jour, dans une vision panoramique, les péripéties de l'irruption des Européens. Un point commun pourtant : l'étranger du paravent ou du codex, c'est le Castillan ou le Portugais. L'« autre », ici, est l'Occidental. Ces deux œuvres nous confrontent à la vision de ceux qui, au Japon et au Mexique, firent face à la mondialisation ibérique, la combattirent ou s'en accommodèrent.

Tous les trésors du monde

Au moment où les marchands de Lisbonne et les conquérants castillans visitaient l'Orient et le Nouveau Monde, codex et paravents prenaient la mer en sens inverse, pour le plaisir des princes et l'instruction des savants. De ses contacts avec les autres mondes, la mondialisation ibérique a laissé de multiples témoins. Les plus précieux subsistent encore aujourd'hui au fond de nos bibliothèques et de nos musées, sans qu'on se préoccupe toujours des intentions qu'ils ont portées et des gestes qui les ont exécutés. Or ces pièces d'un kitsch somptueux ou d'une élégance singulière, réalisées dans des matières souvent étranges, racontent une même histoire à portée planétaire. Alors que l'essentiel – l'or africain, l'argent américain, les épices, le sucre, le tabac... – a disparu, englouti par les économies européennes et asiatiques, parti en fumée ou absorbé par les consommateurs, elles recèlent encore la mémoire visible et silencieuse de ce qui s'est joué entre les sociétés européennes et les autres parties du monde. Tandis que des objets d'art quittaient l'Europe vers d'autres continents, des milliers de pièces créées dans des sociétés lointaines faisaient le parcours opposé, happées dans des circuits qui les dirigeaient vers Lisbonne,

Séville, Rome ou Anvers. Quantité de manuscrits, de sculptures, de peintures et de pièces de mobilier surgis du face-à-face entre les envahisseurs ibériques et les continents ont ainsi transité d'un monde à l'autre. S'ils matérialisent l'onde de choc de la mondialisation ibérique, ils portent aussi en eux l'intensité des réactions qu'elle a partout suscitées et les appropriations successives qui en ont modifié les formes, les sens et les fonctions. La mondialisation ne se réduit pas à des circulations entre les quatre parties du monde, elle implique des forces autrement complexes qui innervent la domination ibérique à l'échelle planétaire.

Si l'arrivée des trésors mexicains en Espagne, puis à Bruxelles, marque l'entrée des arts méso-américains sur la scène européenne, avec pour témoin privilégié le peintre Albert Dürer, le mouvement qui les emporte s'est enclenché bien avant cette date. On pourrait le faire remonter aux relations qui, depuis la plus haute Antiquité, unissent l'Asie et l'Afrique à l'Europe méditerranéenne ; mais, dans sa dimension proprement ibérique, il date des expéditions portugaises qui explorèrent les côtes de Guinée et de la Sierra Leone. C'est là, dans les dernières décennies du XVe siècle, que surgit un « art manuélin sculpté dans l'ivoire local par des artistes noirs[5] ». Les Sapes qui travaillaient la pierre à savon se mirent à ciseler l'ivoire à la demande des marins et des marchands venus de Lisbonne. En copiant les ustensiles d'étain que leur échangèrent les Portugais, ils en firent des « cuillères d'ivoire plus fines et plus joliment décorées que nulle part ailleurs ». Des motifs européens inspirèrent des olifants qui se couvrirent de scènes de chasse reprises des tapisseries et des miniatures flamandes en vogue dans le royaume de Portugal[6]. Les premières pièces sculptées parvinrent ainsi sur les rives du Tage des années avant l'arrivée de Vasco de Gama en Inde ou celle de Colomb en Amérique. Salières, pyxides et olifants de la Sierra Leone, cuillères du Nigeria, ces manifestations fragiles de l'art sapi-portugais ou de l'art bini-portugais sont indissociables de l'expansion portugaise sur les côtes d'Afrique[7].

Après l'établissement d'une liaison régulière *via* l'océan Indien et l'Atlantique Sud, les objets produits en Inde et en

Asie gagnent à leur tour directement Lisbonne, au lieu d'emprunter les routes millénaires qui menaient à Alexandrie et à Venise. Dans le port du Tage s'entassent tissus et objets précieux : bézoards, salières en cristal de roche, cornes de rhinocéros aux vertus aphrodisiaques, capes aux broderies multicolores, plaids de coton et de soie sauvage, dessus-de-table laqués, couverts de cristal de roche rehaussés d'or et de pierres précieuses. Les porcelaines de Chine elles aussi ont pris le chemin de Lisbonne, suivies par les coffrets japonais incrustés de nacre, décorés d'oiseaux, d'animaux et de fleurs sauvages. Les Indes occidentales expédient vers Séville des manuscrits peints de la Méso-Amérique, des idoles de pierre semi-précieuse, de chatoyantes mosaïques de plumes, des tapis péruviens. Le Brésil et l'Amérique tropicale n'envoient pas seulement des perroquets, des singes, des émeraudes, mais aussi des Indiens, vite réduits à l'état d'esclaves dans la Péninsule[8].

L'inventaire géographique ou la mobilisation de ces richesses nous intéressent ici moins que ce que nous apprend l'histoire de ces pièces. Certaines, comme les premiers trésors mexicains, furent les témoins directs de la conquête militaire et figurent parmi les victimes de l'invasion ibérique. La plupart sont nées à la croisée des mondes, entre Europe, Amérique, Asie ou Afrique, et mêlent donc des modes d'expression et des techniques, des mémoires et des traditions longtemps restés séparés. Ces mélanges ne sont pas le fruit d'un heureux hasard ni d'un choc imprévu. Dès que l'on abandonne le regard de l'amateur d'art ou du collectionneur, on s'aperçoit que l'afflux de ces objets en Europe répond le plus souvent à des mobiles commerciaux, religieux ou politiques. Par de singuliers courts-circuits, certaines pièces indigènes déroulent crûment sous nos yeux le film des événements qui expliquent leur présence sur le sol européen. La représentation du massacre du *Templo Mayor*, un épisode particulièrement dramatique de la conquête de Mexico, s'étale dans sa brutalité nue sur l'une des pages du *Codex Durán* : « La cour est restée couverte du sang de ces malheureux, elle était jonchée de leurs entrailles, de leurs têtes, de leurs mains et de leurs pieds tranchés tandis que d'autres

Indiens perdaient leurs entrailles, sous les coups de couteau et les estocades[9]. »

En Amérique, la ponction ibérique a donc d'abord pris la forme des butins arrachés aux populations indigènes, sur les îles des Caraïbes, puis dans les grands empires des Andes et du Mexique. En Asie, les cargaisons des vaisseaux razziés sur l'océan Indien ont offert sur-le-champ aux marins portugais des trésors à écouler dans le port de Lisbonne, pour peu qu'ils soient revenus vivants de leurs lointaines équipées. Par la suite, la ponction a emprunté des voies moins directement prédatrices, mieux organisées et infiniment plus élaborées. Celles, par exemple, d'une commande formulée depuis la Péninsule ou d'une initiative née sur le sol américain, africain ou asiatique. La voie « pacifique » ne fait que traduire différemment la mainmise sur un nouvel espace et la volonté d'y affirmer la domination ou la présence ibériques. Parmi les objets répondant à ce type d'exigence politique figurent les cartes des *Relations géographiques* composées dans le Mexique espagnol sur l'ordre de Philippe II. Elles ont souvent pour auteurs des peintres indigènes qui ont élaboré des représentations de leur territoire à la demande de l'administration espagnole. Au Mexique encore, les manuscrits pictographiques de l'époque coloniale, généralement réalisés sous la direction des missionnaires, relèvent davantage d'un projet local et monastique d'origine occidentale. Mais, dans un cas comme dans l'autre, commandes et exigences coloniales ne font qu'un : l'objet reste indissociable des rapports de forces qui l'ont vu naître. Il n'est pas rare qu'il subisse des réélaborations. Les objets indigènes sont parfois d'abord retravaillés sur place avant d'être expédiés vers Lisbonne ou Séville, mais ils peuvent aussi subir d'autres manipulations dans les ateliers du Vieux Monde. Cette succession d'interventions nous renseigne sur les modalités et les étapes de l'absorption de l'objet indigène par les sociétés européennes. L'objet lointain est ainsi emporté par la mobilisation ibérique qui non seulement le déplace dans l'espace, mais souvent en modifie l'apparence et l'usage pour l'adapter au goût ou aux critères des Européens.

L'Église, les princes et les marchands

Au Mexique, l'Église missionnaire mène une « conquête spirituelle » qui conjugue l'éradication des cultes indigènes et la diffusion du christianisme. Après avoir commencé par détruire les idoles et brûler les manuscrits peints, les moines se sont intéressés aux codex pictographiques, au point d'en commander des copies à des peintres indigènes au fait des choses anciennes. Ils ont ainsi encouragé une production métisse où se côtoient la réplique à peine retouchée de modèles préhispaniques et les trouvailles de l'art indo-chrétien. Il s'agissait dans leur esprit de répertorier les traces du paganisme afin de mieux cibler l'Ennemi et savoir où porter les coups de la lutte contre l'idolâtrie. Mais l'Église mobilise également les savoir-faire indigènes pour réaliser les objets et les parures que réclament la célébration du culte catholique et la décoration des églises. Elle y excelle dans les quatre parties du monde. Dans cette catégorie entreront tous les objets d'un art chrétien sortis de mains indigènes : les pyxides d'ivoire de la Sierra Leone, les mitres de plume des Indiens mexicains, les oratoires incrustés de nacre de l'Inde et du Japon. Ce qui explique que des coffrets d'origine asiatique puissent recevoir ce que la chrétienté compte de plus inestimable : les reliques des saints. L'un d'entre eux qui appartient aujourd'hui au trésor de la cathédrale de Lisbonne est en bois de teck recouvert d'écailles de nacre, « marqueté à feuillage de nacre de perle, faict au pays d'Andie[10] ». Cette pièce a été confectionnée dans un atelier du Gujerat, dans le premier tiers du XVIe siècle, comme le coffret de Dresde, de plus petites dimensions, monté sur des pieds de cristal de roche[11]. Les artisans de la même région exécutèrent également des oratoires et des chandeliers en nacre pour répondre aux besoins des missionnaires et des curés voyageurs. La meilleure façon d'enraciner le christianisme n'était-elle pas d'impliquer les indigènes dans sa reproduction ? Ces objets matérialisent les efforts déployés par les missionnaires pour créer des chrétientés indigènes, inculquer de nouvelles pratiques religieuses et faire connaître à l'Europe occidentale les lointaines victoires du catholicisme. Occidentalisation rime ici avec christianisation. Les ateliers qu'avaient ouverts les franciscains de Mexico peu de temps après la conquête du pays eurent des équivalents dans les autres parties du monde. Tous se rattachent au long siècle d'art chrétien planétaire qui débute sur les côtes d'Afrique au XVe siècle et culmine avec les productions de Macao et du Japon[12].

La couronne espagnole, comme la couronne portugaise, a cherché à rassembler autour d'elle les manifestations matérielles et les signes ostentatoires de sa domination sur des territoires lointains. Chez les Habsbourg, c'est l'épouse de Jean III, Catherine d'Autriche, reine de Portugal, qui profite de la position privilégiée qu'elle occupe à Lisbonne pour réunir l'une des premières grandes collections princières. C'est elle, notamment, qui a acquis la salière de cristal en forme d'éléphant dont s'enorgueillit aujourd'hui le Kunsthistorisches Museum de Vienne[13]. Le prestige social, politique ou dynastique attaché à ces pièces se lit dans l'origine de plusieurs d'entre elles. Sébastien, roi de Portugal, offrit à son parent Philippe II l'un des olifants les plus somptueux des collections ibériques[14]. La salière indienne en cristal de roche est un présent de la reine Catherine d'Autriche à sa belle-fille Jeanne, la future mère du roi Sébastien. Catherine envoya à son frère Charles Quint un bézoard qu'il emporta dans sa retraite de Yuste[15]. L'objet lointain échappe à son créateur pour devenir dans les cours européennes un présent familial, une marque d'affection ou un instrument de prestige à vocation diplomatique. Il se transforme à l'occasion en objet de mémoire quand il rappelle un haut fait de l'expansion ibérique, comme cet olifant d'ivoire africain qui porte l'inscription « Aleo » : c'est le cri de bataille que poussèrent les Portugais lors de la prise de Ceuta, sur la côte du Maroc (1415), et que le gouverneur portugais de la ville, Pedro de Menezes, adopta pour devise[16].

Plus exceptionnellement, un objet lointain entre dans le répertoire des symboles du pouvoir royal. Le parcours symbolique des éventails du Japon qui s'ouvrent entre les mains des princesses de la maison d'Autriche est aussi impressionnant que les distances qu'ils franchissent. Objet traditionnellement réservé aux nobles et aux samouraïs japonais, l'éventail séduit la cour de Lisbonne et devient l'attribut des princesses de sang royal dans la famille des Habsbourg. Sur ses portraits, la fille préférée de Philippe II, l'infante Isabelle-Claire-Eugénie, souveraine des Pays-Bas, arbore son éventail, comme Albert, son prince consort, porte l'épée. En 1584, la princesse avait eu l'occasion de rencontrer à Madrid une délégation japonaise porteuse de cadeaux précieux[17].

La collecte des objets lointains, leur mise en place sur le marché européen et leur adaptation au goût des cours et des collectionneurs animent de fructueux négoces auxquels participent des marchands installés en Europe et hors d'Europe, européens et non européens, portugais, vénitiens, florentins, flamands, allemands, asiatiques, ainsi que des artisans et des artistes de toutes origines. Des orfèvres comme Francisco Lopes (Lisbonne) ou Benvenuto Cellini (Florence) retravaillent eux-mêmes les objets destinés à la riche clientèle européenne[18] ou aux collections royales. À Anvers comme à Nuremberg, des mains habiles ne cessent d'ajouter la plus-value de leur talent aux choses envoyées d'Asie et d'Amérique.

Tous ces objets empruntent les grandes routes commerciales, quand leur apparition ne suscite pas de nouveaux réseaux d'exportation. L'or et les esclaves de l'Afrique se profilent derrière les importations d'ivoire de la Sierra Leone. La route portugaise des épices est aussi celle des objets précieux de l'Asie : Malacca exporte des bézoards comme des clous de girofle[19]. Les soieries japonaises et chinoises sont au cœur des circulations entre la Chine (Macao), le Japon (Nagasaki) et Goa. Les flottes parties du Mexique et du Pérou, chargées de lingots d'argent, transportent des tissus, des codex ou des pièces en plumes ou en pierres semi-précieuses[20]. Les navires qui visitent le Brésil emportent des perroquets et des manteaux de plumes. Les ivoires indiens et philippins traversent le Pacifique avant de rejoindre le Mexique, le Pérou et, par-delà l'Atlantique, la péninsule Ibérique. En s'ajoutant aux voies plus anciennes que n'a pas fait disparaître la navigation ibérique, en accroissant considérablement les flux d'objets précieux, ces trafics révèlent l'ampleur d'une mondialisation commerciale où désormais l'Amérique a rejoint l'Afrique et l'Asie. Rien d'étonnant à ce que la Chine de l'empereur Wanli puisse recevoir des images de plumes mexicaines.

Les marchands européens ne font guère de différence entre objets profanes et objets sacrés. Les uns et les autres étaient aussi bien destinés aux cours princières de l'Inde qu'à la clientèle européenne[21]. Dans la seconde moitié du XVIe siècle, les Enfants Jésus en ivoire sculptés à Goa voyagent avec des échiquiers en nacre produits en série au Gujerat. Les salières africaines et indiennes, les couverts de cristal de roche taillés sur l'île de Ceylan apportent sur les tables européennes les luxes de l'Orient, tandis que les mosaïques de plume colorent les célébrations liturgiques dans la cathédrale de Milan. Certaines pièces vont même se perdre dans les sombres châteaux des nobles de Pologne, où elles introduisent l'éclat des nouveaux mondes[22]. D'autres objets nous parlent des premières entreprises scientifiques menées par des puissances européennes. Collectionneurs et amateurs européens ont cherché à obtenir les pièces rares qui dévoilaient les manifestations « admirables » de la nature, les *mirabilia*[23]. La collecte des informations a ainsi inspiré une vaste littérature européenne et occidentale riche de données inédites sur les plantes, les minéraux et les animaux des autres parties du monde, mais elle s'est aussi traduite par l'envoi d'objets, de pierres, d'animaux vivants ou empaillés qui ont vite rempli les ancêtres de nos musées.

La part des indigènes

Tous ces objets nous confrontent aux multiples exigences de l'Occident ibérique. Ils correspondent aux manifestations concrètes d'une occidentalisation du monde qui passe par le commerce, la religion, la politique, la connaissance et le goût. L'entreprise peut revêtir une violence inouïe – la chute de la ville de Mexico – comme elle peut receler toutes les ambiguïtés et les ambivalences de la collaboration. Quand des informateurs indigènes livrent à Sahagún la matière de son *Historia general*, quand ils lui proposent des explications et peignent des images pour le *Codex de Florence*, ils ne sont pas les simples jouets des pressions franciscaines : le contenu des peintures et la nature des commentaires laissent deviner la marge d'initiative qu'ils ont su préserver. Lorsque les artistes plumassiers de Mexico travaillent leur fragile matière pour le pape Paul III et s'appliquent à séduire le souverain pontife par la virtuosité de leur art, ils répondent à une initiative du gouverneur indigène de Mexico-Tenochtitlan qui avait décidé d'offrir au pape cette *Messe de saint Grégoire*, rutilante de plumes multicolores, étonnante démonstration du talent des Indiens du Nouveau Monde.

La complexité des enjeux et des formes de domination à l'œuvre dans la mondialisation ibérique apparaît souvent mieux sur ces objets que dans les sources écrites. Qu'elle soit l'effet d'une contrainte brutale, d'une pression insidieuse, ou le jeu d'une séduction, l'occidentalisation transforme aussi bien les êtres que les choses auxquels elle s'applique. La main indigène s'occidentalise dès qu'elle est censée adapter l'œuvre à une demande européenne. Son intervention peut rester superficielle, entraîner un remaniement complet de l'objet indigène, voire susciter la production sur place d'une pièce conforme au prototype européen, d'une sorte de clone avant la lettre. L'analyse des manuscrits pictographiques du Mexique révèle une progression, lente ou par à-coups, de l'occidentalisation, qu'elle affecte les modalités de l'expression, la nature du support ou le répertoire iconographique. L'ajustement est parfois mineur. C'est le cas, par exemple, du *Codex Borbonicus*, dont la facture globalement préhispanique cache une adaptation au format du livre européen, qui dorénavant répartit les informations page par page au lieu de les présenter dans la continuité[24]. La plupart des codex mexicains conservés en Europe, que notre regard nostalgique prend souvent pour des œuvres préhispaniques, correspondent en réalité à toutes sortes de compromis entre les traditions méso-américaines et les emprunts à l'Occident. Le *Codex*

Mendoza de la Bodleian Library (Oxford), le *Codex Magliabecchi* conservé à Florence excellent à combiner l'héritage précolombien et l'exigence européenne de lisibilité.

Dans d'autres contextes, l'artiste indigène s'écarte davantage encore de la tradition indigène pour se placer au service d'une forme et d'un concept intégralement importés d'Europe, comme l'histoire ou l'histoire naturelle. Surgissent alors des manuscrits européens qui réunissent un texte écrit en espagnol et des peintures d'origine indigène. Le *Codex de Florence* du franciscain Bernardino de Sahagún et l'*Histoire des Indes* du dominicain Diego Durán relèvent de cette catégorie, tout comme la *Relation de Tlaxcala* du métis Diego Muñoz Camargo ou la *Chronique* du Péruvien Guaman Poma de Ayala. Dans le manuscrit du jésuite *Adriano de las Cortes*, ce sont des peintures chinoises qui accompagnent le texte européen. Il arrive également qu'une production indigène plus ou moins occidentalisée fasse place à une création de type carrément européen. Les orfèvres indiens de Goa travaillent pour la clientèle portugaise en puisant leur source d'inspiration dans des gravures européennes : les grotesques exécutées sur un plat d'or indien, conservé à Vienne, rappellent les gravures d'Israhel Van Meckenem, et sa forme – un plat doté d'un piédestal – était courante dans la péninsule Ibérique[25]. Les artisans de Ceylan fabriquent des couverts pour les tables princières en suivant des modèles hérités du monde franco-bourguignon. Les objets sont européens, mais les effets produits par l'alliance des matériaux précieux (pierres, métaux) restent spécifiquement ceylanais. Au Mexique, les plumassiers *amanteca* ont mis leurs techniques ancestrales au service de formes et de motifs importés d'Europe : mitres, objets de culte, petits tableaux. Modèles, références iconographiques et usages sont souvent européens, alors que techniques et matières trahissent l'origine locale. Parfois, enfin, la part indigène devient quasi méconnaissable. Des peintres indiens de Mexico ont réalisé des œuvres occidentales d'une telle virtuosité que le chroniqueur Bernal Díaz del Castillo n'a pas hésité à les comparer aux grands maîtres de son temps et de l'Antiquité[26]. L'occidentalisation conduit les artistes indigènes moins à produire des œuvres standardisées qu'à explorer un vaste éventail de formes en s'adonnant à toutes sortes de variations entre la manière traditionnelle, les prototypes européens et les modes du temps.

Réélaborations européennes

L'occidentalisation ne se borne pas à réorienter la production indigène vers les marchés européens. Elle mobilise souvent des mondes, des mains et des lieux différents. Il est fréquent qu'un objet indigène soit retouché et modifié pour en accroître le prix ou le prestige. L'intervention pouvant débuter sur le lieu d'origine et se poursuivre sur le sol européen. L'objet passe alors par une série de métamorphoses où se lisent les effets et les étapes de la mainmise européenne. Au Mexique, au Pérou ou dans l'Inde portugaise, les ateliers locaux cessent au bout de quelque temps d'être exclusivement indigènes. L'arrivée d'artisans et d'artistes d'origine européenne modifie la donne d'une double façon : ceux-ci s'emparent des matières locales en leur imprimant directement leur manière et leur style, ou détournent à leur profit les talents autochtones. À Goa, des marranes et des vieux chrétiens portugais façonnent les plus belles pièces pour la clientèle européenne – c'est l'orfèvre Domingo Nunes qui a monté des bézoards pour le vice-roi de l'Inde, Francisco da Gama[27]. En fait, bon nombre d'ateliers lisboètes et la plupart des officines espagnoles du Mexique et des Andes emploient des artisans indigènes dont les patrons européens s'approprient la production sans vergogne. On se souvient du sort des Indiens formés par les moines de Mexico[28].

Les œufs d'autruche, les pierres bézoards, les défenses de licorne et d'éléphant, les cornes de rhinocéros, les coraux, les noix de coco, mais également les « idoles » mexicaines et asiatiques qui échouent dans les collections européennes effectuent ainsi un passage obligé par des ateliers européens. Le « relookage » qu'ils subissent fait partie de l'histoire de ces objets et de leur occidentalisation. Comment s'opère-t-il ?

Qu'advient-il des bassins et des aiguières réalisés dans le Gujerat quand ils passent par les mains des orfèvres européens ? Sur le plat et l'aiguière de Dresde, l'éclat de la nacre indienne joue avec des garnitures en argent doré, ciselées à Nuremberg au milieu du XVIe siècle[29]. Le bézoard du duc d'Albe, également originaire de l'Inde (Goa), a été habillé d'une dentelle en filigrane d'or – un art dans lequel excellaient les orfèvres de la Castille et du Pérou. C'est l'orfèvre Francisco López, à Lisbonne, qui a monté la belle salière en cristal de roche de la reine Catherine d'Autriche sur un éléphant taillé dans la même matière. C'est lui aussi qui a garni d'or les défenses, les oreilles, la queue et les pattes du petit pachyderme[30]. Originaire de Ceylan, du Deccan ou de Cambay, il semble que l'objet ait été initialement destiné à contenir des parfums ou des encens, mais c'est au Portugal que son usage et sa forme ont été transformés ; on a même supposé que la pièce avait été entièrement réalisée au bord du Tage dans des ateliers où œuvraient des bijoutiers et des lapidaires venus de Goa.

Le musée de Vienne conserve un surprenant gobelet, fait d'une corne de rhinocéros montée sur une base ciselée en argent doré et fermée d'un couvercle du même métal. C'est un objet singulièrement composite : le piédestal évoque la forme des calices portugais de la fin du XVIe siècle, mais la décoration florale est d'inspiration chinoise, et la corne, qui avait la vertu de révéler la présence du moindre poison, originaire de l'Inde. Surmonté d'un lion, le couvercle du gobelet représente une île paradisiaque où croît un arbre de vie, offrant au regard un thème aux multiples résonances, aussi persan qu'européen.

On saisit la profondeur et la radicalité de la métamorphose européenne de ces objets en feuilletant les inventaires des collections florentines. Ceux-ci signalent que des figurines mexicaines furent confiées à l'orfèvre Benvenuto Cellini pour qu'il leur donnât une monture en or. Une fois retravaillées, les figurines devinrent sans autre façon des œuvres « de la main de Benvenuto Cellini[31] ». Les interventions pouvaient donc dépasser la retouche ou l'ornementation. La production en Europe d'objets intégralement fabriqués dans des matières et des styles lointains, notamment de nombreuses pièces d'ivoire de filiation africaine, est avérée. Les ateliers de Lisbonne paraissent avoir cherché à jouer avec des matériaux d'origine africaine et asiatique, comme le font de nos jours les grands couturiers européens. L'Europe produit même des copies à l'identique qui suscitent aujourd'hui le désarroi des spécialistes. Tout porte à croire que des crânes mexicains en cristal de roche ont été sculptés en Italie par des artistes de la Péninsule, s'ils ne l'ont pas été par des Indiens venus du Mexique. Cette appropriation des matières et des styles lointains est poussée à l'extrême dès que les artistes européens émulent les savoir-faire indigènes.

L'occidentalisation condamne-t-elle les artistes indigènes à devenir les simples jouets des exigences européennes – au mieux, des cires malléables vouées à exécuter des chefs-d'œuvre à la demande ? Des pièces comme la *Messe de saint Grégoire*, au musée d'Auch, prouvent qu'une mosaïque de plumes d'un raffinement exceptionnel, propre à ravir les amateurs européens, peut aussi exprimer un geste politique affichant la gratitude de l'aristocratie mexicaine envers le Saint-Siège. La contribution des Indiens au *Codex de Florence* est pour beaucoup dans l'étrange élégance et la richesse encyclopédique de ce chef-d'œuvre mexicain de la Renaissance. Mais l'intervention indigène n'abolit jamais la pression européenne, surtout quand celle-ci emprunte des voies détournées qui n'en sont pas pour autant moins efficaces. Par-delà ses impositions et ses attentes, l'occidentalisation diffuse des cadres d'expression inédits, elle fait miroiter des expectatives nouvelles, elle projette des horizons sans précédent. L'apprentissage de l'écriture alphabétique, l'espérance d'une rédemption à l'échelle planétaire, l'évidence d'un globe composé des quatre parties du monde, la toute-puissance – fût-elle imaginaire – d'un monarque unique pèsent sur la pensée et l'art des indigènes et des métis soumis à la Monarchie catholique ou entrés en contact avec les missions de l'Église. La seule présence de l'Occident influence même des œuvres qui ne répondent elles-mêmes à aucune exigence immédiate. Dans tous les cas de figure, l'intérêt de ces pièces dépasse le champ de l'histoire de l'art ou de l'ethno-histoire. Tout comme il déborde l'espace strict de l'expansion européenne, car l'occidentalisation ne s'arrête pas aux confins de la Monarchie catholique. Les artistes de la cour moghole ou les peintres japonais et chinois s'approprient des modèles qui ne leur sont imposés par aucune autorité européenne.

L'occidentalisation et plus encore la mondialisation ibérique se jouent des frontières et peuvent évoluer dans d'autres rapports de forces. Il serait même préférable de parler d'occidentalisations au pluriel pour garder à l'esprit tout ce qui relie et tout ce qui sépare, les peintres indiens de Mexico des Japonais de l'école de Kano ou des miniaturistes de la cour moghole.

Des arts métis

La plupart des objets que nous venons de décrire sont des objets métis. Face aux différentes sortes de pression exercées par l'occidentalisation, les artistes des autres parties du monde ont élaboré des œuvres qui mêlaient dans des proportions et des intensités diverses tradition européenne et tradition indigène. Les métissages sont donc indissociables des vagues d'occidentalisation. Qu'ils se dressent contre elles ou s'en accommodent, ils en constituent d'une certaine manière le revers obligé. Les images de plume mexicaines sont un guide aussi séduisant qu'exemplaire : elles combinent le recours à une technique préhispanique, d'une extrême sophistication, à une matière aux vibrations surnaturelles, le choix de modèles d'origine chrétienne et des usages nouveaux adaptés aux attentes du Vieux Monde, comme ce Christ Pantocrator. Les maîtres *amanteca* qui confectionnaient des mitres pour les évêques européens ignoraient qu'à Milan, dans la seconde moitié du XVIe siècle, l'un des piliers de la Contre-Réforme, saint Charles Borromée, célébrerait la messe coiffé du précieux objet. Les mélanges prolifèrent aussi bien sur les meubles retravaillés au Gujerat par des mains qui y introduisent des motifs portugais que sur les pièces d'ivoire exécutées au cœur de l'Afrique ou dans les ateliers de Lisbonne selon des modèles européens[32].

Le degré de métissage de chaque pièce varie considérablement. À peine perceptible sur certaines pièces, la transformation est si spectaculaire sur d'autres qu'elle aboutit à créer une forme entièrement nouvelle. Les Portugais se contentent de transformer des tapis de soie originaires de l'Inde[33] en parements d'église, alors que des illustrations mexicaines du *Codex de Florence*, comme *La Pluie* et *L'Arc-en-ciel*, bouleversent les canons de la Renaissance[34]. La gamme des métissages va de l'appropriation hésitante à l'invention esthétique, de la simplification de l'original à l'accentuation de sa complexité. Mais les solutions métisses ne varient-elles pas à l'infini ? Interaction avec les arts de l'Europe à une époque donnée, pressions brutales ou suggestions détournées de l'occidentalisation, activation des mêmes attracteurs[35], toutes ces expériences expliquent que l'on puisse retrouver dispersés dans les quatre parties du monde des modes de réaction et de création relativement comparables. Encore faudrait-il, pour explorer cet ensemble de réponses planétaires, pouvoir interroger aussi aisément les coulisses des mondes lointains que celles de la Renaissance européenne, savoir se faufiler entre les langues, les religions et les sociétés… Des fils pourtant se croisent autour du globe, dont certains sont plus apparents que d'autres. Beaucoup de pièces parlent de la rencontre des mondes. Plusieurs codex mexicains dépeignent les épisodes de l'arrivée des Espagnols et de la conquête du pays. L'art des Sapi de la Sierra Leone[36] raconte sur des olifants ou des salières d'ivoire la présence portugaise sur les côtes occidentales de l'Afrique. Sur l'une de ces salières, datée du début du XVIe siècle, on reconnaît un *lançado* monté sur un éléphant et juché tout en haut du délicat récipient d'ivoire. L'artiste a voulu représenter l'un de ces Européens africanisés qui vivaient au milieu des populations de Guinée et de Sierra Leone en servant d'intermédiaires avec les trafiquants portugais. Chevaucher un éléphant était une pratique rare en Afrique, mais courante en Inde. Cette jolie pièce d'ivoire fait peut-être allusion aux rapports des Portugais avec l'océan

Indien, et déclinerait donc à sa manière les progrès de la mondialisation ibérique en signalant la transformation des êtres : le corps du *lançado* s'est fortement africanisé, seuls sa barbe et ses cheveux rappellent son origine européenne[37]. Au Japon, les paravents de l'école de Kano reproduisent à des dizaines d'exemplaires le motif du vaisseau portugais, en insistant sur l'étrangeté des Européens et en montrant les Asiatiques qui accompagnaient les « Barbares du Sud ».

Comme les mosaïques de plumes mexicaines, des pyxides d'ivoire africain reprennent des scènes de la vie du Christ. En Nouvelle-Espagne comme en Afrique, les gravures pieuses qui ornaient les livres des envahisseurs ont guidé l'imagination des artistes. Il est possible que, de part et d'autre de l'Atlantique, les mêmes *Heures de la Vierge*[38] aient influencé la main du sculpteur d'ivoire africain et celle du plumassier mexicain. La répétition des mêmes motifs à des milliers de kilomètres de distance, de la Nouvelle-Espagne à la Sierra Leone, révèle que des artisans qui ne se sont jamais rencontrés se sont retrouvés face à des exigences identiques[39] : mexicains ou africains, ils s'ingénient à exploiter toutes les ressources de leur art et de leur tradition pour figurer l'*Adoration des rois Mages* ou l'*Arbre de Jessé*, en même temps qu'ils s'astreignent à saisir et à maîtriser un type d'expression dont les principes n'ont aucun rapport avec les leurs[40]. Le caractère anthropomorphe de la divinité chrétienne, le mode de figuration de la personne humaine, le nouveau répertoire iconographique établissaient un carcan d'impositions avec lesquelles l'artiste, où qu'il fût, devait jouer et biaiser. À lui d'établir un *modus depictandi* ou *sculptandi* entre le local et l'européen. La similitude des thèmes confiés aux artistes et les distances océaniques qui séparent leurs expériences confirment l'ampleur de la mondialisation ibérique et la manière dont celle-ci ne cesse de conjuguer occidentalisations et métissages.

La proximité des solutions dégagées par l'artiste indigène est parfois troublante. Comparons deux Crucifixions qu'un œil non averti pourrait aisément attribuer à une école européenne. L'une orne le cloître du couvent augustin d'Acolman, au Mexique. L'autre est une miniature moghole, due à Kesu

Das, un des peintres de l'empereur Akbar[41]. Les deux œuvres ont été exécutées à la fin du XVIe siècle et s'inspirent de modèles flamands. En Inde, c'est depuis le milieu du XVIe siècle que les artistes moghols s'intéressent aux arts de l'Europe du Nord[42]. « Cet intérêt s'inscrit dans un syncrétisme hautement créatif qui a successivement fondu des traditions d'origine distincte – Asie centrale, Perse, Inde et Europe – pour créer une forme d'expression artistique spécifiquement moghole, reflétant l'universalisme de la dynastie[43]. » Au Mexique comme en Inde, les artistes locaux ont pu avoir sous les yeux des gravures flamandes sorties des ateliers de Jan Sadeler (1550-1600) et de Hieronymus Wierix (1553-1619)[44]. Mieux encore, dans ces deux parties du monde, des peintres des Pays-Bas et des Provinces-Unies ont introduit leur savoir-faire, tels Simon Pereins, passé en Nouvelle-Espagne, ou Cornelis Claeszoon de Heda, invité à la cour de l'empereur moghol. Au Mexique comme en Inde, sous la domination de la Monarchie catholique ou au-delà de ses frontières, des arts métis prenaient leur essor.

C'est encore la mondialisation du christianisme qui explique la diffusion des grands thèmes de l'histoire de l'Église. À Actopan, au Mexique, les peintres indiens recréent la Thébaïde sur une grande fresque murale. À la cour de l'empereur moghol Jahangir, en 1615, Farrukh Beg représente saint Jérôme sur une miniature intitulée *Vieillard sommeillant dans son cabinet de travail*[45]. Si la fresque mexicaine a conservé son identité, elle s'est enrichie de détails d'origine préhispanique qui trahissent la griffe des artistes indigènes, alors qu'à la cour du Grand Moghol le Père de l'Église a perdu toute référence chrétienne.

Les hôtes des Ibériques découvrent l'écriture alphabétique, son efficacité technique et même ses dimensions sacrées, pour ne pas dire magiques, chaque fois qu'elle est associée à la religion et se confond avec le latin. Comment réagissent les artisans indigènes à cette découverte ? Sur la *Messe* du musée d'Auch, autour de la représentation du miracle et de la messe que célèbre le pape Grégoire, les *amanteca* mexicains ont collé de minuscules fragments de plumes noires pour composer la dédicace solennelle adressée au pape Paul III. De l'autre côté de l'Atlantique, un olifant d'origine africaine porte lui aussi une inscription en latin incisée dans l'ivoire : *da Pacem domyne* [sic] *in diebus nostris*[46]. Le recours à la langue latine et à l'écriture alphabétique, la forme elle-même – classiquement médiévale – de l'instrument de musique, orchestrent la pénétration multiforme des emprunts européens : une cohorte d'animaux fabuleux (licorne, centaure, basilic) ont abandonné les rivages chrétiens pour s'exposer au soleil d'Afrique. Les répertoires iconographiques et symboliques du christianisme sont partout abondamment exploités. L'Arbre de Jessé, les symboles de la Passion inspirent les créations indigènes dans diverses parties du monde, et pas seulement les *amanteca* mexicains. Un plaid indien du Gujerat, tissé de coton et de soie sauvage, célèbre l'eucharistie en s'ornant du motif classique du pélican qui s'ouvre le cœur pour nourrir ses petits[47].

Échanges de mythologies

D'autres exemples permettent de mieux saisir à la fois la spécificité et l'universalité des métissages mexicains. Alors que la Renaissance exalte le vieux patrimoine gréco-romain en Europe, la mondialisation ibérique le diffuse dans les autres parties du monde, où les figures de la mythologie gréco-latine font la connaissance de leurs « homologues » indigènes. Portés par la vogue internationale des grotesques, sibylles, centaures, cupidons envahissent l'Inde et l'Amérique dans le sillage des gravures flamandes et des peintres comme ce Claeszoon de Heda, originaire de Haarlem près d'Amsterdam, qui introduit des thèmes mythologiques à la cour du sultan de Bijapur, Ibrahim Adil Shah (1579-1627)[48].

Au Mexique, à Puebla et dans le couvent d'Ixmiquilpan, se retrouvent des exemples de cet engouement. Des créatures échappées du « panthéon » méso-américain croisent des êtres et des divinités extraits de l'univers d'Ovide. Ozomatli, le singe de Puebla, a fait d'Ocyrhoé, la centauresse d'Ovide, sa compagne de prédilection. La centauresse de Puebla, les grands centaures d'Ixmiquilpan ne sont pas des spécimens uniques égarés au pays des Aztèques. Au Pérou, l'image du centaure se conjugue avec celles de l'arc-en-ciel et du jaguar sur un *kero*, une coupe à libations d'origine préhispanique conservé au musée de la Casa de Murillo (La Paz). Ces couples nous paraissent étranges et anachroniques parce que nos esprits sont incapables de briser les barrières que des siècles d'histoire de l'art ont opiniâtrement érigées entre les arts et les civilisations. Rien ici pourtant de bizarre ou d'insignifiant : ces rapprochements imprévus sont le fruit d'équivalences et de compatibilités savamment réfléchies. On les devine plus nombreux encore dans une Inde à peine effleurée par la domination portugaise. Un couvre-pied de coton et de soie sauvage[49], d'un jaune mordoré, accueille ces mêmes surprenantes rencontres. Des épisodes tirés des travaux d'Hercule et des dieux de l'Antiquité (Jupiter, Saturne, Mars, Titan, Mercure et Vénus) se mêlent à des motifs de la mythologie hindoue. Si cela ne suffisait pas, s'y ajoutent des thèmes et des symboles chrétiens – la Justice du roi Salomon, le Pélican eucharistique – accompagnés de scènes de cour et de chasse d'inspiration européenne.

Cette pléiade de références où l'érudit se mêle au populaire, le sacré – ou plutôt les sacrés – au profane, interdit de s'en tenir à la vision d'une occidentalisation réductrice et uniformisatrice. Le métissage ne se solderait pas par une absorption inéluctable dans l'art européen. L'imbrication des univers n'implique pas non plus que le regard des Européens sur les croyances païennes de l'Inde ou du Mexique ait miraculeusement choisi la voie de la tolérance ou de l'acceptation. Les hommes et les femmes de la Renaissance européenne qui, pour les plus lettrés, entretiennent avec l'Antiquité un commerce qu'il est difficile aujourd'hui d'imaginer, sont friands de paganismes et d'étrangetés. Mais les Indiens du Nouveau Monde ou les artistes de la cour moghole le sont-ils moins ? Et c'est bien en profitant de ces engouements et de ces curiosités que les images bannies des paganismes du Mexique et de l'Inde réapparaissent dans des œuvres destinées à des Européens. Restent à l'évidence un côtoiement, une familiarité partagée qu'on se gardait bien de dire de vive voix ou, plus simplement, qu'on n'éprouvait pas le besoin d'exprimer.

Un coffret d'ivoire de Ceylan du milieu du XVIe siècle offre à nos yeux un exemple encore plus époustouflant[50]. Une partie des motifs s'inspirent de graveurs parisiens, flamands ou allemands. Pigouchet, Lucas de Leyde et Dürer ont, bien à leur insu, inspiré la main des maîtres ceylanais qui ont décoré de scènes chrétiennes le coffre qu'on leur avait confié : ils ont choisi le « Christ descendant aux limbes » et « saint Luc écrivant l'évangile[51] ». Ces motifs bibliques voisinent pourtant avec des scènes païennes où des divinités hindoues aux seins nus s'affrontent dans une danse rituelle, tandis que des princes défilent juchés sur des pachydermes. Le coffre soulève des questions qui se posent de la même manière dans le Mexique des Espagnols. Au prix de quels compromis, à travers quelles interprétations ces thèmes païens sont-ils parvenus à séduire les yeux et l'imagination des clients européens ? Mais sans doute faut-il commencer par s'interroger, comme nous l'avons fait pour le Mexique[52], sur les choix des artistes indigènes. Il est peu probable que ceux-ci aient cherché à montrer la mythologie hindouiste pour ce qu'elle était dans l'esprit des « idolâtres » ceylanais. D'ailleurs, l'exposer à des yeux étrangers et profanes devait vraisemblablement la vider d'une partie des valeurs et des forces que lui attachaient les gens de l'île. À moins que le voisinage des thèmes hindouistes et chrétiens ait nourri des coexistences, sans fixer une hiérarchie entre divinités asiatiques et divinités chrétiennes. Rien n'exclut non plus que les réactions des artistes aient été ambivalentes ou contradictoires, ou du moins c'est ainsi que nous les interprétons aujourd'hui, tant idolâtrie et christianisme sont devenus pour nous des pôles radicalement incompatibles.

Le regard des acheteurs n'est pas plus monolithique. Il est d'abord celui du commanditaire local, peu ou prou familiarisé avec la mythologie hindoue. Ce peut être aussi bien un Portugais vieux chrétien ou marrane qu'un métis ou un Indien christianisé. Mais le client européen percevra ces œuvres de façon encore fort différente selon qu'il vit à Goa, immergé dans un milieu asiatique, ou à Lisbonne, au contact épisodique des marchands qui fréquentent l'Asie. Sur les rives du Tage ou de l'Escaut, l'idolâtrie hindoue n'est plus qu'une inoffensive curiosité, une ornementation piquée d'érotisme à moins que le coffret n'apparaisse comme la matérialisation du triomphe universel de la vraie foi sur les rites diaboliques, comme le précieux emblème d'une mondialisation réussie. Parler dans ces conditions d'un objet « exotique » ou encore d'une « exotisation » des civilisations lointaines est un raccourci qui fait bon marché de la chaîne de détournements, de réinterprétations et d'incompréhensions qui jalonnent la route de Ceylan à Lisbonne[53].

L'invention métisse et les défis de la Renaissance

Les inventions des peintres américains et asiatiques ne se résument pas à des trouvailles stylistiques ou à des cocktails d'images plus ou moins aboutis. Dans l'épaisseur des matériaux, l'éclat des nacres, le feu des pierres précieuses, le brillant des plumes, elles expriment beaucoup plus qu'elles n'illustrent les réactions des artistes locaux aux défis techniques et conceptuels lancés par les arts européens de la Renaissance. Et ces réactions obligent une fois de plus à rapprocher occidentalisations et métissages. Où qu'ils travaillent, les artistes indigènes doivent résoudre une série de difficultés que leur oppose l'art européen. Comment concilier des traditions divergentes de figuration de l'espace ? Que faire du « naturalisme » dont sont empreintes les œuvres de la Renaissance ? Comment réagir à la notion même de représentation que véhicule l'art européen ? Quand les traditions se chevauchent, où situer le réel – ou, plus exactement, ce qu'une société tient pour constituer la réalité profonde des choses ? Comment un artiste indigène peut-il saisir les nuances de style, discerner la touche italianisante de l'inflexion nordique, ou mesurer ce qui oppose *maniera* et *contra maniera,* à supposer que ces variantes aient eu l'importance que l'histoire de l'art a voulu leur accorder ?

Le défi jeté par la figuration de l'espace saute aux yeux. Avec la conquête espagnole, l'espace bidimensionnel qui organise les peintures amérindiennes sur les codex subit les pressions tridimensionnelles de l'image européenne. Avec plus ou moins de talent, les meilleurs graveurs et les grands peintres européens recourent alors à la perspective. Les parades inventées par les indigènes varient d'un artiste à l'autre. Et parfois les trouvailles mexicaines font écho aux trouvailles asiatiques. Le peintre mexicain du *Codex Durán* a représenté l'une des scènes les plus dramatiques et les plus sanglantes de la conquête espagnole : le massacre du Grand Temple de mai 1520. L'auteur du *Codex Casanatense* a choisi de peindre une scène infiniment plus paisible : un couple de Portugais déjeunant dans la fraîcheur d'une piscine d'Ormuz. Inde ou Mexique, les scènes sont toutes deux vues du ciel, sans que les artistes aient cherché un rendu tridimensionnel « classique ». L'orchestration de l'espace est similaire. L'occidentalisation des thématiques, liée dans les deux cas à la présence coloniale ibérique, se double de choix techniques dont le parallélisme exprime à sa manière la mondialisation des arts de la Renaissance.

En réagissant à l'irruption des formes et des procédés européens, la création métisse s'exerce dans d'autres registres tout aussi essentiels. Comment peindre la nature et le paysage ? Ou, plus exactement – car le contexte américain ou asiatique impose de poser la question différemment –, que devient l'idée de nature et de paysage, cette façon si européenne de voir les choses, quand elle est exportée vers d'autres continents ? C'est encore une fois la peinture flamande et ibérique qui confronte les artistes indigènes au regard que cultivent les milieux lettrés et artistiques européens. En Inde, par exemple, ce sont des gravures et des peintures dans le style de Joachim Patenier (1480-1524) et de Simon Bening qui inspirent aux miniaturistes de la cour moghole une version indienne du *Weltlandschaft*, c'est-à-dire une approche du paysage saisi à partir d'une perspective aérienne. « Pour répondre aux goûts de leurs patrons[54] », les artistes moghols étudient le « naturalisme » que propose l'art européen, dans ses versions allemande, flamande et hollandaise. Dès le milieu du XVIe siècle, les *tlacuilos* exploraient les mêmes voies pour satisfaire les exigences du clergé et de l'administration espagnols. Sans rien abdiquer de leur originalité, les lointains réalisés à Tecamachalco par le peintre indien Juan Gerson en 1568 annoncent les paysages moghols qui ornent les miniatures du début du XVIIe siècle[55].

L'introduction du portrait à l'européenne en Amérique, en Afrique et en Asie offre également matière à d'intéressants rapprochements. Un portrait en pied du roi Nezahualpilli, qui figure dans le *Codex Ixtlilxóchitl*, rompt avec les canons préhispaniques pour mettre en scène un jeune homme dont le regard lumineux croise celui du spectateur. Au début du XVIIe siècle, sous l'empereur Jahangir, la manière nordique inspira des portraits où s'affirme davantage la personnalité du sujet représenté, au prix d'un nouveau métissage artistique. Sur le *Codex Ixtlilxóchitl*, le roi de Texcoco exhibe un corps d'athlète, droit jailli des répertoires de la Renaissance européenne. Non qu'une figuration réaliste soit venue se substituer à une convention préhispanique. Un stéréotype en remplace un autre, mais la distance qui les sépare est moindre que nous ne l'imaginons. Si la silhouette et la pose de l'éphèbe semblent nous transporter loin des corps hiératiques des anciens codex, il suffit de jeter un œil sur la sculpture mexica pour y retrouver la figuration des masses et des volumes du corps humain qui a probablement favorisé cette projection dans les formes de la Renaissance européenne. Est-ce à dire que l'apparence s'européanise radicalement au Mexique ? Le roi Nezahualpilli préserve la semi-nudité des princes anciens et les différents attributs de sa royauté sacrée. En Inde, l'empereur moghol – mais il n'est pas l'image d'un souverain venu d'un autre temps – reste parfaitement reconnaissable, même s'il se pare du nimbe des saints chrétiens. Si la femme européenne est aussi une invention de la Renaissance qu'exportent les tableaux des peintres italiens et nordiques, à son tour que devient-elle par-delà les océans ? À Puebla, sur les fresques de la Casa del Dean, d'élégantes sibylles caracolent sur de puissants destriers. En Inde, une Portugaise accompagne un jésuite sur une miniature moghole (1610). Au Japon, les paravents reproduisent de grandes scènes pastorales où s'ébattent de séduisantes « Barbares du Sud ». Mais les apparences les plus occidentalisées risquent d'égarer notre regard d'Européens. Aux pieds de la jolie dame de Puebla s'est glissée une petite créature discrète et anodine, une sarigue. C'est davantage qu'une simple référence à la faune mexicaine, propre à exciter la curiosité des Européens[56] : ce rongeur joue un rôle primordial dans la vision méso-américaine du cosmos.

Des mondes mêlés

Les métissages visuels ont exploité des dispositifs que nous avions baptisés « attracteurs[57] ». En reliant les êtres et les sociétés, la mondialisation ibérique a profité d'une myriade de connecteurs qui répondent au même principe : créer des liens entre des parties du monde jusque-là restées à distance les unes des autres. Pas d'attracteurs sans passeurs, sans « connecteurs », autrement dit sans artistes indigènes, métis ou européens, capables de rapprocher les techniques et les traditions visuelles. Leur tâche est parallèle à celle qu'assument les experts de la Monarchie. Les travaux des *tlacuilos* du *Codex de Florence* resteraient d'ailleurs incompréhensibles sans les investigations menées par Bernardino de Sahagún et ses informateurs. Tout comme le peintre du *Codex Casanatense* est redevable aux « experts de l'État de l'Inde » qui ont dressé les inventaires des peuples qu'il a illustrés. Voilà pourquoi les enquêtes des experts de la Monarchie se doublent souvent d'une production d'images systématiquement métissées. Les mélanges, loin d'être une curiosité pour anthropologues culturels, sociologues du changement ou magazines de mode, se logent au cœur des systèmes de domination planétaire. La mondialisation ibérique métisse en occidentalisant, et occidentalise en métissant.

Cependant, la nécessité d'attirer l'attention sur ces mécanismes, leur fréquence et leur omniprésence – couplée aux effets de mode qui entourent aujourd'hui le phénomène du métissage – risque fort de faire perdre de vue des blocages qui ne se confondent ni avec les brutalités de la domination coloniale, ni avec la rigidité dogmatique de la Contre-Réforme catholique. Un abîme sépare l'afflux d'objets métis dans l'Europe de la Renaissance et du XVIIe siècle, des images que continuent de répandre nos livres d'art et nos expositions, sur lesquels Léonard de Vinci et Rubens règnent presque encore sans partage. Pourquoi la mondialisation des arts n'a-t-elle pas donné une diffusion planétaire aux trouvailles métisses et abouti au mélange généralisé des formes et des styles ?

La question que nous posons à l'univers des arts doit d'abord trouver des réponses en son sein en examinant pour quelles raisons et à quels moments les mécanismes que nous avions appelés « attracteurs » et identifiés sur les fresques mexicaines cessent de fondre les styles et les imaginaires. Mais on peut aussi se demander si, par-delà la sphère des arts, d'autres domaines n'échapperaient pas à l'alchimie des métissages, aux « contaminations » des formes et des idées lointaines.

CHAPITRE XIII

Les perroquets d'Anvers

Art métis et art globalisé

« Ils ont emporté l'Europe avec eux, collée à leur esprit. »

J. S. da Silva Dias, *Camões no Portugal do quienhentos*, Lisbonne, 1988.

La *Prière au jardin* est un thème qui a souvent inspiré les artistes de la Renaissance européenne. C'est aussi l'un des chefs-d'œuvre de la peinture de la Nouvelle-Espagne[1]. À Mexico, le pinceau de Luis Juárez a su jouer magistralement de toutes les ressources du clair-obscur pour attirer l'attention sur le Christ en prière. La peinture métisse nous avait pourtant accoutumés à d'autres mises en scène. Les sibylles de Puebla caracolent en pleine lumière. Les animaux qui escortent discrètement les belles amazones évoquent des mondes où palpitent encore des présences indigènes. Autant les fresques métisses de la Nouvelle-Espagne accrochent le regard par leurs inventions stylistiques et l'audace de leurs emprunts iconographiques, autant la grande peinture « coloniale » exécutée à la même époque dans les ateliers de la Nouvelle-Espagne n'oppose aucune de ces aspérités où l'œil le moins averti repère le mélange des manières et des traditions. Dans les églises et les musées du Mexique colonial, le regard glisse d'une scène religieuse à l'autre, le plus souvent insensible au talent que ces toiles irradient[2].

Tout n'est donc pas que métissage dans la Nouvelle-Espagne de la Monarchie. L'intensité des mélanges ne présume en rien de leur diffusion et de leur pérennité. Si tout s'était systématiquement métissé, la société *indiana* se serait transformée en un univers radicalement distinct de la Péninsule, vite devenu méconnaissable pour des yeux et des oreilles de Castille. La langue des envahisseurs aurait fini par ressembler à un sabir de castillan et de parlers indigènes – quand le médecin Cárdenas et le poète Balbuena s'étonnent au contraire de la pureté du castillan employé au Mexique –, la religion catholique aurait sombré dans le montage syncrétique et hétérodoxe – alors que l'Inquisition maîtrise tant bien que mal la situation, plus préoccupée de traquer les nouveaux chrétiens que d'éliminer les superstitions des Indiens et des métis. La Nouvelle-Espagne n'est devenue ni une « grotte des sibylles » infestée d'Indiens devenus trop savants[3], ni une foire aux croyances qui aurait englouti les Européens, leur monde, leurs habitudes et leurs âmes. Tout métissage a des limites.

Maniérisme métis et maniérisme occidental

La création visuelle nous apporte, à nouveau, des éléments de réflexion là où les sources écrites laissent beaucoup plus difficilement apprécier la complexité des situations. Le maniérisme métis coexiste avec un maniérisme haut de gamme, obstinément accroché à ses racines européennes[4]. Raffiné, savant, majoritairement mais non exclusivement citadin, lié aux milieux dominants et à la cour des vice-rois, cet art n'est pas que l'expression d'une société coloniale en recomposition et plongée dans l'« incertitude[5] », c'est avant tout la manifestation au Mexique de la mondialisation des arts de la Renaissance. Une mondialisation ibérique dont Mexico est l'un des relais extérieurs les plus actifs[6]. Si l'essoufflement de la première Nouvelle-Espagne construite sur les ruines de la Conquête, si la victoire des conquistadores et les prouesses de l'évangélisation entraînent une redistribution des cartes, le changement est trop progressif pour qu'on en fasse le ressort principal de l'histoire de l'art au Mexique. Celle-ci est inséparable de la place qu'occupe le royaume de Nouvelle-Espagne dans le cadre planétaire de la Monarchie catholique.

Que nous apprennent les toiles peintes entre 1570 et 1610 sur le Mexique espagnol ? Les œuvres des grands peintres de Mexico nous surprennent par leurs « silences ». La *Sainte Cécile* d'Andrés de Concha, la *Vierge du Pardon* de Simon Pereins, les *Martyres de saint Apronien et de saint Poncien* de Baltasar de Echave Orio ont un point commun. Toutes ces toiles sont absolument dénuées d'éléments locaux[7]. Les influences qui s'y croisent apparaissent exclusivement d'origine européenne, qu'elles soient italiennes, nordiques ou sévillanes. Ce n'est pas un hasard si les historiens de l'art les abordent en termes européens, selon les critères, les écoles et les goûts du Vieux Monde. On jugera telle peinture plus espagnole ou plus italienne[8]. On disputera de la capacité plus ou moins affirmée des artistes locaux à interpréter fidèlement les modèles européens. Les spécialistes ont beau tenter de repérer ici et là une touche mexicaine, force est de reconnaître que les traits originaux qu'ils dégagent sont avant toute chose les effets de la transition d'un art européen vers un art occidental né sur un sol américain. Fruit de l'« Europe portable », pour reprendre l'élégante métaphore de Baltasar Gracián[9], l'art des peintres espagnols du Mexique s'adapte à de nouvelles contraintes, sans pour autant jamais cesser d'être la projection outre-Atlantique de la *maniera* du Vieux Monde.

Les chapitres précédents ont montré qu'on ne peut plus se contenter d'aborder le passé mexicain sous l'angle d'un espace national – la Nouvelle-Espagne, le Mexique – encore bien embryonnaire[10], et que le processus de mondialisation à l'œuvre dans les quatre parties du monde rend beaucoup plus complexe la relation entre centre et périphérie. Un regard sur la peinture du Pérou conduirait à semblable diagnostic : l'invisibilité obstinée du « local » sur quantité de toiles exécutées par des artistes de l'envergure de Bernardo Bitti, Mateo Pérez de Alesio et Angelino Medoro[11]. Au Japon, des Vierges peintes sur cuivre laissent la même impression de déjà-vu, qui déconcerte le visiteur européen avide de japonaiseries[12].

Anvers et Mexico

Le mimétisme de la grande peinture de la Nouvelle-Espagne n'abolit pas toutes les différences avec l'art européen. Il atteste que l'on peut être occidental sans être européen – ou, mieux, qu'être occidental c'est cesser d'être européen. Car on ne peint pas à Mexico comme on peint à Anvers, et cette distinction révèle encore mieux combien la greffe néo-hispanique reste fondamentalement imperméable aux réalités locales. Si au début du XVIIe siècle l'on travaille à Anvers différemment qu'à Mexico, c'est en partie parce que les artistes nordiques s'intéressent à ce qu'ignorent ou à ce qu'évitent leurs collègues de Nouvelle-Espagne. Par-delà les constantes du style international et les variantes introduites par tel ou tel peintre, telle ou telle école, on repère deux domaines aussi fréquentés par les artistes flamands qu'ils sont délaissés par ceux de la Nouvelle-Espagne : la peinture de paysages et la représentation d'*exotica*[13]. Ce manque d'intérêt paraît d'autant plus paradoxal que ce sont précisément ces genres qui auraient permis aux peintres espagnols et flamands de Mexico d'introduire sur leurs toiles la nature, les êtres et les choses du Nouveau Monde.

La peinture de paysages est une tradition nordique où se sont illustrés Pierre Brueghel et quantité d'autres artistes tout au long du XVIe siècle. La place remarquable qu'elle occupe dans les Pays-Bas des archiducs Isabelle-Claire-Eugénie et Albert s'explique par des raisons qu'auraient pu partager les nouveaux maîtres du Mexique. Si les souverains de cette région de la Monarchie ont tant soigné leur image locale, c'est qu'ils voulaient enraciner leur présence sur ces terres du Septentrion. La force symbolique de cette relation au territoire se manifeste dans des tableaux où Isabelle-Claire-Eugénie et Albert traversent de vastes paysages, aisément identifiables, toujours écrasés par l'incomparable ciel de Flandre. On y reconnaît les résidences et les églises favorites du couple princier, leur château de Mariemont[14] et cette église de Laeken où l'infante aimait tant se rendre en pèlerinage[15]. En revanche, les paysages qu'ont peints les artistes européens au Mexique restent désespérément anonymes : ils sont occidentaux, faute d'être véritablement européens[16].

L'œil du poète se comporte souvent comme celui du peintre. La description de la vallée de Mexico que nous livre Bernardo de Balbuena traduit en vers ce regard aveugle aux choses du pays, comme si le prix à payer pour s'insérer dans un système planétaire exigeait le gommage de toute couleur locale. Dans ses pièces de théâtre, le créole mexicain Juan Ruiz de Alarcón fait oublier son origine « américaine » (*indiana*) pour accéder au palmarès des dramaturges du Siècle d'or[17]. Les silences de Balbuena sont d'autant plus éloquents qu'ils se manifestent *in situ*. Dans *Grandeza mexicana*, rien ou presque sur la population indienne, une vague référence aux Noirs d'Afrique, une flore systématiquement hispanisée, des paysages ramenés aux dimensions des vignettes de la mythologie[18].

Un autre genre brille autant à Anvers qu'il est rare ou inexistant outre-Atlantique. Dès le début du XVIIe siècle, la présence d'animaux, de fleurs, de fruits, d'objets lointains, d'*exotica* envahit les toiles des meilleurs maîtres flamands. Image de l'opulence reconquise au lendemain de la trêve de Douze Ans, bien faite pour séduire une clientèle bourgeoise et noble, *Le Compotier* de Frans Snyders (vers 1615-1620) représente une grande table chargée de fruits où s'ébattent un singe et un ara. Ce goût nouveau inspire des natures mortes, mais également des paysages comme cette composition mythologique qui met en scène *Ulysse chez Calypso*. Au milieu d'un décor saturé de références tropicales, bruissant des cris des toucans et des aras, de jolies mulâtresses s'affairent au service de la nymphe et du héros. On chercherait en vain un équivalent mexicain de cette luxuriante mise en scène qui dérobe au Brésil des Portugais de quoi composer cette Odyssée tropicale[19]. La visite des églises d'Anvers réserve d'autres surprises et d'autres plaisirs. Dans Saint-Charles-Borromée ou dans Saint-Paul, de beaux épis de maïs sont venus s'épanouir sur le marbre des colonnes et des balustres. À Saint-Paul, en particulier, l'association des plantureux épis avec les raisins de la vigne sur les colonnes qui flanquent la *Dispute du Saint Sacrement* de Rubens donne à penser que cette décoration n'a rien d'exotique ni de gratuit. Le maïs indien occupe la place du pain de l'Évangile. Dans une autre capitale de la Renaissance, à Florence, les emprunts aux arts anciens du Mexique ont inspiré les fresques que Ludovico Butti a conçues pour orner la galerie des Offices : des oiseaux tropicaux, des guerriers indiens, des paysages mexicains côtoient aujourd'hui les chefs-d'œuvre que renferme le musée des bords de l'Arno[20].

Il est tentant d'expliquer l'absence de traits locaux dans la peinture de la Nouvelle-Espagne par la prédominance des thèmes religieux et le recours à une iconographie fixée par le concile de Trente. Mais qui niera que la réforme tridentine est encore plus active aux Pays-Bas, ce bastion avancé d'une Europe catholique harcelée par l'hérésie protestante ? Il n'empêche, les Pays-Bas ignorent les réticences du Mexique. À Anvers, les *exotica* ne boudent pas les toiles religieuses : une *Vierge à l'Enfant* (vers 1614-1616) réalisée par Jan Brueghel l'Ancien et Rubens se détache au milieu d'une somptueuse guirlande de fleurs où nichent un arara et deux toucans en compagnie de deux singes. Les animaux, les fruits et l'épi de maïs composent une étonnante nature morte vouée à exalter l'opulence de la nature divine. À la touche de luxe, de richesse et d'universalité qu'ils véhiculent d'habitude, les *exotica* ajoutent ici une résonance mystique. L'extraordinaire guirlande de fleurs et de fruits attire l'œil immédiatement, fût-ce aux dépens de l'image mariale. Comme se plaisait à l'écrire le cardinal Federico Borromeo, grand mécène de Brueghel, à propos de cette toile ou d'une œuvre semblable : « De l'image centrale, point besoin de parler, car c'est une lumière secondaire, obscurcie par l'éclat des splendeurs qui l'entourent[21]. » Tout en propageant un genre qui prospéra tout au long du siècle, en même temps qu'elle recrée la diversité impressionnante de la nature pour le plaisir de l'œil, la main de Jan Brueghel donne à voir la beauté infinie de la nature divine.

L'opposition qui se dégage entre la peinture de la Nouvelle-Espagne et celle des Flandres souffre pourtant une exception de taille. Il existe bien une « peinture de paysage » au Mexique, et des *exotica* s'introduisent parfois dans l'espace peint, tels l'opossum et le singe de Puebla. Mais c'est dans les arts métis et chez les *tlacuilos* qu'on repère ces manifestations : à la différence du maniérisme occidental que déploie la grande peinture néo-hispanique, le maniérisme d'origine indigène semble se rapprocher paradoxalement davantage de certaines tendances contemporaines des arts européens. Quand des éléments locaux – fruits, animaux vivants ou empaillés, gerbes de plumes multicolores – viennent décorer les rues de Mexico lors des grandes fêtes religieuses, c'est une fois encore parce que ces ornements sont créés de toutes pièces par des mains indigènes respectueuses d'une tradition ancestrale[22]. Et si nous pouvons imaginer aujourd'hui à quoi ressemblaient à la fin du XVIe siècle les endroits les plus reculés de la Nouvelle-Espagne, c'est grâce aux cartes que des peintres *tlacuilos,* ont réalisées pour accompagner les réponses des *Relations géographiques*. C'est dans le *Codex de Florence*, sous le pinceau d'autres peintres indigènes, qu'il faut rechercher les plantes, les fleurs, les oiseaux tropicaux, les animaux étranges dont se délectent tant de peintres flamands. Si les manifestations raffinées d'une tradition occidentale imperturbablement fidèle à ses origines européennes tranchent si fortement sur les créations métisses des *tlacuilos*, c'est que la mondialisation ne se ramène pas aux effets croisés de l'occidentalisation et des métissages. Elle fait place également à la diffusion d'un art trop soucieux d'employer son talent et sa virtuosité à exploiter les recettes du Vieux Monde pour s'occuper des nouveaux territoires qu'il investit.

Le silence des yeux

Comment se fait-il que les peintres émigrés au Mexique se soient montrés si peu sensibles au local ? L'aveuglement de la peinture d'origine hispanique est-il l'effet de la censure officielle ? Dans une terre où la christianisation est encore fort récente, où l'idolâtrie est à peine assoupie, les autorités civiles et ecclésiastiques surveillent de très près le contenu et la forme des images. L'œil impitoyable de l'Église, puis à partir de 1571 celui de l'Inquisition, seraient-ils responsables d'un conformisme sans faille ou presque ? Les injonctions tridentines auraient-elles été mieux suivies d'effet en Nouvelle-Espagne que dans l'Europe catholique[23] ?

Un examen de la législation locale et de son application révèle une situation un peu plus compliquée. C'est au milieu du XVIe siècle qu'apparaissent les premières mesures restrictives, et elles visent d'abord les artistes indigènes. Dès 1552, les autorités de la Nouvelle-Espagne exigent que l'on examine les peintres indiens dont les œuvres n'offriraient pas la « perfection requise » – formule vague, mais qui permet d'imaginer tous les excès et toutes les dérives. Il s'agit alors à la fois d'empêcher la prolifération des peintres sauvages qui travaillent chez eux et de renforcer le contrôle que prétendent exercer les franciscains et la chapelle de San José sur la production indigène. Trois ans plus tard, le premier concile mexicain se préoccupe à son tour de la peinture religieuse. Il entend soumettre à un strict contrôle tous les peintres du pays, indiens et espagnols, ainsi que les œuvres importées ou produites en Nouvelle-Espagne. La sainte assemblée veut tout régenter : la formation des peintres indigènes, la confection des images, leur commerce, leur prix, la visite des églises et des chapelles pour les vider de toutes les œuvres jugées « indécentes » et « apocryphes ». À la même époque, un ordre du vice-roi Luis de Velasco transmis par le voyer Pedro de Robles entend faire observer les recommandations du concile de Trente en matière d'images : « Qu'on interdise l'usage de figurations indécentes et ridicules [...], qu'on ne vende aucune image qui n'ait été auparavant examinée et qu'on le fasse seulement dans les églises, qu'on n'y peigne pas d'anges et, sur les retables, qu'il n'y ait ni satyres ni animaux pour éviter les indécences[24]. »

Fallait-il laisser l'Église – qu'il s'agisse des franciscains de la chapelle de San José ou de la hiérarchie elle-même – garder la haute main sur la production artistique ? En 1557, un nouveau pas est franchi. Des peintres espagnols demandent à la ville de Mexico de promulguer des ordonnances « pour que le métier et l'art des peintres se pratiquent pour le bien et le profit de la république » (nous dirions de la communauté). C'est donc la profession même qui participe activement à la définition des règles qu'elle souhaite voir appliquer. Il n'est plus question qu'un peintre, un imagier ou un doreur ouvrent un atelier ou une boutique sans l'autorisation préalable des « voyers de ce métier ». La surveillance de la profession est confiée aux peintres eux-mêmes comme ils le réclamaient, et comme c'était d'ailleurs l'usage en Espagne. L'enseignement des techniques, la formation des apprentis, la qualité de l'exécution et des matériaux utilisés « comme on le fait dans les royaumes de Castille[25] », l'accueil des peintres d'origine étrangère, le commerce des toiles et des sculptures inspirent une série de principes qui régissent l'exercice de la profession dans ses moindres détails. C'est ainsi que l'on interdit aux peintres de la ville de sous-traiter la réalisation des retables à des artisans qui n'auraient pas été « examinés » sous peine d'une amende de dix pesos, afin d'éviter toute erreur dans « le dessin et l'ordonnancement du sujet représenté[26] ». Tout est dit ou presque, et pour longtemps[27], mais la réglementation ne concerne pas les Indiens que le vice-roi exclut explicitement de l'application des ordonnances, « car à eux on donnera des instructions spéciales ». Face à la réaction des peintres, l'Église ne se tient pas pour battue. Le vice-roi Luis de Velasco adjoint aux peintres chargés de « visiter les peintures et les images faites et à faire[28] » un théologien renommé et intransigeant, le dominicain Bartolomé de Ledesma. L'établissement de l'Inquisition, en 1571, viendra parfaire le dispositif. En somme, la ville, le vice-roi, la corporation des peintres, les moines, l'Église, le Saint-Office, les conciles ont joint leurs efforts et rivalisé d'initiatives pour contrôler une activité jugée par tous extrêmement sensible. C'est le triomphe de la norme.

L'Inde portugaise manifeste une évolution analogue. Presque à la même époque, les autorités ecclésiastiques affichent leur souci de contrôler la production indigène, surtout quand elle émane de milieux non chrétiens. En 1545, le père Miguel Diaz dénonce au roi Jean III l'existence de peintres païens à Goa qui faisaient du porte-à-porte pour vendre les images de la Vierge, du Christ et des saints. L'un d'eux, spécialisé dans la peinture de retables d'église, avait même promis de l'accompagner au Portugal pour parfaire sa formation et se convertir au christianisme. Vingt ans plus tard, la situation n'a guère changé. En 1567, le premier concile provincial de Goa fait interdiction aux artisans païens de peindre ou de dessiner des images destinées au culte catholique. La prohibition valait aussi bien pour les orfèvres et les fondeurs qui ne s'étaient pas convertis[29].

En principe, les mesures mexicaines visent tous les peintres, quelle que soit leur origine, elles concernent aussi bien l'art européen que l'art indigène, frappent les œuvres occidentales comme les productions métisses. Mais qu'en est-il de leur application concrète ? Le rappel au XVIIe siècle des ordonnances de 1557, les interventions répétées des conciles indiquent que les pratiques résistent aux pressions des institutions. Il en va de même dans l'Inde portugaise, où les responsables semblent fermer les yeux sur des situations encore plus scandaleuses que celles qui inquiètent les autorités de la Nouvelle-Espagne, puisqu'elles impliquent des artistes encore immergés dans l'idolâtrie. À y regarder de près, en Nouvelle-Espagne la réglementation et la répression frappent prioritairement les artistes européens. Les poursuites contre le Français Jean Ortiz, les condamnations qui s'abattent sur le Flamand Simon Pereins et le Hollandais Adrian Suster en offrent une confirmation spectaculaire.

En revanche, des productions métisses qui pourraient nous sembler aujourd'hui suspectes passent inaperçues. Les fresques de la Casa del Dean à Puebla, qu'a commanditées un important dignitaire de l'Église, montrent que l'inclusion de figures d'origine païenne et préhispanique n'avait rien d'impensable, voire pouvait séduire la clientèle huppée d'une grande ville de province. Les images des codex réalisés sous la direction des missionnaires comme les peintures murales des couvents prennent toutes sortes de libertés par rapport aux normes fixées par le concile de Trente. Il en va de même des cartes des relations géographiques, souvent surchargées de signes et de « lieux de mémoire » qui renvoient à des croyances précortésiennes ou à des cultes païens. Alors que les singes de Puebla ont échappé aux interdits, que les centauresses aux seins généreux n'ont guère choqué les censeurs de Puebla, Simon Pereins le Flamand a subi l'ignominie d'être traîné devant le tribunal de l'Inquisition. Quantité de pratiques et de croyances métisses sont d'ailleurs tolérées à la même époque, au grand dam des quelques moines qui dénoncent la dose d'idolâtrie que masquent ou recèlent encore ces coutumes. La situation de l'Inde portugaise, qui paraît faire une place encore plus grande aux arts métis, n'est fondamentalement pas différente : les symboles païens empruntés à la Chine et à l'Inde coexistent avec les répertoires chrétiens sans que personne en semble gêné.

Deux poids, deux mesures ? C'est bien l'art occidental qui est placé sous surveillance davantage que l'art métis, comme si le premier constituait une sphère à préserver coûte que coûte et que pour le second, jugé moins « sensible », on tolérait ce que l'on n'était de toute façon pas en mesure d'empêcher. Faut-il pour autant se borner à expliquer les orientations de la peinture espagnole et flamande exécutée au Mexique par le simple jeu du corporatisme ou des censures ecclésiastiques, voire par le succès de la Contre-Réforme dans cette partie du monde, assurée de trouver dans le maniérisme occidental sa docile traduction plastique[30] ? Si cette interprétation rend compte de la parfaite orthodoxie de la production, elle n'explique toujours pas l'absence de référence au local, à l'indigène. Aucun texte, à vrai dire, n'interdit aux peintres de s'inspirer des paysages locaux, ni d'introduire des *exotica* sur leurs toiles, encore qu'un *exoticum* à Anvers n'apparaît probablement pas comme tel à Mexico.

C'est que la standardisation de cet art « occidental » plonge ses racines dans les profondeurs sociales et politiques de la Nouvelle-Espagne. Cet art se déploie dans une société où non seulement l'Église séculière, l'archevêché et son chapitre, l'Inquisition renforcent leur influence, mais encore où les nouvelles élites urbaines s'attachent sur tous les tons à affirmer leur européanité : le rayonnement de l'université et des collèges jésuites, les initiatives de la cour vice-royale, la construction des cathédrales, le développement de la bureaucratie et l'afflux de parvenus fraîchement débarqués, si rageusement dénoncé par Dorantes de Carranza, galvanisent l'essor de milieux qui s'efforcent d'offrir et de s'offrir une réplique parfaite de l'Europe ibérique. Les vers de Balbuena nous l'ont souvent rappelé : la vallée de Mexico, « c'est la vallée de Tempé, au fond de laquelle on croit qu'est né un immortel été[31] », tandis que la cité est « une nouvelle Rome », qui rivalise avec l'ancienne en taille et en activités[32]. Même idéal de société, et donc même peinture. La fidélité au modèle européen et le refus – ou simplement l'absence – d'éléments mexicains sont donc autant une affaire de classe et de spécialisation professionnelle qu'une question de censure et d'imposition. Cette attitude s'oppose radicalement à celle des moines qui, en Amérique, en Afrique ou en Asie, cherchent à intégrer les populations indiennes dans les nouvelles chrétientés en favorisant l'adoption de symboles étrangers et le réemploi de références d'origine indigène et païenne.

Là encore, l'Inde portugaise, l'Amérique andine et mexicaine se ressemblent étrangement. Alors que les évangélisateurs jouent partout la carte de l'occidentalisation et du métissage dans leurs rapports aux nouveaux convertis, les élites européennes et métisses sont portées à reproduire le Vieux Monde, à la manière dont les vers de Camões comme ceux de Balbuena s'attachent à maintenir à distance les mondes non européens. S'étonnera-t-on que la flore et la faune des *Lusiades* restent essentiellement portugaises et européennes ? L'île des Amours, où débarquent les héros portugais, est couverte d'une végétation exubérante composée de pins de Cybèle, de myrtes de Cithérée, de peupliers d'Alcide. Rien de très africain ni d'oriental[33]. Même dans les références à la pharmacopée et aux plantes asiatiques, le regard du poète portugais reste imperturbablement lointain et classique, comme si Camões n'avait jamais quitté les rives du Tage. Camões et Balbuena font partie de ceux qui « ont emporté l'Europe avec eux collée à leur esprit[34] ». Mais les musiciens de la cathédrale de Mexico agissent-ils autrement lorsqu'ils reproduisent le répertoire musical de la cathédrale de Séville et vouent un culte à Francisco Guerrero, dont ils réclament les partitions, qu'elles viennent de Paris ou de Venise[35] ? Pendant ce temps, sous la houlette des moines, des Indiens passionnés de musique bricolent des instruments européens et interprètent dans tous les sens du terme la polyphonie apprise dans les cloîtres. La domination ibérique – et c'est bien là sa force – ne se borne pas à occidentaliser les hommes et les territoires qu'elle soumet, elle s'entend aussi à diffuser des éléments européens qui ne sauraient à aucun prix être partagés ou mélangés[36].

Peindre à Mexico comme à Séville

Ni le contrôle de l'Église mexicaine, tout à ses ardeurs tridentines et inquisitoriales, ni la manie réglementaire de la Couronne et des peintres, ni même les attentes des milieux dominants ne suffisent encore à rendre compte du conformisme des œuvres d'art occidental réalisées en Nouvelle-Espagne. Celui-ci s'explique aussi par des raisons structurelles et techniques qui se combinent à des effets de mode et de goût. Les contraintes techniques tiennent à la transplantation à Mexico d'une organisation du travail à la sévillane. Dans la capitale du Guadalquivir, l'orientation de la création artistique reflète pour l'essentiel la prédominance de l'Église. Les artistes travaillent au service d'une clientèle conservatrice plus soucieuse de contenu que de forme – les ducs d'Alcalá constituaient une prestigieuse exception – et recourent systématiquement à la gravure, un procédé qui permet au commanditaire de savoir à quoi il s'attend et laisse peu de place à l'imagination et à la fantaisie[37]. La mainmise de la guilde des peintres sur la production est parfaitement apte à brider toute concurrence[38]. À ce panorama peu exaltant s'ajoute un sens aigu du commerce et des exigences du marché. Les grands ateliers sévillans fonctionnent comme de véritables entreprises qui démarchent les clients, fabriquent des peintures en série et œuvrent massivement pour les nouveaux marchés, c'est-à-dire l'exportation dans le Nouveau Monde, « où la demande en peintures peu coûteuses était insatiable[39] ». Des sociétés se sont montées pour répondre aux commandes[40] : elles possèdent souvent une assise familiale, propice à l'essor des dynasties de peintres, toutes issues d'une politique raisonnée d'alliances matrimoniales.

Ne retrouve-t-on pas l'équivalent de ces pratiques, de ces conceptions et de ces alliances chez les peintres européens de la Nouvelle-Espagne ? La globalisation de l'art européen – entendue comme la réplique extra-européenne des formes de la Renaissance, à l'exclusion de tout emprunt aux réalités locales – ne passe pas seulement par l'exportation des tableaux, des gravures et des artistes. Elle opère aussi par la transplantation de structures de production dont les avantages et les contraintes comptent pour beaucoup dans le conformisme et la routine des ateliers. Il est vrai que le milieu sévillan tend à se fermer aux étrangers dans le dernier tiers du XVIe siècle[41], alors que la Nouvelle-Espagne ne cesse d'accueillir des peintres venus d'Europe. Mais c'est précisément cette mobilisation qui contribue, par-delà les variations de style, à maintenir le cordon ombilical avec les traditions européennes. En matière d'influences, Mexico imite également Séville. On y retrouve le croisement des inspirations nordiques et italiennes qui dominait dans la cité du Guadalquivir depuis les années 1570. L'idée même du « peintre savant », *pictor doctus*, qui valorise socialement et intellectuellement le créateur, franchit aussi l'océan Atlantique. En Europe, à la fin du XVIe siècle, c'est Rubens, après Vasari, qui offre littéralement à cet emploi ses lettres de noblesse. À Séville, à partir des années 1590, c'est Francisco Pacheco qui donne le ton. À la fois bon peintre et bel esprit, il dirige une académie soucieuse d'orthodoxie, composée de théologiens, de poètes, d'écrivains et d'amateurs d'antiquités[42]. À Mexico, on le verra, c'est Baltasar de Echave Orio qui incarne le mieux ce rôle et cette polyvalence.

Le cordon ombilical avec l'Europe

À Mexico, la « tradition », ou plutôt la réplique, s'appuie sur des arrivages continuels de gravures. Après la diffusion des xylographies qui étaient d'interprétation souvent difficile, la seconde moitié du XVIe siècle voit affluer les gravures sur métal qui offrent un rendu infiniment supérieur des œuvres les plus fameuses et les plus en vogue de la Renaissance[43]. Des toiles traversent également l'Atlantique, au premier rang desquelles celles de Martín de Vos[44]. D'heureux accidents de parcours expliquent que les portraits peints par Sánchez Coello pour la Chine des Ming – un Philippe II, un Charles Quint à cheval – soient restés bloqués à Mexico en 1581 après l'annulation de la mission diplomatique destinée à l'empire céleste. L'Inde portugaise bénéficie aussi de ces envois : dès avant 1540, le peintre du roi Jean III, Garcia Fernandes, exécute pour la cathédrale de Goa un splendide retable consacré à la vie et au martyre de sainte Catherine[45]. Qu'elles traversent l'Atlantique vers l'Amérique ou vers l'Asie, les toiles européennes mettent sous les yeux des Européens expatriés et des indigènes de magnifiques exemples de l'art de la Renaissance. À condition qu'elles ne soient ni trop volumineuses ni trop lourdes, les sculptures embarquent aussi sur les navires en partance pour le Nouveau Monde et pour l'Asie. La *Conquistadora* de San Francisco de Puebla est une Vierge de l'école de Malines, dont on trouve des pendants dans le musée portugais de Caramulo et dans celui de Lille. La Vierge de los Remedios, à Mexico, serait une sculpture espagnole d'inspiration flamande ; la Vierge de Guanajuato est également d'origine ibérique[46]. Quant au *Saint Sébastien* de l'église de Xochimilco, il ressemble si fort à ses cousins de l'église de l'université de Séville et de celle de Marchena qu'il semble avoir été sculpté en Espagne[47]. Les origines géographiques sont parfois énigmatiques : comment distinguer l'œuvre réalisée en Espagne ou dans les Pays-Bas de celle sculptée en Nouvelle-Espagne par un artiste tout frais débarqué d'Europe[48] ? Si ces distinctions sont très délicates à établir, c'est que la globalisation du maniérisme européen décline imperturbablement ses origines italiennes, flamandes et sévillanes.

Une autre raison explique la très faible ouverture des peintres européens sur les formes locales. La production occidentale qui se développe en Nouvelle-Espagne ne puise pas exclusivement dans les œuvres qui ne cessent d'arriver sur ses côtes.

Grâce aux artistes qui tentent l'aventure mexicaine, elle renoue constamment avec les foyers européens. Jusque dans les premières décennies du XVIIe siècle, des peintres et des sculpteurs européens, principalement des Ibériques, s'installent dans les villes et les campagnes de la Nouvelle-Espagne où ils diffusent le style maniériste dans ses phases successives[49]. L'engrenage de la globalisation doit beaucoup à ces importations ininterrompues. La bulle maniériste dans laquelle évoluent nos artistes se tend et se retend sans cesse à chaque arrivée. Dans les années 1560, ce sont des peintres aussi talentueux que Simon Pereins (1566) et Andrés de Concha (1568) qui s'établissent au Mexique[50]. On s'accorde d'ailleurs à faire remonter la vague maniériste en peinture à cette décennie et à cette génération. Au cours de ces mêmes années, de l'autre côté du globe, le peintre de l'infante dona Isabel, le Portugais António Pereira, s'installe à Goa pour cinq ans, de 1565 à 1570[51]. Dans la décennie qui suit, c'est au tour des sculpteurs Adrian Suster (1573) et Pedro de Requena (1577 ?) de gagner le Mexique. C'est également au cours de cette période que Bernardo Bitti (1575), un jésuite originaire d'Ombrie, arrive à Lima, où il entame une brillante carrière. Dans les années 1580, le sculpteur Diego de Pesquera (1581) et le peintre Alonso de Yllescas (1581) font le voyage de Nouvelle-Espagne en accompagnant les fameuses peintures de Sánchez Coello. Leur présence assure la diffusion d'un art du portrait et d'un art de cour proches des cercles de Madrid et de l'Escurial[52]. À la même époque, à l'âge de vingt-cinq ans, Baltasar de Echave Orio débarque au Mexique, porteur d'influences où se reflète la théâtralité italianisante des maîtres de Venise et de l'Escurial. Son œuvre marque la quintessence de l'*artistically correct* dans le sillage d'une Contre-Réforme triomphante. Dans les années 1590, la Nouvelle-Espagne reçoit le sculpteur Martín de Oviedo (1595), comme quelques années auparavant Lima avait accueilli Mateo Pérez de Alesio (1590).

Le mouvement ne s'arrête pas avec le XVIIe siècle. À l'aube de ce siècle, sous la plume de Balbuena et d'Arias de Villalobos[53], la ville de Mexico s'enorgueillit de compter quelques artistes de talent : le grand Concha, à l'œil si subtil, le fameux Franco, d'esprit si vif, l'habile Chaves, au « divin pinceau[54] ». Les artistes européens continuent de débarquer. Si Lima adopte Medoro (1600), Mexico décroche une gloire de Séville, Alonso Vásquez (1603), accueille le peintre Alonso López de Herrera (1608), engage le sculpteur Francisco de la Gándara, originaire de Ceceña dans les montagnes de Burgos (1609)[55]. Et l'on pourrait prolonger durant les décennies suivantes le catalogue des *visiting artists*. Il va sans dire que l'exposition aux influences ibériques ne facilite guère l'affermissement d'une tradition néo-hispanique, au sens où celle-ci se démarquerait des modèles européens[56]. Il faut avancer dans le XVIIe siècle pour que se multiplient les peintres créoles et les dynasties locales, comme celle que forment les fils de Baltasar de Echave Orio, Manuel et Baltasar, qui peignent entre 1620 et 1640. Pour l'heure, à l'apogée de la Monarchie catholique, la peinture occidentale qui prend racine à Mexico sacrifie toute son originalité locale pour mieux rivaliser avec la production de la Péninsule.

Le peintre et le vice-roi

Tous ces artistes n'ont ni la même influence, ni le même renom, ni le même talent. Certains se forment essentiellement au Mexique, d'autres débarquent avec déjà l'amorce d'une carrière derrière eux. Mais tous ne cessent d'injecter dans les circuits mexicains, fût-ce à dose homéopathique, les nouvelles tendances en vogue dans la Péninsule. C'est vrai notamment des peintres engagés par des vice-rois et des prélats de la Nouvelle-Espagne. Ce fut le sort, dans la seconde moitié du XVIe siècle, du Flamand Simon Pereins qui suivit en Amérique Gastón de Peralta, marquis de Falcés, quand Philippe II nomma celui-ci vice-roi de la Nouvelle-Espagne. L'artiste était né à Anvers, où il se forma auprès de son père qui lui conseilla de peindre des portraits plutôt que des saints – ce qui parut plus tard éminemment suspect à l'Inquisition mexicaine. En 1558, le jeune Flamand gagne Lisbonne, suivant l'itinéraire classique qui conduit au Portugal tant d'artistes nordiques. Mais, au lieu de s'établir sur les bords du Tage ou de gagner Goa, il visite Tolède, puis Madrid, où il fréquente la cour et rencontre le patron qui l'emmènera en Nouvelle-Espagne, Gastón de Peralta. Ce n'est sans doute pas un hasard si celui-ci s'encombre d'un peintre. Le vice-roi est un homme de cour et le premier représentant titré de la Couronne à mettre pied en Nouvelle-Espagne[57]. Mais son règne au Mexique fut de bien courte durée : arrivé en septembre 1566, Peralta repartait pour la Péninsule dès novembre 1567. Simon Pereins n'en résolut pas moins de continuer le reste de sa carrière en Amérique, où il vécut encore vingt-trois ans. Les troubles qui s'abattaient sur Anvers et les Pays-Bas[58] ne devaient guère lui donner le goût de retrouver sa ville natale, bientôt gardée par une citadelle espagnole aux canons pointés sur la cité.

Dès son arrivée, Pereins s'associe avec un peintre espagnol, Francisco de Morales. La manière flamande dans la veine de Franz Floris (1516-1570)[59] – déjà tempérée par ses séjours portugais et castillan – imprime un ton particulier à ses compositions. Sa touche nordique a paru si proche de celle de Floris que l'une de ses plus belles œuvres a été attribuée au maître anversois[60]. Mais si Pereins utilise des gravures de Martin de Vos (dans le retable de Huejotzingo)[61], il est aussi sensible à la manière italienne, comme le suggère sa *Vierge du Pardon*, probablement inspirée d'une gravure de Marco Antonio Raimondi, à son tour reprise de l'étude préparatoire de Raphaël pour la *Madonna di Foligno*. La vie et l'œuvre de l'artiste anversois cristallisent les modalités concrètes de la globalisation des arts européens. Entre la transplantation d'un triple héritage hispano-luso-flamand et les flirts de la manière nordique avec le style italien, entre la nostalgie des cours ibériques et le souvenir des Pays-Bas, quelle place restait-il pour l'environnement mexicain ?

Dans la première décennie du XVIIe siècle, deux autres vice-rois amis des arts et des lettres débarquèrent entourés d'artistes de premier plan. Le séjour du peintre sévillan Alonso Vásquez constitua un événement exceptionnel. Dans la ville du Guadalquivir, Vásquez avait collaboré avec les meilleurs artistes, dont Francisco Pacheco, le futur beau-père de Velázquez. En 1598, de concert avec Pacheco, Vasco Pereira et Juan de Salcedo, c'est lui que le chapitre de la cathédrale charge d'exécuter les peintures du monument funéraire de Philippe II. Alonso Vásquez travaille pour la plupart des ordres religieux et sert une clientèle de nobles et de marchands[62]. C'est d'ailleurs l'un de ses commanditaires, don Juan Manuel de Mendoza y Luna, troisième marquis de Montesclaros, qui l'attire en Nouvelle-Espagne, où le nouveau vice-roi en fait son peintre attitré[63]. Montesclaros est un homme cultivé dont la *Dorotea* de Lope de Vega, *El Corregidor audaz* de Bartolomé de Góngora et les *Relations de la cour d'Espagne* de Cabrera de Córdova vantent les talents. À Mexico, Vásquez peint pour les plus prestigieuses institutions de la capitale : l'université, le palais royal (*Martyre de sainte Marguerite*, 1606), l'hôpital de Jesús (*Nuestra Señora de la Limpia Concepción*, 1607). Sa peinture partage avec celle de Mexico les mêmes composantes : manière flamande dans la lignée d'un Martin de Vos, manière italienne dans la veine de Luis de Vargas que le pinceau d'Andrés de Concha avait introduite en Nouvelle-Espagne. Les toiles de Vásquez ont influencé celles d'Echave Ibia et de Luis Juárez. À nouveau, les ressemblances sont si frappantes qu'elles égarent les historiens de l'art. Le *Saint Michel et le démon* et *L'Ange gardien* de la Pinacoteca Virreinal de San Diego (Mexico) ont paru si proches de la touche de Vásquez qu'on les avait attribués au peintre de Séville au lieu d'y reconnaître la main de Juárez : confusion symptomatique de la prégnance du modèle sévillan.

Maîtres castillans et flamands en Nouvelle-Espagne

Les liens avec la production ibérique et européenne ne sont pas le fait de talents isolés : ils émanent d'un milieu qui se renforce constamment de nouveaux arrivants. Formé dans les ateliers sévillans, et probablement par Luis de Vargas,

Andrés de Concha gagne la Nouvelle-Espagne en 1568. Il apporte le meilleur des productions d'une école sévillane pénétrée d'influences italiennes, comme l'attestent sa *Sainte Cécile* et sa *Sainte Famille* – où perce la manière d'Andrea del Sarto. Quant à Baltasar de Echave Orio, qui arrive vers 1580, il est né une trentaine d'années plus tôt dans le Guipuzcoa dans une famille de la petite noblesse. Il a visité l'Italie et travaillé à Séville. En 1582, il épouse à Mexico la fille du peintre Francisco de Zumaya et fonde une dynastie d'artistes. Echave Orio est un peintre officiel, savant, soucieux des règles et des principes. Son *Martyre de saint Apronien* (1612) livre un exemple parfait de programme maniériste et contre-réformé. Tout y est, la forme comme le fond : composition centrifuge, figures serpentines, couleurs chaudes, deux plans habilement superposés – l'un céleste et surnaturel où apparaissent le Christ et les anges, l'autre terrestre et assez proche pour inciter le fidèle à s'immiscer dans le drame divin en s'identifiant aux protagonistes de l'avant-scène.

Simon Pereins ne fut pas le premier Flamand à découvrir le Mexique[64]. Les peintres et les sculpteurs nordiques qui descendaient vers la péninsule Ibérique étaient souvent tentés de traverser l'Atlantique. Comme cet Adrian Suster qui suivit les traces de Simon Pereins et devint l'un des sculpteurs les plus en vue de la ville de Mexico. Il était né à Anvers vers 1554, quatre ans avant le départ de Simon Pereins, dans une famille qui traversa les troubles dont la ville sortit ruinée. Son père travaillait comme *ensamblador* ou monteur de retables. Un de ses frères, Enrique, passa en Espagne où il réalisa un retable pour l'église du monastère de San Francisco de Moguer (1574). C'est auprès de lui qu'Adrian se forma au métier d'*ensamblador,* à Cadix d'abord, puis à Séville où il séjourna avant de gagner la Nouvelle-Espagne. En 1573, Adrian s'établit à Mexico, sans pour autant cesser de maintenir des liens avec les terres du Nord puisqu'il prendra pour gendre Andrés Pablos, un Allemand originaire de Danzig. Le sculpteur est employé dans l'ancienne église de Santo Domingo (Mexico), circule en Nouvelle-Espagne, voyage à Puebla, au Michoacán, à Tulancingo. On le rencontre en 1575, deux ans après son arrivée, sur le chantier du couvent de San Agustín (Mexico) et, dans la décennie suivante, il est engagé sur celui de la vieille cathédrale pour laquelle il sculpte les nouvelles stalles du chœur (1585-1586). On l'y retrouve au tout début du XVIIe siècle (1601). Ses liens professionnels avec ses confrères des Pays-Bas ne l'empêchent pas de s'associer au peintre Francisco de Morales pour réaliser un retable destiné à l'église de Santo Domingo à Puebla.

Mobilité, esprit de corps et artiste exemplaire

La globalisation du maniérisme occidental s'explique aussi par le poids qu'ont conquis les artistes qui travaillent à Mexico et sillonnent le centre du Mexique[65]. Dès le milieu du XVIe siècle, les peintres implantés dans le pays ont voulu affirmer l'indépendance de leur art face au vice-roi et à l'Église. À cet esprit de corps s'ajoute l'influence des associations qu'ils forment pour se partager les chantiers de la Nouvelle-Espagne[66]. En 1568, autour de Simon Pereins gravitent l'architecte Claudio de Arciniega, les sculpteurs et *ensambladores* García de Salamanca, Juan Rodríguez et Juan Fernández, les peintres Francisco de Zumaya et Francisco de Morales, un artiste originaire de Tolède. Arciniega avait offert l'hospitalité à Pereins avant d'être témoin à son mariage. Par sa femme, Pereins était entré dans la famille du peintre Andrés de Concha et dans celle de Juan de Arrúe. Tout au long de son existence, Pereins resta proche de Claudio et Luis de Arciniega[67]. Il collabora également avec Pedro de Requena dans l'église franciscaine de Huejotzingo, où il participa à la confection du grand retable avec son parent Andrés de Concha.

Autant la prédominance dont jouit l'artiste venu de la métropole est quasi absolue[68], autant la figure du peintre reçoit une place croissante dans la cité mexicaine. Comment expliquer autrement la notoriété dont bénéficient les meilleurs artistes qui figurent obligatoirement au palmarès d'une métropole comme Mexico ? Dans *Grandeza mexicana,* Balbuena cite même deux femmes peintres dont on a aujourd'hui perdu la trace, réputées pour la qualité du dessin et l'élégance de la touche[69]. La réussite la plus éclatante est probablement celle de Baltasar de Echave Orio. C'est le *pictor doctus* de la Nouvelle-Espagne[70], celui dont Bernardo de Balbuena et Arias de Villalobos s'accordent à faire l'éloge. Il peint, mais il écrit également. En 1607, il publie une défense et illustration de la langue basque, les *Discours sur l'ancienneté de la langue cantabre basque,* qu'imprime le cosmographe allemand Heinrich Martin. C'est un manifeste où la langue basque dialogue avec les provinces de Guipuzcoa et de Biscaye, « qui lui sont restées fidèles, et parfois avec l'Espagne[71] ». Le livre est dédié au comte de Lemos, président du Conseil des Indes. L'ouvrage s'orne d'un portrait de l'artiste à la gloire du « peintre savant », avec une devise en latin : *Patria et penicillum, et calamum, utroque aeque artifex* (« Patrie, pinceau et plume, artiste avec l'un comme avec l'autre »). Echave Orio entretient des relations avec des lettrés de Mexico, comme le chroniqueur dominicain Hernando de Ojea et le prêtre Arias de Villalobos qui encense ce prodige local :

> *C'est un peintre et un auteur*
> *qui écrit aussi bien qu'il peint,*
> *qui avec style et couleur*
> *fait honneur au pinceau et à la plume*
> *et dans les deux fait merveille,*
> *et si ce qu'il peint est si vivant*
> *et ce qu'il écrit retrouve vie*
> *en basque ou en grotesque,*
> *c'est parce que son nom aujourd'hui*
> *est peint à la fresque*
> *et gravé dans le marbre*[72].

La vénération que suscitent les tableaux de Baltasar de Echave Orio fait de cet artiste le représentant idéal de l'art de la Contre-Réforme. Dans une lettre qu'il adresse à l'archevêque Juan Pérez de la Serna le 20 juillet 1619, Echave définit les caractéristiques de la peinture destinée à représenter les « images saintes » et apporte son soutien à un prélat parti en guerre contre « les images les plus lascives et les plus abominables qu'on puisse imaginer[73] ». Rien là de fort original, mais assez pour nous faire comprendre que les artistes eux-mêmes participent à la globalisation d'un maniérisme bon teint : « Qu'on ne fasse aucune image laide ou disproportionnée de Notre Seigneur, de Notre-Dame et des saints [...]. Il faut que l'image soit dévote, emplie de sainte réflexion et de piété, sans que se mêle le profane avec le sacré si le thème à représenter ne le requiert pas. » Ces peintres, Echave le premier, ne sont pas des titans, mais de précieux auxiliaires de la globalisation, qui savent profiter de la publicité faite autour de leur personne. Grâce à eux, Mexico peut se croire l'un des centres du monde et de la Monarchie.

La demande locale

Rapports d'amitié, alliances matrimoniales et liens professionnels confèrent au milieu des peintres une homogénéité que renforcent encore les attentes des commanditaires locaux. La demande est forte : les clients viennent de partout, dans les villes comme dans les campagnes indiennes. Au premier rang desquels les vice-rois comme Gastón de Peralta, le marquis de Montesclaros, les archevêques García Guerra et Juan Pérez de la Serna, les ordres religieux et les grandes institutions ecclésiastiques : le chapitre de l'archevêché, l'Inquisition, l'université. C'est le chapitre de la cathédrale qui fait peindre par Concha et Alonso Franco des arcs de triomphe pour l'entrée de l'archevêque García de Santa María et par Concha pour celle du vice-roi Montesclaros. C'est lui encore qui commande le catafalque de Philippe III érigé dans la cathédrale. Baltasar de Echave Orio peint des toiles pour l'Inquisition et pour les franciscains. Il n'est pas de petite besogne : pour l'Inquisition, en 1593, Juan de Arrúe décore les sinistres *sambenitos,* ces coiffes infamantes qu'on accroche dans la cathédrale[74].

Des commandes proviennent de notables fortunés, comme l'écolâtre Sánchez de Muñón qui offre un retable peint par Pereins à la cathédrale en 1588. Les marquis del Valle, descendants de Hernan Cortés, figurent parmi les clients les plus fortunés : en 1597, ils ont fait du peintre Andrés de Concha leur maître d'œuvre (*obrero mayor*). Les corporations ne rechignent pas non plus à la dépense. Celle des notaires engage Pereins et Concha pour peindre des litières en 1578[75]. Les particuliers en veulent pour leur argent. L'*encomendero* de Yanhuitlan, Gonzalo de las Casas, engage Andrés de Concha à Séville par un contrat de deux ans qui stipule que le peintre réalisera un retable pour l'église dominicaine sise sur son *encomienda*. Le docteur José López, fils du médecin Pedro López, commande des fresques au peintre Alonso de Villasana pour l'ermitage de los Remedios[76]. Diego Arias de Atalaya, *vecino* de Puebla, offre un tabernacle à la cathédrale de Puebla, dédié à Nuestra Señora de las Angustias en 1584 : la commande s'adresse au peintre Diego de Zamora et au sculpteur Juan Bautista Vásquez el Viejo. L'œuvre devait reproduire celui qui se trouvait dans l'église andalouse de Santa María d'Ecija, « en l'honneur de saint Laurent[77] ». Les communautés indiennes ne sont pas en reste : Concha et Pereins se rendent dans la province d'Oaxaca et réalisent le grand retable pour l'église de Teposcolula et un second retable pour la chapelle ouverte du couvent. Mécontents du résultat, les Indiens se refusèrent à payer les artistes[78].

La demande mexicaine en objets d'art européen a dû incontestablement pousser la création locale à demeurer fidèle aux recettes ibériques et flamandes. En 1586, l'*encomendero* Pedro de Irala se faisait livrer une petite collection de toiles flamandes : *Les Apôtres*, *La Passion du Christ*, deux *Jacob*, un *Joseph*, un *Daniel dans la fosse aux lions* dont le commissaire du Saint-Office à Veracruz nous a laissé une description sommaire. La provenance flamande de ces tableaux est expressément indiquée et identifiée par la forme et la couleur des costumes des personnages[79]. Mais le goût des particuliers n'est pas toujours celui de l'Église. Un édit de l'archevêque Juan Pérez de la Serna, dénonçant des œuvres « aux sujets apocryphes, mensongers », le rappelle : « La dissolution et le relâchement des peintres étaient arrivés au point de peindre des dévots en compagnie de leurs maîtresses, en les cachant sous les attributs de la sainteté, et ces sortes de tableaux se trouvaient chez eux et dans leurs chambres. On avait commencé à découvrir quantité d'images indécentes dues à un mauvais peintre qui s'était consacré à faire des peintures ridicules et sans valeur, comme un Enfant Jésus chevauchant un agneau, ou courant une petite girouette d'enfant dans une main, un oiseau attaché à une corde dans l'autre, et d'autres choses de cet acabit. » Plus encore que les institutions ecclésiastiques, ce sont les artistes eux-mêmes, comme Baltasar de Echave Orio, qui volent au secours de l'orthodoxie et blâment les dérives suspectes de peintres et de clients sevrés d'images européennes.

Made in Mexico

La vigilance des autorités civiles et religieuses, les efforts des peintres débarqués en Amérique, les pressions d'une clientèle avide de retrouver en Nouvelle-Espagne ce qu'elle avait pu laisser en Castille, une organisation du métier qui décalquent le modèle sévillan, tout conspire à garantir que la globalisation de l'art européen s'effectuera dans les meilleures conditions possible : la réplique du modèle ibérique se fera sans contact avec des réalités locales qui pourraient ternir l'effet mimétique. Il n'est pas jusqu'aux artistes indiens qui ne s'efforcent de rendre à l'identique le modèle européen.

La distinction entre production métisse et production occidentale est bien davantage une question de registre que d'origine ethnique. Le conquistador Bernal Díaz del Castillo, avare de compliments quand il s'agit des indigènes, a des mots étonnamment élogieux dès qu'il s'agit de qualifier le travail des peintres indiens de la ville de Mexico. Même succès pour les sculpteurs d'origine indigène, émules des meilleurs artistes arrivés d'Europe, comme en témoigne au début du XVIIe siècle le chroniqueur franciscain Juan de Torquemada : « Il existe des sculpteurs (et il en existait quand ils étaient païens) tout à fait admirables, surtout dans cette ville de Mexico où ils se sont beaucoup améliorés et perfectionnés par le contact avec les Espagnols. J'en connais beaucoup qui travaillent le bois pour les peintres espagnols. Il en existe un en particulier, dans ce quartier de Santiago, qui dépasse de très loin tous les maîtres. Il s'appelle Miguel Mauricio, il est d'une grande habileté et ingéniosité. C'est avec lui et avec d'autres qui se trouvent dans cette ville que j'ai fait le retable de l'église que j'y ai construite, une des meilleures choses du royaume[80]. » Rien d'étonnant donc à ce que les clients des artistes indigènes soient des Espagnols accrochés aux styles et aux normes de la Péninsule, à l'image du marchand sévillan Pedro Martínez de Quevedo qui, en 1571, commande un retable à l'Indien Joaquín comprenant trente scènes des mystères de la Passion et d'autres figures saintes. Tous ces ateliers indigènes avaient une notoriété et une clientèle attitrée. Comme n'importe quelle officine européenne, ils se permettaient des retards de livraison et entretenaient des rapports étroits avec certains ordres religieux qui, en retour, en assuraient souvent la publicité. Collaboration et sous-traitance lient constamment les artistes indigènes aux maîtres et aux ateliers espagnols. Le doreur Marcos de San Pedro travaille avec Requena, Pereins et Concha à la réalisation du retable de Huejotzingo[81]. Vers 1605, ce sont les artisans indiens de Tlatelolco qui sont chargés de dorer à la feuille le retable peint par Baltasar de Echave Orio[82]. On sait peu de chose des intermédiaires chargés de faire respecter les termes des contrats, mais les sources lâchent parfois des noms, comme celui de ce Cristóbal García qui agissait pour le compte du graveur français Jean Ortiz : il distribuait aux Indiens les images imprimées sur du taffetas qu'ils devaient décorer une à une, puis ramassait le travail accompli et négociait les salaires qu'Ortiz consentait à ses sous-traitants[83].

Des œuvres présentent néanmoins des éléments indigènes qui paraissent avoir échappé aux pressions uniformisatrices de la globalisation. Parmi les sculptures de Tlatelolco figure une représentation de l'apôtre saint Jacques, habillé en conquistador en train de massacrer de l'Indien : il affronte un chevalier-tigre[84], vêtu d'une sorte d'armure à la romaine tout à fait dans la veine du maniérisme indigène qu'on rencontre à Puebla, à Tecamachalco ou à Ixmiquilpan. Mais il n'est pas toujours aussi aisé d'identifier l'origine de l'artiste. Les belles sculptures du retable de San Bernardino de Xochimilco seraient d'origine indigène si l'on admet que le travail des artistes indiens ne se soit pas limité à la dorure et à la polychromie. La difficulté de distinguer avec certitude le travail indigène du travail espagnol révèle la tendance autochtone à se rapprocher le plus possible des modèles européens. Ce que confirme la comparaison entre les sculptures du grand retable de Huejotzingo dues à Pedro de Requena (1585) et celles de San Bernardino de Xochimilco.

Des artistes indigènes peuvent donc participer eux-mêmes à la globalisation de l'art européen. La construction de la cathédrale de Mexico confirme cette hypothèse[85]. Quoi de plus européen en effet qu'une cathédrale, même lorsque ses bâtisseurs n'ont rien de commun avec ceux dont Georges Duby a retracé l'histoire ? À la tête de l'œuvre figurent des architectes et des artistes d'origine européenne : les sculpteurs Pedro de Brizuela et Juan Montaño, l'*ensamblador* Adrian Suster, les peintres Nicolas de Texeda, Pedro Rodrigues et Simon Pereins. Tous sont espagnols à l'exception de Pereins et Suster, originaires des Pays-Bas. La plupart des grands noms de l'époque se retrouvent réunis sur le chantier de la cathédrale. Avec eux et sous leur direction travaillent des dizaines de peintres indigènes qualifiés d'*oficiales*, encadrés par des « capitaines » également indiens. Ils constituent des équipes de vingt à vingt-cinq peintres recrutés dans les quartiers indigènes de Mexico et de Tlatelolco. Ce premier contingent travaille directement au contact des artistes espagnols et apparemment sans l'intervention d'un interprète. Tous semblent familiarisés avec les techniques et les styles européens, et donc à même de comprendre les indications des peintres ou des sculpteurs qui ne pouvaient se contenter de leur montrer des ébauches des œuvres à réaliser.

Le mode de fonctionnement de ces équipes s'apparente fort à ce que l'on sait de l'atelier sévillan de la seconde moitié du XVIe siècle. Comme les peintres européens de Mexico possédaient des ateliers dans la ville où ils employaient des Indiens, il est vraisemblable qu'une bonne partie de ces équipes ait été composée d'artisans indigènes liés de longue date à ces officines. D'autres groupes de peintres indigènes effectuaient des tâches propres, hors de la direction des maîtres espagnols. On y trouvait encore des artisans qualifiés, mais cette fois l'organisation du travail était confiée à des mains autochtones, et tout se déroulait en langue indigène. À ces artisans s'ajoutaient les contingents de manœuvres ou *peones*. Les comptes en dénombrent près de cinq cents employés en même temps sur le chantier. Ils dressent les échafaudages et s'occupent du gros œuvre[86]. Leurs contacts directs avec les Espagnols sont beaucoup plus restreints. Ce sont les *topiles* qui encadrent et surveillent ces travailleurs, servant d'intermédiaires avec les Européens[87]. Parmi ces *peones*, les uns sont des journaliers volontaires, les autres des travailleurs soumis aux obligations et à la rotation du *repartimiento*, selon la vieille pratique indigène du travail collectif, hispanisée par les autorités espagnoles. Enfin, des esclaves africains travaillent également sur le chantier à côté des prisonniers de guerre chichimèques réduits en servitude. Le mélange des langues devait imposer la présence de truchements, sur lesquels on est mal renseigné. Il existe bien un interprète en titre du chantier, Diego de León, qui touche un salaire annuel, mais il se bornait apparemment à payer les travaux effectués[88].

Le chantier a beau être placé sous le signe des mélanges – mélanges des mains-d'œuvre, des types de matériaux et même des techniques chaque fois que les architectes européens recourent à des procédés d'origine indigène –, le résultat est impeccablement occidental, pour ne pas dire tout à fait européen. C'est tour à tour la cathédrale de Séville (1554), puis celle de Salamanque (1558), qui fournissent les modèles à suivre[89]. Même si les architectes ont dû s'adapter aux conditions locales, et les tremblements de terre ou l'instabilité d'un sol marécageux compliquaient singulièrement leur tâche, la construction se conforme aux critères de la Renaissance européenne et au goût des élites espagnoles de la Nouvelle-Espagne. Les peintures et les sculptures qui décorent l'intérieur de la cathédrale auraient tout aussi bien pu être installées dans une église espagnole de quelque importance. Que les pigments utilisés aient été d'origine amérindienne[90] ou qu'ils soient sortis de l'officine d'un apothicaire castillan comme Rodrigo

Nieto[91], que les pinceaux proviennent ou non de Flandre, l'œuvre accomplie respectait les conventions du maniérisme international. Mais les maîtres d'œuvre ont-ils un instant songé qu'il ait pu en être autrement ?

Globalisation et métissages

Est-ce à dire que la globalisation est compatible avec une certaine dose de métissage ? Tout indique que la planétarisation de la Renaissance européenne peut s'accommoder d'un mélange des mains-d'œuvre et des techniques, pourvu qu'en fin de course la participation non européenne passe inaperçue. À vrai dire, il n'est plus ici question de métissage au sens créatif et innovant du terme, mais d'exploitation des ressources locales pour produire de l'art occidental. Cet escamotage semblera beaucoup plus banal si, délaissant un instant le Mexique de la fin du XVIe siècle pour le monde contemporain, on jette un regard fort prosaïque sur les étiquettes de la plupart des vêtements que nous portons. Sans presque aucune exception, les griffes les plus européennes ou les plus internationales sont fabriquées aujourd'hui à des milliers de kilomètres de Paris ou de New York par des petites mains qui mettent leur savoir-faire, parfois millénaire, au service de formes conçues ailleurs pour des clientèles inconnues et lointaines. Sur une grande partie de la terre d'aujourd'hui, les sociétés les plus diverses confectionnent les mêmes objets standardisés. À Paris, dans les ateliers clandestins du Sentier, comme dans les usines socialistes ou capitalistes de l'Asie, des travailleurs sont soumis à des conditions de travail et à des objectifs qui conjuguent les exigences du libéralisme avancé avec les formes d'exploitation souvent les plus archaïques. Mains-d'œuvre de toutes origines et organisations hybrides du travail coexistent avec la production de marchandises hautement normalisées, distribuées et vendues sur la terre entière. Les appareils de télévision, les magnétoscopes, les baskets Nike en offrent des exemples « populaires[92] ».

Le contraste ne saurait être plus marqué entre les conditions de production et la nature du produit fini. Son image escamote l'entrelacs des sociétés et des civilisations, l'accumulation des intérêts et des souffrances dont a dépendu sa réalisation. Ce n'est pas seulement la somme de travail nécessaire qui disparaît de la sorte – le classique fétichisme marxien de la marchandise –, mais aussi radicalement les métissages de toutes sortes dont elle est le fruit. Qui songe, à contempler la cathédrale de Mexico, que ce chef-d'œuvre de style classique n'aurait pu voir le jour sans les cohortes d'esclaves africains et chichimèques, les manœuvres nahuas recrutés par les levées du *repartimiento* et les artisans mexicas soumis à un maître espagnol ? Parce que le brassage des êtres est compatible avec l'uniformisation des consommations et des genres de vie, la globalisation de la production est à même d'exploiter les mélanges à son profit et, quand elle y parvient, elle élimine toute trace métisse du processus de fabrication pour privilégier la mise en conformité avec le modèle européen.

C'est dire qu'il existe des sas qui bloquent de toutes les manières possibles les métissages, en confinant ceux-ci à des sphères déterminées, en les neutralisant ou en les effaçant. Il va de soi que les artisans indiens et métis qui travaillent pour la consommation populaire offrent à leur clientèle des produits métissés. Le métissage se manifeste ici à toutes les étapes de la production. Il en va de même dans les couvents de province où les peintres de fresques gardent une ample marge d'invention, sans doute parce que leurs œuvres s'adressent prioritairement à des publics indigènes qu'il convient de christianiser. En revanche, les traces du métissage deviennent imperceptibles lorsque prédominent les usages et les exigences des élites urbaines, et en particulier dans l'art occidental : la vogue du *churrigueresco,* puis celle de l'art néoclassique dans la Nouvelle-Espagne du XVIIIe siècle obéissent à des impulsions européennes, tout comme la diffusion du rococo dans le Brésil colonial. En matière de production de biens de luxe, l'intervention locale est acceptée, et même valorisée en tant que telle, seulement quand elle est susceptible d'enrichir le catalogue des *exotica* et les cabinets de curiosités italiens, allemands ou français.

L'application fidèle des conventions européennes n'est pourtant pas une mince affaire. Pendant la construction de la cathédrale de Mexico, depuis la conception de départ jusqu'à la réalisation finale, les autorités de la Nouvelle-Espagne et celles de Madrid[93] conservent de bout en bout les moyens de neutraliser les initiatives qui auraient pu s'écarter du projet originel. Trois entités se partageaient la direction des opérations : le vice-roi, l'Église mexicaine et les corporations à travers leurs voyers. Toute innovation – comme l'emploi de la pierre volcanique *tezontle,* renommée pour sa légèreté – devait au préalable être approuvée par des experts de la Péninsule. Si à un moment donné la couverture de bois prévue en style mudéjar est remplacée par des voûtes et des coupoles de pierre, c'est que les architectes répercutent alors l'évolution des modes et des styles dans l'Europe des premières années du XVIIe siècle. La globalisation est une opération qui n'est jamais laissée au hasard.

L'art des peintres espagnols, comme celui des *maestros* indiens qui les imitent, se rattache donc constamment à un modèle européen dont il s'efforce de copier les tendances et les procédés. Les cibles de la répression inquisitoriale et les exigences d'une élite urbaine et cultivée, en rupture avec la société chaotique et pionnière des premières décennies, incitent à distinguer deux secteurs différents de la création, l'un métis et l'autre occidental. Œuvres métisses et œuvres occidentales ont beau se côtoyer sous les nefs des églises ou dans les décors éphémères des fêtes, les registres restent distincts et strictement hiérarchisés[94]. Aux côtés d'une peinture monastique et provinciale qui recourt principalement – mais pas exclusivement – à une main-d'œuvre indienne et métisse pour orner cloîtres, églises et chapelles, les ateliers espagnols de la capitale pratiquent un grand art qui se veut le fidèle reflet de la manière européenne. Il en va de même à Goa, où les artistes indigènes comme ce « peintre du pays qui avait un grand talent » travaillent à côté des maîtres portugais[95].

La singularité de la production artistique en Nouvelle-Espagne ne tient donc pas à son excentrement par rapport à la Renaissance européenne[96], à ses « retards », à ses prétendus handicaps, ni même à la juxtaposition d'un art occidental et d'un art métis. Elle semble résider bien davantage dans la ligne strictement européenne qu'affecte la grande peinture exécutée par les artistes établis dans le Nouveau Monde. À la différence des créations métisses, les œuvres qui relèvent de cette ligne sont standardisées, elles s'inscrivent dans des circulations intercontinentales et participent pleinement à la mondialisation ibérique. Encore s'agit-il d'une forme de mondialisation qui s'efforce de tourner le dos au local et aux formes de production qui relèvent d'autres histoires. L'essor de cet art occidental nous confronte ainsi à une dynamique plus insidieuse du processus de mondialisation ibérique, moins spectaculaire, irréductiblement étrangère à l'affrontement avec les réalités nouvelles et adepte inventive d'un purisme occidental : la globalisation. Cette dynamique ne s'oppose pas frontalement aux changements qu'alimentent l'occidentalisation et ses retombées métisses. Elle en limite constamment les effets, elle en désamorce les répercussions perturbatrices, bloquant des évolutions qui risqueraient d'emporter avec elles les normes européennes et l'hégémonie qui les sous-tend. La globalisation des arts n'emprunte pas uniquement des voies institutionnelles ou politiques : elle exploite des ressorts sociaux, elle active des automatismes intellectuels et esthétiques, comme elle joue sur des initiatives personnelles en un temps où franchir l'Atlantique n'allait pas de soi. Quant aux arts métis, lorsqu'ils parviennent à émerger sur le continent européen, c'est qu'ils sont devenus de lucratifs produits d'exportation destinés à occuper en Europe la case étroite des *curiosa* et *mirabilia,* antichambre d'une exotisation qui se donnera libre cours dans les siècles à venir.

CHAPITRE XIV

Les parois de verre
ou la globalisation de la pensée

« Ce que je vais dire n'est ni une fantaisie ni une invention de ma part, c'est ce que l'on peut tirer de meilleur, de plus vrai, de plus subtil de toute la doctrine d'Hippocrate et de Galien, en m'appuyant aussi sur les règles et les préceptes de la philosophie d'Aristote. »

Juan de Cárdenas, *Problemas y secretos maravillosos de las Indias,* 1591.

La globalisation visuelle est aisément repérable, pour peu que l'on confronte des sources que l'histoire de l'art se préoccupe rarement d'aborder sous cet angle. Mais existerait-il d'autres productions qui s'exporteraient en se répliquant de manière analogue à la grande peinture maniériste ? Peut-on repérer d'autres expressions du patrimoine européen qui se globaliseraient, autrement dit qui se mondialiseraient en se maintenant *in vitro*, sans interaction ou presque avec le milieu qui les accueille ?

La littérature « coloniale » se présente aussitôt à l'esprit, qu'il s'agisse de théâtre, de poésie ou de traduction des textes classiques. Le plus beau sonnet du poète Francisco de Terrazas, *Dénouez vos cheveux d'or*, composé au Mexique vers 1570, sommet du pétrarquisme néo-hispanique, « imite et améliore » une pièce de Camõens[1]. La version portugaise de Cicéron que réalise Duarte de Resende ne laisse affleurer aucune influence du milieu où elle fut rédigée, en l'occurrence les très lointaines Moluques, où l'auteur occupait les fonctions de facteur du roi[2]. Pourquoi d'ailleurs une œuvre de pure érudition classique devrait-elle dégager un parfum d'outre-mer et d'Orient ? Cette constatation apparemment banale l'est moins dès qu'on s'aperçoit qu'elle vaut pour toutes les expressions de l'humanisme européen. La translation de la « tradition classique[3] » s'est effectuée dans les différentes parties du monde soumises à la Monarchie. Au Mexique un Cervantes de Salazar, au Pérou l'Academia Antártica et Diego Mexía de Fernangil s'emploient à enraciner sur le sol américain l'héritage le plus sophistiqué du Vieux Monde. L'exemple andin est éloquent. « L'Académie antarctique se propose de transférer l'édifice de la culture gréco-latine rénové par l'humanisme de la Renaissance pour l'implanter dans une contrée lointaine perçue comme barbare ». À travers elle les lettrés des Andes revendiquent la reconnaissance pleine et entière de leur existence intellectuelle au sein de la Monarchie, mais jamais celle des humanités où ils se sont posés[4].

L'aristotélisme à la conquête du monde

Les grands principes de l'art européen ne sont pas que la somme des traditions et des styles. Ils renvoient à une notion occidentale, l'image, qui repose sur le principe de la représentation, et le jeu d'un signifiant et d'un signifié. Cette conception est elle-même associée à des mécanismes de pensée que la mobilisation ibérique a répandus aux quatre coins du globe. L'envoi des livres outre-Atlantique, l'émigration des professeurs formés à Salamanque, à Coimbre ou à Alcalá de Henarés, la diffusion du latin et du grec, l'ouverture des collèges monastiques et des collèges jésuites, la création des premières universités américaines ont contribué à l'occidentalisation du globe en bouleversant le paysage intellectuel local ou en l'annihilant. Dans le même temps, ces hommes et ces institutions ont servi de vecteurs à une autre manifestation de la globalisation ibérique, tout aussi profonde et radicale que celle des arts : la globalisation de la pensée savante, sous sa forme aristotélicienne. Ce processus implique prioritairement les lettrés d'origine ibérique et créole, laïques et ecclésiastiques, des nouvelles sociétés. Alors que l'aristotélisme s'est diffusé dans les quatre parties du monde, n'est-il pas symptomatique que les Européens de la Monarchie n'aient jamais cherché à traduire les écrits du Stagirite dans les langues locales, sauf en chinois[5] ?

En Nouvelle-Espagne, l'enseignement de la philosophie et de la théologie débute dans le couvent de Santo Domingo de Mexico[6] avant même que s'ouvre l'université en 1553. Alors que les missionnaires s'affairent auprès des populations indiennes, dès le milieu du XVIe siècle apparaissent les premiers bacheliers ès arts et maîtres ès arts[7]. Ce qui n'empêche pas les collèges des monastères de continuer à épauler une institution universitaire encore embryonnaire[8]. Les jésuites entrent à leur tour dans la course en 1574, sans obtenir que l'université valide les enseignements qu'ils dispensent dans le collège de San Pedro et de San Pablo.

Au Mexique comme ailleurs, tous ces enseignements tournent autour de l'aristotélisme, « la véritable et solide philosophie d'Aristote[9] », qui se diffuse dans sa version thomiste et par le biais de la scolastique. Celle-ci permet d'exposer les grands principes du raisonnement, les catégories fondamentales, la théorie des quatre causes et des quatre éléments, la rationalité de la nature, l'idée même de nature et d'âme[10]. La scolastique forme les esprits en produisant des machines à raisonner, capables de remonter les trois degrés de la connaissance en passant de la « simple appréhension » au jugement puis au raisonnement. En principe, le lettré européen, ainsi équipé, est en mesure de traiter toutes les questions que se pose l'être humain. Le programme d'études se fonde sur le commentaire des œuvres d'Aristote, l'*Organon*. Il est censé familiariser les étudiants avec l'astronomie, la physique et la métaphysique. Mais l'essentiel demeure l'apprentissage de l'art de raisonner.

C'est dire le rôle que la scolastique exerce dans le formatage intellectuel des élites ibériques et occidentales. C'est elle qui fournit les instruments nécessaires pour s'élever dans la réflexion et penser le droit et la théologie. « Qui se trompe sur des points de logique ou de philosophie naturelle ne peut sans erreur assimiler la sagesse des choses divines[11]. » Mais la scolastique imprègne tous les esprits, même les poètes qui comme Camões ne comprennent la « grande machine du monde » qu'à travers l'héritage du Stagirite[12]. Le temps des découvertes est aussi celui où la scolastique se rénove. Tout au long du XVIe siècle, des philosophes dépoussièrent une scolastique qui se perdait dans les arguties et les formalismes. Ce bain de jouvence lui confère davantage « d'unité, de vigueur et de cohérence[13] ». C'est à travers les idées de Domingo de Soto et les enseignements de l'augustin Alonso de la Vera Cruz que l'aristotélisme et la scolastique s'implantent dans l'ancien empire de Moctezuma[14]. Sous l'impulsion de la Compagnie de Jésus, le rayonnement intellectuel de l'université de Coimbre renforcera encore l'influence du Philosophe (Aristote) dans les territoires lointains soumis à la Monarchie catholique, y compris Mexico[15].

Aristote en vase clos

Le destin de la philosophie européenne au Mexique est souvent apparu comme la manifestation coloniale d'une pensée peu novatrice, rigidement encadrée, en proie à tous les conformismes. Seul l'enseignement jésuite, plus en prise sur son temps et moins traditionaliste, semblait pouvoir se démarquer de la scolastique des ordres mendiants et de l'université. Mais on a rarement envisagé les rapports qu'aurait pu entretenir cette philosophie importée d'Europe avec d'autres formes de pensée, comme celles que dévoilaient aux Européens la conquête et la colonisation des nouvelles terres[16]. Si l'environnement physique, humain et historique que constitue la Nouvelle-Espagne n'a rien à voir avec celui du Vieux Monde, la philosophie importée en Nouvelle-Espagne se développe dans un univers référentiel immuablement identique à celui des universités européennes. Les préoccupations intellectuelles d'un Alonso de la Vera Cruz sont celles de n'importe quel philosophe européen : « Comment bien penser ? Quelle relation y a-t-il entre être et penser ? Qu'est-ce que la nature ? Qu'est-ce que l'âme[17] ? »

En pédagogues éclairés, l'augustin Alonso de la Vera Cruz et le jésuite Antonio Rubio se préoccupent des obstacles auxquels se heurte l'enseignement de la philosophie au Mexique et cherchent, pour des raisons d'efficacité, à l'épurer de ses dérives sophistiques en revenant à l'examen direct des textes. La scolastique est un outil qui doit coûte que coûte rester efficace. En Amérique, la formation intellectuelle des élites d'origine européenne constitue un défi majeur qui exclut toute perte de temps ou tout exercice superflu : « Il faut qu'une fois émondé et évité le superflu, l'étudiant n'ait rien perdu d'utile et d'indispensable ; ce n'est pas que nous introduisions des nouveautés, c'est que nous organisons toutes les choses anciennes de sorte que les jeunes puissent en peu temps mûrir et devenir productifs[18]. »

« Ce n'est pas que nous introduisions des nouveautés, et encore moins des idées venues des profondeurs de l'Amérique » : dans une lettre préface, l'imprimeur de la *Dialectica resolutio* d'Alonso de la Vera Cruz[19], l'Italien Giovanni Paoli, explique l'esprit dans lequel s'inscrit sa publication. Se faisant le porte-parole des cercles d'étudiants, il souhaite que « la science florissante des sciences et la discipline des disciplines cesse d'être enseignée d'une manière si embrouillée[20] » et rattache l'œuvre qu'il édite au mouvement strictement européen d'une indispensable rénovation de la scolastique. Le lettré Cervantes de Salazar s'empresse de souligner les liens qui unissent à l'Europe le philosophe augustin, « depuis longtemps si célèbre dans les deux mondes, dans le Nouveau comme dans l'Ancien, à cause des preuves sans nombre qu'il a données de sa science exceptionnelle[21] ». À peine trente-trois ans se sont écoulés depuis la chute de Mexico. Savants et imprimeurs se battent pour faire éclore une académie mexicaine et l'intégrer dans la communauté des lettrés européens, sans même qu'ils aient à proférer un seul mot d'exclusion à l'encontre des savoirs du monde indigène. Il ne vient à l'esprit de quiconque que d'autres formes de pensée auraient pu enrichir leur domaine : nul aujourd'hui ne saurait le leur reprocher. Indifférente aux colloques qui se déroulent au même instant entre moines espagnols et sages indigènes, la logique impavide de la globalisation intellectuelle suit une route toute tracée.

Les lettrés indigènes sont pourtant si proches. Les moines augustins, franciscains et dominicains, puis les jésuites les côtoient tous les jours sans avoir à sortir de leurs cloîtres ou de leurs collèges. Ces Indiens sont même parfois leurs élèves. Il semble que la scolastique maintienne les esprits dans une sphère de cristal aux parois aussi transparentes qu'indestructibles – des barrières translucides qui laissent voir l'extérieur, mais sans que l'on ait à communiquer avec lui.

Examinons de plus près les mécanismes de cette globalisation de l'intellect. La distance gardée face aux formes de pensée indigènes a des origines multiples. Les unes sont aussi évidentes qu'élémentaires : les civilisations indiennes restent fort mal connues, hormis de quelques poignées de spécialistes familiarisés avec les arcanes du monde indigène – les Sahagún, les Durán ou les Molina que nous avons croisés plus haut. Tout dialogue avec les pensées amérindiennes aurait exigé une solide connaissance des langues indiennes et un intérêt systématique pour ce que les Espagnols appelaient les « fables » des Indiens. Ce n'est pas le cas. Mais d'autres raisons paraissent également aller de soi : le christianisme se jugeait infiniment supérieur à une idolâtrie enfoncée dans ses errances et ses aberrations, même si, somme toute, l'aristotélisme était tout autant l'expression d'une pensée païenne et polythéiste. À quoi s'ajoutait la surveillance exercée par l'Église et le tribunal de l'Inquisition, qui suffisait à décourager des rapprochements ou des jeux intellectuels vite compromettants. Le Saint-Office de Mexico intervient certes rarement dans le domaine des idées, mais cette discrétion s'explique également par le conformisme tranquille du paysage intellectuel. Les Inquisiteurs se soucient davantage du menu fretin des blasphémateurs et des bigames ou des pratiques judaïsantes.

Les sources de cette indifférence et de cette distance par rapport à d'autres formes de raisonnement se trouvent d'abord dans les pesanteurs de l'européocentrisme intellectuel et dans des habitudes de pensée qui balisent l'intégralité du champ de réflexion. Sans doute la fermeture de la scolastique sur elle-même et sa prétention à l'universalité y sont-elles pour beaucoup. Ce qui ne veut d'ailleurs pas dire que l'appareillage intellectuel européen soit demeuré immobile à travers le temps et l'espace. Mais si l'aristotélisme évolue et se rénove au cours du XVIe siècle, c'est pour obéir à des critiques et à des tensions internes au monde lettré européen. Il se transforme toujours par rapport à lui-même, comme s'il avait définitivement abdiqué cette capacité à absorber des influences extérieures qu'il avait manifestée pendant une partie du Moyen Âge[22]. Au cours du XVIe siècle, même les critiques les plus virulentes adressées au Philosophe demeurent prisonnières de la sphère occidentale. L'exemple de l'Italie, dont les lettrés et les presses manifestent un intérêt si constant pour les nouveaux mondes, est assez convaincant. Quand Bernardino Telesio (1509-1588) réagit contre Aristote et élabore sa théorie du sensualisme, il le fait en réinterprétant Avicenne ou en s'inspirant de médecins anciens comme Érasistrate ou modernes comme Giovanni Argentario[23]. C'est chez les présocratiques, dans une métaphysique néo-platonicienne que des esprits comme Francesco Patrizi (1529-1597) puisent leur critique de l'aristotélisme[24]. Si ce penseur appelle à la rescousse les *Oracles chaldéens,* attribués à Zoroastre, il ne fait pas la moindre référence aux systèmes philosophiques des Incas ou des anciens Mexicains, alors qu'il éprouve le besoin de fonder son interprétation de la chaleur sur un concept du feu prétendument chaldéen. Un esprit aussi radical que Giordano Bruno (1548-1600) n'échappe pas à la règle quand il développe sa conception philosophique de la cause à partir des contradictions internes de la métaphysique aristotélicienne[25].

Quant au Napolitain Giambattista della Porta, lorsqu'il entreprend d'attaquer l'aristotélisme, le système qu'il élabore pour expliquer les secrets de la nature est lui aussi un « mixte », un « mélange[26] » de néo-platonisme, d'occultisme et de métaphysique naturaliste empruntée à Telesio. Non seulement tous jouent Platon ou Lucrèce contre le Stagirite, mais la contestation d'Aristote passe immanquablement par Aristote lui-même. Quand Giambattista della Porta reprend l'opposition entre la forme et la substance et proclame la supériorité de la première sur la seconde, il se débat toujours avec les vieux concepts aristotéliciens. Les cercles napolitains qu'il fréquente ont beau manifester leur intérêt pour les Indiens d'Amérique, leur géographie intellectuelle ne passe jamais par les Indes occidentales, pas plus celle de Della Porta que celle de Campanella, qu'on croise dans l'entourage du mage de Naples en 1589[27]. C'est à coups d'alchimie et de « magie naturelle » que Della Porta construit sa vision du monde et qu'il invente une méthodologie scientifique, assimilant la science à une chasse (*venatio*), une quête des « nouveaux secrets de la nature[28] ». Son idée de la primauté de l'expérience aurait pu le rapprocher des experts de la Monarchie : « La connaissance des choses secrètes dépend de la contemplation et de l'observation de la face du monde entier[29]. » Mais la nature qui l'intéresse ne peut être que celle qu'il conçoit et celle qu'imaginent les lettrés européens.

Pourtant, alors que Giambattista della Porta publie la première édition de sa *Magia naturalis* (1558), qu'il anime son « académie des secrets » avec un groupe de *uomini curiosi*, qu'il séjourne en France et en Espagne, dans ces mêmes années 1560, en Nouvelle-Espagne, le franciscain Sahagún est plongé dans ses discussions avec les héritiers des sagesses précortésiennes. Or ce n'est pas l'explorateur téméraire des idolâtries mexicaines que poursuit l'Inquisition, mais le « grand sorcier napolitain[30] » auquel elle reproche « d'avoir écrit sur les merveilles et les secrets de la nature[31] », comme si les orientations suspectes de sa pensée inquiétaient bien davantage que les mondes étranges et lointains que fréquente le moine de Mexico. C'est que les idées du mage s'inscrivent dans le grand débat européen sur la sorcellerie, alors que les écrits de Sahagún n'éveillent guère d'écho chez ses lecteurs d'outre-Atlantique. Que règne la scolastique ancienne ou qu'elle se renouvelle, que se multiplient les dissonances et les courants syncrétiques entre plusieurs orientations philosophiques ou que les théologiens de la Contre-Réforme viennent à la rescousse du Stagirite, les préoccupations, les tensions et les innovations qui agitent la sphère de la pensée européenne restent imperméables aux nouveaux horizons que lui découvre la mondialisation ibérique. « L'élaboration philologique de traditions antiques et les différentes idées nouvelles avaient beau conduire à un pluralisme jusqu'alors jamais vu dans la philosophie de la nature[32] », la diversification et l'ouverture excluaient radicalement les systèmes de pensée des autres parties du monde.

Les parois de verre

Rien d'ailleurs n'était fait en Europe pour ouvrir des brèches vers les mondes extérieurs. Des blocages, des filtrages et des condamnations invérifiables depuis Naples ou Padoue expliquent que les philosophes européens aient négligé les autres systèmes de pensée. Les manuscrits des « experts des choses du monde » n'atteignent pas toujours le continent. Quand ils y parviennent, leur circulation est souvent restreinte et, lorsque des informations se répandent, elles passent au crible des adaptations et des réductions. Les tribulations des manuscrits du médecin Hernández nous sont connues. Les informations recueillies par les jésuites sont éditées de manière à s'inscrire ponctuellement dans la politique et les stratégies de la Compagnie[33]. Dès qu'il est question d'autres formes de pensée, non seulement celles-ci sont automatiquement rapportées à des catégories européennes – la philosophie naturelle, la géométrie, l'astrologie… –, mais leur intérêt intrinsèque est d'ordinaire systématiquement minimisé. En mars 1581, Montaigne, visitant la « librerie du Vatican », remarque la présence d'un « livre de China » dont il décrit « le charactère sauvage, les feuilles de certene manière beaucoup plus tendre et pellucide que notre papier ; et parce qu'elle ne peut souffrir la teinture de l'ancre, il n'est escrit que d'un côté de la feuille, et les feuilles sont toutes doubles et pliées par le bout de dehors où elles se tiennent. Ils tiennent que c'est la membrane de quelque arbre[34] ». Mais, chez cet esprit curieux, pas la moindre interrogation sur le contenu intellectuel de l'ouvrage.

Pourtant, dès 1577, les Espagnols avaient pu lire les pages engageantes de Bernardino de Escalante[35]. Dans son *Discurso de la navegación,* le Galicien vante les qualités des « astrologues chinois » en se fondant sur un « livre rapporté de là-bas [...] portant sur la situation du pays, comprenant un commentaire sous forme d'itinéraire, et sur une carte de géographie, faite par les Chinois eux-mêmes, où était figuré un mur [la Grande Muraille de Chine] qui commence à la ville d'Ochioy ». Escalante fait preuve d'ouverture d'esprit et même d'un certain relativisme. Peu importe à ses yeux que les Chinois ne mesurent pas le globe comme les Européens : « Même si la carte ne comportait pas la graduation relative à la voûte céleste, ce que la carte indiquait correspondait fort bien au livre en partant de la mesure des distances là-bas en usage [...]. Il ne faut pas s'étonner que l'on ne calcule pas les distances terrestres avec les degrés qui correspondent à la voûte céleste puisque, jusqu'à Ptolémée, les géographes ne s'en servaient pas[36]. » Quelques années plus tard, la parution de l'*Histoire du grand royaume de la Chine* de Juan González de Mendoza (Rome, 1585) fait grand bruit. On pouvait s'y faire une idée précise du contenu des livres chinois. L'auteur recensait de « copieuses histoires », des descriptions géographiques, des ouvrages de médecine, des traités sur les herbes médicinales, sur les « propriétés des pierres, des métaux et des choses de la nature dotées de quelque vertu[37] ». Cette vaste littérature traitait de questions aussi cruciales que l'immortalité de l'âme, le ciel et l'enfer, le mouvement des cieux, les effets des planètes et des étoiles, les mathématiques, l'astrologie naturelle et judiciaire, la physionomie. Bref, il y avait là tout un trésor de connaissances que González de Mendoza regrettait de ne pouvoir aborder, contraint de laisser de côté « quantité de choses tenues pour véritables en ces contrées ». À l'en croire, tout ce que les Chinois savaient sur le reste du monde y était réuni. González de Mendoza était on ne peut plus catégorique sur un autre point : en Chine, « on enseigne publiquement la philosophie morale [...] et l'astrologie ». Les Chinois sont des « hommes d'une telle clarté d'esprit et d'une telle intelligence » qu'ils vont même jusqu'à prétendre que ce sont les autres nations qui sont aveugles, « sauf les Espagnols qu'ils connaissent depuis peu[38] ».

La Chine fascine. C'est à la fin des années 1580 que le dominicain Juan Cobo parvient à apprendre plusieurs milliers de caractères et traduit pour la première fois des livres chinois en castillan[39]. Lors de son voyage en Chine, le franciscain Martín Ignacio de Loyola s'enthousiasme devant les « nombreuses universités et centres d'étude où l'on enseigne la philosophie naturelle et morale ainsi que les lois du royaume[40] ». Des livres et des témoignages signalaient donc à qui voulait l'entendre l'existence d'une philosophie naturelle et morale autre que celle du Vieux Monde. Les avis du jésuite José de Acosta auraient pu encourager ce début d'intérêt. Ils auraient eu un poids plus considérable encore, puisque son *Histoire naturelle des Indes* (1590) bénéficia elle aussi d'une large diffusion en Europe et remporta presque un succès mondial. Mais Acosta contredisait les affirmations de González de Mendoza. Ses Chinois sont fort mal notés : « Des sciences naturelles, ils ne possèdent que des traces avec très peu ou aucune méthode, sauf des propositions isolées. [...] Toute la science des Chinois se résume à la lecture et à l'écriture[41]. » Retour donc à la case départ.

Que pouvait-on savoir en Europe des manifestations de la pensée amérindienne ? Les manuscrits qui parviennent en Espagne n'ont souvent qu'une diffusion limitée. Quel Italien aura lu les pages que Diego Durán consacre à la conception que se font des quatre éléments les Indiens du Mexique[42] ? Lequel d'entre eux aura eu la possibilité de s'interroger sur ces « excellents historiens qui [...] rédigeaient des histoires très développées de leurs ancêtres[43] » ? Bien avant l'arrivée de l'œuvre de Durán ou de Sahagún en Espagne, Bartolomé de Las Casas avait brossé un tableau extrêmement favorable des sociétés indiennes de l'Amérique, en les présentant sous un jour qui la plupart du temps leur donnait l'avantage sur les peuples païens de l'Antiquité. Dans l'ordre des sciences, les développements de l'astrologie chez les Mexicains avaient aiguisé son intérêt : « Chez ces gens de Mexico et dans toute la Nouvelle-Espagne, il y avait de fort bons astrologues occupés au compte des planètes[44]. » Son *Histoire apologé-*

tique (1559), qui ouvrait quantité de pistes au lecteur curieux, n'était pas restée inconnue : des copies en furent tirées et si amplement diffusées que l'une d'elles alla enrichir la bibliothèque du monastère de Santo Domingo à Mexico[45]. Ce texte pourtant n'eut pas la chance d'être édité, à la différence de la *Rhetorica christiana* d'un franciscain métis, Diego Valadés. Publiée à Pérouse en 1580[46], l'œuvre comportait des représentations de pictographies mexicaines que le moine avait sélectionnées pour leur intérêt mnémotechnique. Elle reflète l'attention que les milieux romains portaient aux codex du Mexique ancien et confirme que les inventions des Indes étaient susceptibles d'éveiller la curiosité intellectuelle[47].

Un intérêt que l'*Histoire naturelle* de José de Acosta, si méprisant envers les Chinois, ne pouvait que renforcer si l'on en juge par la passion avec laquelle le jésuite s'en prend aux préjugés qui couraient sur les premiers habitants des Indes. Les sociétés indiennes du Mexique et des Andes présentaient à ses yeux toutes sortes de traits admirables : l'ordre et la raison y régnaient comme chez les grands peuples de l'Antiquité, « et même elles l'emportaient en grande partie sur nombre de nos républiques[48] ». À propos des Mayas, il indique que, « dans la province de Yucatan, [...] on trouvait des livres à leur mode, reliés ou pliés, où les sages indiens consignaient le répertoire de leurs temps, la connaissance des planètes et des animaux, tout comme d'autres choses naturelles et leurs antiquités ». La sophistication des calendriers mexicains ne lui échappe pas et il déplore qu'on ait perdu « beaucoup d'informations sur les choses anciennes et cachées qui auraient pu être fort utiles[49] ». Si les Mexicains et les Incas avaient été des peuples de l'Antiquité, on aurait fait plus grand cas de leur mode de gouvernement, « mais comme nous n'en savions rien et que nous sommes arrivés avec l'épée sans les écouter ni les comprendre, les choses des Indiens ne nous paraissent point dignes d'estime, ce n'est que du gibier rapporté du bois pour notre service et notre caprice[50] ». Il reste, il est vrai – et la réserve est de taille –, que les Indiens sont dans l'ensemble des « hommes sans livres ni écriture[51] ».

On aurait pu espérer que la sympathie d'Acosta pour les habitants des Indes occidentales ouvrirait la voie à une meilleure prise en considération des philosophies amérindiennes et qu'un esprit aussi cultivé et informé que l'Inca Garcilaso de la Vega servirait de passeur entre les pensées. Dans ses *Commentarios reales* (1609), l'Inca Garcilaso aura beau s'attarder sur les connaissances de ses ancêtres en géométrie, en géographie, en arithmétique, en musique[52] et rappeler qu'ils se les transmettaient comme le faisaient les « premiers philosophes et astrologues », en matière de philosophie naturelle son jugement est sans appel : « En ce domaine, ils n'ont rien compris ou fort peu de chose, parce qu'ils ne s'en sont pas occupés [...]. Ils ont très peu réfléchi sur ce qu'ils ne touchaient pas de leurs mains[53]. » L'astrologie est un peu mieux lotie, mais ses limites vite atteintes aux yeux d'un métis profondément hispanisé : « Ils n'ont pas tenté de rechercher les causes et donc ils n'ont pas abordé la question de savoir s'il y avait plusieurs ciels au lieu d'un seul. »

Autrement dit, les érudits et les savants italiens étaient loin d'ignorer qu'il existait d'autres univers intellectuels et ils disposaient même des moyens de les explorer. L'explication par l'ignorance ou la désinformation est donc loin d'être convaincante. Un épisode peu connu de l'histoire de la révolution scientifique révèle l'intensité de la résistance qu'oppose la sphère intellectuelle européenne. Une sphère qui laisse découvrir le lointain sans pour autant le laisser la pénétrer. L'anecdote évoque une autre occasion ratée, du moins dans notre perspective, qui s'inscrit elle aussi dans le déploiement d'une globalisation intellectuelle confinée à l'intérieur de la sphère européenne. Il s'agit des travaux menés à Rome par l'Academia dei Lincei sur les enquêtes mexicaines du médecin Francisco Hernández. Les planches de botanique et de zoologie qui accompagnaient l'ouvrage lui apparaissaient tellement exceptionnelles que l'Académie décida de les éditer avec la traduction latine d'une partie des commentaires de Hernández. Les membres de l'auguste cercle ne voulaient plus être « les esclaves d'Aristote ni d'aucun autre philosophe », écrit le marquis Cesi à Galilée[54]. Mais la pièce ne saurait se jouer sur un autre terrain que celui de la pensée européenne. Au printemps 1611, à Rome toujours, Galilée toucha de l'œil et du doigt le monde amérindien contenu dans les textes et les illustrations qu'avait ramenés le médecin Hernández, et c'est même lui que l'on chargea d'expertiser l'authenticité des dessins : « J'ai vu les peintures de cinq cents plantes indiennes et je devais confirmer si c'étaient des faux, en niant l'existence de telles plantes sur le globe, ou si elles existaient ; et, en ce cas, dire si elles étaient intéressantes et utiles[55]. » Il serait absurde de reprocher à Galilée d'être allé chercher les autres mondes dans le ciel au lieu de s'interroger sur celui de l'Amérique. Il n'est, en revanche, pas inutile aujourd'hui de restituer les termes et les enjeux du débat.

La sphère plombée

À Mexico, l'université américaine est loin de partager les audaces de l'illustre académie romaine. Non seulement la sphère scolastique résiste à son transport dans les lointains territoires conquis et colonisés, mais là-bas elle se plombe. La rigidité du système est indissociable du cadre institutionnel, politique et social au sein duquel il est transplanté[56]. Son exportation va de pair avec celle de l'institution universitaire qui s'installe en Amérique et en Asie avec ses méthodes d'enseignement, ses matières, ses diplômes et ses rituels, ses professeurs et ses étudiants, ses petites gloires et ses mesquineries. Les universités de Mexico et de Lima sont conçues comme des répliques de celle de Salamanque. Les liens entre les universitaires et la bureaucratie coloniale sont particulièrement étroits : des juges de l'audience de Mexico reçoivent des chaires à l'université et des professeurs de cette institution deviennent membres du tribunal qui, aux côtés du vice-roi, gouverne le royaume de la Nouvelle-Espagne. Ce sont des milieux qui ont leurs propres règles, où la formation des étudiants et la reproduction du système polarisent toutes les énergies. Et ces étudiants, futurs théologiens ou juristes, sont dans leur écrasante majorité des Européens, appelés à rejoindre les rangs des couches dirigeantes. Cette vocation européenne joue massivement en faveur de la reproduction des habitudes de pensée : les élèves des jésuites et les étudiants des universités ont tous à cœur de maintenir intact un savoir qui leur garantit avenir, prestige, position sociale et pied d'égalité – en principe du moins – avec les confrères formés dans les royaumes européens de la Monarchie[57].

Chez les rares étudiants qui ne sont pas européens mais métis ou indigènes, l'initiation à l'aristotélisme peut rencontrer d'autres formes de pensée, mais sans que celles-ci parviennent jamais à le pénétrer. À Mexico, dans le collège de Santiago Tlatelolco[58], les fils de la noblesse indienne se frottent, pour un temps limité, aux rudiments de la scolastique. Les correspondances des princes de Mexico ont même un parfum de néo-platonisme qui ne saurait tromper[59]. À l'autre bout du monde, dans les collèges jésuites de Goa, du Japon et de Macao, des Asiatiques reçoivent eux aussi l'enseignement de la philosophie occidentale. Mais ces situations demeurent minoritaires. Le Japon se ferme aux Ibériques et au christianisme au début du XVIIe siècle, alors que depuis des années déjà le collège de Santa Cruz de Tlatelolco s'est abîmé dans une crise irrémédiable.

L'européocentrisme intellectuel est matérialisé, conforté, entretenu par ces objets rares, chers et précieux que sont les lourdes sommes philosophiques qui, d'année en année, font ployer les rayonnages des bibliothèques sur lesquels elles s'accumulent. Qu'il s'agisse de celles de l'université ou des ordres religieux, la présence silencieuse, massive, onéreuse des volumes venus d'Europe proclame la toute-puissance de la doctrine aristotélicienne. Le geste d'Alonso de la Vera Cruz qui transfère ses livres au collège de San Pablo est exemplaire de ces liens d'acier avec la tradition européenne. Fabuleuse donation que cette « remarquable bibliothèque qu'il avait rapportée d'Espagne l'année d'avant, montée à partir de divers endroits et universités, qui comptait des ouvrages de toutes les facultés, de toutes les disciplines et de toutes les langues connues[60] ». Mais l'on pourrait tout aussi bien évoquer la bibliothèque de Diego López de Zuñiga, *alcalde* de cour de l'audience de Lima (trois mille volumes vers 1580[61]), ou cette étonnante fresque du grand escalier du couvent d'Actopan qui fait défiler les grands esprits de l'ordre de saint Augustin sur un décor de bibliothèques garnies d'ouvrages savants. Comme si, en exaltant les pouvoirs du savoir et de l'écriture, ces remparts de livres protégeaient du monde extérieur les moines réfugiés dans l'isolement de leur thébaïde mexicaine.

À vrai dire, le psychisme des individus ne sort pas toujours indemne des affres de la mobilisation ibérique. L'expérience de l'Amérique est parfois une insupportable épreuve. Les vers que le médecin Francisco Hernández dédie à Arias Montano sont éloquents : le savant se plaint de tout, du climat, des frimas et des chaleurs insupportables, de la mauvaise volonté des Indiens, des mensonges et des fraudes qu'ils commettaient à ses dépens, des peintres qui ne lui donnaient pas satisfaction[62]. L'augustin José de Herrera abandonne sa chaire d'arts et de théologie pour retourner en Espagne sans avoir le consentement de ses supérieurs ou d'une quelconque autorité[63]. Il n'en décrochera pas moins un emploi à l'université d'Osuna. Le jésuite Antonio Rubio souffrait de ne pouvoir revenir en Europe. Il lui fallut ronger son frein des années durant pour arracher enfin l'autorisation de retraverser l'océan. Une fois en Espagne, plus rien ne le fera revenir en Nouvelle-Espagne, au grand dam de ses confrères de Mexico. Bien des lettrés souffraient du complexe d'Ovide, ce sentiment désagréable de vivre exilés en terre barbare, à des mois de navigation des grandes universités européennes. En 1577, la publication sur les presses des jésuites de Mexico d'un volume intitulé *Tam de Tristibus quam de Ponto* a pu raviver dans l'esprit de ses lecteurs des sentiments de dépit, de malaise ou de morosité[64]. L'allergie à la terre américaine et au monde colonial ne prédisposait guère à passer les frontières qui séparaient les pensées.

Quand Juan González de Mendoza s'interroge sur la philosophie naturelle des Chinois, le regard, si admiratif soit-il, reste distant, extérieur, techniquement incapable de pénétrer la moindre de leurs idées. Lorsque les chroniqueurs espagnols s'intéressent aux sociétés indiennes de l'Amérique, celles-ci sont créditées de conceptions qui sont immanquablement rabattues sur l'univers des mythes ou cataloguées parmi les errances de l'idolâtrie. Tandis qu'on ramasse des mythes, des rites, des pratiques, la globalisation intellectuelle bat son plein, indifférente aux milliers de données nouvelles qui affluent de toutes les parties du monde. La machine à penser tourne imperturbable, elle dissèque tout ce qui passe à sa portée et se reproduit où que l'on se trouve. La Nouvelle-Espagne donne l'exemple.

Dans les cloîtres de la capitale, les augustins José de Herrera, Juan Zapata Alarcón et Juan de Contreras expliquent Aristote et Domingo de Soto, rédigent des sommes, des traités et des *lectiones*. Le docteur Hernando Ortiz de Hinojosa enseigne les arts et la théologie à l'université de Mexico. Comme Alonso de la Vera Cruz, c'est l'un des premiers à appliquer sa pratique de la scolastique aux questions soulevées par la domination espagnole : les *repartimientos de indios*, la guerre contre les Chichimèques, les contrats des propriétaires de mines d'argent[65]. Les maîtres de la Compagnie de Jésus accompagnent brillamment le mouvement avec les cours d'Antonio Rubio, Antonio Arias et Alfonso Guerrero. Antonio Arias consacre ses leçons à l'explication des commentaires de Francisco de Toledo sur les huit livres *De physica auscultatione* d'Aristote. Il rédige un traité *De sphera mundi,* inspiré de John of Hollywood, où il aborde classiquement les matières habituellement dispensées : la Terre comme centre de l'univers, l'ordre des sphères célestes, la grandeur des étoiles, les méridiens, ou encore la manière de calculer la longitude et la latitude. Alfonso Guerrero, qui appartenait à la puissante et riche famille des Villaseca, rédige des commentaires sur le *De anima*, le *De coelo* et le *De meteoris* (1623). Antonio Rubio compose sa *Logica mexicana.* La production locale – traités, cours et conférences – ne réserve aucune surprise. Elle est en tout point conforme aux enseignements que l'on dispense alors en Europe. Tout au plus cherche-t-on à adapter aux étudiants de Mexico et aux conditions locales la manière d'enseigner la doctrine aristotélicienne. Il faut attendre la seconde moitié du XVIIe siècle et Carlos de Siguënza y Góngora pour que s'amorce un tournant critique, mais celui-ci se borne à répercuter les transformations de la philosophie européenne sans être jamais influencé par des traditions de pensée qui lui seraient extérieures[66].

Au reste, la parité intellectuelle avec l'Europe n'est jamais chose acquise. La défense des aptitudes des créoles est l'expression d'une Amérique hispanique qui cherche à être reconnue du Vieux Monde. Au panégyrique de l'université de Louvain, dans lequel l'humaniste Juste Lipse (1547-1606) ignorait superbement l'existence des universités américaines : « Pourquoi irais-je au Nouveau Monde ? Ce ne sont que des barbares », répondra le plaidoyer passionné de Diego de León Pinelo en faveur de l'université de Lima[67].

Aristote réexporté

La « bulle philosophique » se gonfle, se dilate, s'étend jusqu'à l'Amérique. L'aristotélisme se globalise. Il ne se projette pas seulement de l'Europe occidentale vers le reste du globe, mais fait retour sur le Vieux Monde. Non contentes d'enseigner et de gloser la pensée aristotélicienne[68], les universités de Mexico et de Lima exportent leurs commentaires vers l'Europe. La globalisation intellectuelle n'est pas un phénomène *made in Europe*, et c'est bien là ce qui fait sa force et sa singularité. Elle n'interdit pas que des philosophes d'origine européenne, mais vivant loin de leur continent, puissent produire des œuvres comparables à celles que publie alors le Vieux Monde. Mieux, la globalisation philosophique profite à plein des structures nouvelles que lui fournissent ces universités et ces collèges américains devenus des pôles intellectuels, capables de relayer les centres européens. La greffe du Nouveau Monde n'est-elle pas la meilleure manière de réaffirmer l'universalité de l'aristotélisme et de la scolastique ?

Il était beaucoup plus aisé au XVIe siècle qu'aujourd'hui de faire connaître et reconnaître en Europe des écrits philosophiques issus de la tradition occidentale, mais produits sous d'autres cieux. L'augustin Alonso de la Vera Cruz est le premier penseur européen à être imprimé hors d'Europe. Éditée en 1554 à Mexico, sa *Recognitio summularum* fera l'objet de plusieurs rééditions à Salamanque (1562, 1572, 1593). Dès 1569, le chapitre provincial des augustins de Castille décide de mettre ce texte au programme de tous les étudiants ès arts de ses collèges. Il est adopté par d'autres ordres religieux et, consécration suprême, par la très prestigieuse université de Salamanque. Également publiée à Mexico en 1554, la *Dialectica resolutio* est réimprimée à Salamanque en 1562, 1569 et 1573[69]. La *Physica speculatio* connaît le même sort : d'abord publiée dans la capitale de la Nouvelle-Espagne en 1557 avec autant de succès que les volumes précédents, elle ressort sur les presses salmantines en 1562, 1569 et 1573.

Un autre exemple de circulation inversée aboutissant à la consécration en Europe d'une œuvre originellement conçue et rédigée en Amérique nous vient des rangs de la Compagnie de Jésus. Ce succès confirme combien les élites lettrées de Mexico contribuent à la mondialisation ibérique et à la globalisation intellectuelle dont elle est porteuse. C'est à Mexico que le jésuite Antonio Rubio a pensé et expérimenté sa *Logica mexicana*, « le fameux cours de philosophie qui a immortalisé son nom[70] ». Formé dans le collège des jésuites d'Alcalá de Henares où il est entré en 1569, Rubio arrive à Mexico en 1576 où il vient renforcer les rangs de la jeune Compagnie. Il enseigne dès l'année suivante la philosophie et obtient en 1595 son doctorat en théologie de l'université de Mexico. La Compagnie venait de lui confier la rédaction du cours de philosophie[71]. En 1599, nommé procureur de son ordre, il quitte la Nouvelle-Espagne pour la Castille d'où il ne reviendra plus. C'est là que, jusqu'à sa mort en 1615, il s'occupe de l'édition de son cours de philosophie, à commencer par les notes et les manuscrits ramenés du Mexique[72]. Ses *Commentaria in universam Aristotelis Logicam* eurent un destin exceptionnel. Ils furent choisis par l'université d'Alcalá pour y être enseignés à l'exclusion de tout autre texte. Sous le nom de *Logica mexicana*, l'ouvrage se répandit dans l'Europe entière, édité et réédité à Alcalá, Madrid, Valence, Cologne, Lyon, Paris, Brescia, Londres[73]… Très tôt, par une sorte de retour aux sources, la première édition arrive au Mexique[74]. L'œuvre de Rubio réunit tous les atouts d'un travail destiné à une large diffusion : ses qualités pédagogiques, son classicisme et sa parfaite orthodoxie expliquent son succès européen et la rapidité de sa globalisation[75]. Les seules traces de Mexique se résument à quelques « coups de chapeau » adressés aux personnalités ecclésiastiques et politiques qu'il a fréquentées lors de son séjour en Nouvelle-Espagne. Son *De anima* est dédié à Ildefonso de la Mota, évêque de Tlaxcala, son *De caelo et mundo* à l'ancien vice-roi Luis de Velasco, alors président du Conseil des Indes. S'il est vrai qu'il n'a pas fait un trait sur ses souvenirs et ses amitiés de la Nouvelle-Espagne[76] et que, dès la deuxième édition, sa logique prit le nom de « logique mexicaine » en hommage à cette terre lointaine, l'œuvre nous confronte à l'exercice d'une pensée enfermée dans la bulle aristotélicienne, souverainement indifférente aux lieux et aux sociétés où elle s'est développée.

Avec Alonso de la Vera Cruz et Antonio Rubio, non seulement l'académie mexicaine a produit des « clones » de la pensée européenne, mais elle a si parfaitement réussi à en maîtriser les règles et les principes que les textes qu'elle a engendrés ont pu rejoindre le cœur du dispositif ibérique, puis européen, de formation des esprits. En trente-huit ans, les livres de Rubio ont connu une soixantaine d'éditions, dont vingt-cinq pour la seule *Logica mexicana*[77]. C'est dire la visibilité intercontinentale atteinte par les commentaires du jésuite, qui parvient magistralement à standardiser cette forme de pensée et à en accentuer l'efficacité sans en changer le contenu – un art dans lequel excellait la Compagnie en ces temps de Contre-Réforme[78]. Comme celle d'Alonso de la Vera Cruz, l'œuvre de Rubio s'inscrit scrupuleusement dans les limites fixées par la scolastique ibérique et la scolastique rénovée du Vieux Monde. On imagine que la publication et l'adoption d'un texte de ce type n'étaient pas une simple formalité. Les manuscrits sont examinés par des experts, des professeurs de philosophie (*artes*), de théologie, de médecine qui appartiennent à l'université et qui rendent compte devant l'assemblée des professeurs ; ceux-ci vérifient que « toute la doctrine que l'ouvrage contient est conforme à celle que l'on enseigne, à celle d'Aristote et de saint Thomas[79] ». Le pouvoir royal intervient également à son tour dans cette procédure. L'œuvre est alors prête à circuler en Europe et dans le reste du monde[80]. Toute globalisation passe par une homologation.

Andrés et le temple du Soleil

La globalisation intellectuelle affecte d'autres domaines que la philosophie, dans la mesure où l'aristotélisme commande l'accès à toutes les autres sciences. Andrés de San Miguel (1577-1652) est un architecte carme qui a édifié en Nouvelle-Espagne plusieurs églises et couvents de son ordre. On lui doit le Santo Desierto de Cuajilmalpa, l'église del Carmen de Mexico, le collège de San Angel, les couvents de Querétaro et de Salvatierra[81]. Le traité qu'il consacre vers 1630 à l'architecture est la seule œuvre de ce type au Mexique pour la première moitié du XVIIe siècle. Fondé sur Vitruve et Leone Battista Alberti, ce texte illustre la manière dont un architecte de la Nouvelle-Espagne pouvait concevoir et transmettre sa discipline. Mais il révèle également ce qu'un moine pensait de l'architecture préhispanique. Andrés de San Miguel décrit les constructions précolombiennes et s'y intéresse même au point de défendre ces réalisations contre leurs détracteurs : « Si l'on voit les choses avec des yeux sans passion et non avec le peu d'estime que certains témoignent aux choses des Indes, si l'on contemple la beauté et la perfection des temples que possédaient ces païens des Indes occidentales, on s'apercevra qu'ils sont parmi les meilleurs du monde, autant par leurs richesses que par leur architecture[82]. » Andrés de San Miguel admire les dimensions du temple de Mexico, s'étonne de la taille gigantesque des pierres employées dans la construction des fondations et des murs des édifices préhispaniques, évoque des techniques de cimentation : « À la place du bitume, on utilisait pour le mortier de l'or fondu, dont les Espagnols se sont emparés avant que les Indiens ne le détruisent[83]. » Ses connaissances ne se limitent pas à ces considérations générales. Elles renvoient à des constructions précises, aux temples du Soleil de la vallée de Yucai (Tambo), à ceux de Tomebamba, de Tacunga, de Pachacama, « le premier des temples de ces royaumes du Pérou ». La richesse des sanctuaires du Pérou excite son admiration : « On n'a jamais vu pour le service divin ce genre de vases d'or, même dans le temple de Salomon[84]. »

Cette réhabilitation de l'architecture indienne atteint pourtant rapidement ses limites. Au terme de ce court essai d'architecture comparée, le moine remet les choses à leur place en affirmant la supériorité absolue du modèle biblique – en matière de connaissances techniques comme de *traza* –, même si en fin de compte il préfère une architecture plus austère, mieux en accord avec l'idéal de pauvreté de son ordre. Aux yeux du carme, ce sont précisément leurs fastes et leurs richesses qui font des réalisations péruviennes et mexicaines, et plus encore du temple de Salomon, des contre-exemples qu'il fallait se garder de reproduire. Comment dans cet esprit interroger l'architecture indigène au-delà de ses apparences, en analyser les principes, voire s'en inspirer ? Le moine ne se rapproche des constructions indiennes que pour mieux marquer sa distance, moins d'ailleurs au nom de règles intangibles que pour se plier à l'exigence de pauvreté de son ordre. Le comparatisme ne sert donc qu'à mieux revenir aux classiques européens de l'architecture. Une fois de plus, dans ses catégories comme dans ses exigences, cette perspective renvoie à un cadre référentiel exclusivement européen et à une définition reprise presque mot pour mot de Vitruve : « Ordre, disposition, symétrie, eurythmie, beauté et distribution sont les parties de l'architecture. [...] Selon Vitruve, le bon architecte doit connaître l'histoire, la philosophie, la musique, la médecine et l'astrologie[85]. »

À vrai dire, les réalisations mexicaines de notre architecte sont loin d'obéir ponctuellement aux règles qu'il énonce dans son traité. On a identifié des inflexions maniéristes dans la manière dont il s'éloigne des modèles classiques, dont il joue avec la profondeur et les espaces et rompt la symétrie en s'éloignant de la proportion qui est pourtant l'une de ses constantes préoccupations[86]. Mais les libertés qu'il prend là ne sont en fin de compte que des variations autour de la tradition occidentale. Le moine a beau considérer que les constructions préhispaniques l'emportent sur les réalisations de l'Antiquité – et sur des chefs-d'œuvre comme le temple égyptien de Busiris ou celui d'Éphèse – ou qu'elles peuvent rivaliser avec elles, pas un seul instant les principes de l'architecture indigène ne paraissent le concerner. Comme quoi la curiosité, l'intérêt technique, la valorisation d'éléments relevant d'autres mondes ne suffisent pas à remettre en cause les fondements de l'architecture classique. Si le moine s'en écarte, ce n'est pas pour chercher des inspirations nouvelles, mais bien pour exprimer dans la pierre une spiritualité et une subjectivité carmélites, « une synthèse de la vie contemplative ». Presque un siècle auparavant, dans son essai d'art comparé, le Portugais Francisco de Holanda avait également réaffirmé la suprématie universelle de l'art antique. La sphère architecturale réplique la sphère philosophique[87].

Comme celle des arts, la globalisation de la pensée savante emprunte des chemins qui commencent à nous devenir familiers : de solides cadres institutionnels, l'appui technique et matériel du livre, la transmission inéluctable d'une grande tradition, des automatismes qui excluent toute alternative, et, plus subtile, la faculté d'esquiver le mélange avec d'autres formes de pensée. Alors que l'occidentalisation se déclenche depuis les bases européennes pour s'étendre vers les autres régions du globe, la globalisation se développe sur place, partout où les conditions sont réunies. Le seuil qui sépare occidentalisation et globalisation est d'autant plus délicat à détecter que ces deux dynamiques imprègnent les mêmes êtres. L'exemple du franciscain Bernardino de Sahagún, nous le verrons, est révélateur de ce mouvement incessant qui porte à se plonger dans les sociétés indigènes et à s'en écarter dès que des limites insupportables semblent près d'être franchies. La globalisation efface mécaniquement les univers différents que nous côtoyons chaque fois que leur présence risque de remettre en cause les certitudes que nous nourrissons, d'ébranler les positions que nous occupons ou simplement de déplacer nos centres d'intérêt.

CHAPITRE XV

La globalisation des langages

« Qu'il soit connu du monde entier que d'une terre nouvelle, conquise hier, peut surgir une manière nouvelle et véritable de bien écrire valable pour tous les peuples. »

Mateo Alemán, *Ortografía castellana*, Mexico, 1609.

Les grands tableaux de l'art occidental, les cours de l'académie, les traités d'architecture reproduisent inlassablement les enseignements, les principes et les normes de l'Europe lettrée de la Renaissance. Mais, pour peu qu'on étende le regard, ce sont tous les secteurs sensibles de la Monarchie qui obéissent aux astreintes de la globalisation. La rédaction des commentaires d'Aristote par Antonio Rubio n'est que l'une des cordes de l'activité des jésuites à Mexico. Ceux-ci excellent dans d'autres domaines clés de l'outillage intellectuel de la Renaissance : le latin, la grammaire et le langage des emblèmes.

Les langues de la Monarchie, qu'il s'agisse du latin de l'Église et du droit, de l'italien des poètes, du castillan et du portugais des administrateurs, sont des vecteurs indissociables de la globalisation intellectuelle. Dans ces registres, les emprunts aux lexiques indigènes ne remettent jamais en cause les règles des grandes langues européennes. Si attentif que se montre Sahagún aux vocables nahuas, sa curiosité est celle d'un collectionneur soucieux de comprendre les Indiens à partir de leurs manières de s'exprimer. Son espagnol reste impeccablement la langue de la Castille. Il en va de même à

Goa, où Garcia da Orta jongle avec les appellations asiatiques et arabes des plantes sans jamais apporter le moindre changement à la langue dans laquelle il écrit. Cette inertie est d'autant plus remarquable que les langues indigènes, comme nous l'avons vu, évoluent constamment et sans retour possible : flots de néologismes, emprunts de termes européens puis de particules, annexions de formes verbales inconnues dans la tradition amérindienne.

La globalisation du latin

La mondialisation du latin éclaire les rapports qui lient occidentalisation et globalisation. Au Mexique, les lettres en latin de l'aristocratie nahua de Mexico, la présence de l'Ovide des *Métamorphoses* sur les fresques de Puebla et d'Ixmiquilpan, les commentaires du *Codex Badianus* rédigés dans la langue de Cicéron par un lettré indien constituent des épisodes aussi spectaculaires que sans lendemain[1]. Cette latinisation des élites relève incontestablement de l'occidentalisation. En revanche, la diffusion du latin au sein des groupes dirigeants, européens et créoles, de la Nouvelle-Espagne correspond à la dilatation transcontinentale d'un espace linguistique et d'un patrimoine lettré, et elle implique leur reproduction à l'identique. Cette extension s'opère dans le sillage de la globalisation, c'est-à-dire indépendamment des contextes indigènes et de leurs réactions à cette offensive. C'est un phénomène mondial au sens où il se produit partout où les lettrés européens possèdent les moyens d'affirmer leur présence. La description en latin que l'humaniste Cervantes de Salazar nous donne de la ville de Mexico capture la cité dans le moule de la Rome antique[2]. Le latin, comme la scolastique, est une discipline de l'esprit qui se décline à travers les règles et les principes de la grammaire. Les éditions mexicaines de la fameuse grammaire latine du Portugais Manuel Álvarez matérialisent la diffusion *in situ* de normes d'expression qui s'appliquent où que l'on soit dans la Monarchie catholique[3].

La globalisation du latin, des langues ibériques et de l'italien n'interdit pas l'évolution des langues parlées. Métissages, occidentalisation et globalisation sont des processus parallèles et simultanés qui se complètent autant qu'ils s'opposent ou se contrarient. Les langues parlées dans la vie quotidienne, à commencer par l'espagnol, subissent toutes les distorsions possibles. Les paroles des *villancicos* mexicains qui nous sont parvenues abondent en mexicanismes, lusitanismes et autres africanismes. Les *mamelucos* du Brésil parlent un mélange de portugais et de tupi, la « langue générale » en usage sur les côtes de la « Terre de Sainte Croix ». Tout comme les images métisses ne cessent de proliférer, les mots, les expressions se transforment, s'africanisent, s'indianisent, se créolisent. En revanche, l'usage officiel de l'espagnol, qui se confond avec l'exercice du pouvoir (au sens le plus large du terme : politique, religieux ou académique), maintient indéfectiblement les règles de la langue et préserve son vocabulaire, à l'exception d'inévitables emprunts lexicaux imposés par le nouvel environnement, du *maïs* que l'on consomme au *tianguis* où l'on s'approvisionne.

La réforme de l'orthographe

Est-ce à dire que la globalisation intellectuelle serait le fort d'élites occidentales claquemurées dans leurs tours d'ivoire ou accrochées à leurs collèges et à leurs chaires universitaires ? Le processus est plus subtil, plus détourné, et ne s'accompagne pas obligatoirement d'un rejet des autres mondes ou d'un mépris pour ce qui n'est pas européen. Il se contente souvent de maintenir la distance, d'empêcher la connexion chaque fois qu'elle apparaît peu souhaitable ou inconcevable. Écrire un projet de réforme de l'orthographe en Espagne et l'emporter outre-Atlantique pour le faire imprimer à Mexico en 1609 : l'entreprise serait passée inaperçue si son auteur n'avait été Mateo Alemán, le créateur du roman picaresque[4]. C'est un écrivain encore auréolé du succès du *Guzmán de Alfarache* – abondamment diffusé et vendu en Amérique –, mais toujours en aussi mauvaise posture financière, qui décide de tenter sa chance en Nouvelle-Espagne. Près d'un an après avoir débarqué à Veracruz avec femme et enfants, il fait publier son *Ortografía castellana* chez l'imprimeur Jerónimo Balli par les soins du Hollandais Cornelius Adrian Cesar[5]. « Pour son contenu singulier et utile », l'œuvre reçoit la bénédiction du vice-roi Luis de Velasco, le soutien du moine augustin Diego de Contreras et celui d'un haut magistrat, le président de l'audience de Guadalajara, Juan de Billela, auquel d'ailleurs le texte est dédié.

Alemán a commencé à rédiger l'*Orthographe castillane* avant son départ pour le Mexique. Dans sa préface, diplomate et reconnaissant, il rappelle qu'il a décidé d'apporter cette œuvre en Nouvelle-Espagne, et uniquement celle-là, pour « offrir des gages de sa bonne volonté » et « pour qu'à travers elle le monde entier sache que d'une terre nouvelle, conquise hier, peut surgir une manière nouvelle et véritable de bien écrire, valable pour tous les peuples ». Suit un texte traversé d'éclats d'humeur, bourré d'humour, d'anecdotes[6], de souvenirs personnels, de bout en bout dépourvu de la lourdeur qu'on s'attendrait à trouver dans un traité de cette nature. Mateo Alemán se défend de vouloir réformer les manières de parler : « Chacun doit s'exprimer comme il l'entend ou comme il a appris à le faire. » Il prône une simplification de l'orthographe afin qu'on écrive « comme on parle, pour que les autres nous comprennent sans peine quand nous écrivons ». Pourquoi s'attacher à des graphies latines, qui introduisent « de l'affectation et de la rudesse dans le castillan, et que l'étranger ne sait même pas comment prononcer » ? « Il est impertinent de soutenir que les mots qui dérivent d'autres langues doivent conserver l'ordre et les lettres de leur origine si, passés chez nous et parfaitement admis par l'usage, ils arrivent déjà fort changés et bien estropiés. » Le castillan est une langue jeune qu'on doit traiter comme telle. Conscient de tout ce que l'espagnol doit aux autres langues, y compris l'hébreu et l'arabe, Alemán est donc partisan d'une liberté entière de la manière d'écrire[7]. Comment faire preuve de davantage d'ouverture d'esprit, d'audace, de modernité ?

En Europe, Mateo Alemán s'était révélé un observateur sagace, impitoyable, des réalités de son temps. Dans son *Guzmán de Alfarache*, il avait livré une satire des sociétés de la Péninsule et de l'Italie, remplie d'observations concrètes, de souvenirs et d'expériences personnelles. Son sens de l'observation était aussi celui d'un moraliste, empreint d'un « didactisme critique [...] combatif, fondé sur un christianisme authentique et radical[8] ». Cette extraordinaire sensibilité avait tout pour l'inciter à découvrir le Nouveau Monde qui l'accueillait. Et peut-être en est-il allé ainsi dans son existence quotidienne. Cependant, rien du contexte mexicain n'affleure dans son traité d'orthographe[9]. Si l'auteur évoque le parler populaire, c'est toujours celui des « paysans » de la Péninsule ou l'argot des truands et des prisons qu'il avait appris lors de ses séjours sous les verrous. L'espace de discussions et de polémiques qu'évoque le traité demeure exclusivement européen.

On aurait beau jeu de lui intenter un procès pour insensibilité ethnographique. Reste que son exemple illustre de quelle manière, avec les meilleures dispositions du monde, un esprit ouvert et novateur se fait l'instrument de la globalisation. Celle-ci l'amène à faire abstraction du milieu local et à ignorer des expériences susceptibles de remettre en cause les assurances qui fondent ses réflexions sur l'orthographe castillane. On nous opposera qu'il ne saurait en être autrement, puisque son but est de définir l'orthographe d'une langue européenne. Mais Mateo Alemán est journellement confronté à un monde qui n'est pas européen. Son texte a été publié dans un milieu de lettrés et d'imprimeurs, espagnols, métis et indigènes, immergé depuis près de quatre-vingts ans dans une entreprise sans précédent. Ce milieu travaille à la transcription systématique des langues amérindiennes et publie une abondante littérature en nahuatl, purepecha, huastèque, zapotèque, otomi ou maya. Au moment où Mateo Alemán se trouve à Mexico, les presses de la ville sortent une série d'ouvrages qui viennent enrichir la littérature chrétienne en langue indigène. En 1604, le franciscain Juan Bautista publie un *Livre de la misère et de la brièveté de la vie de l'homme... en langue mexicaine* chez Diego López Dávalos[10]. En 1605, le même franciscain édite une *Vie et miracles du bienheureux saint Antoine de Padoue* en nahuatl chez le même imprimeur. Toujours la même année, Diego López Dávalos publie un *Rosaire de Notre-Dame* du Franciscain Alonso de Molina, en nahuatl également. En 1607, le même imprimeur édite le *Miroir divin où les pères peuvent se voir et puiser des enseignements pour réussir à former leurs enfants et leur donner le goût des vertus* qu'a rédigé et traduit le moine augustin Juan de Mijangos[11].

La démarche de Mateo Alemán s'inscrit donc dans une perspective qui ignore la part la plus féconde et la plus originale de la production intellectuelle en Nouvelle-Espagne depuis les années 1530. L'auteur ne manifeste pas le moindre intérêt pour les travaux linguistiques qui, à force de grammaires et de vocabulaires, ont organisé la colonisation des langages indigènes de la Nouvelle-Espagne. Les moines avaient voulu se rendre maîtres des langues autochtones pour évangéliser les vaincus et leur transmettre les vérités de l'Évangile. Leur entreprise avait consisté à transcrire les langues amérindiennes en caractères alphabétiques, et donc à employer les lettres du castillan pour exprimer les sons indigènes, en créant sur le papier des mots et des syllabes. Pendant ce temps, Mateo Alemán suivait une voie opposée en s'attachant à inventer de nouveaux signes pour simplifier l'orthographe de sa propre langue.

Les moines, quant à eux, jouaient la carte de l'occidentalisation ; leurs efforts visaient les langues amérindiennes qu'ils voulaient prendre dans les rets de l'alphabet occidental, en même temps qu'ils les soumettaient au lit de Procuste de la grammaire latine. Ils avaient aussi développé des tentatives pour créer des signes nouveaux : les catéchismes en images en sont un exemple. L'innovation avait même traversé l'Atlantique et la Méditerranée occidentale, grâce aux soins du franciscain mexicain Diego Valadés. En 1579, celui-ci publiait à Pérouse une somme en latin, la *Rhetorica christiana*, augmentée d'un alphabet mnémotechnique qui recourait à des signes d'origine préhispanique ; son but, il est vrai, n'était pas d'enrichir ou de bouleverser les arts européens de la mémoire, mais de rendre plus efficaces ceux qui s'adressaient aux Indiens du Mexique. Le passage s'exerce une fois de plus du monde occidental vers le monde indigène, jamais dans le sens contraire.

Face à ces entreprises d'occidentalisation, le projet si engageant de Mateo Alemán apparaît plus clairement encore comme une manifestation de la globalisation. Il s'adresse au monde entier, mais n'envisage de transformation qu'à l'intérieur même de la sphère européenne. Et il en va de même chaque fois qu'il s'agit des langues du Vieux Monde. Dans les mêmes années, toujours à Mexico, le peintre Baltasar de Echave Orio publie un livre consacré à la langue basque, *Discours sur l'antiquité de la langue basque cantabrique,* chez Heinrich Martin (1607). Le *pictor doctus,* qui a tant contribué à diffuser une peinture mexicaine dans la meilleure tradition du maniérisme et de la Contre-Réforme, se battait cette fois pour défendre la langue basque comme Mateo Alemán se préoccupait du castillan. En 1605, chez Diego López Dávalos, Nicolás de Irolo Calar éditait une *Première partie de la politique des écritures notariales,* « un modèle de rédaction des textes légaux, qui adaptait les expressions anciennes aux progrès de la langue castillane[12] ». Toujours dans le même esprit, en 1604, l'Allemand Heinrich Martin faisait paraître des compilations jésuites comme l'*Illustrium autorum collectanea,* qui rassemblait cinq traités sur la grammaire latine[13], avant d'imprimer l'anthologie poétique du jésuite Bernardino de Llanos, *Le Livre des institutions poétiques*. Ces textes fournissaient les instruments nécessaires à la pédagogie jésuite et contribuaient activement à la réplication de savoirs et d'outils européens, en d'autres termes à la globalisation intellectuelle dans la Monarchie catholique.

À monarchie universelle, langages universels

La maîtrise du latin est indissociable de la diffusion de la scolastique, tout comme celle-ci renvoie à d'autres formes de langage qui se répandent sur les traces de la langue de Cicéron dans les autres parties du globe. L'univers des signes dans le monde de la Renaissance est un univers en extension[14]. Le goût pour la mythologie classique et les allégories se nourrissait de l'intérêt renouvelé pour l'antique et puisait largement dans les trouvailles archéologiques qui se multipliaient. La Fable moralisée offrait une mine d'exemples immédiatement compréhensibles pour les lettrés européens ou leurs émules occidentalisés des quatre parties du monde. Les leçons de vertu et de politique s'appuyaient sur le prestige des grandes figures de la mythologie, pas encore définitivement dépouillées de leur aura surnaturelle. L'allégorie était portée par les fables d'Ésope et la mythologie : un fonds considérable était ainsi livré à l'imagination comme un inépuisable réservoir de symboles. À l'instar de la Fable, le langage des emblèmes se prêtait également à toutes les visualisations. Cette « invention humaniste, née de la collaboration d'un érudit nommé André Alciat et d'un imprimeur[15] », remporta un extraordinaire succès dans l'Europe de la Renaissance[16].

Le langage des emblèmes, comme celui des symboles et des allégories, n'échappe pas aux mécanismes de la globalisation. Il se structure selon des principes qu'ont établis les élites européennes qui l'ont conçu et diffusé. Utilisés en Amérique à des fins d'évangélisation et de soumission au nouvel ordre politique, ces jeux de signes relèvent de l'occidentalisation, mais ils sont aussi le produit d'une rhétorique européenne de l'image qui, en devenant « occidentale » et en se mondialisant, demeure indéfectiblement fidèle à elle-même[17]. L'emblème offre un exemple de ces mécanismes qui résistent à toutes les transplantations. Son fonctionnement repose sur une interaction spécifique entre image et texte, entre des contenus mentaux plus ou moins latents et des formes codifiées.

Le texte qui accompagne l'emblème est toujours une épigramme : une petite pièce en vers, au lieu d'une formule elliptique, qui entretient un rapport de redondance avec l'image qu'elle décrit et en explicite le sens symbolique. Pour Alciat, « les mots signifient et les choses sont signifiées[18] ». L'emblème, qui répond à un projet pédagogique, est aussi source d'apprentissage et de méditation. En même temps, il est susceptible d'administrer une leçon de morale à portée universelle, ce qui explique qu'il puisse être aisément mondialisé. Enfin, sa dimension artistique et son attrait esthétique concourent à sa vogue et à son efficacité[19].

La circulation des emblèmes fournira le support figuré de l'idéologie du pouvoir au Siècle d'or[20]. Mais la place des emblèmes déborde les pages gravées des livres qui leur sont consacrés. L'emblème figure sur toutes les architectures éphémères[21]. Pas de cérémonie officielle sans sa panoplie de symboles et d'allégories, mais également sans le recours à l'emblème. Ce qui en fait un excellent vecteur de propagande[22]. Moyen privilégié de communication, mis au service d'une pédagogie des foules sans cesse remise sur le métier, étroitement lié à la décoration et à la mise en scène maniériste, l'emblème servira fidèlement les desseins des pouvoirs européens, et notamment ceux de la Monarchie catholique et de la Contre-Réforme[23].

Mais il a d'abord fallu que ces langages conquièrent la Péninsule. Dès la fin des années 1520, les sculptures du patio de l'université de Salamanque alignent une série de hiéroglyphes qui composent un sermon de pierre distillant des préceptes moraux sur fond aristotélicien. L'intérêt de Philippe II pour la symbolique emblématique remonte probablement à la rencontre du prince avec Alciat à Pavie en 1548. L'année suivante, la première édition d'Alciat en castillan sort à Lyon[24]. Le goût des emblèmes se répand en Espagne. En 1568, la *Philosophia vulgar* de Juan Mal Lara consacre des commentaires au livre d'Alciat. Le même auteur conçoit le programme iconologique de l'entrée de Philippe II à Séville en 1569, « l'un des premiers exemples de l'application pratique des emblèmes dans une cérémonie officielle espagnole ». Juan Mal Lara commente également la fameuse galère de don Juan d'Autriche qui s'était illustrée à la bataille de Lépante et qui, recouverte de « tellement de devises, de figures de vertu et d'inscriptions ingénieusement placées », s'était métamorphosée en un véritable Alciat flottant[25]. L'édition de Francisco Sánchez de las Brozas (Lyon, 1573) marque un tournant. Profusément commentée, cette publication est devenue le texte herméneutique et canonique des emblèmes. Les commentaires qui l'accompagnent donnent une orientation décidément politique et religieuse au texte d'Alciat, en même temps qu'ils manifestent l'intention de contrôler l'horizon interprétatif du lecteur. Dès lors se multiplient en Espagne les emblèmes moralisés et politisés[26], et le Portugal s'y intéresse à son tour[27].

Le langage des emblèmes se diffuse aussi en Amérique. Les emblèmes et les représentations mythologiques font une entrée spectaculaire à Mexico à l'occasion des obsèques de Charles Quint, célébrées en 1559. Dans la description des cérémonies publiée en 1560, sous le titre *Túmulo imperial,* Francisco Cervantes de Salazar nous confronte au premier usage en Amérique, politique et impérial, des systèmes de signes européens. Il a visiblement pris plaisir à l'entreprise, qui répondait à l'attente des lettrés espagnols de la Nouvelle-Espagne. Son préfacier Alonso de Zorita, juge de l'audience, rappelle qu'il s'agit d'une coutume fort ancienne, répandue chez les peuples de l'univers : « Pour que, en voyant les honneurs rendus aux hommes vertueux même après la mort, les vivants se sentent poussés à la vertu, on disposait des *images*, des *inscriptions* et des *figures* qui les incitaient à des actions dignes de pareils hommages. » Fort de cette caution, Cervantes de Salazar n'hésite pas à puiser dans l'œuvre d'Alciat, anticipant la diffusion des emblèmes à usage politique en Espagne[28].

Nous avions abordé plus haut cette cérémonie sous l'angle de la mondialisation ibérique et de l'occidentalisation des populations indiennes, soumises en quelques jours à une avalanche d'images et de symboles européens. L'objectif était éminemment politique : il s'agissait d'exprimer par des « signes palpables » la loyauté envers le monarque défunt et son fils Philippe II[29]. Mais cette entreprise repose également sur la globalisation des systèmes d'expression européens. Si la distance océanique peut être un obstacle, elle manifeste aussi la grandeur du prince, en renvoyant à la dimension universelle de cet « empire et monarchie du monde[30] ». La condensation de l'espace et du temps est un effet de la globalisation : l'allégorisation ramène l'histoire du Mexique au format de la tradition classique et absorbe le non-européen dans la bulle renaissante. Au fur et à mesure que les langages se globalisent en s'étendant à d'autres continents, l'Histoire s'empare d'autres histoires et se referme sur elles, comme s'il ne restait plus que l'image d'un monde synchrone et consensuel au service de l'idéologie impériale. La fête « vise à détacher les hommes de leurs histoires locales, de leurs rythmes ethniques, de leurs calendriers nationaux, afin de les intégrer au temps synchronisé et homogène du monde[31] », écrit Peter Sloterdijk. « Ce que nous appelons modernité est une complicité avec la forme synchrone du monde[32]. » Les dispositifs mis au point par le professeur Cervantes de Salazar et son complice l'architecte Arciniega relèvent bien d'une modernité globalisée : les populations locales, dorénavant plongées dans un espace événementiel homogène, sont exposées aux épisodes dûment sélectionnés d'une actualité mondiale. Mais la poignée de symboles que Cervantes de Salazar est allé puiser dans la réalité indienne ne risquait-elle pas de contaminer l'ensemble du système ? Aucun d'eux n'ira jamais enrichir les répertoires européens. Loin de déstabiliser ou de modifier le dispositif des langages globalisés, ils ne font que les étoffer localement.

Dans la seconde moitié du XVIe siècle, l'ouvrage d'Alciat est importé par les libraires de Nouvelle-Espagne et, en 1577, on l'imprime à Mexico sous le titre *Omnia domini Alciati emblemata*[33]. Ce qui renforce encore davantage la prégnance du modèle européen et stimule les mécanismes de sa reproduction. Les *Emblèmes* sont l'une des premières œuvres que les jésuites choisirent de publier à Mexico quelques années après leur installation en Nouvelle-Espagne. C'est un Italien passé par Evora, une des capitales intellectuelles du monde portugais, Vicencio Lanuchi[34], qui prit l'initiative de cette édition, pour répondre aux besoins des collèges de la Compagnie. Ce n'est pas un hasard si c'est également à Lanuchi que l'on doit l'organisation des études de latin à Mexico *more romano*, autrement dit sur le modèle de l'université de Paris revu et corrigé par les jésuites. D'autres éditions des *Emblèmes* ne cesseront par la suite d'arriver dans les librairies et les bibliothèques des Indes[35], et d'autres cérémonies retranscriront dans les mêmes langages les grands événements de Mexico et du monde[36].

Savoirs du monde et projets de la Couronne

Le processus de globalisation ne naît donc pas d'un point particulier de la Monarchie. Il n'est pas attaché à la péninsule Ibérique ou au continent européen, puisqu'on reproduit l'aristotélisme et on exploite les langages allégoriques et emblématiques aussi bien à Mexico qu'à Salamanque. Peut-on, malgré cela, rattacher la globalisation à une stratégie universelle orchestrée par la Couronne espagnole ? Y aurait-il un programme qui prêterait à la mondialisation et à la globalisation ibériques le sens d'une grande entreprise intellectuelle, pensée depuis les centres politiques de la Monarchie ? Rien de tel n'a proprement existé. Mais des tentatives en ce sens se sont esquissées dans le dernier tiers du XVIe siècle.

Outre ses armées d'administrateurs et d'ecclésiastiques, la Monarchie catholique dispose alors de cadres intellectuels et scientifiques qui élaborent une nouvelle science politique. Celle-ci se fonde sur la mise en chiffres de l'espace et sur l'inventaire sinon statistique, du moins systématique de ses ressources, elle encourage la description de la nature[37], elle prône la constitution d'une histoire officielle des royaumes de la Monarchie et elle poursuit l'élaboration d'une tradition juridique et intellectuelle proprement hispanique dont les traités, les sommes ou *recopilaciones*, la Bible polyglotte et l'édition critique des œuvres de saint Isidore de Séville, confiée au jésuite Mariana, posent les premiers jalons. La préparation d'un « nouveau Pline » nourri des découvertes faites dans le Nouveau Monde, celle d'un « nouveau Ptolémée » appuyé sur la cartographie des espaces américains et pacifiques de la Monarchie figurent parmi les projets que promeut la couronne ibérique[38]. Sous Philippe IV, la publication de l'*Epitome de la Biblioteca oriental y occidental, naútica y geográfica* d'Antonio de León Pinelo (1629) prolongera cette volonté d'accéder aux connaissances universelles en offrant la première bibliographie de tous les ouvrages, publiés ou manuscrits, alors disponibles sur les deux Indes dans des dizaines de langues[39].

Ce programme visait-il à reprendre le contrôle des connaissances que la mondialisation ibérique avait partout fait proliférer ? Mais voyons d'abord en quoi les savoirs des experts locaux diffèrent de ceux qu'accumulent les savants de la Péninsule. Les destinataires sont les mêmes. Diogo do Couto, Bernardino de Sahagún ou Francisco Hernández œuvrent tous au service de la Monarchie. Le métis mexicain Muñoz Camargo dépose son manuscrit entre les mains de Philippe II, et le Portugais Soares de Souza remet son traité du Brésil aux autorités de Madrid. Bien qu'il ne soit jamais parvenu à faire le voyage d'Espagne, Guaman Poma se dessine offrant sa chronique à Philippe III. Par ailleurs, les initiatives philippines créent des liens entre les grandes enquêtes américaines et asiatiques : le médecin Hernández utilise les écrits de Sahagún sur le Mexique pour rédiger ses *antigüedades*[40], en même temps qu'il corrige ou complète les travaux de Garcia da Orta. Les travaux américains, africains et asiatiques partagent un trait supplémentaire avec ceux qui sont menés en Europe. Ils sont indissociables du développement d'un humanisme scientifique qui cherche à mettre à jour les informations des Anciens en se livrant à de méticuleuses recherches de terrain[41]. C'est ce que fait Andres Laguna quand il reprend l'œuvre de Dioscoride. Les botanistes explorent l'Europe ; certains même font le voyage d'Afrique, comme l'Italien Alpini, ou le voyage à Istanbul, à l'instar des envoyés de François Ier[42]. Au Brésil, l'aventure de la France antarctique comprend un volet « naturaliste » qui oriente les travaux d'André Thevet, les *Singularités de la France antarctique* (1557) et la *Cosmographie universelle* (1575). Dès les années 1560, l'idée même d'expédition scientifique se profile en Europe et prend corps sous la plume du grand naturaliste de Bologne, Ulisse Aldovrandi, qui rêve d'explorer l'Amérique : « Voilà déjà dix ans que j'ai cette fantaisie d'aller dans les Indes nouvellement découvertes. [...] Je serais fort utile au monde si je visitais ces lieux et, s'il est un homme en Europe fait pour cela, je crois pouvoir dire sans prétention que je suis celui-là[43]. »

Mais c'est à la couronne espagnole qu'il revint de concrétiser cette ambition et d'encadrer l'étude des mondes nouveaux. À la fin des années 1560, Philippe II donne le signal de départ aux premières expéditions scientifiques vers le Nouveau Monde en ordonnant que l'on règle les émoluments de Francisco Hernández, « qui se rend aux Indes comme premier médecin général (*protomédico*) de celles-ci afin d'y faire l'histoire des choses naturelles ». La création expresse du titre de *protomédico* marque une institutionnalisation dont les entreprises américaines et asiatiques étaient jusque-là dépourvues. Celle de Hernández inaugure une pratique officielle qui va marquer durablement l'histoire des sciences en Europe. Or ce n'est pas la seule forme d'enquête que lance alors la Couronne. Nous avons déjà évoqué la rédaction des questionnaires des relations géographiques d'Amérique, d'Espagne et des Philippines. Un projet plus ambitieux encore mobilise toute l'administration des Indes et de la Castille[44]. À l'origine, il ne s'agissait de rien de moins qu'obtenir des « peintures de villes [...] bien exécutées, pas seulement de l'Europe, mais aussi de tout ce que l'on sait de l'univers ». Non seulement ces questionnaires visent à rassembler des données détaillées sur les ressources matérielles et l'histoire naturelle, mais ils dénotent également une profonde attention pour le passé local, qu'il s'agisse des *pueblos* de Castille ou de ceux des Andes et du Mexique.

Tandis que le modèle statistique et cartographique[45] succède au modèle humaniste qui orientait encore les activités de Hernández, l'emprise monarchique marque un pas de plus avec la fondation de l'Academia Real de Matemática en 1582, décidée depuis Lisbonne et placée en partie sous la responsabilité du Portugais João Baptista Lavanha[46]. L'Académie avait la haute main sur tous les cosmographes en activité dans les territoires de la Monarchie. La fondation de la bibliothèque de l'Escurial et la conception du palais lui-même, où fonctionnaient des laboratoires de chimie, une académie de langue arabe, et un musée, semblent s'inscrire dans la même ligne[47]. À partir de 1590, un changement dans les attributions du Conseil des Indes révèle bien la manière dont la Monarchie considère dorénavant les données qui lui parviennent de ses possessions d'outre-mer. En absorbant l'Académie de mathématiques pour des raisons matérielles et politiques, le Conseil des Indes renforce son contrôle sur les cosmographes et les travaux qu'ils effectuaient. En se transformant virtuellement en secret d'État, l'information scientifique participe encore davantage à la consolidation et à la légitimation de la Monarchie catholique[48].

Comment apprécier les activités dispersées des experts de la Monarchie face à ce cadre sans cesse plus centralisé ? Si les années 1570 marquent un tournant dans l'attitude de la Couronne, en particulier dans la mobilisation des moyens humains et financiers[49] qu'elle engage, les spécialistes locaux n'ont pas attendu cette période pour œuvrer isolément ou monter de petites équipes : dès les années 1550, Garcia da Orta à Goa et Sahagún à Mexico ont été capables de réunir un nombre considérable de données sur les domaines les plus divers. Diogo do Couto a rassemblé des matériaux pour ses chroniques avant même d'en recevoir la mission officielle. Quand en 1578, à Burgos, Cristóvão de Acosta publie son traité sur les plantes des Indes, son entreprise reste une initiative personnelle alors qu'elle constitue le pendant asiatique des enquêtes de Francisco Hernández.

L'indépendance de certaines enquêtes par rapport aux projets de la Couronne n'est d'ailleurs pas sans provoquer des tensions : les efforts déployés par Philippe II pour récupérer les travaux de Sahagún marquent autant l'intérêt du prince pour l'*Historia general* du moine que son souci de reprendre en main des recherches d'une telle ampleur. L'*Historia eclesíastica indiana* d'un autre franciscain, Gerónimo de Mendieta, sera elle aussi écartée pour son ton trop critique sur l'époque de Philippe II[50]. En revanche, la *Monarquia indiana* de Juan de Torquemada aura l'heur de plaire à Philippe III et sera publiée à Séville en 1615[51]. Même si à la fin du XVIe siècle le contrôle institutionnel des organismes castillans – du Conseil des Indes à l'Académie de mathématiques – se renforce, la collecte des savoirs ne se confond toujours pas avec les projets de la Couronne. Au début du XVIIe siècle, des travaux comme ceux de Cristóvão de Lisboa sur l'histoire naturelle du Maragnon et de l'Amazonie continuent d'échapper au pouvoir central, et c'est d'ailleurs sans doute pour cette raison qu'ils ne verront jamais le jour. Il est difficile dans ces conditions de ramener l'extraction planétaire des savoirs à une initiative royale, si ambitieuse fût-elle. Pas plus que la globalisation intellectuelle ne s'explique par la politique de la Couronne.

Un autre handicap explique que la globalisation se soit jouée sur un registre distinct. Le traitement des informations en Europe faisait souvent difficulté. Si les manuscrits de Hernández – avec tous les matériaux qu'il a ramassés, dessins, plantes, animaux disséqués –, le somptueux *Codex de Florence* de Sahagún, les relations de Muñoz Camargo, de Guaman Poma, les *Coloquios* imprimés de Garcia da Orta gagnent tous la péninsule Ibérique, ces savoirs connaissent des destins très inégaux : le sépulcre des bibliothèques pour la plupart, la refonte et la réécriture pour les plus heureux. C'est le cas du *Codex de Florence,* qui dut attendre le XXe siècle dans sa retraite de Florence pour connaître en Italie une édition enfin digne de lui, tandis que les écrits de Garcia da Orta avaient subi dès les années 1570 des réécritures censées les adapter au public européen : le médecin portugais Cristóvão de Acosta s'en est amplement expliqué dans son prologue[52].

L'œuvre de Francisco Hernández eut elle aussi un sort passablement agité. Alors qu'ils inauguraient les enquêtes de la Couronne, les travaux du médecin prirent un tour totalement inattendu. La confrontation des instructions de Philippe II avec la réalité locale et indigène a considérablement infléchi les analyses du médecin, au point de rendre impubliable telle quelle l'œuvre réunie. Les avatars espagnols et italiens que connurent les textes et les dessins en disent long sur l'étrangeté d'une collecte qui rompait avec le modèle européen[53], en posant à la fois des problèmes d'édition et d'interprétation. Trop influencé par ses contacts avec la médecine et les savoirs indigènes, Hernández n'avait pas suivi les cadres de classement alors en usage. Philippe II, qui pourtant était fasciné par l'œuvre accomplie, confia le soin de réordonner ce trésor à son médecin Leonardo Antonio Recchi da Monte Corvino. En 1582, une première refonte était achevée. Des seize volumes, il n'en restait plus qu'un seul accompagné d'un livre de planches. Seules deux planches, l'une en couleurs et l'autre en noir et blanc, furent gravées, à titre d'échantillon[54]. La mise en ordre de Recchi, qui s'inspirait de l'approche de Dioscoride, conservait uniquement ce qui offrait un intérêt médical et pouvait s'adapter à la tradition de Galien, en mutilant une œuvre à laquelle on reprochait de présenter des plantes qui n'existaient pas en Europe ou qui n'y étaient d'aucune utilité. Le médecin italien eut beau lui faire subir une réduction drastique et la réécrire en l'adaptant aux modèles classiques, les critiques ne désarmèrent pas. Des lecteurs comme Ferrante Imperato estimèrent que le résultat n'avait finalement aucun intérêt[55]. Un avis que partageaient le Conseil royal et des médecins qui se liguèrent pour bloquer la publication. L'œuvre fut finalement publiée à Rome au milieu du XVIIe siècle, sous les auspices de l'Academia dei Lincei[56], et sous une forme encore transformée, tandis qu'une copie abrégée de la version de Recchi revenait au Mexique, pour être traduite en castillan par Francisco Xímenez et imprimée en 1615. À Rome ou à Mexico, réduites à l'état de répertoire de plantes exotiques ou de *recetario* à usage local, les versions publiées avaient perdu la dimension d'échanges et de confrontations qui avait donné à l'œuvre initiale son originalité scientifique et sa valeur intellectuelle. Un destin plus sombre encore attendait l'histoire naturelle de Cristóvão de Lisboa et les splendides illustrations qui devaient l'accompagner. Hormis quelques planches gravées à titre d'échantillon, ces précieuses images sombreront pour longtemps dans l'oubli tandis que le texte disparaîtra vraisemblablement dans le tremblement de terre de Lisbonne en 1755.

Ces blocages s'expliquent aussi pour des raisons purement techniques. De manière générale, qu'ils aient été commandés depuis la péninsule Ibérique ou réalisés sur place, les travaux des experts de la Monarchie répondent au besoin de constituer d'immenses inventaires. Rançon de la réussite, ils produisent bien plus d'informations que ce que l'Europe de la Renaissance est alors en état d'absorber. Les myriades de données contenues dans les relations géographiques ne seront jamais exploitées comme elles le méritaient. Autre handicap et non des moindres, les productions les plus originales ou les plus abouties bousculent les normes européennes. C'est le cas des enquêtes menées par Francisco

Hernández ou de la cartographie si inventive des *tlacuilos* mexicains. Il est vrai que, trop immergés dans les réalités locales, américanisés ou asiatisés, les auteurs ou les responsables de ces travaux n'ont pas toujours eu conscience de ces innovations ou de ces dérapages. Ni le médecin Hernández ni les *alcaldes mayores* qui recueillaient les « peintures » des *tlacuilos* indigènes ne paraissent s'être rendu compte de la façon dont ces documents sans précédent heurtaient les habitudes, les manières de voir le monde et de penser, des lettrés européens de la Renaissance.

L'aigle à deux têtes

La globalisation concerne donc prioritairement l'outillage intellectuel, les codes de communication et les moyens d'expression. Elle se distingue d'une occidentalisation qui se présente davantage comme une entreprise de domination des autres mondes, empruntant les voies de la colonisation, de l'acculturation et du métissage. L'occidentalisation précède-t-elle la globalisation ? Dans les tout premiers temps de la conquête, sans aucun doute. Mais l'exploration des terres de la Monarchie catholique révèle qu'occidentalisation et globalisation sont des forces concomitantes, à l'œuvre au sein de la mondialisation ibérique, indissociables l'une de l'autre, même si chacune se déploie dans des dimensions différentes et sur des échelles distinctes[57]. Globalisation et occidentalisation sont les deux têtes de l'aigle ibérique. Cette disjonction s'est manifestée dans les institutions éducatives dès les débuts de la colonisation de l'Amérique. Alors que la création du collège de Santa Cruz de Tlatelolco, qui accueillait les élites indigènes du Mexique, s'inscrivait dans la droite ligne de l'occidentalisation, celle de l'université relève de la globalisation. Face à l'expérience de Tlatelolco, essentiellement indigène et locale, sans précédent ni équivalent, la fondation d'universités et de collèges destinés aux Européens et aux créoles a jeté les bases de la globalisation intellectuelle.

Mais occidentalisation et globalisation vont plus souvent de pair au sein d'une même institution, ou au cœur d'un même individu : le jésuite qui le matin enseigne le catéchisme à des Indiens néophytes en s'efforçant d'adapter son message à leurs besoins peut reprendre l'après-midi son commentaire d'Aristote et couper aussitôt les amarres avec le monde américain qui l'entoure. C'est que globalisation et occidentalisation sont bien l'avers et le revers de la mondialisation ibérique. L'occidentalisation en serait la dimension exogène : elle consisterait à reproduire des institutions et des modes de vie d'origine européenne en les adaptant aux réalités locales et en transformant celles-ci. La globalisation, en revanche, animerait un mouvement endogène : elle projetterait hors d'Europe un espace fermé, une sphère étanche axée autour du noyau dur que composeraient l'outillage intellectuel, l'orthodoxie romaine, les systèmes et les codes d'expression. La globalisation métamorphoserait l'européen en occidental en veillant à ce que rien d'essentiel ne soit contaminé par l'extérieur. Son efficacité serait d'autant plus forte qu'elle ne cible aucun adversaire en particulier et ne s'alimente que d'elle-même.

La globalisation synchronise les autres parties du monde, mais elle le fait d'une manière absolue, sans tenir compte de temporalités locales. Les *tempi* respectifs de l'occidentalisation et de la christianisation au Mexique, au Brésil et au Pérou ne sont pas les mêmes ; les missionnaires évangélisent les Indiens de la Nouvelle-Espagne avant de s'attaquer à ceux de l'Amérique portugaise et des Andes, et ces rythmes eux-mêmes ne correspondent pas à ceux de la Contre-Réforme en Europe. En revanche, la globalisation philosophique est synchrone puisque l'on peut aussi bien lire en Amérique ce que l'on publie en Europe que faire imprimer et circuler en Europe ce qui a été conçu et rédigé en Amérique. De la même façon, le décalage est infime entre les styles de peinture en vogue en Europe et ceux qui se développent au Mexique ou au Pérou. Il est même souvent inexistant quand tel ou tel peintre passe de la Péninsule aux Indes occidentales ou orientales.

La globalisation du latin ou celle de l'aristotélisme ne sont plus à l'ordre du jour. Ces entreprises qui datent de la

Renaissance font aujourd'hui sourire. Elles attestent combien la globalisation n'est pas un phénomène récent et qu'elle a commencé par s'exercer sous l'impulsion des Ibériques dans des secteurs stratégiques de la domination occidentale. La globalisation contemporaine abat d'autres cartes en visant des consommations de masse. Le *software* qui permet de rédiger ce livre sur un ordinateur et qui inlassablement contrôle typographie, mise en forme, orthographe, ponctuation, est bien loin d'avoir l'intelligence ou la subtilité des machines à penser aristotéliciennes. Mais il rend plus agile la frappe du texte, incite aux couper/coller, ordonne et réordonne insidieusement mon propos, quitte à susciter des rencontres imprévues dans le cours de la pensée et du raisonnement. L'effet uniformisateur et globalisateur de ce *software* est d'autant plus profond que sa contrainte est silencieuse, qu'elle est consentie, si ce n'est désirée. Son intervention s'est si bien transformée en automatisme qu'une défaillance technique ou le coup d'une trop forte chaleur bloquent la machine et laissent désemparé.

Semaine après semaine, la production des studios de Hollywood illustre la mise en œuvre d'une globalisation appliquée à l'imaginaire des spectateurs des quatre parties du monde. Si au XVIe siècle la globalisation de l'ordre visuel passe par le maniérisme européen, elle emprunte aujourd'hui la voie du creuset californien qui recycle acteurs, cinéastes et scénaristes en déclinant imperturbablement les mêmes schémas et les mêmes recettes. Au formatage de l'esprit et de l'imaginaire, la globalisation contemporaine ajoute aussi celui des corps. Dans les espaces des gymnases et des clubs de *fitness* se répètent à chaque heure des gestes qui cherchent à ramener les corps à des modèles vendus comme universels, alors qu'ils sont issus des marges californiennes de l'empire américain. Les machines à mincir tournent inlassablement, emportées par une « mobilisation infinie » (Peter Sloterdijk). Les *top models* des magazines populaires imposent au regard de leurs millions de lecteurs les images de la même beauté. Les milliers d'images qui sur la Toile dévoilent la nudité féminine et masculine obéissent à une standardisation universelle qui classe, hiérarchise ou exclut les types et les couleurs.

La « globalisation des corps » et des images s'accommode fort bien des métissages, parquant dans l'exotisme ou le pseudo-primitif tout ce qui s'éloigne du modèle globalisé. La société contemporaine ne refuse pas de voir les hybrides, elle les exotise, et parfois même elle en fabrique quand elle s'imagine en tirer de nouveaux profits. Globalisation et occidentalisation opèrent de concert, se partageant les cibles, séparant et articulant les sphères, récupérant ici ce qui là apparaît « inglobalisable ». La réduction à un seizième imposée à l'œuvre du médecin Hernández pour l'adapter aux normes de l'académie est une manifestation de la globalisation intellectuelle dans la Monarchie catholique. Dans l'empire américain, l'imposition des carcans hollywoodiens aux cinéastes asiatiques engagés à prix d'or instaure une autre façon, tout aussi expéditive et « douce », de normaliser ce qui s'écarte de la norme universelle.

À quoi sert en fait la globalisation ? Elle est fondamentalement politique. Face aux métissages et aux mélanges que l'occidentalisation ne maîtrise jamais qu'en partie, la sphère infranchissable de la globalisation ibérique protège les acquis et cristallise les positions des élites européennes et occidentales. C'est précisément pour cette raison que l'aristotélisme du XVIe siècle demeure imperméable à tout emprunt aux pensées amérindiennes, tout comme il échappe aux contaminations d'une pensée métisse dont on a vu pourtant qu'elle excellait à brasser des héritages intellectuels que rien en principe ne devait rapprocher[58]. Hollywood est remarquablement étanche aux tentatives qui pourraient déstabiliser son empire sur les esprits, et les consommations de masse qui se globalisent presque dans l'instant résistent fort bien aux détournements et aux inventions locales, toujours trop isolés ou trop dispersés pour pouvoir à leur tour se mondialiser.

CHAPITRE XVI

Au bord de la falaise
Les lisières de la globalisation

« Je me trouve si loin de ces questions scolastiques. »

Garcia da Orta, *Colóquios dos simples*, 1563.

Peut-on lever la barrière de la globalisation ? La pensée des lettrés serait-elle incapable de communiquer avec d'autres traditions intellectuelles appartenant à d'autres endroits du globe ? Le poids des livres, des héritages et des institutions, les frontières religieuses et les censures inquisitoriales, les plans de carrière, le conformisme et les *saudades* mal rentrées n'expliquent pas tout. Ces obstacles n'ont pas empêché quelques tentatives d'effraction des mondes indigènes sur plusieurs frontières de la Monarchie. Tout n'est pas également étanche dans la sphère intellectuelle. Les cadres du savoir antique servent souvent de moyens d'accès aux autres savoirs. Ils offrent des passages obligés et parfois des instruments précieux qui permettent d'introduire de l'ordre dans la nouveauté et l'étrangeté. Ce sont aussi des ponts-levis qui se redressent dès que la mise en ordre échoue à absorber les spécificités locales.

D'autres passerelles existent, en marge de l'aristotélisme. Les influences néo-platoniciennes que l'on repère chez l'Inca Garcilaso de la Vega et dans les lettres de l'aristocratie indienne de Mexico constituent l'une d'elles. Messianisme et millénarisme – en donnant à ces termes une ample acception, dépassant les frontières du judéo-christianisme – en représentent une autre[1]. La variante portugaise qui s'est répandue dans la seconde moitié du XVIe siècle, le sébastianisme, a eu des échos jusque dans les campagnes du Mexique, tandis que des Indiens du Brésil ont mêlé aux croyances de la Terre sans Mal des éléments empruntés au millénarisme et au messianisme chrétiens[2]. À Lima, dans les années 1570, Francisco de la Cruz reliait ses prophéties apocalyptiques – il annonçait qu'il serait roi du Pérou et pape de la nouvelle Église des Indes – à des croyances encore alors bien vivantes dans les communautés andines : « Les Indiens du Cuzco prétendent communément qu'il y aura ces années-ci *pachacuti*, ce qui veut dire que le monde se renversera du bas vers le haut et du haut vers le bas[3]. »

Les passeurs de la Monarchie

Des figures hors pair ont joué les passeurs entre les mondes. En Asie, les enquêtes de Garcia da Orta nous entraînent aux lisières des savoirs asiatiques. Le médecin portugais était un remarquable produit des traditions universitaires européennes. Avant de gagner l'Inde portugaise, il avait enseigné la philosophie naturelle et la philosophie morale à l'université de Lisbonne[4]. En principe, sa solide formation européenne et son expérience asiatique auraient dû lui permettre de dialoguer avec des formes de pensée différentes de la scolastique et même de s'opposer à celle-ci. Qu'en est-il en réalité ? Dans les *Colloques des simples*[5], les attaques fusent contre les Anciens et les Modernes. Mais ce sont leurs connaissances qu'il discute, et jamais leurs modes de pensée. À propos d'une question sur la nature des mangues – froides, humides – que ce palais délicat aime lui-même préparer, Garcia da Orta n'hésite pas à marquer ses distances par rapport aux affirmations de la scolastique, « dont je me trouve si loin[6] ». Mais c'est pour mieux s'appuyer sur la science d'Avicenne, l'Aristote des *Météores* et d'autres sources classiques[7]. La critique dirigée contre « tous ceux qui en chœur se sont mis d'accord pour ne pas dire la vérité[8] » ne dépasse pas la dénonciation des lacunes et des aberrations contenues dans les ouvrages qu'il a pu compulser. Quand Garcia da Orta se réfère à d'autres systèmes d'appréciation, comme la façon dont les Chinois envisagent l'ambre, le rapport reste lointain et superficiel. Lorsqu'il introduit des termes asiatiques en usage chez les Gujaratis ou les Kanaris, c'est pour étoffer un éventail de désignations terminologiques avant de revenir aux savoirs canoniques du Vieux Monde.

À ses yeux, la « navigation portugaise » est source de « vérité[9] » : c'est à elle que l'on doit les nouveautés ramassées par les Portugais, et certainement pas à l'adoption d'autres systèmes de savoirs. Quand Garcia da Orta achète à Diu du turbith – un purgatif drastique autrefois fort employé –, il s'empresse d'indiquer que ses connaissances de la plante lui viennent de l'Occident et non de son informateur local, un marchand banian de Diu, qui s'est contenté, à l'en croire, de lui fournir les noms qu'elle porte localement[10]. Quels que soient la qualité de ses observations, son engagement et son degré d'esprit critique, le regard demeure extérieur aux savoirs qu'il rencontre et évolue essentiellement à l'intérieur d'un cadre issu de la Renaissance européenne, fût-ce pour le rectifier et l'enrichir[11]. Le renouvellement des bases de la pharmacopée européenne qu'on lui attribue ne passe jamais par l'emprunt à des systèmes de savoirs asiatiques. Ses quelques incursions dans le domaine religieux sont prudentes. Elles surgissent au détour de considérations sur les pratiques alimentaires, à l'occasion de questions sur les « génosophistes[12] » ou de comparaisons entre les brahmanes et les banians : « Les premiers se lavent le corps tout entier avant de manger et sont plus vénérés que les banians. » L'information confine même à l'anecdote pittoresque lorsqu'il décrit à Cambay « un hôpital d'oiseaux où on les soigne s'ils arrivent estropiés et malades », ou lorsqu'il évoque la coutume d'administrer de l'eau sucrée à des fourmis « en disant qu'ils font l'aumône aux pauvres ». La « transmigration des âmes » apparaît comme une « opinion » rapidement mentionnée chez les « brahmanes des Ghates, de Cambay et du Malabar[13] ». Pas d'approfondissement du sujet ou de questions qui s'y rapporteraient, mais la dérision d'un esprit toujours pressé d'aller à l'essentiel : « Outre cela, on trouve mille choses dignes d'en rire que j'épargne [au lecteur] pour ne pas gaspiller davantage de temps[14]. » Il est vrai que son livre doit passer par la censure ecclésiastique et que ce nouveau chrétien a le souci de faire oublier ses origines suspectes. Il n'empêche : une fois encore, la plongée dans d'autres savoirs n'a pas la moindre incidence sur l'architecture des connaissances et des modes de pensée de l'Europe de la Renaissance.

L'Inca Garcilaso de la Vega se déplace lui aussi aux confins des savoirs, entre ce qu'il a recueilli de l'héritage andin et la tradition européenne la plus raffinée : l'Inca est le traducteur de Léon l'Hébreu, l'un des représentants les plus brillants du néo-platonisme à la Renaissance. Mais cette situation exceptionnelle – une vue imprenable sur les savoirs des Andes par sa mère et son enfance – se solde par la victoire sans appel de la pensée occidentale, fût-elle habillée de néo-platonisme. On se souvient de ses jugements péremptoires sur l'absence ou presque de philosophie naturelle chez les Indiens, peu enclins à spéculer sur « les choses qu'ils ne touchaient pas avec les mains[15] ».

Aristote contre les savoirs métis et populaires

Les Garcilaso et les Garcia da Orta sont des esprits d'exception. La plupart des réactions laissent le sentiment que plus le brassage des données diffuse une impression de profusion bigarrée, de prolifération disparate, plus l'auteur européen cherche à s'agripper à son conformisme intellectuel. La *philosophical correctness* n'est en effet pas réservée aux traités que publient les maîtres de l'université mexicaine. Elle imprègne des textes de vulgarisation comme celui que le médecin Juan de Cárdenas consacre aux *Problemas y secretos maravillosos de las Indias* et qu'il publie à Mexico en 1591.

Qu'il s'agisse des plantes qu'on y cultive ou de la qualité de vie qu'elles réservent à leurs habitants, Cárdenas ne peut concevoir, décrire ou expliquer les singularités des Indes qu'à travers la vieille grille aristotélicienne[16] : « Ce que je vais dire, je ne l'ai ni inventé ni imaginé, mais tiré de ce qu'il y a de meilleur, de plus vrai et de plus subtil dans la pensée d'Hippocrate et de Galien, en m'aidant également des règles et des préceptes de la philosophie d'Aristote. Ce sont les maîtres que je suis dans toutes ces questions qui touchent à la médecine et à la philosophie. » S'il se modère dans la longueur et la fréquence de ses citations, c'est pour mieux convaincre le commun des mortels, « qui apprécie davantage une explication qui comble son entendement que tout ce que l'on peut alléguer et citer ». S'il se risque à bousculer les sacro-saintes autorités, c'est essentiellement pour mettre en avant les singularités des Indes, quitte à verser dans un sensationnalisme de bazar : « Qu'écrivent les auteurs [anciens] du crocodile que nous ne puissions dire des iguanes des Indes ? Que n'a pas écrit Dioscoride sur le hérisson qui tienne face aux propriétés du tatou de la Nouvelle-Espagne ? » Mais il n'est pas question qu'il s'éloigne d'une histoire naturelle à l'européenne. Quand il évoque la sarigue ou *tlacoache*, ce petit marsupial dans lequel s'incarnaient des pans entiers de la pensée cosmologique des anciens Mexicains, c'est pour ne s'intéresser qu'à une particularité physique : la poche que la femelle possède au milieu du ventre, « où elle enferme ses petits » et qui ne l'empêche pas « de courir ni de sauter n'importe où sans cesser de les allaiter[17] ». Et l'inventaire des merveilles reprend de plus belle : « Si le monde a compté bien des reptiles, où s'en est-il trouvé de plus grands que dans les Indes occidentales ? » Évoquer l'Amérique, pour Cárdenas, c'est ouvrir une galerie des records, sans jamais s'interroger sur des formes de pensée autres que la sienne.

Au contraire, il critique immédiatement tout ce qui s'écarte de ce qu'il a appris à l'université. Les modes de pensée qu'il combat sont d'ailleurs loin d'être l'apanage des Indiens. Quand il examine les pouvoirs et les vertus des plantes, il s'en prend avant tout à l'« ignorance du vulgaire », « des gens barbares et bêtes ». Le système d'explications qu'il développe (les « opérations premières, secondes et tierces »), l'examen des « effets les plus communs et les plus ordinaires : chauffer, refroidir, sécher, humidifier », visent à contrer les idées toutes faites du commun, « les inventions du peuple [...] qui se contente de voir un je ne sais quoi et, sans se demander vraiment ce que c'était et comment c'était, échafaude n'importe quoi à partir de ce qui lui traverse l'imagination ». En suivant un raisonnement qui table de bout en bout sur la disqualification intellectuelle du vulgaire et la réaffirmation des principes auxquels se réduisent invariablement les effets des plantes – les quatre opérations –, Cárdenas renvoie tout ce qui contredit la tradition savante dans le camp des « mensonges, absurdités et divagations[18] ».

Dans le contexte mexicain, ce « populaire » honni et dévalorisé se confond souvent avec les manifestations d'une pensée métisse née au croisement des savoirs indiens, des idées africaines et des croyances européennes. Les cas que cite Cárdenas proviennent de zones de mélange par excellence, Guadalajara et la Nouvelle-Galice. Les malades qui vomissent une poche de vers, un petit lézard, un crabe, des aiguilles ou encore des morceaux de tissu sont des Espagnols ou des esclaves noirs, et leurs *curanderos*, vraisemblablement des Indiens prêts à commettre les pires impostures. Cárdenas les accuse d'être « des simulateurs et des comédiens », tout occupés à administrer des choses immondes à leurs patients pour qu'ils les vomissent ensuite[19].

Quand Cárdenas s'en prend aux consommateurs de drogues mexicaines – *peyotl, poyomate, ololiuhque,* tabac –, c'est encore le monde mêlé de la Nouvelle-Espagne qu'il place sur la sellette. Ses diatribes visent, par-delà les Indiens et les Noirs, les « gens bêtes et idiots » qui « affirment » avoir des visions et des apparitions où se dévoileraient les choses du futur. La question des hallucinogènes mobilise toutes les ressources du raisonnement aristotélicien, qui interdit la moindre empathie avec les croyances locales et les démystifie jusqu'au bout. Cárdenas est catégorique : les effets de la consommation de ces herbes n'ont rien de mystérieux, ils provoquent une perte des sens, un « sommeil pénible et désagréable », un « rêve horrible et épouvantable ». La perturbation du cerveau fait alors apparaître des « choses épouvantables et horribles, [...] des figures de monstres, des taureaux, des tigres, des lions et des fantômes ». Il est par conséquent absolument faux d'affirmer que l'herbe ait à elle seule le pouvoir de faire surgir le démon à la demande du consommateur ou qu'elle puisse révéler l'avenir ou les secrets du passé. La raison aristotélicienne n'est donc pas qu'une machine intellectuelle qui tourne le dos au monde indigène. C'est l'arme d'une forteresse lettrée qui attaque tous azimuts en cherchant à promouvoir une vision plus rationnelle du monde. Les consommateurs de drogues mexicaines sont visés, mais au même titre que ceux qui en Europe croient aux vertus de la mandragore, de la jusquiame et d'autres herbes[20] dont les sorcières font leurs onguents.

Aristote et la pierre bézoard

À tout vouloir faire passer au crible de la « raison occidentale », on écorne même des croyances pourtant réputées universelles. La manière dont Cárdenas aborde la question des bézoards révèle un autre aspect singulier de la globalisation intellectuelle. La pierre bézoard comme on le sait est une sorte de calcul intestinal qui se forme dans l'estomac et les intestins des quadrupèdes. Toute l'Europe de la Renaissance en raffole. On en fait commerce, on les offre, au même titre que les pierres précieuses ou les soieries de Chine. On collectionne les bézoards, on les sertit dans des garnitures d'orfèvrerie. Les pierres les plus grosses vont enrichir les collections des cabinets de curiosités et les trésors des princes. Mais ce sont avant tout des remèdes. La pierre bézoard cristallise autour d'elle des croyances qui en font un puissant contrepoison. Qu'elles concernent l'origine ou les pouvoirs de la pierre, ces idées fort diverses sont répandues en Europe, en Asie et en Amérique. Les Indiens « de l'Inde orientale comme ceux de l'Inde occidentale » élèvent de petits cerfs et des espèces d'antilopes pour extraire de leur estomac les pierres qui se développent à l'intérieur. La mondialisation ibérique autorisant dorénavant toutes les confrontations, d'aucuns prétendent que les bézoards de l'Inde sont plus efficaces que ceux du Nouveau Monde, car les pâturages y seraient plus sains et mieux fournis en plantes médicinales[21].

Garcia da Orta ne pouvait éviter de consacrer un de ses colloques à la pierre bézoard, « si louée par tous les Arabes[22] ». C'est la pierre *pazar* des Perses et des Arabes que les Européens appellent « sous une forme corrompue » *bezar*, et les Indiens de l'Inde *pedra de bazar*, « qui signifie la pierre de la place ou de la foire, car *bazar* veut dire l'endroit où se vendent les choses[23] ». On l'utilise contre les empoisonnements et les « maladies de mélancolie », les formes de gale, la lèpre et les prurits, ou encore à des fins aphrodisiaques, « pour accroître la puissance dans les jeux de Vénus ». Trois ans plus tard, à Séville, Nicolás Monardes publie son *Livre de deux remèdes excellents contre toute sorte de poison, la pierre bézoard et la scorsonère*. À la fin du siècle, à Mexico, Juan de Cárdenas – qui estime que « les bézoards très fins et très précieux ont leur origine première aux Indes » – leur dédie également un chapitre entier[24]. S'il semble partager la croyance universelle dans les vertus de la pierre, il entend ici encore combattre l'erreur populaire, car il existe « des raisons et des expériences bien suffisantes » pour faire triompher « la vérité et ce qui se passe véritablement ». Si l'on soumet les errances populaires aux « règles très certaines de la philosophie[25] », comment peut-on imaginer que la pierre se forme d'un coup dans l'estomac de la bête ? Il faudrait une chaleur ou un froid extrême pour parvenir à ce résultat, donc des températures internes auxquelles l'animal ne saurait résister. De la même façon, il lui paraît aberrant de lier la pierre bézoard au cours des étoiles et des planètes : « C'est tourner autour du pot. » Il n'est pas non plus vrai que la pierre se forme toujours autour d'une herbe médicinale que l'animal aurait absorbée pour s'en servir comme antidote. Il est d'ailleurs exceptionnel que la bête d'où on l'extrait se soit nourrie de plantes curatives : « Au contraire, si c'est vrai dans un cas, dans des millions d'autres ce ne le sera pas. » Et de conclure, catégorique : « Il est très rare que l'on voie des bézoards avoir de l'effet. »

À force de syllogismes, Juan de Cárdenas a déconstruit une grande partie des croyances associées à la pierre. S'il s'insurge contre l'intérêt universel que suscite la pierre, c'est que la raison aristotélicienne lui sert à désenchanter le monde et à mieux distinguer l'abîme qui sépare – et qui selon lui doit séparer – la pensée des élites européennes et occidentales des inventions populaires et des croyances du reste du monde. La globalisation intellectuelle marque ici autant la frontière entre le savant et le populaire qu'entre l'occidental et le non-occidental. De quoi nous rappeler qu'elle est à l'œuvre en Europe aussi bien que dans les autres parties du monde.

Aux confins des pensées vaincues

Il existe pourtant des êtres d'exception qui ont tenté de briser les parois de la pensée globalisée. En Nouvelle-Espagne, des moines comme le franciscain Sahagún ou le dominicain Durán ont consacré leur vie à explorer les savoirs amérindiens et sont parvenus à passer une tête dans des univers qui leur étaient radicalement étrangers. Comment s'y sont-ils pris ? Les jugeaient-ils aussi intellectuellement dignes d'intérêt que la tradition dont ils étaient issus ?

Le franciscain Bernardino de Sahagún nous livre des réponses dans l'*Historia general de las cosas de Nueva España* et dans l'extraordinaire encyclopédie illustrée que renferme le *Codex de Florence*. Traduit et achevé en 1577 à partir d'une enquête commencée trente années plus tôt[26], le livre VI de son histoire générale porte explicitement sur « la rhétorique, la philosophie morale et la théologie » des anciens Mexicains. Le moine y manifeste une rare ouverture d'esprit : « Si barbares et frustes qu'ils aient été, tous les peuples ont suivi les sages et les hommes qui savaient convaincre, les hommes remarquables dans les vertus morales, les hommes habiles et vaillants dans l'exercice de la guerre. » Sahagún est formel, les anciens Mexicains ont excellé en toutes ces choses : « Ils se surpassèrent, à n'en pas douter, ils étaient extrêmement dévots avec leurs dieux, très soucieux de leurs républiques, et entre eux très policés[27]. » Parce que cette sensibilité et cette admiration répétée pour le monde indigène sont loin d'être partagées par les Espagnols[28], Sahagún défend fermement la véracité de ses analyses contre ceux qui n'y verraient qu'« inventions et mensonges ». Cette intimité avec le passé préhispanique est, à tout point de vue, hors norme. Jusqu'où se manifeste-t-elle et comment l'interpréter ?

Sahagún joue d'abord sur une séparation rigoureuse entre l'œuvre religieuse – qui comprend des sermons, une *Psalmodia* – et la rédaction de son *Historia general*. Dans celle-ci, il réserve à des appendices, à des introductions ou à des apostrophes ses réactions de missionnaire engagé dans le combat pour le salut de l'âme des Indiens. La division matérielle entre ces deux champs lui permet d'aborder les sociétés indiennes avec un minimum d'interférences, ce qui n'était pas le cas de ses prédécesseurs[29]. Mais un autre procédé lui permet de s'approcher plus encore de la pensée indigène : il consiste à reproduire le discours des informateurs dans la langue originale, le nahuatl, et à faire appel à des peintres indiens pour introduire l'information visuelle. Ce que l'on peut observer à loisir au fil des pages du *Codex de Florence*. Le registre descriptif préserve ainsi une constante autonomie par rapport aux interprétations et aux commentaires que Sahagún s'efforce de fournir à un lecteur européen égaré ou choqué devant tant de singularités et d'étrangetés. Le moine est donc en mesure d'enregistrer fidèlement toutes sortes d'informations provenant du monde amérindien. Si l'on ajoute à ces précautions le souci, des années durant, de remettre périodiquement ses dossiers en chantier, de varier les interlocuteurs et les lieux, on comprend comment Sahagún a pu s'approcher au plus près du monde indigène et nous le faire souvent toucher des yeux et de l'esprit. L'observatoire qu'il s'est constitué est exceptionnel. Rares sont ceux qui peuvent lui être comparés ; seuls peut-être les jésuites Nobili en Inde, Ricci en Chine et Fróis au Japon poussèrent l'expérience aussi loin. À ceci près que Sahagún travaille sur une société vaincue et dans un contexte colonial.

Le franciscain pénètre l'autre monde, mais s'y engage-t-il réellement ? Il ne va jamais jusqu'à emprunter aux sages indigènes des manières de penser. Les garde-fous sont toujours en éveil. Même confinées dans des sections isolées du reste de l'ouvrage, les interventions du missionnaire assènent de temps à autre des jugements de valeur qui nous ramènent brusquement de la description presque neutre, parfois même empathique, de la société indienne à la campagne d'évangélisation, gommant de la sorte toute amorce de relativisme culturel. Il en va ainsi dans le livre VII, lorsque le franciscain aborde « l'astrologie et la philosophie naturelle » des Indiens. Dans ces pages, le ton change et le jugement est sans appel : « Ils n'y comprenaient que fort peu de chose » ; « La matière dont traite ce septième livre est abordée d'une façon très grossière[30] ». Cette médiocrité est évidemment mise au compte de « l'aveuglement où nous a fait tomber le péché originel », le « nous » englobant charitablement aussi bien les Indiens que les Européens. Celui qui a pu éprouver un certain plaisir à parcourir le livre précédent est prévenu : « Le lecteur aura raison de ne pas aimer la lecture du septième livre, et elle lui déplaira encore plus s'il comprend la langue indienne comme la langue espagnole. » Le but thérapeutique de l'œuvre et l'existence même de l'enquête sont alors expressément rappelés : « Pour qu'on les guérisse de leurs aveuglements, [...] quelques fables seront introduites dans ce livre[31]. »

Mais l'obstacle qui se dresse entre Sahagún et la pensée des Indiens paraît encore plus profond. Les catégories intellectuelles du franciscain établissent des distinctions fondamentales entre le surnaturel et le naturel[32], le matériel et l'immatériel. Elles agissent comme des réflexes conditionnés qui échappent à la conscience du moine et le conduisent à réorganiser différemment les données que lui fournissent ses informateurs. Celles-ci ne cessent d'être décontextualisées, dissociées et déconnectées des idées avec lesquelles elles faisaient bloc. Si grandes soient ses curiosités, l'objectif du moine n'est jamais d'enrichir le savoir européen de notions nouvelles – et il ne saurait en être question –, mais de vérifier jusqu'à quel point les Indiens de l'époque préhispanique menaient une existence répondant à des normes acceptables. Les savoirs anciens sont recueillis, triés, acceptés et valorisés dans la seule mesure où ils reflètent des principes proches des valeurs chrétiennes et humanistes.

Tout écart, en revanche, est sur-le-champ dénoncé, même s'il s'agit d'idées qui paraissent s'apparenter à des notions européennes. Commentant un proverbe des Indiens – « Il en sera ainsi une autre fois, les choses se retrouveront ainsi une autre fois, dans quelque temps, dans quelque lieu » –, le moine s'insurge en adoptant carrément le ton et le vocabulaire d'un inquisiteur : « Cette proposition est de Platon, et c'est le diable qui l'a enseignée ici car elle est erronée et absolument fausse, elle est contraire à la foi. Voici ce qu'elle veut dire : les choses qui ont été redeviendront ce qu'elles furent dans le passé, les choses qui vivent revivront et le monde sera à nouveau le même qu'il est actuellement, ce qui est absolument faux et absolument hérétique[33]. » Les anciens Mexicains se voient donc gratifiés d'idées platoniciennes, mais, loin d'inciter à la discussion intellectuelle, la découverte déclenche aussitôt le rejet le plus cinglant. L'interprétation de Sahagún traduit à nouveau la clôture sur elle-même de la sphère intellectuelle occidentale, qui ne peut capter les étrangetés des pensées non européennes qu'à travers les déviances « canoniques » qui ponctuent régulièrement l'histoire des idées dans le Vieux Monde[34]. Le cas du moine franciscain est d'autant plus révélateur qu'il a occupé par rapport aux savoirs amérindiens une position unique dans l'histoire de leur découverte et de leur étude. Au moment précis où Sahagún met le doigt sur la particularité cyclique du temps méso-américain[35], la herse tombe. Tout se passe comme si un système de défenses immunitaires d'ordre intellectuel s'activait dès que l'éclaireur ibérique plonge trop loin dans l'autre monde.

Est-ce à dire que le moine ne se laisse jamais contaminer ou rattraper par l'univers qu'il explore patiemment décennie après décennie ? La lecture de la *Psalmodia christiana*, un recueil d'hymnes pour les fêtes chrétiennes qu'il a rédigé et publié en nahuatl en 1583, incite à imaginer le contraire[36]. On a le sentiment que le franciscain s'égare parfois dans la toile des métaphores païennes qu'il s'efforce d'utiliser dans un sens chrétien. Non que les détournements acrobatiques qu'il multiplie l'aient fait ouvertement glisser dans le paganisme indigène, mais ils introduisent une pensée trop métissée pour demeurer orthodoxe et tridentine, constamment chargée des ambiguïtés qu'entraîne l'emprunt d'une forme qu'on estime à tort dissociable de son contenu originel et païen. Le moine était-il totalement inconscient de ces glissements ? Jugeait-il que les métaphores païennes étaient systématiquement recyclables dans le christianisme ? Se doutait-il que l'exercice, pratiqué à haute dose, n'était pas sans danger, comme le décida l'Inquisition qui finit par proscrire l'ouvrage ?

Un autre indice suggère la subtilité de ce face-à-face et l'attirance que Sahagún ressentait pour un monde aux confins duquel il passa le plus fort de son existence : c'est la minutie obsessionnelle avec laquelle il décrit la société ancienne en accumulant des détails qui nous apparaissent bien superflus si on les rapporte aux objectifs missionnaires du franciscain. Cette attention méticuleuse trahit sans conteste la fascination exercée par l'objet. Comme si Sahagún ne pouvait en détacher les yeux, comme s'il n'en voulait rien perdre[37]. Comme si, en dehors de la foi, des préjugés et des idées reçues, d'autres obstacles lui interdisaient de faire le saut, à commencer par la perception de ce qu'une société différente peut comporter d'intraduisible. Une conviction probablement née d'un double constat, d'une double limite : l'incapacité des informateurs à rendre intégralement compte de leur réalité et l'impuissance du moine à surmonter les bornes de sa propre compréhension. Sahagún s'est trouvé pris entre ce qu'il devait à tout prix éviter – glisser dans le piège de l'idolâtrie et des mélanges – et ce qui semblait une tâche interminable – interpréter de manière exhaustive le monde amérindien pour l'expliquer à des Européens. Sahagún est un passeur et, comme tous les passeurs, il est resté prisonnier des limites imposées par sa formation et ses objectifs.

De l'Inde de Nobili au Japon de Fróis

L'imperméabilité de l'aristotélisme connaît-elle des exceptions en Asie ? Avec les pensées asiatiques, des échanges, des emprunts, des contaminations se révèlent-ils possibles ? Les jésuites sont-ils mieux armés que le franciscain du Mexique ? Ils ont à la fois l'avantage d'avoir affaire à des civilisations vivantes et le handicap de ne pas être en terre conquise, sauf à Goa et dans les quelques zones où s'est suffisamment affirmée la présence portugaise. Une fois encore, les sujets qui tentent le passage dans l'autre univers sont des exceptions au sein des groupes auxquels ils appartiennent. Comme Sahagún ou Durán, ils constituent bien davantage les indicateurs des limites extrêmes de la globalisation que des figures représentatives de l'Église en Asie. Quantité de jésuites à Goa, à Macao ou au Japon n'ont manifesté qu'un intérêt distant pour les sociétés qui les entouraient, leur mission étant d'évangéliser et non d'ethnographier.

Si les jésuites ont cherché à adapter le christianisme aux sociétés qui les recevaient, les franciscains du Mexique les avaient précédés depuis longtemps sur cette voie, en reprenant des formules indigènes pour désigner la divinité et même en adoptant dans les toutes premières années de leur apostolat les robes de coton bleu que revêtaient les anciens prêtres du dieu Huitzilopochtli[38]. On ne compte plus en Nouvelle-Espagne les éléments indigènes d'origine païenne – lieux de culte, objets, plantes, animaux, chants, danses, instruments de musique, dates de l'ancien calendrier liturgique, repères iconographiques – dont les ordres mendiants s'emparèrent pour attirer les Indiens vers le christianisme[39]. C'est également au Mexique, puis au Pérou, que s'est amorcée une réflexion sur la nécessité de distinguer entre une sphère civile préhispanique, tolérable car validée par la coutume immémoriale, et le monceau d'erreurs et de superstitions liées à l'idolâtrie.

En Inde, Roberto de Nobili s'est fait l'un des champions de cette *accommodatio* qui impliquait qu'on repérât dans le mode de vie, la pensée et la religion des autochtones des éléments compatibles avec le christianisme. Au cours de son séjour à Madurai, au cœur du pays tamoul[40], le jésuite italien élabora une stratégie fondée sur le rapprochement avec les élites lettrées et son identification personnelle avec la caste des brahmanes : il en adopta le vêtement, le régime alimentaire, les manières de parler et de se comporter, au point de refuser d'être appelé *parangue*, c'est-à-dire d'être confondu avec un pur et simple Européen[41]. Des ponts existaient entre les sociétés, du moins entre leurs secteurs les plus élevés, et il fallait les emprunter : le sanscrit était le « latin du pays[42] », le groupe dominant des brahmanes apparaissait comme l'interlocuteur-né des jésuites, et Nobili s'imaginait pouvoir tirer de la conception brahmanique de l'Inde des clés ouvrant la voie au dialogue et aux accommodements. Avec une audace exceptionnelle, le jésuite italien s'efforce donc d'interpréter les textes brahmaniques au lieu de les rejeter dans les ténèbres de l'idolâtrie. Il s'interroge même sur des catégories fondamentales de l'hindouisme, comme celle du *dharma* dans ses diverses acceptions[43]. Les efforts du jésuite romain porteront leurs fruits, puisqu'il obtiendra de Rome et des autorités religieuses de Goa que les néophytes puissent conserver une série de signes distinctifs : *linea* (fil), *curumby* (toupet), *sandalum* (santal) et *lavatorias* (ablutions). Ces signes devaient être considérés comme des marqueurs sociaux, et non plus comme des marques d'idolâtrie[44]. Il est vrai que depuis presque un siècle à Mexico et au Pérou, lors des grandes fêtes, la noblesse indigène avait conservé le droit de porter ses somptueux atours préhispaniques dont pas une plume, évidemment, n'était vierge de références idolâtriques[45].

À la différence de la Nouvelle-Espagne de Sahagún, la pression du milieu non occidental sur Nobili est constante. Et elle est incontrôlable. Le défi d'avoir à s'intégrer dans un monde païen sans jamais rompre avec sa foi ni avec les institutions laissées derrière lui (Goa, Macao, Rome) est d'autant plus intense que les garde-fous – les Européens, le collège jésuite, les autorités ecclésiastiques – sont inexistants où il se touve et que l'individu ne doit compter que sur lui-même[46]. Ce qui signifie que les écrits et les lettres de Nobili ne laissent probablement transparaître qu'une version théologiquement recevable (par Rome et par Goa) de son expérience. Tout débordement, par la force des choses, est censuré, quand il n'est pas purement et simplement refoulé. Il faut donc s'en tenir au discours du jésuite, et ce discours nous renvoie inévitablement aux effets de la globalisation. Pour relier les mondes, Nobili construit une vision brahmanique de l'Inde en dégageant des textes sacrés des notions qui lui sont familières – l'existence d'un Dieu unique, la Trinité – et en projetant ce que lui apprennent ses informateurs dans les cases *ready-made* que sont la théologie, la philosophie et l'éthique chrétiennes[47]. Pas de quoi faire passer des notions majeures de l'hindouisme dans la pensée jésuite. Si Nobili a connu intérieurement trouble et révolution intérieure, rien apparemment n'en a percé et rien ne nous en est parvenu. Au contraire, « la vision que donne Nobili des principes de la doctrine de Shiva se fonde sur un ensemble de traductions simplifiées et elle vise, de toute façon, moins à capter sa signification qu'à étaler les outils de la théologie thomiste et scolastique dont Nobili dispose et son habileté à réduire son interlocuteur au silence[48] ». Incontournable globalisation de la pensée européenne. Si, intellectuellement et même affectivement, un Nobili ou un Sahagún pénètrent assez profondément dans les traditions qui leur font face pour se convaincre que les univers mentaux sont traduisibles entre eux, les connexions qu'ils envisagent ne peuvent s'opérer qu'à leurs conditions et à celles de la Monarchie, c'est-à-dire dans les cadres marqués par la scolastique et le christianisme[49].

En fait, l'exemple de l'*accommodatio* avait été également donné par le jésuite Valignano au Japon[50]. À la fin du XVIe siècle, les jésuites du Japon s'intéressèrent de près aux religions et aux croyances de l'archipel[51]. Le traité de Luís Fróis sélectionne une série d'éléments qu'il s'attachait à opposer trait pour trait au christianisme sans pour autant verser dans la caricature et le pamphlet. Par contre, l'histoire qu'il rédige, et qui demeure le plus considérable monument littéraire qu'ait consacré un Européen au Japon du XVIe siècle, n'est pas tendre pour les « sectes » de l'archipel. Quelques voix pourtant tentèrent de raccorder des bribes de confucianisme avec le christianisme : le *Heike no Monogatari* (*Contes de Heike*) est l'adaptation d'un texte du XIIIe siècle par les soins d'un Japonais converti, le frère Fabian, où figurent des maximes inspirées du confucianisme et susceptibles d'être reprises dans les sermons. La traduction des *Fables* d'Ésope transpose le texte original – le chêne et le roseau devenant ainsi le palmier et le bambou – et se risque à inverser certaines morales pour ne pas heurter la sensibilité confucéenne[52]. Ces connexions restent toutefois exceptionnelles. Dans le *Myotei mondo*, le jésuite japonais Fabian oppose l'omnipotence du Dieu créateur à la vacuité du bouddhisme, du shinto et du confucianisme : « Toutes les autres explications cosmogoniques et toutes les autres tentatives pour rationaliser les espérances ultimes de l'humanité se dissipent dans l'insignifiance devant la suprématie du *fiat* divin[53]. »

Au Japon, la crainte de voir les lettrés de l'archipel découvrir des analogies entre l'aristotélisme et leurs propres traditions intellectuelles a considérablement freiné la diffusion de la pensée du Stagirite, même si celui-ci ne saurait être totalement absent de l'enseignement des jésuites. Cette peur était justifiée puisque les renégats jésuites qui choisirent, souvent sous la torture, le camp de leurs persécuteurs japonais s'empressèrent d'opposer les principes aristotéliciens aux aberrations du christianisme. Dans la *Supercherie dévoilée*, l'ex-jésuite portugais Christóvão Ferreira, devenu Sawano Chuan, souligne la continuité entre la philosophie aristotélicienne et la pensée japonaise : « Avant la naissance de Jésus-Christ [...] vivait chez les Barbares du Sud un grand savant nommé Aristote qui, discutant des commencements du ciel et de la terre, avait correctement noté que le ciel et la terre n'avaient pas de commencement. [...] La catégorie dite simple, celle des existants non composés – terre, eau, feu, air et ciel –, concerne des êtres non créés, qui n'ont par conséquent ni commencement ni fin ; ils résultent mystérieusement de la conjonction du *yin* et du *yang*. Voilà qui est évident pour tout le monde. L'expliquer en enseignant qu'il y a un créateur du ciel et de la terre, le seul seigneur qui règne sur toutes choses, c'est tout simplement une invention pour donner une base à la religion Kirishitan [= chrétienne][54]. » Autrement dit, comble du paradoxe, si raccordement de pensées il y eut, il s'opéra contre les jésuites et contre le christianisme. Pour que l'aristotélisme entrât en rapport avec d'autres univers conceptuels, il a donc fallu que la mondialisation ibérique se retournât contre elle-même et que le rapport de forces s'inversât.

Tandis que se fêluraient les parois de verre de la globalisation et qu'enfin Aristote se « branchait » sur des courants de pensée asiatique, le Japon exterminait ses chrétiens, chassait ses métis, se fermait aux Espagnols comme aux Portugais, et rejetait l'occidentalisation dans ses modalités ibériques. L'Inquisition changeait de camp : c'était maintenant au tour des Japonais de soumettre les catholiques à des tourments qui en auraient remontré aux inquisiteurs de Mexico et de Goa. Lorsqu'en 1639 le censeur japonais découvrit que l'entrepôt hollandais de Hirado portait une date chrétienne – « An 1639 » –, les marchands de la Compagnie des Indes orientales furent contraints de faire raser les bâtiments incriminés, puisque les Japonais y voyaient une allusion insupportable à la religion des « Barbares du Sud ». À croire que c'est le double jeu du christianisme et de la domination ibérique qui bloquait l'échange des pensées et assurait l'étanchéité de la sphère intellectuelle dans tous les mondes de la Monarchie catholique.

Fausse rencontre ?

Au début du XVIIe siècle, les jésuites de Chine se livreront à des exercices encore plus périlleux que ceux de Bernardino de Sahagún ou de Roberto de Nobili, aux frontières des empires et des philosophies[55]. Quand Sahagún évoque l'entrée de deux augustins espagnols en Chine en l'année 1576[56], il est persuadé « qu'il existe dans les royaumes de la Chine [...] des gens très habiles, très policés et d'un grand savoir ». La Chine passait alors pour être le but ultime de l'évangélisation du monde, un aboutissement dont l'Amérique n'aurait été qu'une antichambre ou une étape sur le cheminement de la foi catholique. Sahagún pouvait-il imaginer que les jésuites seraient conduits à pénétrer encore plus avant dans la pensée chinoise et qu'ils connaîtraient les mêmes dilemmes que lui[57] ?

L'une des figures les plus marquantes de ce face-à-face est sans conteste le père Matteo Ricci[58]. Arrivé en Chine en 1589, le jésuite de Macerata s'est employé à relier christianisme et confucianisme en rejetant bouddhisme et taoïsme. L'entreprise n'était pas suspendue à la connaissance que Ricci avait acquise des philosophies asiatiques. Il bénéficiait de l'appui de lettrés chinois titulaires de postes importants dans l'administration impériale et qui s'étaient convertis : Xu Guanqi (1562-1633), Li Zhizao (1565-1630), Yang Tingyun (1557-1627). C'est ainsi que Xu était premier grand secrétaire, une position convoitée dans la Chine des Ming[59]. Même si la conversion de ces trois piliers de la première Église chinoise ne fut pas qu'une affaire intellectuelle ou spirituelle, il semble que nulle part la situation n'ait été aussi propice à un transvasement des formes de pensée. Les efforts menés par les jésuites pour se rapprocher de la pensée chinoise constituent sans nul doute l'un des degrés les plus élevés de communication et d'échange intellectuels. Viennent-ils démentir l'idée que l'édifice intellectuel européen est imperméable à l'extérieur, et donc qu'il ne se métisserait pas ?

La Chine ne semble guère infirmer ce que nous avons pu observer en Inde ou au Mexique. Les limites internes et externes de l'entreprise jésuite sont connues. À long terme, elles tiennent à l'attitude hostile de Rome face à ces avancées téméraires – c'est la question des rites qui se soldera en défaveur des jésuites –, mais elles sont dues surtout à l'échec du christianisme en Chine, en dépit des concessions faites et des rapprochements esquissés. Le rejet du christianisme est d'abord lié à un problème de langue et de communication. Faute de termes propres à désigner les idées d'être ou d'essence, la sinisation des principes de la scolastique était une tâche impossible. L'ethnocentrisme chinois a sans doute fait le reste : pour les lettrés de l'empire céleste, la vérité ne saurait procéder que de la tradition qu'ils cultivent, c'est la seule « voie véritable » – l'envers, si l'on peut dire, de la globalisation ibérique. Mais l'apostolat des jésuites recelait aussi ses propres impasses. Le comportement des membres de la Compagnie est profondément conditionné par la Contre-Réforme ; ils restent des prêtres du Seigneur dans une Chine où il ne saurait être question d'être à la fois prêtre et lettré[60]. Enfin et surtout, l'accrochage qu'ils tentent entre la pensée chinoise et la pensée occidentale s'est heurté aux contraintes et aux freins partout imposés par la globalisation de la pensée européenne. À première vue pourtant, les barrières habituelles avaient été exceptionnellement levées. Pour faire adopter le christianisme, Matteo Ricci comprend qu'il faut en passer par la matrice confucéenne – condition *sine qua non* de l'orthodoxie au sens chinois du terme (*zheng*)[61] – et accepte que la doctrine chrétienne soit repensée pour un public de lettrés chinois : la foi est présentée comme l'une des pièces d'un savoir philosophique et encyclopédique du monde, d'un système dans lequel la cartographie, les mathématiques, l'astronomie et l'astrologie ont aussi leur part et sont largement mobilisées pour impressionner les interlocuteurs chinois. Cependant, si le rapprochement intellectuel se produit, c'est essentiellement sur la base de la relecture sélective que Matteo Ricci fait du confucianisme. Le jésuite l'adopte dans la mesure où il se ramène à une doctrine vidée de préoccupation métaphysique et dépourvue d'arrière-plan cosmologique. Pour cela, il n'en retient qu'une version ancienne qui correspond au temps de Confucius (-551/-479) et rejette le néo-confucianisme qui s'était développé à partir du xe siècle.

Sous la double influence du bouddhisme et du taoïsme, la doctrine avait alors acquis des dimensions cosmologiques et métaphysiques en même temps qu'elle évoluait dans une direction matérialiste et athée[62]. Les néo-confucéens insistaient sur un principe cosmologique fondamental, *taiji*, qui engendrait le monde d'une manière très différente du christianisme, par des processus continus et simultanés de création et de corruption[63]. Ils avaient développé le diagramme du principe ultime et suprême qui résumait ces processus en distinguant les forces contraires et complémentaires du *yin* et du *yang* : en se divisant, les deux principes provoquaient une diversité croissante avant un retour à l'unité et le cycle se répétait[64]. Il va sans dire que toutes ces idées contredisaient absolument la croyance chrétienne en une création *ex nihilo* telle qu'elle ressortait de la Genèse.

En revanche, le confucianisme, sous la forme que ressuscitait Ricci, apparaissait dénué de ces dimensions cosmologiques immanquablement susceptibles d'entrer en conflit avec le christianisme. La manière de voir de Ricci était d'ailleurs ouvertement critiquée et rejetée par les néo-confucéens, en particulier l'idée qui faisait de *Tian* (le Ciel) un être suprême et personnel.

Donc, si ouverture il y eut, celle-ci est restée sélective et s'est essentiellement appuyée sur une interprétation discutable de la pensée chinoise. Ricci prétendait dégager Confucius d'une gangue d'interprétations qui étaient censées avoir corrompu sa pensée. Le processus finira par aboutir à la création d'un concept, le confucianisme[65], et d'un nom, Confucius. Le confucianisme joue donc bien ici un rôle de passerelle entre la Chine et le christianisme des jésuites. Mais il postule l'existence d'une discontinuité dans la tradition philosophique chinoise. Or rien de tel ne se serait produit dans le passé de la Chine.

La démarche jésuite exploite un autre élément chinois : le syncrétisme propre à l'époque Ming, qui avait facilité de par le passé les rapprochements entre confucianisme, bouddhisme et taoïsme. Les jésuites détournent ce syncrétisme en faveur du christianisme dans l'idée de lui faire prendre la place du bouddhisme et du taoïsme[66]. Peut-on, dans ces conditions, parler d'une perméabilité de la pensée européenne à la pensée chinoise ? On y lira plutôt un filtrage et une manipulation qui finissent par en modifier le contenu et l'histoire. Il semble que la globalisation intellectuelle n'emprunte à l'extérieur que ce qu'elle peut couler dans ses propres matrices, et qu'elle n'adopte des éléments étrangers que lorsqu'elle sait y retrouver sa propre image. Enfin, cet entrebâillement n'a lieu ni au sein de la Monarchie catholique ni même sur ses périphéries. L'ouverture intellectuelle manifestée par Ricci ou Nobili est aussi le fruit tactique des circonstances et d'un rapport de forces éminemment défavorable aux jésuites et au christianisme. À la différence de l'Amérique, de l'Afrique et même de l'Inde, la Chine ne laisse à la Compagnie qu'une marge de manœuvre des plus infimes.

Des tentatives avortées

Les convertis mexicains, chinois et tamouls ont sans nul doute assumé un rôle essentiel dans ces rapprochements et ces fausses rencontres. En Chine, l'appui des lettrés convertis s'est révélé indispensable aux diverses manipulations qui tournent à la création d'un confucianisme jésuite : Xu Guanqi soutiendra que le christianisme doit « compléter le confucianisme et supplanter le bouddhisme[67] ». Longtemps, lettrés convertis et missionnaires collaborèrent pour mettre en valeur les similarités réelles ou virtuelles entre christianisme et confucianisme. Mais d'autres convertis n'ont-ils pas tenté, de leur côté, à l'écart de l'Église, de raccorder les pensées et les mythologies ?

Les fresques qui ornent les cloîtres du Mexique démontrent que les peintres indiens ont multiplié les associations intellectuelles les plus audacieuses avec un rare bonheur pictural. On a pu mesurer la profondeur et l'intérêt des rapprochements que leurs pinceaux se risquent à montrer. En tout état de cause, ils témoignent d'une pensée métisse qui s'épanouit hors de la sphère de la globalisation, aux confins de l'occidentalisation et de l'évangélisation. Mais, hors de la bulle occidentale, point de mondialisation : les alliances déroutantes et subtiles que proposent les *tlacuilos* de Puebla sont destinées à rester à jamais localisées, attachées aux parois de la Casa del Dean avant de disparaître sous la poussière et la chaux. Un sort pareil est réservé aux fresques des couvents dont les trouvailles esthétiques et conceptuelles ont sommeillé des siècles durant[68]. À la même époque, lettrés indiens et métis tentent de repérer dans les traditions amérindiennes des traits en accord avec le christianisme. C'est le cas du monothéisme que des métis mexicains comme Pomar puis Alva Ixtlilxóchitl s'accordent à déceler dans le passé de Texcoco pour mieux raccrocher la pensée de leurs ancêtres païens au christianisme et à la philosophie européenne : le roi Nezahualcoyotl aurait été un esprit supérieur à Platon et aux philosophes, il aurait eu la prescience de l'existence du créateur du ciel et de la terre et d'un seul dieu auteur des choses visibles et invisibles[69]. Ces rapprochements s'opèrent également au prix de relectures, de sélections et de réinterprétations. Ils n'en sont pas moins le fait de lettrés qui connaissent les deux mondes et qui auraient pu ouvrir la voie à de plus savantes associations. Strictement localisés, ils n'avaient aucune chance d'être étendus à d'autres zones du globe. Il a fallu attendre la seconde moitié du XXe siècle pour que l'on s'intéresse aux « visions des vaincus ».

Il serait bien absurde aujourd'hui de reprocher à Antonio Rubio de ne pas s'être ouvert aux sagesses indiennes comme, à la même époque, Matteo Ricci le faisait en Chine. Le triomphe des Espagnols dans leurs royaumes du Nouveau Monde incitait à passer par pertes et profits les savoirs indigènes, alors même que les Durán et les Sahagún s'étaient acharnés à en recueillir et sauver des pans entiers. La conquête espagnole avait si bien fait les choses que la question ne se posait même pas. La globalisation de l'esprit pouvait se déployer sans obstacle, et les penseurs de l'université comme les peintres maniéristes mèneraient leurs travaux à l'abri de toute interférence, avec d'autres formes d'expression ou de pensée.

ÉPILOGUE

De *Matrix* à Camões

« Déjà allongé sur son lit doré,
où les imaginations sont les plus fidèles,
repassant incessamment dans son esprit
les devoirs de sa charge et de son sang,
il laissa vaincre ses yeux par le doux sommeil,
qui ne libéra pas son cœur ;
car à peine a-t-il cédé à la fatigue
que Morphée lui apparaît sous des formes diverses.
Il lui semblait alors qu'il montait
si haut qu'il touchait la première sphère
d'où il voyait en face plusieurs mondes... »

Camões, *Les Lusiades*, chant IV, 68.

Les messianismes et les millénarismes flottent sur les quatre parties du monde, dans la Monarchie comme au-delà de ses frontières[1]. La Péninsule a ses messianismes officiels, plus ou moins retentissants, liés à la personne des souverains ibériques. Au cours du XVIe siècle, ces idées circulent autour de Manuel, roi de Portugal, de l'empereur Charles Quint et même de son fils Philippe II. Dans les rangs des ordres monastiques, les franciscains cultivent une tradition millénariste d'origine médiévale, qui se propage en Amérique dans le sillage de leur apostolat[2]. Messianismes et millénarismes se croisent aussi sous la plume des moines et des poètes qui s'interrogent sur le destin de la Monarchie. En Nouvelle-Espagne, ils s'expriment de manière brûlante chez Gerónimo de Mendieta, plus circonspecte chez son confrère Juan de

Torquemada, en Asie, ils prennent un tour épique et grandiose chez Luis de Camões, en Europe, Tomasso Campanella en nourrit sa prose philosophique et triomphaliste[3].

En marge de ces prises de position surgissent d'autres messianismes contestataires et clandestins. Les uns se glissent dans les prophéties rimées du savetier Bandarra que colportent les milieux populaires à travers la péninsule Ibérique, d'autres épousent les attentes que suscite le retour du roi Sébastien, mystérieusement disparu dans sa folle croisade marocaine. À quoi s'ajoutent les mouvements prophétiques que dirigent des Indiens et des métis du Nouveau Monde, dans la région de Salvador de Bahia, dans les Andes autour du Taki Onkoi, ou derrière les hommes-dieux du Mexique[4]. En un temps de mondialisation, messianismes et millénarismes n'entraînent pas seulement dans leur tourbillon des sujets ou des vaincus de la Monarchie catholique. Les terres de l'islam, l'empire ottoman, la Perse safavide, l'Inde du Grand Moghol abritent des espérances et des obsessions qui donnent aux attentes millénaristes et aux rêves de domination universelle une portée presque planétaire[5]. Même le Japon du shogun Hideyoshi ne semble pas épargné par les prophéties.

Après avoir fait le tour du globe au XVIe siècle, ces idées semblent réapparaître aujourd'hui au cœur de la production cinématographique américaine. Depuis la fin du siècle passé, les studios californiens diffusent des films où se mêlent science-fiction, effets spéciaux et apocalypses. Deux grandes trilogies en particulier, *Matrix* et *Terminator,* mettent en scène des héros chargés par une obscure Providence de combattre le Mal, qu'incarnent les machines tueuses de *Terminator* ou le système informatique de *Matrix*. Il est commode de mettre ces fantaisies sur le compte de l'industrie du divertissement ou d'imaginer que ces trilogies recyclent des matériaux usés jusqu'à la corde. En réalité quantité d'éléments rattachent *Matrix* et *Terminator* à la tradition messianique occidentale. Les deux séries développent des intrigues orientées de bout en bout vers le salut ou la libération de l'humanité : chaque fois, un Élu né d'une mère prédestinée (*Terminator*) se voit confier la mission de protéger l'humanité future ou la ville-sanctuaire, Sion (*Matrix*). Non seulement l'importance des rêves (*Terminator*) et des révélations (l'oracle de *Matrix*), mais aussi l'inclusion de détails en apparence secondaires, comme le nom du vaisseau qui emporte Neo, *Nabuchodonosor*, renvoient à la grande saga messianique et millénariste judéo-chrétienne[6]. Parées des oripeaux virtuels de notre temps, voilà donc de retour parmi nous des idées et des croyances fortement enracinées dans l'histoire occidentale. Pour l'un des meilleurs spécialistes de ces questions, Norman Cohn, messianismes et millénarismes comptent au nombre des courants d'idées qui ont le plus influencé la pensée occidentale avant l'apparition du marxisme[7]. Mais ces précédents historiques n'expliquent pas pourquoi *Matrix* et *Terminator* ont un tel succès planétaire, ni quel sens il convient de leur donner.

Au XVIe siècle, messianismes et millénarismes inculquent des visions globales du monde et de son avenir – un message qui ne peut laisser indifférent à une époque qui bascule brutalement de l'échelle locale à l'échelle planétaire. En diffusant un imaginaire intercontinental, ouvert à quantité d'interprétations, ces croyances rapprochent les hommes au moment où toutes sortes d'autres liens se nouent entre les quatre parties du monde. De Bahia à Agra, de Mexico à Venise, les situations et les réactions les plus diverses trouvent à s'exprimer dans les mouvements messianiques et millénaristes. Il en existe des versions officielles ou clandestines, métisses ou globalisées, européennes, amérindiennes ou asiatiques, chrétiennes ou musulmanes. Toutes, dans le contexte du XVIe siècle et de la mondialisation ibérique, s'appliquent à construire des imaginaires qui rendent compte des bouleversements de la planète, en justifiant des appétits d'hégémonie universelle ou en encourageant des velléités locales d'indépendance.

Aujourd'hui, *Matrix* et *Terminator* exploitent les mêmes croyances dont ils globalisent une énième version. Ils projettent sur tous les écrans du globe la mise en scène titanesque du combat de l'Élu contre les forces du Mal. Relayés sur place par d'innombrables alliés, presses et studios américains conditionnent les spectateurs en maniant le totalitarisme froid que distille la globalisation[8]. L'imagerie hollywoodienne impose une interprétation élémentaire du destin des hommes et réaffirme la toute-puissance du héros (états-unien) au sein d'une vision manichéenne et prédestinée de l'histoire du monde. L'apparente diversité de *Matrix,* suggérée par des emprunts au bouddhisme, au cinéma asiatique ou au Magicien d'Oz, n'est qu'un vernis projeté sur une base occidentale, un de ces métissages de surface qui décentrent langages et références pour mieux les universaliser. De même que la globalisation ibérique ne s'affiche jamais comme un message impérial, la globalisation contemporaine ne se présente pas comme l'idéologie officielle de la mondialisation américaine. L'industrie hollywoodienne se borne à faire le vide autour d'elle en éliminant les images qui pourraient donner un autre sens au monde que le sien.

Que subsiste-t-il de vivant hors de la serre globalisée où les studios californiens plongent, semaine après semaine, les spectateurs de la planète entière ? Une poignée de créations locales qui résistent, comme autant de paraboles, à la standardisation du spectacle et des imaginaires, en diversifiant les points de vue, en croisant les styles et les traditions cinématographiques. Elles vont des apocalypses japonaises sans messie (*Kairo,* de Kiyoshi Kurosawa) aux fins du monde taïwanaises sans héros, noyées sous des pluies torrentielles (*The Hole,* de Tsai Ming Liang). Elles alternent les retours destructeurs du passé mexicain (*Amores perros*, de Alejandro González Iñarritu) avec la démythification brutale du « local » impérial et de ses impostures, au fond d'un bourg perdu dans la montagne californienne (*Dogville,* de Lars von Trier).

La globalisation hollywoodienne s'ingénue à désamorcer les connexions qui s'établissent en dehors d'elle, qu'elles relient Hong Kong et Buenos Aires dans *Happy Together* de Wong Kar Wai, Lisbonne et Saint-Pétersbourg dans *Père, fils* d'Alexandre Sokurov ou Taïwan et Paris dans *Quelle heure est-il là-bas ?* de Tsai Ming Liang. Pas plus qu'au temps de la Monarchie catholique, elle n'avance par interdit ou censure manifeste. Il lui suffit de paralyser la diffusion des œuvres d'ailleurs, ou de stériliser les cinéastes étrangers en les piégeant dans sa sphère dorée, qu'ils s'appellent Paul Verhoeven, John Woo, Tsui Hark, Ringo Lam ou Ang Lee.

Discrète, sans programme affiché, sans effets inutiles, tapie derrière les manifestations les plus bruyantes de la mondialisation, couverte par les fracas de l'occidentalisation et l'éclat des résistances que celle-ci peut déclencher, la globalisation d'aujourd'hui fait passer pour naturel, inéluctable et universel ce qui n'est que la domination d'une partie du monde sur l'autre. Armée des prestiges du corps aseptisé, brandissant l'inéluctabilité des technologies avancées, internet et portable, ou étalant les appas du divertissement[9], elle est d'autant plus sûre d'elle-même qu'elle paralyse les réactions ou déjoue les contre-feux.

La mondialisation américaine n'est pas l'héritière de la mondialisation ibérique. Celle-ci est apparemment morte depuis longtemps. Elle a fini par s'essouffler en perdant le cadre planétaire que lui offrait la Monarchie catholique. Pêle-mêle, à partir des années 1630, la crise financière et politique de l'Espagne, les révoltes du Portugal et de la Catalogne, le soulèvement de Naples, les assauts victorieux de la France et des Pays-Bas, la fermeture du Japon aux Ibériques, la montée des États-nations se sont ligués pour disloquer l'union des deux couronnes[10]. La faillite de la Monarchie catholique, qui s'est jouée entre Lisbonne, Rocroi et Nagasaki, est aussi l'échec de la mondialisation ibérique, mais ses traces sont loin d'avoir toutes encore disparu. Autant que le succès du culte mexicain de la Vierge de la Guadalupe aux États-Unis, l'exubérance de la fête de la Vierge à Belém en donne une démonstration spectaculaire.

En une étonnante synthèse, paradigme amazonien de notre temps et vestige d'une autre époque, le *Círio da Virgem* d'octobre 2001 réunit la plupart des questions que nous avons voulu placer au cœur de ce long voyage. Entre mulâtres, métis, *caboclos* et petits Blancs, les foules mêlées de Belém exorcisent la menace de la guerre en puisant leurs espérances dans des gestes et des croyances de l'époque portugaise. Pendant ce temps, les grands urubus noirs planent au-dessus de la procession. Les charognards de l'Amazonie guettent la ferveur populaire et l'exubérance des métissages de rue pour récupérer ce qui leur servira de pitance. Non loin de là, dans le silence des Docks, muettes sentinelles de la globalisation contemporaine, résonne la petite musique arrogante et triomphaliste d'un Bernardo de Balbuena, passé par Belém do Pará :

> *Qui a jamais connu de mauvais jour*
> *quand il a de quoi dépenser ?*
> *Qui avec de l'argent*
> *a jamais rencontré obstacle à son plaisir ?*
> *N'est-il pas juste*
> *que celui qui jouit de ce monde*
> *ait oublié qu'il en existe un autre*[11] *?*

Notes

PROLOGUE

1. *La Pensée métisse*, Fayard, 1999.

PREMIÈRE PARTIE
La mondialisation ibérique

CHAPITRE PREMIER
Vents d'est, vents d'ouest

1. Domingo Chimalpahin, *Diario*, paléographie et traduction de Rafael Tena, Mexico, Conaculta, 2001, p. 213.

2. Chalco-Amecameca est une seigneurie indienne située au sud de la vallée de Mexico.

3. « *En este dicho sábado se recibió en la ciudad de México la beatificación de San Ignacio, concedida por el santo padre Paulo V que está en Roma* » (*Ibid.*, p. 211).

4. *Ibid.*, pp. 211, 213.

5. Les notations suivantes concernent les décès de notabilités locales, un Indien, don Miguel Sánchez Huetzin ; un Espagnol, gendre du vice-roi de Mexico, don Juan Altamirano. Entre les deux disparitions, un mariage, celui de don Antonio Valeriano le Jeune, avec sa cousine lointaine, doña Bárbara. Le marié était le fils d'un lettré indigène qui s'était illustré pour avoir un quart de siècle durant gouverné les Indiens de la ville de Mexico (*ibid.*, p. 215).

6. « Les circonstances du XVIIe siècle imposaient l'absolutisme à l'État qui voulait assurer son indépendance, grandir, vivre. L'absolutisme a été à ce moment une condition de vie pour la France. Or le coup de couteau de Ravaillac a bien aidé au triomphe de l'absolutisme en France. Par là, Ravaillac a bien contribué à maintenir et à développer la France, mais celle qu'il ne voulait pas, celle qu'il avait voulu frapper dans la personne d'Henri IV, la France absolutiste et gallicane, la France patriote et nationale, dressée dans sa souveraineté contre le pape et l'empereur. » Roland Mousnier, *L'Assassinat*

d'Henri IV, 14 mai 1610, Paris, Gallimard, coll. « Trente Journées qui ont fait la France », 1964, pp. 271-272.

7. Stephen Toulmin, *Cosmopolis. The Hidden Agenda of Modernity*, Chicago, The University of Chicago Press, 1990, p. 46.

8. *Ibid.*, p. 53.

9. Même postulat pour Bruno Latour (*Nous n'avons jamais été modernes. Essai d'anthropologie symétrique*, Paris, La Découverte, 1997) qui date très classiquement le début de la « constitution moderne » du XVIIe siècle anglais (p. 26).

10. C'est Henri III qui périt en lisant la lettre que lui tend Jacques Clément (Mousnier (1964), p. 199).

11. *Ibid.*, p. 15.

12. Chimalpahin (2001), p. 212.

13. Mousnier (1964), p. 10.

14. Henri III est mort le 2 août 1589.

15. Le roi préparait une intervention militaire dans les duchés de Clèves et Juliers pour empêcher l'archiduc Léopold de s'emparer de cette position stratégique, aux portes de la Hollande.

16. Joaquín García Icazbalceta, *Bibliografía mexicana del siglo XVI*, édit. par Agustín Millares Carlo, Mexico, FCE, 1981, p. 509.

17. Domingo Chimalpahin, *Octava relación*, édit. par José Rubén Romero Galván, Mexico, UNAM, 1983, pp. 183-199.

18. Chimalpahin (2001), p. 220. « *Sucedió que se cubrió la faz del Sol, o como decían los antiguos : El Sol fue comido* » (*Ibid.*, p. 229).

19. « *[Estando] cada uno de ellos en su propio cielo, se pusieron en línea […] ya que al ir girando en los cielos es como vienen a encontrarse* » (*Ibid.*, pp. 235-237).

20. *Ibid*, p. 231. Voir l'étude de Jesús Galindo Trejo, « Eclipse total de sol de 1611 según el Diario de Chimalpahin », in *Estudios de Cultura Náhuatl*, v.21, Mexico, UNAM, IIH, pp. 163-177, et Chimalpain Cuauhtlehuanitzin (Domingo Chimalpahin), *Primer Amoxtli Libro, Tercera relación de las différentes histoires originales*, édit. par Victor. M. Castillo F., Mexico, UNAM, (1997), p. LII.

21. Il reprend l'accusation lancée contre les médecins espagnols d'avoir tué l'archevêque de Mexico, Fray García Guerra : « *muchos entre los religiosos y españoles dijeron que lo habían matado los médicos, es decir los dos médicos españoles* » (*Ibid.*, p. 261).

22. Sur un splendide paravent conservé au musée Suntory de Tokyo. Les figures sont à rapprocher des gravures d'un ouvrage consacré aux empereurs romains inspiré par les peintures de Jan van der Straet, ou Giovanni Stradano (1523-1605). Les Japonais, comme le rappelle la lettre d'un jésuite, Antonio Prenestino, datée de novembre 1578, réclamaient des « *pictures of knights in armor, and land and sea battles* » (Money L. Hickman, « Painting », dans Money L. Hickman et *al.*, *Japan's Golden Age Momoyama*, New Haven et Londres, Yale University Press, 1996, p. 146).

23. « Bataille de Lépante et carte du monde », Kobe, Kosetsu Art Museum, première moitié du XVIIe siècle ; « Carte du Japon et du monde », attribuée à Kano Eitoku, fin XVIe siècle, Fukui, Temple Jotoju-ji ; « Carte du monde et les quatre grandes cités », musée de Kobe ; voir aussi les représentations des peuples du monde comme celles du musée de la ville de Fukuoka (première moitié du XVIIe siècle). Une analyse et des reproductions de la bataille de Lépante dans Jacques Proust, *L'Europe au prisme du Japon*, Paris, Albin Michel, 1997 (pp. 107-112 de l'édition anglaise). Et Money L. Hickman (1996), *Ibid.*, pp. 144-146.

24. Chimalpahin (2001), p. 217. Sur Rodrigo de Vivero, voir plus bas, chapitre XI, « Les premières élites mondialisées ».

25. La meilleure synthèse sur les relations entre le Japon et la Nouvelle-Espagne demeure l'ouvrage de Lothar Knauth, *Confrontación transpacífica. El Japon y el Nuevo Mundo hispánico, 1542-1639*, Mexico, UNAM, 1972.

26. Chimalpahin (2001), pp. 219-221.

27. Georges Elison, *Deus Destroyed. The Image of Christianity in Early Modern Japan*, Cambridge et Londres, Harvard University Press, 1988, p. 136. L'événement est loin d'avoir eu la même résonance au Japon, voir Mary Elizabeth Berry, *Hideyoshi*, Cambridge et Londres, Harvard University Press, 1982, p. 225.

28. Chimalpahin (2001), pp. 69-71.

29. Un des sept événements relatés pour l'année 1598 (*Ibid.*, pp. 71-73).

30. Elena Isabel Estrada de Gerlero, « Los protomártires del Japón en la hagiografía novohispana », in *Los pinceles de la historia. De la patria criolla a la nación mexicana, 1750-1860*, Mexico, Banamex, Conaculta, 2001, p. 80.

31. Dans Kuwata Tadachika, *Toyotomi Hideyoshi Kenkyu*, Tokyo, Kadokawa Shoten, 1975, pp. 239, 253-255, cité dans Berry (1982), pp. 208, 212. Sur les réactions espagnoles à la politique de Hideyoshi, *ibid.*, p. 278, note 19.

32. Chimalpahin (2001), pp. 365-367.

33. *Ibid.*, p. 365.

34. *Ibid.*, p. 365.

35. *Ibid.*, p. 369.

36. Sur les préoccupations « commerciales » de notre chroniqueur, cette notice en date du samedi 11 mai 1613 : «*... llegó de España la noticia, se supo y se dijo que el rey Nuestro Señor don Felipe III suprimía [la venida de] la nao de China, la cual traía a México toda suerte de mercaderías llegando al puerto de Acapulco ; se dijo que ya no llegaría allí, sino que en adelante llegaría a Portugal, a fin de que todas las mercaderías de la China fueran [primero] a España ante el dicho rey, y sólo después pudieran venir a México* » (*Ibid.*, note 57, p. 331, *tachado*).

37. Chimalpain Cuauhtlehuanitzin (Domingo Chimalpahin) (1997), pp. LX-LXXII.

38. Domingo Chimalpahin, *Las ocho Relaciones y el Memorial de Colhuacan*, texte établi et traduit par Rafael Tena, Mexico, Conaculta, 1998, I, p. 65.

39. Chimaphain (2001), p. 393. Parmi les villes européennes qu'il cite : Lucques, Pavie, Chieti en Italie, Bamberg en Allemagne, Autun et Vienne en France (pp. 357, 375). Son Allemagne est celle de la vice-reine Mariana Riederer, épouse du marquis de Guadalcázar, vice-roi de la Nouvelle-Espagne.

40. *Ibid.*, pp. 63, 71, 135, 303,167.

41. Chimalpahin (1998), I, p. 69.

42. *Ibid.*, p. 67.

43. Domingo Chimalpahin, *Octava relación*, édit. par José Rubén Romero Galván, Mexico, UNAM, 1983, pp. 185-199. Tout comme les autorités espagnoles avaient encouragé la représentation des *cantares* dont les paroles, la musique et la gestuelle fourmillaient de réminiscences païennes.

44. Chimalpahin (1998), I, p. 11. Vers 1607, il commence à rédiger des œuvres historiques, une tâche à laquelle il se consacra durant une trentaine d'années. Il est mort au milieu du XVIIe siècle. Ses manuscrits sont dispersés entre la Bibliothèque nationale de France (Paris), celles de l'Université de Cambridge, du Museo de Antropología e Historia (Mexico) et la Newberry Library (Chicago).

45. Tels les pasquins suscités par la béatification d'Ignace de Loyola.

46. Chimalpahin (2001), p. 243 : celui du 26 août 1611 reste particulièrement mémorable – « *un temblor de tierra muy fuerte, como nunca lo había habido* ». L'auteur nous en laisse une description saisissante.

47. *Ibid.*, p. 253.

48. *Ibid.*, p. 219. Par exemple, *gadana tepoztli* pour « *katana de acero* », « katana d'acier ».

49. *Ibid.*, p. 73.

50. Voir Serge Gruzinski, *La Pensée métisse*, Paris, Fayard, 1999.

51. Chimalpahin (2001), p. 75.

52. Francisco del Paso y Troncoso, *Epistolario de Nueva España*, Mexico, Antigua Librería Robredo, de José Porrúa e Hijo, X, 1564-1569, Lettre de don Pablo Nazareo (et *al.*) à Philippe II, Mexico, 17 mars 1566, p. 108.

53. Lourdes Triaz-Trechuelon, « Filipinas y el Tratado de Tordesillas », in *Actas del Primer Coloquio Luso-español de Historia de Ultramar*, Valladolid, 1973, pp. 229-240.

54. Bernardino de Escalante, *Discurso de la navegación que los Portugueses hacen*, Séville, Viuda de Alonso Escrivano, 1577, p. 98.

55. Chimalpahin (1998), pp. 15-18.

56. Le roi possède le « *señorío soberano sin superior* », dans Gregorio López Madera, *Excelencias de la monarchia y reyno de España*, Diego Fernández de Córdova, Valladolid, 1597, chap. II.

57. Tommaso Campanella, « Dell'altro emisfero, cioè del Mondo Novo », in *Monarchie d'Espagne et Monarchie de France*, édit. par Germana Ersnt, Paris, PUF, 1997, chap. XXXI.

58. L'évocation de la révolte avortée de 1609 montre qu'il rapporte les craintes éveillées par les Noirs sans forcément les partager (Chimalpahin (2001), p. 197). Mêmes préoccupations en 1612 (*Ibid.*, p. 279-283) et mêmes réserves (p. 287-291).

59. Année 1609, *Ibid.*, p. 197 ; année 1612, *Ibid.*, p. 289.

60. Serge Gruzinski, *La Colonisation de l'imaginaire. Sociétés indigènes et occidentalisation dans le Mexique espagnol. XVIe-XVIIIe siècle*, Paris, Gallimard, 1988.

61. Du même auteur, *La Guerre des images, de Christophe Colomb à Blade Runner, 1492-2019*, Paris, Fayard, 1990 ; Carmen Bernand et Serge Gruzinski, *Histoire du Nouveau Monde*, II. *Les métissages*, Paris, Fayard, 1993.

62. Nous reprenons ici des idées exposées dans notre article « Les mondes mêlés de la Monarchie catholique et autres « connected histories » », *Annales, Histoire, Sciences sociales*, 56e année, n° 1, janvier-février 2001, pp. 85-117.

63. Silvio Zavala au Mexique, Sérgio Buarque de Holanda au Brésil ont été des exceptions de stature internationale.

64. Il suffit, en particulier, que leur vision se développe à partir de l'Europe occidentale ou de problématiques machinalement inspirées par l'histoire de cette région du globe pour qu'un européocentrisme insidieux vienne contaminer leurs analyses. Voir les critiques apportées par Janet Lippman Abu-Lughod contre l'*eurocentrism* dans *Before European Hegemony : The World System AD 1250-1350*, New York, Oxford University Press, 1989.

65. Aux États-Unis, depuis les années 1980, les *cultural studies*, les *subaltern studies* et les *postcolonial studies* ont dénoncé une histoire qui ne serait que la projection de l'Occident, de ses catégories ou de ses fantasmes sur le reste de la planète. Non sans raison ni sans hypocrisie, car l'ethnocentrisme idéologique et linguistique des universités américaines est tout aussi inacceptable pour l'historien européen ou latino-américain. Sur ces positions, Walter D. Mignolo, *Local Histories/Global Designs. Coloniality,*

Subaltern Knowledges and Border Thinking, Princeton, Princeton University Press, 2000, pp. 17, 37, 101, 102, 316, 317.

66. Jean-Michel Frodon, « En haut du manguier de Fengshan, immergé dans l'espace et le temps », in J.-M. Frodon (sous la dir.), *Hou Hsiao-hsien*, Paris, Cahiers du Cinéma, Coll. Essais, 1999, p. 25.

67. Ces fractures hispano-portugaises se projettent également sur l'histoire de l'Amérique ibérique : la brillante synthèse que David A. Brading consacre à *The First America, The Spanish Monarchy, Creole Patriots and the Liberal State, 1492-1867*, Cambridge, Cambridge University Press (1991), laisse de côté l'Amérique portugaise.

68. Comme ceux de l'Inca Garcilaso de la Vega dont *La Florida del Inca* est parue en 1605 chez Pedro Crasbeeck et *La Primera parte de los Comentarios reales* quatre ans plus tard chez le même éditeur lisboète, qui avait déjà publié la seconde partie du *Guzmán de Alfarache* de Mateo Alemán (1604).

69. L'apôtre du Brésil, le jésuite navarrais José de Anchieta a composé des *autos* bilingues en castillan et en portugais pour les populations de l'Amérique portugaise. Je remercie Décio Guzmán d'avoir attiré mon attention sur le théâtre de ce jésuite, et en particulier sur les « autos » *Na vila de Vitória* et *Na visitação de Santa Isabel* (José de Anchieta, *Obras completas*, III, *Teatro*, São Paulo, Loyola, 1970).

70. L'histoire des populations métisses de l'Amérique continue de faire les frais de ces oublis. Voir notre compte rendu de la *Cambridge History of the Native Peoples of the Americas*, dans « Histoires indiennes. Avancées et lacunes d'une histoire éclatée », in *Annales, Histoire, Sciences sociales*, Paris, Armand Colin, 57e année, n° 5, septembre-octobre 2002, pp. 1311-1321.

71. Pierre Chaunu, *L'Expansion européenne du XIIIe au XVe siècle*, Paris, PUF, Nouvelle Clio 26, 1969a, et du même auteur, *Conquête et exploitation des Nouveaux Mondes*, Paris, PUF, Nouvelle Clio, 26bis, 1969b. Pierre Chaunu prônait « l'histoire du désenclavement planétaire des civilisations et des cultures » (1969a, p. 332) face à un européocentrisme dominant.

72. Fernand Braudel, *La Méditerranée et le monde méditerranéen à l'époque de Philippe II*, Paris, Armand Colin, 1990, II, p. 506.

73. Chaunu (1969a), p. 365.

74. Braudel (1990), II, p. 506.

75. Suffit-il pour autant de prôner « *a new kind of "cultural history" unrestricted by nation or moment* » ? Voir Lisa Jardine et Jerry Brotton, *Global Interests. Renaissance Art between East and West,* Londres, Reaktion Books, 2000, p. 7.

76. *Ibid.*, p. 85.

77. Dans une contribution intitulée « Connected Histories : Notes towards a reconfiguration of Early Modern Eurasia », in Victor Lieberman (éd.), *Beyond Binary Histories. Re-imagining Eurasia to C. 1830*, Ann Arbor, The University of Michigan Press, 1997, pp. 289-315.

78. Gruzinski (1999), pp. 107-199.

79. Sur l'empire de Charles Quint, la synthèse de Jean-Michel Sallmann, *Charles Quint. L'Empire éphémère*, Paris, Payot, 2000, qui intègre les possessions américaines à sa réflexion sur l'empire ; Pierre Chaunu et Michèle Escamilla, *Charles Quint*, Paris, Fayard, 2000.

80. Pablo Fernández Albaladejo, *Fragmentos de monarquía,* Madrid, Alianza Universidad, 1993, pp. 177-178. Sur la « politique internationale » de Philippe II et celle de son fils Philippe III, Geoffrey Parker, *The World is not Enough. The Grand Strategy of Philip II*, New Haven, Yale University Press, 1998. Et la suite qu'en a donnée Paul C. Allen, *Philip III and the Pax hispánica, 1598-1621*, New Haven, Yale University

Press, 2000. Une vision synthétique de l'ennemi de la Monarchie, Jonathan I. Israel, *The Duch Republic. Its Rise, Greatness, and Fall 1477-1806*, Oxford, Clarendon Press, 1995.

81. Cette dimension a suscité des travaux remarquables dans les années 1970, dont ceux d'Immanuel Wallerstein.

82. Le *patronato* castillan et le *padroado* portugais placent les églises de ces pays et de leurs possessions sous le contrôle du monarque.

83. Sanjay Subrahmanyam, *L'Empire portugais d'Asie, 1500-1700*, Paris, Maisonneuve et Larose, 1999, pp. 152-153 ; Nathan Wachtel, *La Foi du souvenir. Labyrinthes marranes*, Paris, Seuil, 2001.

84. Malgré son titre et ses ambitions, l'ouvrage de Geoffrey Parker (1998) accorde une place minime aux domaines africain, asiatique et américain et touche à peine la politique portugaise et napolitaine du fils de Philippe II.

85. Voir, par exemple, l'étude de Aurelio Musi, *L'Italia dei viceré. Integrazione e resistenza nel sistema imperiale spagnolo*, Cava de'Tirreni, Avagliano Editore, 2000.

86. Braudel (1990), I, p. 11.

87. La révolte du Portugal tout comme l'émergence au sein des possessions américaines de l'Espagne de fortes identités régionales – dont porte témoignage l'essor du culte de la Vierge de Guadalupe (Mexique) et de la dévotion à sainte Rose de Lima (Pérou) – ouvrent la voie à d'autres organisations politiques centrées sur l'État-nation.

88. Des contemporains s'attachent à faire de l'Océan et de la navigation le nerf de cet empire, voir Campanella (1997), chap. XXXII, « Della navigazione », pp. 356 sq.

89. Francisco Bethencourt et Kirti Chaudhuri, *História da expansão portuguesa*, I, Lisbonne, Círculo dos leitores, 1997, pp. 66-69.

90. « La Méditerranée n'a d'unité que par le mouvement des hommes, les liaisons qu'il implique, les routes qui le conduisent », F. Braudel (1990), I, p. 338.

91. Sur ce thème, voir Carmen Bernand et Serge Gruzinski, *De l'idolâtrie, une archéologie des sciences religieuses,* Paris, Seuil, 1988.

92. Sur le cas mexicain, Solange Alberro, *Inquisition et société au Mexique, 1571-1700*, Mexico, CEMCA, 1988.

93. L'adjectif culturel minimise ou périphérise tout ce à quoi il s'applique. Voir Gruzinski (1999), p. 223.

94. Nous rejoignons ici la perspective des spécialistes anglo-saxons de la *World History* quand ils considèrent que « *the parts of the world as interconnected and interactive* ». Voir Janet Lippman Abu-Lughod, « The World System Perspective in the Construction of Economic History », in Philip Pomper, Richard H. Elphick, Richard T. Vann (éd), *World History. Ideologies, Structures and Identities*, Oxford, Blackwell, 1998, pp. 70, 96.

95. Voir Mignolo (2000).

96. Il ne s'agit pas de s'offrir un tour du monde des cultures ou de confondre les « *connected histories* » avec le jeu des associations, comme le propose l'historien américain John E. Willis Jr. dans son *1688, A Global History*, Norton & Company, New York, Londres, 2001. Moins encore de développer une histoire à vocation universelle comme le propose la *World History*, voire une *Global History* à l'anglo-saxonne. Le projet de reconstituer des « *connected histories* » s'oppose à l'idée qu'il existerait une histoire du monde susceptible d'intégrer les différents passés des sociétés humaines au sein d'une narration unifiée et depuis un point de vue unique. Il tourne également le dos à une *World History* réduite à un échantillonnage de *case studies* étalés dans la longue durée, à la manière du dernier ouvrage de Philip D. Curtin, *The World and the West.*

The European Challenge and the Overseas Response in the Age of Empire, Cambridge, Cambridge University Press, 2000.

97. Michael Hardt et Antonio Negri, *Empire*, Cambridge, Harvard University Press, 2000, pp. XI-XVI ; David Held et Anthony Mc Grew et *al.*, *Global Transformations : Politics, Economics and Culture,* Polity Press et Stanford University Press, 1999. Sur une relecture de Marx appliquée aux derniers développements de la mondialisation, Alex Fiuza de Mello, *Marx e a globalização*, São Paulo, Boitempo Editores, 1999.

CHAPITRE II
« Sans cesse autour du monde »

1. Bernardo de Balbuena, *La grandeza mexicana*, édit. par Luis Adolfo Domínguez, Mexico, Porrúa, 1990, p. 79.

2. Balbuena (1990) p. 77.

3. *Ibid.*, p. 79.

4. Luís de Camões, *Les Lusiades, Os Lusíadas,* trad. par Roger Bismut, Paris, Robert Laffont, 1996, chant V, 41-42, p. 209.

5. Campanella (1997), p. 356.

6. « *By 1580, there were 225 populated cities within the Spanish domains, a number that grew to 331 by 1630* », in Louisa Schell Hoberman et Susan Migden Socolow, *Cities and Societies in Colonial Latin America*, Albuquerque, University of New Mexico Press, 1986, p. 3.

7. A J. R. Russel-Wood, *A World on the Move : The Portuguese in Africa. Asia and America, 1415-1808*, Londres, 1992.

8. Camões (1996), chant I, 1, pp. 2-3.

9. Dans les années 1570 face aux attaques des Portugais, des Indiens Tupinambas quittèrent par dizaines de milliers le Pernambouc pour arriver pour certains jusqu'au Rio Madeira au cœur de l'Amazonie (Russell-Wood (1998), p. 181).

10. Les marins de la flotte de Vasco de Gama figurent parmi les introducteurs de la syphilis en Inde (*Ibid.*, p. 186).

11. Cristóbal de Acuña, *Nuevo descubrimiento del Gran Rio de las Amazonas*, Madrid, Imprenta del Reino, 1641, « Al lector ».

12. Dans son *Apologética Historia Sumaria*, 1555-1559, Mexico, UNAM, édit. de Edmundo O'Gorman, 2 vol., 1967. On observera une démarche symétrique chez le peintre Francisco de Holanda, mais dans le domaine des arts.

13. António Galvão, *Tratado dos descobrimentos,* Porto, Livraria Editora, [1563] 1987.

14. Dans « La octava maravilla », publiée à Barcelone en 1618 dans la *Décima parte de las comedias de Lope de Vega*.

15. Susan Migden Socolow, *The Women of Colonial Latin America*, Cambridge, Cambridge University Press, 2000.

16. Magnus Mörner, « La imigración europea y la formación de las sociedades ibéricas », in *Historia general de América latina,* III-2, *Consolidación del orden colonial*, sous la direction de Allan Kuethe, Paris, UNESCO, Editorial Trotta, 2001, p. 417.

17. Herbet S. Klein, « Los esclavos africanos », dans *Ibid.*, pp. 516, 519.

18. Sur l'apparition du vagabondage sur les routes du Mexique, Norman F. Martin, *Los vagabundos en la Nueva España*, Mexico, Jus, 1957.

19. Francisco Rodrigues Silveira, *Reformação da milícia e governo do estado da Índia oriental,* édit. par Benjamin N. Teensma, Luís Filipe Barreto, George Davison Winius, Lisbonne, Fundação Oriente, 1996, pp. 151-152.

20. Bernardino de Escalante, *Discurso de la navegación*, Séville, Viuda de Alonso Escrivano, 1577.

21. Diego Muñoz Camargo, « Descripción de la ciudad y provincia de Tlaxcala », in *Relaciones geográficas del siglo XVI : Tlaxcala*, édit. par René Acuña, Mexico, UNAM, 1984, p. 283.

22. Knauth (1992), pp. 46-47, et note 50. Sur le Japon, « comme ce pays se trouve près de la sortie du soleil, il possède ce nom. Autrefois on l'appelait : « pays soumis aux Wa ».

23. Gaspar de San Agustín, *Conquistas de las islas Filipinas (1565-1615)*, édit. par Manuel Merino, Madrid, CSIC, Instituto Enrique Florez », Madrid, [1698] 1975, pp. 710-711.

24. Fernão Mendes Pinto, *Peregrinação*, Pedro Crasbeeck, Lisbonne, 1614. Réedit. par Imprensa Nacional, Casa da Moeda, 1998. La traduction en castillan (1620) connaît un vif succès (Valladares (2001), p. 34). Sur les sources de Mendes Pinto, Rui Manuel Loureiro, « A China de Fernão Mendes Pinto, entre a realidade e a imaginação », in Antonio Vasconcelos de Saldanha et Jorge Manuel dos Santos Alves, *Estudos de história do relacionamento luso-chinês. Séculos XVI-XX*, Lisbonne, Instituto Português do Oriente, 1996, pp. 137-177. Ajoutons le développement d'une littérature portugaise des naufrages, indissociable des aventures maritimes, voir Bernardo Gomes de Brito, *História trágico-marítima*, édit. par Ana Miranda et Alexei Bueno, Rio de Janeiro, Lacerda Editores/Contraponto, 1998.

25. *Viaje del mundo hecho y compuesto por el licenciado Pedro Ordóñez de Ceballos*, Madrid, Luis Sánchez, 1614 (nous avons utilisé l'édition parue chez Miraguano Editores, Ediciones Polífemo, Madrid, 1993).

26. Ordóñez de Ceballos (1993), p. 10.

27. Mendes Pinto (1998), p. 13.

28. Hans Staden, *Nus, féroces et anthropophages. Véritable histoire et description d'un pays habité par des hommes sauvages*..., [1557], Paris, A. Métaillé, 1979.

29. Escalante (1577), fol. A5.

30. Chimalpahin, (2001), pp. 53, 61, 63, 105, 165. En 1605, Chimalpahin retient le passage à Mexico d'un groupe d'Augustins, partis d'Espagne pour la Chine « *para evangelizar allá* ».

31. Sloterdijk (2000), p. 35.

32. Louise Bénat Tachot, « La navigación hispánica en el Atlantico : aspectos laborales y técnicos (siglos XVI-XVII) », in Eduardo França Paiva et Carla Maria Junho Anastasia (édit.), *O trabalho mestiço. Maneiras de pensar e formas de viver, séculos XVI a XIX*, Belo Horizonte, Anablume, Universidade Federal de Minas Gerais, 2002, pp. 79-97.

33. Il est probablement l'auteur d'un épigramme imprimé dans l'ouvrage de Garcia de Orta, *Colóquios dos simples* (1563), cf. *Do mundo antigo aos novos mundos. Humanismo, classicismo e notícias dos descobrimentos em Evora (1516-1624)*, Lisbonne, Comissão Nacional para as Comemorações dos Descobrimentos Portugueses, 1998, p. 125 ; Luís de Matos, *L'Expérience portugaise dans la littérature latine de la Renaissance*, Lisbonne, Fondation Calouste Gulbenkian, 1991, pp. 16-18.

34. Serafim Leite, *Artes e ofícios dos jesuitas no Brasil (1549-1760)*, Lisbonne et Rio de Janeiro, Edições Brotéria, 1953, p. 125 ; du même, « Pintores jesuítas do Brasil (1549-1760) », in *Archivum Historicum Societatis Iesu*, Rome, vol. XX, 1951, pp. 209-230.

35. Voir chapitre XI.

36. Chimalpahin (2001), pp. 125-127.

37. *Ibid.*, p. 207.

38. Teresa Martínez Terán, *Los Antipodas. El origen de los indios en la razón política del siglo XVI*, Puebla, Universidad Autónoma de Puebla, 2001.

39. Dans le traité qu'il consacre à le peinture ancienne, Francisco de Holanda entend démontrer que « *o antigo levava a todo* ». Il est convaincu qu'il retrouve dans les formes venues du monde entier – « *todo o mundo* » - la tradition classique : « *que toda fumega à antiguidade ; mas o que é mais de maravilhar que até o novo mundo da gente bárbara do Brazil e Peru, que ategora forão inotos aos homens, ainda esses em muitos vasos d'ouro que eu vi, e nas suas feguras tinhão a mesma razáo e desceplina dos antigos* ». Et de conclure « *que não é pouco argumento de ja aquellas gentes serem n'outro tempo conversadas, e de os preceitos da pintura antigua serem já semeados por todo o mundo até os antipodas* » (Francisco de Holanda, *Da pintura antiga*, Lisbonne, Casa da Moeda, 1983, p. 88).

40. Garcia da Orta, *Colóquios dos simples e drogas da India*, édit. par le comte de Ficalho, Lisbonne, Imprensa Nacional, 1891-1895.

41. Escalante (1577), p. 49.

42. Balbuena (1990), pp. 78,77.

43. Chimalpahin (2001), p. 41.

44. Detlef Heikamp, *Mexico and the Medici*, Florence, Editrice Edam, 1972, p. 35 : « *Otto teste di varii animali grandi come nocciuole di varie pietre et gioie di mano di Benvenuto Cellini in scatolino coperto di cuoio nero* », in *ASF, Guardaroba Medicea, vol.37, Giornale della Guardaroba di Sua Eccelentia Cosimo de' Medici*, c.13 v.1559, giugno 13.

45. Heikamp (1972), p. 10.

46. Voir les travaux de Pierre Chaunu, de Frédéric Mauro ou de Michel Morineau dans le domaine de l'historiographie française.

47. *XVII Exposição de Arte, Ciência e Cultura do Conselho da Europa - Os Descobrimentos Portugueses e a Europa do Renascimento, Núcleo Jerónimos II, catálogo da exposição*, Lisbonne, Jerónimos, 1983, cité dans Francisco Bethencourt et Kirti Chaudhuri, *História da expansão portuguesa*, II, Lisbonne, Círculo de leitores, 1998, p. 549.

48. *Ibid.*, p. 550. En 1573, deux galions de Manille en partance pour Acapulco transportaient 22 300 pièces de « porcelaine chinoise dorée et autres », dans Charles Ralph Boxer, *O grande Navio de Amacau*, Lisbonne, Fundação Oriente, 1989, p. 2.

49. Gaspar da Cruz, *Tratado das coisas da China*, édit. par Rui Manuel Loureiro, Lisbonne, Cotovia, Comissão Nacional para as Comemorações dos Descobrimentos Portugueses, [1569-1570] 1997, p. 181 : « *são umas serpentes tecidas de fio de ouro, das quais hão vindo muitas a Portugal que se dão para ser-virem nalguns ornamentos das igrejas.* »

50. Bethencourt et Chaudhuri (1998), II, p. 549.

51. Knauth (1972), pp. 138-139.

52. Une reproduction de la version chinoise dans Michael Sullivan, *The Meeting of Eastern and Western Art*, Berkeley et Los Angeles, University of California Press, 1989, p. 52.

53. *Los pinceles de la historia, De la patria criolla a la nación mexicana, 1750-1860*, Mexico, Museo nacional de Arte, 2001, p. 80.

54. Chimalpahin (2001), pp. 73, 25.

55. *Carta del padre Pedro de Morales*, Mexico, Antonio Ricardo, 1579, édit. par Beatriz Mariscal Hay, Mexico, El Colegio de México, 2000.

56. *Ibid.*, pp. 52, 49, 51, 97.

57. *Ibid.*, p. 97.

58. *Ibid.*, pp. 103, 54.

59. « *In omnem terram exivit sonus eorum* » (*Ibid.*, p. 96). Un autre verset constitue une référence directe à la ville située au milieu des roseaux, Mexico-Tenochtitlan : « *In cubilibus, in quibus habitabant Dracones, orietur viror calami et iunci* » (1 Isaïe 35), c'est-à-dire : « Les repaires où gîtaient les chacals deviendront des fourrés de roseaux et de papyrus » (*Ibid.*p. 37). Les quatre parties du monde sont évoquées par l'inscription « *Reliquiis sacris olim subjecimus Afros Europam atque Asiam ; Carolus Americam* » (*Ibid.*, p. 39).

60. Chimalpahin (2001), pp. 110-111.

61. Mexico, A.G.N., *Inquisición*, vol.165, exp.5.

62. *Ibid.*, vol.126, exp.7.

63. En 1521, Magellan en avait fait la cruelle expérience. En 1527 l'expédition de García Jofre de Loaisa avait également touché les Moluques (Carlos Prieto, *El oceano pacífico : navegantes españoles del siglo XVI*, Madrid, Alianza Editorial, 1975, pp. 61-62).

64. Sousa Viterbo, *Trabalhos náuticos dos Portugueses. Séculos XVI e XVII,* Lisbonne, Imprensa Nacional, Casa da Moeda, 1988, p. 122 : Nobre était « *o contramestre do ducado de Saboya, de Vila Franqua de Nisa, creado menino em Castela* ».

65. *Ibid.*

66. Voir la chronique de Antonio Galvão, *Tratado dos descobrimentos*, Porto, Livraria Civilização, 1987.

67. Voir l'exemple, parmi tant d'autres, de Diogo Fernandes Vieira, né à Porto vers 1530, établi successivement au Pernambouc, à Mexico et à Manille, avec un réseau familial s'étendant du Brésil à Lisbonne et à Goa (John Russel-Wood, *Um mundo em movimento. Os portugueses na África, Ásia e América (1415-1808),* Algés, Difel, 1998, p. 167) ; Nathan Wachtel, *La foi du souvenir. Labyrinthes marranes*, Paris, Seuil, 2001.

68. Knauth (1972), p. 39.

69. Chimalpahin (2001), pp. 101-103, 43, 75.

70. La Chine désigne dans l'esprit des Espagnols la partie de l'Extrême-Orient qui réunit les Philippines et l'Empire du Ciel proprement dit.

71. Chimalpahin (2001), p. 105.

72. San Agustín (1975), pp. 709-711, 712, 713.

73. *Ibid.*, p. 715. Les correspondances sont régulières aussi bien avec les autorités japonaises qu'avec les autorités chinoises.

74. *Ibid.*, p. 713.

75. Chimalpahin (2001), p. 111. L'expédition envoyée par le vice-roi Montesclaros réunit 800 soldats, 200 levés en Nouvelle-Espagne et le reste dans la Péninsule. Elle quitte Manille sous la direction de Pedro de Acuña, le 15 janvier 1606, emportant 3 209 hommes, dont 1 400 soldats (San Agustín (1975), p. 714, 719). Elle se solde par l'occupation de Tidore et la prise de Ternate en avril de la même année. Manille fête la nouvelle le 31 mai, soit cinq mois avant Mexico.

76. Gregory C. McIntosh, *The Piri Reis Map of 1513*, Athens, Londres, The University of Georgia Press, 2000.

77. *Ibid.*, p. 45.

78. Diogo do Couto, *Diálogo do soldado prático*, édit. par Reis Brasil, Lisbonne, Publicações Europa-América, 1988, p. 21.

79. Knauth (1972), p. 135.

CHAPITRE III

Une autre modernité

1. Irving A. Leonard, *Los libros del conquistador*, Mexico, FCE, 1996, pp. 215-236, 234.

2. Carlos Alberto González Sánchez, *Los mundos del libro. Medios de difusión de la cultura occidental en las Indias de los siglos XVI y XVII*, Séville, Universidad de Sevilla, 2001.

3. González Sánchez (2001), p. 203.

4. *Do mundo antigo aos novos mundos* (1998), p. 124.

5. Sullivan (1989), p. 44.

6. Gauvin Alexander Bailey, *Art on the Jesuit Missions in Asia and Latin America, 1542-1773,* Buffalo, Toronto, Londres, University of Toronto Press, 1999, p. 93.

7. Sullivan (1989), p. 45.

8. C'est loin d'être la seule bibliothèque de l'archipel. L'incendie de 1583 réduisit en cendres la « *biblioteca muy buena* » de l'évêque Salazar, Léonard (1996), p. 201.

9. Leonard (1996), p. 194.

10. Ronaldo Vainfas (édit.), *Confissões da Bahia*, São Paulo, Companhia das Letras, 1997, p. 207 ; et Léonard (1996), pp. 193-194. Trebiña (ou Treviño), un Espagnol de Manille, possède également une traduction espagnole d'une vulgarisation de l'aristotélisme par Alessandro Piccolomini et un récit historique sur la prise de Rhodes par Soliman (p. 196).

11. Vainfas (1997), pp. 99, 300.

12. Léonard (1996), p. 201. Voir Emma H. Blair et J. A. Robertson, *The Philippine Islands, 1493-1803,* Cleveland, 1903-1909, vol. 5, p. 272, et Leonard (1996), p. 377.

13. Bailey (1999), p. 69.

14. Clive Griffin, *Los Cromberger, la historia de una imprenta del siglo XVI, en Sevilla y México,* Madrid, Cultura Hispánica, 1991, pp. 91-116.

15. Marcelo Francisco Mastrilli, *Relaçam de hum prodigioso milagre*, édit. par Manuel de Lima, Lisbonne, Biblioteca Nacional, [Rachol, 1636] 1989, p. XXXIX. À Mexico, Pietro Balli qui publie des textes en nahuatl, zapotèque et mixtèque est un Salmantin d'origine française (Joaquín García Icazbalceta, *Bibliografía mexicana del siglo XVI*, édit. par Agustín Millares Carlo, Mexico, FCE, [1886] 1981, p. 37).

16. Le Japonais Constantino Dourado à Goa (Mastrilli (1989), p. XVI ; pour Mexico, voir la liste des indigènes fournie par le franciscain Juan Bautista dans Angel María Garibay K., *Historia de la literatura náhuatl*, II, Mexico, Porrúa, 1971, pp. 223, 225.

17. García Icazbalceta (1981), p. 24.

18. *Ibid.*, pp. 37-38.

19. L'ouvrage est publié en 1556 par le Colégio de São Paulo de Goa, dans Mastrilli (1989), p. XI.

20. Francisco Bethencourt et Kirti Chaudhuri, *História da expansão portuguesa*, I, Lisbonne, Círculo de leitores, 1998, p. 425.

21. Bethencourt et Chaudhuri (1998), II, p. 474.

22. Charles R. Boxer, *The Christian Century in Japan, 1549-1650,* Lisbonne, Carcanet, 1993, pp. 190-198. Le premier livre sorti des presses japonaises fut *Sanctos no Gosagueo no uchi Nuquigaqi* (les *Actes des saints).* Publié à Katsusa en 1591, il était orné d'une gravure dans le style maniériste. La même année est également publié le *Cruz no monogatari* (*L'histoire de la Croix*) qui est décoré d'une gravure représentant Marie adorant l'Enfant Jésus.

23. À Amacusa, Katsusa et surtout Nagasaki. Les jésuites éditent aussi bien des versions abrégées des classiques japonais que des traductions de Luis de Granada et de l'*Imitatio Christi* de Thomas a Kempis.

24. Vicente Rafael, *Contracting Colonialism. Translation and Christian Conversion in Tagalog Society under Early Spanish Rule*, Ithaca et Londres, Cornell University Press, 1988, pp. 48, 26. En 1610, les presses de Tomas Pinpin publient l'*Arte y reglas de la lengua tagala.*

25. Mastrilli (1989), pp. XIII-XV.

26. Laissé pour compte, le Brésil n'aura de véritables presses qu'au XIXe siècle.

27. *Constituciones del arçobispado y provincia de la muy ynsigne y muy leal ciudad de Tenuxtitlan*, Mexico, Juan Pablos, 1556 ; *Constituciones do arcebispado de Goa,* Goa, João de Emdem, 1568.

28. García Icazbalceta (1981), p. 415. Bethencourt et Chaudhuri (1998), II, p. 474.

29. Sullivan (1989), p. 48.

30. À l'exception du maya classique.

31. Ce n'est pas le cas en Asie où même le tagalog des lointaines Philippines possédait un système de transcription.

32. Rafael (1988), p. 56. Manuel Arigas y Cuerva, *La primera imprenta en Filipinas*, Manille, Germania, 1910 (cité dans Rafael (1988), p. 57, note 6). Pinpin aurait appris le métier avec un Chinois chrétien, Juan de Vera ; il a imprimé des ouvrages de dévotion à la fois en castillan et en tagalog. Ses activités s'arrêtent vers 1539.

33. Voir, par exemple, pour l'Amérique du Sud, la grammaire de Fray Domingo de Santo Thomas, *Grammatica o arte de la lengua general de los indios de los reynos del Peru*, Valladolid, Francisco Fernández de Córdoba, 1560, édit. par Rofolfo Cerrón-Palomino, Madrid, Ediciones de Cultura Hispánica, 1994.

34. Une réédition abrégée en est publiée à Macao en 1620.

35. *Vocabulario en lengua castellana y mexicana*, Mexico, Antonio de Espinosa, 1571.

36. Boxer (1993), p. 195.

37. Clusius, *Aromatum et simplicium aliquot medicamentorum apud Indos nascentium historia*..., Anvers, 1567. Des rééditions en 1574, 1579, 1593, 1605, 1605-1611. Voir également Anibale Briganti, *Due libri dell'Historia de i semplici, aromati et altre cose che vendono portate dell'Indie Orientali alla medicina di don Garzia dell'Orto, medico portughese*..., Venise, 1575 (rééditions à Venise en 1580, 1582, 1589, 1605 et 1616) ; Juan Fragoso, *Catalogus simplicium medicamentorum*..., Alcalá de Henares, Compluti, 1566 ; Cristóvão de Acosta, *Tractado de las drogas, y medicinas de las Indias Orientales, con sus plantas debuxadas al vivo por C. A., médico*..., Burgos, Martín de Victoria, 1578 ; et la traduction latine de cet ouvrage : *Aromatum et medicamentorum in Orientali India nascentium liber*..., Anvers, C. Plantin, 1582 (in A.J. Andrade de Gouveia, *Garcia d'Orta e Amato Lusitano na ciência do seu tempo*, Lisbonne, Instituto de Cultura e Lingua Portuguesa, Biblioteca Breve, pp. 79-82).

38. Germán Somolinos d'Ardois, « Médicos y libros en el primer siglo de la Colonia », in *Boletín de la Biblioteca Nacional*, Mexico, UNAM, XVIII, n° 1-4, 1967, pp. 108-109.

39. García Icazbalceta (1981), p. 398.

40. Juan de Cárdenas, *Problemas y secretos maravillosos de las Indias*, édit. par Angeles Durán, Madrid, Alianza Editorial, 1988, p. 32.

41. Voir l'exemple brésilien remarquablement étudié par Jean-Claude Laborie, *Une correspondance missionnaire au XVIe siècle : l'écriture jésuite du Brésil, 1549-1568*, Lille, Université Charles de Gaulle-Lille III, décembre 1999, thèse de doctorat, 2 vol.

42. Balbuena (1990), p. LX.

43. L'ouvrage sort à Rome en 1651. García Icazbalceta (1981), pp. 232-233, et David Freedberg, *The Eye of the Lynx. Galileo, His Friends and The Beginnings of Modern Natural History,* Chicago, University of Chicago Press, 2002. Une version abrégée avait été traduite en castillan et publiée à Mexico par le dominicain Francisco Xímenez dès 1615. Par une sorte de retour à l'envoyeur, les connaissances de Francisco Hernández, fût-ce sous une forme imparfaite, retraversaient l'Atlantique pour être mises à la disposition des habitants de la Nouvelle-Espagne, faute de trouver leur public en Europe « *para todo género de gente que vive en estancias y pueblos do no ay medicos ni botica* » (García Icazbalceta (1981), p. 233).

44. Ces manuscrits n'échouent pas que dans les imprimeries de la Péninsule, des Pays-Bas ou de Rome. C'est dans la capitale du royaume de Naples qu'est publié en 1607 le *Rituale, seu Manuale peruanum* de Oré, qui offre une compilation de catéchismes rédigés dans plusieurs langues indigènes de l'Amérique du Sud : quechua, aymara, mochica, puquina, guarani et « brasilíca » (tupi), dans Luis Gerónimo de Oré, *Relación de la vida y milagros de San Francisco Solano*, Lima, Pontificia Universidad Católica del Peru, 1998, p. XXX.

45. Escalante (1577), p. 62v°.

46. *Ibid.*, pp. 61, 61v°.

47. Heikamp (1972), p. 46.

48. *Sucesos de las islas Filipinas,* Mexico, Geronymo Balli, 1609 (édition moderne, Ediciones Polifemo, Madrid, 1997).

49. Giulio Cesare Capaccio, *Il forastiero. Dialogi*, Naples, Gio. Domenico Roncagliolo, 1634, p. 316.

50. Morga (1997), p. 8.

51. Viterbo (1988), p. 120.

52. Juan López de Velasco, *Geografiá y descripción universal de las Indias*, édit. par Marcos Jímenez de la Espada, BAE 248, Madrid, Atlas, 1971, p. 1.

53. *Ibid.*, pp. 286-309.

54. Michel de Montaigne, *Essais*, édit. par Pierre Michel, Paris, Le Livre de Poche, 1965, III, livre III, chap. VI, p. 140.

55. Nicolas Bautista Monardes (1493-1588) publie en 1545 à Séville *Dos libros, el uno que trata de todas las cosas que traen de nuestras Indias Occidentales, que sirven al uso de la médicina, y el otro que trata de la Piedra Bezaar y de la Yerva Escuencora.* L'ouvrage est réédité en 1565 et 1569. En 1571 paraît une deuxième partie, bientôt enrichie d'une troisième en 1574. Les remises à jour (1565, 1569, 1571, 1574) complètent les informations, les corrigent et parfois les éliminent. Des traductions en italien, latin, anglais, français assurent à cette œuvre une diffusion européenne dans la seconde moitié du XVIe siècle et une partie du XVIIe siècle. Nous utilisons l'édition établie par Ernesto Denot et Nora Satanowsky, sous le titre *Herbolario de Indias*, avec une présentation et des commentaires de Xavier Lozoya (Mexico, Instituto Mexicano del Seguro Social, 1992).

56. La plante provient de Colima, une région située au nord-ouest du Mexique central, et serait parvenue entre les mains du médecin de Séville vers 1540 par l'entremise d'un Génois, Pascual Cataneo.

57. Monardes (1992), pp. 100, 101.

58. Escalante (1577), p. 98.

59. Knauth (1972), p. 133.

60. Maria da Graça A. Mateus Ventura, *Portugueses no descobrimento e conquista da Hispano-América. Viagens e expedições (1492-1557)*, Lisbonne, Edições Colibri, 2000, p. 170.

61. Ce qui explique que nous disposions pour cette partie de l'empire espagnol d'un récit en portugais publié à Evora en 1557 (María da Graça A. Mateus Ventura, *Relação verdadeira*..., Lisbonne, Comissão Nacional para as Comemorações dos Descobrimentos Portugueses, 1998).

62. Les sujets de la couronne de Portugal font des conquêtes, du commerce, introduisent des esclaves, tissent des réseaux, reçoivent des *encomiendas* et *repartimientos,* quand ce ne sont pas des charges dans des *cabildos* à Cartagena, Rio de la Plata et Mexico, dans Ventura (2000).

63. Jan Aart Scholte estime que ce n'est qu'au XIXe siècle que se consolide une vision territorialiste du monde dans « What is "global" about globalization ? », in David Held et Anthony McGrew (édit.), *The Global Transformations Reader. An Introduction to the Globalization Debate*, Cambridge, Polity Press, 2002, pp. 84-91.

64. M. Jeanneret, *Perpetuum mobile*, Paris, Macula, 1998, pp. 87, 85.

65. Ordóñez de Ceballos (1993) p. 5. Un de ses amis renchérit : « Votre ville et votre nid de Jaén » (p. 6).

66. Cárdenas (1988), p. 201.

67. Silveira (1996), p. XX. L'emploi de « *nación portuguesa* » que l'on rencontre également dans ses écrits n'implique pas ce lien physique à un terroir particulier mais plutôt à une communauté d'histoire et de réalisations. Il semble d'ailleurs que les Portugais aient bien davantage que les Espagnols, à l'exception des Basques qui se réfèrent volontiers à la « *nación vascongada* », tendance à employer la référence à la « patrie » pour invoquer un cadre d'appartenance collective. Voir, par exemple, Lorenço de Mendoça, *Suplicación a su magestad... en defensa de los Portugueses*, Madrid, 1630, fo.1, v°2.

68. Escalante (1577), p. A5.

69. Au début du XVIIe siècle, le Florentin Francesco Carletti est capable de fournir une liste précise des trajets et des temps de navigation permettant à un homme d'affaires d'effectuer le tour du monde (Francesco Carletti, *Ragionamenti di F. Carletti fiorentino sopra le cose da lui vedute*..., Florence, L. Magalotti, 1701, édit. par P. Collo, Turin, Einaudi, 1989).

70. Campanella (1997), chap. XXXI, pp. 338-339.

71. Rédigées peu après le tour du monde de Magellan, les *Lettres* de Hernan Cortés s'adressent à l'empereur et non au roi de Castille. Pour la première fois, un « empire » américain tombe sous la domination de l'héritier des empereurs romains, l'« *invictísimo emperador, potentísimo César »,* raccordant le Nouveau Monde à l'Ancien (Hernan Cortés, *Cartas y documentos*, édit. par Mario Hernández Sánchez- Barba, Mexico, Porrúa, 1963, pp. 114-115). Sur l'apport de Cortés à la construction d'une nouvelle idée impériale, Pablo Fernández Albaladejo, *Fragmentos de Monarquia*, Madrid, Alianza Universidad, 1993, p. 174, et Victor Frankl, « Imperio particular e imperio universal en las cartas de relación de Hernán Cortés », in *Cuadernos Hispanoamericanos*, t. 165, 1963, pp. 443-482, 460-465. Sur les dimensions juridiques des termes *mundo* et *terra,* cf. Anthony Pagden, *Lords of the World. Ideologies of Empire in Spain, Britain and France c.1500-c.1800*, New Haven, Yale University Press, 1995.

72. Sur la diffusion du sébastianisme au sein de la partie portugaise de la Monarchie, Jacqueline Hermann, *1580-1600. O sonho da salvação*, São Paulo, Companhia das Letras, 2000.

73. Camões (1996), p. 237 (chant VI, 7).

74. Mary Elizabeth Berry, *Hideyoshi*, Cambridge, Harvard University Press, 1982, p. 212. Au Japon, la mère de Hideyoshi avait fait un rêve qui annonçait que la vertu de son fils « *will illumine the four seas, his authority shall emanate to the myriad peoples* ».

75. Henrico Martínez, *Repertorio de los tiempos e historia natural de la Nueva España*, édit. par Francisco de la Maza, Mexico, SEP, [1606], 1948.

76. Monardes (1992), p. 2.

77. « Girai il mondo tutto », in Tommaso Campanella, *La Città del Sole*, édit. par Luigi Firpo, Bari, Laterza, 1997, p. 3.

78. José Toribio Medina, *La imprenta en México (1539-1821)*, II, Mexico, UNAM, 1989, II, p. 40.

79. João dos Santos, *Etiópia oriental*, édit. par Luís de Albuquerque, Lisbonne, Biblioteca da Expansão Portuguesa, [1609] 1989.

80. Bruxelles, 1520-1530 (Jerry Brotton, *Trading Territories. Mapping the Early Modern World*, Londres, Reaktion Books, 1997, p. 17-19).

81. Camões (1996), chant II, 5, p. 94.

82. Chant IV, 69, p. 177.

83. Bernardo de Balbuena, *El Bernardo*, édit. par Noé Jitrik, Mexico, Secretaría de Educación Pública, 1988 (1ère édition Mexico, 1624), p. 137.

84. Bruce Mazlich, « Crossing Boundaries : Ecumenical, World, and Global History », in Philip Pomper, Richard H. Elphick, Richard T. Vann (éd), *World History. Ideologies, Structures and Identities*, Oxford, Blackwell, 1998, p. 47.

85. Carmen Bernand et Serge Gruzinski, *Histoire du Nouveau Monde*, I, *De la découverte à la conquête*, Paris, Fayard, 1991, p. 137.

86. Gabriel Soares de Souza, *Tratado descritivo do Brasil em 1587*, édit. par Francisco Adolfo de Varnhagen, Recife, Fundação Joaquim Nabuco, Editora Massangana, 2000, p. 103.

87. Fredric Jameson, *Postmodernism or the Cultural Logic of Late Capitalism*, Durham, Duke University Press, 1991, p. 413.

88. La critique post-moderne n'est pas plus lucide. Dans *Cosmopolis* (1990), Stephen Toulmin met en cause les approches canoniques de la modernité sans jamais questionner la définition et les limites géographiques qu'il est convenu de lui assigner.

89. Anthony Pagden, *Peoples and Empires. A Short History of European Migration, Exploration and Conquest from Greece to the Present*, New York, The Modern Library, 2001.

90. David Brading, *The First America. The Spanish Monarchy, Creole Patriots and the Liberal State, 1492-1867*, Cambridge, Cambridge University Press.

91. Sur l'idée de *middle-ground*, voir Michael Adas, « Bringing Ideas and Agency Back » in *Representation and the Comparative Approach to World History*, Pomper (1998), p. 99.

92. Arjun Appadurai, « Globale ethnische Raüme », in Roland Robertson, *Globalization : Social Theory and Global Culture*, Londres, Sage Publications.

93. Peter Sloterdijk, *La mobilisation infinie. Vers une critique de la cinétique politique*, Paris, Christian Bourgois, 2000, pp. 57, 45 (édit. originale : *Eurotaoismus Zur Kritik der politischen Kinetik*, Suhrkamp Verlag, Francfort, 1989).

94. Il resterait à établir dans quelle mesure la mobilisation ibérique préfigure celle qui rythme aujourd'hui le globe tout entier, des grandes migrations automobiles aux machines à courir des gymnases, des villes champignons de la Rivière des Perles aux kilomètres de bitume qui défilent dans la nuit de *Lost Highway* (David Lynch). Sur

l'étude de la mobilité au XVIIIe siècle, Daniel Roche, *Humeurs vagabondes. De la circulation des hommes et de l'utilité des voyages*, Paris, Fayard, 2003.

DEUXIÈME PARTIE

La chaîne des mondes

CHAPITRE IV

Mexico

1. Balbuena (1990), pp. 64-65.

2. Orta (1895), II, p. 339.

3. H. S. Klein (2001), p. 513.

4. Serge Gruzinski, *Histoire de Mexico*, Paris, Fayard, 1996, pp. 224-291.

5. Toribio de Benavente, dit Motolinía, *Memoriales*, édit. par Edmundo O'Gorman, Mexico, UNAM, 1971, p. 243.

6. Au début du XVIIe siècle, les livres de comptes des confréries distinguent toujours les couleurs de Castille (*Caxtilla tlapalli*) des pigments locaux (*tlapalli*). (James Lockhart, *The Nahuas after the Conquest. A Social and Cultural History of the Indians of Central Mexico. Sixteenth to Eighteenth Centuries*, Stanford, Stanford University Press, 1992, p. 278).

7. Par exemple, dans le domaine du travail de l'or et de l'argent (Motolinía (1971), p. 241).

8. Ils emploient dans ce cas le terme *perfeccionarse*, *ibid.*, p. 240.

9. Un frère lai en particulier, le Flamand Pierre de Gand, se chargea d'enseigner les techniques aux Indiens, devenant de la sorte le « *primero y principal maestro e industrioso adestrador de los indios* », Juan de Torquemada, *Monarquia indiana*, Mexico, UNAM, 1977, V, p. 316.

10. Motolinía (1971), pp. 241, 243.

11. *Ibid.*, pp. 240, 242.

12. Las Casas (1967), I, p. 36 ; Brígida von Mentz, *Trabajo, sujeción y libertad en el centro de la Nueva España*, Mexico, CIESAS, Miguel Angel Porrúa, 1999.

13. Torquemada (1977), V, p. 318.

14. Balbuena (1990), p. 80.

15. Pedro de Arenas, *Vocabulario Manual de las lenguas castellana y mexicana*, Mexico, Henrico Martínez, 1611 (édit. par Ascensión H. de León-Portilla, UNAM, Mexico, 1982). Sur l'acculturation des Espagnols, Solange Alberro, *Les Espagnols dans le Mexique colonial. Histoire d'une acculturation*, Paris, Armand Colin/EHESS, 1992.

16. Lockhart (1992), p. 266.

17. Motolinía (1971), p. 241.

18. *Ibid.*, p. 273.

19. Les Indiens apprennent à s'occuper des dindes de Castille, les poulets et des *mizton* (petits couguars), autrement dit des chats des maîtres de maison.

20. C'est le cas de *quauhtemacatl*, « chariot », qui recule très tôt devant *carreta* Lockhart (1992), pp. 267-269.

21. Alonso de Molina, *Arte de la lengua mexicana y castellana*, Mexico, 1571, « Aviso nono », prologue à la section nahuatl/castillan.

22. Lockhart (1992), pp. 278, 199, 291-292, 198.

23. Lockhart (1992) évoque des Nahuas qui « *if not exactly bilingual, had a certain exposure to and grasp Spanish* » (p. 302).

24. *Ibid.* p. 198 : des artisans demandent à ce que le travail réalisé sur l'autel d'une église soit considéré comme une initiative personnelle et non comme une obligation liée au tribut (1550) ; des peintres exigent d'être payés alors que les dirigeants indigènes considèrent qu'ils ne font qu'accomplir le service qu'on attend d'eux (1570).

25. *Ibid.*, p. 188.

26. Fernán González de Eslava, *Villancicos, romances, ensaladas y otras canciones devotas*, édit. par Margit Frenk, Mexico, El Colegio de México, 1989, p. 33. Le poète González de Eslava (1534-1603 ?) idéalise le *tianguis* mexicain en reprenant le cadre d'une allégorie médiévale : son marché est une foire aux péchés et aux vertus (*ibid.*, p. 384).

27. Lockhart (1992), p. 196.

28. Silvio Zavala (édit.), *Ordenanzas del trabajo. Siglos XVI y XVII*, I, Mexico, CEHSMO, 1980, p. 221.

29. *Ibid.*, 185.

30. Silvio Zavala et Maria Costelo (édit.), *Fuentes para la historia del trabajo en la Nueva España*, VI, CEHSMO, 1980, p. 437.

31. Friedrich Katz, *Situación social y económica de los Aztecas durante los siglos XV y XVI*, Mexico, UNAM, 1966 ; Manuel M. Moreno, *La organización política y social de los Aztecas*, Mexico, INAH, 1971 ; Alfredo López Austin, *Cuerpo humano e ideología. Las concepciones de los antiguos Nahuas*, Mexico, UNAM, 2 vol., 1980.

32. Le terme désigne les hommes inférieurs et possède des connotations péjoratives, voir López Austin (1980), I, p. 451.

33. Peter Gerhard, *A Guide to the Historical Geography of New Spain*, Cambridge, Cambridge University Press, 1972, p. 182.

34. Charles Gibson, *The Aztecs under Spanish Rule. A History of the Indians of the Valley of Mexico, 1519-1580*, Stanford, Stanford University Press, 1964, p. 377.

35. Gibson (1964), p. 380. La ville aurait encore compté à cette époque dix fois plus d'Indiens que d'Espagnols, avec 3 000 maisons d'Espagnols en 1560.

36. Ralph H. Vigil, *Alonso de Zorita, Royal Judge and Christian Humanist, 1512-1585*, Norman, University of Oklahoma Press, 1987, p. 191.

37. Ivan Cloulas, *Philippe II*, Paris, Fayard, 1992, pp. 174-175 ; Geoffrey Parker, *La gran estrategia de Felipe II*, Madrid, Alianza Editorial, 1998, pp. 258-259.

38. *Historia de España, V. La frustración de un imperio (1476-1714)*, Barcelone, Labor, 1989, p. 88.

39. Ernesto Schäfer, *El consejo real y supremo de las Indias, Su historia y organización y labor administrativo hasta la terminación de la Casa de Austria*, Séville, Imp. M. Carmona, 1935, I, pp. 111, 131.

40. Gibson (1964), pp. 200, 390. En mars 1566, un membre de l'aristocratie comme don Pedro de Moctezuma fait part au roi de la « *grandísima miseria* » dans laquelle il se trouve (Francisco del Paso y Troncoso (édit.), *Epistolario de Nueva España 1505-1818*, X, Mexico, Antigua Libreria Robredo, de José Porrúa e Hijos, 1940, p. 129) ; à la même date, des notables indiens de Mexico se plaignent de leur extrême pauvreté et demandent à être exemptés du tribut (*ibid.*).

41. Mexico dut dorénavant verser 20 178 pesos et 10 589 fanègues de maïs, in José Miranda, *El tributo indígena en la Nueva España durante el siglo XVI*, Mexico, El Colegio de México, 1980, pp. 133-135. Voir également Del Paso y Troncoso (1940), X, p. 1. Les Indiens de Mexico construisaient et réparaient les églises et les édifices publics comme ils participaient au ravitaillement de la ville en entretenant les canaux et les chaussées.

42. Miranda (1580), p. 138 ; Lettre du docteur Ceynos (1565), dans Joaquín García Icazbalceta, *Colección de documentos para la historia de México*, Mexico, Porrúa, 1971, II, p. 240.

43. Francisco de San Antón Muñón Chimalpahin, *Relaciones originales de Chalco Amequemecan*, édit. par Silvia Rendón, Mexico, FCE, 1965, p. 268.

44. *Ibid.*, pp 270, 272,274.

45. En ces années 1560, la mort faucha d'autres éminentes figures de l'aristocratie et de la « république des Indiens » au lendemain de la Conquête : le seigneur de Coyoacan, don Juan de Guzmán Itztlollonzqui, don Pedro de Moctezuma, fils de l'adversaire de Cortés (Chimalpahin (1965), pp. 278, 279).

46. *Descripción del arzobispado de México hecha en 1570*, Mexico, José Joaquín Terrazas e Hijas, 1897, pp. 272-273.

47. Leurs violences se doublent d'une résistance passive à l'autorité archiépiscopale (*ibid.*, p. 279). À quoi s'ajoutent des pratiques religieuses qui se passent de la présence d'ecclésiastiques : « on dirait des païens » (*ibid.*).

48. Zavala, *Ordenanzas* (1980), I, 185.

49. Zavala, *Fuentes* (1980), VI, p. 437.

50. *Ibid.*, p. 438.

51. Voir S. Gruzinski, « Passer les frontières. Déplacer les frontières à Mexico (1560-1580) », in Serge Gruzinski et Rui Loureiro, *Passar as fronteiras. II Colóquio internacional sobre mediadores culturais, Séculos XV a XVIII*, Lagos, Centro de Estudios Gil Eanes, 1999, pp. 207-227.

52. Jonathan I. Israël, *Race, Class and Politics in Colonial Mexico 1610-1670*, Oxford, Oxford University Press, 1975, p. 67.

53. Gonzalo Aguirre Beltrán, *La población negra de México, 1519-1810*, Mexico, FCE, 1946, pp. 213-219 ; D. M. Davidson, « Negro Slave Control and Resistance in Colonial Mexico, 1519-1650 », in *Hispanic American Historical Review*, XLVI (1966), pp. 236-237.

54. Cité dans S. Gruzinski, *Histoire de Mexico*, Paris, Fayard, 1996, p. 262.

55. Luis G. Obregón, *Rebeliones indígenas y precursores de la Independencia mexicana*, Mexico, Navarro, 1952, pp. 331-340.

56. Israël (1975), p. 75.

57. *Ibid.*, p. 76, n.55.

58. Zavala, *Ordenanzas* (1980), I, p. 223.

59. *Ibid.*, p. 224.

60. *Ibid.*, p. 227.

61. Israël (1975), p. 177. La municipalité de Mexico soutenait ardemment ce point de vue (AGI, México, 31, « Copia del parezer de la ciudad de México sobre el repartimiento de yndios », novembre 1632).

62. Lockhart (1992), p. 304.

63. Avec l'émeute de 1692, ce fut le principal mouvement urbain et populaire qui secoua le Mexique du XVIIe siècle, voir Israël (1975), pp. 135-160 ; Gerónimo de Sandoval, « Relación del levantamiento que hubo en México [...] lunes 15 de enero de

1624 », in Genaro Garcia, *Documentos inéditos o muy raros para la historia de México*, Mexico, Porrúa, 1974, pp. 263-273.

64. *Ibid.*, p. 136.

65. García (1974), pp. 268-269.

66. Thomas Gage, « Nouvelle relation des Indes occidentales », in *Voyage dans la Nouvelle-Espagne, 1676*, Paris, Genève, Slatkine, 1979, pp. 237-238 (reprint de la traduction française de 1676).

67. Israël (1975), pp. 154, 123 (n. 55), 151.

68. García (1974), p. 268.

69. *Ibid.*, p. 269.

70. La perte d'influence des moines s'explique par les menées du clergé séculier et par les pressions exercées par la Compagnie de Jésus pour obtenir de l'archevêque les paroisses indiennes qu'il arracherait aux franciscains. Les tensions de la carte ecclésiastique ont joué un rôle certain dans la formation d'une plèbe urbaine mélangée.

71. García (1974), p. 268.

72. Cette impuissance se répétera quelques mois plus tard, en octobre 1624, quand la foule, virant de bord, fera un triomphe au marquis de Gelves lors de son retour éphémère aux affaires.

73. Israël (1975), pp. 152, 154.

74. *Ibid.*, p. 160.

75. *Ibid.*, p. 159, n. 79.

76. García (1974), p. 268.

77. Parmi les conseillers du vice-roi figurent « *un fiscal que ha sido de China, que iba a serlo de la Audiencia de Panamá* » (García (1974), p. 271), et des fonctionnaires de la flotte ; le confesseur du vice-roi, Bartolomé de Burguillos, qui avait dirigé une ambassade au Japon (Israël (1975), p. 145). Les adversaires de Gelves appartiennent également à des réseaux intercontinentaux qui briguent des postes aux Philippines. Les Portugais que visaient les décisions de Gelves jouèrent aussi leur rôle dans cette tourmente (Israël (1975), p. 123).

78. Sur la politique du comte-duc, John H. Elliott, *The Count-Duke of Olivares. The Statesman in an Age of Decline*, New Haven et Londres, Yale University Press, 1968.

79. Aurelio Musi, *La rivolta di Masaniello nella scena politica barocca*, Naples, Guida Editori, 1989, p. 118.

CHAPITRE V

« En toi se rejoignent l'Espagne et la Chine »

1. Balbuena (1990) pp. 91, 79.

2. Voir sur ces termes, le dictionnaire de Sebastián de Covarrubias, *Tesoro de la lengua castellana o española,* Barcelone, Editorial Alta Fulla, [1611] 1993, pp. 744, 470, 976. Ainsi que le *Diccionario de Autoridades*, Madrid, Real Academia Española, 1732, pp. 295, 331.

3. Balbuena (1990), p. 91.

4. Antonio Vázquez de Espinosa, *Compendio y descripción de las Indias Occidentales*, Madrid, Biblioteca de Autores Españoles, Atlas, [1629] 1969, p. 110.

5. Thomas Gage, *Nuevo reconocimiento de los Indias occidentales*, Mexico, SEP/80, [1648] 1982, p. 179 ; Vera Valdés Lakowsky, *De las minas al mar. Historia de la plata mexicana en Asia : 1565-1834*, Mexico, FCE, 1987.

6. *Ibid.*, p. 9. Voir aussi, à la même date, Baltasar Dorantes de Carranza, *Sumaria relación de las cosas de la Nueva España*, Mexico, Jesús Medina, [1604], 1970, p. 115 : « *Aquí está Spaña, Francia, y Italia y Roma y Flandes.* »

7. Arias de Villalobos, « Canto intitulado Mercurio », in *Obediencia que México [...] dió a Philippe IV*, Mexico, Diego Garrido, 1623.

8. Antonio de Herrera, *Historia general de los hechos de los castellanos en las islas i Tierra Firme del Mar Oceano*, Madrid, 1601.

9. Luís Mendes de Vasconcelos, *Do sítio de Lisboa, Diálogos*, édit. par José da Felicidade Alves, Lisbonne, Livros Horizonte, [1608], 1990, pp. 34-35.

10. Giulio Cesare Capaccio, *Il forastiero. Dialogi*, édit. par Franco Strazzulo, Naples, Franco di Mauro [Gio. Domenico Roncagliolo, 1634], 1993, pp. 940, 932.

11. José Toribio Medina, *La imprenta en México (1539-1821)*, II (1601-1684), Mexico, UNAM, 1989, p. 184.

12. Magdalena Chocano Mena, *La fortaleza docta. Elite letrada y dominación social en México colonial (siglos XVI-XVII)*, Barcelone, Bellaterra, 2000, p. 307.

13. Vázquez de Espinosa (1969), p. 60.

14. Il en va de même dans l'empire portugais, seul l'espace parcouru diffère, courant du Brésil à l'*Estado da India*, aux Moluques et au sud du Japon, *via* l'Afrique noire, voir Russel Wood (1992).

15. Voir les correspondances privées publiées par Enrique Otte, *Cartas privadas de emigrantes a Indias 1540-1616*, Mexico, FCE, 1996.

16. Sur le contenu de celle du collège de Santa Cruz de Tlatelolco, Miguel Mathes, *La primera biblioteca académica de América*, Mexico, Secretaria de Relaciones Exteriores, 1982.

17. Francisco Fernández del Castillo, *Libros y libreros en el siglo XVI*, Mexico, FCE, 1982, pp. 554, 473-495.

18. Muñoz Camargo (1984), p. 33.

19. González Sánchez (2001), pp. 248, 216 (1583), 224 (1605) : 5 exemplaires. L'ouvrage a été publié à Salamanque en 1569.

20. *Ibid.*, pp. 103, 220 (1584), 224 (1605) : 16 exemplaires ; Fernández del Castillo (1982), p. 407. Il s'agit probablement de la *Segunda Parte de todas las cosas sucedidas en el mundo en estos cincuenta años de nuestro tiempo*, Salamanque, 1563. Circule également du même auteur une *Historia de Europa* en *toscano* (Fernández del Castillo (1982), p. 407).

21. González Sánchez (2001), 12 exemplaires ; *Ibid.*, pp. 230, 217 (1583).

22. *Ibid.*, pp. 103, 223 (1605).

23. *Ibid.*, p. 253. L'œuvre est publiée à Medina del Campo, chez Francisco del Canto, en 1575.

24. *Ibid.*, p. 250 ; Fernández del Castillo (1982), p. 379.

25. González Sánchez (2001)., p. 228 (1603).

26. *Ibid.*, p. 241.

27. *Ibid.*, p. 473 et 476, sous le titre *Crónicas todas del mundo*, p. 478.

28. *Ibid.*, pp. 218 (1583), 219 (1584).

29. L'évêque de Nocera avait écrit un *Commentario de le cose de' Turchi a Carlo Quinto* (Venise, 1538), accompagné d'un commentaire du Florentin Andrea Cambini, sur l'*Origine de' Turchi e imperio della ottomanna.*

30. Fernández del Castillo (1982), p. 325.
31. González Sánchez (2001), p. 228.
32. *Ibid.*, p. 234.
33. *Ibid.*, p. 235.
34. *Ibid.*, p. 227.
35. *Ibid.*, p. 228.
36. *Ibid.*, p. 226.
37. Fernández del Castillo (1982), p. 441.
38. González Sánchez (2001), p. 239.
39. Fernández del Castillo (1582), p. 407.
40. González Sánchez (2001), p. 239.
41. *Ibid.*, p. 128.
42. *Felicíssima victoria concedida del cielo al señor don Juan d'Austria en el Golfo de Lepanto, Ibid.*, p. 227.
43. *Las Tierras de Jerusalem*, in Fernández del Castillo (1982), pp. 471, 379.
44. González Sánchez (2001), p. 215 (1583). Publié à Séville en 1582, l'ouvrage remettait en mémoire des lecteurs espagnols l'ambassade envoyée par Henri II de Castille aux Tartares en 1403 (Valladares (2001), p. 6, n.18).
45. *Historia de las cosas mas notables, ritos y costumbres del gran reyno de la China, Ibid.*, p. 235.
46. *Relación de las islas filipinas y de lo que en ellas han trabajado los padres de la Compañía, Ibid.*, p. 233.
47. Antonio de Morga, *Sucesos de las Islas Filipinas*, Madrid, Gerónimo Balli, 1609. Nous avons consulté l'édition publiée à Madrid en 1997 par Ediciones Polifemo.
48. González Sánchez (2001), pp. 245, 227.
49. *Verdadera historia y admirable suceso del segundo cerco de Diu, Comentarios do Grande Afonso Dalborquerque, capital geral da India...*, Lisbonne, 1557 et 1576. Voir aussi *La conquista de la India de Portugal*, dans Fernández del Castillo (1582), p. 394.
50. González Sánchez (2001), pp. 213 (1583), 226, 242, 223 (1605). L'auteur en signale 7 exemplaires dont 3 exemplaires en 1604 dans l'inventaire de Pedro Durango de Espinosa à Lima (p. 226). L'ouvrage sort en italien sous le titre *Le istorie delle Indie Orientali* à Florence en 1589 après sa publication en latin en 1588.
51. *Ibid.*, p. 227.
52. *Historiarum Indicarum libri XVI, Ibid.*, p. 229. Signalons également d'Alonso de Orozco, une *Historia de la reina de Saba* (p. 238).
53. Avec une *Conquista de México,* Fernández del Castillo (1982), p. 398.
54. Fernández del Castillo (1982), p. 349.
55. *Historia de C. Colón cuando vino a descubrir la costa de Santo Domingo,* in *Ibid.,* p. 373.
56. *Ibid.*, pp. 445, 269.
57. Domingo Chimalpahin, *Las ocho relaciones y el memorial de Colhuacan*, édit. par Rafael Tena, Mexico, Conaculta, 1998, II, p. 241.
58. Les armées des pays chrétiens d'Europe (Castille, Leon, Allemagne, Rome, Italie, France, Hongrie) défilent au côté des troupes du Mexique (Huaxtèques, Cempoaltèques, Mixtèques, Tarasques, Guatemaltèques), du Pérou, de Cuba et de Saint-Domingue. Tous affrontent les forces du sultan et les « gens » de Syrie, de Damas, de Galilée, de Judée et de Samarie (Motolinía (1971), pp. 106-109).

59. Bartolomé de Las Casas donne le chiffre de 50 000 artisans (Las Casas (1967), I, p. 334).

60. Motolinía (1971), pp. 109-110.

61. *Túmulo imperial de la gran ciudad de México*, Mexico, Antonio de Espinosa, 1560. De larges extraits dans García Icazbalceta (1981), pp. 161 et *sq*.

62. *Ibid*., pp. 164,178.

63. *Ibid*., p. 180.

64. *Ibid*., p. 169.

65. Le landgrave avait été fait prisonnier après la bataille de Mühlberg (24 avril 1547), sur l'Elbe, qui mit un terme à la guerre de Smalkalde qui opposait Charles Quint aux princes luthériens. Maurice de Saxe, fidèle soutien de l'empereur dans ce conflit, reçut l'électorat de Saxe, confisqué à Jean-Frédéric (Émile G. Léonard, *Histoire générale du protestantisme*, Paris, PUF, 1961, I, pp. 230-231).

66. Cervantes de Salazar (1569), p. 170.

67. *Ibid*., p. 169.

68. *Ibid*., p. 168.

69. A.G.N., vol. 165, exp. 6, en 1598 ; Jorge de Bruxas détient la *Corónica de Africa*.

70. Cortés (1963), p. 320.

71. *Ibid*., p. 475.

72. *Ibid*., pp. 477, 476.

73. Miguel León-Portilla, *Hernán Cortes y el Mer del Sur*, Madrid, Cultura Hispánica, 1985.

74. Bartolomé Bennassar, *Cortés*, Paris, Payot, 2001, p. 206.

75. *Ibid*., p. 55.

76. Garcia Icazbalceta (1981), p. 264.

77. Paso y Troncoso (1940), XII, pp. 133-134.

78. En 1545, le dominicain Domingo de Betanzos se proposait d'accompagner en Chine le franciscain Zumárraga, alors archevêque de Mexico, dans Peter Gerhard, *Síntesis e índice de los mandamientos virreinales 1548-1553*, Mexico, UNAM, 1992, pp. 19-20.

79. *Ibid*. p. 134. La dimension scientifique se manifeste par l'envoi aux Philippines du cosmographe Jaime Juan (p. 136). Sur le question du mercure, *ibid*. p. 185.

80. *Ibid*., p. 132. Ce sera aussi le moyen d'entretenir à moindre coût les forces espagnoles aux Philippines. En janvier 1585, l'archevêque Moya de Contreras qui gouverne alors la Nouvelle-Espagne, s'inquiète des cadeaux à offrir au roi de la Chine et au vice-roi de Canton.

81. Valladares (2001), p. 21.

82. Cárdenas (1988).

83. *Ibid*., pp. 35, 183.

84. *Ibid*., p. 59.

85. Il ne manque pas de citer – mais les a-t-il lus ? – les grands classiques qui permettent alors de penser le monde : Aristote, Ptolémée, Pline, Diodore, Strabon, Pomponius Mela, Macrobe, Solon, Avicenne, Hippocrate et saint Thomas d'Aquin.

86. López de Gomara (p. 137). Voir le *Bernardo* (1624) de Balbuena qui jongle aussi avec une Méditerranée (la Crète) et une Asie de rêve (le roi de Perse, Arcangélica, la reine du *Gran Catay*).

87. Dorantes de Carranza (1970), p. 75.

88. *Ibid*., pp. 59, 82, 83.

89. Montaigne (1965), I, livre II, chap. II, p. 409.

90. Dorantes de Carranza (1970), p. 104.

91. *Ibid.*, p. 61.

92. Camões (1996), chant X, 1, p. 391.

93. Teresa Martínez Terán, *Los Antipodas. El origen de los indios en la razón política del siglo XVI*, Puebla, Universidad Autónoma de Puebla, 2001.

94. *Tratado del descubrimiento de las Indias y su conquista*, Madrid, Alianza Editorial, 1990 (1589).

95. *Ibid.*, p. 50.

96. *Ibid.*, p. 40.

97. Il s'agit d'un vocable *taino* originaire de Santo Domingo.

98. *Ibid.*, p. 46.

99. Suárez de Peralta évoque également l'origine carthaginoise des Indiens en s'appuyant sur l'autorité d'Aristote et sur une lecture de Sahagún « *en el prólogo del primer libro en que dize que los primeros Yndios pobladores desembarcaron en Pánuco donde llegaron los que pasaron el agua, y que era en siete barcos que elles llamaban cuevas* » (*Ibid.*, p. 46).

100. Martínez (1606).

101. *Ibid.*, p. 103.

102. *Ibid.*, p. 104. Il avance également l'hypothèse d'un passage par les terres du Sud, du côté du détroit de Magellan.

103. *Ibid.* p. 50.

104. Chimalpahin (1998), « Cuarta relación », p. 309.

105. *Ibid.*, pp. 313-315.

106. Alva Ixtlilxóchitl (1975), I, p. 263.

107. *Ibid*, I, p. 229.

108. *Ibid.*, I, « Compendio histórico del reino de Texcoco », p. 417.

109. Dans la *Sumaria relación de la historia general*, à l'époque du Quatrième soleil, les Toltèques parviennent à Hueytlaplan, sur la côte de la mer de Cortés, en 387. Ils suivent ensuite la côte de Xalisco et débarquent à Huatulco (*Ibid.* p. 530). Cette version est reprise dans la *Historia de la nación chichimeca* : ils seraient arrivés « en cette terre de Anahuac aujourd'hui appelée Nouvelle-Espagne [...] après avoir navigué devant les côtes de divers pays jusqu'à l'endroit où se trouve aujourd'hui la Californie sur la mer du Sud (*Ibid.*, II, p. 10) ». D'autres *pobladores*, les Olmèques, débouchent de l'Orient au « pays de Potonchan » (*Ibid.*, II, p. 7).

110. Dorantes de Carranza (1970), pp. 3-9 ; Torquemada (1975) I, p. 113.

111. Alva Ixtlilxóchitl (1975), I, p. 523 ; II, p. 13.

112. Il cite la *Crónica de este Nuevo Mundo* de Francisco de Terrazas (Muñoz camargo (1984) p. 49).

113. *Ibid.*, p. 278.

114. *Ibid.*, pp. 280, 283.

115. *Ibid.*, p. 284.

116. Alvar Núñez Cabeza de Vaca, *Naufragios y comentarios,* Mexico, la Nave de los locos, [1542] 1977.

117. Auteur d'un *Exámenes de pilotos, de maestros de la carrera de Indias* (1561).

118. Muñoz Camargo (1984), pp. 107-108.

119. *Ibid.*, pp. 277, 138, 140.

120. Muñoz Camargo évoque à plusieurs reprises la Floride où se perdirent la flotte et les hommes de Pánfilo de Narvaez, puis la flotte et les hommes de Francisco de Soto (*Ibid.*, pp. 280-283).

121. Fernando Alvarado Tezozomoc, *Crónica mexicáyotl*, édit. par Adrián León, Mexico, UNAM, [1609] 1975, p. 4.

122. Chimalpahin (1998), I, pp. 64, 68-69.

123. Ignacio Osorio Romero, *La enseñanza del latín a los indios*, Mexico, UNAM, 1990, p. 33.

124. *Ibid.*, p. 11.

125. La brillance est une idée d'origine préhispanique, associée aux énergies qui rayonnent de la divinité.

126. Osorio Romero (1990), pp. 20, 47.

127. Muñoz Camargo (1984), pp. 47-48.

128. Chimalpáhin (1988), II, pp. 211, 219, 241.

129. John Bierhorst, *Cantares mexicanos, Songs of the Aztecs*, Stanford, Stanford Universiy Press, 1985, pp. 341, 331, 415.

130. Eddy Stols et Rudi Bleys (édit.), *Flandre et Amérique latine, 500 ans de confrontation et de métissage*, Anvers, Fonds Mercator, 1993.

CHAPITRE VI
Des ponts sur la mer

1. Antonio de Gouveia, *Trophea Lusitana*, édit. par José Pereira da Costa, Lisbonne, Fundação Calouste Gulbenkian, 1995, p. 44.

2. Campanella (1997), pp. 218, 214.

3. Les connexions prennent tout leur sens dans la perspective des *connected histories* qu'a proposées l'historien Sanjay Subrahmanyam, voir Subrahmanyam, (1996).

4. « Dédicace à l'archevêque de Séville », in Bernardino de Escalante, *Discurso de la navegación que los Portugueses hazen a los reinos y provincias del oriente y de la noticia que se tiene de las grandezas del reino de la China*, Séville, Viuda de Alonso Escrivano, 1577 (édition facsimilé, Laredo Universidad de Cantabria, 1991), p. A5.

5. Patricia Seed, *Ceremonies of Possession in Europe's Conquest of the New World 1492-1640*, Cambridge, Cambridge University Press, 1995.

6. Sanjay Subrahmanyam, *Vasco da Gama*, New Delhi, Cambridge University Press, 1997.

7. Des premiers contacts qui dans le cas de l'Asie sont toujours précédés de liens plus anciens comme le montre l'exemple de Vasco de Gama rencontrant à Calicut des marchands tunisiens parlant castillan (Valladares (2001), p. 108).

8. L'étude pionnière de E. Schäfer sur les membres du Conseil des Indes signale les mouvements qui, au fil des nominations, rattachent les terres lointaines à la Monarchie, Ernesto Schäfer, *El consejo real y supremo de las Indias*, Séville, Imprenta Carmona, 1935-1947, 2 vol.

9. Francisco Bethencourt, *História das Inquisições. Portugal, Espanha e Italia, Séculos XV-XIX*, São Paulo, Companhia das Letras, 1995.

10. Chimalpahin (2000), pp. 373, 407.

11. Balbuena (1990), p. 76.

12. O. H. K. Spate, *Storia del Pacifico I, Il lago spagnolo*, Milan, Einaudi, 1987.

13. Sousa Viterbo, *Trabalhos náuticos dos Portugueses. Séculos XVI e XVII*, Lisbonne, Imprensa Nacional, Casa da Moeda, 1988, p. 119.

14. Carlos Prieto, *El oceano pacífico : navegantes españoles del siglo XVI*, Madrid, Alianza Editorial, 1975, pp. 86, 91-92 ; Knauth (1972), p. 43.

15. Voir les répercussions sur la cartographie européenne dans Jerry Brotton, *Trading Territories. Mapping the Early Modern World*, Londres, Reaktion Books, 1997, pp. 119-150.

16. Pedro Sarmiento de Gamboa, *Viajes al estrecho de Magallanes*, édit. par María Justina Sarabia Viejo, Madrid, Alianza Editorial, 1988. p. 199.

17. *Ibid.*, pp. 151, 152.

18. *Ibid.*, pp. 169-170.

19. *Ibid.*, p. 186.

20. *Ibid.*, p. 189.

21. *Ibid.*, p. 39.

22. *Ibid.*, pp. 39, 38, 42, 228, 221.

23. *Ibid.*, pp. 109, 116, 125, 209-210.

24. *Ibid.*, p. 206.

25. *Ibid.*, pp. 130-132, 212.

26. Enrique Otte, *Cartas privadas de emigrantes a Indias 1540-1616*, Jerez, Junta de Andalucia, 1988, p. 416 ; James Lockhart et Enrique Otte, *Letters and People of the Spanish Indies. The Sixteenth Century*, Cambridge, Cambridge University Press, 1976.

27. Otte (1988), p. 431, « Celedón Favalis a su padre Simón Favalis en Madrid », Los Reyes, 20 mars 1587.

28. *Ibid.*, pp. 431-433.

29. *Ibid.*, pp. 518, 526.

30. *Ibid.*, pp. 519, 530, 537.

31. *Ibid.*, pp. 537, 523, 583.

32. *Ibid.*, pp. 561, 562.

33. Geraldo Pieroni, *Os excluídos do reino. A inquisição portuguesa e o degredo para o Brasil colónia*, Brasilia, Editora Universidade de Brasilia, 2000.

34. Laura de Mello e Souza, *O diabo e a Terra de Santa Cruz*, São Paulo, Companhia das Letras, 1987, p. 335.

35. *Ibid.*, p. 338.

36. *Ibid.*, p. 337.

37. Archivo General de la Nación (Mexico), *Inquisición*, vol. 372, exp. 20.

38. *Ibid.*, vol. 298, exp. 5 [1613].

39. *Ibid.*, vol. 304, fol. 186r°, 191r° ; vol. 587, exp. 22 ; vol. 213, exp. 10.

40. Ribadeneyra (1601), p. 14.

41. Bartolomé et Lucile Bennassar, *Les Chrétiens d'Allah. L'histoire extraordinaire des renégats, XVIe-XVIIe siècles*, Paris, Perrin, 1989.

42. Comme ce Salvador Homem da Costa, évoqué par André Álvares de Almada dans son *Tratado breve dos rios de Guiné do Cabo Verde*, édit. par António Luís Ferronha, Lisbonne, Grupo de Trabalho do Ministério da Educação para as Comemorações dos Descobrimentos Portugueses, 1994, pp. 125, 128.

43. Almada (1994), pp. 117, 129, 105.

44. *Ibid.*, p. 91 ; A.J.R. Russell-Wood, « Os portugueses fora do império », in F. Bethencourt et K. Chaudhuri (dir.), *História da expansão portuguesa*, Lisbonne, Circulo dos leitores, I, 1998, pp. 256-281 ; María Augusta Lima Cruz, « Degredados e arrenegados portugueses no espaço índico nos primórdios do século XVI », in *Povos e culturas*, 5, Lisbonne, Universidade Católica Portuguesa, pp. 41-61 ; Dejanirah Couto, « Quelques observations sur les renégats portugais en Asie au XVIe siècle », in *Mare liberum, Revista de História dos mares*, n° 16, décembre 1998, pp. 57-85.

45. Diogo do Couto, *O soldado prático*, édit. par Reis Brasil, Lisbonne, Publicações Europa-América, 1988, p. 89.

46. Silveira (1996), p. XXXVI.

47. Cruz (1997), p. 33.

48. San Agustín (1975), p. 720.

49. Sérgio Buarque de Holanda, *Caminhos e fronteiras*, Rio de Janeiro, José Olympio, 1957.

50. Gonzalo Aguirre Beltrán, *Medicina y magia. El proceso de aculturación en la estructura colonial*, Mexico, Instituto Nacional Indigenista, 1970 ; George M. Foster, *La herencia de la conquista. La herencia española de América*, Jalapa, Universidad Veracruzana, 1962.

51. Grant D. Jones, *Maya Resistance to Spanish Rule. Time and History on a Colonial Frontier*, Albuquerque, University of New Mexico Press, 1989.

52. Russell-Wood (1998), pp. 256-281.

53. « *Los ritos y ceremonias moriscas, y sus zambras, leylas y otras cosas con que se recreavan* », in Martínez (1606) p. 259.

54. Alessandro Stella, *Histoires d'esclaves dans la péninsule Ibérique*, Paris, Éditions de l'École des Hautes Études en Sciences Sociales, 2000, pp. 64-65 ; sur les métis américains dans la Péninsule, Esteban Mira Caballos, *Indios y mestizos en la España del siglo XVI*, Madrid, Iberoamericana, 2000.

55. López de Velasco (1971), pp. 22-23.

56. *Ibid.*, pp. 104-105.

57. Voir l'introduction de Francisca Perujo in Francesco Carletti, *Razonamientos de mi viaje alrededor del mundo*, Mexico, UNAM, 1976.

58. Sanjay Subrahmanyam, *The Portuguese Empire in Asia 1500-1700. A Political and Economic History*, Londres, Longman, 1993, p. 220.

59. « *Fueron sujetos antiguamente a los Chinas y assí son muy achinados* », in Escalante (1577), p. 53 v° et p. 56.

60. Charlotte de Castelnau, *Les ouvriers d'une vigne stérile. Les jésuites et la conversion des Indiens au Brésil, 1580-1620*, Paris, Centre culturel Calouste Gulbenkian, 2000.

61. Voir chapitre XVI, Dauril Alden, *The Making of an Enterprise : The Society of Jesus in Portugal, its Empire and Beyond, 1540-1750*, Stanford, Stanford University Press, 1996.

62. Pierre Duviols, *La lutte contre les religions autochtones dans le Pérou colonial. L'extirpation de l'idolâtrie entre 1532 et 1660*, Lima, Institut d'Études andines, 1972.

63. Voir pour le Mexique, Gruzinski (1988).

64. Sur les rapports entre l'Europe chrétienne et le voisin turc, Daniel Goffman, *The Ottoman Empire and Early Modern Europe*, Cambridge, Cambridge University Press, 2002 ; sur les échanges avec l'Empire ottoman, Lisa Jardine et Jerry Brotton, *Global Interests. Renaissance Art between East and West*, Londres, Reaktion Books, 2000, et les réactions d'une ville moyenne de l'Italie moderne, Giovanni Ricci, *Osses-*

sione turca. In una retrovia cristiana dell'Europa moderna, Bologne, Il Mulino, 2001.

65. Louise Bénat-Tachot, *Chroniqueurs entre deux mondes,* Dossier d'habilitation, Université de Marne-la-Vallée, décembre 2002.

66. Balbuena (1990), p. 124.

67. *Ibid.*, p. 122.

68. Jorge M. dos Santos Alves et Pierre-Yves Manguin, *O Roteiro das cousas do Achem de João Ribeiro Gaio : Um olhar português sobre o Norte de Samatra em finais do século XVI*, Lisbonne, Comissão Nacional para as Comemorações dos Descobrimentos Portugueses, 1997.

69. Au Mexique, pour expliquer que les Indiens croyaient que Topiltzin Quetzalcoatl reviendrait un jour au milieu des humains, le chroniqueur métis Alva Ixtlilxóchitl fait allusion à la légende qui courait autour de la personne de dom Sebastien, dans Alva Ixtlilxóchitl (1975), I, pp. 282-283 ; Jacqueline Hermann, *1580-1600. O sonho da salvação*, São Paulo, Companhia das Letras, 2000.

70. Goodrich (1990).

71. Zinadím, *História de los Portugueses no Malabar*, édit. par David Lopes, Lisbonne, Edições Antígona, 1998.

72. Camões (1996), chant VIII, 64,81.

73. *Tesoros de México, arte plumario y de mosaico, Artes de México*, n° 137, XVIIe année, 1960, p. 30.

74. Otte (1988), p. 467.

75. Nathan Wachtel, *La foi du souvenir. Labyrinthes marranes*, Paris, Seuil, 2001 ; Solange Alberro, *Inquisition et société au Mexique, 1571-1700*, Mexico, CEMCA, 1988 ; Anita Novinsky et Maria Luiza Tucci Carneiro (édit.) *Inquisición. Ensaios sobre mentalidades, heresias e arte*, São Paulo, EDUSP, 1992.

76. Chimalpahin (2000), p. 65.

77. *Livro das Cidades e Fortalezas...*, fol.6, cité dans Santos Alves (1999), p. 280, n.763.

78. Margarita Suárez, *Desafíos transatlánticos. Mercaderes, banqueros y el estado en el Perú virreinal*, 1600-1700, Lima, IFEA, FCE, 2001 ; Luiz Felipe de Alencastro, *O trato dos viventes, Formação do Brasil no Atlântico Sul. Séculos XVI e XVII*, São Paulo, Companhia das Letras, 2000.

79. Balbuena (1990) p. 79.

80. Gage (1982).

81. Peter Bakewell, *Silver and Entrepreneurship in Seventeenth Century Potosí*, University of New Mexico Press, Albuquerque, 1988. p. 23.

82. Simon Schama, *The Embarrassment of Riches. An Interpretation of Dutch culture in the Golden Age*, Berkeley, Londres et Los Angeles, University of California Press, 1988.

83. Balbuena (1990), p. 83.

84. *Ibid.*, p. 85.

85. *Ibid.*, pp. 74, 88, 89, 79.

86. Gruzinski (1999), et, du même auteur, *L'Aigle et la Sibylle. Fresques indiennes des couvents du Mexique*, Paris, Imprimerie nationale, 1994.

87. Sloterdijk (2001), p. 217.

TROISIÈME PARTIE

Les choses du monde

CHAPITRE VII

Les experts de l'Église et de la Couronne

1. Fernão Lopes de Castanheda, dans João Marinho dos Santos, *Os portugueses em viagem pelo mundo. Representações quinhentistas de cidades e vilas*, Lisbonne, Grupo de Trabalho do Ministério da Educação para as Comemorações dos Descubrimentos Portugueses, 1996, p. 299.

2. Voir Muñoz Camargo (1984), p. 127 : « *tratando [...] de las cosas de aquella tierra y de su peregrinación...* ». Ou encore le titre de l'œuvre de Bernardino de Sahagún, *Historia general de las* cosas *de Nueva España,* ou de celle de Gaspar da Cruz, *Tratado das* coisas *da China.*

3. María Luisa Rodríguez Sala (édit.), *El eclipse de Luna. Misión científica de Felipe II en Nueva España*, Huelva, Biblioteca Montaniana, Universidad de Huelva, 1998, p. 43.

4. Sahagún adresse un *Compendio* de son œuvre à Pie V et un *Sumario* à Juan de Ovando, président du Conseil des Indes. Voir Miguel León-Portilla, *Bernardino de Sahagún, pionero de la antropología*, Mexico, UNAM, (1999), p. 157.

5. Comme le souligne un Portugais de Cochin, Francisco da Costa, dans Bethencourt et Chaudhuri (1998), II, p. 469.

6. *Códice franciscano. Nueva colección de documentos para la historia de México*, V, II, édit. par Joaquín García Icazbalceta, México, Editorial Salvador Chávez Hayhoe, 1941, p. 41.

7. Jean-Pierre Berthe, « Les franciscains de la province mexicaine du Saint-Évangile en 1570 : un catalogue de fray Jerónimo de Mendieta », in *Enquêtes sur l'Amérique Moyenne, Mélanges offerts à Guy Stresser-Péan*, Mexico INAH et CEMCA, 1989, p. 22.

8. León-Portilla (1999), p. 169.

9. Le dictionnaire de Covarrubias définit l'histoire en ces termes : « *largo modo se llaman historia como historia de los animales, historia de las plantas, etcétera. Y Plinio intituló su gran obra [...] natural historia* », Sebastián de Covarrubias, *Tesoro de la lengua castellana o española*, 1611 (édit. Madrid, Turner, 1972, 692).

10. Diego Durán, *Historia de las Indias de Nueva España y de las Islas de Tierra Firme*, Mexico, Porrúa, 1967, I, p. 257.

11. Bernardino de Sahagún, *Historia general de las cosas de Nueva España*, édit. par Angel María Garibay K., Mexico, Porrúa, 1977, II, p. 627. « Relación del autor digna de ser notada ».

12. *Ibid.*, II, p. 629.

13. Durán (1967), I, p. XII.

14. León-Portilla (1999), p. 174.

15. Durán (1967), I, p. 185.

16. León-Portilla (1999), pp. 95-107.

17. Ce qu'exige en avril 1577 le roi Philippe II quand il interdit que l'œuvre de Sahagún circule ou s'imprime et qu'il ordonne au vice-roi « *de no consenir que por ninguna*

manera persona alguna escriba cosas que toquen a supersticiones y manera de vivir que estos indios tenían en ninguna lengua », dans *Códice franciscano* (1941), p. 267.

18. Durán (1967), I, p. 187.

19. Juan de Grijalva, *Crónica de la Orden de N.P.S. Agustin en las provincias de la Nueva España*, Mexico, Pórrua, [1624] 1985.

20. Selon les *Partes e preceitos da História* fixés par Severim de Faria, le chantre de la cathédrale d'Evora et le frère de Cristóvão de Lisboa, dans Frei Cristóvão de Lisboa, *História dos animaes e arvores do Maranhão*, édit. par Jaime Walter, Lisbonne, Comissão Nacional para as Comemorações dos Descobrimentos Portugueses, 2000, p. 52.

21. *Ibid.*, pp. 44, 54.

22. León-Portilla (1999), p. 156.

23. Cruz (1997), p. 18.

24. José Manuel Garcia, « A literatura portuguesa da expansão : contribuição para o seu estudo e inventário », in *Le caravelle portoghese sulle vie delle Indie*, édit. par Piero Ceccucci, Rome, Bulzoni, 1992, pp. 81-82.

25. Cruz (1997), p. 255.

26. Cette *História de Japam* porte sur une période qui va de 1549 à 1594 (Bethencourt et Chaudhuri (1998), II, p. 473). Le jésuite Valignano, qui la trouvait trop prolixe, s'opposa à sa publication.

27. Luís Fróis, *Traité sur les contradictions de mœurs entre Européens et Japonais*, traduit par Xavier de Castro et Robert Schrimpf, et présenté par José Manuel Garcia, Paris, Chandeigne, 1993. Une étude complète et une édition critique par Josef Franz Schütte, sous le titre *Kulturgegensätze Europa-Japan (1585) – Tratado em que se contem muito susinta e abreviadamente algumas contradições e diferenças de custumes antre a gente de Europa e esta provincia de Japão*, Tokyo, Sophia University, 1955, p. 294.

28. Voir, par exemple, le jugement qu'il porte sur Hideyoshi, dans Berry (1982), pp. 207, 208, 213.

29. Cruz (1997), p. 256.

30. Fróis (1993), pp. 65-66.

31. *Ibid.*, p. 41.

32. Sahagún (1977), II, p. 629.

33. Froís (1993), pp. 69, 67, 71, 70, 101.

34. Durán (1967), I, p. 151.

35. Sur le Brésil, Laborie (1999) et Castelnau-L'Estoile (2000). Fort d'avoir passé un quart de siècle en Inde (1594), Sebastião Gonçalves rédigea à Goa une histoire générale des missions d'Orient dont une partie fut envoyée à Lisbonne et à Rome en 1615, dans Bethencourt et Chaudhuri (1998), II, p. 471. Sebastião Gonçalves, *Primeira parte da História dos religiosos da Companhia de Jesus*, édit. par José Wicki, Coimbre, Atlântida, 1962.

36. Gonçalves (1962), III, pp. 100-101, cité dans Bethencourt et Chaudhuri (1998), II, p. 471.

37. António Coimbra Martins, « Sobre a génese da obra de Couto », in *Arquivos do Centro Cultural Português*, III, Paris, Fondation Gulbenkian, 1974, pp. 131-174.

38. Au nombre des militaires, le *fidalgo* Galiote Pereira dont le traité sur la Chine, *Algumas cousas*, sera largement réutilisé, pour ne pas dire pillé, par le dominicain Gaspar da Cruz (Cruz (1997), p. 34). Durant ses années de captivité, Pereira avait séjourné au Fukien, dans le Kiangsi, le Kuangsi et le Kuangtung (*Ibid.*, p. 33).

39. Fernando González de Oviedo, *Historia general y natural de las Indias*, édit. par Juan Pérez de Tudela y Bueso, Madrid, BAE, n° 117-121, [1547-1557] 1959, 5 vol. Sur ce personnage et son rival López de Gómara, Louise Bénat Tachot, *Chroniqueurs entre deux mondes. Étude inédite*, dossier d'habilitation, Université de Marne-la-Vallée, décembre 2002, dact., et son introduction à Gonzalo Fernández de Oviedo, *Singularités du Nicaragua*, Paris, Chandeigne/Université de Marne-la-Vallée, 2002.

40. San Agustín (1975), p. 715.

41. Lisboa, Academia Real da Ciencias, 1790. Couto reprendra le même thème quarante ans plus tard dans *Diálogo do soldado prático*, Lisbonne, Clássicos Sá da Costa, 1937 (réed. par Rodrigues Lapa). Nous utilisons le texte établi par Reis Brasil, Lisbonne, Publicações Europa-América, 1988 (Couto (1999), p. XIV).

42. Diogo do Couto, *Década quarta da Asia*, édit. sous la direction de Maria Augusta Lima Cruz, Comissão Nacional para as Comemorações dos Descobrimentos Portugueses, Lisbonne, Fundação Oriente, Imprensa Nacional, Casa da Moeda, 1999, I, p. XVI.

43. Il est aussi probable que cette destination lointaine l'ait aidé à faire oublier des origines « impures ».

44. Les *Décades* de Couto offrent le pendant portugais de celles que Antonio de Herrera y Tordesillas consacrait à la même époque à l'histoire des Indes occidentales. Ce qui explique peut-être que la *Quatrième Décade* (1602) ait dû attendre la sortie de l'ouvrage de Herrera pour être à son tour imprimée sur les presses de Pedro Crasbeck, dans le collège de Saint-Augustin à Lisbonne (Couto (1999), I, p. XXIX).

45. Rui Manuel Loureiro, « Leituras de Diogo do Couto : apontamentos sobre as fontes das *Décadas da Asia* », in *Revista de cultura*, Lisbonne, n° 38-39, 1999, pp. 71-107.

46. Couto (1999), p. CX.

47. Rien à ses yeux ne vaut les connaissances recueillies sur place, car « *por aqui temos bem dado a conhecer estes mogores* », *ibid*., p. CX.

48. *Ibid*., pp. CXIV, CXI, CXV.

49. Couto (1988), p. 132.

50. André Álvares de Almada, *Tratado breve dos Rios de Guiné do Cabo-Verde, feito pelo capitão André Álvares d'Alamada, Ano de 1594*, édit. par António Luís Ferronha, Lisbonne, Grupo de Trabalho do Ministério da Educação para as Comemorações dos Descobrimentos Portugueses, 1994. p. 101. Citons aussi les éditions de António Brásio, Editorial L.I.A.M., Lisbonne, 1964, et de Luís Silveria, Lisbonne, 1946.

51. José da Silva Horta, « Evidence for a Luso-African Identity in "Portuguese" Accounts on Guinea of Cape Verde (Sixteenth-Seventeenth centuries) », in *History in Africa*, n° 27, 2000, pp. 99-130, p. 106, n.24.

52. Parmi d'autre « *práticos das Coisas de Guiné* », citons les cas de deux ex *lançados*, Bartolomeu André et de Sebastião Fernandes Cação. Tous deux appartiennent aux milieux afro-portugais du continent. En 1593, Fernandes Cação reçoit l'habit du Christ pour ses faits d'armes. Henrique Vaz de Lugo est un Cap-Verdien, probablement né dans une des puissantes familles de l'île de Santiago.

53. Le rôle des *lançados* est ici essentiel. On en décèle la trace dès la description de Valentim Fernandes (Horta (2000), p. 118.

54. Horta (2000), p. 116.

55. Ce qui ne les empêchait pas d'intervenir dans la région et de participer au fructueux commerce du kola.

56. André Donelha, *Descrição da Serra Leoa e dos Rios de Guiné e de Cabo Verde*, édit. par Avelino Teixeira da Mota et *al*., Lisbonne, Junta de Investigações do Ultramar, 1977, p. 70.

57. Avelino Teixeira da Mota, *Dois escritores quinhentistas de Cabo Verde. André Alvarez de Almada e André Dornelas*, Luanda, 1970.

58. Almada (1994), p. 48 ; Bethencourt et Chaudhuri (1998) II, p. 529. Sur les termes *lançados* et *tangomaos* qui désignent des Portugais chassés hors du royaume de Portugal ou volontairement exilés, Carlos Alberto Zerón, « Pombeiros e tangomaus, intermediários do tráfico de escravos na Africa », in Rui Manuel Loureiro et Serge Gruzinski (édit.), *Passar as fronteiras. II Colóquio Internacional sobre mediadores culturais. Séculos XV a XVIII*, Lagos, Centro de Estudos Gil Eanes, 1999, pp. 15-38.

59. Jean Boulègue, *La Traite, l'État, l'Islam. Les royaumes Wolof du* XVe *au* XVIIe *siècle*, thèse d'État, Université de Paris-I, 1986, et du même, *Les Luso-Africains de Sénégambie,* XVIe*-*XIXe *siècle*, Lisbonne, 1989 ; Peter Mark, « The Evolution of "Portuguese" Identity : Luso-Africans on the Upper Guinea Coast from the Sixteenth to the Early Nineteenth Century », *Journal of African History*, 40, 1999, pp. 173-191 ; Philip J. Havik, « Women and Trade in the Guinea Bissau Region : The Role of African and Luso-African Women in Trade Networks from the Early 16th to the Mid 19th Century », in *Studia*, 52, 1994, pp. 82-120 ; Peter Mark, *A Cultural, Economic and religious History of the Basse Casamance since 1500*, Wiesbaden, 1985.

60. Le texte de Muñoz Camargo est reproduit dans *Relaciones geográficas del siglo XVI*, I, Tlaxcala, édit. par René Acuña, Mexico, UNAM, 1984, p. 33.

61. *Ibid.*, p. 13.

62. La décision est prise en 1583. Mais les représentants des quatre *cabeceras* ou seigneuries d'Ocotelulco, de Tizatlan, de Quiahuixtlan et de Tepeticpac ne quittent Tlaxcala qu'en avril 1584. Une fois à la cour, ils obtiennent de Philippe II quatorze *cédulas reales* entre mars et mai 1585. À la fin de la même année, les envoyés sont de retour à Tlaxcala.

63. Quelques années plus tard, un seigneur de *engenho* de la région de Bahia, Gabriel Soares de Sousa, remettait son *Tratado descritivo* du Brésil à Madrid à Cristóvão de Moura (Gabriel Soares de Sousa, *Tratado descritivo do Brasil em 1587*, édit. par Francisco Adolfo de Varnhagen, Recife, Fundação Joaquim Nabuco, Editor Massangana, 2000).

64. Muñoz Camargo (1984), p. 25.

65. *Ibid.*, p. 41.

66. *Ibid.*, p. 107.

67. Ruy Díaz de Guzmán, *La Argentina*, édit. par Enrique de Gandía, Madrid, Historia, 1986, p. 12.

68. *Ibid.*, pp. 55, 56, 215, 222.

69. *Ibid.*, p. 193.

70. *Ibid.*, p. 119.

71. Muñoz Camargo ne ménage pas ses conseils pour que l'on force les populations à se regrouper « *en poblaciones concertadas en buena traza, que es el principio y fundamento de la policía humana* » (Muñoz Camargo (1984), p. 99).

72. Ce juge de l'audience de Charcas rédige en 1567 un *Gobierno del Perú* où il propose une série de réformes en suggérant le renforcement du pouvoir des *corregidores* et la création d'une noblesse sortie des rangs des *encomenderos*. Pedro Sarmiento de Gamboa est l'auteur d'une *Historia indica* (1572).

73. Muñoz Camargo (1984), p. 224.

74. *Ibid.*, p. 146.

75. Brading (1991), pp. 146, 145.

CHAPITRE VIII

Les savoirs de la mer, de la terre et du ciel

1. Tomás López Medel, *De los tres elementos. Tratado sobre la naturaleza y el hombre del Nuevo Mundo*, édit. par Berta Ares Queíja, Madrid, Alianza Editorial, 1990.

2. Alonso Barba, *Arte de los metales*, Madrid, 1640.

3. Elias Trabulse, *Historia de la Ciencia en México, Estudios y textos, Siglo XVI*, Mexico, El Colegio de México, I, p. 46.

4. Garcia da Orta, *Colóquios dos simples e drogas da India*, édit. par le comte de Ficalho, Lisbonne, Imprensa Nacional, I, 1891 et II ; 1895 ; A.J. Andrade de Gouveia, *Garcia d'Orta e Amato Lusitano na ciência do seu tempo*, Lisbonne, Biblioteca Breve, 1985 ; Orta (1891), I, p. 15.

5. *Ibid.*, p. 144.

6. Andres Laguna est l'auteur de *Acerca de la materia medicinal y de los venenos mortíferos*, Salamanque, 1566, et Johannes Ruellius a publié le *De natura stirpium*, Paris, 1536.

7. Orta (1891), I, p. 119.

8. Orta cite à plusieurs reprise « son ami, Nizamaluco » (Orta (1891), I, p. 124).

9. Hernández (1959).

10. De février 1571 à février 1577. G. Somolinos d'Ardois, « Vida y obra de Francisco Hernández », dans *Obras completas de Francisco Hernández*, I, Mexico, UNAM, 1960 ; Jesús Bustamante García, « De la naturaleza y los naturales americanos en el siglo XVI : algunas cuestiones críticas sobre la obra de Francisco Hernández », in *Revista de Indias*, LII, n° 195/196, mai-décembre 1992, pp. 297-328.

11. Son *Historial natural de Nueva España* est publiée dans les *Obras completas*, Mexico, UNAM, 1959, II et III.

12. Introduction de Javier Valdés et Hilda Flores, dans Francisco Hernández, *Obras completas*, Mexico, UNAM, 1984, VII, p. 9.

13. *Ibid.*, p. 268, n.4.

14. Ou rougeâtre (*rojiza*), originaire d'Arménie. *Iczotl,* palmier des montagnes.

15. Arbuste de la famille des Papilionacées, qui pousse en Perse et en Asie Mineure.

16. Hernández (1984), VII, p. 283.

17. *Ibid.*, p. 287. Les travaux de Pedro García Farfán publiés à Mexico en 1579 et 1592 décrivent des thérapeutiques inspirées des savoirs indigènes. Il en va de même du traité de Pedrarias de Benavides, *Secretos de chirugía, especial de morbo gálico y lamparones y mirrarchia, y así mismo la manera como se curan los indos de llagas y heridas y otras pasiones en las Indias*, ou de la *Verdadera medicina, cirugía ya astrología* de Juan de Barrios (1607).

18. Orta (1895) pp. 138-139. D'autres échanges se déroulent entre les « *boticarios da India* » et « *os nossos* » (*Ibid.*, p. 331).

19. Marín de la Cruz, *Libellus de medicinalibus Indorum herbis*, Mexico, Instituto del Seguro Social, 1964, p. 149 ; Gerhard (1992), p. 37.

20. López Austin (1980).

21. Germán Somolinos d'Ardois, « Médicos y libros en el primer siglo de la Colonia », in *Boletín de la Biblioteca Nacional*, Mexico, UNAM, XVIII, n° 1-4, 1967, pp. 99-137.

22. Fernando Martínez Cortés, « La historia de las plantas de Nueva España, aspectos médicos », in Hernández (1984), VII, p. 286 ; *ibid.*, II, p. 90.

23. Né en Afrique en 1515 (Cap-Vert ou Mozambique), mort à Huelva en Espagne en 1594, ce Portugais qu'on appelait « l'Africain » arriva en Inde comme soldat, il visita la Perse, la Malaisie et peut-être la Chine. Il rencontre Garcia da Orta à Goa, exerce les fonctions de médecin à Cochin et rentre à Lisbonne en 1572. Il pratique la médecine à Burgos (1576-1587) où il publie son *Tractado de las drogas y medicinas de las Indias orientales,* (Burgos, Martín de Victoria, 1578), une continuation et une amplification de l'œuvre de Garcia da Orta, illustrée de gravures.

24. Né au Portugal en 1568, mort en 1630, il séjourne en Angola de 1594 à 1603, avant de se retrouver au Brésil (1603-1606). Médecin de plusieurs gouverneurs portugais, il est attaché à la chambre du roi Philippe III en 1616. En 1632, il publie à Lisbonne et en castillan son *Tratado de las siete enfermedades.*

25. Cárdenas (1988), p. 28.

26. *Ibid.* p. 192.

27. Orta (1895), II, p. 141.

28. Rubén López Recéndez, « Francisco Hernández en la geografía », in Hernández (1984), VII, p. 297.

29. Rodríguez Sala (1998).

30. *Ibid.*, p. 75.

31. *Ibid.*, p. 72.

32. Bethencourt et Chaudhuri (1998), I, pp. 82-83.

33. Luís Filipe Barreto, *Cartografia de Macau. Séculos XVI e XVII*, Lisbonne, Missão de Macau em Lisboa, 1997, s.p.

34. Bethencourt et Chaudhuri (1998), I, p. 84.

35. Au Portugal, Pedro Nunes et João de Castro tentèrent en vain de faire partager leurs connaissances et leurs recherches théoriques à des hommes qui comptaient exclusivement sur leur savoir-faire et leur expérience. On trouve encore en 1610 sous la plume du *cosmógrafomor* Manuel de Figueiredo des avis qui recommandaient, avant le départ pour l'Inde, d'adjoindre au pilote principal un aide qui soit « *hábil assim no demarcar do sol como no cartear e marcar agulha* » (Bethencourt et Chaudhuri (1998), I, p. 87).

36. Pedro Fernández de Quirós, *Descubrimiento de las regiones australes*, édit. par Roberto Ferrando Pérez, Madrid, Dastin, 2000, p. 8.

37. *Ibid.*, p. 308.

38. *Ibid.*, pp. 24, 33, 305.

39. *Ibid.*, p. 40.

40. *Ibid.*, pp. 321, 322.

41. Geoffrey Parker, « Maps and Ministers : The Spanish Habsburgs », in David Buisseret (édit.), *Monarchs, Ministers and Maps. The Emergence of Cartography as a Tool of Government in Early Modern Europe*, Chicago, Chicago University Press, 1992, pp. 124-152.

42. « Qu'un Luso-Indien ait été le premier cartographe portugais de Macao montre le poids qu'a eu la communauté luso-orientale dans le développement et la connaissance de cette ville portuaire », Barreto (1997), s.p.

43. Barreto (1997), s.p. Atlas-miscelânia (1615-1622), collection particulière.

44. Elias Trabulse, *Historia de la ciencia en México. Estudios y textos. Siglo XVI*, Mexico, FCE, 1983, p. 54.

45. Donald Robertson, « The Pinturas (maps) of the *Relaciones geográficas* with a catalog », in *Handbook of Middle American Indians*, vol. 12, Austin, University of Texas Press, 1972, pp. 243-278.

46. Les 92 cartes présentées dans le *Handbook of Middle American Indian* furent établies entre 1579 et 1586. Voir aussi Barbara E. Mundy, *The Mapping of New Spain*, Chicago, Chicago University Press, 1996.

47. *Livro das plantas de todas as fortalezas, cidades e povoações do estado da India Oriental*, Evora, Biblioteca Pública et Arquivo Distrital.

48. Francisco de la Maza, *Enrico Martínez, cosmógrafo e impresor de Nueva España*, Mexico, 1943.

49. Martínez (1948), p. XX.

50. Carmen Salazar-Soler, « Construyendo teorías : saber de los Antiguos y saber indígena en el Perú de los siglos XVI y XVII », in Rui Manuel Loureiro et Serge Gruzinski, *Passar as fronteiras, II Colóquio Internacional sobre Mediadores Culturais, séculos XV a XVIII*, Lagos, Centro Gil Eanes, 1999, pp. 147-179.

51. Carmen Salazar-Soler, « Innovaciones técnicas, mestizajes y formas de trabajo en Potosí de los siglos XVI y XVII », in Eduardo França Paiva et Carla Maria Junho Anastasia (édit.), *O trabalho mestiço. Maneiras de pensar e formas de viver. Séculos XVI a XIX*, Belo Horizonte, Annablume, UFMG, 2002, p. 143.

52. Sousa Viterbo, *Diccionario histórico e documental dos architectos, engenheiros e constructores portugueses*, Lisbonne, Imprensa nacional, 1922, pp. 50-59.

53. Edmundo O'Gorman, cité dans Guillermo Tovar, *Bibliografía novohispana de arte*, Mexico, FCE, 1988, I, p. 23 ; Karl Kohut, « La implantación del humanismo español en la Nueva España. El caso de Francisco Cervantes de Salazar », in *Pensamiento europeo y cultura colonial*, Madrid, Iberoamericana, 1997, pp. 11-51.

54. *Ibid.*, p. 28.

55. Sur les obsèques liméniennes de Charles Quint, Sonia Rose, « El primer rey que te falta : honras fúnebres a Carlos V en la ciudad de los Reyes », in A. Molinié-Bertrand et Jean-Paul Duviols, *Charles Quint et la monarchie universelle*, Paris, Presses universitaires de Paris-Sorbonne, 2000, pp. 215-238. Sur le rituel des obsèques royales dans la Monarchie catholique, María Adelaida Allo Manero, *Exequias reales de la Casa de Austria en España, Italia e Hispanoamérica*, thèse de doctorat, Universidad de Zaragoza, 1992, 5 vol.

56. Antonio Bonnet Correa, « Túmulos del Emperado Carlos V », in *Archivo español de Arte*, XXXIII, 129 (1960), p. 64. Au début du XVIIe siècle, le bachelier Arias de Villalobos met ses multiples talents au service du vice-roi et de la Monarchie (Arias de Villalobos, 1623).

57. Rafael Moreira, « D. João de Castro e Vitrúvio », in *Tapeçarias de João de Castro*, Lisbonne, Museo Nacional de Arte Antiga, Comissão Nacional para as Comemorações dos Descobrimentos Portugueses, 1995, pp. 51-56.

58. Catarina Madeira Santos, *Goa é a chave de toda a India. Perfil político da capital do Estado da India (1505-1570)*, Lisbonne, Comissão Nacional para as Comemorações dos Descobrimentos Portugueses, 1999.

59. D. Fernando de Castro, *Crónica do Vice-Rei D. João de Castro,* édit. par Luís de Albuquerque et Teresa Travassos Cortez da Cunha Mato, Comissão Nacional para as Comemorações dos Descobrimentos Portugueses, Tomar, 1995, p. 447.

60. *Ibid.*, p. 261.

61. *Tapeçarias de João de Castro* (1995).

62. Couto (1988), p. 133.

63. *Ibid.*, p. 129.

64. Bethencourt et Chaudhuri (1998), II, p. 467.

65. Voir José Antonio Gonsalves de Mello dans son introduction à Ambrósio Fernandes Brandão, *Diálogos das grandezas do Brasil,* Recife, Fundação Joaquim Nabuco, 1997.

66. *Relação sumaria das cousas do Maranhão*, édit. par Darcy Damasceno, Rio de Janeiro, Biblioteca Nacional, 1976, pp. 99, 100 (tiré à part de *Anais da Biblioteca Nacional*, Rio de Janeiro, vol. 94, 1974, pp. 97-103).

67. Estacio de Sylveira cite à plusieurs reprises le jésuite José de Acosta. Il ne parviendra à publier que deux courts textes : sa *Relação,* imprimée à Lisbonne par Geraldo da Vinha en 1624, et sa lettre au roi Philippe IV, éditée à Madrid le 16 juin 1626.

68. Lucinda Saragoça, *Da « Feliz Lusitania » aos confins da Amazônia, 1615-1662*, Lisbonne, Santarem, Cosmos, 2000, p. 42. Dans l'introduction de sa relation, il cite ces vers latins : « *Vivite felices, quibus est fortuna peracta/Iam sua, nos alia ex aliis in fata vocemur* ».

69. Estácio da Sylveira (1624).

70. Celle que déjà prônaient Brandão et d'autres avec eux. Voir, par exemple, les « intentos da jornada do Pará » (1618), in Lucinda Saragoça, *Da « Feliz Lusitania » aos confins da Amazônia, 1615-1662*, Lisbonne, Santarem, 2000, Cosmos, p. 275.

71. Edit. par Benjamin N. Teensma et Luis Filipe Barreto, Lisbonne, Fundação Oriente, 1996, p. 234.

72. *Ibid.,* p. XX.

73. *Ibid.*, p. XXIII.

74. *Ibid.*, p. 234.

75. Silveira (1996), p. 123.

76. Dans ce registre de productions, citons la relation de Francisco da Costa, « escrivão da feitoria portuguesa de Cochim », qui traite des problèmes liés au commerce du poivre, in *Remédios ou arbítrios para os males de Cochim,* 1607-1612 (Bethencourt et Chaudhuri (1998), II, pp. 466-467) ; voir également la *Primor e honra da vida soldadesca* (1630) de Frei António Freire (*ibid.*, II, p. 469).

77. Rolena Adorno, *Guaman Poma, Writing and Resistance in Colonial Peru*, Austin, Texas University Press, 1988, p. 7 ; Felipe Guaman Poma de Ayala, *El primer nueva corónica y buen gobierno*, édit. par John V. Murra, Rolena Adorno et Jorge L. Urioste, Mexico, Siglo XXI, 1980, 3 vol, p. 976.

78. Adorno (1988), p. 8.

79. « *Para la emienda de las herronías y provecho de los infieles de su salvación de sus ánimas, exenplo y emienda de los cristianos* », Poma de Ayala (1980) I, p. 2.

80. Brading (1991), p. 153.

81. Baltazar Dorantes de Carranza, *Sumaria relación*, édit. par Luis González Obregón, Jesus Medina Editor [1604], 1970.

82. Ernesto de la Torre Villar, « Baltazar Dorantes de Carranza y la Sumaria relación », in Hugo Díaz-Thomé (édit.), *Estudios de historiografía de la Nueva España*, México, 1945, pp. 203-262.

83. Dorrantes de Carranza (1970), p. 113.

84. Brading (1991), p. 297 ; Carranza (1970), p. 64.

85. Couto (1988), p. 138.

86. Si Felipe Guaman Poma défend l'ensemble des populations indigènes des Andes, il est d'abord le porte-parole de son groupe, celui des *caciques principales* (Brading (1991), p. 159.

CHAPITRE IX

Les outils de la connaissance et du pouvoir

1. Dorantes de Carranza (1970), p. 64.

2. Bethencourt et Chaudhuri (1998) II, p. 468.

3. Orta (1891), I, p. 11. Orta a acquis son savoir « *comonicando con medicos e pessoas curiosas* » (*Ibid.*, p. 11). Le médecin valentien Dimas Bosque souhaite que le livre de Orta puisse « *cunctas Europae Academias peragrare* ».

4. Cortés (1963), p. 477.

5. Orta (1895) II, p. 277.

6. Cruz (1997), p. 224.

7. Orta (1891), I, p. 210.

8. Juan de Grijalva, *Crónica de la orden de N.P.S. Agustín en las provincias de la Nueva España*, México, Porrúa, [1624] 1985, p. 9.

9. Gaspar da Cruz reprend le traité de Galiote Pereira (Cruz (1997), p. 32).

10. Brading (1991), p. 164.

11. « Memorial al rey », décembre 1577/janvier 1578, in José Toribio Medina, *Biblioteca hispanoamericana (1493-1810)*, Santiago du Chili, Fondo histórico y bibliográfico José Toribio Medina, 1959, II, p. 292.

12. Couto (1988), pp. 96, 107, 108.

13. *Ibid.*, pp. 110-112.

14. *Ibid.*, pp. 25, 104, 109, 101.

15. Carranza (1970), pp. 64-65.

16. Couto (1988), p. 26.

17. Sur Ovide, Cruz (1997), p. 123.

18. *Ibid.* (1997), p. 99.

19. Couto (1988), p. 21.

20. *Ibid.*, p. 97.

21. Parmi les sources du médecin sévillan (p. 87) : Cornelius Celsius, Andrés Laguna, Petrus A. Mathiolus, Nicolás Monardes, Pedro Mexía et Olivia Sabuco.

22. Brandão (1997), p. XL.

23. Dorantes de Carranza (1970), pp. 54, 60 ; Couto (1999), II, p. 314, 227, 301 ; Loureiro (1998), p. 395.

24. Couto (1999), II, p. 135.

25. Muñoz Camargo (1984), p. 33. Il évoque aussi la nécessité de connaître la « *filosofía y geometría y aritmética* ».

26. *Ibid.*, p. 33.

27. Almada (1994), p. 116.

28. Miguel de Cervantes, *Obras completas*, Mexico, Aguilar, 1991, I, pp. 169-206.

29. Séville, 1582.

30. *Mingo revulgo,* in Couto (1988), pp. 43-44.

31. Alfonso Méndez Plancarte, *Poetas novohispanos. Primer siglo 1521-1561*, Mexico, UNAM, 1964, pp. XXX-XXXIII.

32. L'épopée de Terrazas s'inspire de celle de Ercilla, l'*Araucana* (1569), tout en reprenant des modèles homériques et virgiliens.

33. *Historia del descubrimiento e conquista del Perú* (1555), dans Adorno (1988), p. 14. Guaman Poma puise également dans Diego Fernández el Palentino, *Historia del Perú*, 1577, (*Ibid.*, p. 15).

34. Guaman Poma (1980), III, p. 997.

35. Couto (1999), II, p. 44.

36. Probablement à la 2e édition, Venise, 1574 (*Ibid.*, p. 105, 117).

37. Couto (1988), p. 43.

38. Voir chapitre V, note 29.

39. Giovanni Nanni – ou Annius de Viterbe – est l'auteur du faux Bérose, une falsification qui donne des racines historiques illustres à la monarchie hispanique. Il influence des chroniqueurs comme Oviedo, Calancha, Gregorio García.

40. Santos (1989), II, p. 10.

41. Adorno (1980), III, 997. « *Hizo [...] un conbentio doctícimo llamado Yndiario* ». Guaman Poma en tire des réflexions sur les migrations humaines revues à la lueur de la Bible et s'en inspire dans sa conception romanisée de l'*ayllu* andin.

42. Dorantes de Carranza (1970), p. 60.

43. Couto (1999), I, p. CXIV.

44. *Ibid.*, p. 76.

45. *Ibid.*, p. 503.

46. Orta (1895), II, p. 84.

47. *Ibid.*, p. 244. Voir aussi la préface de Dimas Bosque qui reproche aux anciens et aux modernes d'avoir écrit « tant de tromperies et de fables » sur les plantes de l'Asie (*Ibid.*, (1891), I, p. 11).

48. *Ibid.*, (1895), II, p. 333.

49. *Ibid.*, (1891), I, pp. 79, 31. Il s'en prend particulièrement aux Italiens qui « *dizem mal dos Arabios e de alguns Mouros nacidos na Espanha e de outros da Persia, chamando-lhes Maumetistas barbaros* ».

50. *Ibid.*, p. 107.

51. Joan Paul Rubiés, *Travel and Ethnology in the Renaissance. South India through European Eyes, 1250-1625*, Cambridge, Cambridge University Press, 2000, pp. 124-126 ; D.F. Lach, *Asia in the Making of Europe*, I, *The Century of Discoveries*, Chicago, Chicago University Press, 1965, p. 164-166. Les médecins de l'Inde et de la Turquie ne trouvent pas plus aisément grâce aux yeux du médecin portugais (Orta (1895), I, p. 145).

52. Enrique Beltrán, « Francisco Hernández como zoólogo », dans Hernández (1984), VII, p. 228.

53. Cárdenas (1988), p. 32. Et plus loin, « *Cosas que si sólo las oyera Plinio, quedara absorto y espantado* » (*Ibid.*, p. 35).

54. Muñoz Camargo (1984), pp. 224, 110.

55. *Ibid.*, p. 76.

56. Guaman Poma (1980), III, pp. 1160, 998. Murúa est l'auteur d'une *Historia general del Perú, origen y descendencia de los Incas* [1611].

57. Cárdenas (1988), p. 27.

58. Fróis (1993), p. 67.

59. Paulo da Trindade, *Conquista espiritual do Oriente,* I, Lisbonne, Centro de Estudos Históricos Ultramarinos, 1952, p. 5 ; Bethencourt et Chaudhuri (1998), II, p. 477.

60. Sahagún (1977), I, p. 277.

61. León-Portilla (1999), p. 154.

62. *Real Cédula* de Felipe II, 22 avril 1577, dans *Códice franciscano*... (1944), p. 267.

63. Dorantes de Carranza (1970), p. 63.

64. Muñoz Camargo (1984), p. 34.

65. Brading (1991), p. 150.

66. Almada (1994), p. 22.

67. Gaspar da Cruz (1994) évoque les témoignages d'un vieux chinois et même d'un seigneur de Perse (p. 28).

68. León-Portilla (1999), p. 206.

69. Sahagún (1977) I, p. 78.

70. Hernández (1959), II, pp. 43,85,86,76 ; III, p. 131.

71. Horta (2000), pp. 113, 123, 127. Donelha décrit l'invasion Fulbe qui se déroula dans la seconde moitié du XVe siècle en s'appuyant sur la tradition orale, familiale et africaine, en particulier sur le témoignage de Fulos âgés, venus s'établir au Cap-Vert.

72. Donelha (1977), p. 23.

73. Bethencourt et Chaudhuri (1998), I, p. 429.

74. Hernández (1959), II, p. 163 ; III, p. 294.

75. Horta (2000), p. 113.

76. Orta (1895), II, pp. 85, 89 ; *Ibid.* (1891), I, p. 60.

77. Almada (1994), p. 22.

78. *Ibid.*, pp. 105, 111.

79. Le Pégu correspond à l'actuelle Birmanie, dans Cruz (1997), p. 28. Galiote Pereira, Amaro Pereira et Mateus de Brito informèrent Gaspar da Cruz (*Ibid.*, p. 30). Ces informations se révélaient d'autant plus précieuses qu'elles avaient déjà été couchées par écrit, comme c'était le cas du traité de Galiote Pereira que pille notre dominicain. Voir Galiote Pereira, *Algumas cousas sabidas da China*, édit. par Rui Manuel Loureiro, Lisbonne, Comissão Nacional para as Comemorações dos Descobrimentos Portugueses, 1992.

80. Il suffit de parcourir le chapitre que leur consacre Gaspar da Cruz dans Gaspar da Cruz (1997), chap. XXI, « Das prisões e troncos da China », pp. 209-213.

81. Subrahmanyam (1999), pp. 337-330.

82. Louise Bénat Tachot, « El Nuevo Mundo visto desde Valladolid y Sevilla 1542 y 1552 », in Clara García et Manuel Ramos Medina, *Ciudades mestizas. Actas del 3er Congreso Internacional Mediadores Culturales*, Mexico, Condumex, 2001, pp. 15-354.

83. Escalante (1977), p. 100.

84. La découverte faite dans la « serra de Copaoba » en décembre 1598 intrigue Brandão : « *Uma novidade e estranheza que me causou espanto* » (Brandão (1977), p. 27-30).

85. Cruz (1997), p. 188.

86. *Ibid.*, pp. 187, 188.

87. Couto (1999), p. 76.

88. Guaman Poma (1980), I, p. 9.

89. Muñoz Camargo (1984), p. 107.

90. Bethencourt et Chaudhuri (1998), II, p. 528.

91. Almada (1994), p. 116.

92. Brandão (1997), pp. 30, 216.

93. Orta (1891), I, p. 78.

94. Guaman Poma (1980), p. 9.

95. Luis Gerónimo de Oré, *Rituale, seu manuale peruanum, et forma brevis...*, Naples, Jacobum Carlinum et Constantinum Vitalem, 1607.

96. Le jésuite italien Valignano insista pour que les jésuites en mission sur l'archipel apprissent la langue japonaise et s'adaptassent aux coutumes locales. Matteo Ricci en Chine œuvra dans le même but. Voir chapitre XVI.

97. Knauth (1972), 131.

98. Diego González Holguín, *Vocabulario de la lengua general de todo el Perú llamada quechua*, Lima, Universidad Mayor de San Marcos, [1609], 1952.

99. San Agustín (1975), p. 714.

100. Brading (1991), p. 157.

101. Muñoz Camargo (1984), p. 271.

102. Couto (1999), I, p. 388.

103. Cruz (1997), p. 77. Tame serait une transcription de Ta Ming (« Grand Ming ») et Tamgin renverrait à Ta Ming Jên (« gens du Grand Ming ») (note de Rui Loureiro).

104. La proximité est d'ailleurs si forte que partout les langues ibériques se chargent d'emprunts locaux : malayalam, konkani, malais, arabe et persan pour le portugais d'Asie (Couto (1999), II, p. 106) nahuatl et maya pour le castillan du Mexique.

105. Muñoz Camargo (1984), p. 34.

106. *Ibid.*, p. 35.

107. Silveira (1996), p. 41.

108. Bethencourt et Chaudhuri (1998), II, p. 474.

109. Fróis (1993), pp. 44, 64, 57.

110. Almada (1994), pp. 121, 97, 97, 90.s.

111. Brandão (1997), p. XLVIII. *jatuaíba*, arbre de la famille des Méliacées ; *maçaranduba*, arbre de la famille des Sapotacées ; *copauba*, arbre de la famille des légumineuses ; *camaçari*, arbre de la famille des Ternstræmiacées. Voir Antônio Geraldo da Cunha, *Dicionário histórico das palavras portuguesas de origem tupi*, São Paulo, Editora UNB, 1978.

112. *Ibid.*, p. XLIX, *maniçoba* ; « *guisado feito con grelos de mandioca, carne e peixe* » ; *carimã* : « *farinha de mandioca, seca e fina* » ; *mingau*, « *alimento de consistência pastosa, preparada com farinha de mandioca, diluida e cozida em água o em leite* » ; *beiju* : « *bolo de farinha de mandioca* ».

113. *nhandu, ou nandous* : ordre des rhéiformes, famille des Rhéidées ; *mutum* : oiseau du genre gallinacé, famille des Cracidées.

114. Orta (1895), II, p. 84.

115. *Ibid.*, I, p. 77.

116. Couto (1999), I, p. 384.

117. L'histoire des épices constitue l'un des liens d'une historiographie préoccupée de penser le monde, jonglant avec les données asiatiques et européennes. L'affaire est en effet mondiale : Chinois, peuples des Moluques et de l'Inde, musulmans, Perses, Italiens, Castillans et Portugais sont tous intervenus à un moment ou à un autre dans ces circuits.

118. Couto (1999) I, p. 389.

119. Autant d'ailleurs que son appréciation du rôle des Chinois. Voir le commentaire de Luís Filipe Thomaz, in Couto, (1999), II, pp. 81-83.

120. Couto (1999), I, pp. 389, 388.

121. Sahagún (1977) II, p. 478 ; León-Portilla (1999), p. 208.

122. Voir chap. XVI.

123. Peter Mason, *Infelicities, Representations of the Exotic*, The John Hopkins University Press, Baltimore et Londres, Reaktion Books, 1999.

124. Orta (1891), I, p. 45-55, ou la différence entre les « *razões persuasivas* » et les « *demonstrações* » dans son enquête sur les origines de l'ambre.

125. Le genre des *Problemata* s'inspire de la collection médiévale et pseudo-aristotélicienne des 900 problèmes ou questions portant sur les phénomènes naturels (médecine, histoire naturelle, météorologie). Il s'agit d'expliquer les phénomènes en offrant une discussion accessible à un public plus large que d'ordinaire (Brian Lawn, *The Salernitan Questions*, Oxford, Oxford University Press, 1961). La littérature consacrée aux secrets visait à décrire des phénomènes dus à des causes occultes.

126. Dorantes de Carranza (1970), p. 64.

127. María Luisa Rodríguez Sala (1988), p. 82.

128. Dorantes de Carranza (1970), p. 64.

129. Cruz (1997), pp. 74, 255.

130. Dans sa *Quatrième décade* (1602), Couto (1999), I, pp. 75-76.

131. Voir aussi la « dedicatoria ao rei dom Manuel », de Barradas dans son *Tratado dos deuses gentílicos...* (1618) (Bethencourt et Chaudhuri (1998), II, pp. 472-473).

132. Un arbre de la famille des Oléacées, *Nyctanthes Arbor tristis* (Orta (1891), I, p. 72, note 1).

133. *Ibid.*, p. 71.

134. Cruz (1997), p. 104.

135. Orta (1895), II, p. 333.

136. *Ibid.*, p. 201.

137. Couto (1999), I, p. 76.

138. Hernández (1959), II, p. 324.

139. *Ibid.*, p. 430.

140. Adriano de Las Cortes, *Viaje de la China*, édit. par Beatriz Moncó, Madrid, Alianza Universidad, 1991, pp. 329-330.

141. Guaman Poma (1980), p. XIII ; Lisboa (2000), p. 57.

142. Eloises Quiñones Keber, « Reading images : The Making and Meaning of the Sahaguntine Illustrations », p. 205, in J. Jorge Klor de Alva, H.B. Nicholson, Eloises Quiñones Keber, *The Work of Bernardino de Sahagún, Pioneer Ethnographer of Sixteenth Century Aztec Mexico*, Albany, Institute for Mesoamerican Studies, The University of Albany, State University of New York, 1988. 544 images pour les *Primeros Memoriales* et 1855 pour le *Codex de Florence*.

143. Adorno (1988), pp. 89-90 ; Nathan Wachtel, *La Vision des vaincus, Les Indiens du Pérou devant la conquête espagnole*, Paris, Gallimard, 1971, pp. 246-247, et Juan Ossio, « Guamán Poma : Nueva Corónica y carta al rey ; un intento de aproximación a las categorias del mundo andino », in *Ideología mesiánica del mundo andino*, Lima, Biblioteca de Antropología, Ignacio Prado Pastor, 1973, pp. 155-213, 179.

144. Voir chapitre XIV.

CHAPITRE X

Histoires locales, pesées globales

1. Durán (1967) I, p. XXIV.

2. Couto (1999), I., p. 529.

3. Orta (1891), I, p. 32.

4. Silveira (1996), pp. 183, 14.

5. Estácio da Sylveira, Lettre en castillan au roi Philippe IV, juin 1626.

6. Almada (1994), p. 21. Un aperçu général de ces régions et un état de la bibliographie à la fin du siècle dernier dans *Histoire générale de L'Afrique*, V, « L'Afrique du XVIe au XVIIIe siècle », sous la direction de Bethwell Allan Ogot, Paris, UNESCO, 1999, en particulier les chapitres X à XIII, pp. 319-472.

7. Almada (1994), p. 111.

8. *Ibid.*, p. 115.

9. *Ibid.*, p. 129.

10. Couto (1999), I, p. 76.

11. *Ibid.*, pp. 388, 389.

12. Almada (1994), p. 90.

13. Cruz (1997), pp. 72-73.

14. Même les Chinois, placés en tête des sociétés du monde dans bien des domaines, sont critiqués : « *não tem esta gente conhecimento algum de Deus, nem entre todos eles se acha rasto de tal conhecimento* », déplore le dominicain Gaspar da Cruz qui leur dénie la moindre connaissance de philosophie naturelle (*ibid.*, p. 249). De la parole au geste idoloclaste il n'y a qu'un pas : comme beaucoup de missionnaires en Amérique et en Asie, Gaspar da Cruz brise quelques idoles en Chine (*ibid.*, p. 256).

15. Gaspar da Cruz (1997), pp. 252-253.

16. Las Casas (1967).

17. Celui-ci vécut plus d'une cinquantaine d'années en Inde, dans Bethencourt et Chaudhuri (1998), II, p. 472.

18. Dans son *Tratado sobre o Hinduísmo* rédigé à Maduré vers 1611 (*ibid.*, p. 472).

19. Orta (1895), II, p. 341.

20. Rubiés (2000).

21. Almada (1994), p. 100.

22. Carlos Alberto Zerón, « Pombeiros e tangomaus, intermediários do tráfico de escravos na Africa », in Rui Manuel Loureiro et Serge Gruzinski (éd.), *Passar as fronteiras. II Colóquio Internacional sobre Mediadores Culturais. Séculos XV a XVIII*, Lagos, Centro de Estudos Gil Eanes, 1999, p. 15-38.

23. L'arrivée des Hollandais sur la côte d'Afrique renforcera la polysémie métisse du *feitiço*. Voir Jean Pouillon, *Fétiches sans fétichisme,* Paris, Maspero, 1975 ; William Pietz, « The problem of the Fetish II. The Origin of the Fetish », in *Res*, 13, 1987, pp. 23-45.

24. Almada (1994), pp. 123, 118.

25. Federico Garza Carvajal, *Vir. Perceptions of Manliness in Andalucia and Mexico 1561-1699*, Amsterdam, Amsterdam Historische Reeks, 2000, pp. 174-175 ; Timothy Brook, *The Confusions of Pleasure. Commerce and Culture in Ming China*, Berkeley, Los Angeles et Londres, University of California Press, 1998, p. 231.

26. Almada (1994), p. 72.

27. *Ibid.*, pp. 109, 86, 106-107.

28. *Ibid.*, pp. 109, 93.

29. Couto (1988), p. 90.

30. Cruz (1997), pp. 254-255.

31. Couto (1988), p. 102.

32. Guaman Poma (1980), p. 822.

33. Adorno (1980), p. 73.

34. Sahagún (1977), I, p. 305 ; I, p. 33. Les Espagnols emploient le terme *policia* pour désigner ce qu'aujourd'hui nous appellerions civilisation.

35. Durán (1967), I, pp. XXV, 187.

36. Alva Ixtlilxóchitl (1975), I, p. 404.

37. *Ibid.*, p. 35.

38. Sur ce sujet, Solange Alberro, *Les Espagnols dans le Mexique colonial. Histoire d'une acculturation*, Paris, Armand Colin, 1992.

39. Silveira (1996), p. XXXVI.

40. Cárdenas (1988), pp. 208, 210.

41. Cruz (1997), p. 104.

42. Sylveira (1976).

43. Hernández (1959), II, p. 162.

44. Almada (1994), p. 89.

45. Dérivé de *Franquia*, référence à la présence des Francs en Orient lors des croisades.

46. Orta (1895), II, p. 107.

47. Cruz (1997), p. 222.

48. *Ibid.*, p. 224.

49. Cruz (1997), p. 73.

50. Marcelo Ribadeneyra, *Historia de las islas del archipielago y reynos de la Gran China, Tartaria, Cucuchinchina, Malaca, Siam, Camboxa y Iappon*, Barcelone, Gambreil Graells y Giraldo Dotil, 1601, p. 421.

51. Les récits attribués aux ambassadeurs japonais venus en Europe à la fin du XVIe siècle auraient pu nous renseigner sur leur perception de la Monarchie s'ils n'étaient passés par le filtre d'une réécriture jésuite. Ils nous offrent en revanche l'image que l'on voulait donner aux Asiatiques d'une Europe catholique et philippine, à l'orthodoxie et à l'homogénéité factices. *De missione legatorum japonensium ad romanam curiam…*, Macao, Compagnie de Jésus, 1590. Édition portugaise : Duarte de Sande, *Diálogo sobre a missão dos embaixadores japoneses à cúria romana*, par Américo da Costa Ramalho, Macao, Fundacão Oriente, 1997.

52. Guaman Poma (1980), p. 858.

53. Muñoz Camargo (1984), pp. 105-106.

54. Almada (1994), pp. 100, 88.

55. Dorantes de Carranza (1970), p. 59.

56. Muñoz Camargo (1984) p. 174. La même page affiche le mépris pour les Portugais que ressentent les nobles Tlaxcaltèques.

57. *Ibid.*, p. 110-111, « *los cuales engaños han durado tantos siglos* ». *Ibid.*, voir pp. 277-285 sur les expéditions en Asie.

58. *Ibid.*, p. 110. Voir les expressions « *henchir toda la redondez de la tierra* », « *ensancharse mas por el universo* ».

59. Couto (1988), p. 130.

60. Le médecin Garcia da Orta se réfère à plusieurs reprises à l'Amérique pour relever des rapprochements qui lui semblent inappropriés : « *não me parece versimile o que diz o escritor da Nova Espanha, dizendo que os Indios ocidentaes e os do Brazil se pareciam aos Indios orientaes* » (Orta (1895), II, p. 106).

61. Couto (1988), p. 131.

62. *Ibid.*, p. 132.

63. Voir ses réflexions sur le rôle de Calicut comme plaque tournante du commerce du santal, fréquenté par les marchands chinois qui y possédaient une factorerie (Orta (1895), II, pp. 285-286, et 296-297).

64. Orta (1891), I, pp. 204-205, 49.

65. Almada (1994), pp. 132, 115.

66. Guaman Poma (1980), p. 25.

67. *Ibid.*, p. 889.

68. Durán (1967), I, p. XXV.

69. Couto (1988), p. 138.

70. Almada (1994), p. 131.

71. Dorantes de Carranza (1970), pp. 8-10.

72. Muñoz Camargo (1984), p. 33.

73. Orta (1891), I, p. 60.

74. Sylveira (1976).

75. Orta (1891), I, p. 151.

76. Couto (1988), p. 133.

77. Brandão (1997), p. LI.

78. *Ibid.*, pp. LII, L, LI.

79. Couto (1988), p. 123.

80. Silveira (1996), p. 199.

81. *Ibid.*, pp. 22, 23.

82. Durán (1967), I, p. 188.

83. Guaman Poma (1980), III, pp. 982, 929.

84. *Ibid.*, p. 1017.

85. Comme « the social radicalism and medieval piety of William Langland's *Piers Plowman* », in Brading (1991), p. 165.

86. Dorantes de Carranza (1970), pp. 3, 7.

87. Ainsi López de Gómara, ou l'*Historia pontificial y católica* de Gonzalo de Illescas.

88. Chimalpáhin (1998), I, pp. 274-275.

89. *Ibid.*, pp. 274, 277.

90. *Ibid.*, p. 293. La jonction physique de deux mondes ne s'accomplira que quelques pages plus loin, en 1518, avec l'invasion espagnole du Mexique.

91. Il est désigné en nahuatl par un adverbe de lieu – *ypan*, « ici ».

92. *Ibid.*, p. 191. On rapprochera cette interprétation de la façon dont un auteur créole, Antonio de Saavedra Guzmán, relie les concepts de *nuevo mundo* et de *mexicano imperio* (*El peregrino indiano,* édit. par José Rubén Romero Galván, Mexico, Consejo Nacional para la Cultura y las Artes, 1989, pp. 71,72).

93. L'enquête devrait s'étendre au reste de l'Amérique ibérique, à l'Afrique, à l'Asie, sans oublier le monde méditerranéen auquel l'ouvrage de Bartolomé et Lucile

Bennassar nous a remarquablement introduits, *Les Chrétiens d'Allah. L'histoire extraordinaire des renégats, XVIe-XVIIe siècles*, Paris, Perrin, 1989.

94. Cárdenas (1988), p. 201.

95. *Ibid.*, p. 202.

96. Saavedra Guzmán (1989), p. 74.

97. Une réflexion sur ce thème a été menée dans les colloques « Passeurs culturels » réunis à Séville (1995), Lagos (1997), Mexico (1999), Tiradentes (2001) et Lima (2002). Voir, par exemple, Rui Manuel Loureiro et Serge Gruzinski (éds), *Passar as fronteiras. II Colóquio Internacional sobre Mediadores Culturais, Séculos XV a XVIII*, Lagos, Centro de Estudos Gil Eanes, 1999.

98. Dorantes de Carranza (1970), p. 239.

99. Voir Jorge Alberto Manrique, *Una visión del arte y de la historia*, Mexico, UNAM, 2000, I, p166.

100. Adorno (1988), p. 142.

101. *Ibid.*, p. 143.

102. Guaman Poma (1980), II, p. 798 ; Brading (1991), p. 159.

103. Couto (1988), p. 133.

104. Sur les *middle grounds* que peuvent aussi être Lisbonne et Séville, Louise Bénat Tachot (2001), pp. 15-354.

105. Si la majorité des experts restent fidèles à la Monarchie, des individualités échappent pour des raisons diverses à la règle : au Japon, le jésuite Cristóvão Ferreira abjure le catholicisme. Revenu en Hollande, le secrétaire de l'archevêque de Goa Lindschoten passe dans le camp des hérétiques et des ennemis de Madrid auxquels il offre ses connaissances sur l'Asie portugaise.

CHAPITRE XI

Les premières élites mondialisées

1. L'ouvrage classique de Ernesto Schafer, *El Consejo real y Supremo de las Indias*, 2 vol., Séville, 1935 et 1947, recèle quantité d'exemples de ces trajectoires intercontinentales ; voir aussi *Los virreyes españoles en América durante el gobierno de la Casa de Austria*, édit. par Lewis Hanke et Celso Rodríguez, Madrid, Atlas, 1978 ; José Ignacio Rubio Mañé, *El virreinato*, Mexico, FCE, 1983, 4 vol.

2. *Ibid.*, pp. 236, 240.

3. *Los virreyes*... (1978), II, p. 158.

4. *Do sítio de Lisboa*, édit. par José da Felicidade Alves, Lisbonne, Livros Horizonte, 1990 ; Luiz Felipe de Alencastro, *O trato dos viventes, Formação do Brasil no Atlântico Sul*, São Paulo, Companhia das Letras, 2000, pp. 96-97.

5. Martín Ignacio de Loyola, *Viaje alrededor del mundo*, édit. par J. Ignacio Tellechea Idígoras, Madrid, Historia 16, 1989, p. 31.

6. Juan González de Mendoza, *Historia del gran reino de la China*, Madrid, Miraguano Ediciones, Polifemo Ediciones, 1990. Après l'édition romaine sortirent les éditions espagnoles (Valence, 1585 ; Barcelone et Madrid, 1586 ; Saragosse, 1588 ; Medina del Campo, 1595), anversoises, italiennes (six à Rome, une à Gênes, une autre à Venise rien que pour l'année 1586), allemandes (Francfort, 1589 ; Leipzig 1597 ; hollandaises, françaises (en 1588, 1589, 1600), anglaises (Londres, 1588), latines (Francfort, 1589 et 1599), Anvers, 1595 ; Genève, 1606) (Loyola (1989), p. 89).

7. *Ibid.*, pp. 31, 159.

8. *Ibid.*, pp. 36, 43.

9. *Ibid.*, p. 47.

10. *Ibid.*, p. 69.

11. *Ibid.*, p. 71. Asunción est l'autre nom de cet évêché.

12. *Ibid.*, pp. 81, 84.

13. Alice Piffer Canabrava, *O comércio português no Rio da Prata (1580-1640)*, Belo Horizonte, Editora Itatiaia, 1984.

14. Loyola (1989), pp. 63, 72.

15. Sur le rôle du nouveau chrétien Diogo de Vega à Buenos Aires, Regina Maria d'Aquino Fonseca Gadelha, « Judeus e cristãos-novos no Rio da Prata. A ação do governador Hernandarias de Saavedra », in Anita Novinsky et Maria Luiza Tucci Carneiro (édit.) *Inquisición. Ensaios sobre mentalidades, heresias e arte*, São Paulo, EDUSP, 1992, pp. 355-388.

16. Loyola (1989), pp. 125, 134.

17. *Ibid.*, pp. 159,200.

18. *Ibid.*, pp. 188 (Malacca), 165-166.

19. Rafael Valladares, *Castilla y Portugal en Asia (1580-1680). Declive imperial y adaptación*, Louvain, Avisos de Flandes, Leuven University Press, 2001.

20. Bernardino de Sahagún salue les progrès de la foi chrétienne en Asie : « *porque por las Islas y por esta Nueva España y el Perú [la fé católica] no ha hecho mas de pasar de camino y aun hacer camino para poder conversar con aquellas gentes de las partes de la China* » (Sahagún (1977), III, p. 357).

21. Comme le prônait le président de l'audience de Charcas : « *conviene que Tucumán tenga puerto en Buenos Aires* ». L'évêque de Tucumán dénonçait les conséquences néfastes d'une fermeture de Buenos Aires : « *si el puerto de Buenos Aires se cierra del todo, andaremos desnudos o vestidos de pellejos...* » (Loyola (1989), p. 64).

22. *Ibid.*, p. 81.

23. *Ibid.*, pp. 80, 82. L'Amérique du Sud et l'Asie hispano-portugaise n'ont pas épuisé les ardeurs de Martín Ignacio de Loyola. Il semble qu'il ait caressé le projet de convertir les Indiens du Nouveau-Mexique. L'entreprise lui aurait ouvert un troisième front, dans la pensée, sans doute, de reprendre par l'Amérique du Nord la route de la Chine.

24. Rodrigo de Vivero, *Du Japon et du bon gouvernement de l'Espagne et des Indes*, édit. par Juliette Monbeig, Paris, SEVPEN, 1972.

25. *Ibid.*, pp. 290, 123, 34. Pedro Fernández Navarrete est l'auteur de *Conservación de Monarquia y discursos políticos.*, Madrid, 1626. Sur l'œuvre de Pierio et l'*Horapollo,* Gruzinski (1999), pp. 182, 184-186, et *The Hieroglyphics of Horapollo*, Princeton, Princeton University Press, 1993.

26. Vivero (1972), p. 163.

27. *Ibid.*, p. 157.

28. Sur Cholula, Gruzinski (1999), pp. 207-214.

29. Vivero (1972), pp. 51, 157.

30. *Ibid.*, p. 151.

31. Knauth (1972), pp. 182-184 ; Vivero (1972), pp. 14-15.

32. George Sansom, *Histoire du Japon. Des origines aux débuts du Japon moderne*, Paris, Fayard, 1988, p. 760 ; Mary Elizabeth Berry, *Hideyoshi*, Cambridge, Harvard University Press ; du même auteur, *The Culture of Civil War in Kyoto*, Berkeley, Los Angeles, Londres, University of California Press, 1993.

33. Vivero (1972), pp. 160, 135-136,138.

34. *Ibid.*, p. 139.

35. *Ibid.*, pp. 117, 90,116.

36. *Ibid.*, pp. 86, 109, 108.

37. *Ibid.*, p. 93.

38. *Ibid.*, p. 105.

39. *Ibid.*, p. 106.

40. *Ibid.*, pp. 121, 122.

41. Maria de Fátima Silva Gouvêa, « Salvador Correia de Sá e Benevides », in Ronaldo Vainfas, *Diciónario do Brasil colonial, (1500-1808)*, Rio de Janeiro, Objetiva, 2000, pp. 518-520 ; Charles Boxer, *Salvador de Sá and the Struggle for Brazil and Angola*, Londres, Athlone Press, University of London, 1952; Alencastro (2000), pp. 365-366.

42. L'*encomienda* assure à son détenteur la perception d'importants revenus agricoles.

43. Alencastro (2000), p. 234.

44. L'expression est de Luiz Felipe de Alencastro (2000).

45. *Ibid.*, pp. 208, 148.

46. *Ibid.*, pp. 262-263.

47. *Ibid.*, p. 202.

48. *Ibid.*, pp. 286, 289, 306.

49. Vivero (1972), p. 77.

50. Balbuena (1990), p. 121.

51. Ludwig Pfandl, *Historial de la literatura nacional española en la Edad de Oro*, Barcelone, Ed. Sucs de Juan Gili, 1933, cité dans José Rojas Garcidueñas, *Bernardo de Balbuena*, Mexico, UNAM, 1982, p. 153.

52. Balbuena (1990), p. 12.

53. Né à Mexico, Antonio descend du duc de Medina Sidonia et du premier comte de Castellar, Hernán Darías de Saavedra, dans Saavedra Guzmán (1989), p. 38.

54. Guillermo Porras Muñoz, *El gobierno de la ciudad de México en el siglo XVI*, Mexico, UNAM, 1982, p. 412 ; José F. de la Peña, *Oligarquía y propiedad en Nueva España 1550-1624*, Mexico, FCE, 1983, pp. 30, 34.

55. L'ouvrage est publié à Madrid en 1599, chez Pedro Madrigal.

56. Le critique M. Menéndez y Pelayo préfère parler de plagiat, in Rojas Garcidueñas (1982), pp. 98, 101.

57. Balbuena (1990), p. 55.

58. Dans l'actuel état de Sinaloa.

59. Peter Gerhard, *La frontera norte de la Nueva España,* Mexico, UNAM, 1996, p. 322.

60. Alonso de la Mota y Escobar, *Descripción geográfica de los reinos de Nueva Galicia, Nueva Vizcaya y Nuevo León*, Mexico, Robredo, [vers 1605] 1940, p. 102.

61. Gerhard (1996), p. 176-180.

62. Rojas Garcidueñas (1982), p. 57.

63. Alfonso Méndez Placarte, *Poetas novohispanos. Primer siglo (1521-1621)*, Mexico, UNAM, 1964, p. XLIII.

64. Rojas Garcidueñas (1982), p. 56, note 35 ; *Ibid.*, p. 148.

65. *Ibid.*, p. 115.

66. Balbuena (1988), p. 128.

67. *Ibid.*, pp. 137-138.

68. Voir Anibal Pinto de Castro, « Camões, poeta pelo mundo em pedaços repartido » (*Instituto Camões, Bases temáticas, Literatura*, site Web).

69. Balbuena (1988), p. 131.

70. Camões (1996), p. 422, X, 80.

71. *Ibid.*, p. 420, X, 77.

72. *Ibid.*, p. 426, X, 91.

73. Balbuena (1990), p. 64.

74. António José Saraiva, *Estudios sobre a arte das Luísiadas*, Lisbonne, Gradiva, 1995, p. 136.

75. Fernández del Castillo (1982), pp. 263.

76. Balbuena (1990), p. 122.

77. « Ce qui soude les agrégats ici étudiés, c'est le fait que l'ensemble de leurs membres se sont trouvés confrontés à des circonstances concrètes similaires : nomination dans un même corps administratif... », Jean-Pierre Dedieu, « Une approche "fine" de la prosopographie », in Robert Descimon, Jean-Frédéric Schaub, Bernard Vincent, *Les Figures de l'administrateur*, Paris, EHESS, 1997, p. 236.

78. Vivero (1972), p. 51.

79. En 1562, à l'âge de vingt-deux ans, il rejoint la Compagnie. On le trouve à Rome de 1562 à 1565, au Pérou de 1572 à 1586, en Nouvelle-Espagne jusqu'en 1587. De retour en Europe, il séjourne à Madrid, puis à Rome (1588), en Aragon, en Andalousie, à nouveau à Rome (1593-1594). Il meurt à Salamanque en 1600.

80. Si l'essentiel de son œuvre, notamment son *Histoire naturelle et morale des Indes* (1590), est consacré aux Indes occidentales, Acosta a aussi écrit à Mexico deux traités sur la Chine, *Parecer sobre la guerra de China* et *Fundamentos que justifican la guerra contra China* et traduit la *Cyropédie* de Xénophon.

81. Alencastro (2000), p. 235, et note 246, p. 444

82. Rubio Mañé (1983), I, p. 229.

83. *Ibid.*, p. 240.

84. Dorantes de Carranza (1970), p. 239.

85. Bien d'autres figures auraient pu illustrer ce chapitre. Celle de Antonio de León Pinelo, fils d'une famille de nouveaux chrétiens et grand serviteur de la Monarchie entre les Andes et Madrid, est fascinante (Brading (1991), pp. 200-204). L'attitude des élites mondialisées face à la crise de la Monarchie catholique exige la confrontation de deux figures majeures, le jésuite Antonio Vieira et l'évêque Juan de Palafox y Mendoza.

QUATRIÈME PARTIE
La sphère de cristal

CHAPITRE XII
La piste des objets

1. Zinadîm [1579-1583] (1998), p. 52.

2. Diego Durán, *Historia de las Indias de Nueva España e Islas de la Tierra Firme*, édit. par Angel Maria Garibay K., Mexico, Porrúa, 1967, 2 vol. La vignette illustre le paragraphe V du chapitre LXIX.

3. Paravent attribué à Kano Domi (1593-1600), Lisbonne, Museo Nacional de Arte Antiga. Voir Maria Helena Mendes Pinto, *Biombos Namban. Namban Screens,* Lisbonne, Museu Nacional de Arte Antiga, 1993.

4. C'est ainsi que les Japonais appelaient les vaisseaux portugais (Boxer (1989), p. 12).

5. Rafael Moreira, « Cultura material e visual » in Bethencourt et Chaudhuri (1998), I, p. 483.

6. Ezio Bassani et W. Fagg, *Africa and the Renaissance. Art in Ivory*, New York, The Center for African Art, 1988 ; E. Bassani, « Gli olifanti afroportoghesi della Sierra leone », in *Critica d'arte*, 1979, n° 163-165, pp. 175-301 ; du même auteur, « Additional notes on the Afro-Portuguese ivories », *African Arts*, vol. XXVII, n° 23, juillet 1994, pp. 34-35.

7. On peut admirer une série de ces pièces dans le catalogue *Exotica. The Portuguese Discoveries and the Renaissance Kunstkammer,* Lisbonne, Fondation Calouste Gulbenkian, 2001, pp. 94-108.

8. Mira Caballos (2000) ; Soares de Sousa (2000), chap. CXCV, p. 350.

9. Durán (1967), II, p. 548, chap. LXXV, par. 14 et 15.

10. *Exotica* (2001), p. 111. Ce coffret à reliques, qui appartient au trésor de la cathédrale de Lisbonne, possède une forme pyramidale d'origine islamique, mais ses garnitures d'argent ciselé sont de la main d'un orfèvre européen. D'autres coffres du même type ont été achevés par des orfèvres espagnols et leurs formes s'inspirent des coffres en cuir qui accompagnaient les Portugais.

11. *Exotica* (2001), p. 132. Dresde, *Grünes Gewölbe*, inv. n°. III 243

12. Gauvin Alexander Bailey, *Art on the Jesuit Missions in Asia and Latin America, 1542-1773*, Toronto, University of Toronto Press, 1999.

13. Exotica (2001), pp. 144-145.

14. Aujourd'hui conservé à Madrid au Museo Nacional de Artes Decorativas, dans *Exotica* (2001), p. 102.

15. Annemarie Jordan Gschwend, « The Marvels of the East : Renaissance Curiosity Collection in Portugal », in Nuno Vassallo e Silva (édit.), *The Heritage of Rauluchantim*, Lisbonne, Museu de São Roque, 1996, p. 99.

16. *Exotica* (2001), pp. 102-103.

17. *El arte en la corte de los arquiduques Alberto de Austria e Isabel Clara Eugenia. Un reino imaginado, (1598-1633)*, Madrid, Sociedad Estatal para la Conmemoración de los centenarios de Felipe II y Carlos V, 1999, pp. 145-147.

18. *Exotica* (2001), p. 144.

19. *Ibid.*, p. 152.

20. Alessandra Russo, « Plumes of Sacrifice : Transformations in Sixteenth-century Mexican feather art », in *Res*, 42, automne 2002, pp. 226-250.

21. Des figures exceptionnelles comme Ferdinand Cron, le facteur des Fugger à Goa, incarnent cette mobilisation des talents et des goûts, dans K.S. Mathew, *Indo-Portuguese Trade and the Fuggers of Germany*, New Delhi, Manoar, 1997, pp. 21-22.

22. *Exotica* (2001), p. 114.

23. Adalgisa Lugli, *Naturalia et Mirabilia. Les cabinets de curiosités en Europe*, Paris, Adam Biro, 1998.

24. Conservé au palais de l'Assemblée nationale (Paris).

25. *Exotica* (2001), p. 151.

26. Bernal Diaz del Castillo, *Historia verdadera de la conquista de la Nueva España*, édit. par Joaquín Ramírez Cabañas, Mexico, Porrúa, 1968, II, p. 362.

27. *Ibid.*, p. 154.

28. Voir chap. IV.

29. *Exotica* (2001), pp. 120-121.

30. *Ibid.*, p. 151. Annemarie Jordan Gschwend, « A crystal elephant from the Kunstkammer of Catherine of Austria », *Jahrbuch des Kunsthistorischen Sammlungen in Wien*, 87/88, Kunsthistorisches Museum, 1991-1992, pp. 121-126, et *Exotica* (2001), p. 144.

31. Detlef Heikamp, *Mexico and the Medici,* Florence, Edam, 1972, p. 13.

32. Citons également le plat d'argent doré conservé au Palácio Nacional de Ajuda (inv n° 5155) qui représente des scènes de la vie quotidienne au Congo (reproduit ici p. 155).

33. *Exotica* (2001), p. 187.

34. Voir Gruzinski (1999), pp. 217-221.

35. *Ibid.*, pp. 194-196.

36. Conservée par le Museum für Völkerkunde (Vienne), inv. n° 118.609.

37. *Exotica* (2001), pp. 103-105.

38. *Ibid.*, p. 106. Des *Heures de la Vierge* publiées à Paris en 1498 paraissent avoir inspiré les artisans de la Sierra Leone.

39. Ce qui n'exclut pas que les esclaves originaires de cette partie de l'Afrique aient retrouvé au Mexique des motifs entraperçus sur leur sol d'origine.

40. Sur l'Arbre de Jessé, Alessandra Russo, « El renacimiento vegetal. Arboles de Jesé entre el Viejo Mundo y el Nuevo », in *Anales del Instituto de Investigaciones Estéticas*, Mexico, UNAM, n° 73, 1998, pp. 5-39.

41. La *flagellation* du Christ est une miniature moghole réalisée dans le premier quart du XVIIe siècle. On la rapprochera d'une fresque du couvent franciscain de Cholula (Mexique), qui représente saint François ôtant ses vêtements et s'agenouillant devant le pape.

42. Ebba Koch, « Netherlandish Naturalism in Imperial Mughal painting », in *Apollo, The International Magazine of the Arts*, novembre 2000, pp. 29.

43. *Ibid.*

44. En 1580, les jésuites avaient offert un exemplaire illustré de la Bible polyglotte publiée par Christophe Plantin à l'empereur Akbar.

45. J.M. Rogers, *Mughal Miniatures*, Londres, British Museum Press, 1995, p. 69.

46. « Seigneur, donne-nous maintenant la paix », *Exotica* (2001), pp. 102/103.

47. La pièce est conservée à Porto, dans le Museu Nacional de Soares dos Reis, inv. n° 117 Tec., *Exotica* (2001), p. 183.

48. Koch (2000), pp. 30-31.

49. *Exotica* (2001), pp. 184-185.

50. *Ibid.*, pp. 195-197.

51. Le Christ est surmonté par un éléphant, une association qu'on pourrait interpréter de manière contradictoire : image du démon, comme le suggère la gravure de Lucas de Leyde, ou emblème christique que l'on retrouve dans les *Colloques mexicains* de Juan González de Eslava ?

52. Gruzinski (1999).

53. Mason (1998).

54. Koch (2000), p. 30.

55. Dans ces deux régions du monde, les artistes « *used the European models in a variety of ways, ranging from direct copying to combining various elements taken from different pictorial contexts and fusing them into a new pictorial whole* » (*ibid.*, p. 30).

56. Cárdenas (1988), p. 33.

57. Gruzinski (1999), pp. 194-196.

CHAPITRE XIII

Les perroquets d'Anvers

1. José Guadalupe Victoria, *Baltasar de Echave Orio, Un pintor en su tiempo*, UNAM, Instituto de Investigaciones Estéticas, 1994, pp. 106-109.

2. « *Aquí [los pintores europeos] montan sus talleres y producen obras de una calidad similar a la producción media europea* », Jorge Alberto Manrique, *Una visión del arte y de la historia*, Mexico, UNAM, Instituto de Investigaciones Estéticas, III, 2001, p. 242.

3. Gruzinski (1999), 277.

4. Nous en avons présenté de remarquables manifestations, dans Gruzinski, *L'Aigle et la Sibylle. Fresques indiennes des couvents du Mexique*, Paris, Imprimerie nationale, 1994. Sur le sens large que nous donnons au terme maniériste comme une modalité tardive de l'art de la Renaissance, réunissant aussi bien les productions de la *maniera* que celles de la *contra-maniera*, voir Jorge Alberto Manrique, « Reflexión sobre el manierismo en México », in *Ibid.*, III, 2001, pp. 217-235. Sur l'emploi du terme « mestizo », Leopoldo Castedo, « Sobre el arte "mestizo" hispano-americano », dans « Investigaciones contemporáneas sobre historia de México », *Memorias de la Tercera Reunión de Historiadores mexicanos y norteamericanos, Oaxtepec, 1969*, México, UNAM, El Colegio de Mexico, University of Texas, 1971. Un autre terme, *tequitqui*, tributaire, a été proposé par José Moreno Villa dans *Lo mexicano en las artes plásticas*, Mexico, FCE, 1948 : il présente l'inconvénient de limiter le métissage au monde nahuatl et mexicain.

5. Jorge Alberto Manrique, *Manierismo en México*, Mexico, Textos Dispersos Ediciones, 1993, p. 39.

6. Sur la politique de consolidation menée par l'archevêque, vice-roi et inquisiteur Pedro Moya de Contreras, Stafford Poole, *Pedro Moya de Contreras. Catholic Reform and Royal Power in New Spain, 1571-1591*, Berkeley, Los Angeles, Londres, University of California Press, 1987.

7. José Guadalupe Victoria, *Pintura y sociedad en Nueva España. Siglo XVI*, Mexico, UNAM, 1986, pp. 33-41.

8. Victoria (1994), p. 141.

9. Manrique (2001), pp. 201, 207.

10. Sur la nécessité de reconsidérer la géographie de l'art colonial, Thomas Dacosta Kaufmann, « La geografía artística en América : el legado de Kubler y sus límites », *Annales del I.I.E*, n° 74-75, Mexico, UNAM, 1999, pp. 11-27.

11. José de Mesa et Teresa Gisbert, *Bitti un pintor manierista en Sudamérica*, La Paz, Universidad Mayor de San Andrés, 1974 ; *El pintor Mateo Pérez de Alesio*, La Paz, Universidad Mayor de San Andrés, 1972.

12. De beaux exemples au Musée national de Tokyo, voir *Illustrated Catalogue of Tokyo National Museum. Kirisitan Objects. Christian Relics in Japan 16th-19th Century*, Tokyo, Tokyo National Museum, 2001, C.6091, C.698.

13. Ce terme connote davantage l'origine lointaine de l'objet (grec *exotikos*, « venu du dehors, étranger ») qu'un exotisme au sens contemporain. Il se rapproche d'autres qualificatifs – *curiosa, mirabilia* – alors en usage pour désigner l'effet produit par les objets venus d'ailleurs.

14. Jan Brueghel, *Les archiducs devant le château de Mariemont,* Munich, Alte Pinakothek.

15. Peeter Snayers, *Le pèlerinage de l'Infante Isabelle à l'église de Laeken,* Bruxelles, Musées royaux des Beaux-Arts.

16. Victoria (1986), p. 123. Le paradoxe veut que l'évocation d'un paysage nordique apparaisse sur une œuvre métisse, les fresques de la Casa del Dean à Puebla : ces patineurs glissant sur des étangs glacés, sport, on s'en doute, peu pratiqué en Nouvelle-Espagne.

17. Les spécialistes de cet auteur s'efforcent sans grand succès de repérer des allusions au monde mexicain : la collecte est mince. Le théâtre espagnol fait une place extrêmement restreinte à l'expérience américaine (Willard F. King, *Juan Ruiz de Alarcón, letrado y dramaturgo. Su mundo mexicano y español*, Mexico, El Colegio de México, 1989).

18. Rédigée dans l'hémisphère Sud, la description en vers de Recife par Bento Teixera convoque Neptune, Argos et Protée pour nous montrer ce « havre si calme et si sûr » (Bento Teixera, *Prosopopéia*, Lisbonne, António Alvares, 1601). Sur une version du Brésil conçue comme la réplique du Portugal ou *Nova Lusitania*, Evaldo Cabral de Mello, *Na ferida do Narciso, ensaio de historia regional*, São Paulo, Senac, 2001.

19. Voir Sérgio Buarque de Holanda, *Visão do Paraiso. Os motivos edênicos no descobrimento e colonização do Brasil*, São Paulo, Editorial Brasiliense, 1996.

20. Heikamp (1972).

21. *El arte en la corte.* (1999), p. 250.

22. L'exemple des plumes dans la confection des autels de la Vierge en 1618, dans Tovar (1988), I, p. 55.

23. Victoria (1994), p. 146.

24. Manuel Toussaint, *Pintura colonial en México*, Mexico, UNAM, 1965, pp. 218, 37.

25. *Ibid.*, pp. 221, 223.

26. « *Siendo examinado sabrá dibujar y ordenar cualquier historia sin que haya error ninguno* » (*Ibid.*, p. 223).

27. De nouvelles ordonnances seront prises en 1686 (*Ibid.*, p. 223).

28. Tovar (1988), I, p. 74. L'affaire Ortiz montre qu'au début des années 1570 le contrôle est encore loin d'être effectif. Il faudra en fait attendre 1622 pour que soient publiés à Mexico les décrets du IIIe concile mexicain dont le « titre XVIII » est consacré à la confection des saintes images (Tovar (1988) I p. 73).

29. Bethencourt et Chaudhuri (1998), II, p. 539.

30. Manrique (2001), III, p. 220, n.5.

31. Balbuena (1990), p. 95.

32. *Ibid.*, p. 112.

33. Au Brésil, les élites portugaises de la région de Recife ne rêvent que d'une Nouvelle-Lusitanie et leur capitale, Olinda, avait l'allure d'une bourgade portugaise (Cabral de Mello (2001), p. 18).

34. J.S. da Silva Dias, *Camões no Portugal do Quinhentos*, Lisbonne, Biblioteca Breve, Instituto de cultura e língua portuguesa, 1988, pp. 95-100, 96.

35. Javier Marín López, « Cinco nuevos libros de polifonía en la catedral metropolitana de México », in *Historia mexicana*, LII, avril/juin 2003, n° 4, pp. 1073-1094.

36. Chez Arias de Villalobos, qui dans son *Canto intitulado Mercurio* introduit des références à l'histoire indienne, un constant « nappage » mythologique finit par noyer les allusions locales : cessant d'être « infidèle, sauvage et cruelle », la cité du XVIIe siècle n'est plus qu'une nouvelle Venise ou une nouvelle Rome (Arias de Villalobos (1623)).

37. L'inventaire après-décès de Vasco de Pereira enregistre 2407 gravures et son *Annonciation* s'inspire d'un Titien reproduit par Cornelis Cort.

38. En 1599, Séville aurait compté trente maîtres peintres pour cent mille habitants.

39. Jonathan Brown, *L'Âge d'or de la peinture espagnole*, Paris, Flammarion, 1991, p. 116.

40. Le Portugais Vasco de Pereira s'associe avec Alonso Vázquez en 1592 pour l'exécution de fresques et de cinquante tableaux pour un monastère local.

41. Pieter Kampener quitta la ville en 1562 et le seul Européen à s'installer fut l'Italien Matteo Perez da Leccio (de Alesio) entre 1583-1584. De 1568 à 1576, puis de 1581 à 1583, celui-ci avait travaillé à Rome (fresques dans l'Oratoire del Gonfalone avec Federico Zuccaro). À Séville, il peint le gigantesque saint Christophe de la cathédrale.

42. Francisco Pacheco est l'auteur d'un célèbre *Arte de la pintura* (1649) rédigé entre 1600 et 1638.

43. Parmi lesquels dominent celles de Jerónimo Wierix, et de Jan Sadeler (Tovar (1988), I, p. 98).

44. Francisco de la Maza, *El pintor Martín de Vos en México*, Mexico, UNAM, 1971. Sur les arrivages de peinture européenne au Pérou, voir Mesa y Gisbert (1972), p. 76.

45. Bethencourt et Chaudhuri (1988), II, p. 538.

46. Guillermo Tovar de Teresa, *Pintura y escultura en Nueva España (1557-1640)*, Mexico, Azabache, 1992, p. 250 ; Margarita Estella, « Sobre escultura española en América y Filipinas y algunos otros temas », *Relaciones artísticas entre España y América*, Madrid, CSIC, 1990, p. 81.

47. Xavier Moyssén, « El San Sebastián de Xochimilco », in *Boletín del Instituto Nacional de Antropología e Historia*, Mexico, XXIV, 1966, cité dans Tovar (1992), p. 251, n.431.

48. Guillermo Tovar met en rapport l'ensemble *Sainte Anne, la Vierge et l'Enfant* avec l'atelier de Diego de Pesquera, présent à Mexico vers 1581 (*Ibid.*).

49. *Ibid.*, p. 216, n.353.

50. L'imagier français français Jean Ortiz arrive une première fois vers 1566 avec le marquis de Falcés (Fernández del Castillo (1982), pp. 149, 175). Il revient en 1568 avec Martín Enriquez.

51. Bethencourt et Chaudhuri (1998), II, p. 538 ; Victor Serrão, « A pintura na antiga India portuguesa nos séculos XVI e XVII », in *Oceanos*, Lisbonne, 1994, pp. 19-20.

52. Tovar (1992), p. 103.

53. « Canto intitulado Mercurio » (1603), Mexico, 1623, in Genaro García, *Colección de documentos para la historia de México*, vol. XII, 1907, pp. 311-380.

54. Balbuena (1990), p. 80.

55. Tovar (1992), p. 233.

56. Le sculpteur de Bilbao, Juan de Uribarri, actif à Séville entre 1610 et 1611, séjourne à Mexico en 1620-1624 (*Ibid.*, p. 227) ; le sculpteur Diego Ramírez, originaire de Séville, travaille à Mexico à partir de 1522.

57. Rubio Mañé (1983), I, p. 231, 123.

58. La révolte des Gueux éclate en avril 1566 et les iconoclastes s'en prennent aux églises d'Anvers en août. En 1567 le duc d'Albe arrive à Bruxelles et la répression se déchaîne.

59. Tovar (1992), p. 81.

60. *Ibid.*, p. 80.

61. *Ibid.*, p. 81.

62. Les ducs d'Alcalá et de Medina Sidonia figurent parmi sa clientèle.

63. Rubio Mañé (1983), I, p. 359.

64. Bien avant lui et dès les premières années de la Conquête, le franciscain Pierre de Gand avait enseigné la peinture aux Indiens de Mexico.

65. Ce nomadisme reproduit celui des peintres qui travaillent en Europe, à commencer par Rubens. Pereins travaille à Mexico, Tepeaca, Ocuila et Malinalco (1566-1568) ; Mexico (1569-1570) ; Tula (1574) ; Tlaxcala et Mexico (1578) ; Teposcolula (1580) ; Mexico (cathédrale, 1584-1585) ; Huejotzingo (1588) ; Puebla (1589). Andrés de Concha arrive en 1568 en Nouvelle-Espagne. On le trouve à Oaxaca (1570-1575) ; Mexico (1575-1578) avec Pereins ; Coixtlahuaca, Yanhuitlán, Tamazulapa, Achiutla (1576-1587) ; Teposcolula (1580-1581) encore avec Pereins ; Yanhuitlán (1579) ; Mexico (1581) à nouveau avec Pereins ; Huejotzingo (1584-1585) ; Oaxtepec (1593) ; Oaxaca (1594) ; Mexico (1595-1599) ; Oaxaca (1611-1612).

66. Des conflits éclatent de temps à autre, qui se traduisent par des dénonciations à l'Inquisition et par des procès. Beaucoup d'inquiétude passagère, mais des retombées somme toute assez légères. À deux reprises, Pereins est mis en mauvaise posture. Il en est quitte pour peindre un de ses chefs-d'œuvre, *la Vierge du pardon*.

67. Claudio le fait intervenir dans l'église de Santo Domingo à Mexico tandis que Luis, *maestro mayor* de la cathédrale de Puebla, lui décroche un contrat pour réaliser le grand retable.

68. Juan de Arrúe, qui est peut-être un métis – son père Juan de Arrúe avait épousé Maria Calzonzi –, est l'exception qui confirme la règle (Tovar de Teresa (1992), p. 128).

69. Balbuena (1990), p. 81. Le graveur français Jean Ortiz n'hésite pas à affirmer : « dans ce pays je suis celui qui s'y entend le mieux dans cet art et personne ne peut m'être comparé ; [...] L'excellence de ma personne est notoire ».

70. Sur le modèle que constitue Rubens, Simon Schama, *Rembrandt's Eyes*, Londres, Penguin Books, 1999, pp. 137-191.

71. Tovar de Teresa (1988), I, p. 49. Il critique les découvertes qui ont ruiné le pays basque et sa langue, et dénonce le rôle de l'or et de l'argent dans les Indes.

72. *Ibid.*, p. 52.

73. Tovar de Teresa (1992), pp. 116, 107.

74. *Ibid.*, pp. 112, 128.

75. *Ibid.*, pp. 80, 71.

76. Tovar de Teresa (1988), I, p. 58.

77. Tovar de Teresa (1992), p. 251.

78. D'autres cas d'inspiration ibérique directe : San Sebastián de Xochimilco avec celle du même saint dans l'église de l'université de Séville. Tovar de Teresa (1992), p. 73, n. 90.

79. Fernández del Castillo (1982), pp. 347-348.

80. Torquemada (1977), IV, p. 255. D'autres ateliers indigènes occupaient des *oficiales* que dirigeaient des *maestros* de renom, comme ce Joaquín de Tlatelolco qui « *vivía en la calzada ubicada a un lado del barrio de Tlatelolco* », dans Tovar (1992), p. 245.

81. Tovar de Teresa, p. 80.

82. *Ibid.*, p. 112.

83. Fernández del Castillo (1982), p. 238.

84. Tovar de Teresa (1992), p. 243.

85. Silvio Zavala, *Una etapa en la construcción de la catedral de México alrededor de 1585*, Mexico, El Colegio de México, 1982.

86. *Ibid.*, p. 30.

87. *Ibid.*, pp. 17-18, 31.

88. *Ibid.*, p. 14, p. 18.

89. Mario Sartor, *Arquitectura e urbanismo en Nueva España, siglo XVI*, Mexico, Azabache, 1992, p. 136 ; Toussaint (1967), p. 109-110.

90. Zavala (1982), p. 26.

91. *Ibid.*, p. 22.

92. Les produits plus sophistiqués du prêt-à-porter peuvent d'ailleurs être réalisés dans les mêmes conditions.

93. Zavala (1982), p. 7.

94. À Goa, en 1548, la confrérie du Rosaire réclame un grand retable pour sa chapelle, alléguant que celui qu'elle possédait sortait d'ateliers indigènes et que la composition de ses huiles et de ses couleurs laissait à désirer (*Ibid.*).

95. Bethencourt et Chaudhuri (1998), II, p. 538.

96. Manrique (2001), p. 206.

CHAPITRE XIV
Les parois de verre

1. Mendez Plancarte (1964), p. XXXII.

2. *Do mundo antigo aos novos mundos* (1998), p. 125.

3. Teodoro Hampe Martínez, (édit.), *La tradición clásica en el Perú virreinal*, Lima, Universidad Nacional Mayor de San Marcos, 1999.

4. Rose (1999) pp. 395-406.

5. Les Chinois ont été les seuls interlocuteurs des Européens à ne pas être passés par l'apprentissage des langues occidentales, à l'exception des convertis destinés à la prêtrise.

6. Ainsi que dans le collège de San Luis de los Predicadores de Puebla (1558), voir José M. Gallegos Rocafull, *El pensamiento mexicano en los siglos XVI y XVII*, Mexico, UNAM, 1974, p. 303.

7. *Ibid.*, p. 301 ; sur les premiers diplômés, Guillermo S. Fernández de Recas, *Grados de licenciados, maestros y doctores en artes, leyes, teologia y todas las facultades de la Real y Pontificia Universidad de México*, Mexico, UNAM, 1963 ; Mauricio Beuchot, *La real universidad de México, Estudios y textos, II, Filósofos dominicos novohispanos (entre sus colegios y la universidad)*, Mexico, UNAM, 1987.

8. Gallegos Rocafull (1974), p. 304.

9. Antonio Rubio, *Logica mexicana*, Cologne, 1605, cité dans Osorio Romero (1988), p. 96.

10. Gallegos Rocafull (1974), p. 261.

11. Rubio (1988), p. 95.

12. Dias (1988), p. 59.

13. Gallegos Rocafull (1974), p. 239.

14. *Ibid.*, p. 241 : « *La lección que (el Dr Juan García) comenzó a leer se dice haber sido la Lógica del Padre maestro Fray Domingo de Soto* » (*ibid.*, p. 241, note 17).

15. La bibliothèque du couvent de Tlatlelolco renfermait les *Commentarii Collegii Conimbricensis Societatis Jesu in tres libros de anima Aristotelis*, Lyon, 1600, dans Miguel Mathes, *Santa Cruz de Tlatlolco. La primera biblioteca académica de las Américas*, Mexico, Secretaría de Relaciones Exteriores, 1982, p. 49.

16. Un exposé de cette pensée dans l'ouvrage classique de Miguel León-Portilla, *La filosofia náhuatl estudiada en sus fuentes*, Mexico, UNAM, 1974.

17. Gallegos Rocafull (1974), p. 262.

18. *Ibid.*, p. 245.

19. Il s'agit d'un commentaire de l'œuvre d'Aristote, *Dialectica resolutio cum textu Aristotelis*. Voir García Icazbalceta (1981), p. 107.

20. Gallegos Rocafull (1974), p. 248.

21. *Ibid.*, p. 249.

22. Encore que la réception des grandes rénovations du XIIe siècle qui émanaient du monde musulman ait moins été perçue comme une ouverture de la sphère intellectuelle médiévale sur l'extérieur et sur un monde non chrétien que comme un retour à ce que l'on croyait être l'essence de la doctrine. L'accueil fait à l'héritage de Byzance après la chute de la ville relevait du même état d'esprit. Voir Alain de Libera, *Penser au Moyen Âge*, Paris, Le Seuil, 1991.

23. Cesare Vasoli, *Le filosofie del Rinascimento*, Milan, Bruno Mondadori, p. 426.

24. Martin Mulsow, « Nuove terre » e « nuovi cieli » : la filosofia della natura », in Vasoli (2002), pp. 428-429.

25. Saverio Ricci, *Giordano Bruno*, Rome, Salerno Editrice, 2000 ; et Michele Ciliberto, *La ruota del tempo. Interpretazione di Giordano Bruno*, Rome, Editori Riuniti, 2000.

26. William Eamon, *La scienza e i segreti della Natura. I « libri di segreti » nella cultura medievale e moderna,* Gênes, Edizioni Culturali Internazionali, 1999, p. 316 (édit. originale : *Science and the Secrets of Nature*, Princeton, Princeton University Press, 1994).

27. Eamon (1999), p. 297.

28. *Ibid.*, p. 299.

29. *Ibid.*, p. 321.

30. C'est ainsi que Bodin s'en prend à Giambattista della Porta dans sa *Démonomanie des sorciers* (1580), dans Eamon (1999), p. 303, n.47.

31. *Ibid.*, p. 303.

32. Muslow, dans Vasoli (2002), p. 430.

33. Laborie (1999).

34. Michel de Montaigne, *Journal de Voyage en Italie par la Suisse et l'Allemagne entre 1580 et 1581*, Paris, Gallimard, La Pléiade, 1962, p. 1222.

35. Rappelons aussi les voyages de Guido de Labezaris qui offrit à Philippe II une carte chinoise (chap. II), de Martín de Rada qui ramena des livres chinois en 1575, sans oublier la quantité d'informations et d'objets qui parvenaient à Lisbonne depuis la première moitié du XVIe siècle.

36. Escalante (1577), p. 64.

37. Juan González de Mendoza, *Historia del gran reino de la China,* Madrid, Miraguano Ediciones, Ediciones Polifemo, 1990 [Rome, 1585], p. 129.

38. González de Mendoza (1990), p. 66.

39. Knauth (1972), p. 131.

40. Loyola (1989), p. 169.

41. José de Acosta, *Historia natural y moral de las Indias*, édit. par E. O'Gorman, Mexico, FCE, [1590], 1979, pp. 287, 288.

42. Durán (1967), I, pp. 169-170.

43. *Ibid.*, p. 226.

44. Bartolomé de Las Casas, *Apologética Historia Sumaria*, Mexico, UNAM, II, 1967, p. 201.

45. Las Casas (1967), I, p. XXXV.

46. Valadés (1989).

47. Le *Codex Rios* a probablement été réalisé en Italie par un Européen dans les années 1570 (Howard F. Cline (édit.), *Handbook of Middle American Indians*, vol. XIV, 3, Austin, University of Texas Press, p. 186).

48. Acosta (1979, p. 280.

49. *Ibid.* p. 288.

50. *Ibid*, pp. 280-281.

51. *Ibid.*, p. 283.

52. Garcilaso de La Vega (1982), I, pp. 176-177.

53. *Ibid.*, pp. 182, 163.

54. Giuseppe Gabrieli, « Il carteggio linceo della vecchia accademia di Federico Cesi », in *Atti della Reale Accademia dei Lincei*, series 6, vol. 7, 1938-1942, p. 210 (lettre de Federico Cesi à Galilée, 17 mars 1612).

55. David Freedberg, *The Eye of the Lynx. Galileo, His Friends and the Beginnings of Modern Natural History*, Chicago, Chicago University Press, 2002, pp. 254, 451-452.

56. Armando Pavón Romero et Clara Inés Ramírez González, *El catedrático novohispano. Oficio et burocracia en el siglo XVI. La Real Universidad de México. Estudios y textos IV*, Mexico, UNAM, 1993.

57. Sur ces milieux au XVIe et au début du XVIIe siècle, Margarita Menegus (édit.), *Saber y poder en México. Siglos XVI al XX,* Mexico, UNAM, Miguel Angel Porrúa, 1997, pp. 13-196 ; Magdalena Chocano Mena, *La fortaleza docta. Elite letrada y dominación social en México colonial (siglos XVI-XVII)*, Barcelone, Bellaterra, 2000.

58. Même si les statuts de l'université de Mexico n'ont pas officiellement fermé la porte aux Indiens.

59. Osorio Romero (1990), p. 12.

60. Gallegos Rocafull (1974), p. 244, note 22.

61. Sonia Rose, « Un latinista andaluz indianizado : Diego Mexía de Fernangil y la translación de la cultura humanística al Nuevo Mundo », in Rui Manuel Loureiro et Serge Gruzinski, *Passar as fronteiras, II, Colóquio Internacional sobre Mediadores Culturais, séculos XV a XVIII*, Lagos, Centro Gil Eanes, 1999, pp. 395-406.

62. Gallegos Rocafull (1974), p. 294.

63. *Ibid.*, p. 295.

64. *P. Ovidii Nasonis tam de Tristibus quam de Ponto*, Mexico, Antonio Ricardo, 1577 ; Rose (1999), p. 403, sur les rapports entre Mexía de Fernangil et Ovide.

65. Mauricio Beuchot (édit.), *Fray Alonso dela Vera Cruz. Antología sobre el hombre y la libertad*, Mexico, UNAM, 2002 ; Gallegos Rocafull (1974), p. 299.

66. Voir aussi le frémissement que l'on repère dans l'œuvre du jésuite Diego Marín de Alcázar (1667-1669), dans Gallegos Rocafull (1974), p. 324.

67. Antonello Gerbi, *Il mito del Perú*, Milan, Franco Angeli, 1991, pp. 191-252 ; Agueda María Rodríguez Cruz, « Profesores salmantinos en América », in *Primeras jornadas sobre la presencia universitaria española en la América de los Austrias (1535-1700)*, Alcalá de Henares, Universidad de Alcalá de Henares, mai 1987, dact., s.p.

68. Par exemple, José de Herrera, *Suma Philosophiae Scholasticae Patris Dominici de Soto... in usum Academiae Mexicanae accommodata* (Gallegos Rocafull, p. 295) ; Juan Contreras, *Lectiones Philosophiae studentium captui accommodatae* (Gallegos Rocafull, p. 296) ; Juan de San Sebastián, *Expositio octo librorum Physicorum Aristotelis* (Gallegos Rocafull (1974), pp. 295, 296, 299).

69. *Ibid.*, p. 248, note 25.

70. *Ibid.*, p. 262.

71. Ignacio Osorio Romero, *Antonio Rubio en la filosofía novohispana*, Mexico, UNAM, 1988, pp. 29-30.

72. Un autre exemple de philosophe voyageur : né à Lima, le franciscain Buenaventura Salinas fait ses études à l'université de San Marcos, se rend en Espagne en 1637, visite Rome, Naples où il enseigne la philosophie durant sept ans. Il est à Mexico en 1646. Il avait laissé à Rome prêt pour l'impression un *Cursus Philosophicus* (Gallegos Rocafull (1974), p. 317).

73. Osorio Romero (1988), pp. 77-78.

74. *Ibid.*, p. 85.

75. Antonio Rubio n'ignore pas la projection que son œuvre prendra avec l'édition d'Alcalá quand il salue dans sa dédicace la « *florentísima Academia Complutense, celebérrima en todo el orbe* » et rappelle le contenu de la *real provisión* de 1605 qui confirme le choix de l'université en sa faveur (Gallegos Rocafull (1974), p. 263).

76. Osorio Romero (1988), p. 84. Rubio s'adresse au prélat en évoquant la distance qui les sépare (*ibid.*, p. 148), dans la dédicace du *De Anima*, Alcalá, Andrés Sánchez de Ezpeleta, 1611).

77. Osorio Romero (1988), p. 83.

78. Jacques Proust, *L'Europe au prisme du Japon*, Paris, Albin Michel, 1997.

79. Osorio Romero (1988), p. 126, citant le décret de l'université de Alcalá du 8 février 1604. La décision de l'université s'appuie sur un ordre émanant du conseil royal de Castille, patron de l'université.

80. L'université de Lima se penche également sur Aristote, voir Teodoro Hampe Rodríguez, « Sobre la escolástica virreinal peruana : el P. Leonardo de Peñafiel, comentarista de Aristóteles (1632) », in Teodoro Hampe Martínez, (édit.), *La tradición clásica en el Perú virreinal*, Lima, Universidad Nacional Mayor de San Marcos, 1999, pp. 69-99. Les œuvres du créole Peñafiel seront publiées à Lyon entre 1673 et 1678. Voir aussi María Luisa Rivera de Tuesta, « La influencia de los clásicos en la filosofía colonial peruana. Fray Jerónimo de Valera (1568-1625) », in *Ibid.*, pp. 47-67.

81. Il a aussi participé au côté de Enrico Martínez aux travaux d'assèchement de la vallée de Mexico entre 1631 et 1644.

82. Eduardo Báez Macías (ed), *Obras de fray Andrés de San Miguel*, Mexico, UNAM, Instituto de Investigaciones Estéticas, 1969, p. 98.

83. *Ibid.*, p. 59.

84. *Ibid.*, p. 98.

85. *Ibid.*, pp. 100, 105.

86. *Ibid.*, pp. 49-49.

87. Il est des domaines où l'architecture ne souffre pas la fantaisie personnelle ni l'écart face aux pressions de la normalisation. L'architecture militaire confirme que la globalisation intervient chaque fois qu'il s'agit d'un secteur clé de la Monarchie. Les impératifs stratégiques imposent une application automatique des modèles européens, indépendamment du pays, du climat ou des menaces potentielles. C'est dans cet esprit que l'ingénieur Tiburcio Espanochi « lança la plus grande entreprise de fortifications de tous les temps », voir Alfonso Cabrera Ruz, « La fortificación de los puertos de América : Cartagena de Indias », in *Felipe II y el arte de su tiempo*, Madrid, Fundación Argentaria, 1998, p. 276. C'est Bautista Antonelli qui intervient à La Havane (1589-1594) ; Panama (1609) ; San Juan (1589-1591) ; Cartagena de Indias (1594) ; Veracruz (1590). Son travail met en œuvre les principes de l'école italienne (*Ibid.*, p. 277). Pendant ce temps, d'autres spécialistes fortifient les positions portugaises dans l'océan Indien avec le même respect des normes européennes. Diu était ainsi devenue en 1546 la forteresse occidentale la plus imposante hors d'Europe.

CHAPITRE XV

La globalisation des langages

1. La fermeture du sacerdoce aux Indiens des Amériques écarte massivement ces populations de la sphère du latin.

2. Citons, pour le Brésil, le poème en latin que le jésuite Anchieta consacre à la geste de Mem de Sa, *De rebus gestis Mendi de Sa*, Rio de Janeiro, Biblioteca Nacional, 1997.

3. García Icazbalceta (1981), pp. 415-417. Francisco Cervantes de Salazar publie en 1554 des *Exercitationes linguae latinae,* et Maturino Gilberti une *Gramatica latina* en 1559. Le *De constructione octo partium orationis* du Portugais Manuel Álvarez sort dans la capitale sur les presses de Antonio Ricardo en 1579.

4. L'auteur du *Guzmán de Alfarache* serait né en 1545 ou en 1547 à Séville. En 1597, la première partie du *Guzmán* est achevée. Deux ans plus tard, le livre est mis sur le marché et la captivante biographie du *picaro* Guzmán de Alfarache remporte un succès foudroyant. Mais les dettes écrasent Mateo Alemán qui se retrouve en prison. Il en sort en mars 1603 et rédige la seconde partie du *Guzmán* qu'il publie à Lisbonne où il séjourne de 1604 à 1605. En 1607, il demande, pour la seconde fois, à partir pour les Indes. Il s'embarque en juin 1608 avec maîtresse et enfants. Sur la flotte qui se dirige vers le Mexique se trouve l'archevêque de Mexico García Guerra. En 1613, il publie sa dernière œuvre, *Sucesos de fray García Guerra, arzobispo de Mexico* (Voir l'introduction de José María Micó, dans Mateo Alemán, *Guzman de Alfarache*, Madrid, Catedra, 1994, pp. 15-24).

5. José Toribio Medina, *La imprenta en México (1539-1821)*, II, Mexico, UNAM, 1989, p. 39.

6. Mateo Alemán, *Ortografia castellana*, Mexico, Jerónimo Balli, 1609, fol. 20-20v°.

7. *Ibid.*, f. 18, 12, 30. « *Hable i escriva su materna cada uno como quisiere o mejor supiere sin obligación a los otros que guarden sus preceptos mismos* », in *Ibid.*, f. 12v°.

8. J. Ma. Mico, dans Alemán (1997), p. 56.

9. Ce qui ne veut pas dire qu'il méprise les langues non européennes. La seule mention qu'on décèle dans son livre concerne le guinéen – « ce serait parler guinéen à ceux qui ne connaissent pas le latin » –, et dans ce contexte la référence n'a rien de péjoratif.

10. Toribio Medina (1989), II, pp. 15-16.

11. *Ibid.*, pp. 22-23, 29, 36-37.

12. *Ibid.*, pp. 34-35, 28.

13. *Ibid.*, pp. 17-19.

14. Rappelons deux ouvrages fondamentaux du XVIe siècle européen : Vicenzo Cartari, *Le imagini de i dei degli antichi*, Vicenza, Neri Pozza Editore, [1556] 1996 ; Cesare Ripa, *Iconologia*, Milan, Editori Associati, [1593] 1992 ; les préfaces de ces deux éditions offrent de précieuses indications bibliographiques.

15. André Alciat, *Les Emblèmes*, édit. par Pierre Laurens, Paris, Klincksieck, 1997, p. 10.

16. G. Ledda, *Contributo allo studio della letteratura emblematica in Spagna (1549-1613)*, Pise, Università, 1970 ; Fernando R. de la Flor, *Emblemas. Lecturas de la imagen simbólica*, Madrid, Alianza Forma, 1995. L'univers des signes symboliques dans le monde de la Renaissance est un univers en extension. Il est lié à la pratique de l'allégorie. D'origine italienne, la littérature emblématique accompagne l'essor de la Renaissance et s'exprime dans des œuvres phares, comme *Le Songe de Polyphile* (*Poliphili Hipnerotomachia*) de Francesco Colona (1499) et les *Hieroglyphica* de Horapollo (Venise, édition aldine, 1505), pour culminer dans les *Emblèmes* qui paraît à Augsbourg en 1531. Alciat ne fut ni l'auteur ni l'instigateur de la mise en images.

17. Les efforts visant à constituer des *corpus* européens ont généralement laissé de côté l'Espagne, malgré la richesse signalée depuis longtemps par le livre de Mario Praz, *Studies in Seventeenth Century Imagery*, Rome, Storia e Letteratura, 1975. Voir Fernando R. de la Flor, *La Península metafísica*, Madrid, Biblioteca Nueva, 1999.

18. P. Laurens, dans Alciat (1997), p. 26.

19. Julian Gállego, *Visión y símbolos de la pintura española del siglo de oro*, Madrid, Catedra, 1987.

20. Diego Saavedra Fajardo, *Idea de un príncipe político-cristiano,* Munich, Nicolás Enrico, 1640, et l'édition moderne par Francisco Javier Díez de Revenga, sous le titre *Emblemas políticas*, Barcelone, Planeta, 1988.

21. *El arte efímero en el mundo hispánico*, Mexico, UNAM, 1983.

22. Voir l'article de José Antonio Maravall, « La literatura de emblemas como técnica de acción socio-cultural en el Barroco », in *Teatro y literatura barroca*, Madrid, Hora, 1977.

23. Comme il a appuyé le processus de légitimation de l'accession de Philippe au trône de Portugal, dans Fernando Bouza Álvarez, *Portugal no tempo dos Filipes. Política, cultura, representações (1580-1668)*, Lisbonne, Edições Cosmos 2000

24. Bonhomme ou Rouillé (Gállego (1987), 45). *Emblemas de Alciato en rhimas españolas*, traduit par l'humaniste de Valladolid, Bernardino Daza, « El Pinciano ».

25. Gállego (1987), p. 46.

26. Signalons les ouvrages de Juan de Borja, *Empresas morales* (1581) Hernando de Soto, *Emblemas moralizadas* (1599), et Sebastián de Covarrubias, *Emblemas morales* (1610).

27. Au Portugal, les interventions des jésuites et la circulation des éditions espagnoles, italiennes et latines, voire françaises, compensent amplement l'absence d'édition locale : *Emblemas de Alciati explicados en português. Manuscrito do século XVI-XVII ora trazido a lume* por J. Leite de Vasconcelos, Porto, Renascenza portuguesa, 1917. Voir aussi Manuel Pires de Almeida, *Poesia e pintura ou Pintura e Poesia*, édit. par Adma Muhana, São Paulo, EDUSP, 2002.

28. Quelques recoupements avec les *Emblèmes* : le thème de « Phaéton précipité dans le vide », de « L'envie, » de « La ruche avec les abeilles » et du « Labyrinthe de Dédale ».

29. García Icazbalceta (1981), p. 162.

30. *Ibid.*, p. 163.

31. Peter Sloterdijk, *Essais d'intoxication volontaire, suivi de « L'Heure du crime et le temps de l'œuvre d'art »*, Paris, Hachette, Pluriel, 2001, p. 219.

32. *Ibid.* Sur le développement de cette propagande symbolique, Bouza Alvarez (2000).

33. Publié en 1577 à Mexico, sur les presses de Antonio Ricardo. L'édition de Mexico sort quatre ans après celle que publie à Lyon Francisco Sánchez de las Brozas (1573). Voir Ignacio Osorio Romero, « Tres joyas bibliográficas para la enseñanza del latín en el siglo XVI novohispano », in *Nova Tellus : Anuario del Centro de Estudios Clásicos*, vol. 2 (1984), pp. 192-200.

34. À Evora, Lanuchi était préfet des études et lecteur de rhétorique, il était lié à Luis de Granada. Voir Ignacio Osorio Romero, *Colegios y profesores jesuitas que enseñaron latin en Nueva España (1572-1767)*, Mexico, UNAM, 1979.

35. Neuf exemplaires parviennent en Amérique en 1576 ; d'autres arrivent sur la flotte de 1605 (González Sánchez, (1999), 223). Trois exemplaires figurent dans l'inventaire de Pedro Durango de Espinosa, Lima, 1603 (*Ibid.*, p. 226).

36. Les obsèques mexicaines de Philippe II et celles de la fille du vice-roi Marques de Cerralvo s'accompagnent de « *jeróglíficos, versos et símbolos* » (José Escudero, *Relación de las honras*..., Mexico, Juan Ruiz, 1631).

37. Au nombre de ces entreprises, rappelons la réalisation des soixante-deux vues des cités espagnoles par Anton Van den Wyngaerde et l'élaboration des *relaciones topográficas* des régions d'Espagne.

38. Jesús Bustamente García, « La empresa naturalista de Felipe II y la primera expedición científica en el suelo americano : la creación del modelo expedicionario renacentista », in *Felipe II (1527-1598). Europa y la Monarquía católica*, sous la direction de José Martínez Milán, Madrid, Editorial Parteluz, 1998, pp. 39-59 ; D. Goodman, *Power and Penury : Government, Technology, and Science in Philip II's Spain*, Cambridge, Cambridge University Press, 1988.

39. Brading (1991), pp. 200-201. Antonio de León Pinelo (1590-1660) avait aussi été chargé de réunir toute la législation sur les Indes occidentales.

40. León-Portilla (1999), p. 157.

41. Voir les œuvres de Otto von Brunfells (1530) et plus tard Leonarht Fuchs (1542), Conrad Gesner (1558, 1565) et Ulisse Aldovrandi (1599-1603).

42. Par exemple, Pierre Belon qui se rend en Égypte et au Proche-Orient, dans Numa Broc, *La Géographie de la Renaissance*, Editions du CTHS, Paris, 1981, p. 141.

43. Bustamante (1998), p. 44-45.

44. F. de Solano, *Cuestionarios para la formación de las relaciones geográficas de Indias, siglos XVI-XIX*, Madrid, CSIC, 1988 ; R. Álvarez Pelaez, *La conquista de la naturaleza americana*, Madrid, CSIC, 1993.

45. D'où la carte d'Espagne commandée au mathématicien Pedro de Esquivel, « *empresa que fue el primer intento a gran escala de descripción geodésica – por triangulación de un país* » (Bustamante (2002), p. 55).

46. M. I. Vicente Maroto et M. Esteban Piñero, *Aspectos de la ciencia aplicada en la España del Siglo de Oro*, Valladolid, Junta de Castilla y León, 1991, pp. 71-109. Les statuts de l'académie furent publiés à Madrid en 1584, dans Juan de Herrera, *Institución de la Academia Real mathematica*, édit. par J. Simon Díaz et L. Cervera Vera, Madrid, Instituto de Estudios Madrileños, 1995. Sur le rôle de l'Inquisition en matière scientifique, José Pardo Tomás, *Ciencia y censura. La inquisición espanõla y los libros científicos en los siglos XVI y XVII*, Madrid, CSIC, 1991.

47. Bustamante (2002), p. 54.

48. *Ibid.*, pp. 53, 57.

49. Selon José de Acosta, l'expédition de Hernández aurait coûté « *sesenta mil ducados* », dans *Historia natural y moral de las Indias*, Séville 1590, p. 267.

50. Gerónimo de Mendieta, *Historia eclesiástica indiana*, Mexico, Salvador Chávez Hayhoe, 4 vol., 1945.

51. Torquemada (1975-1983).

52. Acosta (1995).

53. Freedberg (2002).

54. Raquel Álvarez et Florentino Fernández González, *De materia medica Novae Hispaniae Libri Quatuor. Manuscrito Recchi*, Aranjuez, Madrid, Doces Calles y Junta de Castilla y León, 1998, I, pp. 64-65, 67-69.

55. Giuseppe Olmi, *L'inventario del mondo. Catalogazione della natura e luoghi del sapere nella prima età moderna*, Bologne, Il Mulino, 1992, pp. 247-249 ; María López Piñero et Juan Pardo Tomás, *Nuevos materiales y noticias sobre la Historia de las Plantas de Nueva España de Francisco Hernández*, Valence, Instituto de Estudios Documentales e Históricos sobre la Ciencia, Universita de València- CSIC, 1994, pp. 147-148.

56. Giovanni Battista Marini Bettólo, *Una guida alla lettura del Tesoro Messicano Rerum Medicarum Novae Hispaniae Thesaurus*, Rome, Accademia Nazionale dei Lincei, Instituto Polografico e Zecca dello Stato, 1992.

57. L'historiographie européenne et occidentale reflète aujourd'hui encore cette disjonction entre sphère européenne et sphère indigène. Les domaines d'intervention que nous avons distingués pour le XVIe siècle correspondent encore à des ensembles distincts de spécialistes et de disciplines.

58. Gruzinski (1999).

CHAPITRE XVI

Au bord de la falaise

1. Sanjay Subrahmanyam, « Du Tage au Gange au XVIe siècle : une conjoncture millénariste à l'échelle eurasiatique », in *Annales, histoires, sciences sociales*, 56e année, n° 1, janvier-février 2001, pp. 51-84.

2. Ronaldo Vainfas, *A heresia dos indios. Catolicismo e rebeldia no Brasil colonial*, São Paulo, Companhia das Letras, 1995.

3. Vidal Abril Castelló et Miguel J. Abril Stoffels, *Francisco de la Cruz. Inquisición, Actas II*, 1, Madrid, CSIC, 1996, p. 28.

4. Voir chap. VIII ; Andrade de Gouveia (1985), p. 10.

5. Dès 1567, Charles de L'Écluse publie à Anvers une traduction en latin. L'ouvrage est réédité dans la même ville en 1574, 1579, 1593. Cette dernière publication réunissait les traductions latines des livres de Acosta, Monardes et Orta. Dès 1575, à Venise, la version latine de Clusius est traduite en italien. Elle sera réimprimée en 1580, 1582, 1589, 1605 et 1616. Antoine Colin traduit Garcia da Orta en français en 1602. Juan Fragoso (1566, 1572), Cristóvão de Acosta (1578) reprennent l'apport de Garcia da Orta dans leurs travaux.

6. Orta (1895), II, pp. 103.

7. *Ibid.*

8. Andrade de Gouveia (1985), p. 43, 35.

9. *Ibid.*

10. *Ibid.*, p. 40. Un *banian* est un marchand de la religion brahmanique.

11. À ce titre, il reste autant un homme de la Renaissance qu'un autre nouveau chrétien, Amato Lusitano, qui lui avait choisi de s'exiler en Europe. Celui-ci se fixe à Ferrare en 1541 où il côtoie savants, médecins et botanistes. Il circule entre Ancône, Venise, Rome où il soigne le pape Jules III. En 1558, il quitte Raguse pour Salonique où il meurt en 1568. Spécialiste des plantes, mais aussi clinicien et anatomiste, il prétend actualiser Dioscoride en introduisant des espèces nouvelles originaires de Madère, de l'Afrique et de l'Inde (Andrade de Gouveia (1985), p. 12). Il corrige Dioscoride et polémique avec ses contemporains (Matthiolus). Son esprit constamment en éveil ne l'empêche pas de demeurer fidèle au cadre hippocratique et galénique.

12. C'est-à-dire les gymnosophistes, des sages indiens qui s'abstenaient de manger des viandes et s'adonnaient à la contemplation.

13. Orta (1895), II, p. 105.

14. *Ibid.*, p. 106.

15. La Vega (1982), I, p. 163. Sur l'Inca et ses *Commentaires*, voir Margarita Zamora, *Language, Authority and Indigenous History in the Comentarios Reales de los Incas*, Cambridge, Cambridge University Press, 1988.

16. « *Por negocio cierto y averiguado se tiene entre los philósophos que toca la bassis y principal cimiento de la philosophía y medicina y se reduze a calor, frialdad, sequedad y humidad* » (Cárdenas (1988), p. 37).

17. *Ibid.*, pp. 266, 32, 33.

18. *Ibid.*, pp. 267, 269, 268.

19. *Ibid.*, pp. 270, 273.

20. *Ibid.*, pp. 276, 268.

21. *Ibid.*, p. 188.

22. Orta (1895), II, p. 231.

23. *Ibid.*, p. 233.

24. Chap. XVI. « *Por qué vía y orden natural se engendra la piedra bezabar en las entrañas de la cervicabris* », Cárdenas (1988), pp. 181sq.

25. *Ibid.*, pp. 183,184.

26. Sahagún (1977), II, p. 41.

27. *Ibid.*, p. 53.

28. Sahagún se plaît à relever le « *maravilloso lenguaje y muy delicadas metáforas y admirables avisos* » des Indiens (*Ibid.*, p. 90).

29. Comme, par exemple, Motolinía (1970).

30. Sahagún (1977), II, p. 256.

31. *Ibid.*, pp. 255, 256. Ce qui explique qu'on ait jugé décevant le travail réalisé dans ce livre par Sahagún, voir Angel María Garibay K. dans son introduction au VIIe livre (Sahagún (1977), II, p. 252).

32. Voir les livres IV et V sur la dialectique introduite entre matière et esprit.

33. *Florentine Codex, Book 6 Rhetoric and Moral Philosophy*, édit. par Charles E. Dibble et Arthur J. O. Anderson, Santa Fe, School of American Research and the University of Utah, 1969, p. 235.

34. Sur ces idées et ces courants au XVIe siècle, Michel J. Jeanneret, *Perpetuum mobile. Métamorphoses des corps et des œuvres de Vinci à Montaigne*, Genève, Macula, s.d.

35. Alfredo López Austin, *Cuerpo humano e ideología. Las concepciones de los antiguos nahuas*, Mexico, UNAM, 1980, I, pp. 71-72.

36. Louise M. Burkhart, « Flowery Heaven. The Aesthetic of Paradise in Nahuatl devotional Literature », in *Res,* 21, été 1992, pp. 89-109.

37. Sur une autre analyse de cette attitude, présentée comme « *an ironic reading* », Klor de Alva (1988), pp. 45-46.

38. Solange Alberro, *El águila y la cruz. Orígenes religiosos de la conciencia criolla. México, siglos XVI-XVII,* Mexico, FCE, 1999, pp. 31-63.

39. En Inde et au Mexique, des passeurs indigènes servent le dessein européen en reconstruisant ou en inventant une version « classique » du passé, voir le rôle de Bonifacio Xastri, « *expert in local religious text as well as having been their christian critic and commentator* », auprès de Nobili (Ines G. Zupanov, *Disputed Mission. Jesuit Experiments and Brahmanical Knowledge in Seventeenth Century India*, New Delhi, Oxford India Paperpacks, 1999, pp. 245, 244).

40. V. Nayarana Rao, D. Schulman et Sanjay Subrahmanyam, *Symbols of substance : Court and State in Nayaka Period of Tamil Nadu*, Delhi, Oxford University Press, 1992.

41. Zupanov (1999), p. 5.

42. *Ibid.*, p. 238.

43. Le *dharma* se rapproche de la notion de devoir moral et religieux, l'un des quatre buts assignés à l'homme par la littérature hindoue traditionnelle. S. Arokiasamy, S.I., *Dharma, Hindu and Christian according to Roberto de Nobili*, Rome, 1986 ; Joan Paul Rubiés, *Travel and Ethnology in the Renaissance, South India through European Eyes, 1250-1625*, Cambridge, Cambridge University Press, 2000, pp. 341-343.

44. *Ibid.*, p. 242.

45. Gruzinski (1999), pp. 225-241. Tout comme les autorités espagnoles avaient encouragé la représentation des *cantares* dont les paroles, la musique et la gestuelle fourmillaient de réminiscences païennes.

46. Une seule exception, le jésuite qui l'accompagne et critique sans cesse son comportement.

47. Zupanov (1999), p. 25.

48. *Ibid.*, p. 155.

49. Joan Paul Rubiés (2000, p. 343) insiste sur l'aspect subversif de la démarche qui conduit à séparer la sphère civile de la sphère religieuse une fois qu'on la transpose au christianisme au lieu de l'appliquer aux religions païennes. La critique anticatholique et antichrétienne des Lumières puisera dans l'expérience pionnière de ces missionnaires : une fois de plus ce ne sont pas des systèmes conceptuels extérieurs et différents qui rénovent la pensée occidentale, mais, au contraire, les apports de ceux qui sont restés ses plus brillants représentants.

50. J.F. Moran, *The Japanese and the Jesuits : Alessandro Valignano in Sixteenth Century Japan*, Londres et New York, 1993 ; Josef Franz Schutte, Institute of Jesuit Sources, S.I., *Valignano's mission Principles for Japan*, St Louis, Routledge, 2 vol., 1980.

51. George Elison, *Deus Destroyed. The Image of Christianity in Early Modern Japan*, Cambridge et Londres, Harvard University Press, 1988.

52. Proust (2002), p. 10.

53. Elison (1988), p. 165.

54. *Ibid.*, p. 298. Nous avons suivi la traduction française de Jacques Proust, *La Supercherie dévoilée. Une réfutation du catholicisme au Japon au* XVII*e siècle*, Paris, Chandeigne, 1998, pp. 66-67.

55. Horácio Peixoto de Araújo, *Os jesuitas no império da China. O primeiro século (1582-1680)*, Macao, Instituto Português do Oriente, 2000.

56. Sahagún (1977), III, p. 357.

57. D.E. Mungello, *The Forgotten Chirstians of Hangzhou*, Honolulu, University of Hawaï Press, 1994 ; *The Great Encounter of China and the West, 1500-1800*, Lanham, New York, Rowman & Littlefield Publishers, 1999.

58. Jacques Gernet, *Chine et christianisme. Action et réaction*, Paris, Gallimard, 1982 ; D.E. Mungello, *The Rites Controversy. Its History and Meaning*, Nettetal, Steyler, 1994.

59. Mungello (1999), p. 14.

60. Erik Zürcher, *Bouddhisme, Christianisme et société chinoise*, Paris, Julliard, 1990.

61. Bailey (1999), p. 87.

62. Mungello (1999), p. 74.

63. Sous l'influence de penseurs comme Zhou Dunyi (1017-1073) et Zhu Xi (1130-1200).

64. *Ibid.*, p. 39.

65. Les Chinois parlent des « enseignements lettrés », *Ru Jiao* (Mungello (1999), p. 73). Le nom latinisé Confucius apparaît en Europe en 1687 dans le *Confucius Sinarum Philosophus*.

66. Mungello (1999), p. 16.

67. *Ibid.*, p. 17 (*bu Ru yi Fo*).

68. Gruzinski (1994).

69. Alva Ixtlilxóchitl (1975), I, p. 405.

ÉPILOGUE

De Matrix à Camões

1. Voir chapitre XVI.

2. Alain Milhou, « Apocalypticism in Central and South American Colonialism », in *The Encyclopedia of Apocalypticism*, édit. par Stephen J. Stein, New York, The Continuum Publishing Company, 1998, III, pp. 3-35.

3. John Leddy Phelan, *El reino milenario de los franciscanos en el Nuevo Mundo*, Mexico, UNAM, 1972 ; Adriano Prosperi, *America e apocalisse e altri saggi*, Pise, Rome, Istituti Editoriali Poligrafici Internazionali, 1999.

4. Vainfas (1995) ; Serge Gruzinski, *Les hommes-dieux du Mexique. Pouvoir indien et société coloniale, XVIe-XVIIIe siècles*, Paris, Editions des Archives contemporaines, 1985.

5. Subrahmanyan (2001).

6. La Bible nous raconte que ce roi de Babylone avait eu un songe qui lui avait dévoilé la succession des empires.

7. Norman Cohn, *En pos del milenio*, Barcelone, Barral, 1972, p. 115. En particulier, les courants nés de la pensée de Joachim de Flore.

8. Jonathan Rosenbaum, *Movie Wars. How Hollywood and the Media conspire to limit what films we can see*, Chicago, A Cappella Books, 2000.

9. Hollywood, Globo, Televisa et d'autres industries télévisuelles.

10. L'uniformisation progressive des structures étatiques ne favorisait pas les grandes « monarchies composites », dans John H. Elliott, « A Europe of Composite Monarchies », *Past and Present*, n° 137, novembre 1992, pp. 48-71 ; Rafael Valladares, *Castilla y Portugal en Asia (1580-1680). Declive imperial y adaptación*, Louvain, Leuven University Press 2001.

11. Balbuena (1990), pp. 83, 76.

Bibliographie

Sigles

AGI : Archivo General de Indias, Séville
AGN : Archivo General de la Nación, Mexico
BAE : Biblioteca de Autores Españoles
BNL : Biblioteca Nacional, Lisbonne
CEHSMO : Centre de estudios históricos del movimiento obrero mexicano
CSIC : Consejo superior de Investigaciones científicas, Madrid
EDUSP : Editora da Universidade de São Paulo
FCE : Fondo de Cultura Económica, Mexico
PUF : Presses Universitaires de France
UNAM : Universidad Nacional Autónoma de México

Pour l'Amérique espagnole et le Brésil, nous renvoyons aux bibliographies contenues dans Bernand et Gruzinski (1991) et (1993).

Sources

Cristóvão de ACOSTA, *Tractado de las drogas y medicinas de las Indias orientales*, Burgos, Martín de Victoria, 1578.

Christóbal de ACUÑA, *Nuevo descubrimiento del Gran Rio de las Amazonas*, Madrid, Imprenta del Reino, 1641.

André Álvares de ALMADA, *Tratado breve dos Rios de Guiné do Cabo-Verde, feito pelo capitão André Álvares d'Almada, Ano de 1594,* édit. par António Luís Ferronha, Lisbonne, Grupo de Trabalho do Ministério da Educação para as Comemorações dos Descobrimentos Portugueses, 1994.

Manuel Pires de ALMEIDA, *Poesia e pintura ou Pintura e Poesia*, édit. par Adma Muhana, São Paulo, EDUSP, 2002.

Fernando ALVARADO TEZOZOMOC, *Crónica mexicáyotl,* édit. par Adrián León, Mexico, UNAM, [1609] 1975.

Pedro de ARENAS, *Vocabulario Manual de las lenguas castellana y mexicana*, Mexico, Henrico Martínez, 1611.

Bernardo de BALBUENA, *La grandeza mexicana y compendio apologético en alabanza de la poesía*, édit. par Luis Adolfo Domínguez, Mexico, Editorial Porrúa, [1604] 1990.

–, *El Bernardo*, édit. par Noé Jitrik, Mexico, Secretaría de Educación Pública, 1988.

Martín del BARCO CENTENERA, *Argentina y conquista del Rio de la Plata*, Lisbonne, [Pedro Crasbeeck, 1602], Buenos Aires, Ediciones Theoría, 1999.

John BIERHORST, *Cantares mexicanos, Songs of the Aztecs,* Stanford, Stanford University Press, 1985.

Ambrósio Fernandes BRANDÃO, *Diálogos das grandezas do Brasil,* Recife, Fundação Joaquim Nabuco, 1997.

Georg BRAUN et Frans HOGENBERG, *Civitates orbis terrarum*, Cologne, 1575-1583, 6 vol.

Bernardo Gomes de BRITO, *História trágico-marítima*, édit. par Ana Miranda et Alexei Bueno, Rio de Janeiro, Lacerda Editores/ Contraponto, 1998.

Luis de CAMÕES, *Les Lusiades, Os Lusíadas,* trad. par Roger Bismut, Paris, Robert Laffont, 1996.

Tommaso CAMPANELLA, *Monarchie d'Espagne et Monarchie de France*, édit. par Germana Ernst, Paris, PUF, [1598] 1997.

–, *La Città del Sole*, édit. par Luigi Firpo, Bari, Laterza, [1623] 1997.

Giulio Cesare CAPACCIO, *Il forastiero. Dialogi*, [Gio. Domenico Roncagliolo, 1634], édit. par Franco Strazzulo, Naples, Franco di Mauro, 1993.

Juan de CÁRDENAS, *Problemas y secretos maravillosos de las Indias*, édit. par Angeles Durán, Madrid, Alianza Editorial, 1988.

Francesco CARLETTI, *Ragionamenti di F. Carletti fiorentino sopra le cose da lui vedute...*, [Florence, L. Magalotti, 1701], édit. par P. Collo, Turin, Einaudi, 1989.

Fernando de CASTRO, *Crónica do Vice-Rei D. João de Castro,* édit. par Luís de Albuquerque et Teresa Travassos Cortez da Cunha Mato, Comissão Nacional para as Comemorações dos Descobrimentos Portugueses, Tomar, 1995.

Francisco CERVANTES DE SALAZAR, *Túmulo imperial de la gran ciudad de México*, Mexico, Antonio de Espinosa, 1560.

Domingo CHILMALPAHIN, *Relaciones originales de Chalco Amaquemecan*, édit. par Silvia Rendón, Mexico, FCE, 1965.

–, *Octava relación*, édit. par José Rubén Romero Galván, Mexico, UNAM, 1983.

–, *Primer Amoxtli Libro. 3a Relación de las différentes histoires originales*, édit. par Victor M. Castillo F., Mexico, UNAM, 1997.

–, *Las ocho Relaciones y el Memorial de Colhuacan*, édit. par Rafael Tena, Mexico, Conaculta, 1998.

–, *Diario*, édit. par Rafael Tena, Mexico, Conaculta, 2000.

Hernán CORTÉS, *Cartas y documentos*, édit. par Mario Hernández Sánchez-Barba, Mexico, Porrúa, 1963.

Diogo do COUTO, *O soldado prático*, édit. par Reis Brasil, Lisbonne, Publicações Europa-América, 1988.

–, *Década quarta da Asia*, édit. par Maria Augusta Lima Cruz, Lisbonne, Comissão Nacional para as Comemorações dos Descobrimentos Portugueses, Imprensa Nacional, Casa da Moeda, 1995-1999, 2 vol.

Descripción del arzobispado de México hecha en 1570, Mexico, José Joaquín Terrazas e Hijas, 1897.

Bernal DÍAZ DEL CASTILLO, *Historia verdadera de la conquista de la Nueva España*, édit. par Joaquín Ramírez Cabañas, Mexico, Porrúa, 1968, tome II, p. 362.

Ruy DÍAZ DE GUZMÁN, *La Argentina*, édit. par Enrique de Gandía, Madrid, Historia, 1986.

André DONELHA, *Descrição da Serra Leoa e dos Rios de Guiné e de Cabo Verde*, édit. par Avelino Teixeira da Mota et al., Lisbonne, Junta de Investigações do Ultramar, 1977.

Baltasar DORANTES DE CARRANZA, *Sumaria relación de las cosas de la Nueva España*, Mexico, Jesús Medina Editor, [1604], 1970.

Gaspar da CRUZ, *Tratado das coisas da China*, édit. par Rui Manuel Loureiro, Lisbonne, Comissão Nacional para as Comemorações dos Descobrimentos Portugueses, Cotovia, 1997.

Diego DURÁN, *Historia de las Indias de Nueva España e Islas de la Tierra Firme*, Mexico, Porrúa, 2 vol., [1579-1581], 1967.

Bernardino de ESCALANTE, *Discurso de la navegación*, Séville, Viuda de Alonso Escrivano, 1577.

Gonzalo FERNÁNDEZ DE OVIEDO, *Historia general y natural de las Indias*, édit. par Juan Pérez de Tudela y Bueso, Madrid, BAE, n°s 117-121, [1547, 1557] 1959, 5 vol.

–, *Singularités du Nicaragua*, édit. par Louise Bénat Tachot, Paris, Chandeigne/Université de Marne-la-Vallée, 2002.

Pedro FERNÁNDEZ DE QUIRÓS, *Descubrimiento de las regiones australes*, édit. par Roberto Ferrando Pérez, Madrid, Dastin, 2000.

Luís FRÓIS, *Traité sur les contradictions de mœurs entre Européens et Japonais*, traduit par Xavier de Castro et Robert Schrimpf, et présenté par José Manuel Garcia, Paris, Chandeigne, 1993.

–, *Kulturgegensätze Europa-Japan (1585). Tratado em que se contem muito susinta e abreviadamente algumas contradições e diferenças de custumes entre a gente de Europa e esta provincia de Japão*, Tokyo, Sophia University, 1955.

Thomas GAGE, « Nouvelle relation des Indes occidentales » dans *Voyage dans la Nouvelle-Espagne, 1676*, Paris, Genève, Slatkine, 1979.

António GALVÃO, *Tratado dos descobrimentos,* Porto, Livraria Civilização, [1563] 1987.

Genaro GARCÍA, *Documentos inéditos o muy raros para la historia de México*, Mexico, Porrúa, 1974.

Joaquín GARCÍA ICAZBALCETA, *Colección de documentos para la historia de México*, Mexico, Porrúa, 1971, 2 vol.

Fernán GONZÁLEZ DE ESLAVA, *Villancicos, romances, ensaladas y otras canciones devotas*, édit. par Margit Frenk, Mexico, El Colegio de México, 1989.

Juan GONZÁLEZ DE MENDOZA, *Historia del gran reino de la China*, Madrid, Miraguano Ediciones, Polifemo Ediciones, [1585] 1990.

Thomas D. GOODRICH, *The Ottoman Turks and the New World – A study of Tarik-i Hind-i Garbi and Sixteenth Century Ottoman Americana*, Wiesbaden, Otto Harrassowitz, 1990.

Juan de GRIJALVA, *Crónica de la Orden de N.P.S. Agustín en las provincias de la Nueva España*, Mexico, Pórrua, [1624] 1985.

Felipe GUAMAN POMA DE AYALA, *El primer nueva corónica y buen gobierno*, édit. par John V. Murra, Rolena Adorno et Jorge L. Urioste, Mexico, Siglo XXI, 1980, 3 vol.

Francisco HERNÁNDEZ, « Historial natural de Nueva España » dans *Obras completas*, Mexico, UNAM, 1959, tomes II et III.

Francisco de HOLANDA, *Da pintura antiga*, édit. par Angel González Garcia, Lisbonne, Casa da Moeda, [1548], 1983.

Illustrated Catalogue of Tokyo National Museum. Kirisitan Objects. Christian Relics in Japan 16th-19th Century, Tokyo National Museum, Tokyo, 2001.

Imagens do Oriente no século XVI. Reprodução do códice português da Biblioteca Casanatense, édit. par Luís de Matos, Lisbonne, Imprensa Nacional, Casa da Moeda, 1985.

Bartolomé de LAS CASAS, *Historia apologética sumaria*, Mexico, UNAM, [1555-1559] 1967, 2 vol.

Adriano de LAS CORTES, *Viaje de la China*, édit. par Beatriz Moncó, Madrid, Alianza Universidad, 1991.

Bernardino de LLANOS, *Institutionum poeticarum liber,* Mexico, Henrico Martínez, 1605.

Antonio de LEÓN PINELO, *Epitome de la Biblioteca oriental i occidental, nautica i geográfica*, Madrid, Juan González, 1629.

Cristóvão de LISBOA, *História dos animaes e arvores do Maranhão*, édit. par Jaime Walter, Lisbonne, Comissão Nacional para as Comemorações dos Descobrimentos Portugueses, 2000.

Francisco LÓPEZ DE GÓMARA, *Historia de las Indias y conquista de México*, Barcelone, Obras maestras, [1552] 1965.

Tomás LÓPEZ MEDEL, *De los tres elementos. Tratado sobre la naturaleza y el hombre del Nuevo Mundo*, édit. par Berta Ares Queíja, Madrid, Alianza, [1570] 1990.

Juan LÓPEZ DE VELASCO, *Geografía y descripción universal de las Indias*, édit. par Marcos Jímenez de la Espada, BAE 248, Madrid, Atlas, 1971.

Martín Ignacio de LOYOLA, *Viaje alrededor del mundo*, édit. par J. Ignacio Tellechea Idígoras, Madrid, Historia 16, 1989.

Heinrich MARTIN, voir Henrico Martínez

Henrico MARTÍNEZ, *Repertorio de los Tiempos y Historia Natural de Nueva España*, édit. fac-similé, Mexico, Condumex, [1606] 198I.

Marcelo Francisco MASTRILLI, *Relaçam de hum prodigioso milagre*, édit. par Manuel de Lima, Lisbonne, Biblioteca Nacional, [Rachol, 1636] 1989.

Lorenço de MENDOÇA, *Suplicación a su magestad... en defensa de los Portugueses*, Madrid, 1630 (BNL).

Nicolas Bautista MONARDES, *Dos libros, el uno que trata de todas las cosas que traen de nuestras Indias Occidentales, que sirven al uso de la medicina, y el otro que trata de la Piedra Bezaar y de la Yerva Escuencora*, Séville, 1545.

–, *Herbolaria de Indias*, édition établie par Ernesto Denot et Nora Satanowsky, avec une présentation et des commentaires de Xavier Lozoya, Mexico, Instituto Mexicano del Seguro Social, 1992.

Carta del padre Pedro de Morales, [Mexico, Antonio, Ricardo, 1579], édit. par Beatriz Mariscal Hay, Mexico, El Colegio de México 2000.

Antonio de MORGA, *Sucesos de las islas Filipinas,* [Mexico, Geronymo Balli, 1609], Ediciones Polifemo, Madrid, 1997.

Alonso de la MOTA Y ESCOBAR, *Descripción geográfica de los reinos de Nueva Galicia, Nueva Vizcaya y Nuevo León*, Mexico, Robredo, [vers 1605] 1940.

Toribio Benavente dit MOTOLONÍA, *Memoriales*, édit. par Edmundo O'Gorman, Mexico, UNAM, [1541] 1971.

Diego MUÑOZ CAMARGO, « Descripción de la ciudad y provincia de Tlaxcala », [1584] dans *Relaciones geográficas del siglo XVI, Tlaxcala*, édit. par René Acuña, Mexico, UNAM, 1984.

Pedro ORDÓÑEZ DE CEBALLOS, *Viaje del mundo hecho y compuesto por el licenciado Pedro Ordoñez de Cevallos*, [Madrid, Luis Sánchez, 1614], Miraguano Editores, Ediciones Polífemo, Madrid, 1993.

Luis Gerónimo de ORÉ, *Relación de la vida y milagros de San Francisco Solano*, Lima, Pontificia Universidad Católica del Peru, 1998.

Garcia da ORTA, *Colóquios dos simples e drogas da India*, édit. par le Comte de Ficalho, Lisbonne, Imprensa Nacional, Casa da Moeda, [Goa, 1563], 1891-1895, 2 vol.

Enrique OTTE, *Cartas privadas de emigrantes a Indias, 1540-1616*, Mexico, FCE, 1996.

Francisco del PASO Y TRONCOSO (édit.), *Epistolario de Nueva España 1505-1818*, tome X, Mexico, Antigua Libreria Robredo, de José Porrúa e Hijos, 1940.

Galiote PEREIRA, *Algumas cousas sabidas da China*, édit. par Rui Manuel Loureiro, Lisbonne, Comissão Nacional para as Comemorações dos Descobrimentos Portugueses, 1992.

Fernão Mendes PINTO, *Peregrinação,* [Pedro Crasbeeck, Lisbonne, 1614], transcription de Adolfo Casais Monteiro, Imprensa Nacional, Casa da Moeda, 1998.

Marcelo RIBADENEYRA, *Historia de las islas del archipielago y reynos de la Gran China, Tartaria, Cucuchinchina, Malaca, Siam, Camboxa y lappon*, Barcelone, Gambreil Graells y Giraldo Dotil, 1601.

Antonio de SAAVEDRA GUZMÁN, *El peregrino indiano,* édit. par José Rubén Romero Galván, Mexico, Consejo Nacional para la Cultura y las Artes, [1599] 1989.

Bernardino de SAHAGÚN, *Historia general de las cosas de Nueva España*, Mexico, Porrúa, [1582] 1977, 4 vol.

–, *Florentine Codex, Book 6 Rhetoric and Moral Philosophy*, édit. par Charles E. Dibble et Arthur J. O. Anderson, Santa Fe, School of American Research and the University of Utah, 1969.

Gaspar de SAN AGUSTÍN, *Conquistas de las Islas Filipinas (1565-1615*), édit. par Manuel Merino, Madrid, CSIC, Instituto « Enrique Florez », 1975.

Duarte de SANDE, *Diálogo sobre a missão dos embaixadores japoneses à cúria romana*, par Américo da Costa Ramalho, Macao, Fundacão Oriente, [1590] 1997.

Fray Domingo de SANTO THOMAS, *Grammatica o arte de la lengua general de los indios de los reynos del Peru* [Valladolid, Francisco Fernández de Córdoba, 1560], édit. par Rodolfo Cerrón-Palomino, Madrid, Ediciones de Cultura Hispánica, 1994.

João dos SANTOS, *Etiópia oriental*, [Evora, Manuel de Lyra, 1609], édit. par Luís de Albuquerque, Lisbonne, Biblioteca da expansão portuguesa, 1989.

Pedro SARMIENTO DE GAMBOA, *Viajes al estrecho de Magallanes*, édit. par María Justina Sarabia Viejo, Madrid, Alianza Editorial, 1988.

Francisco Rodrigues SILVEIRA, *Reformação da milícia e governo do estado da India oriental*, édit. par Benjamin N. Teensma, Luís Filipe Barreto, George Davison Winius, Lisbonne, Fundação Oriente, 1996.

Gabriel Soares de SOUZA, *Tratado descritivo do Brasil em 1587*, édit. par Francisco Adolfo de Varnhagen, Recife, Fundação Joaquim Nabuco, Editora Massangana, 2000.

Juan SUÁREZ DE PERALTA, *Tratado del descubrimiento de las Indias*, édit. par Federico Gómez de Orozco, Mexico, SEP, [1589] 1949.

Simão Estácio de SYLVEIRA, *Relação sumaria das cousas do Maranhão*, édit. par Darcy Damasceno, Rio de Janeiro, Biblioteca Nacional, 1976, pp. 99-100 (separata de *Anais da Biblioteca Nacional*, Rio de Janeiro, vol. 94, 1974, pp. 97-103).

Tapeçarias de D. João de Castro, Lisbonne, Comissão Nacional para as Comemorações dos Descobrimentos Portugueses, 1995.

Bento TEIXERA, *Prosopopéia*, Lisbonne, António Alvares, 1601.

Juan de TORQUEMADA, *Monarquia indiana*, édit. par Miguel León-Portilla, Mexico, UNAM, [1615] 1977, 7 vol.

Ronaldo VAINFAS (édit.), *Confissões da Bahia*, São Paulo, Companhia das Letras, 1997.

Diego VALADÉS, *Retórica cristiana*, édit. par Esteban J. Palomares, Mexico, FCE, [1579] 1989.

Luís Mendes de VASCONCELOS, *Do sítio de Lisboa, Diálogos*, édit. par José da Felicidade Alves, Lisbonne, Livros Horizonte, [1608] 1990.

Arias de VILLALOBOS, « Canto intitulado Mercurio », dans *Obediencia que México [...] dió a Philippe IV*, Mexico, Diego Garrido, 1623.

Rodrigo de VIVERO, *Du Japon et du bon gouvernement de l'Espagne et des Indes*, édit. par Juliette Monbeig, Paris, SEVPEN, 1972.

Silvio Zavala (édit.), *Ordenanzas del trabajo. Siglos* XVI *y* XVII, tome I, Mexico, CEHSMO, 1980.

Silvio ZAVALA et Maria COSTELO (édit.), *Fuentes para la historia del trabajo en la Nueva España*, tome VI, CEHSMO, 1980.

ZINADIM, *História dos Portugueses, no Malabar*, édit. par David Lopes, Libonne, Antígona, [1579-1583] 1998.

Études

Rolena ADORNO, *Guaman Poma, Writing and Resistance in Colonial Peru*, Austin, Texas University Press, 1988.

Gonzalo AGUIRRE BELTRÁN, *La población negra de México, 1519-1810*, Mexico, FCE, 1972.

–, *Medicina y magia. El proceso de aculturación en la estructura colonial*, Mexico, Instituto Nacional Indigenista, 1970.

Solange ALBERRO, *Inquisition et société au Mexique, 1571-1700*, Mexico, CEMCA, 1988.

–, *Les Espagnols dans le Mexique colonial. Histoire d'une acculturation*, Paris, Armand Colin/EHESS, 1992.

–, *El Aguila y la cruz. Orígenes religiosos de la conciencia criolla. México, siglos XVI-XVII*, Mexico, FCE, El Colegio de México, 1999.

Dauril ALDEN, *The Making of an Enterprise : The Society of Jesus in Portugal, its Empire and Beyond, 1540-1750*, Stanford, Stanford University Press, 1996.

Luiz Felipe de ALENCASTRO, *O trato dos viventes, Formação do Brasil no Atlântico Sul. Séculos XVI e XVII*, São Paulo, Companhia das Letras, 2000.

Paul C. ALLEN, *Philip III and the Pax hispánica, 1598-1621*, New Haven, Yale University Press, 2000.

Ida ALTMAN, *Transatlantic Ties in the Spanish Empire. Brihuega, Spain and Puebla, Mexico, 1560-1620*, Stanford, Stanford University Press, 2000.

Antonio Álvarez-Ossorio ALVARIÑO, *Milán y el legado de Felipe II. Gobernadores y corte provincial en la Lombardia de los Austrias*, Madrid, Sociedad Estatal para la Conmemoración de los centenarios de Felipe II y Carlos V, 2001.

Jorge M. dos Santos ALVES (édit.), *Portugal e a China*, Lisbonne, Fundação Oriente, 2000.

Jorge M. dos Santos ALVES et Pierre-Yves MANGUIN, *O* Roteiro das cousas do Achem *de João Ribeiro Gaio : Um olhar português sobre o Norte de Samatra em finais do século XVI*, Lisbonne, Comissão Nacional para as Comemorações dos Descobrimentos Portugueses, 1997.

Horácio Peixoto de ARAÚJO, *Os jesuitas no império da China. O primeiro século (1582-1680)*, Macao, Instituto Português do Oriente, 2000.

Manuel ARIGAS Y CUERVA, *La primera imprenta en Filipinas*, Manille, Germania, 1910.

Miguel ARTOLA, *La monarquía de España*, Madrid, Alianza Editorial, 1999.

Gauvin Alexander BAILEY, *Art on the Jesuit Missions in Asia and Latin America, 1542-1773*, Toronto, University of Toronto Press, 1999.

Bartolomé et Lucile BENNASSAR, *Les Chrétiens d'Allah. L'histoire extraordinaire des renégats, XVIe-XVIIe siècles*, Paris, Perrin, 1989.

Louise BÉNAT TACHOT, « El Nuevo Mundo visto desde Valladolid y Sevilla, 1542 y 1552 », dans Clara García et Manuel Ramos Medina, *Ciudades mestizas. Actas del 3er Congreso Internacional Mediadores Culturales*, Mexico, Condumex, 2001, pp. 15-354.

–, « La navigación hispánica en el Atlántico : aspectos laborales y técnicos (siglos XVI-XVII) », dans Eduardo França Paiva et Carla Maria Junho Anastasia (édit.), *O trabalho mestiço. Maneiras de pensar e formas de viver, séculos XVI a XIX*, Belo Horizonte, Anablume, Universidad Federal de Minas Gerais, 2002, pp. 79-97.

Carmen BERNAND et Serge GRUZINSKI, *Histoire du Nouveau Monde*, tome I, *De la découverte à la conquête,* Paris, Fayard, 1991.

–, tome II, *Les métissages*, Paris, Fayard, 1993.

Mary Elizabeth BERRY, *Hideyoshi*, Cambridge, Harvard University Press, 1982.

Francisco BETHENCOURT et Kiti CHAUDHURI, *História da expansão portuguesa*, Lisbonne, Círculo de leitores, 1998, tomes I et II.

Mauricio BEUCHOT, *La real universidad de México, Estudios y textos,* II, *Filósofos dominicos novohispanos (entre sus colegios y la universidad)*, Mexico, UNAM, 1987.

Charles Ralph BOXER, *Portuguese Society in the Tropics. The Municipal Councils of Goa, Macao, Bahia and Luanda, 1510-1800*, Madison et Milwaukee, University of Wisconsin Press, 1965.

–, *The Christian Century in Japan, 1549-1650*, Lisbonne, Carcanet, 1993 (1re édition : Berkeley et Los Angeles, University of California Press, 1967).

–, *Women in Iberian Expansion overseas, 1415-1815*, New York, Oxford University Press, 1975.

–, *O grande Navio de Amacau*, Macao, Fundação Oriente, 1989.

Fernando BOUZA ÁLVAREZ, *Portugal no tempo dos Felipes. Política, cultura, representações (1580-1668)*, Lisbonne, Edições Cosmos, 2000.

David A. BRADING, *The First America, The Spanish Monarchy, Creole Patriots and the Liberal State, 1492-1867*, Cambridge, Cambridge University Press, 1991.

Fernand BRAUDEL, *La Méditerranée et le monde méditerranéen à l'époque de Philippe II*, Paris, Armand Colin, 1990, 3 vol.

Timothy BROOK, *The Confusions of Pleasure. Commerce and Culture in Ming China*, Berkeley, Los Angeles et Londres, University of California Press, 1998.

Jerry BROTTON, *Trading Territories. Mapping the Early Modern World*, Londres, Reaktion Books, 1997.

Jonathan BROWN, *L'Âge d'or de la peinture espagnole*, Paris, Flammarion, 1991.

Sérgio BUARQUE DE HOLANDA, *Raízes do Brasil*, São Paulo, Companhia das Letras, 1995.

Jesús BUSTAMANTE GARCÍA, « La empresa naturalista de Felipe II y la primera expedición científica en suelo americano : la creación del modelo expedicionario renacentista », dans José Martínez Millán (édit.), *Felipe II (1527-1598). Europa y la Monarquía Católica*, Madrid, Parteluz, 1998, pp. 39-59.

Alice Piffer CANABRAVA, *O comércio português no Rio da Prata (1580-1640)*, Belo Horizonte, Editora Itatiaia, 1984.

Charlotte de CASTELNAU, *Les ouvriers d'une vigne stérile. Les jésuites et la conversion des Indiens au Brésil 1580-1620*, Paris, Centre culturel Calouste Gulbekian, 2000.

Mario CHACÓN TORRES, *Arte virreinal en Potosí*, Séville, Escuela de Estudios Hispano-americanos, 1973.

Pierre CHAUNU, *L'expansion européenne du XIII*e *au XV*e *siècle*, Paris, PUF, Nouvelle Clio, 26, 1969.

–, *Conquête et exploitation des Nouveaux Mondes*, Paris, PUF, Nouvelle Clio, 26bis, 1969.

Magdalena CHOCANO MENA, *La fortaleza docta. Elite letrada y dominación social en México colonial (siglos XVI-XVII)*, Barcelone, Bellaterra, 2000.

Timothy J. COATES, *Degredados e orfãs : colonização dirigida pela coroa no império português. 1550-1755*, Lisbonne, Comissão Nacional para as Comemorações dos Descobrimentos Portugueses, 1998.

Alfred W. CROSBY, *Ecological Imperialism. The Biological Expansion of Europe, 900-1900,* Cambridge, Cambridge University Press, 1986.

Antônio Geraldo da CUNHA, *Dicionário histórico das palavras portuguesas de origem tupi*, São Paulo, Editora UNB, 1978.

Diogo Ramada CURTO, *O discurso político em Portugal (1600-1650)*, Lisbonne, Projecto Universidade Aberta, 1988.

J. S. da Silva DIAS, *Camões no Portugal do Quinhentos*, Lisbonne, Biblioteca Breve, Instituto de cultura e língua portuguesa, 1988.

Do mundo antigo aos novos mundos. Humanismo, classicismo e notícias dos descobrimentos em Évora (1516-1624), Lisbonne, Comissão Nacional para as Comemorações dos Descobrimentos Portugueses, 1998.

El arte en la corte de los arquiduques Alberto de Austria e Isabel Clara Eugenia. Un reino imaginado, (1598-1633), Madrid, Sociedad Estatal para la Conmemoración de los centenarios de Felipe II y Carlos V, 1999.

Francisco ELÍAS DE TEJADA, *Napoli spagnola. Le decadi imperiali*, Naples, Controcorrente, 2002, 2 vol.

Georges ELISON, *Deus Destroyed. The Image of Christianity in Early Modern Japan*, Cambridge et Londres, Harvard University Press, 1988.

J.S.A. ELISONAS, « An Itinerary to the Terrestrial Paradise. Early Reports on Japan and a Contemporary Exegesis », *Itinerario*, 20/3, 1996, pp. 25-68.

John H. ELLIOTT, *The Count-Duke of Olivares. The Statesman in an Age of Decline*, New Haven et Londres, Yale University Press, 1986.

Germana ERNST, *Tommaso Campanella*, Bari, Laterza, 2002.

Claire FARAGO (édit.), *Reframing the Renaissance. Visual Culture in Europe and Latin America, 1450-1650*, Londres et New Haven, Yale University Press, 1995.

Bruno FEITLER, *Inquisition, juifs et nouveaux-chrétiens au Brésil*, Louvain, Leuven University Press, 2003.

Pablo FERNÁNDEZ ALBALADEJO, *Fragmentos de Monarquia*, Madrid, Alianza Universidad, 1993.

George M. FOSTER, *La herencia de la conquista. La herencia española de América*, Jalapa, Universidad Veracruzana, 1962.

David FREEDBERG, *The Eye of the Lynx. Galileo, His Friends and the Beginnings of Modern Natural History*, Chicago, Chicago University Press, 2002.

Giuseppe GALASSO, *Alla periferia dell'impero. Il regno di Napoli nel periodo spagnolo (secoli XVI-XVII)*, Turin, Einaudi, 1994.

Julian GALLEGO, *Visión y símbolos en la pintura española del siglo de Oro,* Madrid, Catedra, 1987.

Joaquín GARCÍA ICAZBALCETA, *Bibliografia mexicana del siglo XVI*, édit. par Agustín Millares Carlo, Mexico, FCE, [1886] 1981.

Angel María GARIBAY K., *Historia de la literatura náhuatl*, México, Porrúa, 1971, 2 vol.

Antonello GERBI, *Il mito del Perú*, Milan, Franco Angeli, 1991.

Peter GERHARD, *A Guide to the Historical Geography of New Spain*, Cambridge, Cambridge University Press, 1972.

–, *Síntesis e índice de los mandamientos virreinales 1548-1553*, Mexico, UNAM, 1992.

Charles GIBSON, *The Aztecs under Spanish Rule. A History of the Indians of the Valley of Mexico, 1519-1580*, Stanford, Stanford University Press, 1964

Daniel GOFFMAN, *The Ottoman Empire and Early Modern Europe*, Cambridge, Cambridge University Press, 2002.

Carlos Alberto GONZÁLEZ SÁNCHEZ, *Los mundos del libro. Medios de difusión de la cultura occidental en las Indias de los siglos XVI y XVII*, Séville, Universidad de Sevilla, 2001.

Andrade de GOUVEIA, *Garcia d'Orta e Amato Lusitano na ciência do seu tempo*, Lisbonne, Biblioteca Breve, 1985.

Frank GRAZIANO, *The Millenial New World*, New York, Oxford University Press, 1999.

Clive GRIFFIN, *Los Cromberger, la historia de una imprenta del siglo XVI, en Sevilla y México,* Madrid, Cultura Hispánica, 1991.

Serge GRUZINSKI, *La colonisation de l'imaginaire. Sociétés indigènes et occidentalisation dans le Mexique espagnol. XVII*[e]*-XVIII*[e] *siècle*, Paris, Gallimard, 1988.

–, *La guerre des images de Christophe Colomb à Blade Runner, 1492-2019*, Paris, Fayard, 1990.

–, *La pensée métisse*, Paris, Fayard, 1999.

–, « La ciudad mestiza y los mestizajes de la vida intelectual : el caso de la ciudad de México, 1560-1640 », in Clara García et Manuel Ramos Medina (édit.), *Ciudades mestizas. Actas del 3*[er] *Congreso Internacional Mediadores Culturales*, Mexico, Condumex, 2001, pp. 201-220.

Teodoro HAMPE MARTÍNEZ (édit.), *La tradición clásica en el Perú virreinal*, Lima, Universidad Nacional Mayor de San Marcos, 1999.

Michael HARDT et Antonio NEGRI, *Empire*, Cambridge, Harvard University Press, 2000.

Detlef HEIKAMP, *Mexico and the Medici*, Florence, Editrice Edam, 1972.

David HELD, Anthony MC GREW et *al.*, *Global Transformations. Politics, Economics and Culture,* Cambridge, Polity Press et Stanford University Press, 1999.

Jacqueline HERMANN, *No reino do desejado. A construção do sebastianismo em Portugal. Séculos XVI e XVII*, São Paulo, Companhia das Letras, 1998.

Carlos José HERNANDO SÁNCHEZ, *Castilla y Nápoles en el siglo XVI. El virrey Pedro de Toledo*, Madrid, Junta de Castilla y León, 1994.

Money L. HICKMAN et *al.*, *Japan's Golden Age Momoyama*, New Haven et Londres, Yale University Press, 1996.

Louisa Schell HOBERMAN et Susan Migden SOCOLOW, *Cities and Societies in Colonial Latin America*, Albuquerque, University of New Mexico Press, 1986.

–, « Evidence for a Luso-African Identity in "Portuguese" Accounts on "Guinea of Cape Verde" (Sixteenth-Seventeenth centuries) », *History in Africa,* n° 27, 2000, pp. 90-130.

Jonathan I. ISRAËL, *Race, Class and Politics in Colonial Mexico, 1610-1670*, Oxford, Oxford University Press, 1975.

Fredric JAMESON, *Postmodernism or the Cultural Logic of Late Capitalism*, Duke, Duke University Press, 1991.

Lisa JARDINE et Jerry BROTTON, *Global Interests. Renaissance Art between East and West,* Londres, Reaktion Books, 2000.

Michel J. JEANNERET, *Perpetuum mobile. Métamorphoses des corps et des œuvres de Vinci à Montaigne*, Genève, Macula, 1998.

Herbet S. KLEIN, *La esclavitud africana en América latina y el Caribe*, Madrid, Alianza Editorial, 1986.

Jorge KLOR DE ALVA et *al.*, *The Works of Bernardino de Sahagún, Pioneer Ethnographer of Sixteenth Century Aztec Mexico*, Albany, Institute For Mesoamerican Studies, The University at Albany 1988.

Donald F. LACH, *Asia in the Eyes of Europe*, Chicago, The University of Chicago Press, 1991.

Bruno LATOUR, *Nous n'avons jamais été modernes. Essai d'anthropologie symétrique*, Paris, La Découverte, 1997.

Miguel LEÓN-PORTILLA, *Bernardino de Sahagún, pionero de la antropología*, Mexico, UNAM, El Colegio Nacional, 1999.

Irving A. LEONARD, *Los libros del conquistador*, Mexico, FCE, 1996.

Serafim LEITE, *Artes e ofícios dos jesuitas no Brasil (1549-1760)*, Lisbonne et Rio de Janeiro, Edições Brotéria, 1953.

James LOCKHART, *The Nahuas after the Conquest. A Social and Cultural History of the Indians of Central Mexico. Sixteenth to Eighteenth Centuries*, Stanford, Stanford University Press, 1992.

Alfredo LÓPEZ AUSTIN, *Cuerpo humano e ideología. Las concepciones de los antiguos Nahuas*, Mexico, UNAM, 1980, 2 vol.

–, *Los pinceles de la historia. De la patria criolla a la nación mexicana 1750-1860*, Mexico, Banamex, Conaculta, 2001.

Rui Manuel LOUREIRO, « A China de Fernão Mendes Pinto, entre a realidade e a imaginação », dans Antônio Vasconcelos de Saldanha et Jorge Manuel dos Santos Alves, *Estudos de história do relacionamento luso-chinês. Séculos XVI-XX*, Lisbonne, Instituto Português do Oriente, 1996, pp. 137-177.

–, « Livros e bibliotecas européias no Oriente (século XVI) », *Revista de Cultura*, XXXII, (Macao), 1997, pp. 19-34.

–, *A biblioteca de Diogo do Couto*, Macao, Instituto Cultura de Macau, 1998.

–, « Leitura de Diogo do Couto : apontamentos sobre as fontes das *Décadas da Asia* », *Revista de Cultura*, XXXII, (Macao), 1999, pp. 71-107.

Adalgisa LUGLI, *Naturalia et Mirabilia. Les cabinets de curiosités en Europe*, Paris, Adam Biro, 1998.

Gregory C. MCINTOSH, *The Piri Reis Map of 1513*, Athens, Londres, The University of Georgia Press, 2000.

Jorge Alberto MANRIQUE, *Una visión del arte y de la historia*, Mexico, UNAM, 2000-2001, 3 vol.

Norman F. MARTIN, *Los vagabundos en la Nueva España*, Mexico, Jus, 1957.

Carlos MARTÍNEZ SHAW (édit.), *El Pacífico español de Magallanes a Malaspina*, Madrid, Ministerio de Asuntos Exteriores, 1988.

Teresa MARTÍNEZ TERÁN, *Los Antipodas. El origen de los indios en la razón política del siglo XVI*, Puebla, Universidad Autónoma de Puebla, 2001.

K.S. MATHEW, *Indo-Portuguese Trade and the Fuggers of Germany*, New Delhi, Manoar, 1997.

Francisco de la MAZA, *El pintor Martín de Vos en México*, Mexico, UNAM, 1971.

–, *Enrico Martínez, cosmógrafo e impresor de Nueva España*, Mexico, UNAM, 1991.

José Toribio MEDINA, *La imprenta en México (1539-1821)*, tome II (1601-1684), Mexico, UNAM, 1989.

Alex Fiuza de MELLO, *Marx e a globalização,* São Paulo, Jinkings Edirores, 1999.

Margarita MENENGUS (édit.), *Saber y poder en México. Siglos XVI al XX,* Mexico, UNAM, Miguel Angel Porrúa, 1997.

Alain MILHOU, *Colón y su mentalidad mesiánica en el ambiente franciscanista español,* Valladolid, Universidad de Valladolid, 1983.

Walter D. MIGNOLO, *Local Histories/Global Designs. Coloniality, Subaltern Knowledges and Border Thinking*, Princeton, Princeton University Press, 2000.

Esteban MIRA CABALLOS, *Indios y mestizos americanos en la España del siglo XVI*, Madrid, Iberoamericana, 2000.

José MIRANDA, *El tributo indígena en la Nueva España durante el siglo XVI*, Mexico, El Colegio de México, 1980.

Roland MOUSNIER, *L'assassinat d'Henri IV, 14 mai 1610,* Paris, Gallimard, coll. « Trente Journées qui ont fait la France », 1964.

D.E. MUNGELLO, *The Forgotten Christians of Hangzhou*, Honolulu, University of Hawaï Press, 1994.

–, *The Great Encounter of China and the West, 1500-1800*, Lanham, New York, Rowman & Littlefield Publishers, 1999.

Aurelio MUSI, *La rivolta di Masaniello nella scena politica barocca,* Naples, Guida Editori, 1989.

–, *L'Italia dei viceré. Integrazione e resistenza nel sistema imperiale spagnolo*, Cava de'Tirreni, Avagliano Editore,
2000.

Napoli e Filippo II. La nascita della società moderna nel secondo Cinquecento, Naples, Gaetano Macchiaroli Editore, 1998.

Anita NOVINSKY et Maria Luiza TUCCI CARNEIRO (édit.) *Inquisição. Ensaios sobre mentalidades, heresias e arte*, São Paulo, EDUSP, 1992.

John NELSON, « Myths, Missions and Mistrust : The Fate of Christianity in 16th and 17th Century Japan », *History and Anthropology*, vol.13, n° 2, juin 2002, pp. 93-112.

Luis G. OBREGÓN, *Rebeliones indígenas y precursores de la Independencia mexicana*, Mexico, Navarro, 1952.

José da Silva ORTA, « A representação do africano na literatura de viagens do Senegal a Serra Leoa (1453-1508) », in *Mare Liberum*, 2, 1991, pp. 209-339.

Ignacio OSORIO ROMERO, *La enseñanza del latín a los indios*, Mexico, UNAM, 1990.

–, Enrique OTTE, *Letters and People of the Spanish Indies. The Sixteenth Century*, Cambridge, Cambridge University Press, 1976.

Anthony PAGDEN, *Spanish Imperialism and the Political Imagination*, New Haven et Londres, Yale University Press, 1990.

–, *Lords of the World. Ideologies of Empire in Spain, Britain and France, c.1500-c.1800*, New Haven, Yale University Press, 1995.

–, *Peoples and Empires. A Short History of European Migration, Exploration and Conquest from Greece to the Present,* New York, The Modern Library, 2001.

José PARDO TOMÁS, *Ciencia y censura. La inquisición espanõla y los libros científicos en los siglos XVI y XVII*, Madrid, CSIC, 1991.

Geoffrey PARKER, *Felipe II,* Madrid, Alianza Editorial, 1991.

–, *The World is not enough. The grand Strategy of Philip II*, New Haven, Yale University Press, 1998 ; en espagnol : *La gran estrategia de Felipe II*, Madrid, Alianza Editorial, 1998.

John LEDDY PHELAN, *El reino milenario de los franciscanos en el Nuevo Mundo*, Mexico, UNAM, 1972.

Geraldo PIERONI, *Os excluídos do reino. A inquisição portuguesa e o degredo para o Brasil colonia*, Brasilia, Editora Universidade de Brasilia, 2000.

Antonio PINELLI, *La bella maniera. Artisti del Cinquecento tra regola e licenza*, Turin, Einaudi, 1993.

Philip POMPER, Richard H. ELPHICK, Richard T. VANN (éd.), *World History. Ideologies, Structures and Identities*, Londres, Blackwell, 1998.

Stafford POOLE, *Pedro Moya de Contreras. Catholic Reform and Royal Power in New Spain, 1571-1591*, Berkeley, Los Angeles, Londres, University of California Press, 1987.

Carlos PRIETO, *El oceano pacífico : navegantes españoles del siglo XVI*, Madrid, Alianza Editorial, 1975.

Adriano PROSPERI, *America e apocalisse e altri saggi*, Pise, Rome, Istituti Editoriali Poligrafici Internazionali, 1999.

Jacques PROUST, *L'Europe au prisme du Japon*, Paris, Albin Michel, 1997.

–, *La supercherie dévoilée. Une réfutation du catholicisme au Japon au XVIIe siècle*, Paris, Chandeigne, 1998.

Vicente L. RAFAEL, *Contracting Colonialism. Translation and Christian Conversion in Tagalog Society under Early Spanish Rule*, Ithaca et Londres, Cornell University Press, 1988.

V. Nayarana RAO, D. SCHULMAN et Sanjay SUBRAHMANYAM, *Symbols of Substance : Court and State in Nayaka Period of Tamilnadu*, Delhi, Oxford University Press,1992.

Giovanni RICCI, *Ossessione turca. In una retrovia cristiana dell'Europa moderna*, Bologne, Il Mulino, 2002.

Daniel ROCHE, *Humeurs vagabondes. De la circulation des hommes et de l'utilité des voyages*, Paris, Fayard, 2003.

Fernando RODRÍGUEZ DE LA FLOR, *Emblemas. Lecturas de la imagen simbólica*, Madrid, Alianza Forma, 1995.

–, *La península metafísica. Arte, Literatura y pensamiento en la España de la Contrarreforma*, Madrid, Biblioteca Nueva, 1999.

María Luisa RODRÍGUEZ SALA (édit.), *El eclipse de Luna. Misión científica de Felipe II en Nueva España*, Huelva, Biblioteca Montaniana, Universidad de Huelva, 1998.

José Rojas GARCIDUEÑAS, *Bernardo de Balbuena. La vida y la obra*, Mexico, UNAM, 1982.

Gian Carlos ROSCIONI, *Il desiderio delle Indie. Storie, sogni e fughe di giovani gesuiti italiani*, Turin, Einaudi, 2001.

Sonia V. ROSE, « El primer rey que te falta » : honras fúnebres a Carlos V en la ciudad de los Reyes », dans A. Molinié-Bertrand et Jean Paul Duviols, *Charles Quint et la monarchie universelle*, Paris, Presses universitaires de Paris-Sorbonne, 2000, pp. 215-238.

Joan-Paul RUBIÉS, *Travel and Ethnology in the Renaissance. South India through European Eyes, 1250-1625*, Cambridge, Cambridge University Press, 2000.

Rogelio RUIZ GOMAR, *El pintor Luis Juárez y su obra*, Mexico, UNAM, 1987.

A.J.R. RUSSEL-WOOD, *Um mundo em movimento. Os Portugueses na Africa, Asia e América (1415-1808)*, Algés, Difel, 1998.

Alessandra RUSSO, « El renacimiento vegetal. Árboles de Jesé entre el Viejo Mundo y el Nuevo », *Anales del Instituto de Investigaciones Estéticas*, Mexico, UNAM, n° 73, 1998, pp. 5-39.

–, « Plumes of Sacrifice : Transformations in Sixteenth Century Mexican feather art », *Res*, 42, automne 2002, pp. 226-250.

Carmen SALAZAR-SOLER, « Construyendo teorías : saber de los Antiguos y saber indígena en el Perú de los siglos XVI y XVII », dans Rui Manuel Loureiro et Serge Gruzinski, *Passar as fronteiras, II Colóquio Internacional sobre Mediadores Culturais, séculos XV a XVIII*, Lagos, Centro Gil Eanes, 1999, pp. 147-179.

Antônio Vasconcelos de SALDANHA et Jorge Manuel dos SANTOS ALVES, *Estudos de história do relacionamento luso-chinês. Séculos XVI-XX*, Lisbonne, Instituto Português do Oriente, 1996.

Jean-Michel SALLMANN, *Géopolitique du XVIe siècle, 1498-1618*, *Nouvelle Histoire des relations internationales*, 1, Paris, Editions du Seuil, 2003.

Catarina Madeira SANTOS, *« Goa é a chave de toda a India ». Perfil político da capital do Estado da India (1505-1570)*, Lisbonne, Comissão Nacional para as Comemorações dos Descobrimentos Portugueses, 1999.

Lucinda SARAGOÇA, *Da « Feliz Lusitania » aos confins da Amazônia, 1615-1662*, Lisbonne, Santarém, Cosmos, 2000.

Patricia SEED, *Ceremonies of Possession in Europe's Conquest of the New World 1492-1640*, Cambridge, Cambridge University Press, 1995.

Ernesto SCHÄFER, *El consejo real y supremo de las Indias, Su historia y organización y labor administrativo hasta la terminación de la Casa de Austria*, Séville, Imp. M. Carmona, 1935, 2 vol.

Jean-Frédéric SCHAUB, *Portugal na Monarqua hispânica* (1580-1640), Lisbonne, Livros Horizonte, 2001.

Vitor SERRÃO, *A pintura protobarroca em Portugal 1612-1557. O triunfo do naturalismo e do tenebrismo*, Lisbonne, Edições Colibri, 2000.

Peter SLOTERDIJK, *La mobilisation infinie. Vers une critique de la cinétique politique*, Paris, Christian Bourgois, 2000 (*Eurotaoismus, Zur Kritik der politischen Kinetik*, Francfort-sur-le-Main, Suhrkamp Verlag, 1989).

Susan Migden SOCOLOW, *The Women of Colonial Latin America*, Cambridge, Cambridge University Press, 2000.

Germán SOMOLINOS D'ARDOIS, « Médicos y libros en el primer siglo de la Colonia », *Boletín de la Biblioteca Nacional*, Mexico, UNAM, tome XVIII, n° 1-4, 1967, pp. 99-137.

Laura de Mello e SOUZA, *O diabo e a Terra de Santa Cruz*, São Paulo, Companhia das Letras, 1987.

Eddy STOLS et Rudi BLEYS (édit.), *Flandre et Amérique latine, 500 ans de confrontation et de métissage*, Anvers, Fonds Mercator, 1993.

Sanjay SUBRAHMANYAM, « A matter of alignment : Mughal Gujarat and the Iberian World in the transition of 1580-1581 », *Mare liberum*, Lisbonne, juillet 1995, n° 5, pp. 461-479.

–, « Connected Histories : Notes towards a reconfiguration of Early Modern Eurasia », dans Victor Lieberman (éd.), *Beyond Binary Histories. Re-imagining Eurasia to C. 1830*, Ann Arbor, The University of Michigan Press, 1997, pp. 289-315.

–, *Vasco da Gama*, New Delhi, Cambridge University Press, 1997.

–, *L'Empire portugais d'Asie, 1500-1700*, Paris, Maisonneuve et Larose, 1999.

Michael SULLIVAN, *The Meeting of Eastern and Western Art*, Berkeley et Los Angeles, University of California Press, 1989.

Luís Filipe F. R. THOMAZ, *De Ceuta a Timor*, Algés, Difel, 1998.

Stephen TOULMIN, *Cosmopolis. The Hidden Agenda of Modernity*, Chicago, Chicago University Press, 1992.

Ronaldo VAINFAS, *A heresia dos Indios. Catolicismo e rebeldia no Brasil colonial*, São Paulo, Companhia das Letras, 1995.

Vera VALDÉS LAKOWSKY, *De las minas al mar. Historia de la plata mexicana en Asia : 1565-1834*, Mexico, FCE, 1987.

Rafael VALLADARES, *La rebelión de Portugal, 1640-1680. Guerra, conflicto y poderes en la monarquía hispánica*, Valladolid, Junta de Castilla y León, 1998.

–, *Castilla y Portugal en Asia (1580-1680). Declive imperial y adaptación*, Louvain, Leuven University Press, 2001.

Pilar VÁSQUEZ CUESTA, *A lingua e a cultura portuguesa no tempo dos Felipes*, Lisbonne, Publicações Europa-América, Mem Martin, 1988.

Maria da Graça A. Mateus VENTURA, *Negreiros portugueses na rota das Indias de Castela (1541-1556)*, Lisbonne, Edições Colibri, 1999.

–, *Portugueses no descobrimento e conquista da Hispano-América. Viagens e expedições (1492-1557)*, Lisbonne, Edições Colibri, 2000.

José Guadalupe VICTORIA, *Baltasar de Echave Orio en su tiempo*, Mexico, UNAM, 1994.

–, *Pintura y sociedad en Nueva España. Siglo XVI*, Mexico, UNAM, 1986.

Ralph H. VIGIL, *Alonso de Zorita, Royal Judge and Christian Humanist, 1512-1585*, Norman et Londres, University of Oklahoma Press, 1987

Sousa VITERBO, *Trabalhos náuticos dos Portugueses. Séculos XVI e XVII*, Lisbonne, Imprensa Nacional, Casa da Moeda, 1988.

–, *Diccionario histórico e documental dos architectos, engenheiros e constructores portugueses*, Lisbonne, Imprensa Nacional, 1922.

Nathan WACHTEL, *La vision des vaincus. Les Indiens du Pérou devant la conquête espagnole*, Paris, Gallimard, 1971.

–, *La foi du souvenir. Labyrinthes marranes*, Paris, Le Seuil, 2001.

Immanuel WALLERSTEIN, *The Modern World-System*, New York, Academic Press, 1974.

–, *The Modern World-System II*, New York, Academic Press, 1980.

John WHITNEY HALL, Nagahara KEIJI et Kozo YAMAMURA, *Japan before Tokugawa, Political Consolidation and Economic Growth, 1500 to 1650*, Princeton, Princeton University Press, 1981.

Kies ZANDVLIET et *al.*, *The Dutch Encounter with Asia, 1600-1950*, Amsterdam, Rijksmuseum, Waanders Publishers Zwolle, 2002.

Silvio ZAVALA, *El servicio personal de los indios en la Nueva España*, Mexico, El Colegio de México/El Colegio nacional, tome V, 1990.

Carlos Alberto ZERÓN, « Pombeiros e tangomaus, intermediários do tráfico de escravos na Africa », dans Rui Manuel Loureiro et Serge Gruzinski (édit.), *Passar as fronteiras. II Colóquio Internacional sobre mediadores culturais. Séculos XV a XVIII*, Lagos, Centro de Estudos Gil Eanes, 1999, pp. 15-38.

Ines G. ZUPANOV, *Disputed Mission. Jesuit Experiments and Brahmanical Knowledge in Seventeenth Century India*, New Delhi, Oxford India Paperbacks, 1999.

Chronologie

	EUROPE	AMÉRIQUE
1492		Christophe Colomb découvre l'Amérique
1494	Traité de Tordesillas	
1500		Cabral au Brésil
1517	Révolte de Luther	
1519	Charles Quint, roi des Romains	Conquête du Mexique
1519/1522	Tour du monde de Magellan	
1527	Naissance de Philippe II. Sac de Rome	
1532		Pizarre conquiert le Pérou
1535		Antonio de Mendoza, vice-roi de la Nouvelle-Espagne
1542		« Nouvelles lois »
1545	Concile de Trente	Découverte des mines de Potosi
1546		Les jésuites au Brésil
1551	Débat Sepulveda/Las Casas	Université de Lima
1556	Mort de saint Ignace de Loyola Avènement de Philippe II en Espagne	
1559	Traité de Cateau-Cambrésis	
1561	Madrid capitale	
1563	Première pierre de l'Escurial	
1566	Révolte des Pays-Bas	
1568		Francisco de Toledo, vice-roi du Pérou
1571	Bataille de Lépante Révolte des Morisques	

1572	Saint-Barthélemy	Exécution de Tupac Amaru
1576	Sac d'Anvers	
1578	Mort de Sébastien de Portugal	
1579	Formation des Provinces-Unies	
1580	Philippe II s'empare du Portugal 1re édition des *Essais* de Montaigne	
1582		Troisième concile de Lima
1588	L'Invincible Armada	
1589	Assassinat de Henri III	Luis de Velasco, vice-roi de la Nouvelle-Espagne
1592		Révolte de Quito
1594	Henri IV entre dans Paris	
1598	Albert et Isabelle, princes souverains des Pays-Bas. Mort de Philippe II	
1603	Mort d'Élisabeth d'Angleterre	
1610	Assassinat d'Henri IV	
1611		Extirpation des idolâtries dans les Andes
1614		Francisco de Borja, vice-roi du Pérou
1624		Soulèvement de Mexico
1630		Les Hollandais au Pernambouc
1643	Bataille de Rocroi	

	ASIE	AFRIQUE
1482		Les Portugais à l'embouchure du Congo
1497	Vasco de Gama en Inde	
1501		Début de la traite des Noirs vers l'Amérique
1503	Les Portugais occupent Cochin	
1507	Prise d'Ormuz par les Portugais	Afonso roi du Congo
1510	Prise de Goa par les Portugais	
1516		Le sultan Sélim Ier conquiert l'Égypte

1517	Les Portugais à Canton	
1520		Henrique, fils du roi du Congo, évêque de San Salvador
1524	Babur envahit le Pendjab	
1526	Babur à Delhi, « empereur de l'Indoustan »	
1535		Charles Quint prend Tunis
1542	Les Portugais au Japon	
1548		Les jésuites au Maroc et au Congo
1552	Mort de saint François Xavier	
1556	Akbar, Grand Moghol	
1557	Les Portugais à Macao	
1563		Sartsa Dengel, empereur d'Éthiopie
1566	Mort de Soliman le Magnifique	
1573	Wanli, empereur de Chine	
1575		Les Portugais en Angola
1578		Défaite des Portugais à Ksar el-Kebîr
1582	Hideyoshi, shogun	
1587	Chah Abbas le Grand, maître de la Perse	
1591		Effondrement de l'empire Songhay
1598	Ieyasu, maître du Japon	
1605	Jahangir, Grand Moghol ; Tokugawa Hidetada, shogun	
1621		Les Hollandais à Gorée
1622	Chah Abbas prend Ormuz	
1623	Mourad IV, sultan	
1629	Chah Jahan, « le roi du monde »	
1644	Avènement des Quing	

Remerciements

J'ai exploré les pistes de ce livre au cours des séminaires et des conférences donnés à l'École des hautes études en sciences sociales (1999-2003), à l'université de Paris-IV, à celle de Marne-la-Vallée, à l'université catholique de Louvain, à l'université Federico II de Naples, à l'universidad católica de Lima, à l'Institute of Fine Arts (New York University), et tout particulièrement au Brésil, de Belém do Pará, Porto Alegre, Belo Horizonte à Rio de Janeiro et São Paulo. Je remercie tous ceux qui m'y ont accueilli. Un séjour au Japon m'a fait découvrir des trésors dont certains illuminent des pages de ce livre.

Mes étudiants Marcos de Almeida, Nathalie Augier de Moussac, Maria Matilde Benzoni, Antonio Cano, Camilo Escobar, Alessandra Russo, Raffaele Moro, Gabriela Vallejo ne se doutent pas de l'aide que leur présence, leurs recherches et leurs questions n'ont cessé de m'apporter. Agnès Fontaine a été la première et la plus impitoyable des lectrices. Avec Blandine Perroud et Lydia Robin, elle a patiemment veillé sur la naissance de ce livre. Enfin, sans Décio Guzmán, je n'aurais jamais osé m'aventurer dans le monde lusophone, dans sa langue et dans son passé. À tous ma gratitude et mon amitié.

Remerciements

Index

Table des matières

TROISIÈME PARTIE
Les choses du monde

Du même auteur

Les Hommes-dieux du Mexique
Pouvoir indien et société coloniale
XVIIe et XVIIIe siècles
Éditions des Archives contemporaines,
« Ordres sociaux », 1985

La Colonisation de l'imaginaire
Sociétés indigènes et occidentalisation
dans le Mexique espagnol
XVIe-XVIIIe siècle
Gallimard, « Bibliothèque des histoires », 1988

Le Destin brisé de l'Empire aztèque
Gallimard, 1988, 2010

La Guerre des images
De Christophe Colomb à Blade Runner (1492-2019)
Fayard, 1989

L'Amérique de la conquête
peinte par les Indiens du Mexique
Flammarion / Unesco, 1991

L'Aigle et la Sibylle
Fresques indiennes du Mexique
Imprimerie nationale, 1994

Histoire de Mexico
Fayard, 1996

La Pensée métisse
Fayard, 1999
Pluriel, 2012

Quelle heure est-il là-bas ?
Amérique et islam à l'orée des Temps modernes
Seuil, 2008

L'Aigle et le Dragon
Démesure européenne et mondialisation au XVIe siècle
Fayard, 2012

EN COLLABORATION

De l'idolâtrie
Une archéologie des sciences religieuses
(avec Carmen Bernand)
Seuil, 1988

Histoire du Nouveau Monde
(avec Carmen Bernand)
t. 1. De la découverte à la conquête
Fayard, 1991
t. 2. Les métissages
Fayard, 1993

Visions indiennes, visions baroques
(avec Jean-Michel Sallmann)
PUF, 1992

Planète métisse
(direction de l'ouvrage)
Actes Sud / Musée du quai Branly, 2008

COMPOSITION : NORD COMPO À VILLENEUVE-D'ASCQ
IMPRESSION : NORMANDIE ROTO IMPRESSION s.a.s. À LONRAI
DÉPÔT LÉGAL : MARS 2006. N° 81573-6 (1500456)
IMPRIMÉ EN FRANCE